海外中文古籍總目

美國伊利諾伊大學圖書館中文古籍目録

An Illustrated Catalogue of Ancient Chinese Books in the University of Illinois at Urbana-Champaign Library

蔣樹勇（Shuyong Jiang）編

下册

中華書局

子部

叢 編

196.二十二子全書 B126 .E7

清光緒元年至三年（1875—1877）浙江書局刻本　八十册八函

半葉九行二十一字，小字雙行同，白口，左右雙邊，單黑魚尾，半框高18釐米，寬13.3釐米。版心中鎸子目書名、卷次，下鎸葉碼。

鈐印："曾藏黄純熙處"陽文方印。

子目：

老子道德經二卷附音義一卷　〔周〕李耳撰　〔三國魏〕王弼注　〔唐〕陸德明音義　清光緒元年（1875）浙江書局據華亭張氏本刻

莊子十卷　〔周〕莊周撰　〔晋〕郭象注　〔唐〕陸德明音義　清光緒二年（1876）浙江書局據明世德堂本刻

管子二十四卷　〔周〕管仲撰　〔唐〕房玄齡注　〔明〕劉績增注　清光緒二年（1876）浙江書局據明吴郡趙氏本刻

列子八卷　〔周〕列禦寇撰　〔晋〕張湛注　〔唐〕殷敬順釋文　清光緒二年（1876）浙江書局據明世德堂本刻

墨子十六卷附篇目考一卷　〔周〕墨翟撰　〔清〕畢沅校注　清光緒二年（1876）浙江書局據畢氏靈巖山館本刻

荀子二十卷附校勘補遺一卷　〔周〕荀况撰　〔唐〕楊倞注　〔清〕盧文弨、謝墉校　清光緒二年（1876）浙江書局據嘉善謝氏本刻

尸子二卷存疑一卷　〔周〕尸佼撰　〔清〕汪繼培輯　清光緒三年（1877）浙江書局據湖海樓本刻

孫子十家注十三卷附叙録一卷遺説一卷　〔周〕孫武撰　〔宋〕吉天保輯　〔清〕孫星衍、吴人驥校　〔清〕畢以珣撰叙録　〔宋〕鄭友賢撰遺説　清光緒三年（1877）浙江書局據孫氏平津館本刻

孔子集語十七卷　〔清〕孫星衍輯　清光緒三年（1877）浙江書局據陽湖孫氏本刻

晏子春秋七卷附音義二卷校勘記二卷　〔周〕晏嬰撰　〔清〕孫星衍校並撰音

義 〔清〕黄以周撰校勘記 清光緒元年（1875）浙江書局據孫氏平津館本刻

呂氏春秋二十六卷附考一卷 〔秦〕吕不韋撰 〔漢〕高誘注 〔清〕畢沅校 清光緒元年（1875）浙江書局據畢氏靈巖山館本刻

新書十卷 〔漢〕賈誼撰 〔清〕盧文弨校 清光緒元年（1875）浙江書局據盧氏抱經堂本刻

董子春秋繁露十七卷附録一卷 〔漢〕董仲舒撰 清光緒二年（1876）浙江書局據盧氏抱經堂本刻

揚子法言十三卷附音義一卷 〔漢〕揚雄撰 〔晋〕李軌注 〔宋〕□□撰音義 清光緒二年（1876）浙江書局據江都秦氏本校刻

文子纘義十二卷 〔元〕杜道堅撰 清光緒三年（1877）浙江書局據武英殿聚珍版叢書本刻

補注黄帝内經素問二十四卷素問遺篇一卷靈樞十二卷 〔唐〕王冰注 〔宋〕林億等校正 〔宋〕孫兆重改誤 〔宋〕劉温舒撰遺篇 清光緒三年（1877）浙江書局據明武陵顧氏景宋嘉祐本刻

商君書五卷附考一卷 〔周〕商鞅撰 〔清〕嚴萬里校 清光緒二年（1876）浙江書局據西吴嚴氏本刻

韓非子二十卷附識誤三卷 〔周〕韓非撰 〔清〕顧廣圻撰識誤 清光緒元年（1875）浙江書局據吴氏景宋乾道本刻

淮南子二十一卷 〔漢〕劉安撰 〔漢〕高誘注 〔清〕莊逵吉校 清光緒二年（1876）浙江書局據武進莊氏本刻

文中子中説十卷 〔隋〕王通撰 〔宋〕阮逸注 清光緒二年（1876）浙江書局據明世德堂本刻

山海經十八卷 〔晋〕郭璞傳 〔清〕畢沅校 清光緒三年（1877）浙江書局據畢氏靈巖山館本刻

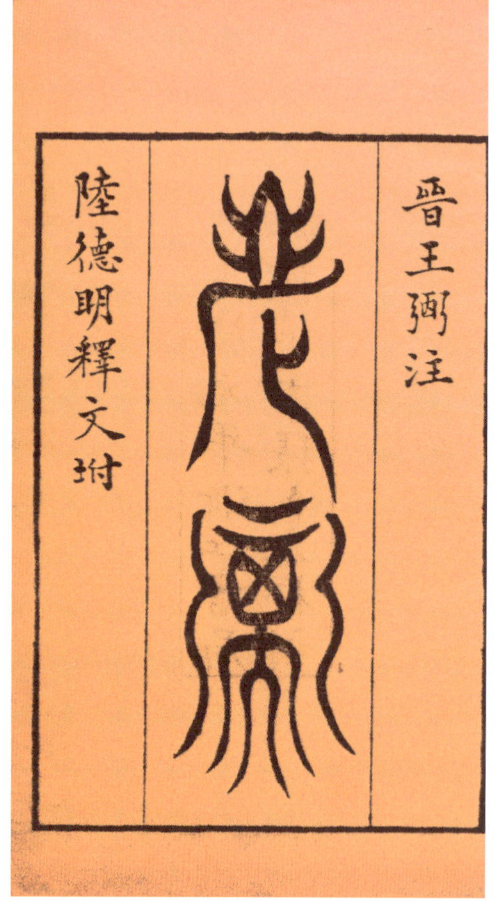
晉王弼注
老子
陸德明釋文坿

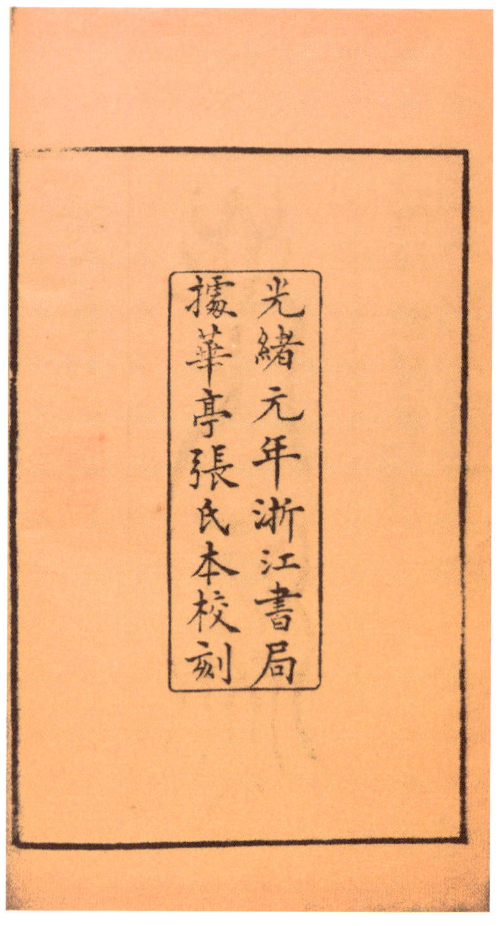
光緒元年浙江書局
據華亭張氏本校刻

老子道德經上篇

華亭張氏原本

晉 王弼 注

一章

道可道非常道名可名非常名可道之道可名之名指事造形非其常也故不可道不可名也無名天地之始有名萬物之母凡有皆始於無故未形無名之時則爲萬物之始及其有形有名之時則長之育之亭之毒之爲其母也言道以無形無名始成萬物以始以成而不知其所以元之又元也故常無欲以觀其妙妙者微之極也萬物始於微而後成始於無而後生故常無欲空虛可以觀其始物之妙常有欲以觀其徼徼歸終也凡有之爲利必以無爲用欲之所本適道而後濟故常有欲可以觀其終物之徼也此兩者同出而異

儒家類

儒家之屬

197.文中子中説十卷　〔隋〕王通撰　〔宋〕阮逸注　B128 .W42

清光緒二年(1876)浙江書局刻本　二册一函

王通(584—617)字仲淹,道號文中子,絳州龍門(今山西河津)人。阮逸,字天隱,建陽(今福建南平)人。

半葉九行二十一字,小字雙行同,白口,左右雙邊,單黑魚尾,半框高18.2釐米,寬13.3釐米。版心中鎸書名、卷次、篇名,下鎸葉碼。

内封題"文中子"。

牌記題"光緒二年淛江書局/據明世德堂本斠刻"。

卷端題"文中子中説,阮逸注"。

卷首有"文中子中説序"。

卷末有王福畤"王氏家書襍録"。

鈐印:"公安廖氏竹林齋藏書"陽文方印。

按:卷末鎸"總校楊文瑩,分校王彦起、許誦禾"。疑爲浙江書局《二十二子》之零本。

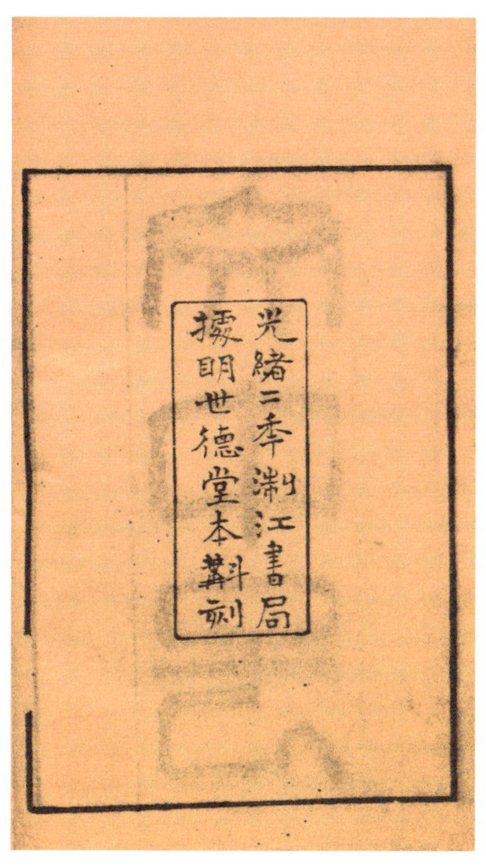
光緒二年浙江書局

據明世德堂本斠刻

文中子中說卷第一

阮逸註

王道篇

文中子曰：甚矣王道難行也！吾家頃銅川六世矣，上黨有銅鞮縣。未嘗不篤於斯，斯文。然亦未嘗得宜其用，不遇時。退而咸有述焉，則以志其道也。志，記。蓋先生之述曰時變論六篇，其言化俗推移之理竭矣；江州府君之述曰五經決錄五篇，其言聖賢製述之意備矣；晉陽穆公之述曰政大論八篇，其言帝王之道著矣；同州府君之述曰政小論八篇，其言王霸之業盡矣；安康獻公之述曰皇極讜義

文中子中說卷一 王道篇 一

儒學之屬

198.皇朝經世文編一百二十卷　〔清〕賀長齡輯　

清光緒二十八年（1902）上海煥文書局石印本　二十四册三函

賀長齡（1785—1848）字耦庚，號耐庵，湖南善化人。

内封題“皇朝經世/文編”。

牌記題“光緒壬寅年蒲月/上海煥文書局印”。

卷端題“皇朝經世文編，善化賀長齡耦庚輯”。

卷首有清同治十二年（1873）辜渼叙、編例、總目、生存姓名、姓名總目。

鈐印：“公安廖氏竹林齋藏書”陽文方印。

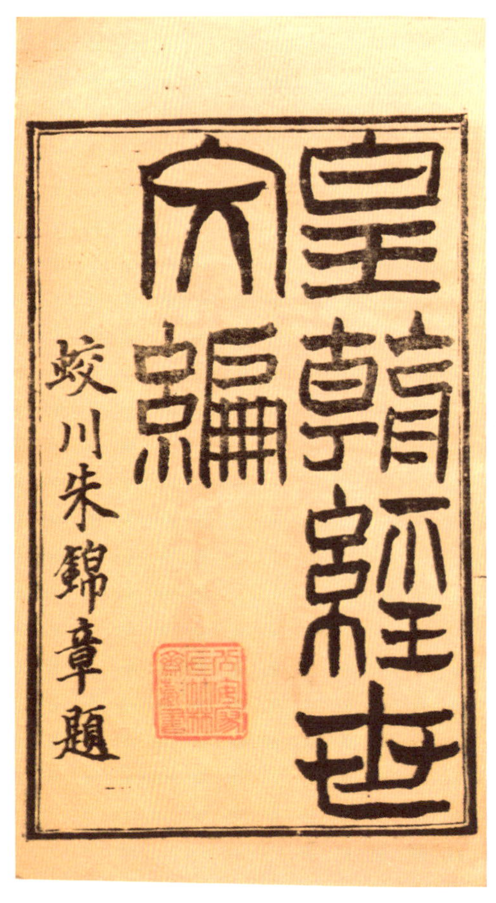

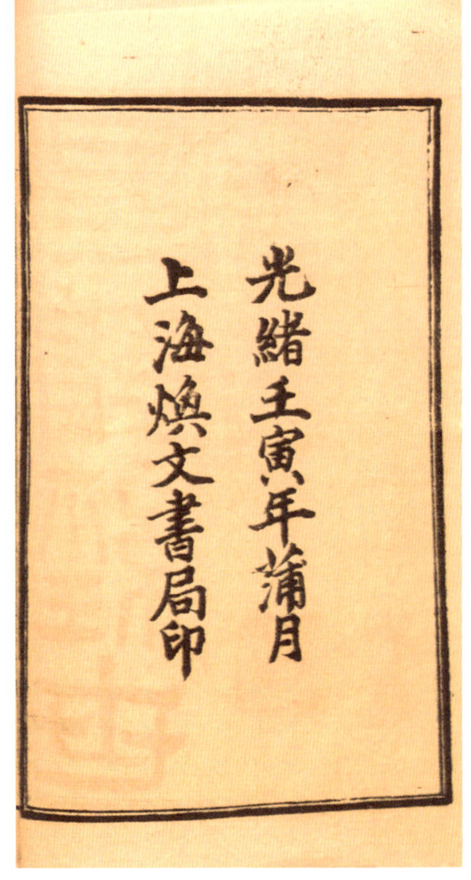

皇朝經世文編卷一

學術一 原學

善化賀長齡耦庚輯

辨志

張爾岐

人之生也未始有異也而卒至於大異者何也人生而呱呱以啼啞啞以笑蠕蠕以動惕惕以息無以異也出而就傅朝授之讀暮課之義同一聖人之易書詩禮春秋也及其既成或爲百世之人焉或爲天下之人焉或爲一國一鄉之人焉其劣者爲一室之人七尺之人焉至於最劣則爲不具之人異類之人焉言爲世法動爲世表存則儀其人沒則傳其書流風餘澤久而愈新者百世之人也功在生民業隆匡濟身存則天下賴之以安身亡則天下莫知所恃者天下之人也恩施沾乎一域行能表乎一方業未大光立身無負者一國一鄉之人也若夫智慮不離乎鍾釜愛不外乎妻子則一室之人而已耽口體之養徇耳目之娛膜外槩置不通痾癢者則七尺之人而已篤於所嗜昏亂荒遺則不具之人因而敗度滅義爲民蠹害者則爲異類之人也豈有生之始遂不同如此哉抑豈有驅迫限制爲之區別致然哉習爲之耳習之不同志爲之耳志在乎此則習在乎此矣志在乎彼則習在乎彼矣子曰苟志於仁矣無惡也言志之不可不定也故志乎道義未有入於貨利者也志乎貨利未有幸而爲道義者也志乎道義則每進而上志乎貨利則每趨而下其端甚微其效甚巨近在胸臆之間而周天地之內定之一息之頃而著之百年之久志之爲物往而必達圖而必成及其既達則不可以返也及其既成則不可以改也世之誦周公孔子之言通其義以售於世者項相望也周公孔子之遺教未聞有見諸行事被於上下者豈少而習之長而忘之歟無亦誦周公孔子志不在周公孔子也志不在周公

199.皇朝經世文續編一百二十卷　〔清〕葛士濬輯　DS754 .K8

清光緒十四年(1888)圖書集成局石印本　三十二册三函

葛士濬,字子源,上海人。

内封題“皇朝經世文續編”。

牌記題“光緒十四年戊子仲/夏圖書集成局印”。

卷端題“皇朝經世文續編,上海葛士濬子源輯”。

卷首有俞樾序、例言。

鈐印:“公安廖氏竹林齋藏書”陽文方印。

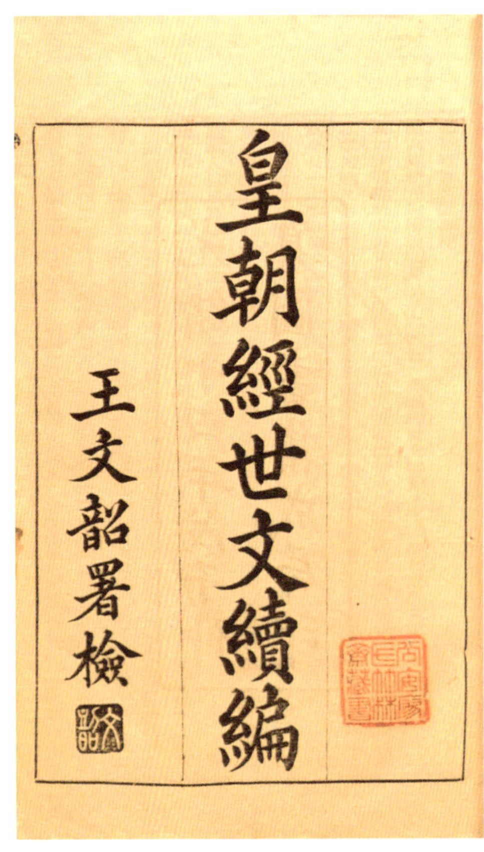

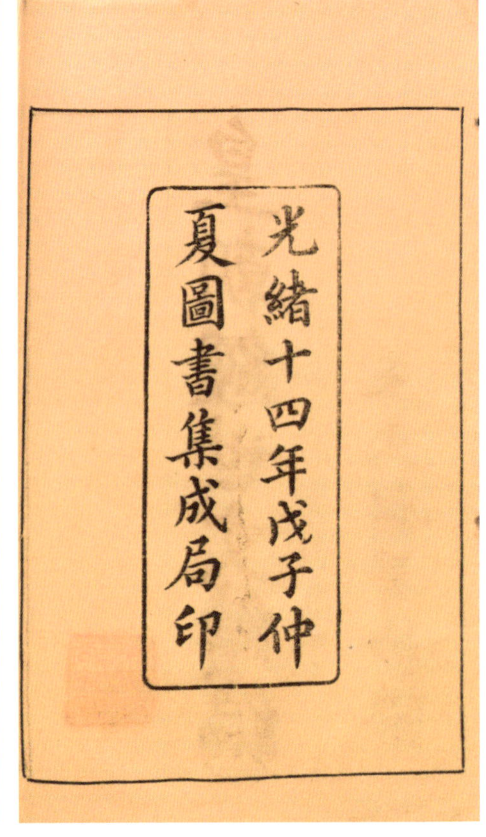

皇朝經世文續編卷一

上海葛士濬子源輯

學術一 原學

養源篇

宗稷辰

將有所灌輸於天下而使得被於遠者如其近者爲流於異日者如其同時爲其志量恢恢乎無際矣然而神聖之人不怖其無際而窮其有際因其有際而更窮其際之所從來則幷窅然若不見其際爲蓋其終大而不可窮其始必小而不可窮也所謂源也河漢之不涸也東井之不枯也源之出於天者固然已若夫岷嶓以上泛觴所出遂以成夫江崑崙以上衆竅所發遂以成夫河以及汝漢淮泗滹池睢漳湘沅章貢淞漸震澤支川萬千莫不有源而淸淑之氣絪縕其間流液於泱漭之區久而無息故恆不涸不枯如天上之水是故養其源者天地也惟其然而君子之養源不可以已矣夫源之出於天地者灼然在人耳目間而天地之潛養之者仰莫見其端俛莫見其倪也若天下有大源焉存乎凡爲天下國家者之先及其久而安焉人莫覩而莫知爲源大者千歲而不竭源小者百年而漸消微後聖人起不能求前聖人之源之所在而況能養之乎養天下之源奈何曰仁厚而已矣仁故大而無不容厚故均而無弗普皇者

200.朱子原訂近思録十四卷 〔宋〕朱熹撰 〔清〕江永集注 B128 .C5 1868

清同治七年(1868)崇文書局刻本 四册一函

江永(1681—1762)字慎修,徽州婺源(今屬江西)人。

半葉七行十八字,小字雙行同,白口,四周雙邊,單黑魚尾,半框高17.8釐米,寬13.5釐米。版心上鎸"近思録",中鎸卷次,下鎸葉碼。

内封題"近思録"。

牌記題"同治七年楚北/崇文書局開雕"。

卷端題"朱子原訂近思録,凡五十一條,婺源江永集注,關中王鼎校次"。

卷首有"欽定四庫全書總目提要"、"朱子原訂近思録集注序"、凡例、書目、朱熹原序、吕祖謙原序。

卷末有清嘉慶十九年(1814)王鼎序。

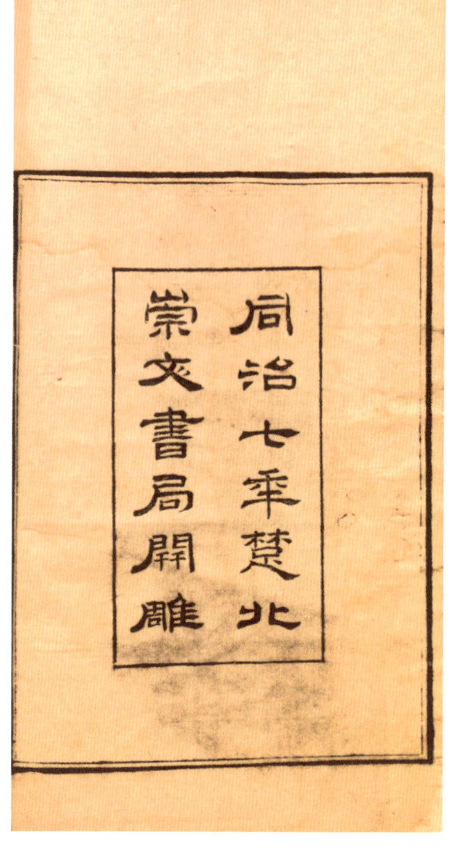

朱子原訂近思錄卷之一　凡五十一條

婺源江永集注　關中王鼎校次

朱子曰此卷道體

濂溪先生曰無極而太極朱子曰上天之載無聲無臭而實造化之樞紐品彙之根柢也故曰無極而太極非太極之外復有無極也太極動而生陽動極而靜靜而生陰靜極復動一動一靜互爲其根分陰分陽兩儀立焉朱子曰太極之有動靜是天命之流

201.御纂性理精義十二卷　〔清〕李光地等撰　

清康熙五十四年(1715)武英殿刻本　五册一函

半葉八行十八字，小字雙行二十二字，白口，四周雙邊，單黑魚尾，半框高22釐米，寬16.2釐米。版心上鎸書名，中鎸卷次、篇名，下鎸葉碼。

卷端題"御纂性理精義"。

卷首有清康熙五十六年御製序、五十四年李光地等進表、職名、先儒姓氏、凡例、目録。

鈐印："天彭"陽文方印、"共讀樓珍藏"陽文隨形印。

按：李光地進表言"臣等編校御纂性理精義，總一十二卷，刊刻已竣，謹裝潢成帙進呈"，故此書當成於康熙五十四年。

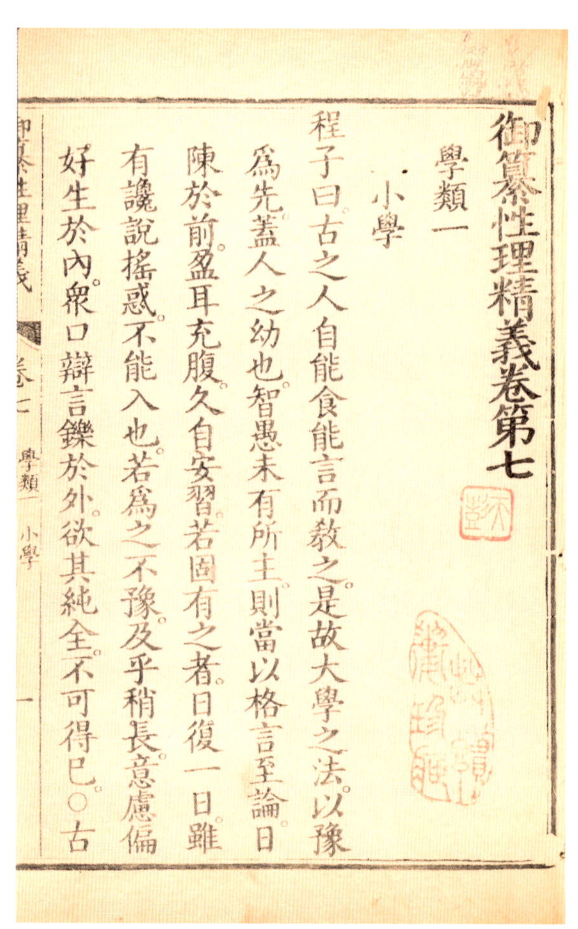
御纂性理精義卷第七

學類一

小學

程子曰古之人自能食能言而教之是故大學之法以豫爲先蓋人之幼也智愚未有所主則當以格言至論日陳於前盈耳充腹久自安習若固有之者日復一日雖有讒說搖惑不能入也若爲之不豫及乎稍長意慮偏好生於內衆口辯言鑠於外欲其純全不可得已○古

御纂性理精義　卷七　學類一　小學　一

御纂性理精義卷第一

太極圖

周子作　朱子註

朱子曰河圖出而八卦畫洛書呈而九疇敘而孔子於斯文之興喪亦未嘗不推之於天自周衰孟軻氏沒而此道之傳不屬更秦及漢歷晉隋唐以至於我有宋元星集奎實開文明之運而先生出焉不由師傳默契道體建圖屬書根極領要當時見而知之有程氏者遂擴大而推明之使夫天理之微人倫之著事物之衆鬼神之幽莫不洞然畢貫於一而周公孔子孟氏之傳煥然復明於當世有志之士得以探討服行而不失其正如出於三代之前者嗚呼盛哉非天所畀其孰能與於此

○又曰先生之學其妙具於太極一圖通書之言亦皆此圖之藴而程先生兄弟語及性命之際亦未嘗不因其說觀通書之誠動靜理性命等章及程氏書李仲通

202.御纂性理精義十二卷　〔清〕李光地等撰　B127 .N4 L53 1743

清乾隆七年（1742）刻本　四册一函

半葉八行十八字，小字雙行二十二字，白口，四周雙邊，單黑魚尾，半框高21.8釐米，寬16釐米。版心上鎸書名，中鎸卷次、篇名，下鎸葉碼。

内封題“書成康熙五十四年/雍正元年江西巡撫□/布政□□/御纂性理精義/乾隆七年江西巡撫臣陳弘謀、提督學政臣金德瑛、布政使臣彭家屏奉/旨廣頒”。

卷端題“御纂性理精義”。

卷首有清康熙五十六年（1717）御製序、職名、先儒姓氏、五十四年李光地等進表、凡例、目録。

鈐印：“公安廖氏竹林齋藏書”陽文方印。

按：此本較之武英殿本，卷首進表在職名、先儒姓氏之後。

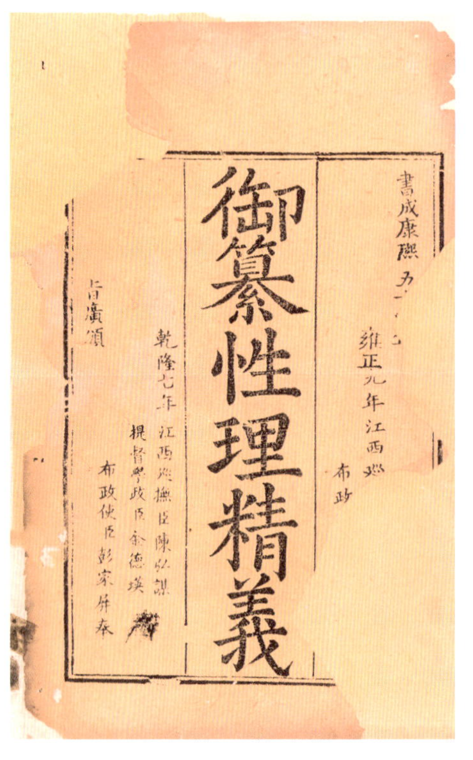

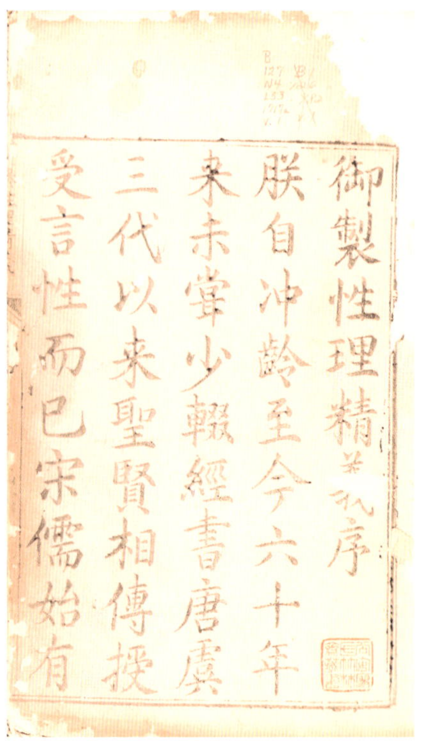

御纂性理精義卷第一

太極圖

周子作　朱子註

朱子曰。河圖出而八卦畫。洛書呈而九疇敘。而孔子於斯文之興喪。亦未嘗不推之於天。自周衰孟軻氏沒而此道之傳不屬。更秦及漢。歷晉隋唐。以至於我有宋五星集奎。實開文明之運而先生出焉不由師傳默契道體。建圖屬書根極領要當時見而知之有程氏者遂擴大而推明之。使夫天理之微人倫之著。事物之衆鬼神之幽。莫不洞然畢貫於一而周公孔子孟氏之傳。煥然復明於當世。有志之士得以探討服行而不失其正如出於三代之前者嗚呼盛哉非天所畀其孰能與於此。

○又曰。先生之學其妙具於太極一圖通書之言。亦皆此圖之蘊。而程先生兄弟語及性命之際。亦未嘗不因其說。觀通書之誠動靜理性命等章。及程氏書李仲通

203.畜德録二十卷　〔清〕席啓圖輯　BJ117 .H75

清同治六年（1867）刻本　十册二函

席啓圖（1638—1680）字文輿，江蘇吴縣（今蘇州）人。

半葉八行十八字，白口，四周雙邊，單黑魚尾，半框高21釐米，寬14.5釐米。版心上鎸書名，中鎸卷次、篇名，下鎸葉碼。

内封題“同治丁卯重鐫/畜德録/板藏湘潭縣、城外檥心寺”。

卷端題“畜德録，震澤席啓圖文輿甫纂輯”。

卷首有清康熙二十五年（1686）繆彤序、二十三年汪琬序、陸燕喆序、二十二年陸隴其序、朱用純序、“欽定四庫全書提要”、目次。

鈐印：“公安廖氏竹林齋藏書”陽文方印。

同治丁卯重鐫

畜德錄

板藏湘潭縣
城外檥心寺

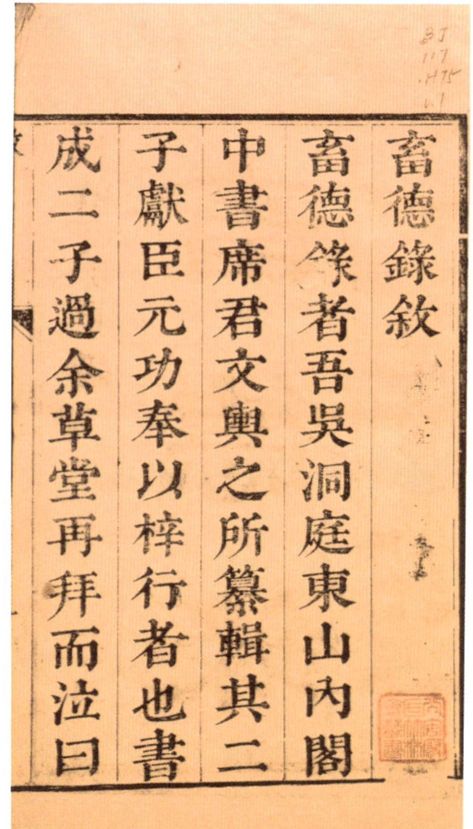

畜德錄敘

畜德錄者吾吳洞庭東山内閣
中書席君文輿之所纂輯其二
子獻臣元功奉以梓行者也書
成二子過余草堂再拜而泣曰

畜德錄卷一

震澤席啓圖文輿甫纂輯

立志

晉虞溥爲鄱陽內史大修庠序廣招學徒獎諭之曰文學諸生皆冠帶之流年盛志美始涉學庭講修典訓此大成之業立德之基也夫聖人之道淡而寡味始學者不好也及至期月所觀彌博所習彌多然後心開意朗敬業

204.人範六卷 〔清〕蔣元輯

清光緒十六年(1890)守拙軒刻本 二册一函

蔣元,字大始,平湖乍浦(今屬浙江)人。

半葉九行二十三字,小字雙行同,上白下黑口,四周雙邊,單黑魚尾,半框高18.2釐米,寬14釐米。版心上鎸書名,中鎸卷次,下鎸葉碼。

内封題“光緒庚寅冬日/人範/守拙軒重刊”。

卷端題“人範,平湖蔣元大始輯”。

卷首有顧廣譽序、“丁子復蔣大始先生傳”。

卷末有方坰“書屈芥舟手鈔人範後”、陶模跋。

鈐印:“公安廖氏竹林齋藏書”陽文方印。

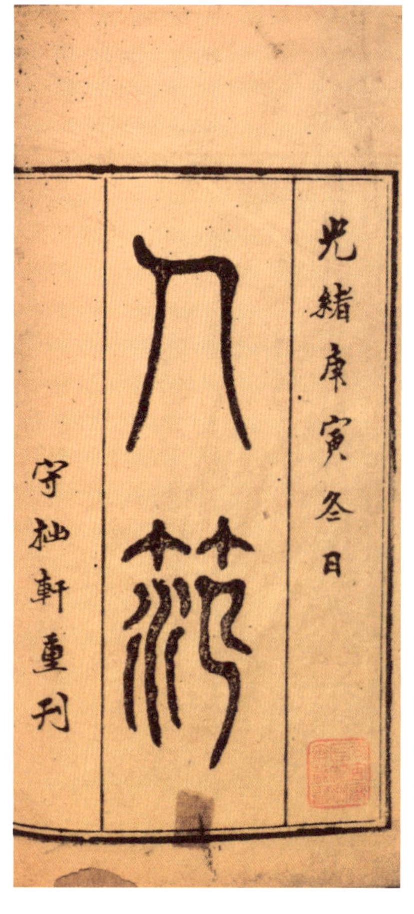
光緒庚寅冬日
人範
守拙軒重刊

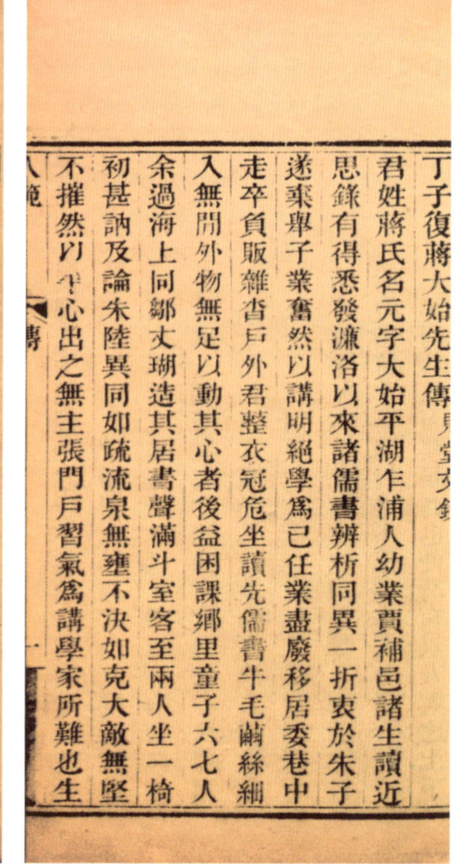
丁子復蔣大始先生傳

君姓蔣氏名元字大始平湖乍浦人幼業賈補邑諸生讀近思錄有得悉發濂洛以來諸儒書辨析同異一折衷於朱子遂棄舉子業奮然以講明絕學爲已任業盡廢移居委巷中走卒負販雜沓戶外君整衣冠危坐讀先儒書牛毛繭絲細入無間外物無足以動其心者後益困課鄉里童子六七人余過海上同鄉丈瑚造其居書聲滿斗室客至兩人坐一椅初甚訥及論朱陸異同如疏流泉無壅不決如克大敵無堅不摧然以平心出之無主張門戶習氣爲講學家所難也生

人範卷之一

平湖蔣　元大始輯

述言

述言者述朱子以後賢人君子之言可以牖啓童蒙脩明倫紀增長術業者以續小學外篇之嘉言

立教

程董二先生學則曰凡學於此者必嚴朔望之儀其日昧爽直日一人主擊板始擊咸起盥漱總櫛衣冠再擊升堂師長卽弟子詣先聖像前再拜焚香訖又再拜退師長西南嚮立諸生之長者率以次東北嚮再拜師長立而扶之長者一人前致辭謹訖又再拜師長入於室諸生以次環立再拜退各就案位

205.三字經注解備要一卷　〔宋〕王應麟撰　〔清〕賀興思注解　PL1115 .S3 H6

清光緒十三年(1887)上海廣百宋齋鉛印本　一册一函

王應麟(1223—1296)字伯厚，號深寧居士，浚儀(今河南開封)人。

内封題“三字經注解備要”。

牌記題“廣百宋齋藏板”。

卷端題“三字經注解備要，浚儀王應麟伯厚先生手著，衡陽晚學賀興思先生注解，岳門朗軒氏較正，南海余廷霖重較”。

卷首有叙。

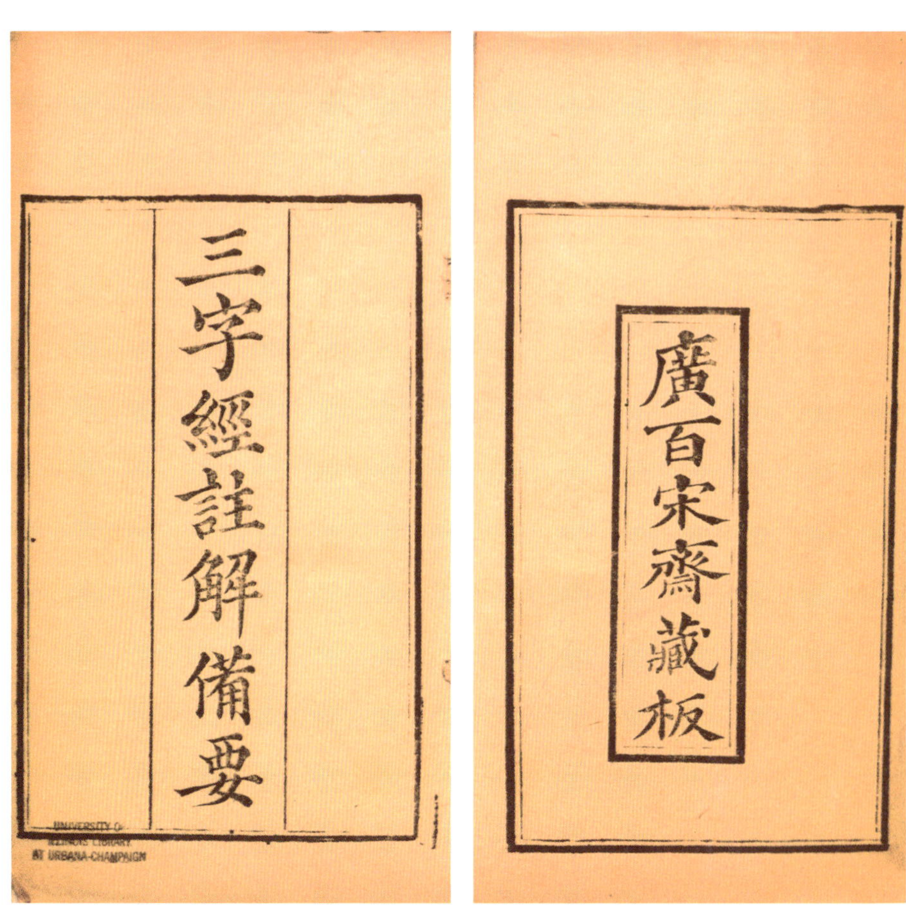

天道人道聽如指掌

三字經註解備要

浚儀王應麟伯厚先生手著　岳門朗軒氏較正
衡陽晚學賀興思先生註解　南海余廷樑重較

人之初　性本善

註人之指衆人也。初是有生之初。性是性理之性。與下性情性字不同。此兩句乃立教之初。發端之始也。蓋天以陰陽五行化生萬物。氣以成形。而理亦賦焉。是有天地然後有萬物。有萬物然後有男女。有男女然後有夫婦。孤陰則不生。獨陽則不長。故天地配以陰陽。男以女爲室。女以男爲家。故人生偶以夫婦。陰陽合而後雨澤降。夫婦合而後家道成。乾道成男。坤道成女。乾爲天屬陽。坤爲地屬陰。父爲天氣稟乾道屬陽。母爲地氣稟坤道屬陰。天覆乎上地載乎下。合成卦體。乃乾健坤順也。天以陽氣下降。地以陰氣上昇。陰陽交會。雲雨施行。然後萬物化生。此以天道言之也。以人道言之。男以陽氣下降。

206.小學纂注六卷附文公朱夫子年譜一卷朱子小學總論一卷　〔宋〕朱熹撰　〔清〕高愈注

BJ117 .C84

清同治八年（1869）江蘇書局刻本　二册一函

高愈，字紫超，江蘇無錫人。

半葉九行十九字，小字雙行同，白口，左右雙邊，單黑魚尾，半框高19.4釐米，寬14.5釐米。版心上鎸"小學纂注"，中鎸卷次，下鎸葉碼。

内封題"小學/纂注"。

牌記題"同治八年五月/江蘇書局重刊"。

卷端題"小學，高愈纂注"。

卷首有"小學纂注凡例""小學句讀""小學篇目""小學題辭"。

卷末有"文公朱夫子年譜""朱子小學總論"。

鈐印："公安廖氏竹林齋藏書"陽文方印。

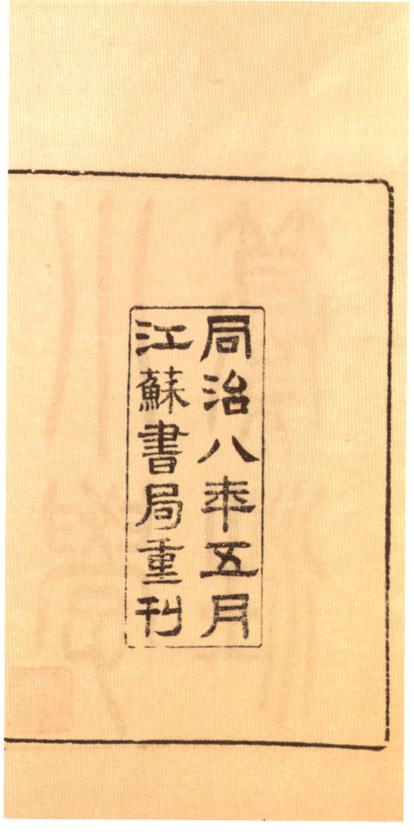

小學卷一

高愈纂註

內篇

許文正公曰。小學之書。吾信之如神明。敬之如父母。其書分內外篇。內篇者。小學之本源。外篇者。小學之支流。內篇有四。立教明倫敬身三篇。皆述虞夏商周聖賢之言。乃小學之綱也。稽古一篇。摭虞夏商周聖賢之行。所以實立教明倫敬身也。外篇有二。嘉言述漢以來賢人之言。所以廣立教明倫敬身也。善行紀漢以來賢人之行。亦所以實立教明倫敬身也。

立教第一

立教。立教法以治人也。凡人氣有昏明。質有強弱。必有教而後無類。故立教爲重。此篇所載。自胎孕以及成人。自唐虞以及孔子。其教法皆備。凡十三章。

207.輶軒語六卷　〔清〕張之洞撰　

清光緒二年（1876）退補齋刻本　一册一函

張之洞（1837—1909）字孝達，號香濤。直隸南皮（今屬河北）人。

半葉九行二十一字，白口，四周雙邊，單黑魚尾，半框高19.2釐米，寬13釐米。版心上鎸書名，中鎸篇名，下鎸葉碼。

内封題“輶軒語”。

牌記題“退補齋開雕”。

卷首有“輶軒語序”，署“光緒二年秋七月永康胡鳳丹識於鄂垣之退補齋”；張之洞“發落”，署“光緒元年月日提督四川學政侍讀銜翰林院編修南皮張之洞書”。

按：版本年代據胡鳳丹序。張之洞“發落”記書名原始：“本名‘發落語’，或病其質，因取揚子雲書‘輶軒使者絶代語’之義，謂與蜀使者有合，命曰‘輶軒語’。”

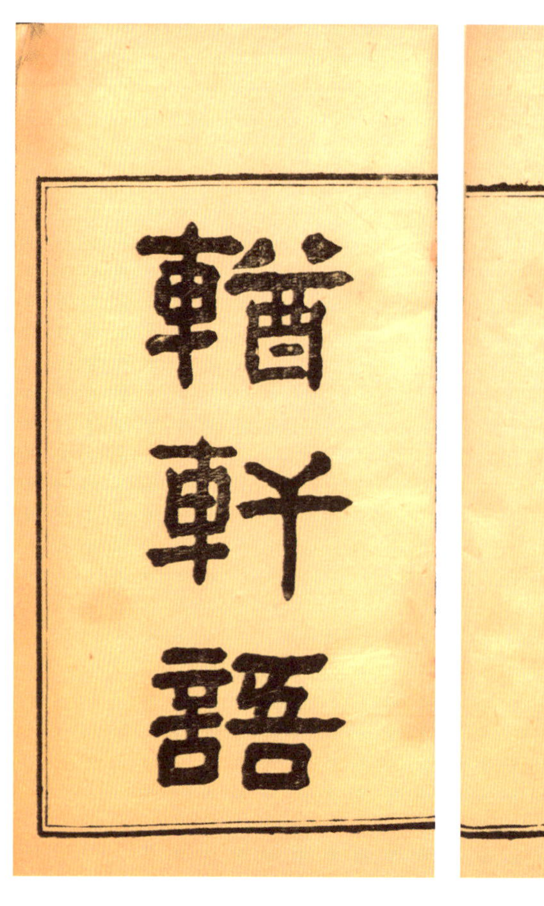

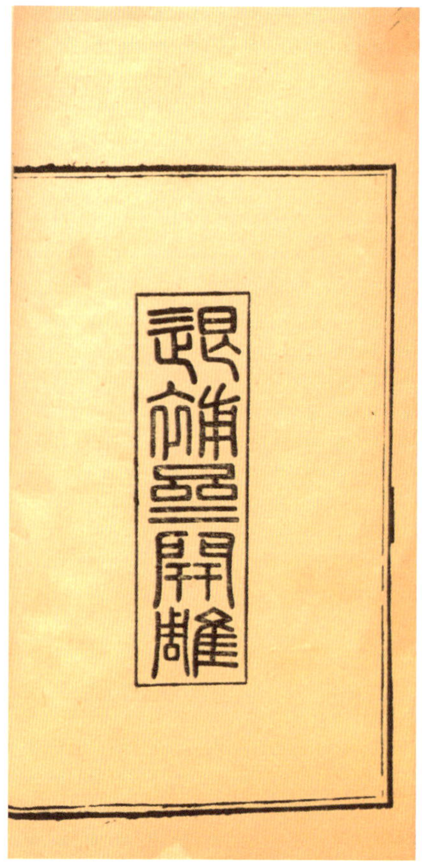

語行弟一

教士之道其宏綱要領

世祖皇帝卧碑八條

聖祖皇帝聖諭十六條盡之凡屬士林恭敬遵守此外儒先教條學規具有成書無待演說茲擇其切於今日世風本省士習者言之

一德行謹厚

德行不必說到精深微渺處心術慈良不險刻言行誠實不巧詐舉動安靜不輕浮不爲家庭事興訟不

208.聖諭廣訓直解十六條

清末上海鉛印本　一册

按：中英文對照。書末附原文並序。

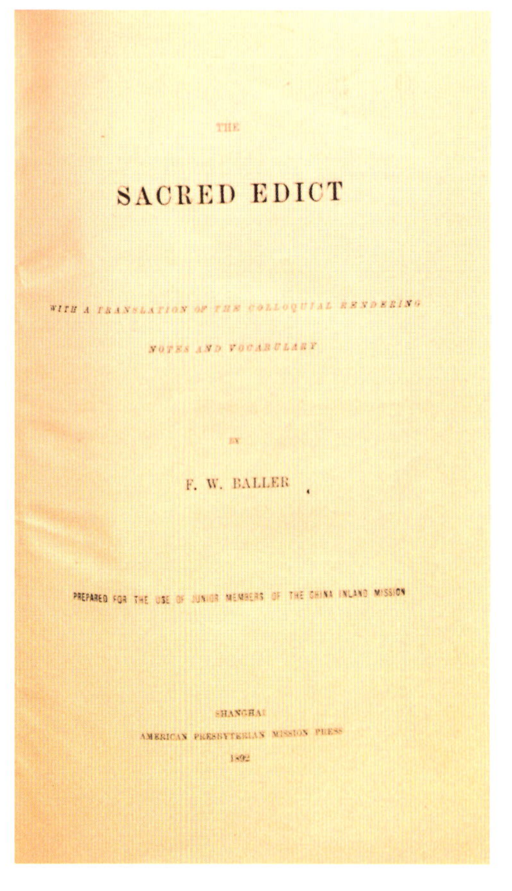

THE

SACRED EDICT

WITH A TRANSLATION OF THE COLLOQUIAL RENDERING

NOTES AND VOCABULARY

BY

F. W. BALLER

PREPARED FOR THE USE OF JUNIOR MEMBERS OF THE CHINA INLAND MISSION

SHANGHAI

AMERICAN PRESBYTERIAN MISSION PRESS

1892

聖諭廣訓序

書曰每歲孟春遒人以木鐸徇於路記曰司徒修六禮以節民性明七教以興民德此皆以敦本

崇實之道爲牖民覺世之模法莫良焉意莫厚焉我

聖祖仁皇帝久道化成德洋恩普仁育萬物義正萬民六十年來宵衣旰食祇期薄海內外興仁講

讓革薄從忠共成親遜之風永享昇平之治故

特頒上諭十六條曉諭八旗及直省兵民人等自綱常名教之際以至於耕桑作息之間本末精粗

公私鉅細凡民情之所習皆

睿慮之所周視爾編氓誠如赤子

聖有謨訓明徵定保萬世守之莫能易也朕纘承大統臨御兆人以

聖祖之心爲心以

聖祖之政爲政夙夜黽勉率由舊章惟恐小民遵信奉行久而或怠用申誥誡以示提撕謹將

上諭十六條尋繹其義推衍其文共得萬言名曰

182

聖諭廣訓直解

第一條。敦孝弟、以重人倫。

1 萬歲爺意思說、我

聖祖仁皇帝、坐了六十一年天下。

最敬重的是

祖宗、因勸普天下都要孝弟、所以

聖諭十六條、孝弟就是頭一件。

2 怎麽是孝呢。這孝順爹

THE SACRED EDICT

WITH

EXPOSITION AND COLLOQUIAL RENDERING[1].

CHAPTER I.

"Enforce duteousness and subordination, so as to emphasize social obligations."

Introduction.

1. The meaning of the[2] Emperor[3]: (he) says:—

Our Imperial Ancestor, the Benevolent[4] Emperor ruled[5] the empire for sixty-one years. Those[6] he held in the highest esteem were his ancestors; consequently he exhorted everybody to duteousness[7] and subordination. Hence, in the sixteen sections of the Sacred Edict, duteousness and subordination are first in order[8].

1. Lit., Sacred (*i.e.* Imperial) command, broad instruction, straight explanation. The *sheng-ü* (聖諭) refers to the Sixteen Maxims of *K'ang-hsi* (康熙); *kuang-hsün* (廣訓) to the Exposition by his son *Iong-cheng* (雍正) and *chih-kiai* (直解) to the Translation or Rendering into colloquial.

2. Respect is indicated in Chinese writing by the elevation of characters one, two, or three places above the column in which they are found. Special respect is shewn to ancestors of the imperial line by raising their titles to the third place. See Mayer's Chinese Government.

3. Lit., Lord of 10,000 years: *ie* (爺) forms part of many appellations of honour.

4. *Ren huang-ti* (仁皇帝) is the "temple-name" of *K'ang-hsi* (康熙) the father of *Iong-cheng* (雍正) and the second emperor of the present dynasty *ts'ing-ch'ao* (清朝). He reigned from A.D. 1662 to 1723. All emperors have a name by which they are worshipped after death: this is called *miao hao* (廟號) "temple designation."

5. Lit., sat; *i.e.* on the throne. *T'ien-hsia* (天 下) under heaven, means China proper: cp. Luke ii. 1.

6. *Tih* (的) here = those who.

7. *Hsiao* (孝) filial respect, *ti* (弟) brotherly submission.

8. For use of *ih-kien* (一件) applying to two subjects, see chap. iv; note 6.

墨家類

209.墨子十五卷目一卷附篇目考一卷　〔周〕墨翟撰　〔清〕畢沅注

清光緒二年（1876）浙江書局刻本　四册一函

畢沅（1730—1797）字纕蘅，又字秋帆，號靈巖山人，江蘇鎮洋（今太倉）人。

半葉九行二十一字，小字雙行同，白口，左右雙邊，單黑魚尾，半框高18.4釐米，寬13.2釐米。版心中鐫書名、卷次，下鐫葉碼。

内封題“墨子”。

牌記題“光緒二年浙江書局據/畢氏靈巖山館本校刻”。

卷端題“墨子，靈巖山館原本，兵部侍郎兼都察院右副都御史巡撫陝西西安等處地方贊理軍務兼理糧餉欽賜一品頂帶畢沅撰”。

卷首有清乾隆四十八年（1783）畢沅“墨子叙”、“墨子篇目考”。

卷末有孫星衍“墨子後叙”。

鈐印：“公安廖氏竹林齋藏書”陽文方印。

按：第十六卷卷端題“墨子目”。各卷末鐫校者，總校王詒壽，分校不一。疑爲浙江書局輯《二十二子》零種。

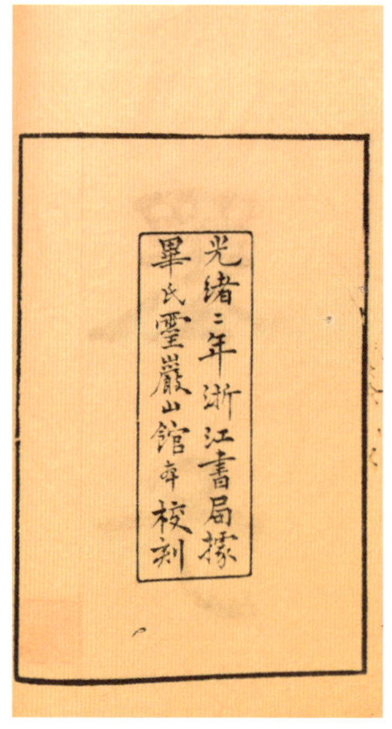

墨子卷之一　靈巖山館原本

兵部侍郎兼都察院右副都御史巡撫陝西西安等處地方贊理軍務兼理糧餉欽賜一品頂帶畢沅撰

親士第一衆經音義云倉頡篇曰親愛也近也說文解字云士从一从十孔子曰推十合一爲士玉篇云傳曰通古今辯不然謂之士此與脩身篇無稱子墨子云疑翟所著也

入國而不存其士則亡國矣見賢而不急則緩其君矣非賢無急非士無與慮國緩賢忘士而能以其國存者未曾有也昔者文公出走而正讀如征天下桓公去國而霸諸侯越王句踐遇吳王之醜而尙攝中國之賢君尙與上通攝合也謂合諸侯郭璞注爾雅云聶合攝同聶三子之能達名成功於天下

210.墨子閒詁十五卷目録一卷附録一卷後語二卷　〔清〕孫詒讓撰

B128 .M6 S9

清光緒三十三年（1907）上海涵芬樓影印本　八册一函

内封題“墨子閒詁十五/卷目録一卷附/録一卷後語二/卷”。

牌記題“上海/涵芬/樓景/印商/務印/書館/發兑”。

卷端題“墨子閒詁，瑞安孫詒讓”。

卷首有總目、清光緒三十三年籀廎居士序、二十一年夏德清序、孫詒讓序。

卷末有黄紹箕跋。

鈐印：“公安廖氏竹林齋藏書”陽文方印。

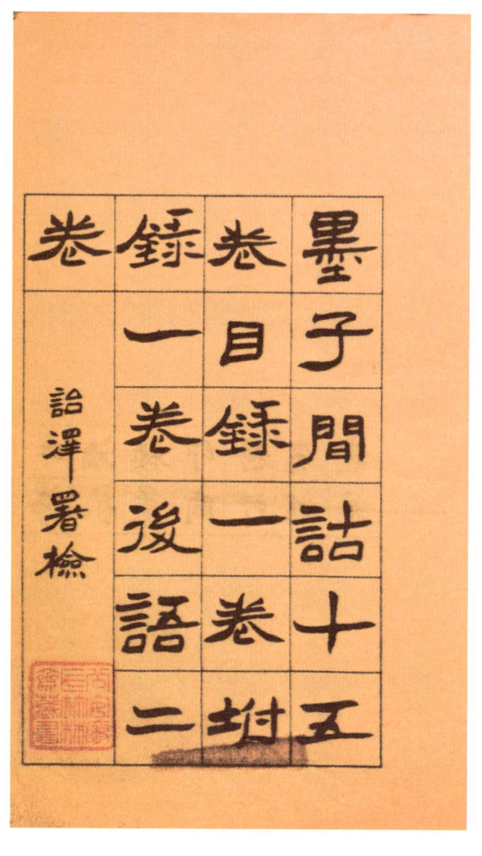

墨子閒詁十五
卷目録一卷坿
録一卷後語二
卷
詒澤署檢

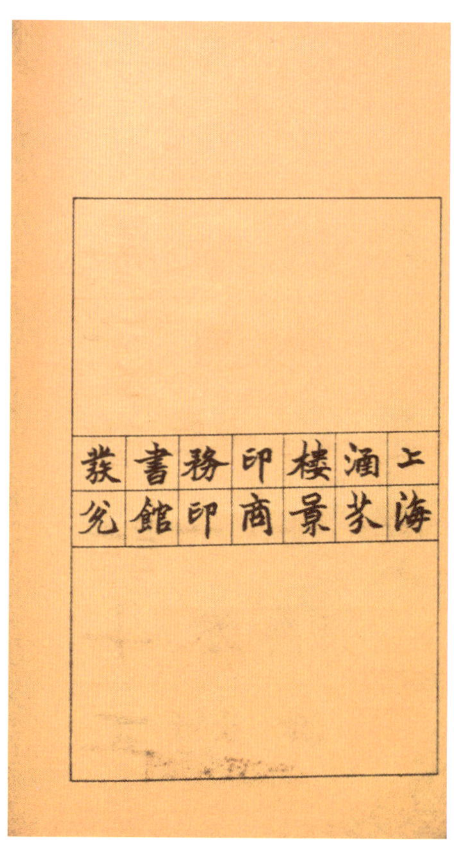

上海
涵芬
樓景
印商
務印
書館
發兑

墨子閒詁卷一

瑞安孫詒讓

親士第一

畢沅云衆經音義云倉頡篇曰親愛也近也說文解字云士从一从十孔子曰推十合一爲士玉篇云傳曰通古今辯然不謂之士此與脩身篇無稱子墨子云疑翟所著也案畢說未攷此書文多闕失或稱子墨子曰或否疑多非古本之舊未可據以定爲墨子自著之書也又此篇所論大抵尚賢篇之餘義亦似不當爲第一篇後人因其持論尚正與儒言相近遂舉以冠首耳以馬總意林所引校之則唐以前本已如是矣

入國而不存其士則亡國矣說文子部云存恤問也見賢而不急則緩其君矣非賢無急非士無與慮國說文思部云慮謀思也緩賢忘士而能以其國存者未曾有也昔者文公出走而正天下畢云正讀如征王念孫云畢讀非也爾雅曰正長也晉文爲諸侯盟主故曰正天下與下霸諸侯對文又廣雅正君也尚賢篇曰堯舜禹湯文武之所以王天下正諸侯者凡墨子

兵家類

211.練兵實紀九卷雜集六卷 〔明〕戚繼光撰

清道光二十三年(1843)刻本 四册一函

戚繼光(1528—1587)字元敬,號南塘,晚號孟諸,山東登州(今蓬萊)人。

半葉十行二十一字,白口,四周雙邊,單黑魚尾,半框高17.5釐米,寬13.2釐米。版心上鎸書名,中鎸卷次、篇名,下鎸葉碼。

内封題"練兵實紀"。

卷端題"練兵實紀,明戚繼光東牟撰,錢塘許乃釗信臣校"。

卷首有欽定四庫全書提要、"練兵實紀公移"、目録、凡例。

卷末有清道光二十三年許乃釗跋。

鈐印:"簡伯源"陽文方印、"日泉藏書"陽文長方印、"南海讀經堂藏書"陽文長方印、"簡日泉印"陽文方印。

按:卷末鎸"河南聚文齋朱/刻字店承刊"。欄上鎸批語。

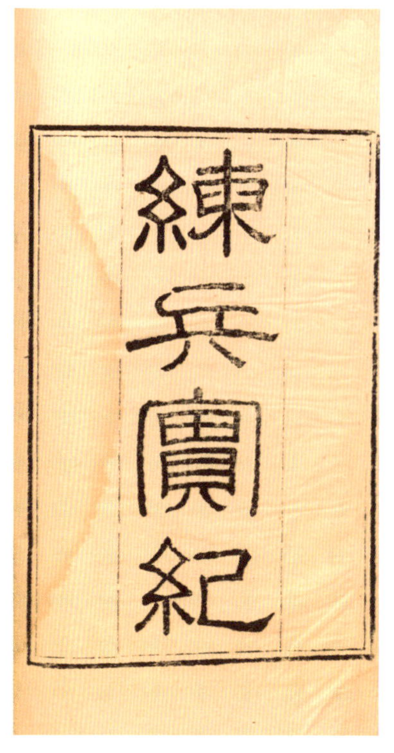
練兵實紀

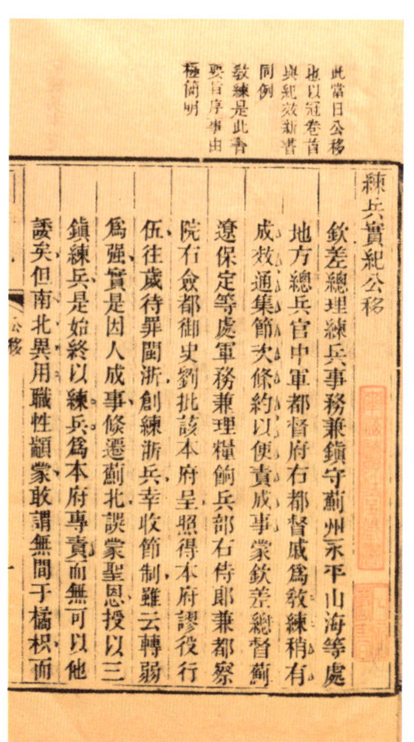
此當日公移也以冠卷首與紀效新書同例敎練是此書要旨序事由極簡明

練兵實紀公移
欽差總理練兵事務兼鎮守薊州永平山海等處
地方總兵官中軍都督府右都督戚爲敎練稍有
成效通集節次條約以便責成事䝉欽差總督薊
遼保定等處軍務兼理糧餉兵部右侍郎兼都察
院右僉都御史劉批該本府呈照得本府謬役行
伍往歲待罪閩浙創練浙兵幸收節制雖云轉弱
爲强實是因人成事倏遷薊北誤䝉聖恩授以三
鎮練兵是始終以練兵爲本府專責而無可以他
諉矣但南北異用職性顓蒙敢謂無間于橘枳而

凡與紀效新書所載束伍篇章程相同最宜著眼塡寫凡分五處

練兵實紀卷一

明 戚繼光東牟 撰

錢塘許乃釗信臣 校

練伍法第一 計四十三條

騎兵

第一選騎兵預曰先將部下官生夙守軍令習知束伍之教者各分執事塡于白牌或紙上其塡營伍次第者爲一號牌塡年貌籍貫者爲二號牌塡疤記武藝者爲三號牌總塡隊伍姓名者爲四號牌抄隊伍清册者即隨之爲五號牌每一牌用卓一張

法家類

212.管子二十四卷 〔周〕管仲撰 〔唐〕房玄齡注 〔明〕劉績補注

清光緒二年(1876)浙江書局刻本 六册一函

管仲(?—前645),名夷吾,字仲,穎上人。房玄齡(579—648),名喬,字玄齡,以字行,齊州臨淄(今山東淄博)人。

半葉九行二十一字,小字雙行同,白口,左右雙邊,單黑魚尾,半框高18.4釐米,寬13.2釐米。版心中鐫書名、卷次,下鐫葉碼。

内封題“唐房玄齡注,明劉績補/管子”。

牌記題“光緒二年浙江/書局據明吳/郡趙氏本校刻”。

卷端題“管子,明吳郡趙氏本,唐司空房玄齡注”。

卷首有明萬曆十年(1582)趙用賢“管子書序”、劉向書録、凡例、“管子文評”、目録。

鈐印:“公安廖氏竹林齋藏書”陽文方印。

按:各卷末鐫校者,總校黄以周,分校不一。本書疑爲浙江書局輯《二十二子》零種。

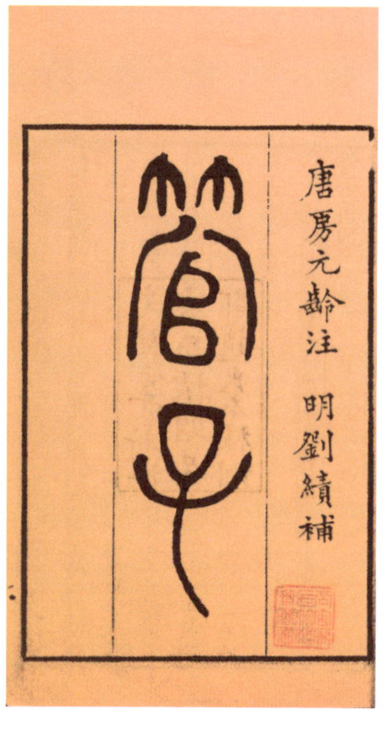
唐房元齡注 明劉績補
管子

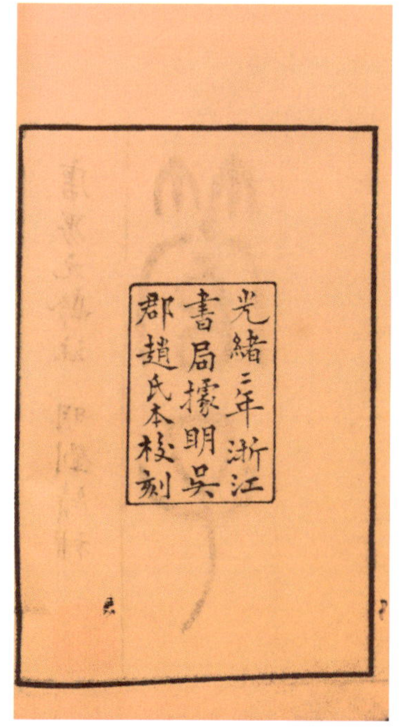
光緒二年浙江
書局據明吳
郡趙氏本校刻

管子卷第一

明吴郡趙氏本

唐司空房玄齡注

牧民第一 國頌 四維 四順 士經 六親五法

經言一

凡有地牧民者務在四時四時所以生成萬物也守在倉廪食者人之天也國多財則遠者來地辟舉則民留處舉盡也言地盡闢則人留而安居處也倉廪實則知禮節衣食足則知榮辱上服度則六

213.商君書五卷附考一卷　〔周〕商鞅撰　JC50 .K79

清光緒二年（1876）浙江書局刻本　一册一函

半葉九行二十一字，小字雙行同，白口，左右雙邊，單黑魚尾，半框高18.5釐米，寬13.3釐米。版心中鎸書名、卷次，下鎸葉碼。

内封題“商君書”。

牌記題“光緒二年浙江/書局據西吳/嚴氏本校刻”。

卷端題“商君書，西吳嚴萬里叔卿校本”。

卷首有清乾隆五十八年（1793）嚴萬里序。

鈐印：“公安廖氏竹林齋藏書”陽文方印。

按：各卷末鎸“總校余肇鈞分校孫詒綸、孫瑛同校”。

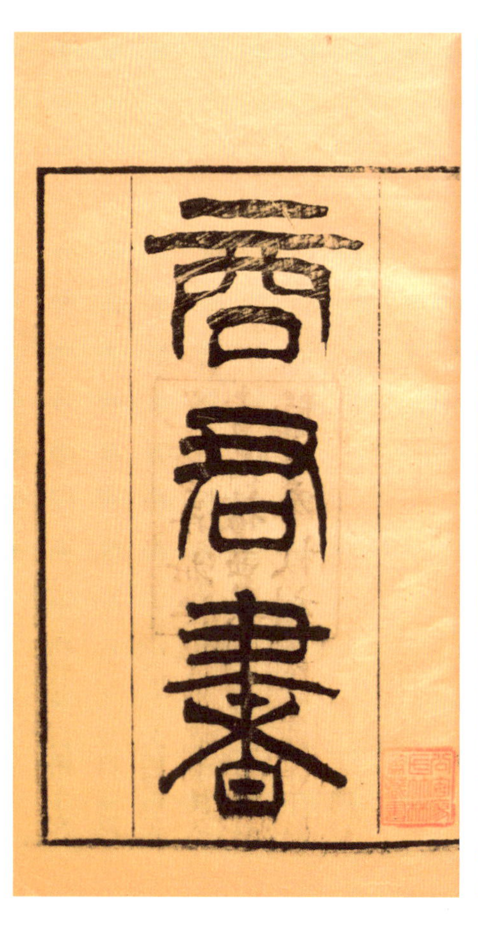
商君書

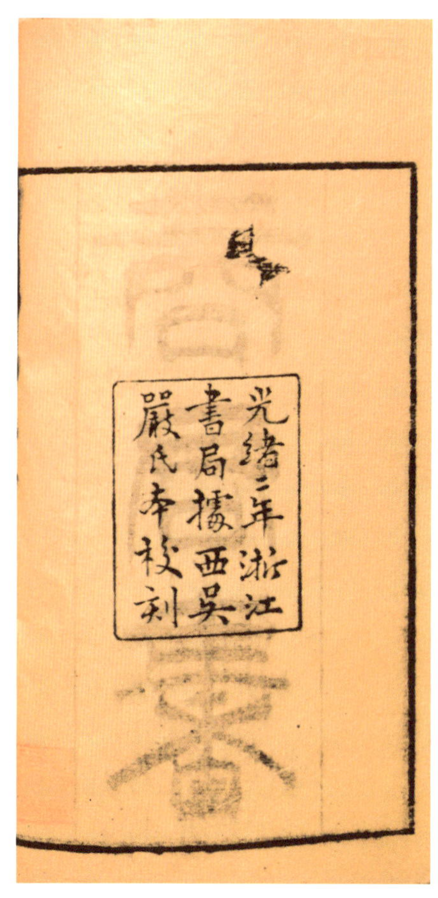
光緒二年浙江
書局據西吳
嚴氏本校刻

商君書卷第一　　西吳嚴萬里叔卿校本

更法第一

孝公平晝公孫鞅甘龍杜摯三大夫御於君慮世事之變討正法之本求使民之道秦本范本無求字元本有君曰代立不忘社稷君之道也錯法務民主張臣之行也今吾欲變法㠯治更禮㠯教百姓恐天下之議我也公孫鞅曰臣聞之疑行無成史記作無名疑事無功君亟定變法之慮殆無顧天下之議之也且夫有高人之行者固見負於世史記作固見非元本同秦本范本作必見非司馬貞索隱云案商君書非作負今據改有獨知之

214.韓非子二十卷 〔周〕韓非撰 **附識誤三卷** 〔清〕顧廣圻撰

清光緒元年(1875)浙江書局刻本 六册一函

半葉九行二十一字,小字雙行同,白口,左右雙邊,單黑魚尾,半框高18.3釐米,寬13.2釐米。版心中鎸書名、卷次,下鎸葉碼。

内封題"韓非子/附顧千里識誤"。

牌記題"光緒元年浙江/書局據吴氏影/宋乾道本斠刻"。

卷端題"韓非子"。

卷首有吴鼒序、黄三八郎序、目録。

卷末鎸"董慎行校"。

鈐印:"公安廖氏竹林齋藏書"陽文方印。

按:識誤卷首有顧廣圻序。本書疑爲浙江書局輯《二十二子》零種。

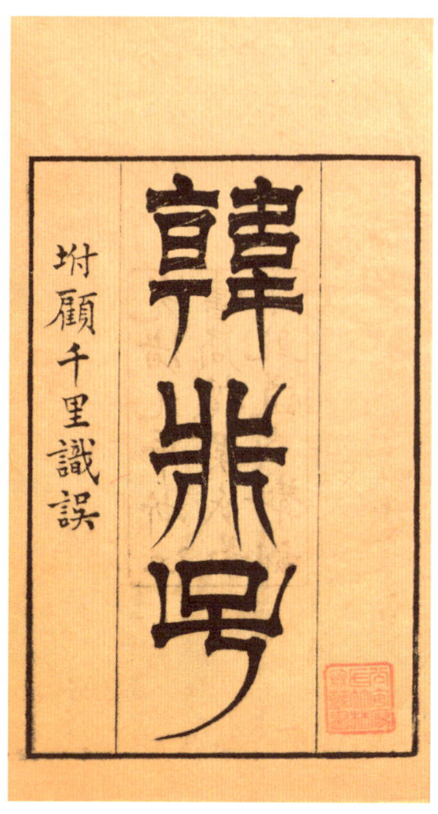

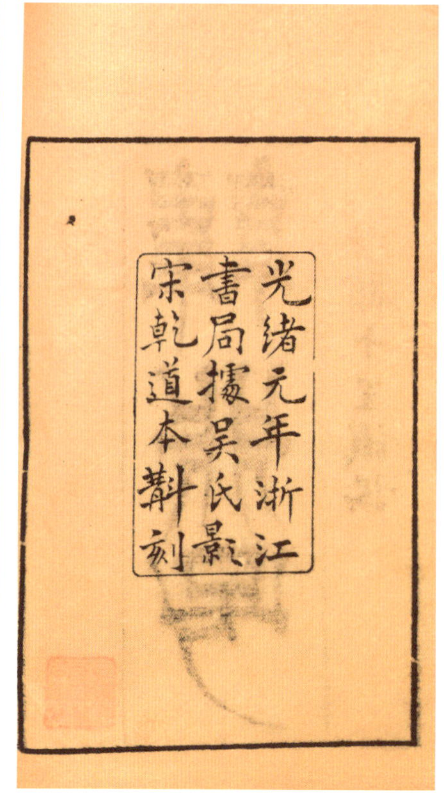

韓非子卷第一

初見秦第一

臣聞不知而言不智知而不言不忠爲人臣不忠當死言而不當亦當死雖然臣願悉言所聞唯大王裁其罪臣聞天下陰燕陽魏〔燕北故曰陰魏南故曰陽〕連荆固齊收韓而成從將西面以與秦强爲難臣竊笑之世有三亡而天下

韓非子卷一　一

農家農學類

215.農政全書六十卷　〔明〕徐光啓撰　

清宣統元年（1909）上海求學齋局石印本　八册一函

徐光啓（1562—1633）字子先，號玄扈，上海人。

内封題“道光癸卯重刊/農政全書/曙海樓藏板”。

牌記題“宣統元年上海/求學齋局石印”。

卷端題“農政全書，明上海徐光啓原本，東陽張國維、穀城方岳貢原刻，上海太原氏重刊”。

卷首有總目提要、張國維原序、張溥序、王大憲序、方岳貢序、潘曾沂重刻序、徐汝璋序、“徐文定公傳”、凡例、總目。

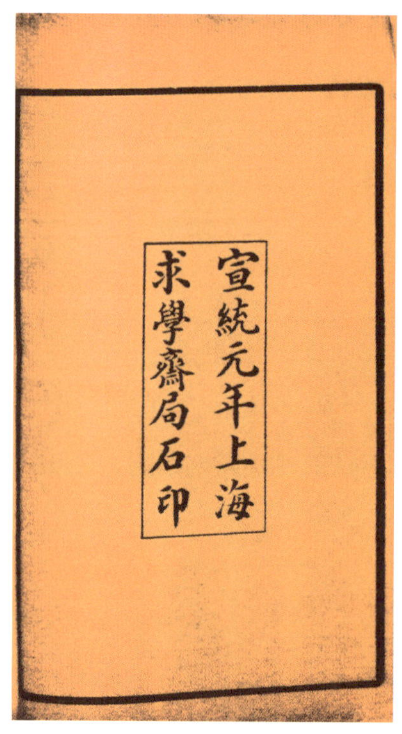

農政全書卷之一

明　上海徐光啓原本

東陽張國維　穀城方岳貢原刻

上海太原氏重刊

農本

經史典故

神農氏曰炎帝以火名官斲木爲耜揉木爲耒耒耨之用以教萬人始教耕故號神農氏白虎通云古之人民皆食禽獸肉至於神農用天之時分地之利制耒耜教民農作神而化之使民宜之故謂之神農典語云神農嘗草別穀烝民粒食後世至今賴之農丈人一星在斗西南老農主稼穡也其占與糠略同與箕宿邊杵星相近蓋人事作乎下天象應乎上農星其殆始於此也后稷名曰棄棄爲兒時如巨人之志其遊戲好種植麻麥及爲成人遂好耕農相地之宜宜穀者稼穡之民皆法之帝堯聞之舉爲農師帝舜曰棄黎民阻饑汝后稷播時百穀詩曰思文后稷克配彼天立我烝民莫匪爾極帝命率育奄有下國俾民稼穡豳風七月之詩陳王業之艱難蓋周家以農事開國實禮於后稷所謂配天社而祭者皆後世報其功德尊之之禮實萬世不廢之典也

嘗聞古之耕者用耒耜以二耜爲耦而耕皆人力也至春秋之間始有牛耕用犁山海經曰后稷之孫叔均始作牛耕是也嘗考之牛之有星在二十八宿丑位其來著矣謂牛生於丑宜以是月致祭牛宿及令各加蒭豆養牛以備春耕

漢食貨志后稷始甽田以二耜爲耦

藝文志農九家百四十一篇農家者流蓋出農稷之官播百穀勸耕桑以足衣食

書洪範八政一曰食二曰貨玄扈先生曰生之者衆食之者寡此言食也爲之者疾用之者舒此言貨也

周公曰嗚呼君子所其無逸先知稼穡之艱難乃逸則知小人之依

禮王制國無九年之蓄曰不足無六年之蓄曰急無三年之蓄曰國非其國也三年耕必有一年之食九年耕必有三年之食以三十年之通雖有凶旱水溢民無菜色

216.欽定授時通考七十八卷　〔清〕鄂爾泰、張廷玉總裁　〔清〕蔣溥等纂修

清同治（1862—1874）江西書局刻本　二十四册二函

半葉十一行二十一字，白口，四周雙邊，單黑魚尾，半框高20.5釐米，寬15釐米。版心上鐫書名，中鐫卷次、門類、篇名，下鐫葉碼。

内封題“欽定授時通考”。

牌記題“江西書局敬謹重修”。

卷端題“欽定授時通考”。

卷首有清乾隆七年（1742）御製序、銜名、上諭、奏摺、凡例、目録。

鈐印：“公安廖氏竹林齋藏書”陽文方印。

217.又一部　二十册二函。無内封、牌記，鈐“蓮府珍藏”陽文方印。　

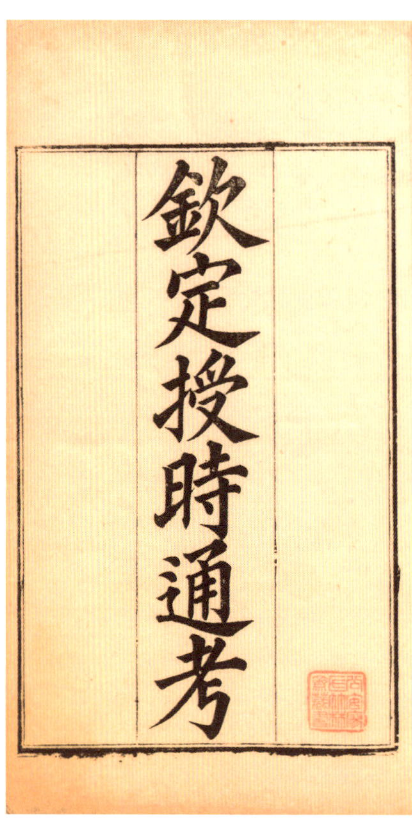

欽定授時通考卷一

天時

總論上

書〔堯典〕敬授人時。

〔集傳〕人時。謂耕穫之候。民事早晩之所關。

〔舜典〕咨十有二牧。曰食哉惟時。

〔傳〕所重在於民食。惟當敬授民時。〔疏〕立君所以牧民。民生在於粒食。是君之所重。論語云。所重民食。謂年穀也。種殖收斂。及時乃穫。故惟當敬授民時。

〔洪範〕八庶徵。曰雨。曰暘。曰燠。曰寒。曰風。曰時。五者來備各以其敘。庶草蕃廡。

醫家類

218.傷寒總病論六卷　〔宋〕龐安時撰　札記一卷　〔清〕黄丕烈撰

RC195 .C5 P3

清光緒（1875—1908）石印本　四册一函

龐安時，字安常，蘄水（今湖北浠水）人。

内封題“道光癸未仲春/傷寒總病論/士禮居影宋重雕”。

卷端題“傷寒總病論，蘄水龐安時撰”。

卷首有序。

卷末有後序。

札記後鎸“道光癸未歲吴門黄氏士礼居開雕、同邑施南金書”，黄丕烈“題宋刻龐安常傷寒總病論後”。

鈐印：“公安廖氏竹林齋藏書”陽文方印。

按：此書當爲清光緒十三年（1887）上海蜚英館影印《士禮居黄氏叢書》之零本。

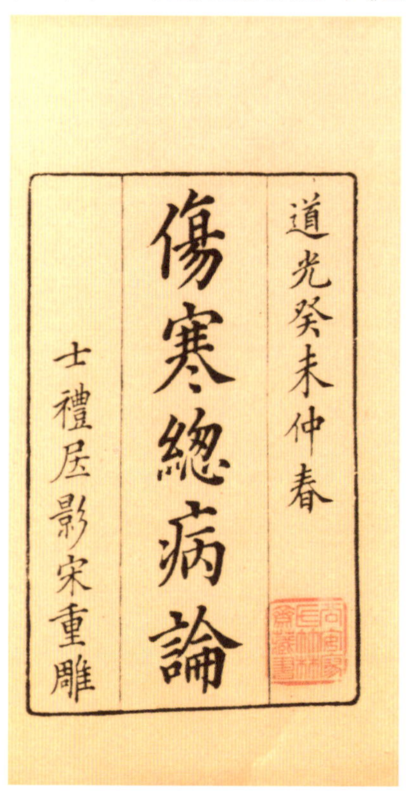

傷寒總病論卷第一

蘄水龐　安時　撰

叙論凡言龐曰其下有注皆安時言　太陽證

陽明證　少陽證

太陰證　少陰證

厥陰證　兩感證

三陰三陽傳病證

叙論

龐曰素問云冬三月是謂閉藏水冰也地裂衣無擾乎

219.本草綱目五十二卷本草綱目圖三卷 〔明〕李時珍撰 **本草綱目拾遺十卷** 〔清〕趙學敏輯 **本草萬方鍼線八卷** 〔清〕蔡烈先輯

清光緒十九年(1893)鴻寶齋石印本 十六册二函

李時珍(1518—1593)字東璧,號瀕湖,蘄州(今湖北蘄春)人。

内封題"本草綱目"。

牌記題"光緒癸巳季秋月/鴻寶齋三次石印"。

卷端題"本草綱目,蘄陽李時珍東璧父編輯,武林吴毓昌玉涵父較訂"。

卷首有沈祖燕清光緒十四年"石印本草綱目新序"、張朝璘清順治十四年(1657)"重刻本草綱目原序"、吴毓昌清順治十二年"重訂本草綱目自序"、凡例、"進本草綱目疏"、"本草綱目總目"、"本草藥品總目"、"重刻脉學奇經八脉序"、"瀕湖脉學"、"題奇經八脉考"、"考證諸書目"、"脉訣考證"。

本草綱目拾遺内封題"本草綱目拾遺"。

牌記題"光緒癸巳季秋月/鴻寶齋三次石印"。

卷端題"本草綱目拾遺,錢塘趙學敏恕軒氏輯"。

卷首有利濟十二種總序、凡例、正誤、小序、總目、全目、目録。

卷末有清同治三年(1864)張應昌跋。

本草萬方鍼線内封題"萬方鍼線"。

牌記題"光緒癸巳季秋月/鴻寶齋三次石印"。

卷端題"本草萬方鍼線,山陰蔡烈先藺齋父輯"。

卷首有自叙、凡例、目録。

鈐印:"公安廖氏竹林齋藏書"陽文方印。

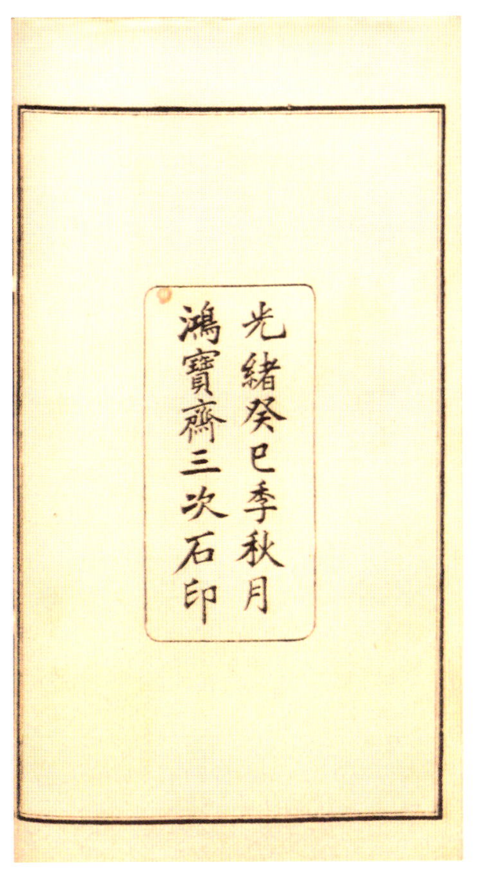

光緒癸巳季秋月

鴻寶齋三次石印

本草綱目序例第一卷上

蘄陽李時珍東璧父編輯

武林吴毓昌玉涵父較訂

序例上

歷代諸家本草

神農本草經

名醫別錄

本草綱目 卷一上 序例

220.洪氏集驗方五卷 〔宋〕洪遵撰 R601 .H8

清光緒（1875—1908）石印本 二册一函

洪遵（1120—1174）字景嚴，鄱陽（今江西）人。

内封題“嘉慶己卯/洪氏集驗方/士礼居宋本重刊”。

卷端題“洪氏集驗方”。

卷首有石韞玉“重刊宋本洪氏集驗方序”、黄丕烈“重刊宋本洪氏集驗方後叙”、目録。

卷末有清嘉慶九年（1804）黄丕烈跋、十年顧廣圻跋。

鈐印：“公安廖氏竹林齋藏書”陽文方印。

按：此書當爲清光緒十三年（1887）上海蜚英館影印《士禮居黄氏叢書》之零本。

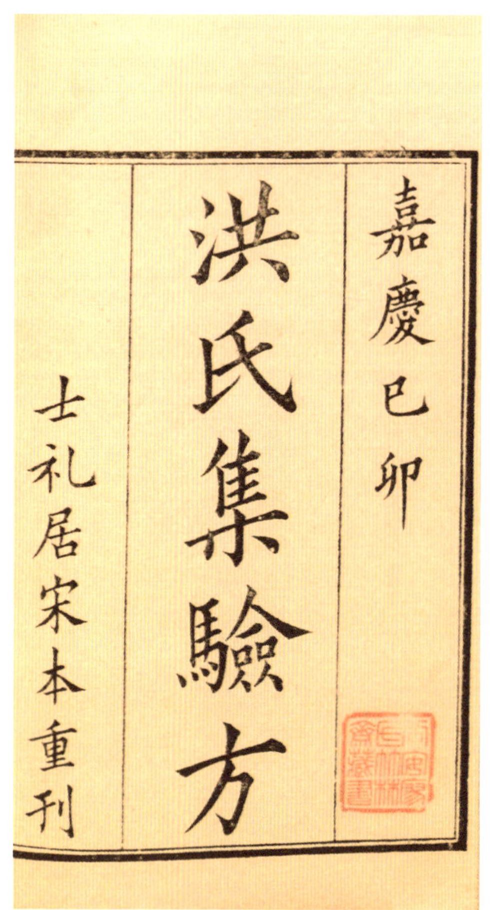
嘉慶己卯
洪氏集驗方
士礼居宋本重刊

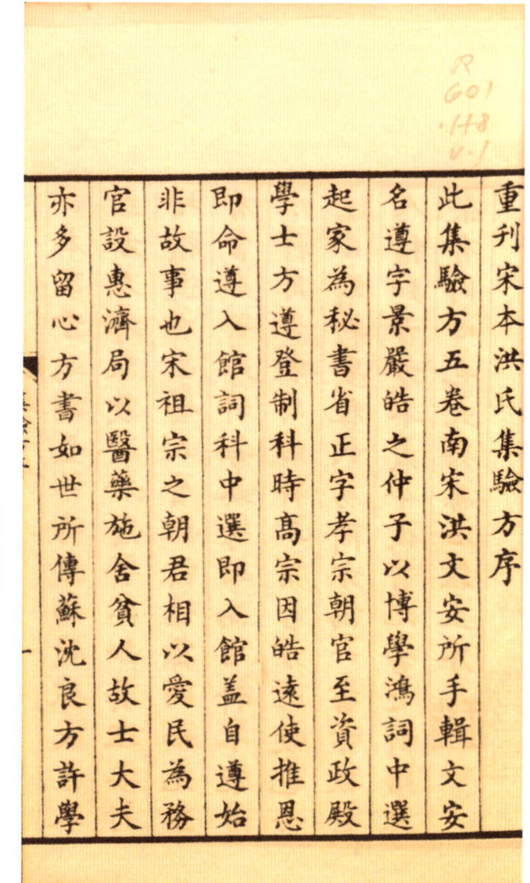

重刊宋本洪氏集驗方序
此集驗方五卷南宋洪文安所手輯文安
名遵字景嚴皓之仲子以博學鴻詞中選
起家為秘書省正字孝宗朝官至資政殿
學士方遵登制科時高宗因皓遠使推恩
即命遵入館詞科中選即入館蓋自遵始
非故事也宋祖宗之朝君相以愛民為務
官設惠濟局以醫藥施舍貧人故士大夫
亦多留心方書如世所傳蘇沈良方許學

洪氏集驗方卷第一

治痢先忠宣獲此方屢有神驗

黃連吴茱萸各二兩如常法揀洗焙乾黃連剉令寸斷同一處炒候香熟分為二各用醋糊為丸如桐子大若小兒則如菉豆大悉赤痢則服黃連白痢則服茱萸赤白則并服之赤先白後則先黃連而後茱萸赤多白少則二分黃連二分茱萸反是亦如之每服五七十粒至百粒服之以

雜著類

雜考之屬

221.南江札記四卷　〔清〕邵晋涵撰　附國史儒林傳稿一卷　〔清〕阮元撰

清光緒十八年（1892）會稽徐氏刻本　二册一函

邵晋涵（1743—1796）字與桐，又字二雲，號南江，浙江餘姚人。

半葉十行二十三字，小字雙行同，白口，左右雙邊，單黑魚尾，半框高19釐米，寬13.5釐米。版心中鎸“札記”、卷次，下鎸葉碼、“會稽徐氏重栞”。

卷端題“南江札記，餘姚邵晉涵”。

卷首有阮元清嘉慶九年（1804）“南江邵氏遺書序”。

卷末有跋，署“光緒十八年閏六月會稽徐友蘭識”。

鈐印：“今關天彭之印”陽文方印。

按：卷一右欄外鎸“紹興先正遺書一集之四”，札記每卷末鎸“光緒十五年徐氏鑄學齋重栞，山陰蔡銘恩校”。末卷爲阮元撰“國史儒林傳稿”。

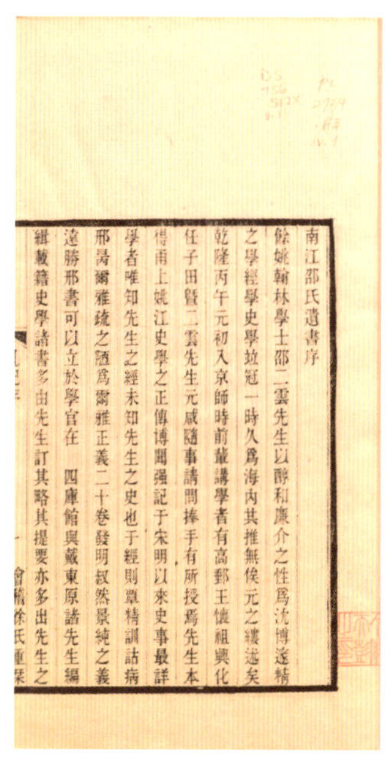
南江邵氏遺書序
餘姚翰林學士邵二雲先生以醇和廉介之性爲沈博遂精
之學經學史學竝冠一時久爲海内其推無俟元之縷述矣
乾隆丙午元初入京師時前輩講學者有高郵王懷祖興化
任子田暨二雲先生元咸隨事請問捧手有所授爲先生本
得甬上姚江史學之正傳博聞强記于宋明以來史事最詳
學者唯知先生之經未知先生之史也于經則覃精訓詁病
邢昺爾雅疏之陋爲爾雅正義二十卷發明叔然景純之義
遠勝邢書可以立於學官在　四庫館與戴東原諸先生編
輯載籍史學諸書多由先生訂其略其提要亦多出先生之
會稽徐氏重栞

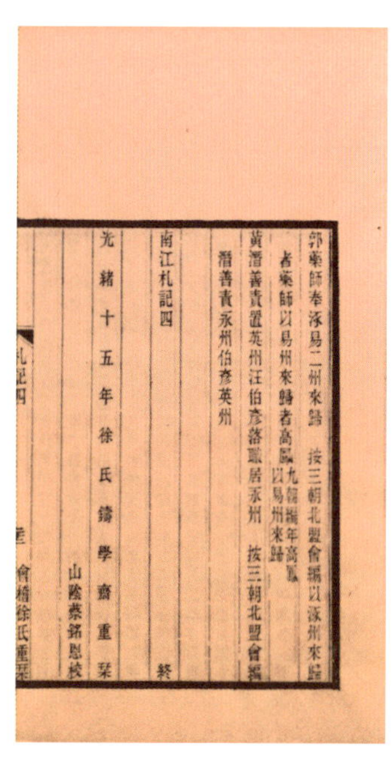
郛藥師奉涿易二州來歸　按三朝北盟會編以涿州來歸
者藥師以易州來歸者高鳳　九朝編年高鳳以易州來歸
黄潛善責置英州汪伯彥落職居永州　按三朝北盟會編
潛善責永州伯彥英州
南江札記四　終
光緒十五年徐氏鑄學齋重栞
山陰蔡銘恩校
會稽徐氏重栞

南江札記卷一

餘姚邵晉涵

春秋左氏傳

隱四年戊申衛州吁弒其君完　汲古閣本戊申誤作庚戌

阻兵而安忍　文選注引左傳阻兵而安忍杜註阻恃也辨亾論

六年商書曰惡之易也　今盤庚無此句莊十五年傳引書亦有此四字

八年諸侯以字爲謚因以爲族　陸粲曰當作諸侯以字爲氏因以爲族鄭駁異義引傳文若此

222.群書拾補三十七卷　〔清〕盧文弨撰　PL2261 .L83

清光緒十三年（1887）上海蜚英館石印本　八册一函

内封題“群書拾/補”。

牌記題“光緒丁亥十月朔/上海蜚英館石印”。

卷端題“五經正義表”。

卷首有錢大昕序、盧文弨“群書拾補小引”、“群書拾補初編目録”、審定善本姓氏。

鈐印：“公安廖氏竹林齋藏書”陽文方印。

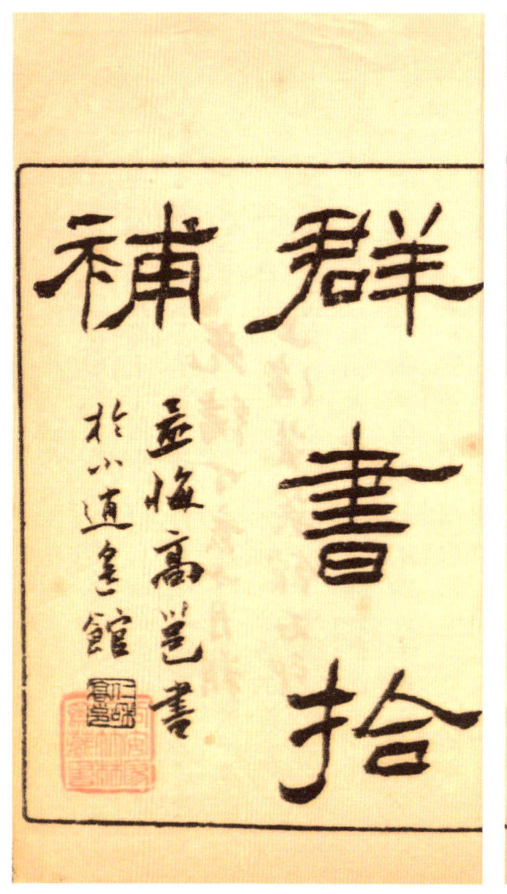

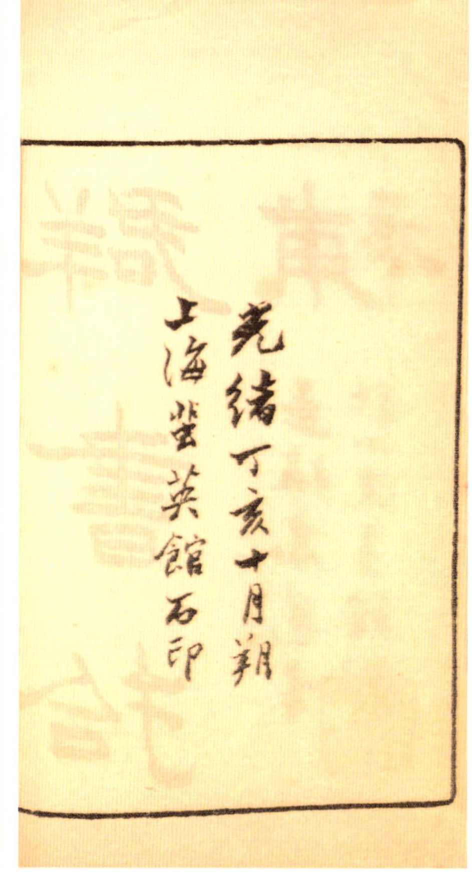

五經正義表

臣无忌等言臣聞混元初闢三極之道分焉醇德既醨六籍之文著矣於是龜書浮於溫洛爰演九疇龍圖出於榮河以彰八卦故能範圍天地埏埴陰陽道濟四溟知周萬物所以七教八政垂炯戒於百王五始六虛貽徽範於千古詠歌明得失之跡雅頌表興廢之由寔刑政之紀綱乃人倫之隱括昔雲官司契之后火紀建極之君雖步驟不同質文有異莫不開兹膠序樂以典墳敦稽古以弘風闡儒雅以立訓啓含靈之耳目贊神化之丹青姬孔發揮於前荀孟抑揚於後馬鄭迭進成均

雜説之屬

223.老學庵筆記十卷 〔宋〕陸游撰 PL2687 .L8 A16 1877

清光緒三年（1877）湖北崇文書局刻本 二册一函

陸游（1125—1210）字務觀，號放翁，越州山陰（今浙江紹興）人。

半葉十二行二十四字，小字雙行同，黑口，四周雙邊，雙黑魚尾，半框高19.2釐米，寬14.8釐米。版心中鎸卷次、書名，下鎸葉碼。

内封題“老學盦/筆記”。

牌記題“光緒三年三月湖/北崇文書局開雕”。

卷端題“老學庵筆記，宋山陰陸務觀”。

按：疑爲《崇文書局叢刻書》之零種。

老學盦
筆記

光緒三年三月湖
北崇文書局開雕

老學庵筆記卷一

宋　山陰陸務觀

徽宗南幸至潤郡官迎駕於西津及御舟抵岸上御椶頂轎子一宦者立轎旁呼曰道君傳語衆官不須遠來衞士臚傳以告遂退

徽宗南幸還京服栗玉並桃冠白玉簪赭紅羽衣乘七寳輦蓋吳敏定儀注云

高宗在徽宗服中用白木御椅子錢大主入覲見之曰此檀香椅子耶張婕妤掩口笑曰禁中用胭脂皂莢多相公已有語更敢用檀香作椅子耶時趙鼎張浚作相也

建炎苗劉之變內侍遇害至多有秦同老者自揚州被命至荆楚前一日還行在尙未得對亦死焉又有蕭中道者日侍左右

224.穀山筆麈十八卷 〔明〕于慎行撰

明萬曆四十一年（1613）于緯刻本　八册一函

于慎行（1545—1607）字可遠，又字無垢，號穀山，東阿（今屬山東）人。

半葉九行十八字，白口，四周單邊，單黑魚尾，半框高18.5釐米，寬14.4釐米。版心上鎸“筆麈”，中鎸卷次，下鎸葉碼。

卷端題“穀山筆麈，明東阿穀山于慎行著，門人福唐郭應寵編次，男于緯校梓”。

卷首有目録、明萬曆四十一年郭應寵識語。

鈐印：“任援道”印。

按：該本爲金鑲玉裝。

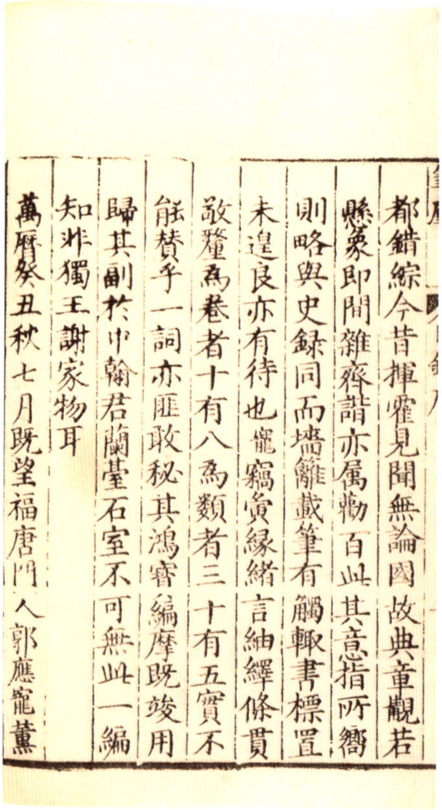
都錯綜今昔揮霍見聞無論國故典章覲若
懸象即閭閻雜齊諧亦屬勸百此其意指所嚮
則略與史録同而牆籬載筆有觸輒書標置
未遑良亦有待也寵竊覓緣緒言紬繹條貫
敢釐爲卷者十有八爲類者三十有五實不
能賛乎一詞亦匪敢秘其鴻寶編摩既竣用
歸其副於中翰君蘭臺石室不可無此一編
知非獨王謝家物耳
萬曆癸丑秋七月既望福唐門人郭應寵薰

穀山筆麈卷之一

明東阿穀山于愼行著
門人福唐郭應寵編次
男于緯校梓

制典上

唐制天子御殿見群臣曰常參朔望薦食諸陵有思慕之心不能御前殿則御便殿見群臣曰入閤宣政前殿也謂之衙衙有仗紫宸便殿也謂之閤由正衙喚仗由閤門而進百官隨而入

225.香祖筆記十二卷　〔清〕王士禛撰　　PL2732 .A56 H7

清宣統二年（1910）掃葉山房石印本　四册一函

王士禛（1634—1711）字子真、貽上，號阮亭，又號漁洋山人，新城（今山東桓臺）人。

内封題“新城王漁洋先生著/香祖筆記”。

牌記題“宣統二年石印/掃葉山房”。

卷端題“香祖筆記，新城王士禛貽上”。

卷首有王士禛序。

鈐印：“公安廖氏竹林齋藏書”陽文方印、“春暉閣章”陰文方印、“貢樹重榮”陽文方印。

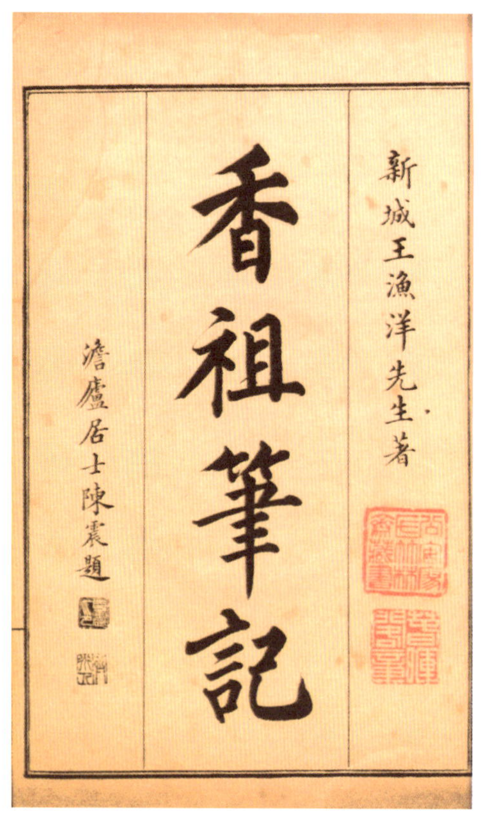
新城王漁洋先生著
香祖筆記
澹廬居士陳震題

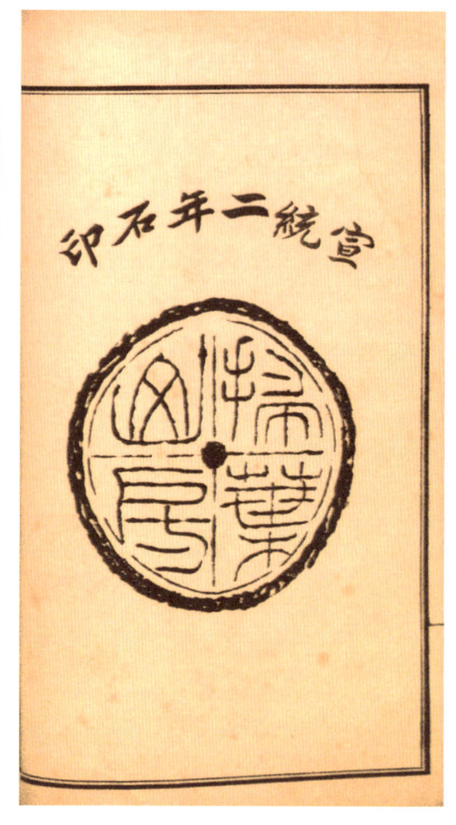
宣統二年石印
掃葉山房

香祖筆記卷一

新城王士禛貽上

康熙四十一年壬午三月初五日　文華殿經筵臣士禛以　經筵講官刑部尚書侍文淵閣大學士吏部尚書熊賜履禮部侍郎羅察進講四書樊遲問仁子曰愛人一節禮部尚書韓菼工部侍郎舒輅進講易經繫辭居則觀其象而玩其辭四句講畢　賜宴太和門

初八日　東宮會講　持敬殿臣士禛以尚書侍班講官內閣學士禮部侍郎兼詹事府詹事來道右春坊右諭德兼修撰沈涵進講四書親親而仁民二句少詹事賽音布翰林院修撰胡任輿進講書經惟德惟義時乃大訓二句講畢　賜茶文華殿門

江南道監察御史張瑗題爲逆惡之罪既已正典于前朝私監之碑豈宜傳流于後世亟請乾綱勅毁以儆奸邪以垂鑒戒事恭聞我　皇上前歲翠華南幸命修岳飛之墓賜題于謙之碑誠以此二臣者忠貫日月義壯山河故特表而揚之以風示天下夫善在必彰者則惡在所必癉臣奉命巡視西城前往西山一帶查閱

226.定香亭筆談四卷　〔清〕阮元撰　

清光緒二十五年（1899）浙江書局刻本　四册一函

半葉十行二十字，白口，左右雙邊，單黑魚尾，半框高17.4釐米，寬13.1釐米。版心中鐫書名、卷次，下鐫葉碼。

内封題"定香亭/筆談/揚州阮氏琅嬛仙館/栞板"。

牌記題"光緒己亥九月/浙江書局重雕"。

卷端題"定香亭筆談，揚州阮元記，嘉興吴文溥録"。

卷首有阮元清嘉慶五年（1800）叙。

鈐印："公安廖氏竹林齋藏書"陽文方印。

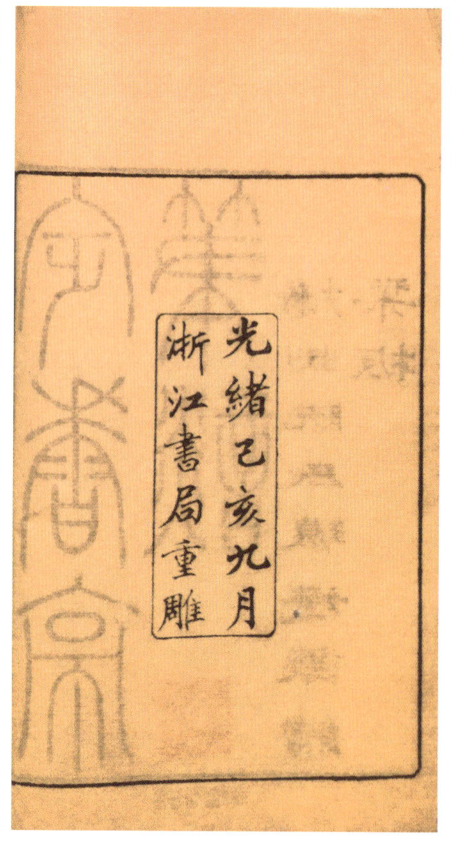

定香亭筆談卷一

揚州阮元記　　嘉興吳文溥錄

浙江杭州學使署西園有荷池池中小亭翼然四圍竹樹蒙密入夏後萬荷競發清芬襲人亭舊無名余用放翁詩風定池蓮自在香意名之曰定香亭命青田端木子彝國瑚賦之清思古藻絕似齊梁人手筆

定香亭賦　　端木國瑚

謝公水月杜老乾坤抗心古哲怡志名園楬修月斧墻斲雲根井惟客轄市豈臣門神清藻想氣馥蘭言闢空香而入妙儼寂定而無喧榜目定香亭

雜纂之屬

227.篷窗隨録十四卷篷窗附録二卷　〔清〕沈兆澐輯　DS755 .P46 1857

清咸豐七年（1857）刻本　九册一函

沈兆澐（1783—1876）字雲巢，號拙安、瑩川，天津人。

半葉十一行二十一字，白口，四周雙邊，單黑魚尾，半框高17.3釐米，寬12.8釐米。版心中鎸書名、卷次，下鎸葉碼。

内封題“篷窗隨録”。

牌記題“咸豐七年歲在/丁巳春二月刊”。

卷端題“篷窗隨録，天津沈兆澐雲巢甫輯，男維瓛校”。

卷首有“篷窗隨録叙”，署“咸豐壬子秋七月沈兆澐自序於河南按察使署之嘉石庭”；“自題篷窗録”；“篷窗隨録凡例”；“篷窗隨録總目”。

附録内封題“篷窗附録”。

牌記題“咸豐七年歲在/丁巳夏四月刊”。

卷端題“篷窗附録，天津沈兆澐雲巢甫輯，男維瓛校”。

卷首有“篷窗附録序”，署“咸豐二年七月沈兆澐自序於河南按察使署之嘉石庭”。

卷末署“孫恩闓、恩益、恩嘉同校”。

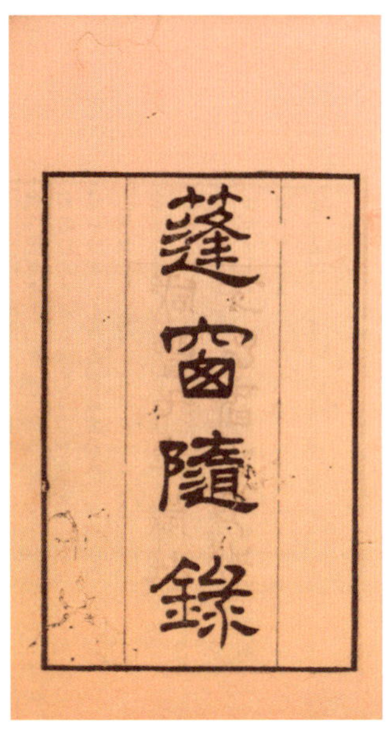

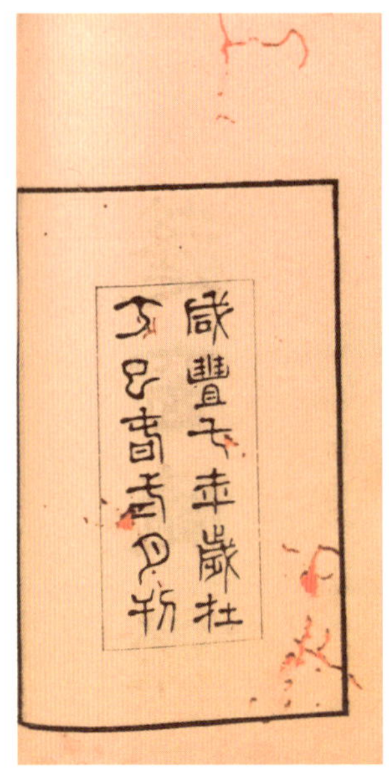

篷窗隨錄卷一

天津沈兆澐雲巢甫輯　男維璥校

目錄

228.篷窗續録二卷 〔清〕沈兆澐輯

清咸豐九年(1859)刻本　二册一函

半葉十一行二十一字,白口,四周雙邊,單黑魚尾,半框高16.6釐米,寬13.1釐米。版心中鎸書名、卷次,下鎸葉碼。

卷首有“篷窗續録叙”,署“咸豐九年六月沈兆澐自識於山西按察使署之冰鑑堂”。

按:沈兆澐自叙言“取國朝人文集翻閱,摘其有關吏治學術知人論世者鈔存篋衍”。

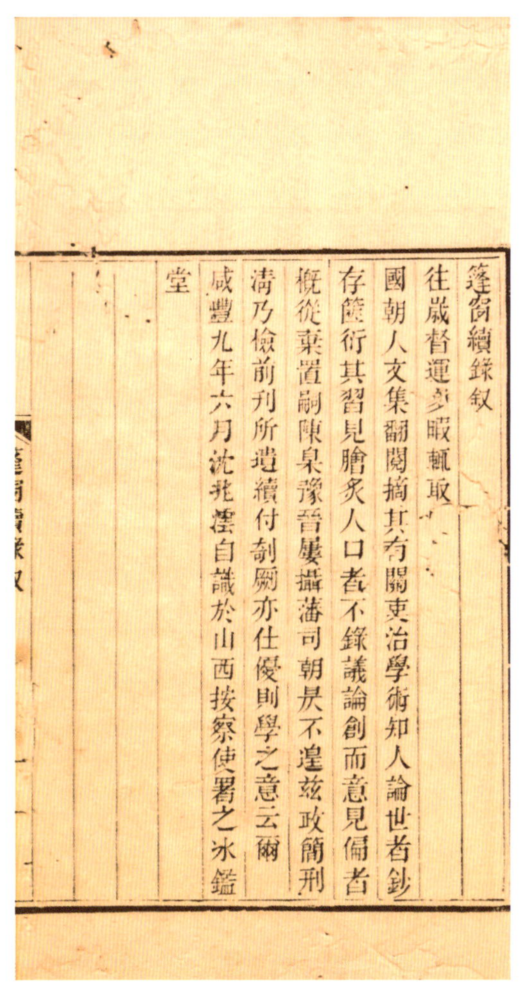
篷窗續錄叙
往歲督運多暇輒取
國朝人文集翻閱摘其有關吏治學術知人論世者鈔
存篋衍其習見膾炙人口者不錄議論創而意見偏者
概從棄置嗣陳臬豫晉屢攝藩司朝昃不遑茲政簡刑
清乃檢前刊所遺續付剞劂亦仕優則學之意云爾
咸豐九年六月沈兆澐自識於山西按察使署之冰鑑
堂

讓産序

孫奇逢

人倫有五而兄弟相處之日最長蓋君臣朋友其遇合無期聚會有時至父之生子妻之配夫亦皆以二十歲爲率惟兄弟或一二年或四五年相繼而生自竹馬遊戲以至駘背鶴髮其相與周旋多者至七八十年之久此中之樂曷其有極乃人盡兄弟也而兄弟不皆樂而相怨相尤一體互爲翦伐同氣爭相謬戾不止視同路人而且讐若敵國此何以故謂父母之一椽一瓦一絲一粒兄弟各有分焉一認爲分内之物便錙銖尺寸所必較故從古兄弟之間或爲家而爭爲國而爭爲天下而爭皆各見其爲分内耳誰能洞然破除此見置勞逸

雜編之屬

229.任兆麟述記三卷　〔清〕任兆麟撰　PL2263 .J46

清光緒（1875—1908）上海袖海山房石印本　三册一函

任兆麟，字文田，號心齋，江蘇震澤（今蘇州）人。

内封題"任兆麟述記"。

牌記題"上海袖海山房/代文林堂校印"。

卷端題"任兆麟述記"。

鈐印："公安廖氏竹林齋藏書"陽文方印。

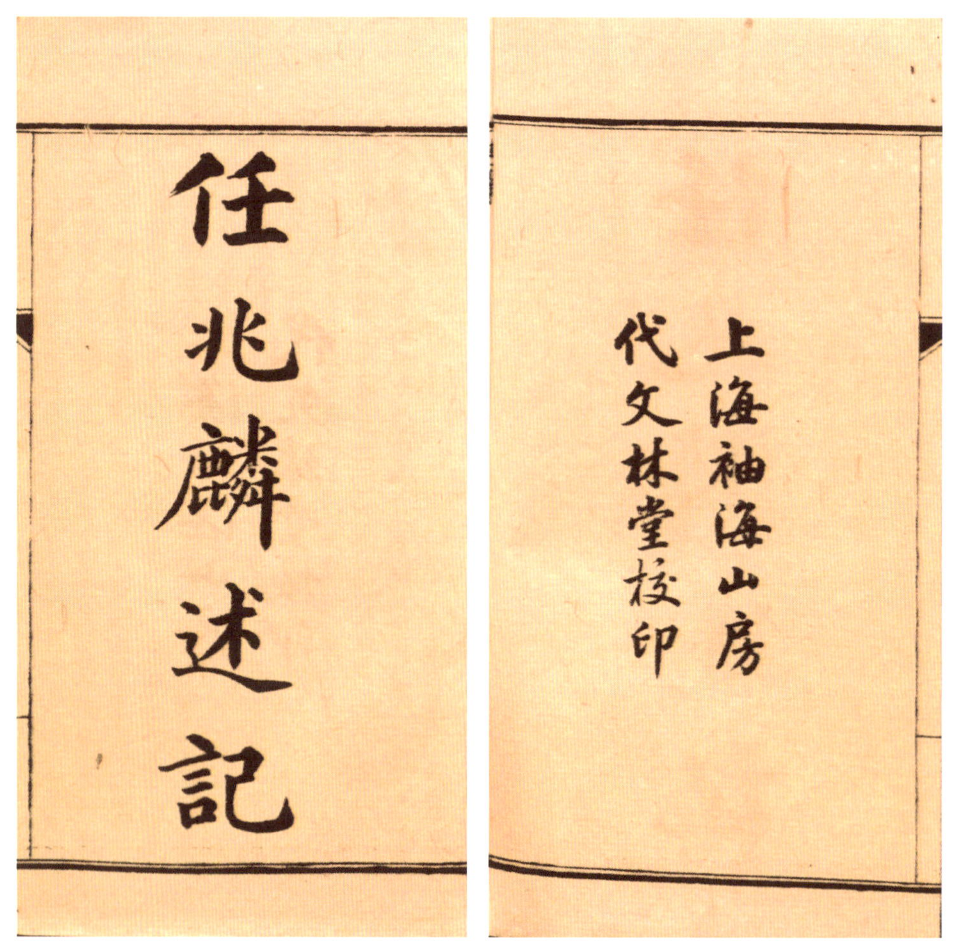

任兆麟述記卷上

夏小正

春

正月啟蟄雁北鄉雉震雊舊本作呴魚陟負冰農緯厥耒初歲祭耒始用暘圃見有韭時有俊風寒日滌凍塗田鼠出農率均田獺獻魚獻記作祭鷹則為鳩農及雪澤釋初服於公田采芸鞠則見初昏參中斗柄縣在下柳稊梅杏杝記作椸音移桃則華緹音提縞音浩鷄孚粥育

二月往耰黍禪初俊羔助厥母粥綏多女士丁亥萬用入學祭鮪榮堇采蘩昆小蟲抵蚳來降燕乃睇剝鱓有鳴倉庚榮芸采芑此句見類函又載傳蓬也舊本並闕

三月參則伏主火出火此句舊本錯簡在九月今正之攝桑苑委楊韓羊螜音斛則鳴頒冰采識妾子始蠶執養宮事祈麥實越有小旱田鼠化為鴽拂桐芭葩鳴鳩

夏

四月昴柳則見初昏南門正鳴札囿有見杏鳴蜮王萯秀取荼䕡秀幽莠音相近訛越有

230.小知録十二卷　〔清〕陸鳳藻輯　

清同治十二年（1873）淮南書局刻本　四册一函

陸鳳藻，字丹扆，江蘇吴縣（今蘇州）人。

半葉十行二十五字，白口，左右雙邊，單黑魚尾，半框高14.2釐米，寬10.3釐米。版心上鎸書名，中鎸卷次、篇名，下鎸葉碼、“群玉山房”。

内封題“小知録”。

牌記題“同治癸酉仲冬/淮南書局重刊”。

卷端題“小知録，吴門陸鳳藻丹扆輯”。

卷首有清嘉慶九年（1804）錢大昕序、董鱗序。

鈐印：“公安廖氏竹林齋藏書”陽文方印。

小知錄卷一

吳門陸鳳藻丹扆輯

乾緯

泰鴻 天也或曰紫落（翟寶賢有賦） 青丙（周髀算經） 黃乾（東漢書）

撐犂 匈奴呼天亦曰祁連西域曰提婆元曰統格落（天中記） 日本曰唆剌琉球曰向尼占城曰剌儀三佛齊曰普剌（八紘譯史）

三十六天 自玄都玉京已下在三界內曰黃曾天玉完天何童天平育天文舉天七曜摩夷天（六天爲欲界） 越衡天濛翳天和陽天恭華天宗飄天黃笳天耀天端靖天恭慶天極瑤天元載孔昇天皇崖天極風天孝芒天翁仲浮容天江由天阮樂天曇誓天（十八天爲

231.古書拾遺四卷　〔清〕林春溥撰　

清道光二十四年（1844）刻本　二册一函

半葉十二行二十二字，小字雙行同，黑口，左右雙邊，雙黑魚尾，半框高17.8釐米，寬14釐米。版心中鐫書名、卷次，下鐫葉碼。

卷端題“古書拾遺，閩林春溥鑑塘”。

卷首有林春溥自敘，署“道光二十四年歲在甲辰春二月三山林春溥”；目録。

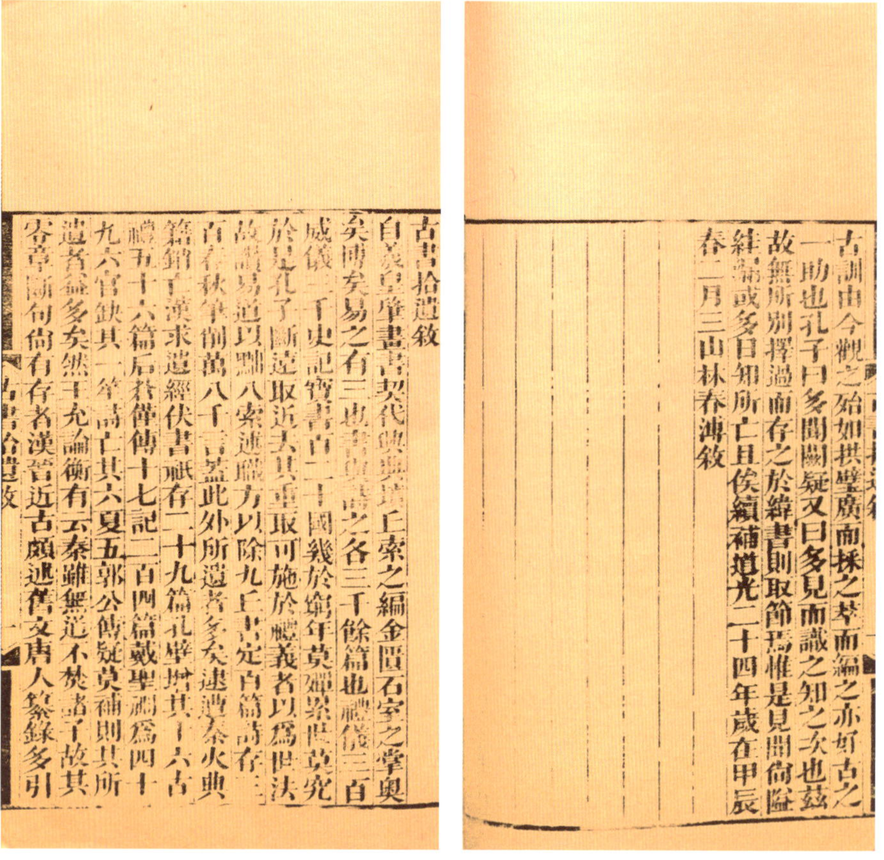

古書拾遺敘

自羲皇肇書書契代興典墳丘索之編金匱石室之掌奧矣博矣易之有三也書與詩之各三千餘篇也禮儀三百威儀三千史記寶書百二十國幾於窮年莫殫累世莫究於是孔子斷遠取近去其重取可施於禮義者以爲世法故讚易道以黜八索述職方以除九丘書定百篇詩存三百春秋筆削萬八千言蓋此外所遺者多矣逮遭秦火典籍銷亡漢求遺經伏書祇存二十九篇孔壁增其十六古禮五十六篇后倉傳十七記二百四篇戴聖刪爲四十九六官缺其一笙詩亡其六夏五郭公傳疑莫補則其所遺者益多矣然王充論衡有云秦雖無道不燔諸子故其寄章斷句尚有存者漢晉近古頗述舊文唐人纂錄多引

古書拾遺敘　一

古訓由今觀之殆如拱璧廣而採之萃而編之亦好古之一助也孔子曰多聞闕疑又曰多見而識之知之次也茲故無所別擇過而存之於緯書則取節焉惟是見聞尚隘紕繆或多日知所亡且俟續補道光二十四年歲在甲辰春二月三山林春溥敘

古書拾遺卷一

閩 林春溥 鑑定

易逸文

易曰正其本而萬物理失之毫釐差以千里故君子慎始 賈子新書胎教篇○說苑引易正作建餘同大戴禮察引作易曰君子慎始差若毫釐繆之千里小戴經解引易之作以餘同據文選任彥昇齊文宣王行狀註此易乾鑿度之文

易曰鼎象三公 後漢書明帝紀○文選潘尼贈河陽詩註引尚書註曰鼎三公象也

易曰天道無親常與善人 後漢書郎顗傳○老子及史記伯夷傳有此文

易曰小人處盛位雖高必崩 鹽鐵論訟賢篇

易稱天地變萬物生人道變功勳成 風俗通愆禮篇○揚子法言有此文

易曰有高世之材必有負俗之累有至智之明者必破衆庶之議成大功者不拘於俗論大道者不合於衆 越絕書○史記

小説家類

雜事之屬

232.西京雜記六卷　〔晋〕葛洪撰　〔明〕毛晋訂　PL2663 .L52x

明汲古閣刻本　一册一函

葛洪（約281—341）字稚川，號抱樸子，丹陽句容（今江蘇）人。毛晋（1599—1659），字子晋，號潛在，江蘇常熟人。

半葉九行二十字，白口，四周單邊，無魚尾，半框高21.2釐米，寬14釐米。版心上鎸“西京雜記”，中鎸卷次，下鎸“汲古閣”。

卷端題“西京雜記，晋丹陽葛洪集，明海虞毛晋訂”。

卷首有黄省曾序。

卷末有毛晋跋，言葛洪集此書原始。

鈐印：“無忌之章”陰文方印、“松陵柳無忌藏書之印”陽文方印。

按：該本與本館藏《佛國記》合訂成册，然兩書行款不同。此書疑爲明末清初據《津逮秘書》重印者。

西京雜記卷第一

晉丹陽葛洪集　明海虞毛晉訂

漢高帝七年蕭相國營未央宮因龍首山製前殿建北闕未央宮周廻二十二里九十五步五尺街道周廻七十里臺殿四十三其三十二在外其十一在後宮池十三山六池一山一亦在後宮門闥凡九十五

武帝作昆明池欲伐昆吾夷教習水戰因而於上游戲養魚魚給諸陵廟祭祀餘付長安市賣之池周

233.酉陽雜俎二十卷續集十卷 〔唐〕段成式撰 〔明〕毛晋訂

PL2677 .T9 1629X

明崇禎六年(1633)毛氏汲古閣刻本 四册一函

段成式(約803—863)字柯古,臨淄(今山東淄博)人。

半葉九行十九字,白口,四周單邊,無魚尾,半框高19.2釐米,寬14.2釐米。版心上鐫書名,中鐫卷次,下鐫“汲古閣”。

内封題“津逮秘書/第九集/酉陽雜俎、酉陽續雜俎、誠齋雜記、甘澤謡、本事詩、五色線、却掃編、劇談録、瑯嬛記、輟耕録”。

卷端題“酉陽雜俎,唐臨淄段成式柯古撰,明古虞毛晋子晋訂”。

卷首有段成式序、目録。

卷末有毛晋跋,續集卷末亦有毛晋跋,署“癸酉嘉平月鐫工告竣漫爲識湖南毛晋”。

鈐印:“松陵柳無忌藏書之印”陽文方印、“柳無忌印”陰文方印、“柳無忌”陰陽合璧方印、“温樹梁印”陰文方印。

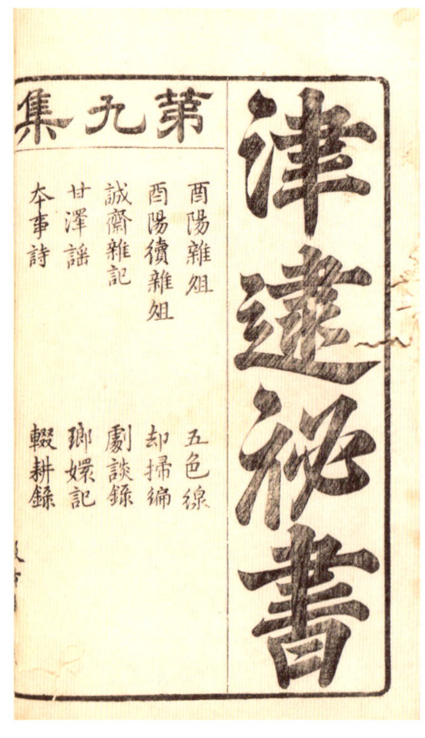
津逮秘書
第九集
酉陽雜俎
酉陽續雜俎
誠齋雜記
甘澤謡
本事詩
五色線
却掃編
劇談錄
瑯嬛記
輟耕錄

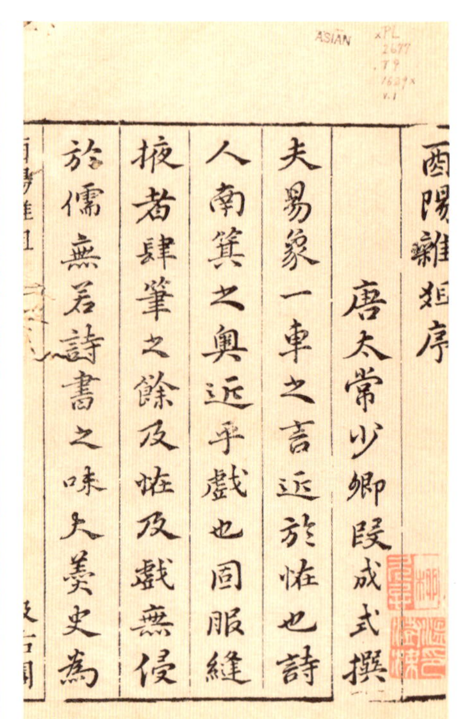
酉陽雜俎序
唐太常少卿段成式撰
夫易象一車之言近於恠也詩
人南箕之奥近乎戲也固服縫
掖者肆筆之餘及恠及戲無侵
於儒無若詩書之味大羹史為

酉陽雜俎卷第一

唐　臨淄段成式柯古撰

明　古虞毛　晉子晉訂

忠志

高祖少神勇隋末嘗以十二人破草賊號無端兒數萬又龍門戰盡一房箭中八十人

太宗虬鬚嘗戲張弓挂矢好用四羽大笴長常箭一膚射洞門闔上嘗觀漁於西宮見魚躍焉問其故漁者曰此當乳也於是中綱而止

234.右台仙館筆記十六卷　〔清〕俞樾撰　

清宣統二年（1910）朝記書莊石印本　八册一函

俞樾（1821—1907）字蔭甫，號曲園，浙江德清人。

内封題“俞蔭甫先生著/右台仙館筆記”。

牌記題“上海朝記書莊石印/蘇州振新書社發行”。

卷端題“右台仙館筆記，曲園居士”。

鈐印：“公安廖氏竹林齋藏書”陽文方印。

按：卷末有版權頁，題“宣統二年九月刷印/宣統二年十月初版”。

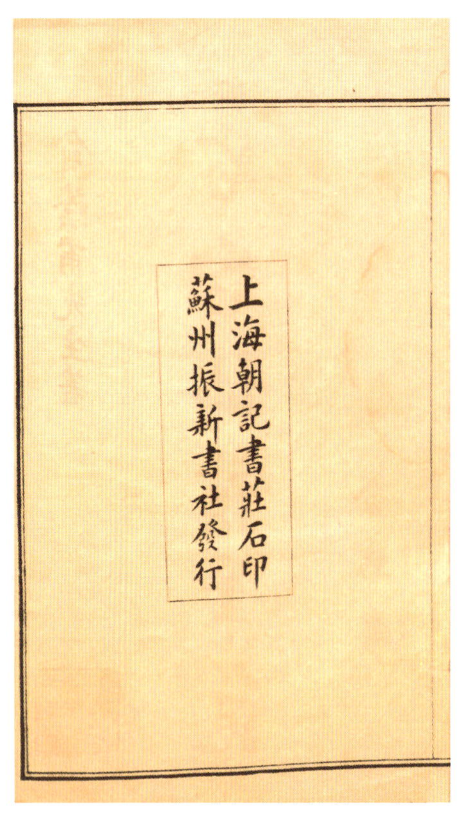

上海朝記書莊石印
蘇州振新書社發行

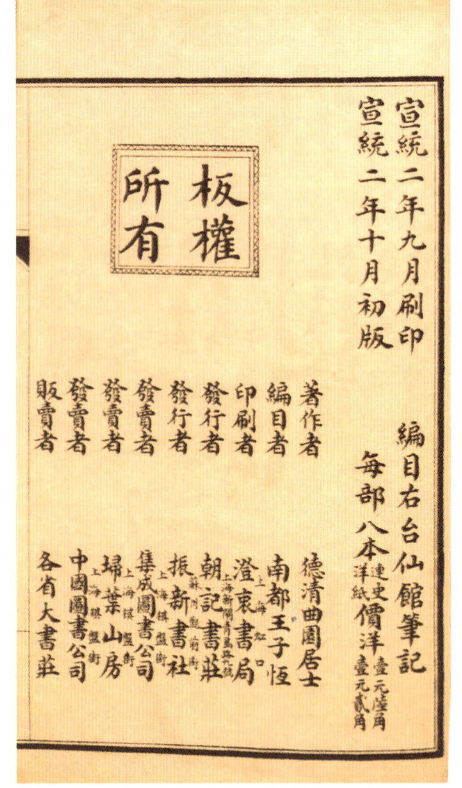

宣統二年九月刷印
宣統二年十月初版

板權所有

編目右台仙館筆記
每部八本 連史價洋壹元肆角 洋紙價洋壹元貳角

著作者 德清曲園居士
編目者 南郡王子恆
印刷者 澄衷書局
發行者 朝記書莊
發行者 振新書社
發賣者 集成圖書公司
發賣者 埽葉山房
發賣者 中國圖書公司
販賣者 各省大書莊

右台仙館筆記卷一

曲園居士

馮孝子

馮孝子佚其名，太倉州之老閘鎮人。少孤貧，傭耕以養母。亂後無田可耕，乃行乞於市，得錢則市酒肉以進，而歌俚曲以侑之。同治六年，母卒，乞得義塚地，并其父柩合葬之。日則仍出行乞，夕即於墓旁宿焉。每日必携數石以歸，環墓成垣，自結草廬，寢處其下。後數年，無病卒，鄉人即葬之於其所廬處。知州方公傳書立碣表之曰：馮孝子墓。春秋二百四十年人材極盛，而開卷即載潁考叔事，表純孝也。余研經餘暇，偶掇拾見聞，成斯筆記，而首以馮孝子事，亦庶幾左氏之義夫。

陶某

木工陶某，金陵人。年甫四歲，值粵賊陷城，父為所擄，母子相依，幸而無恙。大亂既平，仍設肆於城中。至同治甲戌，陶年二十五矣。忽有老翁携瞽婦至門乞食，與之錢不去，熟視陶曰：爾非陶姓乳名某者乎？陶問何以知我，翁曰：爾乃吾子也。陶呼母出視，果其父，因扶之入拜，問由來，則始而被擄北行，後又流轉至川陝，今自陝歸也。解腰纏出銀數錠，皆累年貿易所得，恐途中遇盜賊，偽為寠人耳。瞽婦則其續娶者也。因

235.海上青樓圖記六卷　題〔清〕沁園主人繪　題〔清〕惠蘭沅主輯　HQ233 .H2

清光緒二十一年（1895）石印本　五册一函

卷末題“乙未年補輯”。

按：封面條簽題“新輯海上青樓圖記，光緒乙未年正月望日，明州花雨小築主人書於申江客次”。每葉a面圖版，b面文字。

本館藏本疑缺首一卷。

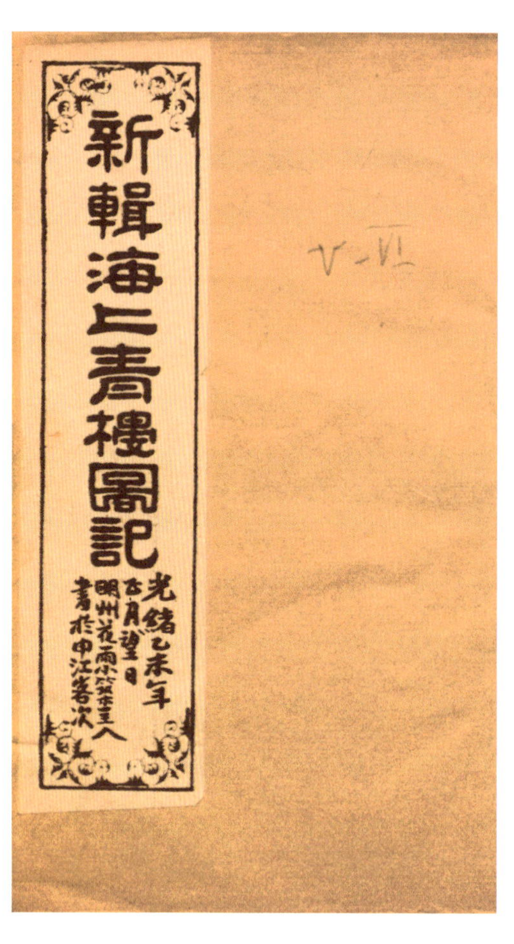

林湘雲

湘雲年十六，不知其真姓氏，幼隨母僑會春里，習彈唱，工琵琶，初居鼎豐里，今遷燕青里。瓜字未分年，顏逾媚，輕盈綽約，宛轉宜人，得古室主名幸十，幼品合解素儲，潔乘月返真說者，謂其遺貌取神，恰如分際。吉金室主人嘗讌余于姬室，酒罷為之歌，唱珠喉宛轉，響遏行雲。

七十二峯山樵書

236.夜雨秋燈録八卷續録八卷　〔清〕宣鼎撰　PL2710 .S8

清光緒六年（1880）上海申報館鉛印本　十六册一函

宣鼎，字瘦梅，號香雪道人，安徽天長人。

内封題“夜雨秋燈/録”。

牌記題“上海申報館/仿聚珍版印”。

卷端題“夜雨秋燈録，天長宣鼎瘦梅甫著”。

卷首有蔡爾康序、清光緒三年宣鼎自序。

卷末鎸“昆陵陳以真樸卿甫重校”。

續録内封題“夜雨秋燈/續録”。

牌記題“上海申報館/仿聚珍版印”。

卷首有清光緒六年蔡爾康序。

卷末有跋。

鈐印：“公安廖氏竹林齋藏書”陽文方印。

按：卷末跋最末葉缺損b面。

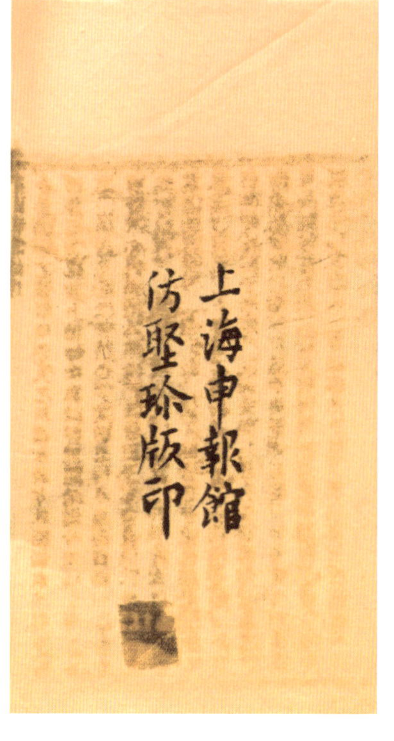

夜雨秋燈錄卷一

天長宣　鼎瘦梅甫著

青天白日

浙人南宮認菴以字行幼隨父瓏宦於粵清廉著其稟母先逝父繼卒虧庫款將繫獄素諳叔璧幕於蘇欲往依之潛挈兩親骸以竹籠負之徒步逸餐風咽露跋涉奔波一載始抵尋叔無耗時蘇正歲歉益困急傾守囊錢購半畝地瘞之誌以碑結茅若圜瓢守其側蓬頭垢面淪入乞兒隊敂殘羹向知薦祭時年僅三五性孝且慧親瘞不枯聞吳兒山歌學之即當伍氏簫始免餒劇村暮郭倏忽三年偶倚古寺門向陽捫蝨面即貴家園時見美人樓上眺頃一小鬟豔絕年二八出而反掩其門行向西忽伏草際少時褰衣去知爲小遺甫數步即若有膩物墮地

異聞之屬

237.聊齋志異新評十六卷　〔清〕蒲松齡撰　〔清〕王士禛評　〔清〕但明倫新評

清道光二十二年(1842)廣順但氏朱墨套印本　十六册二函

蒲松齡(1640—1715)字留仙，一字劍臣，號柳泉居士，山東淄川(今淄博)人。

半葉九行二十一字，黑口，左右雙邊，無魚尾，半框高13.6釐米，寬10.8釐米。版心中鐫書名、卷次、篇名，下鐫葉碼。

内封題“道光壬寅仲夏/聊齋志異新評/廣順但氏開雕”。

卷端題“聊齋志異新評，淄川蒲松齡留仙著，新城王士正貽上評，廣順但明倫雲湖新評”。

卷首有高珩序、唐夢賚序、清乾隆三十一年(1766)趙起杲弁言、清康熙十八年(1679)蒲松齡自志、例言小傳、乾隆五年(1740)孫立悳跋、道光二十二年但明倫自序、目録。

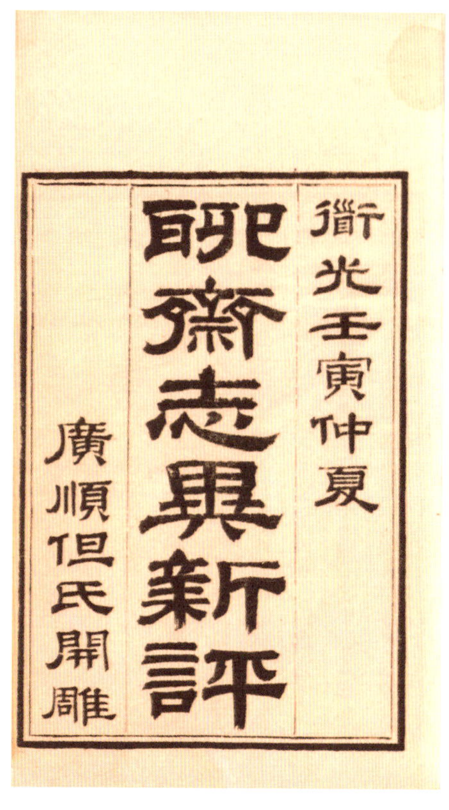

衜光壬寅仲夏

聊齋志異新評

廣順但氏開雕

一部大文章以此開宗明義見宇宙間唯

聊齋志異新評卷一

淄川 蒲松齡 留仙 著

新城 王士正 貽上 評

廣順 但明倫 雲湖 新評

考城隍

予姊夫之祖宋公諱燾邑廩生一日病臥見吏持牒牽白顛馬來云請赴試公言文宗未臨何遽得考吏不言但敦促之公力疾乘馬從去路甚生疎至一城郭如王者都移時入府廨宮室壯麗上坐十餘官都不知何人

238.詳注聊齋志異圖咏十六卷首一卷　〔清〕蒲松齡撰　PL2722 .U2 L5 1886

清光緒十二年（1886）石印本　八册一函

内封題“詳注聊齋/志異圖咏”。

卷端題“詳注聊齋志異圖咏，淄川蒲松齡留仙著，文登吕湛恩叔清注”。

卷首有清光緒十二年高昌寒序、原序、吕湛恩自志、原跋。

鈐印：“高魯”陰文方印、“叔欽”陰文方印。

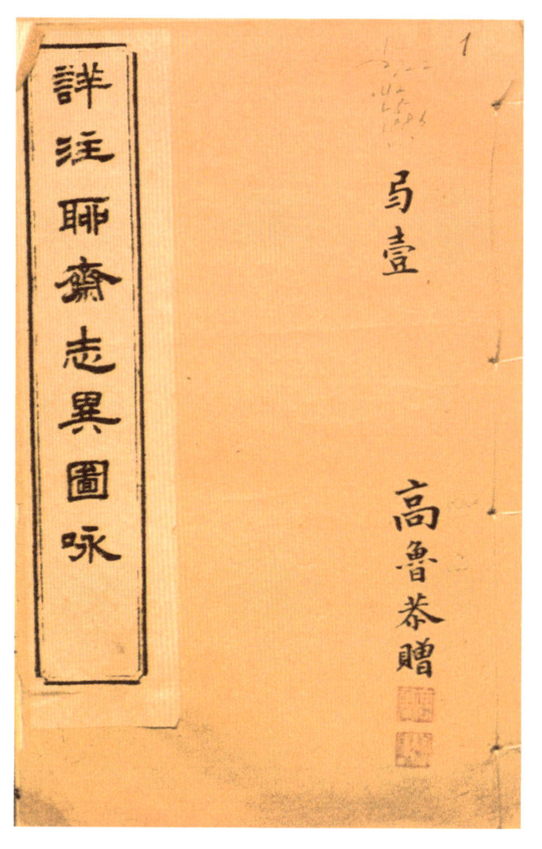

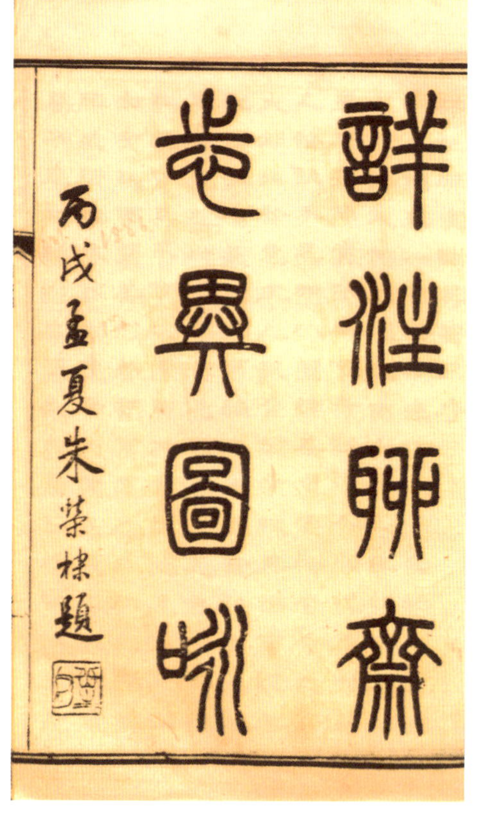

詳註聊齋志異圖詠卷一

淄川　蒲松齡　留仙　著

文登　呂湛恩　叔清　註

考城隍

予姊夫之祖宋公諱燾，邑廩生。一日病臥，見吏持牒，牽白顛馬詩秦風有馬白顛傳白顛額有白毛今謂之的顙來云：請赴試。公言文宗詩源指訣陳子昂作感遇詩三十八首王適見之曰海內文宗也未臨，何遽得考？吏不言，但敦促之。公力疾乘馬從去，路甚生疏。至一城郭，如王者都。移時入府廨，宮室壯麗。上坐十餘官，都不知何人，惟關壯繆漢後帝景耀三年追謚帝壯繆宋高宗建炎三年加封壯繆義勇武安王孝宗淳熙十四年加封壯繆義勇武安英濟王郭子章謂繆與穆通可識。簷下設几、墩各二，先有一秀才坐其末，公便與連肩。几上各有筆札前漢司馬相如傳請為天子遊獵之賦賦成奏之上許令尚書給筆札按札木簡之薄者也又札櫛也編之櫛齒相比也見釋名。俄題紙飛下，視之八字，云：一人二人，有心無心。二公文成，呈殿上。公文中有云：有心為善，雖善不賞；無心為惡，雖惡不罰。諸神傳贊不已。召公上，諭曰：河南缺一城隍王敬哉冬夜箋記城隍之名見於易若廟祀則莫究其始記曰天子大蜡八伊耆氏始蜡注伊耆堯也蓋蜡八神水庸居七水隍也庸城也此正祭城隍之始按城隍廟之神郭文莊以為祀於開元之後不知蕪湖建祠於赤烏二年高氏後修祠著之民吏困學紀聞云北齊慕容儼鎮郢城城中先有神祠號城隍神則六朝已有之矣，君稱其職。公方悟，頓首泣曰：辱膺寵命，何敢多辭？但老母七旬，奉養無人，請得終其天年謂某老母今以天年終，惟聽錄用。上一帝王像者，即令稽母壽籍。有長鬚吏捧冊翻閱一過，白：有陽算九年。共躊躇間，關帝曰：不妨令張生攝篆漢許慎說文解字敘秦書有八體及新莽居攝使大司空甄豐等校文書之部時有六書二曰篆書即小篆也下杜人程邈所作五曰繆篆所以摹印謂攝其印即所謂繆篆也九年，瓜代左傳莊八年齊侯使連稱管至父戍葵丘瓜時而往曰及瓜而代可也。乃謂公：應即赴任；今推仁孝之心，給假九年，及期當復相召。又勉勵秀才數語。二公稽首並下。秀才握手，送諸郊野，自言長山張某。以詩贈別，都忘其詞，中有「有花有酒春常在，無月無燈夜自明」之句。公既騎，乃別而去。及抵里，豁若夢寤。時卒已三日。母聞棺中呻吟，扶出，半日始能語。問之長山，果有張生於是日死矣。後九年，母果卒。營葬既畢，浣濯入室而沒。其岳家居城中西門內，忽見公鏤膺朱幩詩秦風虎韔鏤膺傳膺為飾也衛詩風朱幩鑣鑣傳幩飾也國君以朱纏且以為飾，輿馬甚眾，登其堂，一拜而行。相共驚疑，不知其為神。奔訊鄉中，則已沒矣。公有自記小傳，惜亂後無存，此其略耳。

瞳人語

長安士方棟，頗有才名，而佻脫不持儀節。每陌上見游女，輒輕薄尾綴之。清明前一日，偶步郊郭。見一小車，朱茀繡幰詩衛風翟茀以朝疏婦人乘車不露見車之前後設障以自蔽隱謂之茀蒼頡篇帛張車上為幰即車幔也器物叢談帷圍也以自障圍者在四旁在上者曰幕曰小幕坐上承塵曰帟上下四旁悉周曰幄在車上曰幰坊衣作幰訣；青衣集覽青衣賦賤其所服世之鮮希宜作夫人為衆女婢伊何爾命在此賤微數輩，款段後漢馬援傳從弟少游曰士生一世但取衣食裁足乘下澤車御款段馬為郡掾吏守墳墓鄉里稱善人斯可矣注款段馬名款緩也言形段舒緩也以從。內

239.異聞益智叢録三十四卷　　題〔清〕種蕉藝蘭生編　　

清光緒二十六年（1900）江南書局鉛印本　八册一函

内封題“異聞益/智叢録”。

牌記題“光緒庚子夏/江南書局印”。

卷端題“異聞益智叢録”。

卷首有清光緒二十三年種蕉藝蘭生叙、凡例、目録。

鈐印：“公安廖氏竹林齋藏書”陽文方印。

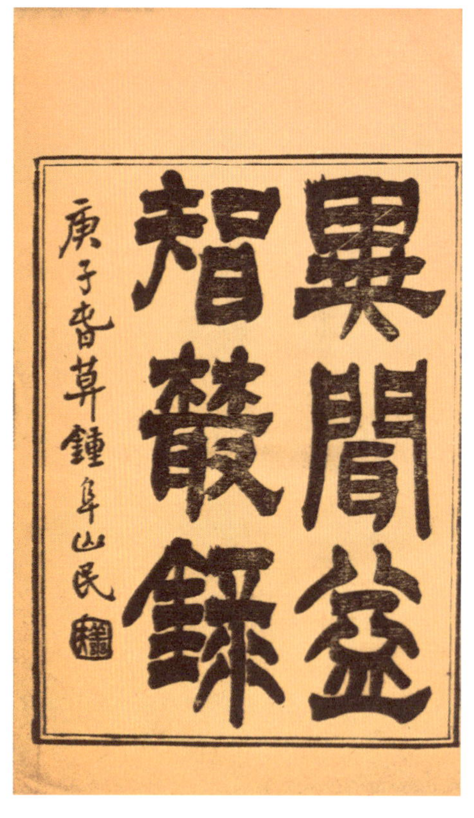
異聞益
智叢録
庚子春莫鍾阜山民

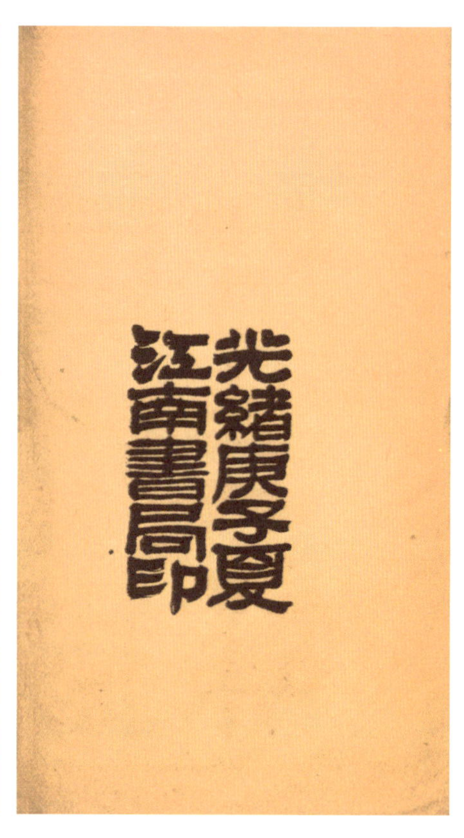
光緒庚子夏
江南書局印

異聞益智叢錄卷一

紀始

天文類

定天地日月星辰陰陽之名始於地皇 外紀

推天高始於商 周髀

先後天圖始於史皇 外紀

推天運變遷始於漢 前漢書

天文圖始於皇帝 隋天文志

推天行里數始於漢 考靈曜

周天歷度始於庖羲 周髀

占天始於黃帝 外紀

禁私習天文始於宋 宋史

九重天始於黃帝 渾蓋通憲

雨戒始於漢 漢天文志南戒爲越門北戒爲胡門

分黃赤道始於黃帝 周禮馮相氏疏

詳日月所出始於夏 山海經

日月徑始於庖犧 周髀

推日月食始於黃帝 長編

定日月冬至始於地皇 外紀

定方向及時刻始於漢 南齊志

瑣語之屬

240.涑水記聞十六卷 〔宋〕司馬光撰 DS751 .S65

清乾隆四十二年(1777)武英殿聚珍本 四册一函

半葉九行二十一字,小字雙行同,白口,四周雙邊,單黑魚尾,半框高18.9釐米,寬12.5釐米。版心上鎸書名,中鎸卷次,下鎸葉碼、校者。

卷端題"涑水記聞,宋司馬光撰"。

卷首有目録,清乾隆四十二年陸錫熊、紀昀、蕭之校記。

鈐印:"公安廖氏竹林齋藏書"陽文方印、"北顧樓劫餘圖書字畫存"陰文長方印。

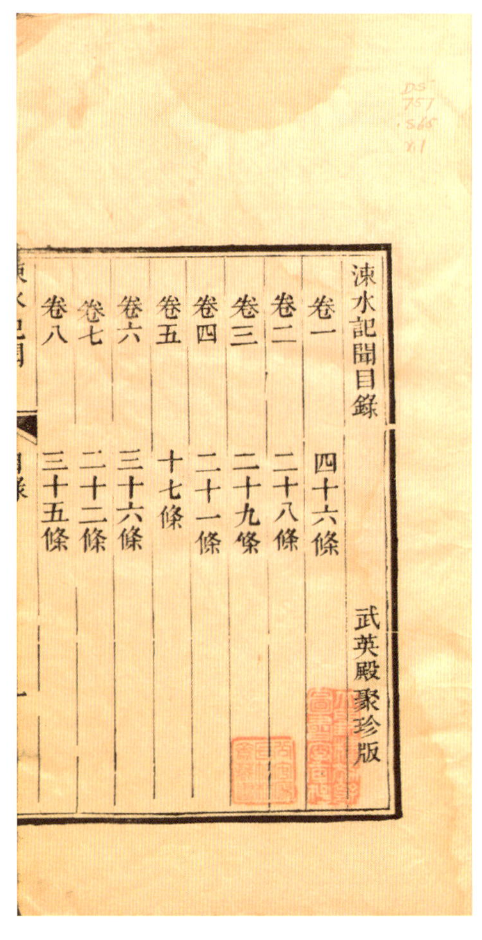

涑水記聞卷一

宋 司馬光 撰

建隆元年正月辛丑朔鎮定奏契丹與北漢合勢入寇太祖時爲歸德軍節度使殿前都點檢受周恭帝詔將宿衛諸軍禦之癸卯發師宿陳橋將士陰相與謀曰主上幼弱未能親政今我輩出死力爲國家破賊誰則知之不若先立點檢爲天子然後北征未晚也甲辰將士皆擐甲執兵仗集于驛門讙譟突入驛中太祖尚未起太宗時爲內殿祗候供奉官都知入白太祖太祖驚起

241.紀氏嘉言四卷　〔清〕紀昀撰　〔清〕徐瑃摘録　PL2700 .C52 C5

清道光二十七年(1847)琉璃廠斌陞齋刻本　四册一函

半葉八行十七字,白口,四周雙邊,單黑魚尾,半框高14釐米,寬10.4釐米。版心上鎸書名,中鎸卷次,下鎸葉碼。

内封題“道光丙午年新刊/紀氏嘉言/板存琉璃廠西門内路北延壽庵斌陞齋”。

卷端題“紀氏嘉言,曉嵐先生原本,後學徐瑃摘録”。

卷首有清道光二十六年曾國藩序、二十七年何耿繩序、二十六年徐瑃序。

鈐印:“公安廖氏竹林齋藏書”陽文方印。

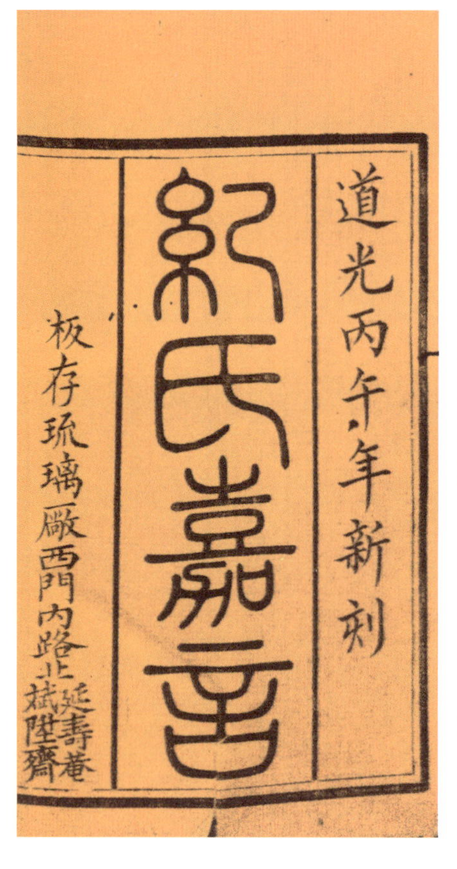
道光丙午年新刻
紀氏嘉言
板存琉璃廠西門内路北延壽菴斌陞齋

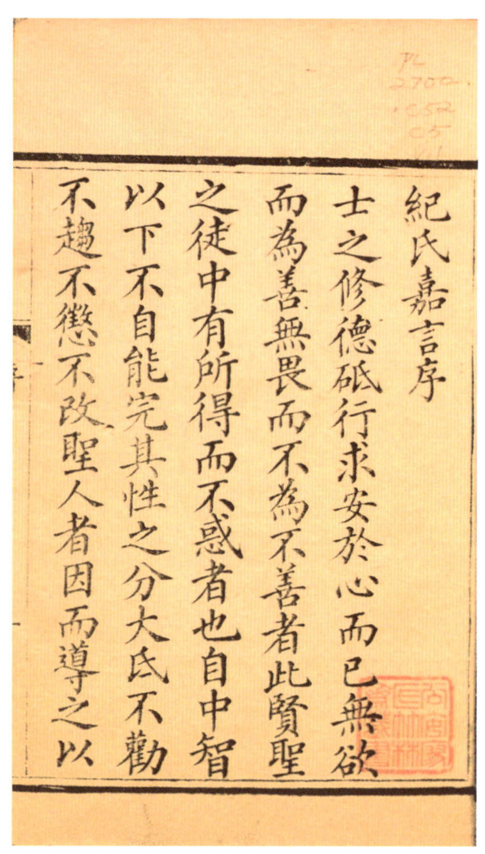
紀氏嘉言序
士之修德砥行求安於心而已無欲而為善無畏而不為不善者此賢聖之徒中有所得而不惑者也自中智以下不自能完其性之分大氐不勸不趨不懲不改聖人者因而導之以

紀氏嘉言卷之一

曉嵐先生原本　　後學徐瑎摘録

潁州吳明經羅鳴言其村林生端人也嘗讀書古廟中廟故宏濶僦居者多林生性孤峭率不相聞問一日夜半未寐散步月下忽一客來敘寒温林生方寂寞因邀入室共談甚有理致偶及因果之事林生曰聖賢之爲善若無所爲而爲者也有所爲而爲其事雖合

藝術類

總論之屬

242.墨緣彙觀四卷附名畫續録　〔清〕安岐撰　ND1040 .A5

清末朱印本　四册一函

安岐（1683—？）字儀周，號麓村、松泉老人，天津人。

半葉九行二十一字，小字雙行同，黑口，左右雙邊，單黑魚尾，半框高17.3釐米，寬12釐米。版心上鎸“墨緣彙觀”，中鎸卷次、篇名，下鎸葉碼。

卷端題“法書”或“名畫”。

卷首有序。

鈐印：“李元植藏書印”陽文方印。

按：書名據版心。此書分“法書”與“名畫”，上下各二卷，卷首各有序。法書序署“乾隆壬戌七月十二日松泉老人識於古香書屋”。名畫上卷目録欄上鎸有“此卷所謂原闕之劉沈五圖現據陳希濂抄本補足”，卷中有墨字插葉。函内夾入姚大榮“墨緣彙觀撰人考”鉛印本一册。

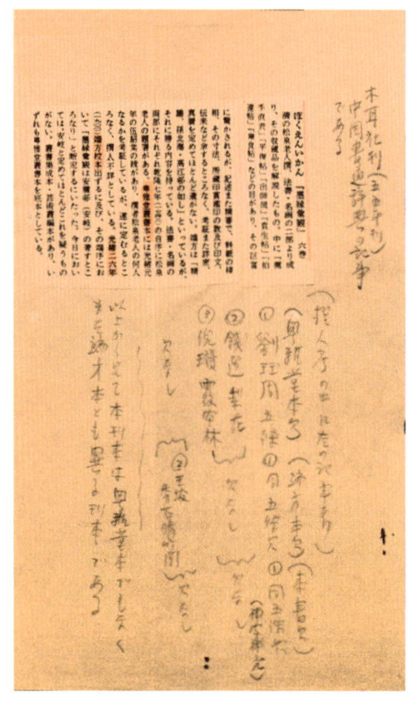

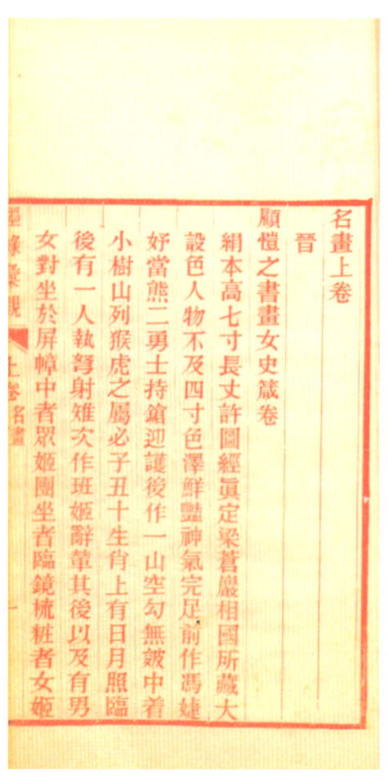

名畫上卷

晉

顧愷之書畫女史箴卷

絹本高七寸長丈許圖經眞定梁蒼巖相國所藏大設色人物不及四寸色澤鮮豔神氣完足前作馮婕妤當熊二勇士持鎗迎護後作一山空勾無皴中着小樹山列猴虎之屬必子丑十生肖上有日月照臨後有一人執弩射雉次作班姬辭輦其後以及育男女對坐於屏幃中者眾姬團坐者臨鏡梳粧者女姬

墨緣彙觀　上卷　名畫　一

法書卷上

魏

鍾繇薦季直表卷

白紙本高三寸九分長一尺一寸八分紙古紋起若琴斷正書十九行墨氣如漆神彩煥然前書臣繇言臣自遭遇先帝忝列腹心後書黃初二年八月日司徒東武亭侯臣鍾繇表表內謹言二字下押朱文貞觀連珠小璽後下角隱隱有滷化半璽前鈐宣和小璽後綾上角押紹興小璽帖中有賈似道朱文小印

書畫之屬

243.庚子銷夏記八卷附閑者軒帖考一卷 〔清〕孫承澤撰 ND1042 .S83

清乾隆二十六年(1761)鮑氏鄭氏刻本 四册一函

孫承澤(1593—1676)字耳北,一作耳伯,號北海,又號退谷,順天大興(今北京)人。

半葉十行二十字,黑口,左右雙邊,雙黑魚尾,半框高19.3釐米,寬13.5釐米。版心中鐫書名、卷次,下鐫葉碼。

内封題"北平孫退谷著/庚子銷夏記"。

卷端題"庚子銷夏記"。

卷首有清乾隆二十六年盧文弨序、周二學序、目次,目次末有清乾隆二十年鮑廷博序。

卷末有清乾隆二十一年夏璜跋、二十六年余集跋。

閑者軒帖考卷端題"閑者軒帖考,燕邱孫承澤述"。

卷末有清乾隆二十六年余集跋、張賓鶴跋。

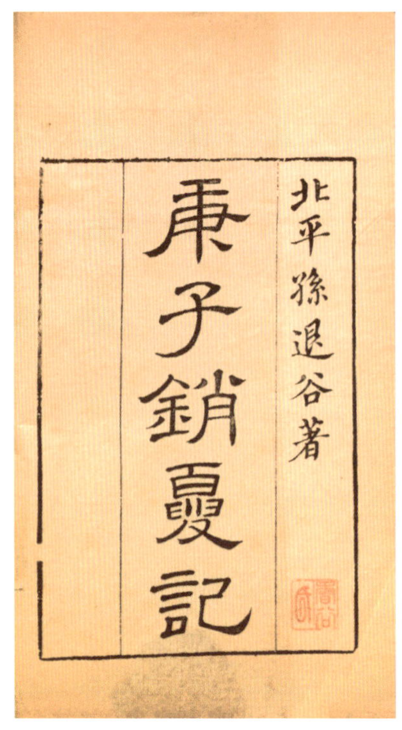

北平孫退谷著

庚子銷夏記

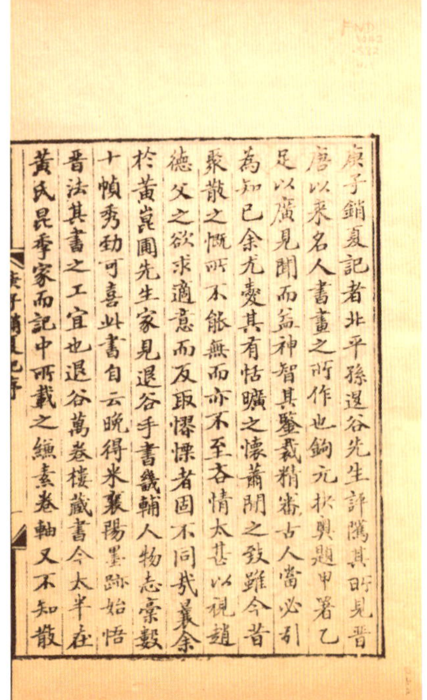

庚子銷夏記者北平孫退谷先生評騭其所見晉唐以來名人書畫之所作也鉤元抉奧題甲署乙足以廣見聞而益神智其鑒裁精審古人當必引爲知己余尤羨其有恬曠之懷蕭閒之致雖今昔聚散之慨所不能無而亦不至吝情太甚以視趙德父之欲求適意而反取慴慄者固不同哉曩余於黃崑圃先生家見退谷手書籤輔人物志槀數十幀秀勁可喜此書自云晚得米襄陽墨跡始悟晋法其書之工宜也退谷萬卷樓藏書今太半在黃氏昆季家而記中所載之縹素卷軸又不知散

庚子銷夏記卷一

庚子四月之朔天氣漸炎晨起坐東籬書舍注易數行閉目少坐令此中湛然無一物再隨意讀陶韋李杜詩韓歐王曾諸家文及重訂所著夢餘録人物志諸書倦則取古柴窑小枕偃卧南窗下自烹所蓄茗連啜數小盃或入書閣整頓架上書或坐藤下撫摩雙石或登小臺望郊壇烟樹徜徉少許復入書舍取法書名畫一二種反復詳翫盡領其致然後仍置原處閉扉屏息而坐家居已久人鮮過者然亦不欲晤人老人畏熱或免蒸灼之苦

244.佩文齋書畫譜一百卷　〔清〕孫岳頒、宋駿業等輯　

清康熙（1662—1722）静永堂刻本　六十四册五函

孫岳頒（1639—1708）字雲韶，號樹峰，吴縣（今江蘇蘇州）人。

半葉十一行二十一字，白口，左右雙邊，單黑魚尾，半框高16.9釐米，寬11.7釐米。版心中鎸“書畫譜”、卷次、卷名，下鎸葉碼。

内封題“賜板通行/欽定佩文齋書畫譜/静永堂藏”。

卷端題“佩文齋書畫譜”。

卷首有清康熙四十七年（1708）御製序、凡例、纂輯官職名、總目、“纂輯書籍”、目録。

鈐印：“公安廖氏竹林齋藏書”陽文方印。

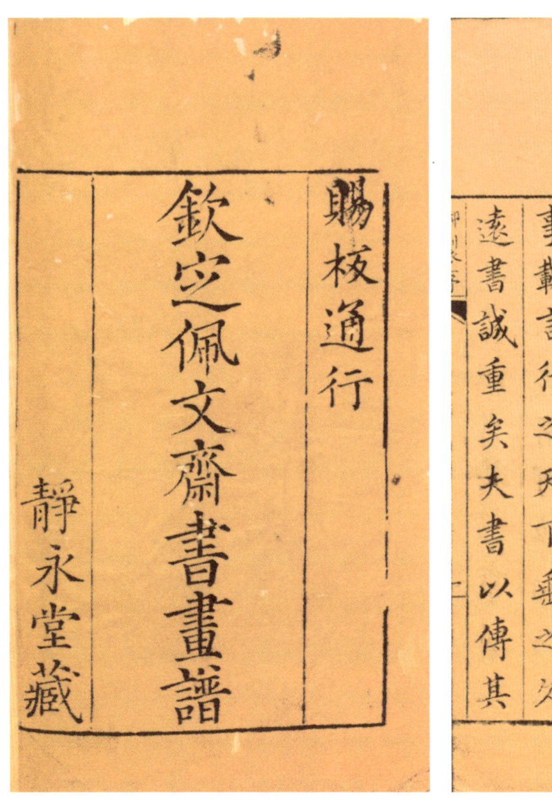

賜板通行

欽定佩文齋書畫譜

静永堂藏

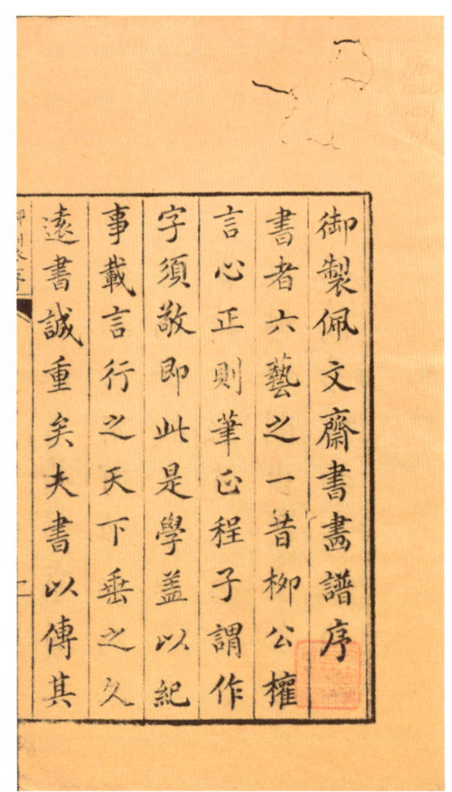

御製佩文齋書畫譜序

書者六藝之一昔柳公權言心正則筆正程子謂作字須敬即此是學蓋以紀事載言行之天下垂之久遠書誠重矣夫書以傳其

佩文齋書畫譜卷第一

論書一 書體上

伏羲書

古者伏羲氏之王天下也，始畫八卦，造書契，以代結繩之政，由是文籍生焉。孔安國尚書序

倉頡書

倉頡之初作書，蓋依類象形，故謂之文；其後形聲相益，即謂之字。字者，言孳乳而浸多也。著於竹帛謂之書。書者，如也。以迄五帝三王之世，改易殊體，封於泰山者七十有二代，靡有同焉。許慎說文序

周六書

245.篆文論語附録許氏説文引論語三十六條　〔清〕吴大澂撰　

清光緒十二年（1886）上海同文書局石印本　四册一函

内封題“論語”。

卷端題“論語”。

卷首有清光緒十二年吴大澂序。

按：封面題簽題“吴大澂/篆文論語/南溟書籖”。

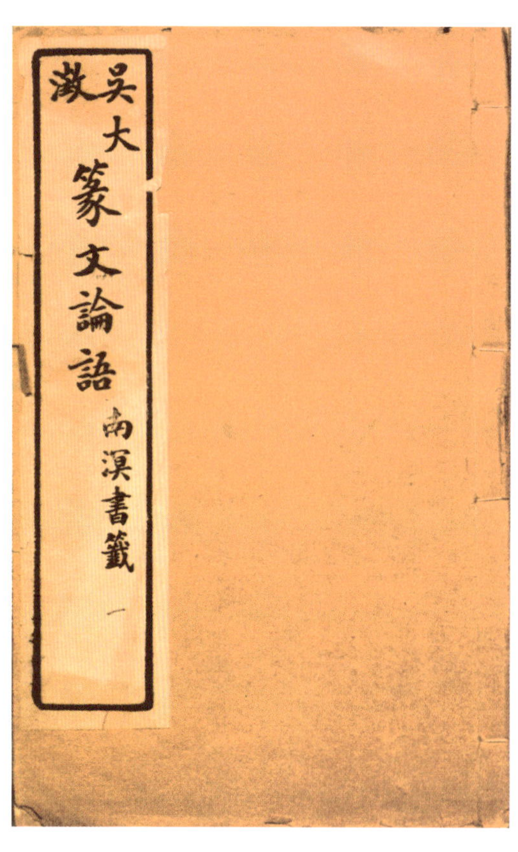

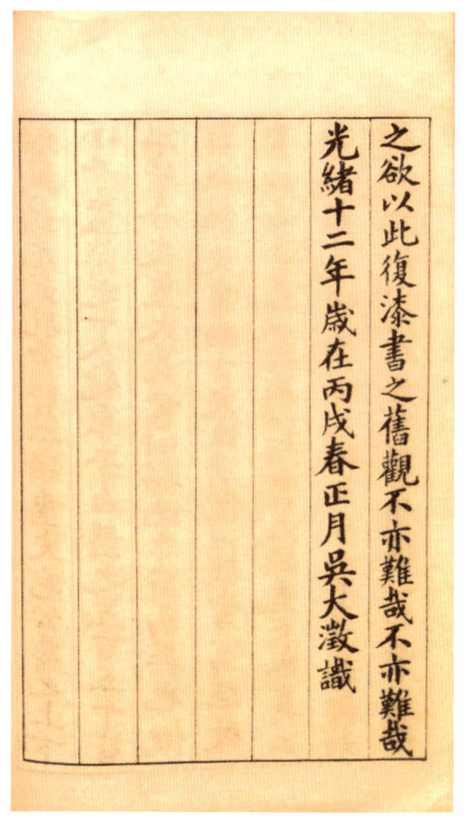
之欲以此復漆書之舊觀不亦難哉不亦難哉
光緒十二年歲在丙戌春正月吳大澂識

論語卷上

學而第一

子曰學而時習之不亦說乎有朋自遠方來不亦樂乎人不知而不慍不亦君子乎 有子曰其爲人也孝弟而好犯上者鮮矣不好犯上而好作亂者未之

一

246.桐陰論畫二卷首一卷畫訣一卷續桐陰論畫一卷 〔清〕秦祖永撰 （日）寺西養藏訓點纂輯 ND1042 .C6 1882

日本明治十三年（1880）大阪淺井吉兵衛朱墨套印本 四册一函

秦祖永（1825—1884）字逸芬，號桐陰，梁溪（今江蘇無錫）人。

半葉七行十八字，小字雙行同，黑口，左右雙邊，無魚尾，半框高12.2釐米，寬9.47釐米。版心中鐫書名、卷次，下鐫葉碼、“魚菜園藏”。

内封題“清國秦祖永著/日本易堂刻點輯評/桐陰論畫/版權免許/魚菜園藏”。

版權葉題“明治十一年十二月二十三日版權願/同十二年一月二十九日版權免許/同十三年七月刻成發兑/訓點纂輯兼版權人大阪府平民寺西養藏”。

卷端題“桐陰論畫，梁溪秦祖永著”。

卷首有清同治五年（1866）細業序、五年何基祺序、五年馬履泰跋、張之萬贈言、題詞、例言、目録。

卷末有秦祖永跋。

鈐印：“應書陽藏”陽文方印。

按：論畫下卷後有附録，畫訣卷末有李銘山跋，續論畫卷首有同治五年葉法叙。論畫、畫訣、續論畫均有内封、牌記。牌記均題“同治三年太歲在/甲子春三月開雕”，續論畫内封題“論畫小傳”。

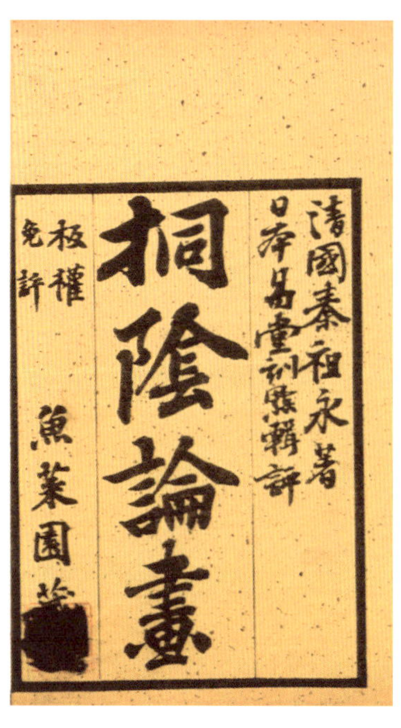
清國秦祖永著
日本易堂訓點輯評
桐陰論畫
版權免許
魚菜園藏

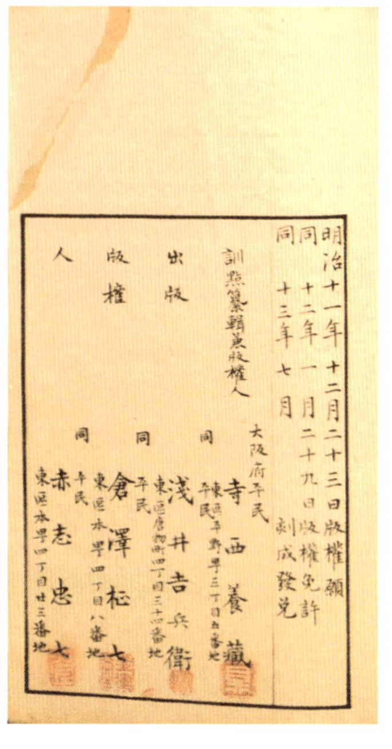
明治十一年十二月二十三日版權願
同十二年一月二十九日版權免許
同十三年七月刻成發兑
訓點纂輯兼版權人 大阪府平民 寺西養藏 東區平野町三丁目五番地
出版 同 平民 淺井吉兵衛 東區唐物町四丁目三十四番地
版權 同 平民 倉澤松七 東區本町四丁目八番地
人 同 平民 赤志忠七 東區本町四丁目廿三番地

香山嘗以畫贈余、儆然曰、今人畫、特畫能師描金造化、乃匠耳、不爲真筆。晚年墨、香山尤縱翁非徒横如品高貴、意其由筆妙、落筆觀此如

桐陰論畫

上卷　書畫名家　　梁溪　秦祖永　著

惲向　神品

惲道生向、筆墨縱横、如意頗得山水雄渾之趣。早年氣厚力沈、全摹董巨、晚年惜墨如金、脩然自遠、意興在倪黃之閒。香山翁位置既高、故落筆便非凡近可擬。

247.桐陰論畫二卷首一卷桐陰畫訣二卷桐陰論畫二編二卷桐陰論畫三編二卷

〔清〕秦祖永撰　ND1042 .C6 1864

清光緒八年(1882)朱墨套印本　四册一函

半葉八行十八字，小字雙行同，黑口，左右雙邊，無魚尾，半框高13釐米，寬10.7釐米。版心中鎸書名、卷次，下鎸葉碼。

内封題"桐陰/論畫"。

牌記題"同治三年太歲在/甲子春三月開雕"。

卷端題"桐陰論畫，梁溪秦祖永著"。

卷首有葉法"桐陰論畫初編叙"，署"同治五年歲次丙寅立夏後一日湘筠第葉法拜叙"；清同治五年(1866)杜友李"桐陰論畫叙"；五年緗業"桐陰論畫初編序"；張之萬、何基祺、馬履泰、杜友李、梁敞、錢燦等題詞；三年秦祖永"桐陰論畫後跋"；清光緒八年秦祖永"桐陰論畫初編例言"；"桐陰論畫圖"；目録。

畫訣内封題"桐陰畫訣"。

牌記題"同治三年太歲在/甲子春三月開雕"。

卷首有杜友李跋。

二編内封題"桐陰論/畫二編"。

牌記題"光緒八年太歲在/壬午春三月開雕"。

卷首有清光緒六年秦祖永序、七年緗業序。

三編内封題"桐陰論/畫三編"。

牌記題"光緒八年太歲在/壬午春三月開雕"。

按：論畫下卷後有附録。畫訣、二編、三編卷末有"男鳳墀、姪鳳璪仝校"。秦祖永"桐陰論畫初編例言"言重訂之事，"今特重爲訂正，分爲二卷，體例歸畫一"，署"光緒八年歲次壬午秋七月望前，梁溪秦祖永逸芬重識"。

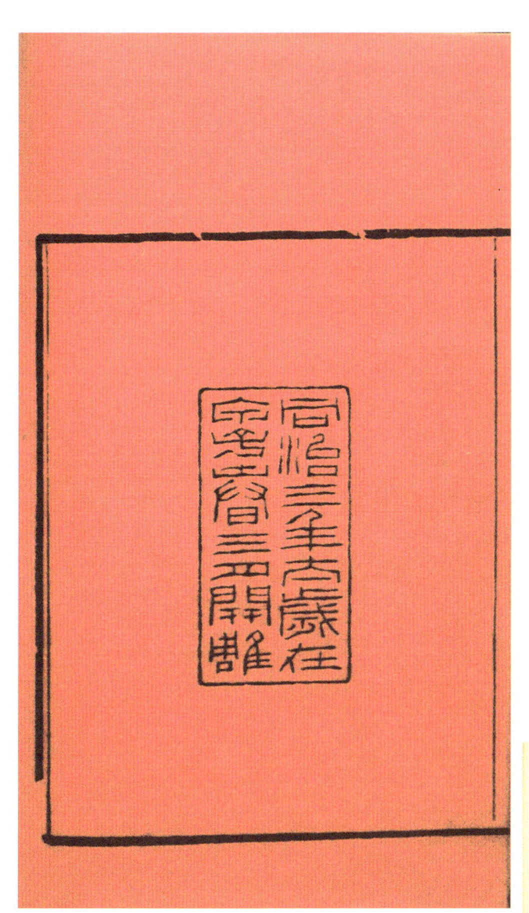

畫能師造化乃爲眞筆墨香山翁非徒品高良由筆妙觀此卽見其人

桐陰論畫

上卷　書畫名家

梁溪　秦祖永　著

惲　向　神品

惲道生向筆墨縱橫如意頗得山水雄渾之趣早年氣厚力沉全摹董巨晚年惜墨如金翛然自遠意興在倪黃之間香山翁位置既高故落筆便非凡近可擬

香山翁武進人爲高材生治詩以制義名里晚乃棄去獨工畫高自位置既與平流伍生

桐陰論畫上卷　一

248.青霞館論畫絶句一百首一卷　〔清〕吴修撰　ND1040 .W75

清光緒二年（1876）葛氏嘯園刻本　一册一函

吴修（1764—1827）字子修，號思亭，浙江海鹽人。

半葉九行十九字，黑口，左右雙邊，無魚尾，半框高18.5釐米，寬12.5釐米。版心中鎸“論畫絶句”，下鎸葉碼。

内封題“光緒二年六月開鎸/論畫絶句/葛氏嘯園藏板”。

卷端題“青霞館論畫絶句一百首，思亭居士吴修”。

卷首有吴修自序。

卷末有葛元煦跋。

卷末鎸“上海縣署東首目耕齋刻”。

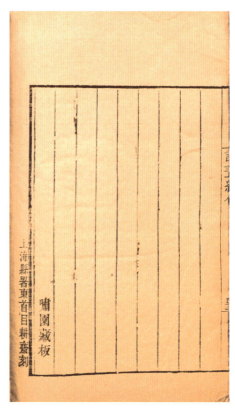

青霞館論畫絶句一百首

思亭居士吳修

海內爭稱絶世珍墨皇千載墨如新不忘付託平生意挂劍猶思地下人

王右丞江山雪霽圖卷董思翁所稱海內墨皇者也乾隆辛亥歲余購於嘉善朱姓爲華亭王氏嫁奩中物余歸婁東畢部郎澗飛得值千三百金卷長六尺絹光膩如紙其色畧起青光畫絶工細但有輪廓都不皴染而微露刻畫之迹

249.畫學心印八卷 〔清〕秦祖永輯

清光緒四年(1878)朱墨套印本 八册二函

半葉八行十八字,小字雙行同,黑口,左右雙邊,無魚尾,半框高13釐米,寬10.7釐米。版心中鐫書名、卷次,下鐫葉碼。

内封題"畫學/心印"。

牌記題"光緒四年太歲在/戊寅春三月開雕"。

卷端題"畫學心印,梁溪秦祖永評輯"。

卷首有"畫學心印序",署"同治十年辛未元夕景其濬劍泉甫書於皖江節署";清光緒四年楊翰序;五年緗業序;清咸豐六年(1856)秦祖永自序;"畫學心印例言"。

畫學
心印
癸酉夏六月上澣
上虞徐三庚題

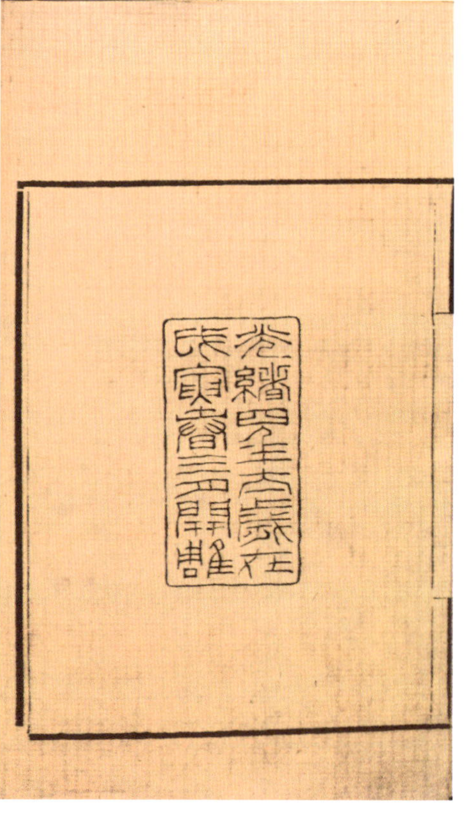
光緒四年太歲在
戊寅春三月開雕

畫事肇端

造化在心非窮理盡

畫學心印

卷一　　梁溪　秦祖永　評輯

論畫事始

通於天事者莫如河河有圖而龍馬出之天地自然之圖畫莫先於此世傳史皇氏作圖亦以此其實畫祖端自有虞氏女弟敤音顆手始說文作敤首可通或作彯誤或作嫘亦非敤手與二嫂諸脫舜於叟象之害列女傳稱之宜其造化在心創此神技若夫

250.繪事瑣言八卷 〔清〕迮朗撰 ND1500 .T74x

清嘉慶四年（1799）雨金堂刻本　八册一函

迮朗，字輝庭、藴高，號卍川，江蘇吴江（今蘇州）人。

半葉八行十八字，小字雙行同，白口，四周雙邊，單黑魚尾，半框高14.7釐米，寬11.5釐米。版心上鎸書名，中鎸卷次，下鎸葉碼。

内封題"吴江迮卍川著/繪事瑣言/雨金堂藏板"。

卷端題"繪事瑣言，吴江迮朗卍川著"。

卷首有清嘉慶四年宋葆淳序、二年迮朗自序、目録。

鈐印："鐵道人"陽文方印、"畫禪盦"陽文長方印、"鐵齋居士"陰文方印。

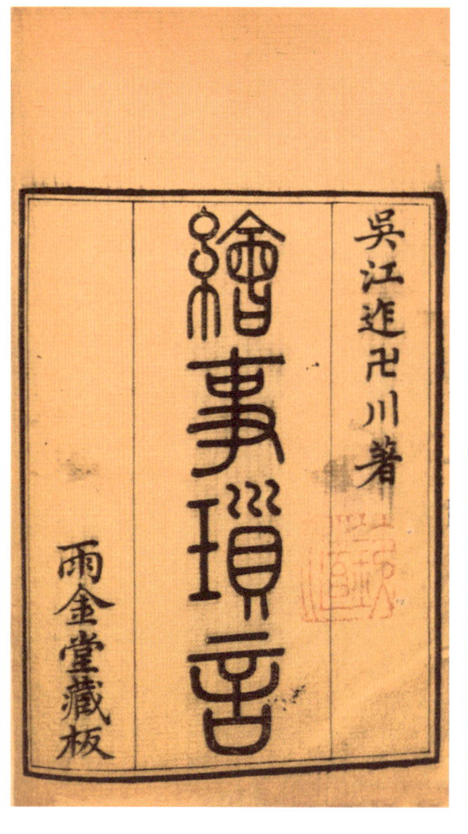

吳江迮卍川著

繪事瑣言

雨金堂藏板

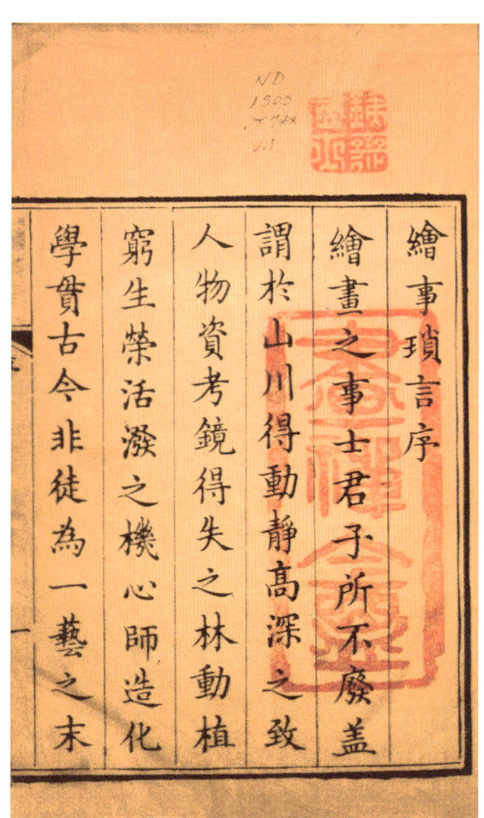

繪事瑣言序

繪畫之事士君子所不廢蓋謂於山川得動靜高深之致人物資考鏡得失之林動植窮生榮活潑之機心師造化學貫古今非徒為一藝之末

繪事瑣言卷一

吳江迮朗卍川著

水

水無當於五色五色弗得不章水之爲用大矣哉天一生水地六成之故水有天水有地水有天地相合之水天水者雨水露水明水冬霜臈雪夏冰大雹有陰陽燥溼之殊地水者流水山泉井泉醴泉玉井温泉碧海行潦有清濁死生

251.雪堂墨品一卷 〔清〕張仁熙撰 **畫訣一卷** 〔清〕龔賢撰 **板橋題畫一卷** 〔清〕鄭燮撰 **山南論畫一卷** 〔清〕王學浩撰 **石村畫訣一卷** 〔清〕孔衍林撰等撰 **寫竹雜記一卷** 〔清〕蔣和撰 **薛濤詩一卷** 〔清〕薛濤撰

ND1040 .C36

清光緒（1875—1908）翠琅玕館刻本 一册一函

半葉九行二十一字，黑口，左右雙邊，無魚尾，半框高12釐米，寬9.6釐米。版心中鐫書名，下鐫葉碼、“翠琅玕館叢書”。

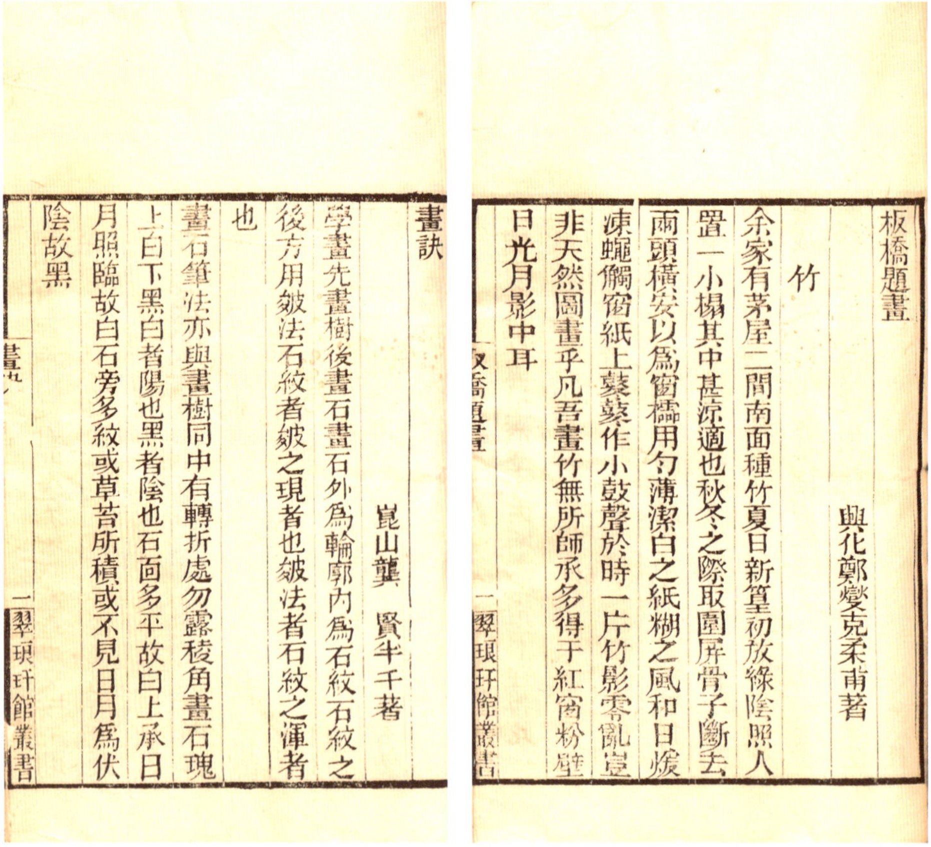

板橋題畫

興化鄭燮克柔甫著

竹

余家有茅屋二間南面種竹夏日新篁初放綠陰照人置一小榻其中甚涼適也秋冬之際取圍屏骨子斷去兩頭橫安以爲窗欞用勻薄潔白之紙糊之風和日煖凍蠅觸窗紙上鼕鼕作小鼓聲於時一片竹影零亂豈非天然圖畫乎凡吾畫竹無所師承多得于紅窗粉壁日光月影中耳

板橋題畫 一 翠琅玕館叢書

畫訣

崑山龔賢半千著

學畫先畫樹後畫石畫石外爲輪廓內爲石紋石紋之後方用皴法石紋者皴之現者也皴法者石紋之渾者也

畫石筆法亦與畫樹同中有轉折處勿露稜角畫石塊上白下黑白者陽也黑者陰也石面多平故白上承日月照臨故白石旁多紋或草苔所積或不見日月爲伏陰故黑

畫訣 一 翠琅玕館叢書

雪堂墨品

廣濟張仁熙長人著

方正牛舌墨有極品清烟四字論墨家多推方氏幾與小華道人等殆世廟前人也宋牧仲使君一日謂余曰吾藏墨有方正者余急呼曰得非牛舌墨乎發視果然蓋諸家推方氏以牛舌爲最耳

邵青丘瓜墨有青門遺三字亦世廟前人此絶無僅有者矣倍價購於舒氏舒氏以予爲知墨人也而復售之程君房參天一萬曆庚戌余家世藏經兵火僅存者所

252.虛齋名畫録十六卷　龐元濟撰　ND1042 .P3

清宣統元年(1909)龐氏申江刻本　十六册二函

龐元濟(1864—1949)字萊臣,號虛齋,浙江南潯人。

半葉九行二十一字,小字雙行同,上白下黑口,四周雙邊,單黑魚尾,半框高17.7釐米,寬11.8釐米。版心上鐫書名,中鐫卷次,下鐫葉碼、朝代及畫家名。

内封題“虛齋名/畫録”。

牌記題“宣統己酉/烏程龐氏/刋於申江”。

卷端題“虛齋名畫録”。

卷首有清宣統元年鄭孝胥序、龐元濟自序、凡例、總目。

卷末有龐元濟書後。

按:卷終鐫“上海尚友軒武進黄燦甫刊印”。該本附有甲子年(1924)刻虛齋名畫續録四卷。

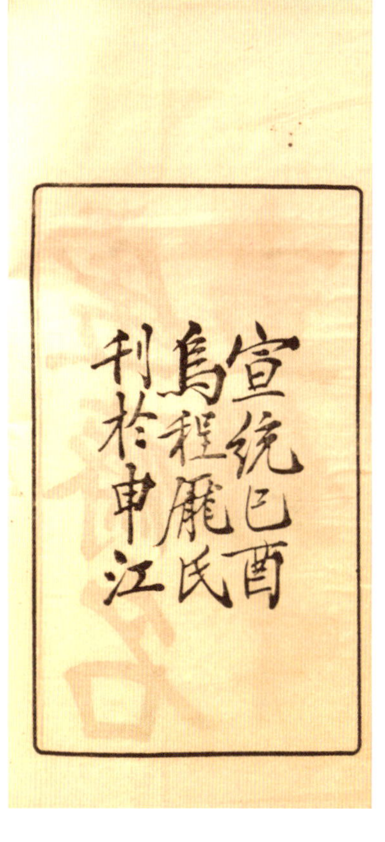
宣統己酉
烏程龐氏
刋於申江

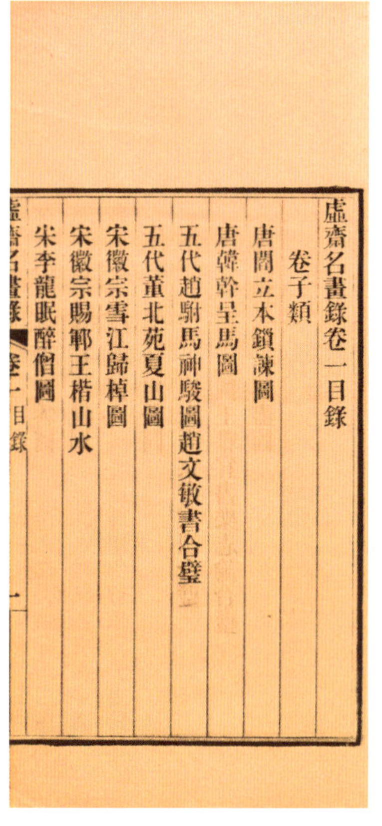
虛齋名畫録卷一目録
卷子類
唐閻立本鎖諫圖
唐韓幹呈馬圖
五代趙駙馬神駿圖趙文敏書合璧
五代董北苑夏山圖
宋徽宗雪江歸棹圖
宋徽宗賜鄆王楷山水
宋李龍眠醉僧圖
虛齋名畫録　卷一　目録　一

唐閻立本鎖諫圖卷

絹本設色人物高一尺一寸六分長六尺五寸一分無款左角上墨色方印一文不辨王穉登韓逢禧兩題書於拖尾紙

政龢 朱文半闕　逢禧 朱文　三希堂精鑒璽 朱文　宜子孫 白文　嘉慶鑒賞 白文

嘉慶御覽之寶 朱文　石渠寶笈 朱文　寶笈三編 朱文　蒼巖 朱文　蕉林鑒定 白文　棠 朱文

蒼巖子 朱文　梁清標印 白文　蕉林秘玩 朱文 以上三印鈐前隔水綾

張彥遠唐朝名畫記有閻令鎖諫圖今日康虞先生父子携過齋頭始覩眞蹟劉聰起北方故其君臣將左面有沙口之氣筆法如屈鐵絲設色古澹彷彿顧凱之遺

宗教類

佛教之屬

253.壇經不分卷　〔唐〕釋惠能説　〔唐〕釋法海録　BL1430 .H87

清同治十一年(1872)如皋刻經處刻本　一册一函

惠能(638—713),一作慧能,中國禪宗第六祖。俗姓盧,先世河北范陽(今涿州)人,生於嶺南新州(今廣東新興)。法海,生卒年不詳,俗姓張,韶州曲江人(今屬廣東)。惠能大師的弟子。

半葉十行二十字,小字雙行同,白口,左右雙邊,無魚尾,半框高17釐米,寬13釐米。版心中鎸書名,下鎸葉碼、“實一”。

卷端題“壇經,東土禪宗六祖惠能大師説,門人法海録”。

卷末有“六祖大師事略”;“刻經功德人名”,題“同治十一年冬,如皋刻經處識”。

按:版心下題“實一”。

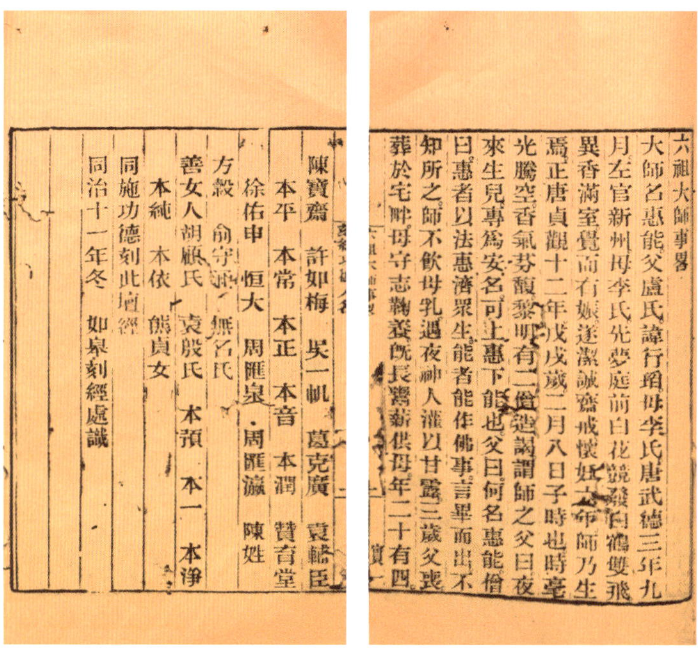

壇經

東土禪宗六祖惠能大師說　門人法海錄

自序品第一

時大師至寶林。韶州韋刺史名璩與官僚入山請師出。於城中大梵寺講堂。為眾開緣說法。師升座次。刺史官僚三十餘人。儒宗學士三十餘人。僧尼道俗一千餘人。同時作禮。願聞法要。大師告眾曰。善知識。菩提自性。本來清淨。但用此心。直了成佛。善知識。且聽惠能行由得法事意。惠能嚴父。本貫范陽。左降流於嶺南。作新州百姓。出身不幸。父又早亡。老母孤遺。住居

254.冠導增補成唯識論十卷　〔唐〕釋玄奘譯　(日本)比丘旭雅增補

BQ3035 .D4515 1888

日本明治二十一年(1888)京都法藏館西村七兵衛刻本　十册

多節板，半葉行字數不等，白口，四周雙邊，單黑魚尾，半框高24.2釐米，寬17.3釐米。版心中鎸“冠道成唯識論”、卷次，下鎸葉碼、“法藏館”。

内封題“扶桑雒陽比丘旭雅著作/冠導增補成唯識論/京都法藏館西村七兵衛發行”。

版權頁題“明治二十一年六月一日印刷、同年六月五日出版”。

卷端題“冠導增補成唯識論，護法等菩薩造，三藏法師玄奘奉詔譯，扶桑雒陽泉山比丘旭雅著作”。

卷首有序。

每卷末鎸“顯慶四年十二月卅十日於玉華肅誠殿三藏法師玄奘奉詔譯/翻經法門基筆受/摸寫明詮僧都之導本安和元年十一月十一日點此卷了/子島沙門真興/佛入滅後二千八百三十七年/明治廿一年十二月於洛東泉山冠導增補畢比丘旭雅/同編參畢真宗末學惠燈、春洞”。

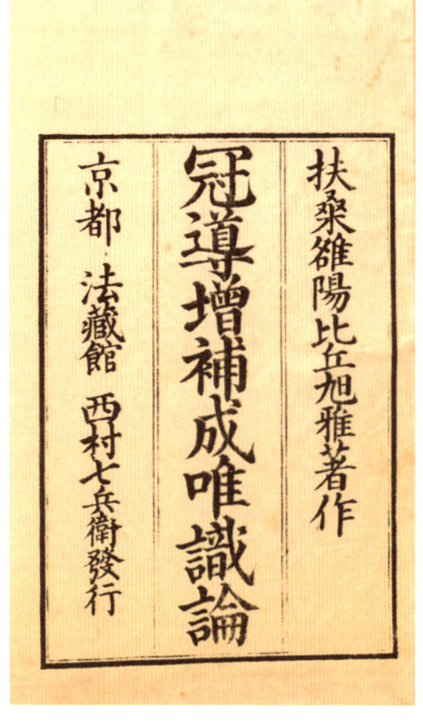

扶桑雒陽比丘旭雅著作
冠導增補成唯識論
京都 法藏館 西村七兵衛發行

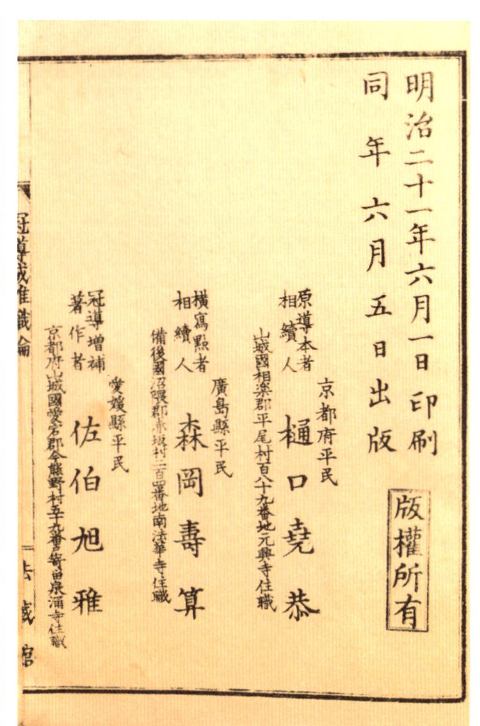

明治二十一年六月一日印刷
同年六月五日出版
版權所有
原導本者相續人 京都府平民 樋口堯恭
山城國相楽郡平尾村百八十九番地元興寺住職
横寫點者相續人 廣島縣平民 森岡壽算
備後國沼隈郡赤坂村三百四番地南法華寺住職
冠導增補著作者 愛媛縣平民 佐伯旭雅
冠導成唯識論
法藏館

㋷今造此論二訓釋論云今造訓本論云今造訓但通本釋二論云今造訓爲好
㋸生正解故三訓生正解疏初釋約人義生正解疏後釋約法義生正解樞要義裏
書出闇云訓生正解義意兼余義可見若用余訓生解爲斷之句何故不說正義上已
㋩二重障疏釋此文有五義初四約二障第五約二執疏云問初四解重障義者何故障理但說二空空唯二執生解乃言斷二重障卽兼余法問第五解重唯二執二障体斷亦通貪等何故但說我
□論其釋文有三分初皈敬頌及次長行是宗前敬敍分等可知就初分中此初一頌彼護法等皈敬福田馮力求護投誠述已顯造論因釋上三句疏四釋樞要三釋可就彼訓
㋑今者正明論主造論之時
㋺裏書樞要

冠導增補成唯識論卷第一

護法等菩薩造　三藏法師玄奘奉詔譯

扶桑犍陽泉山比丘　旭雅　著作

皈敬

稽首唯識性。滿分清淨者。我今釋彼說。利樂諸有情。

○此一頌中上之二句皈敬福田，下之二句敍釋論意。

㋺豪起

今造此論。爲於二空有迷謬者生正解故。

○長行中明本論主造論之意。文勢有三。此初安惠等決顯論主爲令生解斷障得果所以造論。

△顯悟 廿六左　△資糧加行二位　△顯斷 廿七右

生解爲斷二重障故。

△見道　○二障二執　△十地中也修習位

由我法執二障具生。若證二空彼障隨斷。斷障爲得二勝果故。

○若證二空彼障隨斷者，此依見道及究竟位斷煩惱說，余位不然。先離八品煩惱，第九品時方斷我見故也。此約一來不還也。第四地中我見亦爾也。

△顯金剛心　△顯得果 廿三右　△究竟位　△別斷別証

由斷續生煩惱障故證眞解脫。由斷礙解所知障故得大菩提。

㋭又爲開示謬執我法迷唯識者。令

○自下第二火辨等意明論主令達二空悟唯識性所以造論

255.法苑珠林一百卷　〔唐〕釋道世輯　

清道光七年（1827）燕園蔣氏刻本　三十二册四函

道世，俗姓韓，字玄惲，京兆（今陝西西安）人。

半葉十行二十字，小字雙行同，黑口，左右雙邊，雙黑魚尾，半框高18.5釐米，寬13.4釐米。版心中鎸“苑”、卷次，下鎸葉碼。

内封題“法苑珠/林一百卷/道光丁亥歲釋藏本重刊”。

牌記題“燕園/蔣氏”。

卷端題“法苑珠林，唐西明寺沙門釋道世撰”。

卷首有吕琴姜重刊序、李儼仲序、目録。

卷末有董姝跋。

鈐印：“公安廖氏竹林齋藏書”陽文方印、“慈谿耕餘樓藏”陽文長方印、“馮氏辨齋藏書”陰文方印。

按：吕琴姜序，言“道光七年春月棨訂訖”。卷末鎸“後學吴縣王朝忠校”。數卷末鎸有出貲者名。

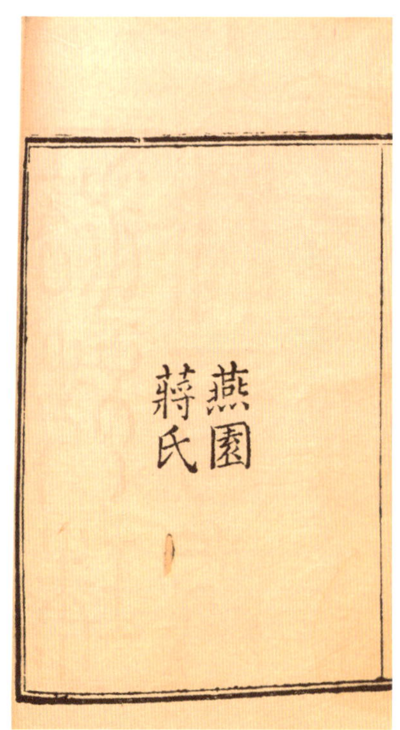

法苑珠林卷第一

唐西明寺沙門釋道世撰

劫量篇第一劫災有二一小一大

○第一小三災部小別有六部

述意部　疫病部　乃兵部

饑饉部　相生部　對除部

述意部第一

夫劫者蓋是紀時之名猶年號耳然則時無別體約法而明所以聖教㤕宣多所攸載者雖非理觀之沖規亦懲勸之幽旨也若乃涉迷津於曩識微塵之數

道教之屬

256.陰騭文圖證不分卷　〔清〕費丹旭繪　〔清〕許光清編　

清道光二十四年(1844)海昌蔣氏别下齋刻本　二册一函

費丹旭(1801—1850)字子苕，號曉樓，晚號偶翁，烏程(今浙江湖州)人。許光清，字雲堂，號心如，别號天田牧，浙江海寧人。

半葉十行二十四字，白口，四周雙邊，無魚尾，半框高19.7釐米，寬12.4釐米。版心上鎸書名，下鎸葉碼、"别下齋刊本"。

内封題"陰騭文圖證"。

牌記題"道光二十四年太歲在甲辰/秋九月海昌蔣氏别下齋開雕"。

卷首有"文昌帝君陰騭文"，署"嘉興張廷濟敬録，烏程費丹旭繪圖，海昌許光清集證，許光治繕寫，錢塘汪鉽監刻，海昌蔣光煦校刊"。

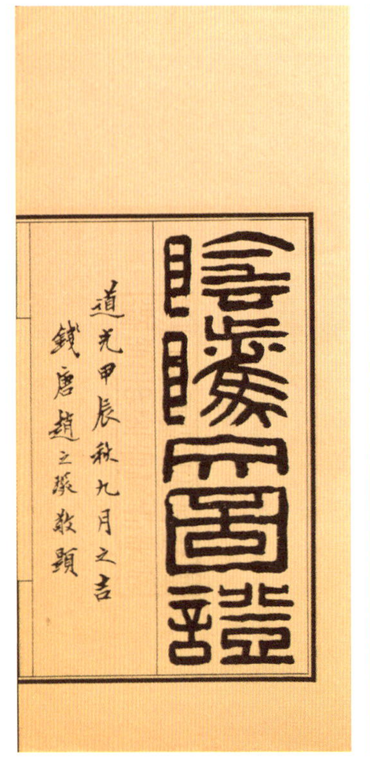

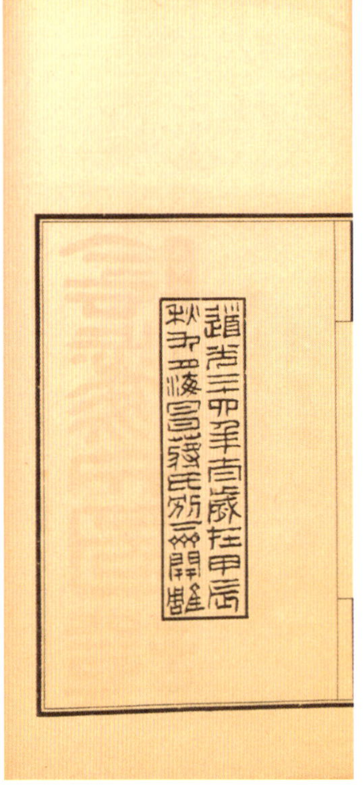

化書帝君於周武王乙巳歲生會稽山陰隱者張氏家名善勳其鄉剪髮文身乃尋冠屨自習禮文化者十七八有耆舊誦唐虞大訓數篇就習焉記授無遺邑人以爲師後究脈理味藥性造其妙京周召爲醫師遷司諫告老歸没後天帝以爲君山主宰又生河朔張氏名忠嗣字仲爲保氏奉先人之職陞爲大夫以諫㤙爲雪山大仙蜀門行化爲蜀北門山王降生爲趙王如意爲吕后所殺孝宣時生邛邑張子家受形趙國爲張禹之子名勳爲清河令順帝永和閒生世爲張孝仲不登顯仕復生河朔大將軍鄧艾辟請爲從事晉武帝太康八年二月初三日生於金馬山張老家名亞字霈美建興末作儒士稱謝艾陳隋閒

其他宗教之屬

257.舊約以西結注釋　（美）那夏禮注　BS1545 .N69 1910

清宣統二年（1910）中國聖教書會鉛印本　一册

内封題“耶穌降世一千九百零十年，那夏禮注/舊約以西結注釋/大清宣統二年歲次庚戌，中國聖教書會印發”。

版權頁題“大清宣統二年歲次庚戌”。

卷首有那夏禮序。

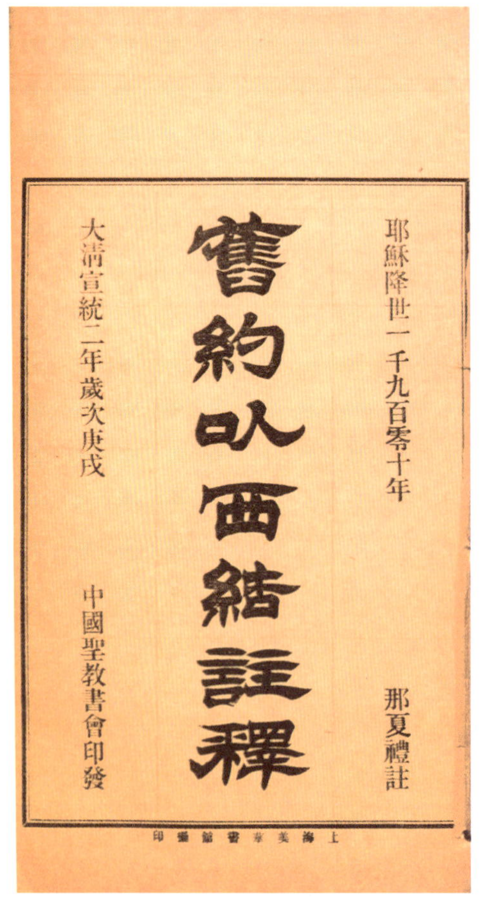

耶穌降世一千九百零十年

舊約以西結註釋

那夏禮註

大清宣統二年歲次庚戌

中國聖教書會印發

上海美華書館擺印

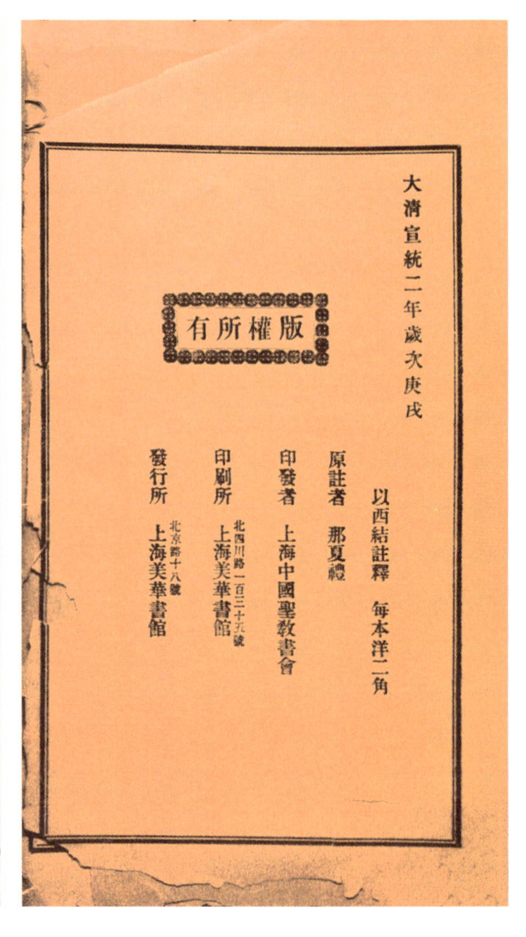

大清宣統二年歲次庚戌

版權所有

以西結註釋　每本洋二角

原註者　那夏禮

印發者　上海中國聖教書會

印刷所　北四川路一百三十六號　上海美華書館

發行所　北京路十八號　上海美華書館

言先知得默示之時

以西結註釋

論得默示之時 一至三節

第一章 〔一〕約雅斤王被虜五年、四月五日、我布西子、祭司以西結年三十矣、在迦勒底地、基八河濱、被虜之中、穹蒼忽闢、耶和華上主示以異象、其靈感予、其命傳予、

〔二〕〔三〕約雅斤王登位之八年、被尼布甲尼撒擄至巴比倫、見王下二十四〡至〢後〔五年〕卽耶穌降世先五百九十五年、以西結得默示、其年已三十歲、大抵是時方受先知之職、見民四〣〥戢〤〣〤〥〔基八河〕乃百辣河所分支、其河口離巴比倫城北六百里、〔穹蒼忽闢〕見馬三〢使七結〢〡〣〡默十九〡〔異象〕見下文〔感予〕原文謂以手撫之、令其預受默示意、見賽八〡但十〢〥默一〥

見四靈物 四至十四節

〔四〕我見飄風自北驟至、亦有大雲、若火炎炎、焜耀四周、雲中有光、若磨礱之金、〔五〕又有四靈物、其狀彷彿似人、〔六〕各有四面、四翼、〔七〕足直若犢蹄、藻釆輝耀、若金已經磨礱、〔八〕翼下四旁有人手、四靈物有面有翼、〔九〕其翼相連、隨其所往、無需回顧、直行以前、〔十〕右之容若人與獅、左之容若牛與鷹、四靈物之容若此、〔十一〕諸靈物二翮高展、交相比接、二翮蔽身、〔十二〕隨靈所感而往、直行以前、無需回顧、〔十三〕狀若熾炭、明若燈光、火繞靈物、光射若電、〔十四〕靈物往反、若電閃爍、

258.新約全書

清光緒二十八年(1902)大美國聖經會鉛印本　一册

内封題“新約全書/中西字”。

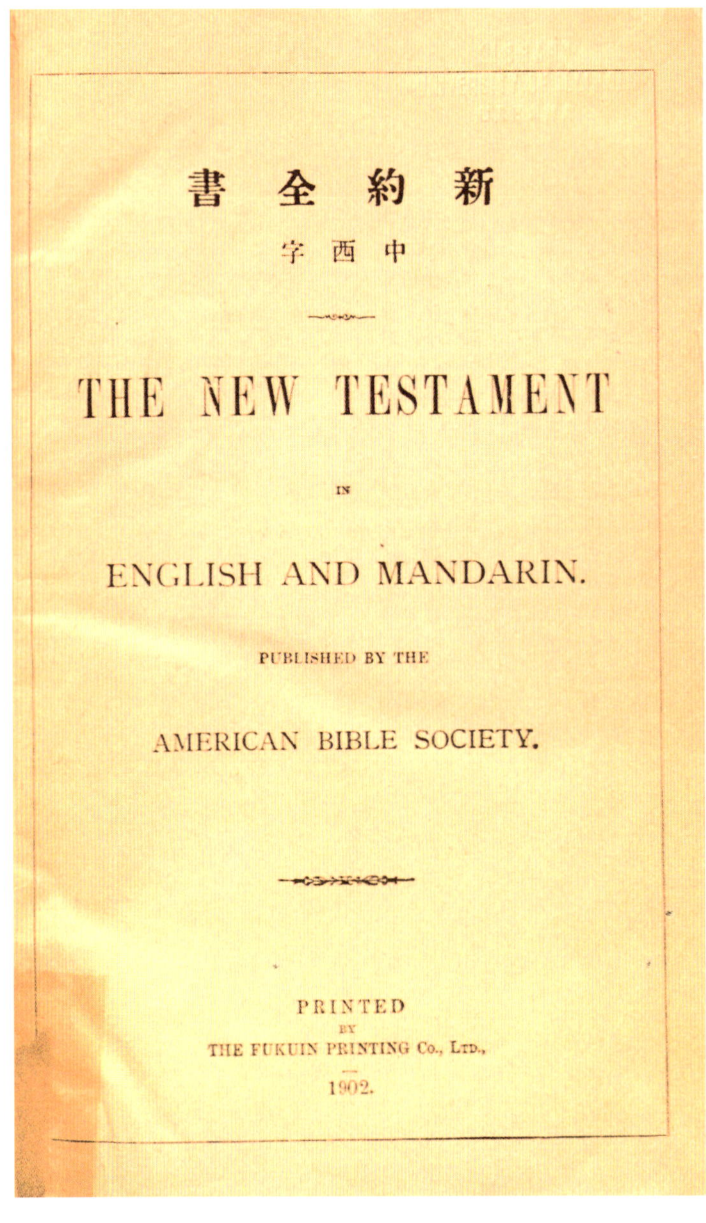

馬太傳福音書

THE GOSPEL ACCORDING TO ST. MATTHEW.

CHAPTER I.

THE book of the generation of Jesus Christ, the son of David, the son of Abraham.
2 Abraham begat Isaac; and Isaac begat Jacob; and Jacob begat Judas and his brethren;
3 And Judas begat Phares and Zara of Thamar; and Phares begat Esrom; and Esrom begat Aram;
4 And Aram begat Aminadab; and Aminadab begat Naasson; and Naasson begat Salmon;
5 And Salmon begat Booz of Rachab; and Booz begat Obed of Ruth; and Obed begat Jesse;
6 And Jesse begat David the king; and David the king begat Solomon of her *that had been the wife* of Urias;
7 And Solomon begat Roboam; and Roboam begat Abia; and Abia begat Asa;
8 And Asa begat Josaphat; and Josaphat begat Joram; and Joram begat Ozias;
9 And Ozias begat Joatham; and Joatham begat Achaz; and Achaz begat Ezekias;
10 And Ezekias begat Manasses; and Manasses begat Amon; and Amon begat Josias;
11 And Josias begat Jechonias and his brethren, about the time they were carried away to Babylon:
12 And after they were brought to Babylon, Jechonias begat Salathiel; and Salathiel begat Zorobabel;
13 And Zorobabel begat Abiud; and Abiud begat Eliakim; and Eliakim begat Azor;

第一章

亞伯拉罕的後裔、大衛的子孫、耶穌基督的家譜、記在下面。[二]亞伯拉罕生以撒、以撒生雅各、雅各生猶大、
和猶大的弟兄、[三]猶大與大馬氏生法勒士同撒拉、法勒士生以士崙、以士崙生亞蘭、[四]亞蘭生亞米拏達、亞
米拏達生拏順、拏順生撒捫、[五]撒捫娶喇合氏生波士、波士娶路得氏生阿伯、阿伯生耶西、[六]耶西生大衛王、
大衛王娶烏利亞的妻子生所羅門、[七]所羅門生羅波暗、羅波暗生亞比亞、亞比亞生亞撒、[八]亞撒生約沙法、
約沙法生約蘭、約蘭生烏西亞、[九]烏西亞生約但、約但生亞哈士、亞哈士生希西家、[十]希西家生馬拏西、馬拏
西生亞門、亞門生約西亞、[十一]約西亞生耶哥尼亞、和耶哥尼亞的弟兄、那時候百姓被遷到巴比倫去了、[十二]遷
到巴比倫之後、耶哥尼亞生撒拉鐵、撒拉鐵生所羅巴伯、[十三]所羅巴伯生亞比鬱、亞比鬱生以利亞金、以利
亞金生亞所、

259.頌主新詩　（美）陳翰勳譯　

清光緒十六年（1890）福州美華書局鉛印本　一册

内封題“耶穌降生一千八百九十年/頌主新詩/光緒十六年，福州美華書局活板”。

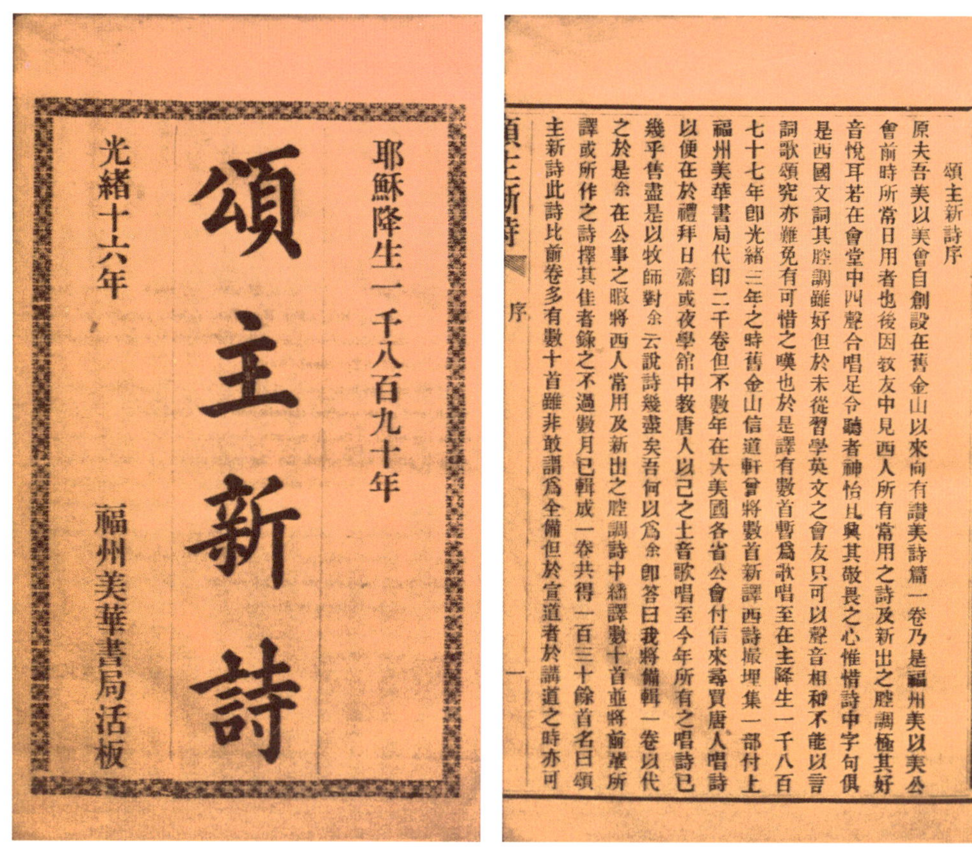

耶穌降生一千八百九十年

頌主新詩

光緒十六年

福州美華書局活板

頌主新詩序

原夫吾美以美會自創設在舊金山以來向有讚美詩篇一卷乃是福州美以美公會前時所常日用者也後因教友中見西人所有常用之詩及新出之腔調極其好音悅耳若在會堂中四聲合唱足令聽者神怡且與其敬畏之心惟惜詩中字句俱是西國文詞其腔調雖好但於未從習學英文之會友只可以聲音相和不能以言詞歌頌究亦難免有可惜之嘆也於是譯有數首暫爲歌唱至在主降生一千八百七十七年卽光緒三年之時舊金山信道軒曾將數首新譯西詩撮埋集一部付上福州美華書局代印二千卷但不數年在大美國各省公會付信來尋買唐人唱詩以便在於禮拜日齋或夜學館中教唐人以己之土音歌唱至今年所有之唱詩已幾乎售盡是以牧師對余云說詩幾盡矣吾何以爲余卽答曰我將備輯一卷以代之於是余在公事之暇將西人常用及新出之腔調詩中緒譯數十首並將前輩所譯或所作之詩擇其佳者錄之不過數月已輯成一卷共得一百三十餘首名曰頌主新詩此詩比前卷多有數十首雖非敢謂爲全備但於宣道者於講道之時亦可

頌主新詩　序　一

第一首論讚美耶穌

Oh for a thousand tongues to sing. Tune Coronation.

一 我心甚願萬人開口　將我救主讚頌
我之帝王無限榮耀　與其顯現恩寵

二 慈悲聖師我等上帝　默助我等宣傳
使天下人東西南北　皆識爾名爲尊

三 耶穌尊名解我畏心　使我憂愁盡脫
罪人聽此如聞樂音　一生心中安悅

四 耶穌折服魔鬼權能　釋放擄掠苦囚

260.續天路歷程土話六卷　（美）班楊撰　PR3330 .A733

清同治九年（1870）羊城惠師禮堂刻本　一册一函

半葉十行二十四字，白口，四周雙邊，單黑魚尾，半框高16釐米，寬11.6釐米。版心上鎸書名，中鎸卷次，下鎸葉碼。

内封題“同治九年/續天路歷程土話/羊城惠師禮堂鎸”。

卷端題“續天路歷程土話”。

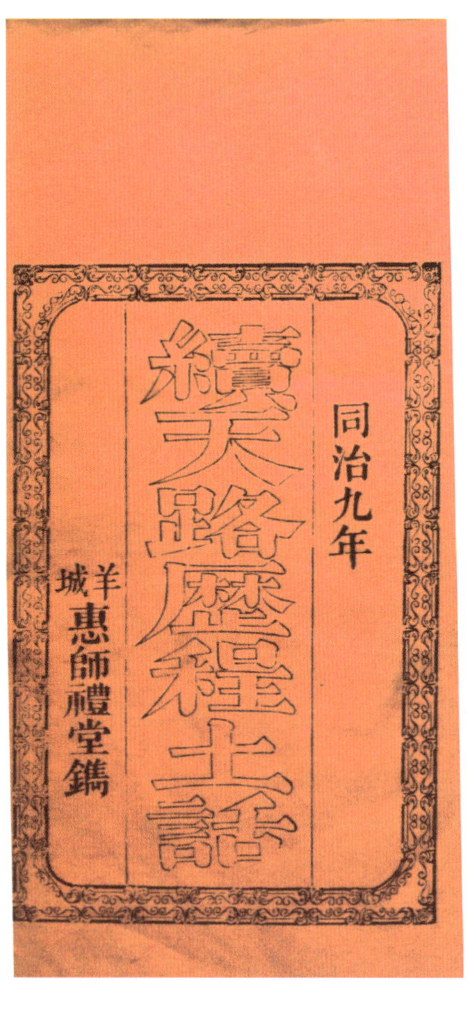
同治九年
續天路歷程土話
羊城惠師禮堂鎸

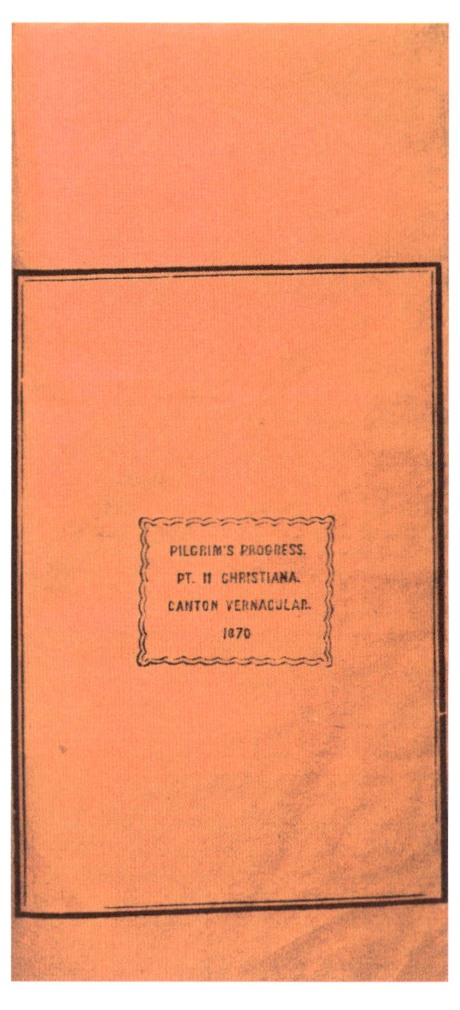

續天路歴程土話卷一

我從前發一個夢夢見基督徒離開將亡城經歴好多艱難收尾入到天城。我先時已經將夢中嘅事作成一部書好多人睇個部書都得益處昔日基督徒起行天路佢嘅妻及子唔肯同佢去呢的事喺前書（指天路歴程首集）之中已經講過咯。基督徒嘅妻子後來點樣我呢幾年唔得閒去打聽佢消息近來因有事順便到佢條村個便行。離佢條村三四里咁遠有一所樹林個時正係天熱我喺樹林裏頭抖吓不覺瞓着又發一個夢。朦朧之中睇見有個老人名叫多智喺我身邊行過我見佢係向我個條路行嗷就起身共佢同去。○行路之時兩家講論我問個老人話呢條

261.瞽牧勸捐

清光緒元年(1875)美華書院鉛印本　一册

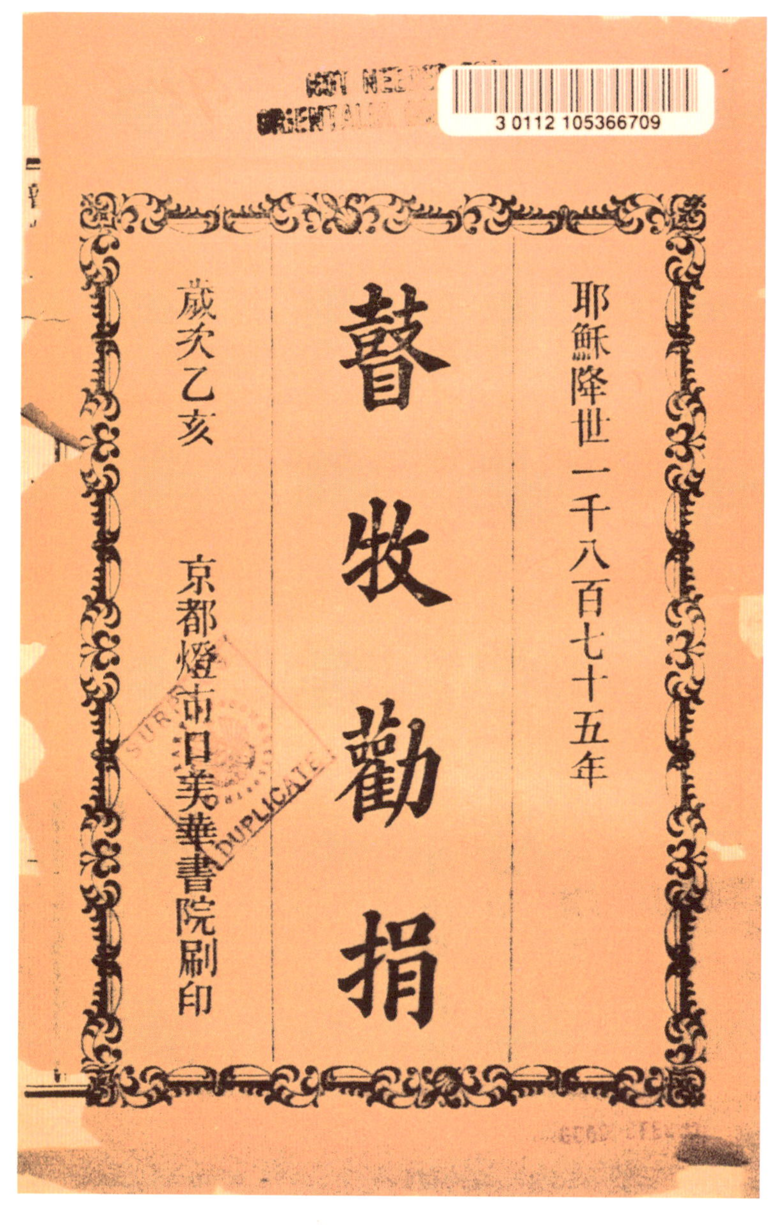
耶穌降世一千八百七十五年
瞽牧勸捐
歲次乙亥　京都燈市口美華書院刷印

訓牧觀捐

窮嫠捐貲

耶穌對銀庫坐著觀看衆人怎樣捐錢入庫有許多財主捐了許多錢有一個貧窮的寡婦來捐兩個小錢就是一個大錢耶穌就叫門徒來對他們說我實在告訴你們這貧窮的寡婦捐入庫裏的比衆人捐的還多因爲衆人是自己有餘拏出來捐這寡婦是自己不足反將所有一切養生的拏出來捐

九

集部

楚辭類

262.楚辭八卷後語六卷辯證二卷　〔宋〕朱熹注　

清宣統三年(1911)上海掃葉山房石印本　四册一函

内封題"楚辭"。

牌記題"宣統三年石印/掃葉山房"。

卷端題"楚辭,朱子集注"。

卷首有朱熹楚辭集注序。

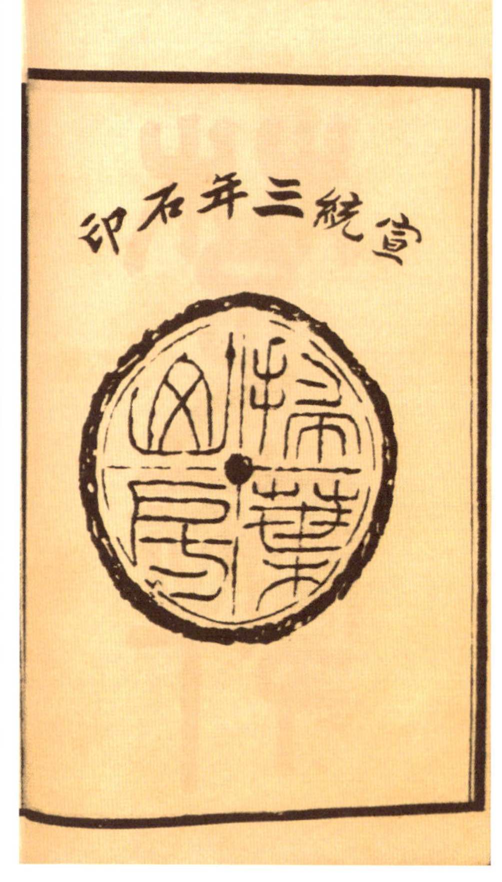

楚辭卷第一　　朱子集註

離騷經第一　　離騷一

離騷經者屈原之所作也屈原名平與楚同姓仕於懷王爲三閭大夫三閭之職掌王族三姓曰昭屈景[戰國策楚有昭奚恤元和姓纂云楚武王子瑕食采於屈因氏焉屈重屈蕩屈建屈平並其後又云景氏有景差至漢皆徙關中]屈原序其譜屬率其賢良以厲國士入則與王圖議政事決定嫌疑出則監察羣下應對諸侯謀行職脩王甚珍之同列上官大夫及用事臣靳尚妬害其能共譖毀之王疏屈原屈原被讒憂心煩亂不知所愬乃作離騷[班孟堅曰離猶遭也顏師古曰憂動曰騷洪曰其謂之經蓋後世之士祖述其詞尊而名之耳非原本意]

263.楚辭圖注十卷　〔明〕蕭雲從繪並注　

清末刻本　一册

蕭雲從（1596—1673）字尺木，號無悶道人、鐘山老人，蕪湖（今屬安徽）人。

半葉九行二十四字，白口，四周單邊，無魚尾，半框高18.2釐米，寬11.7釐米。版心上鎸卷名，下鎸葉碼。

内封題"區湖蕭尺木較，楚辭圖注，皋園藏書"。

卷端題"楚辭，區湖蕭雲從尺木甫較"。

卷首有河濱李楷"離騷圖經序"，目録（後附凡例），蕭雲從"離騷圖序"，署"乙酉中秋七日題於萬石山之應遠堂"。

按：欄上有手寫日文紅字眉批。本館藏本殘，存二卷，止於"九歌"。

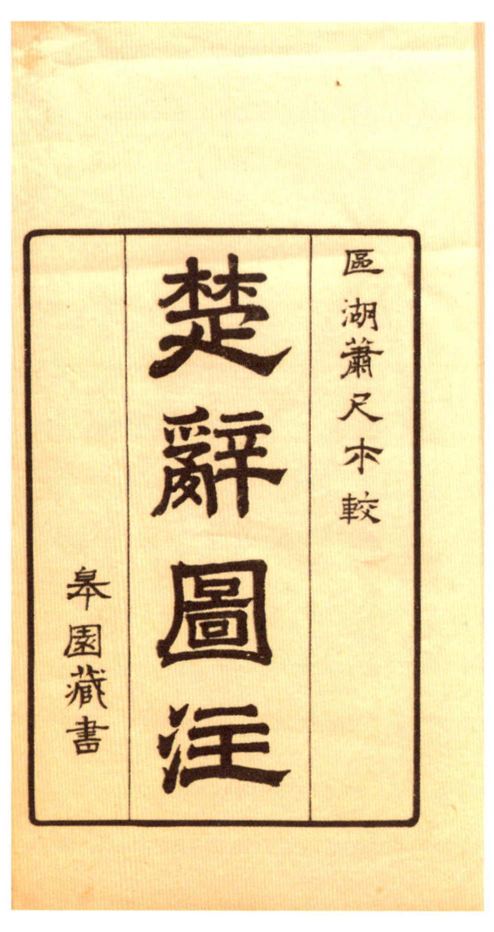

楚辭

區湖蕭雲從尺木甫較

離騷經

離騷經者屈原之所作也屈原名平與楚同姓仕於懷王爲三閭大夫三閭之職掌王族三姓曰昭屈景屈景序其譜屬率其賢良以厲國士入則與王圖議政事決定嫌疑出則監察羣下應對諸侯謀行職修王甚珍之同列大夫上官靳尚妒害其能共譖毀之王乃疏屈原屈原執履忠貞而被讒衺憂心煩亂不知所愬乃作離騷經離別也騷愁也經徑也言

别集類

漢魏六朝别集

264.諸葛忠武侯文集四卷附録二卷首一卷諸葛忠武侯故事五卷　〔清〕張澍輯

清嘉慶十七年(1812)刻本　六册一函

張澍(1782—1847)字時霖、介侯,號伯瀹,甘肅武威人。

半葉九行二十四字,小字雙行同,白口,左右雙邊,單黑魚尾,半框高18.8釐米,寬12釐米。版心上鎸書名,中鎸卷次,下鎸葉碼。

文集内封題“諸葛忠武侯/文集”。

卷端題“諸葛忠武侯文集,武威張澍介侯編輯”。

卷首有張澍自序、“答客問”、目録、年譜、集表、本傳。

諸葛故事内封題“諸葛故事/五卷”。

卷端題“諸葛忠武侯故事,武威張澍介侯纂輯”。

卷首有諸葛故事序,署“清嘉慶十有七年歲在玄默涒歎仲秋之月辛丑朔”。

諸葛忠武侯文集卷第

武威張澍介侯編輯

草廬對

瀏案蜀志先帝詣亮凡三往乃見因屏人問計亮答之

曰

自董卓已來豪傑並起跨州連郡者不可勝數曹操比於袁紹則名微而衆寡然操遂能克紹以弱爲彊者非惟天命華陽國志作時抑亦人謀也今操已擁百萬之以挾天子以令諸侯此誠不可與争雄華陽志作鋒孫權據有江東已歷三世國險而民附賢能爲

諸葛忠武侯文集

唐五代別集

265.九家集注杜詩三十六卷首一卷　〔唐〕杜甫撰　〔宋〕郭知達編注

清嘉慶（1796—1820）刻本　三十二册三函

杜甫（712—770）字子美，號少陵，祖籍湖北襄陽，生於河南鞏縣。郭知達，南宋蜀人。

半葉九行二十一字，小字雙行同，白口，四周雙邊，單黑魚尾，半框高17.4釐米，寬12.8釐米。版心上鎸書名，中鎸卷次，下鎸葉碼。

卷端題“九家集注杜詩，唐杜甫撰，宋郭知達編注”。

卷首有郭知達序，署“淳熙八年”；曾噩重刻序，署“寶慶元年”；“御製題郭知達九家注杜詩”；“再題宋版九家注杜詩”；“目録”。

鈐印：“行己有恥”陰文方印。

按：御製序云：“此书（曾噩本）舊藏武英殿，僅爲庫貯陳編，無有知其爲宋槧者，兹以校勘《四庫全書》向武英殿移取書籍，始鑒及之。”

九家集注杜詩卷一

唐　杜甫　撰　宋　郭知達　編注

古詩

奉贈韋左丞丈二十二韻 注鮑文虎云韋濟韋嗣立子天寶中授尚書左丞史有傳附嗣立後

紈袴不餓死 前漢班氏敘傳曰王鳳薦班伯宜勸學召見宴昵殿上方鄉學鄭寬中張禹朝夕入說尚書論語於金華殿中詔伯受焉數年金華之業絕出與王許子弟爲羣在於綺襦紈袴之間非其好也晉灼曰白綺之襦冰紈之袴也師古曰紈素也綺今之細綾也並貴戚子弟之服朱買臣妻曰如公等終餓死於溝中耳　趙云梁任昉奏彈劉整云以前代外戚仕因紈袴晉束晳云丹墀步紈袴之童東野遺白顛之叟莊

266.錢牧齋箋注杜詩二十卷首一卷　〔唐〕杜甫撰　〔清〕錢謙益注

清宣統三年（1911）上海時中書局石印本　八册一函

錢謙益（1582—1664）字受之，號牧齋，晚號絳雲樓主人、蒙叟、東澗老人，又稱虞山先生，江蘇常熟人。

卷端題“杜工部集，虞山蒙叟錢謙益箋注”。

卷首有袁康竹“校印虞山錢氏杜工部草堂注箋序”、楊葆光“校印錢箋杜詩集評序”、錢謙益“草堂詩箋元本序”、季振宜序、注杜詩略例、附録、唱酬題咏附録、諸家詩話、少陵先生年譜、目録。

按：終卷卷末有“繕寫人金匱吴揆”。書根題“錢牧齋箋注杜詩”。

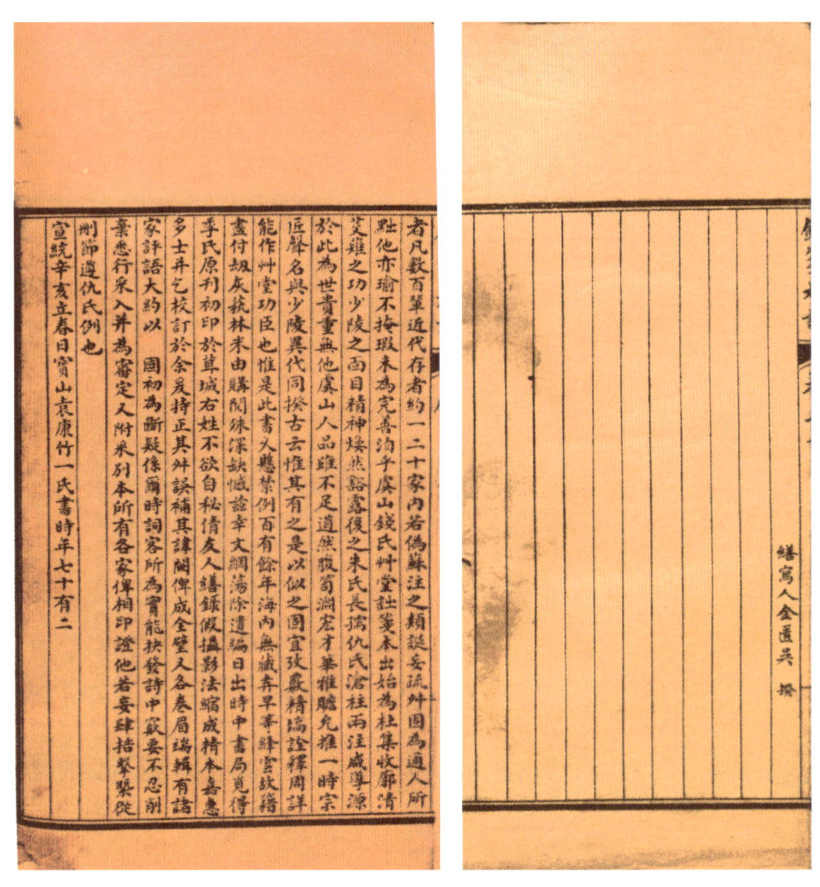
者凡數百輩近代存者約一二十家內若僞蘇注之類誕妄疏舛固爲通人所
詆他亦瑜不掩瑕未爲完善洎乎虞山錢氏艸堂詩箋本出始爲杜集收廓清
芟薙之功少陵之面目精神煥然豁露後之朱氏長孺仇氏滄柱兩注咸導源
於此爲世貴重無他虞山人品雖不足道然腹笥淵宏才華雅贍允推一時宗
匠聲名與少陵異代同揆古云惟其有之是以似之固宜攷覈精端詮釋周詳
能作艸堂功臣也惟是此書久懸禁例百有餘年海內無藏弆早峯絳雲故籍
盡付劫灰藝林末由購閱殊深缺憾迨辛文網蕩除遺編日出時中書局覓得
季氏原刊初印於葦城右姓不欲自秘倩友人繕錄假攝影法縮成精本嘉惠
多士并乞校訂於余爰持正其舛誤補其譌闕俾成全璧又各卷眉端輯有諸
家評語大約以　國初爲斷疑係爾時詞客所爲實能抉發詩中竅要不忍削
棄悉行采入并爲審定又附采別本所有各家俾相印證他若妄肆掊擊概從
刪節遵仇氏例也
宣統辛亥立春日寶山袁康竹一氏書時年七十有二

繕寫人金匱吳　揆

宋云：此詩前賢錄爲壓卷，其布置最得體。

邵云：起突兀二語，一肚皮牢騷憤激，信手拈出。

李云：調暢氣適，居然初唐，其直敘處多自言所得，而敘置清楚，筆路甚大，乃不可及。

查云：先自敘，後入題，另一章法。

吳云：揭雄于建李邕王翰，用兩古人兩今人，亦奇。

查云：具見此老本領。

吳云：一往歷落，似從東方朔得之。

吳云：至不平之語，不覺從肺腑中瀉出，人譏其自譽太過，非也。

杜工部集卷之一

虞山蒙叟錢謙益　箋註

古詩五十五首 天寶未亂時并陷賊中作

奉贈韋左丞丈二十二韻

紈袴不餓死，儒冠多誤身。丈人試靜聽，賤子請具陳。甫昔少一作妙年日，早充觀國賓。讀書破萬卷，下筆如有神。賦料揚雄敵，詩看子建親。李邕求識面，王翰願卜卜陳作爲鄰。自謂頗挺出一作生，立登要路津。致君堯舜上，再使風俗淳。此意竟蕭條，行歌非隱淪。騎驢三十載，旅食京華春。朝扣富兒門，暮隨肥馬塵。殘杯與冷炙，到處潛悲辛。主上頃見徵，欻然欲求伸。青冥却垂翅，蹭蹬無縱鱗。甚媿丈人厚，甚知丈人真。每於百寮上，猥誦佳句新。竊效貢公喜，難甘原憲貧。焉能心怏怏，祇是走踆踆。今欲東入海，即將西去秦。尚憐終南山，回首清渭濱。常擬報一飯，況懷辭大臣。白鷗沒宋作波浩蕩，萬里誰能馴。

韋濟 天寶七載爲河南尹，遷尚書左丞。紈袴 前書敘傳：班伯與王許子弟爲羣，在於綺襦紈袴之間，非其好也。師古曰：紈，素也。綺，今之細綾也。並貴戚子弟之服。任昉奏彈劉整：以前代外戚，仕因紈袴。觀國賓 黃鶴年譜：開元二十二年遊吳越歸，赴鄉舉。上韋左丞詩云：甫昔少年日

267.讀書堂杜工部詩集注解二十卷文集注解二卷附杜工部編年詩史譜目　〔唐〕杜甫撰　〔清〕張溍評注　　PL2675 .A17 1698

清康熙三十七年（1698）張氏讀書堂刻本　十二册二函

張溍（1621—1678）字上若，磁州（今河北磁縣）人。

半葉九行二十二字，小字雙行同，黑口，左右雙邊，單黑魚尾，半框高19釐米，寬14釐米。版心中鐫“杜詩注解”、卷次，下鐫葉碼、“讀書堂”。

内封題“滏陽張上若先生遺書/杜詩注解/讀書堂藏板”。

卷端題“讀書堂杜工部詩集注解，滏陽張溍上若評注，男榔璟子孚、榕端樸園、橋恒子久校訂”。

卷首有宋犖序，署“康熙戊寅如月之朔商丘宋犖撰”；張榕端撰“先大夫批注杜集卷末遺筆”；王洙序；王安石“杜工部詩後集序”；胡宗愈“成都草堂詩碑序”；蔡夢弼“杜工部草堂詩箋跋”；“杜氏世系考”；元稹撰“唐杜工部墓志銘”；“唐書文藝傳”；目録。

鈐印：“退一步想書屋”陽文長方印。

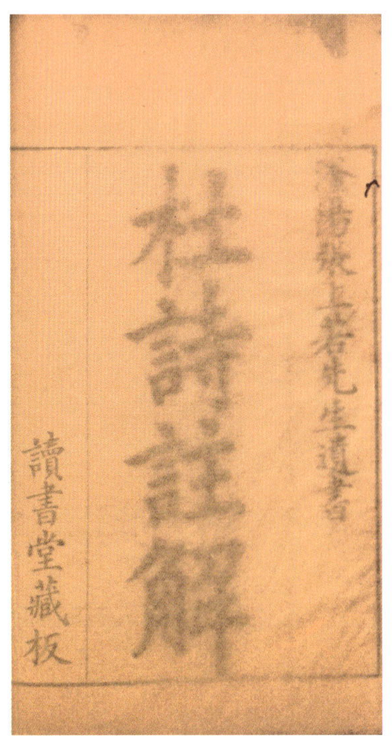
滏陽張上若先生遺書
杜詩註解
讀書堂藏板

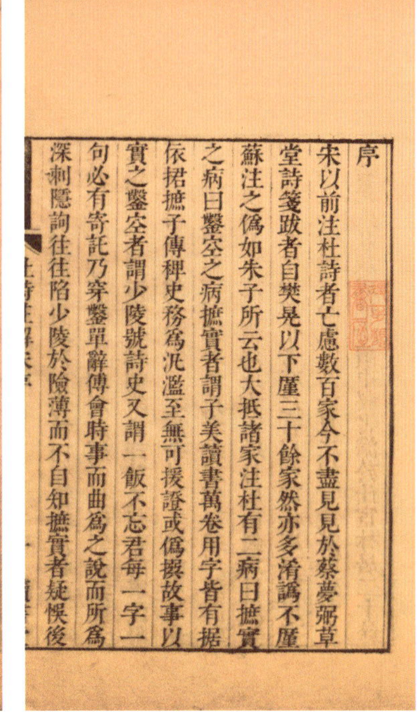
序
宋以前注杜詩者亡慮數百家今不盡見見於蔡夢弼草
堂詩箋跋者自樊晃以下廑三十餘家然亦多淆譌不廑
蘇注之僞如朱子所云也大抵諸家注杜有二病曰摭實
之病曰鑿空之病摭實者謂子美讀書萬卷用字皆有据
依据摭子傳稗史務爲汎濫至無可援證或僞撰故事以
實之鑿空者謂少陵號詩史又謂一飯不忘君每一字一
句必有寄託乃穿鑿單辭傳會時事而曲爲之說而所爲
深刺隱詗往往陷少陵於險薄而不自知摭實者疑悞後

讀書堂杜工部詩集註解卷之一

椰璟子孚

滏陽張　溍上若評註　男　榕端樸園校訂

橋恆子久

遊龍門奉先寺

此乃伊闕之龍門，非禹貢河東之龍門。○原註：魯訔曰：龍門在東都河南縣。地志云：闕塞山一名伊闕，而俗名龍門。○是詩乃公開元二十四年後遊東都時作。

已從招提遊，更宿招提境。陰壑生靈籟，月林散清影。陰壑句山居夜中所聞形得出，清影用在月上最切。天闕象緯逼，雲卧衣裳冷。逼字從天闕來，冷字從雲卧來，都非輕下。欲覺聞晨鐘，令人發深省。

268.白香山詩長慶集二十卷别集一卷後集十七卷補遺二卷首一卷 〔唐〕白居易撰

清康熙四十一至四十二年（1702—1703）一隅草堂刻本 八册一函

白居易（772—846）字樂天，晚號香山居士，祖籍山西太原，後遷下封（今陝西渭南）。

半葉十二行二十一字，小字雙行字數不等，白口，左右雙邊，單黑魚尾，半框高18.5釐米，寬14.7釐米。版心中鎸書名、卷次，下鎸葉碼、“一隅草堂”。

内封題“古歙汪西亭編訂/白香山詩集/長慶集、後集、别集、白集補遺/一隅草堂藏板”。

卷端題“白香山詩長慶集，古歙汪立名西亭編訂”。

卷首有“白氏長慶集序”，署“長慶四年冬十二月十日微之序”；“白氏文集自記”；凡例；汪立名撰“白香山年譜”；“舊唐書本傳”；陳振孫“白香山年譜舊本”；趙善“白文公年譜跋”；目録。

鈐印：“公安廖氏竹林齋藏書”陽文方印、“益陽胡鄉賢嫡曾孫文忠從子廉泉叔子子襄心畬氏珍藏書畫印”陽文方印。

按：後集、别集、補遺卷端分别題“白香山詩别集”“白香山詩後集”“白香山詩集補遺”。卷次爲連續，由第一卷至四十卷。前二十卷爲長慶集，二十一卷爲别集，二十二卷至三十八卷爲後集，末二卷爲補遺。

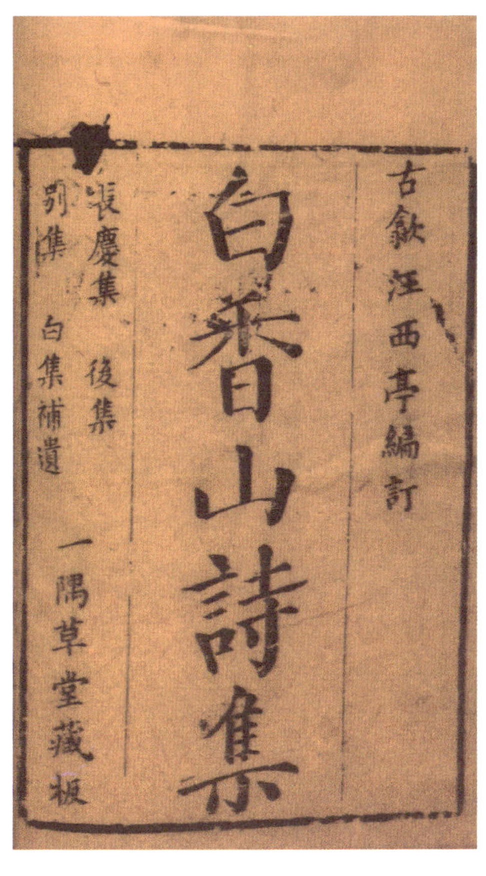
古歙汪西亭編訂

白香山詩集

長慶集　後集

别集　白集補遺

一隅草堂藏板

白香山詩長慶集卷第一

古歙汪立名西亭編訂

諷諭一（古調詩五言　凡六十四首）

賀雨

皇帝嗣寶曆元和三年冬自冬及春暮不雨旱爞爞上心念下民懼歲成災凶遂下罪己詔殷勤制（一作誥）萬邦帝曰予一人繼天承祖宗憂勤不遑寧夙夜心忡忡元年誅劉闢一舉靖巴邛二年戮李錡不戰安江東顧惟眇眇德遽有巍巍功或者天降沴無乃儆予躬上思荅天戒下思致時邕莫如率其身慈和與儉恭乃命罷進獻乃命賑飢窮宥死降五刑已責（按已責乃用左傳晉悼公已責事謂出滯債也今本皆作責已誤）寬三農宮女出宣徽廄馬減飛龍庶政靡不舉皆出自

269.唐丞相曲江張文獻公集十二卷千秋金鑑録五卷附録一卷　〔唐〕張九齡撰

清雍正十三年（1735）刻本　八册一函

張九齡（678—740）字子壽，一名博物，韶州曲江（今屬廣東）人。

半葉九行十八字，白口，四周單邊，單黑魚尾，半框高21釐米，寬15.5釐米。版心上鎸“曲江集”，中鎸卷次，下鎸葉碼。

卷端題“唐丞相曲江張文獻公集，裔孫世緯、世績、世綱重梓”。

卷首有張渠“曲江公文集序”；“重刻千秋金鑑録序”；“千秋金鑑録詩序”；袁安煜“張曲江公文集序”；錢朝鼎序；周日燦“曲江張文獻公集元序”；韓海“張曲江公文集序”；譚會海“曲江張文獻公文集序”；陳象謙“跋曲江文集後”；曾璟“重刻曲江集序”；丘瓊“曲江集元序”；王民順“重刻曲江先生文集元序”；李延大“補刻曲江元序”；姚孔鋅“張文獻公文集序”，署“雍正乙卯年季秋月知韶州事桐城姚孔鋅拜撰”。

鈐印：“文采家風”陽文方印、“養拙樓藏”陽文方印。

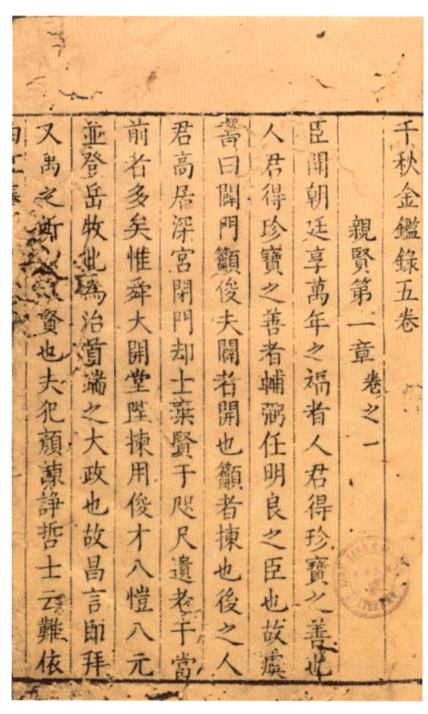

千秋金鑑録五卷

親賢第一章　卷之一

臣聞朝廷享萬年之福者人君得珍寶之善也人君得珍寶之善者輔弼任明良之臣也故虞書曰闢門籲俊夫闢者開也籲者捄也後之人君高居深宮閉門却士棄賢于咫尺遺老于當前者多矣惟舜大開堂陛捄用俊才八愷八元並登岳牧此為治道端之大政也故昌言即拜又禹之[illegible]賓也夫犯顏諫諍哲士云難依

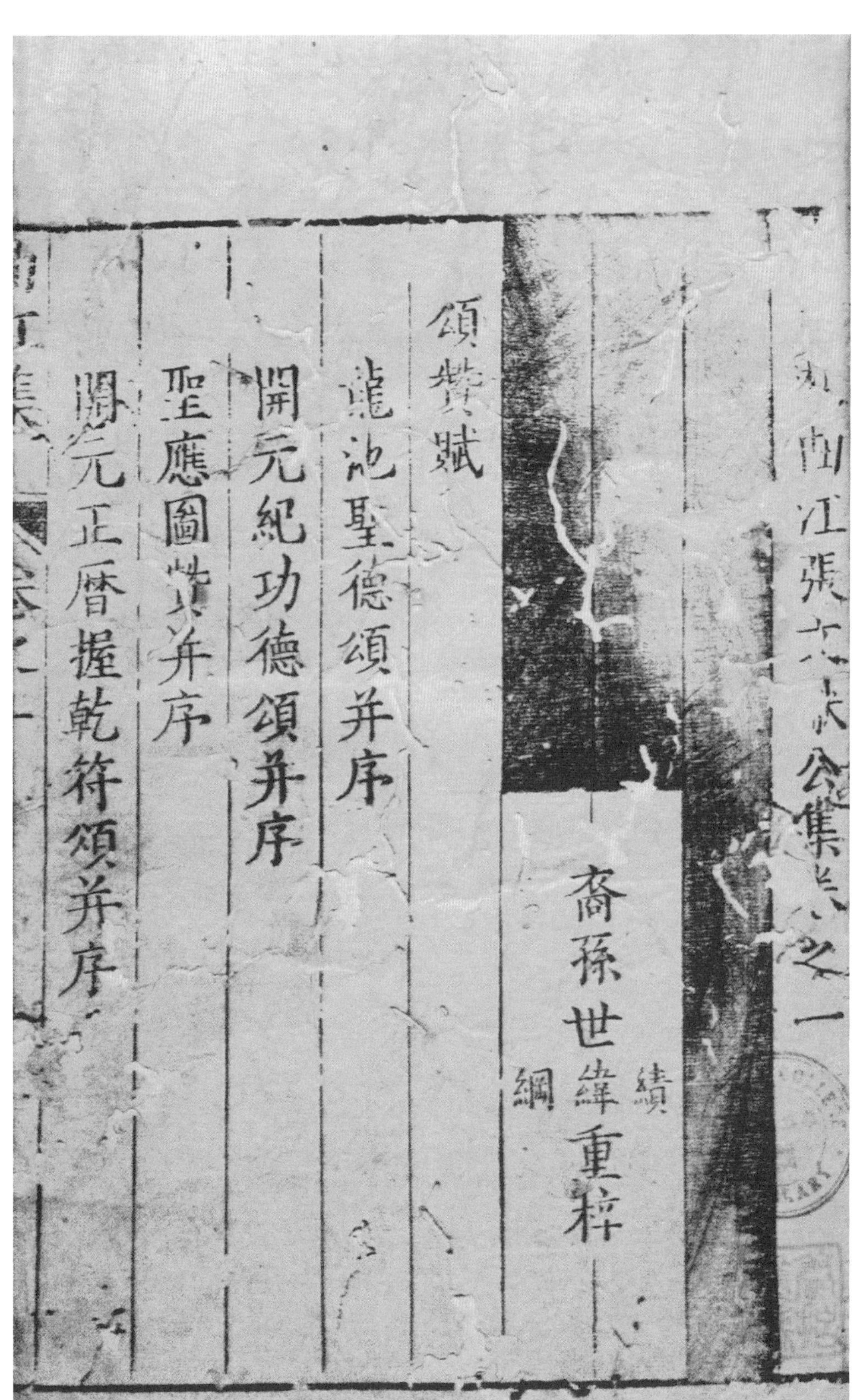
曲江張文獻公集卷之一

裔孫世緯重梓

續

綱

頌贊賦

龍池聖德頌并序

開元紀功德頌并序

聖應圖贊并序

開元正曆握乾符頌并序

曲江集 卷之一

270.唐陸宣公集二十二卷　〔唐〕陸贄撰　

清同治五年（1866）楊氏問竹軒家塾刻本　八册一函

半葉九行二十字，白口，四周雙邊，單黑魚尾，半框高19.9釐米，寬14.4釐米。版心上鐫“陸宣公集”，中鐫卷次，下鐫葉碼。

内封題“陸宣公集/二十二卷”。

牌記題“同治五年春仲楊氏/問竹軒家塾重鋟板”。

卷端題“唐陸宣公集，善化楊岳斌重刊，長沙湯亦中校字”。

卷首有權德輿撰“唐陸宣公翰苑集序”、“宋進呈奏議劄子”、“陸宣公年譜輯略”、“宣公真像”。

按：卷一第一葉a面下鐫“問竹軒藏板”。

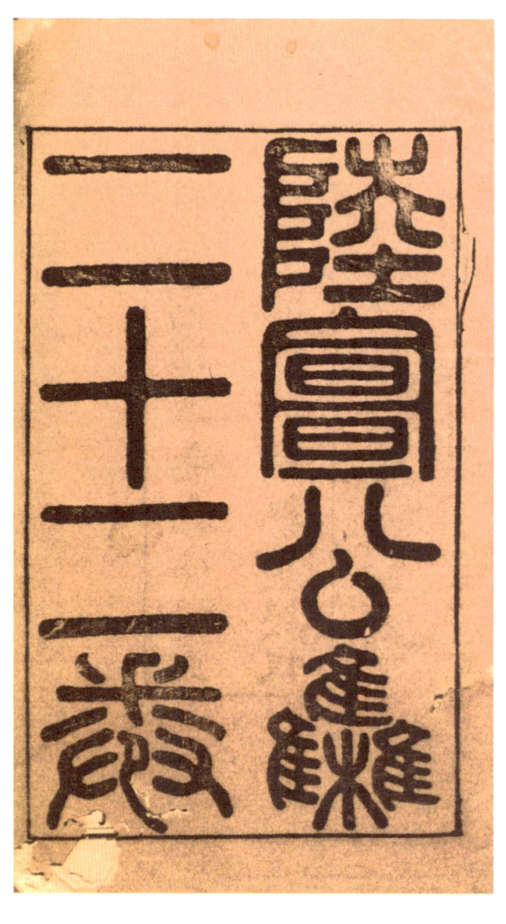

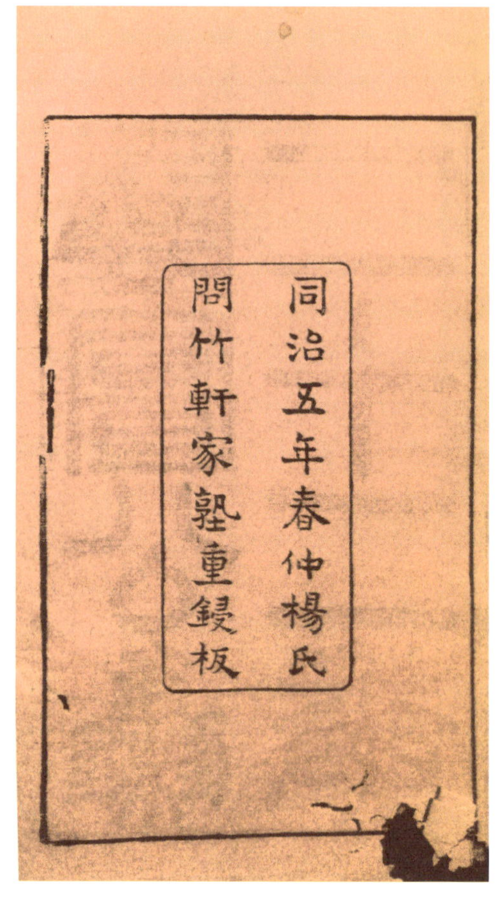

唐陸宣公集卷第一

善化楊岳斌重刊
長沙湯亦中校字

制誥赦宥上

奉天改元大赦制平朱泚後改建中五年爲興元元年

門下致理興化必在推誠忘已濟人不吝改過朕嗣守丕構君臨萬方失守宗祧越在草莽不念率德誠莫追於旣往永言思咎期有復於將來明徵厥初以示天下惟我烈祖邁德庇人致俗化於和平拯生靈

271.昌黎先生集四十卷集傳一卷外集十卷遺文一卷點勘四卷　〔唐〕韓愈撰

PL2670 .A1 1869

清同治八至九年(1869—1870)江蘇書局刻本　十一册一函

韓愈(768—824)字退之，河陽(今河南孟縣)人。

半葉九行十七字，白口，四周雙邊，雙黑魚尾，半框高20.1釐米，寬13.8釐米。版心上鐫每葉大小字數，中鐫"昌黎"、卷次，下鐫葉碼、"東雅堂"。

内封題"昌黎先/生集"。

牌記題"同治己巳孟冬/江蘇書局重刊"。

卷端題"昌黎先生集"。

卷首有"昌黎先生集序"、"昌黎集叙説"、凡例、目録。

卷末有清雍正五年(1727)陳景雲書後。

集傳卷端題"朱子校昌黎先生集傳"。

點勘内封題"韓集點勘"。

牌記題"同治庚午孟春/江蘇書局重刊"。

卷端題"韓集點勘，校東雅堂本，東吴陳景雲"。

鈐印："徐寶璜"陽文圓印、"徐寶璜"陽文長方印。

按：目録下題"門人李漢編"，每卷末鐫"同治己巳江/蘇書局重刊"。

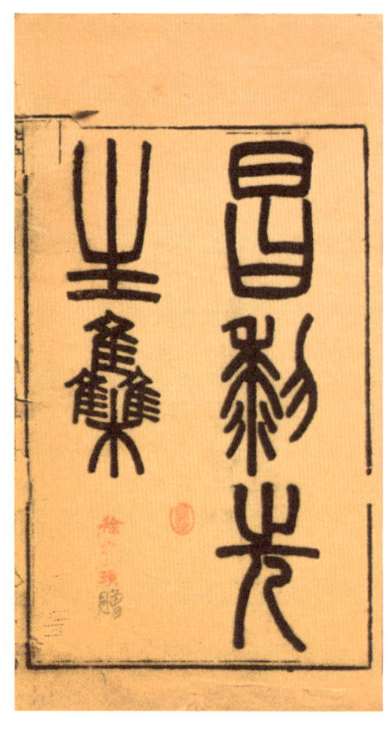

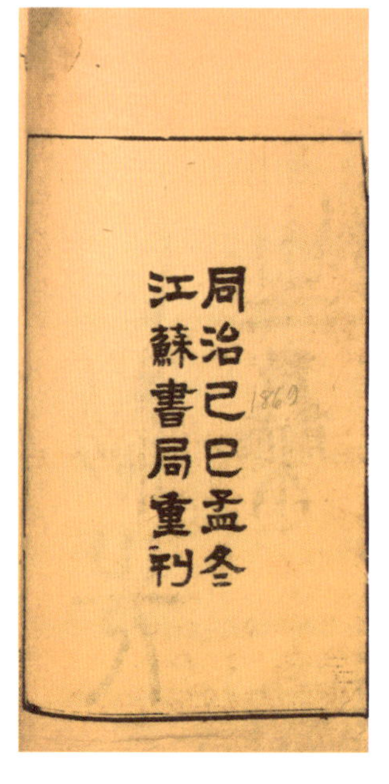

昌黎先生集卷第一

宋莒公云馮章靖親校舊本每卷首具列卷中篇目馮悉以朱墨滅殺之惟存其都凡集外有目録一卷今按李漢所作序云捴七百首并目録合四十一卷則正與馮合

賦

感二鳥賦并序

○公貞元十一年正月至三月以前進士三上宰相書不報時宰相趙憬賈耽盧邁宜其不遇也五月東歸遇所獻二鳥感而作公之賦見於集者四大抵多有取於離騷之意此篇蘇子美亦謂其悲激頓挫有騷人之思疑其年壯氣銳欲發其藻章以耀于世蘇語雖少貶然進學解所云不

272.昌黎先生集四十卷集傳一卷外集十卷遺文一卷點勘四卷　〔唐〕韓愈撰

清宣統二年（1910）上海掃葉山房石印本　十二册一函

内封題“宣統二年孟冬出板/韓昌黎全集/掃葉山房石印”。

卷端題“昌黎先生集”。

卷首有“昌黎先生集序”、“昌黎集叙説”、凡例、目録。

鈐印：“公安廖氏竹林齋藏書”陽文方印。

宣統二年孟冬出板
韓昌黎全集
掃葉山房石印

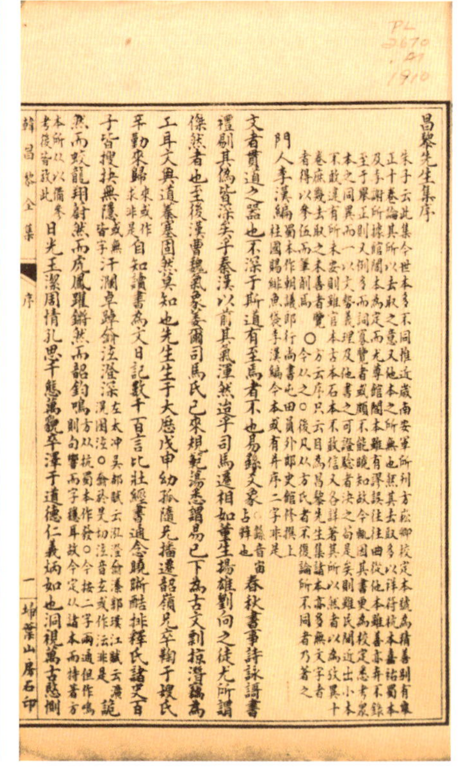

昌黎先生集卷第一

賦宋莒公云馮章靖親校舊本每卷首具列卷中篇目馮悉以朱墨滅殺之惟存其都凡集外別有目錄一卷今按李漢所作序云總七百首并目錄合四十一卷則正與馮合

感二鳥賦并序○公貞元十一年正月至三月以前進士三上宰相書不報時宰趙璟賈耽盧邁宜其不遇也五月東歸過所獻二鳥感而作公之賦見于集者四大抵多有取于離騷之意此篇蘇子美亦謂其悲激頓挫有騷人之思疑其年壯氣鋭欲發其藻章以耀于世蘇語雖少貶然進學解所云不虛矣

貞元十一年一或作五以諸譜攷之作一爲是五月戊辰愈東歸癸酉自潼關潼關在華陰出息于河之陰時始去京師有不遇時之歎見行有籠白烏白鸜鵒而西者舊史德宗貞元十一年河陽獻白烏號於道曰某土之守某官一作某土之守臣某用禮記全句○守音狩使使者進於天子使使下去音東西行者皆避路西下闕杭本無行字攷之禮記及公送溫造序當有莫敢正目焉因竊自悲幸生天下無事時承先人之遺業不識干戈耒耜攻守耕穫之勤讀書著文自七歲至今凡二十二年其行己不敢有愧於道於杭作之非是其閒居思念前古當今之故亦僅志其一二大者焉選舉於有司與百十人偕進退十或作千此專爲選舉而言也貞元九年應宏詞者僅三十二人作十爲是退上或再有偕字曾不得名薦書方從閣本名上有列字名下有於字○今按嘉祐杭本與謝本並無此二字語簡而意已足方本非是齒下士于朝以仰望天子之光明今是鳥也惟以羽毛之異以下或有其字非有道德智謀承顧問贊教化者乃反得蒙採擢薦進光耀如此此下諸本有可以人而不如鳥乎一句今從閣本文

273.昌黎先生詩集注十一卷　〔唐〕韓愈撰　PL2670 .A17 1845

清道光二十五年（1845）膺德堂朱墨套印本　四册一函

半葉十一行二十字，小字雙行字數不等，白口，左右雙邊，單黑魚尾，半框高19釐米，寬15釐米。版心中鎸“昌黎詩集注”、卷次，下鎸葉碼、“膺德堂重刊顧氏本”。

内封題“朱竹垞彝尊、何義門焯評/昌黎先生詩集注/秀野堂本，膺德堂重刊”。

卷端題“昌黎先生詩集注，長州顧嗣立俠君删補”。

卷首有顧嗣立原序，署“康熙三十有八年歲在己卯春三月上巳前一日長洲顧嗣立書於閶邱小圃之秀野草堂”；“原凡例”；博明序；彭邦疇序；凡列；“舊唐書本傳”；“昌黎先生年譜”；目録。

卷末有穆彰阿跋，署“道光十有六年歲在丙申六月初及長白穆彰阿謹跋”；張芾跋，署“道光二十有五年乙巳冬十月張芾識於江陰使署”。

鈐印：“鞠生”陽文方印、“滄萍印信”陰文方印。

按：硃筆爲何義門批點，墨筆爲朱竹垞批點。

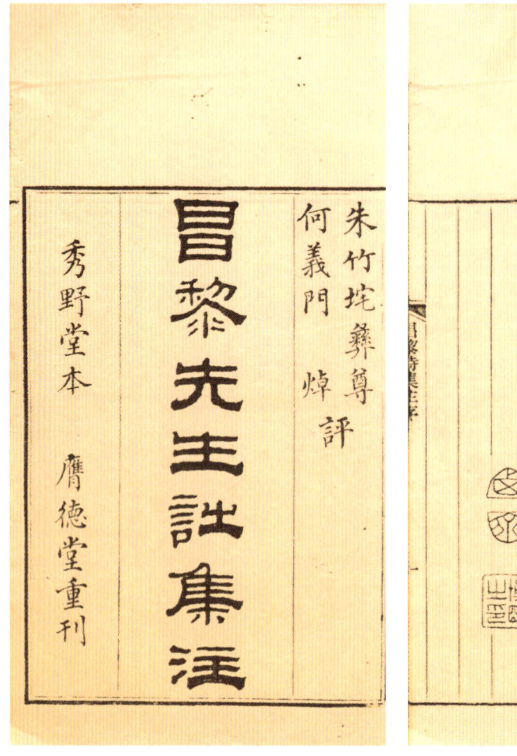

朱竹垞彝尊
何義門焯評
昌黎先生詩集注
秀野堂本　膺德堂重刊

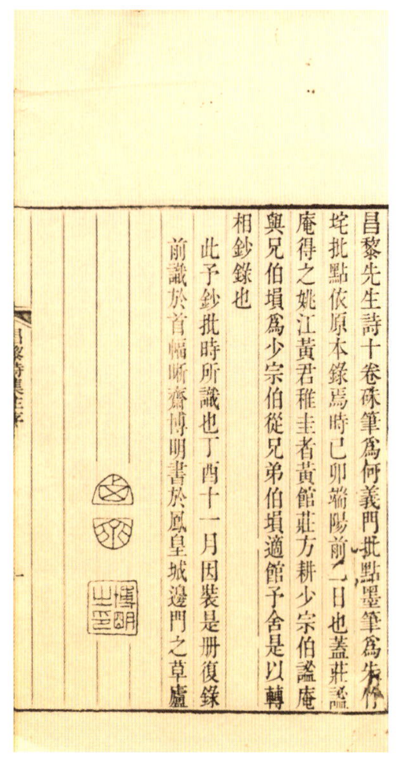

昌黎先生詩十卷硃筆爲何義門批點墨筆爲朱竹
垞批點依原本録焉時己卯端陽前一日也蓋莊謐
庵得之姚江黄君稚圭者黄館莊方耕少宗伯謐庵
與兄伯塤爲少宗伯從兄弟伯塤適館予舍是以轉
相鈔録也
此予鈔批時所識也丁酉十一月因裝是册復録
前識於首幅晰齋博明書於鳳皇城邊門之草廬

序無文章止直敘然剏亦典峭有法

昌黎先生詩集注卷第一

長洲顧嗣立俠君刪補

古詩三十一首

元和聖德詩 并序

嗣立補注唐書憲宗皇帝紀帝順宗長子永貞元年八月詔立為皇帝乙巳即位癸丑劍南西川行軍司馬劉闢自稱留後十一月壬申夏綏銀節度留後楊惠琳反元和元年三月辛巳惠琳伏誅九月辛亥克成都十月戊子劉闢伏誅二年正月己丑朝獻于太清宮庚寅朝享于太廟辛卯有事于南郊大赦

臣愈頓首再拜言、一有曰字臣伏見皇帝陛下即位已來、誅流姦臣、嗣立補注舊唐書順宗紀八月庚子詔冊皇太子即皇帝位壬寅貶右散騎常侍王伾為開州司馬前戶部侍郎度支鹽鐵轉運使王叔文為渝州司戶憲宗紀八月即位九月貶韓泰等為遠州刺史十月貶中書侍郎平章事韋執誼為崖州司馬朝廷清明、無有欺蔽、外斬楊惠琳、劉闢、以收夏、蜀、東定青徐積年

274.孟東野集十卷附一卷追昔游集三卷 〔唐〕孟郊撰

清宣統二年(1910)上海著易堂石印本 四册一函

孟郊(751—814)字東野,湖州武康(今浙江德清)人。

内封題“東野集”。

牌記題“宣統二年仲夏/依汲古閣原本/精校石印”。

卷端題“孟東野集”。

卷首有戈汕序。

卷末鎸“長洲張榮培植甫重校”。

追昔游集内封題“追昔游詩”。

牌記題“宣統二年仲夏/依汲古閣原本/精校石印”。

卷端題“追昔游集,亳州李紳公垂原著,東吴毛晋子晋訂”。

鈐印:“公安廖氏竹林齋藏書”陽文方印。

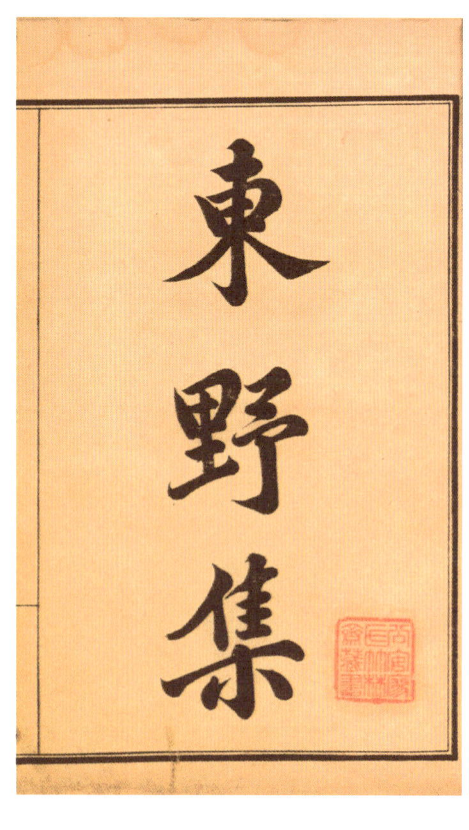

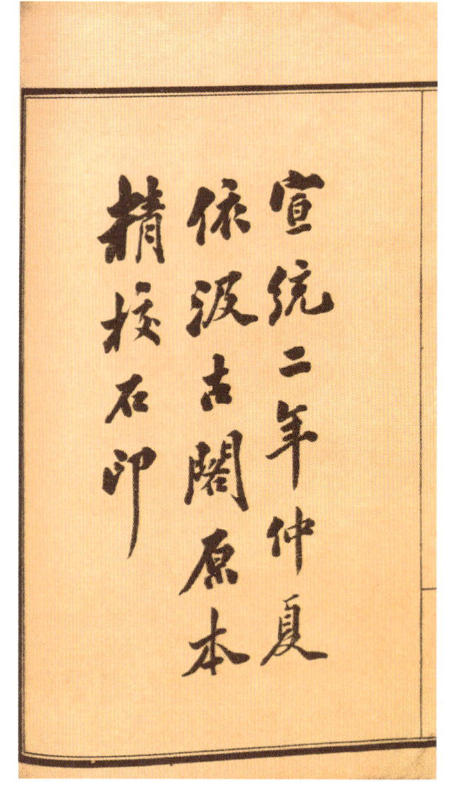

井水無波語思巧雋

客中實語

雖有所本翻案自佳

孟東野集卷第一

樂府上

列女操

梧桐相待老，鴛鴦會雙死。貞婦貴徇夫，捨生亦如此。波瀾（元刻濤）誓不起，妾心井中（時刻古井）水。

灞上輕薄行

長安無緩步，況值天景暮。相逢灞滻間，親戚不相顧。自歎方拙身，忽隨輕薄倫。常恐失所避，化為車轍塵。此中生白髮，疾走亦未（時刻不得）歇。

長安羈旅行

十日一理髮，每梳飛旅塵。三旬九過飲，每食唯舊貧。萬物皆及時，獨余不覺春。失名誰肯訪，得意爭相親。直木有恬翼，靜流無躁鱗。始知喧競場，莫處君子身。野策藤竹輕，山蔬薇蕨新。潛歌歸去來，事外風

上海著易堂校印

275.李長吉集四卷外集一卷　〔唐〕李賀撰　〔明〕黄陶庵評　〔清〕黎二樵批點

清光緒十八年（1892）廣州萃文堂朱墨套印本　一册一函

李賀（790－816）字長吉，福昌（今河南宜陽）人。

半葉九行二十字，白口，四周單邊，無魚尾，半框高16.2釐米，寬11.4釐米。版心上鎸書名，下鎸葉碼、卷次。

内封題“李長吉集，黄陶庵先生評本，黎二樵先生批點”。

牌記題“光緒十有八年歲在壬辰孟秋刊于羊城”。

卷端題“李長吉集，黄陶庵先生評本，黎二樵先生批點”。

卷首有杜牧序。

卷末有葉衍蘭跋，署“光緒壬辰仲秋葉衍蘭識，時年七十”。

按：據清葉衍蘭手書上板。

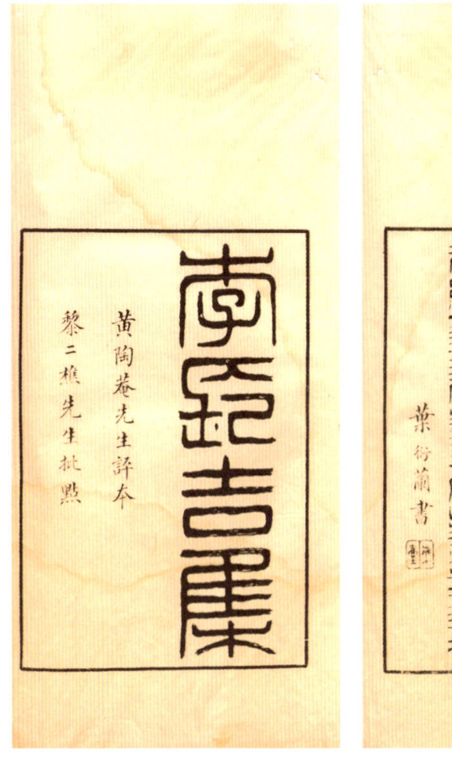

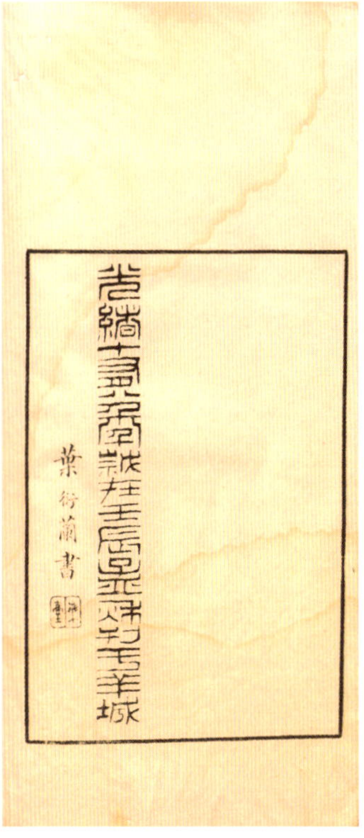

從來琢句之妙無有過於長吉者細讀長吉詩中自無庸俗之病昌谷於章法每不大理會然亦有井然者須細心尋繹始見每首工於發端百鍊千磨開門即見亘其骨力勁峭則溫李兩家但當斂手

李長吉集卷一

黃陶菴先生評本

黎二樵先生批點

余幼好長吉詩不讀且學爲之甚肖也向有手記一本朱藍墨三通矣燬於火今於竺刻復以己意稍論之長吉詩似小古董不足貴明堂清廟然使人摩挲愛而不能已其體未化而情有餘也吾黨人讀此知所采擇亦知作詩須從難處落手不横酷肖到此時自然會生出面目來見今人朝學古人暮欲立一格動見僂孟之譏必至隳落無成入於野體而已癸卯二樵山人生朝記

276.李義山詩集三卷　〔唐〕李商隱撰　

清同治九年（1870）廣州倅署三色套印本　四册一函

李商隱（約813—約858）字義山，號玉谿生。懷州河内（今河南沁陽）人。

半葉十行二十一字，小字雙行同，白口，左右雙邊，單黑魚尾，半框高17.9釐米，寬14.5釐米。版心上鐫書名，中鐫卷次，下鐫葉碼。

内封題“李義山詩集/輯評上中下/三卷”。

牌記題“同治庚午季冬/刊於廣州倅署”。

卷端題“李義山詩集，吴江朱鶴齡箋注，武林沈厚塽輯評”。

卷首有清順治十六年（1659）朱鶴齡序、“附録諸家詩評”、“舊唐書文苑傳”、“李義山詩譜”、凡例、目録。

卷末鐫“武林沈映齡、巴陵方功惠校訂”。

鈐印：“玉雨山房圖書”陽文長方印。

按：卷端書名下注“何焯義門硃筆、朱彝尊竹垞墨筆、紀昀曉嵐藍筆”。欄上、行間有批注。

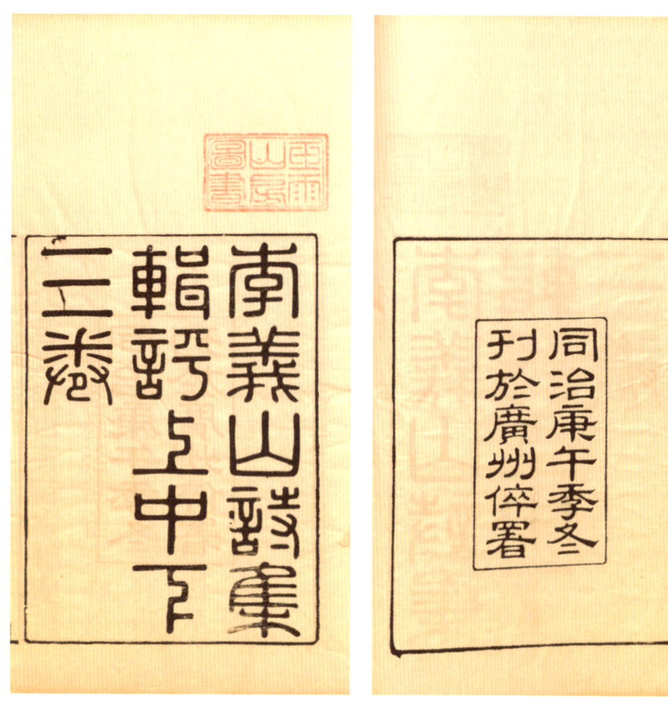

此悼亡詩也意亡者喜彈此故覩物思人因而託物起興也瑟本二十五弦弦斷而爲五十弦矣故曰無端也取斷弦之意也一弦一柱而接思華年二十五而歿也胡蝶杜鵑言已化去也珠有淚哭之也玉生烟已葬也猶言埋香瘞玉也此情豈待今

李義山詩集卷上

何焯義門硃筆
朱彝尊竹垞墨筆
紀昀曉嵐藍筆

吳江朱鶴齡箋註　武林沈厚塽輯評

錦瑟

錦瑟無端五十絃〔周禮樂器圖〕雅瑟二十三絃頌瑟二十五絃飾以寶玉者曰寶瑟繪文如錦曰錦瑟〔漢書郊祀記〕泰帝使素女鼓五十絃瑟悲帝禁不止故破其瑟爲二十五絃或曰〔呂氏春秋〕云朱襄氏作五絃瑟以采陰氣以定羣生瞽叟乃拌五絃爲十五絃之瑟命之曰大章舜立乃益八絃以爲二十三絃之瑟此詩五十絃當倒其文爲十五絃與下思華年相應一云五十疑作廿五正用素女事廿人汁切音入古人書二十字多併省爲廿顔之推稽聖賦中山何夥有子百廿但詩家罕用　一絃一柱思華年莊生曉夢迷蝴蝶〔莊子〕昔者莊周夢爲蝴蝶栩栩然蝶也　望帝春心託杜鵑〔水經注〕來敏本蜀論望帝者杜宇也從天下女子朱利自江源出爲宇妻遂王於蜀號曰望帝蜀王

宋別集

277.淮海集四十卷首一卷淮海後集六卷淮海後集長短句三卷詩餘一卷 〔宋〕秦觀撰 〔明〕徐渭評 PL2687 .C53

清刻本 八册一函

秦觀（1049—1100）字少游、太虛，號淮海居士，高郵（今屬江蘇）人。

半葉十行二十四字，白口，四周雙邊，單黑魚尾，半框高20.3釐米，寬13釐米。版心上鐫書名，中鐫卷次，下鐫葉碼。

卷端題“淮海集，宋秦觀少游著，明徐渭天池評，裔孫元愷湘屏、元慶筱浦、元恒鏡秋、元憲堯齡校刊”。

卷首有許吉人序、張綖序、盛儀序、姚鏞序、李之藻序、王應元“郡志本傳”、“淮海先生遺像”、蘇軾像贊、“淮海集卷首贈訂年譜”、“淮海集附録”。

鈐印：“公安廖氏竹林齋藏書”陽文方印、“山陰宋氏藏書”陽文方印。

按：此本卷首有年譜，疑爲秦元慶清同治十二年（1873）刻秦氏家塾本。欄上有眉批，行間有硃色圈點。年譜題“錫山裔孫鏞大音編輯、嬴小峴重編、清錫秉純重訂、元慶筱浦校刊”。詩餘卷端題“明錢塘鄧章漢輯”。

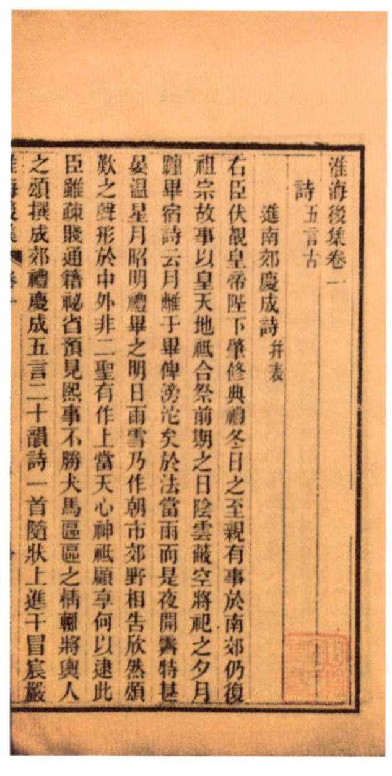

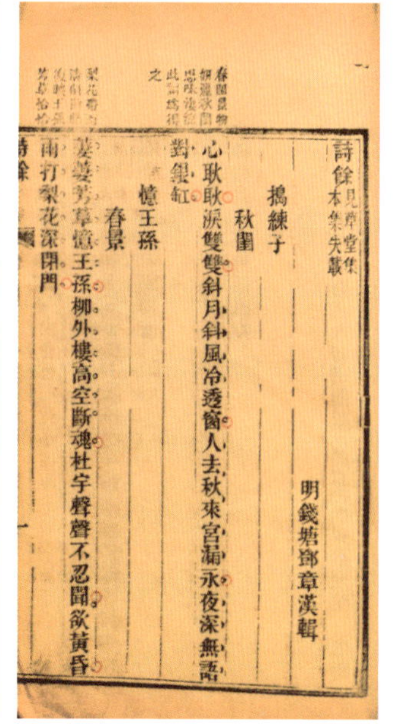

淮海集卷一

宋秦觀少游著

明徐渭天池評

裔孫元愷湘屏 慶筱浦 恆鏡秋 憲堯齡 校刊

賦附辭

浮山堰賦并引

梁武帝天監十三年、用魏降人王足計、欲以淮水灌壽陽、乃假太子右衞康絢節、督卒二十萬、作浮山堰於鍾離、而淮流湍駛漂疾、將合復潰、或曰淮有蛟龍、喜乘風雨壞岸、其性惡鐵、絢以為然、乃引東西冶鐵器數千萬斤、益以薪石沈之、猶踰年乃合、堰袤九里、水逆淮而上、所蒙被甚廣、魏人患之、果徙壽陽戍頓

278.劍南詩鈔不分卷　〔宋〕陸游撰　

清刻本　二册一函

半葉十二行二十二字，黑口，左右雙邊，雙黑魚尾，半框高17.8釐米，寬14釐米。版心中鎸卷名，下鎸葉碼。

卷端題“劍南詩鈔”。

卷首有無名氏序。

鈐印：“滄萍”陰文方印、“滄萍印信”陰文方印、“珊瑚閣珍藏印”陽文長方印。

按：原有四册，合訂爲兩册，每葉内加紙，疑修補重訂。

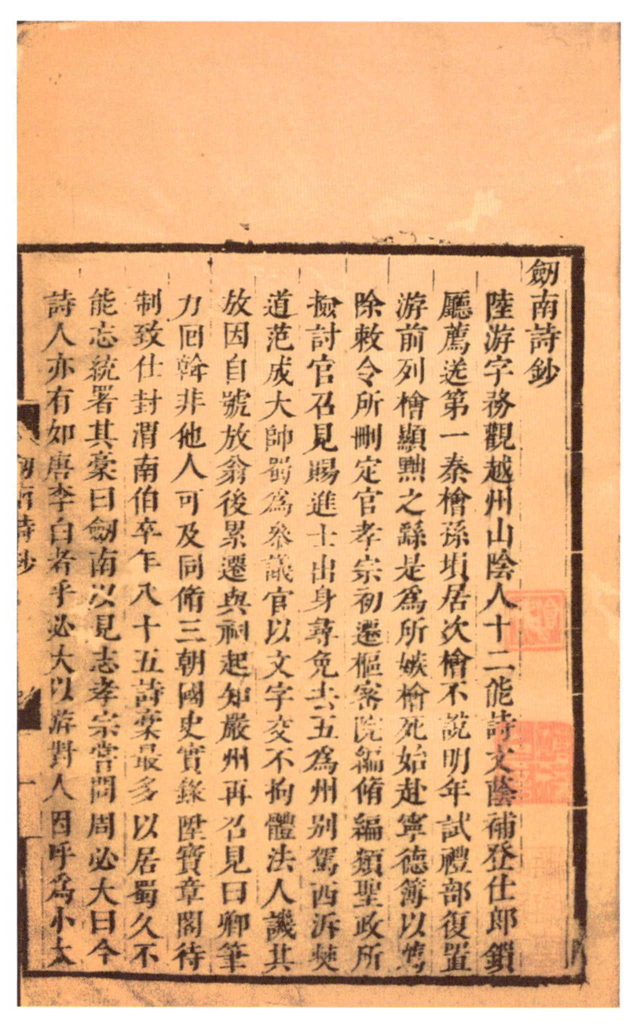

劒南詩鈔

陸游字務觀越州山陰人十二能詩文蔭補登仕郎鎖
廳薦送第一秦檜孫塤居次檜不說明年試禮部復置
游前列檜顯黜之繇是爲所嫉檜死始赴寧德簿以薦
除敕令所删定官孝宗初遷樞密院編脩編類聖政所
檢討官召見賜進士出身尋免去五爲州別駕西泝夔
道范成大帥蜀爲參議官以文字交不拘禮法人譏其
放因自號放翁後累遷與祠起知嚴州再召見曰卿筆
力回斡非他人可及同脩三朝國史實錄陞寶章閣待
制致仕封渭南伯卒年八十五詩稾最多以居蜀久不
能忘統署其稾曰劒南以見志孝宗嘗問周必大曰今
詩人亦有如唐李白者乎必大以游對人因呼爲小太

劒南詩鈔　一

書齋壁

平生憂患苦縈纏，菱刺磨成芡實圓。俗謂困折多者謂菱角磨作鷄頭天下不知誰竟是，古來惟有醉差賢。過堂未悟鐘將釁，睨柱寧知壁偶全。自笑爲農行没世，尚知鶩雁落空弦。

無酒歎

不用塞黃河，不用出周鼎，但願酒滿家，日夜醉不醒。不用冠如箕，不用印如斗，但願身强健，朝朝常飲酒。造物不少恕，虐戲逐段新，坐令古銅榼，經月常生塵。平生得酒狂無敵，百幅淋漓風雨疾。造物欲以醒困之，此老醒狂君未知。

舟中作

沙路時晴雨，漁舟日往來。村村皆畫本，處處有詩材。炊黍孤煙晚，呼牛一笛哀。終身看不厭，岸幘興悠哉。

279.簡齋集十六卷　〔宋〕陳與義撰　

清刻本　四册一函

陳與義（1090—1139）字去非，號簡齋，洛陽（今屬河南）人。

半葉九行二十一字，白口，四周雙邊，單黑魚尾，半框高19釐米，寬12.1釐米。版心上鎸書名，中鎸卷次，下鎸葉碼。

卷端題“簡齋集，宋陳與義撰”。

卷首有紀昀、陸錫熊、翁方綱校序，署“乾隆四十六年二月恭校上，總纂官内閣學士臣紀昀、光禄寺卿臣陸錫熊、纂修官翰林院編修臣翁方綱”。

鈐印：“學海堂”陽文長方印。

按：目録葉鎸“武英殿聚珍版”。

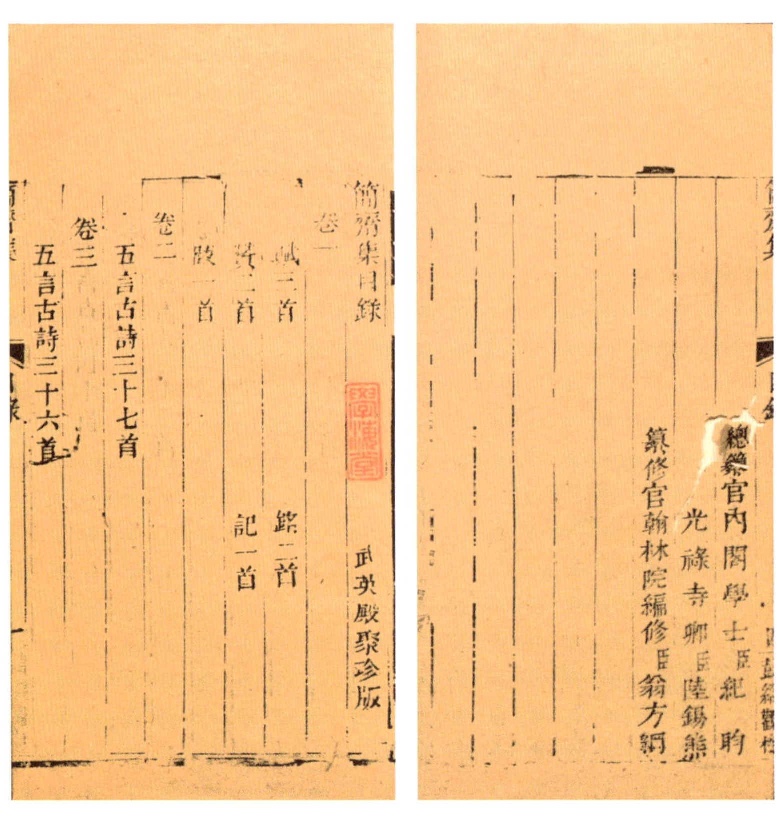

簡齋集卷一

宋　陳與義　撰

賦

覺心畫山水賦

天甯堂中黃面老禪四海無人碧眼視天有一居士山澤之仙結三生之習氣口不停乎說山聊寄答于一笑夜乃夢乎其閒重巖複嶺虧蔽壯吞紛應接其未了萬壑忽兮歸屯亂晦明于俄頃存十二之峯巒有木偃蹇斧斤所難飽千霜與百雷挺根不動而若忘安澹山椒之落

明别集

280.太師誠意伯劉文成公集二十卷首一卷　〔明〕劉基撰　

清光緒元年(1875)刻本　十六册二函

劉基(1311—1375)字伯温,浙江青田人。

半葉十行二十三字,白口,左右雙邊,單黑魚尾,半框高19.5釐米,寬14.1釐米。版心上鎸“誠意伯文集”,中鎸卷次,下鎸葉碼。

内封題“明國師劉伯温撰/誠意伯集”。

牌記題“光緒元年歲次/丙子八月重修”。

卷端題“太師誠意伯劉文成公集,裔孫孤嶼元奇重梓”。

卷首有清雍正八年(1730)萬里“補刻明太師誠意伯劉文成公集序”、清乾隆十一年(1746)高居寧“劉文成公文集後序”、謝廷傑等多人序、目録、像贊、明嘉靖三十五年(1556)樊獻科“刻誠意伯文集引”、引言、凡例、行狀、祠堂記祭文、敕誥、碑銘。

鈐印:“公安廖氏竹林齋藏書”陽文方印。

按:卷十三至十八卷端題“芝田令新陽後學萬里續梓,裔孫標男宗熑編”。

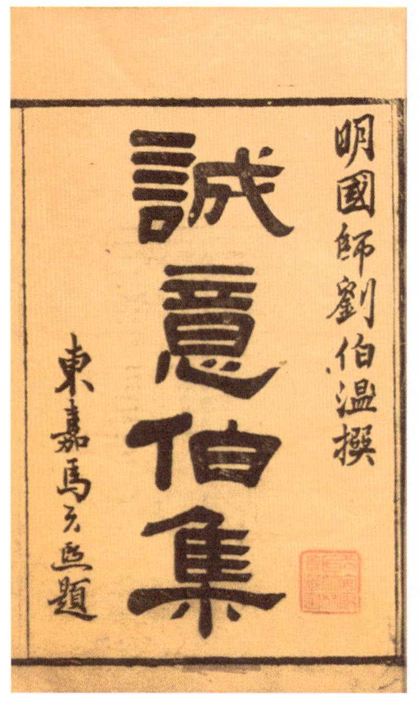

太師誠意伯劉文成公集卷之一

孫輿元奇重梓

御書

御製慰書

今日聞知老先生尊堂辭世去矣壽八十餘歲人生在世能有幾箇如此先生聞知莫不思歸否先生既來助我亭業未成若果思歸必當且寬於禮我正當不合辭先生休去爲何此一小城中我掌綱常正宜教人忠孝御不當當先生歸去昔日徐庶助劉先主母被曹操擄將去庶云方寸亂矣乞放我歸先主容去使致子母團圓然此先生之母若生而他處

281.白沙子全集十卷首一卷末一卷白沙子古詩教解二卷 〔明〕陳獻章撰

清乾隆三十六年(1771)碧玉樓刻本 十册一函

陳獻章(1428—1500)字公甫,號石齋,世稱白沙先生,廣東新會人。

半葉十行二十一字,白口,四周雙邊,單黑魚尾,半框高19.2釐米,寬13.5釐米。版心上鎸"白沙子全集",中鎸卷次、卷名,下鎸葉碼。

内封題"撫藩學三大人鑑定/乾隆辛卯重鎸/白沙子全集/碧玉樓藏"。

卷端題"白沙子全集"。

卷首有聞鍾音、歐陽永裿、翁方綱新序,白沙先生像,李遷、羅洪先、張詡、黄淳像贊並序,張詡"白沙先生全集序",羅僑"書白沙先生全集後序",高簡"刻白沙子序"及"論白沙子一則",湛若水"重刻白沙先生全集序",項喬"重刻白沙陳先生全集後序",林會春"讀白沙先生全集",林裕陽"重刻白沙先生集叙",黄淳"重刻白沙子序",何熊祥"重刻白沙子全集序",黄士俊"重刻白沙先生集序","白沙子全集總目","名師儒林傳"。

卷末(附録)有謝廷知"重刻白沙子全集後序"、"江門釣臺書院、白沙鄉祠並邑城馬山祠形圖"。

詩教解有湛若水"詩教解原序";"重刻詩教解序",署"乾隆三十六年歲在辛卯孟冬族後學炎宗謹撰"。

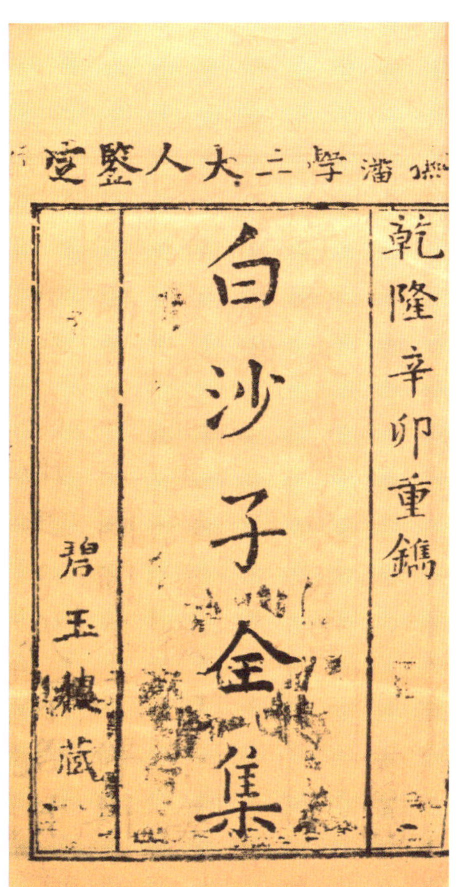
潘學二大人鑒定

乾隆辛卯重鐫

白沙子全集

碧玉樓藏

白沙子全集卷之一

奏疏

乞終養疏

臣原籍廣東廣州府新會縣人由本縣儒學生員應正統十二年鄉試中式正統十三年會試禮部中副榜告入國子監讀書景泰二年會試下第成化二年本監撥送吏部文選清吏司歷事成化五年復會試下第告回原籍累染虚弱自汗等疾又有老母朝夕侍養不能赴部聽選成化十五年以來廣東左布政使彭韶欽差總督兩廣軍務兼理巡撫右都御史朱英前後具本薦臣

白沙子全集　卷之一　奏疏

282.明張文忠公文集十一卷詩集六卷　〔明〕張居正撰

清宣統三年（1911）上海醉古堂石印本　四册一函

張居正（1525—1582）字叔大，號太岳，湖廣江陵（今湖北荆州）人。

内封題“明江陵張居正著/張文忠公/詩文集”。

牌記題“宣統三年/醉古堂印”。

卷端題“明張文忠公文集”。

鈐印：“王頌三印”陽文方印。

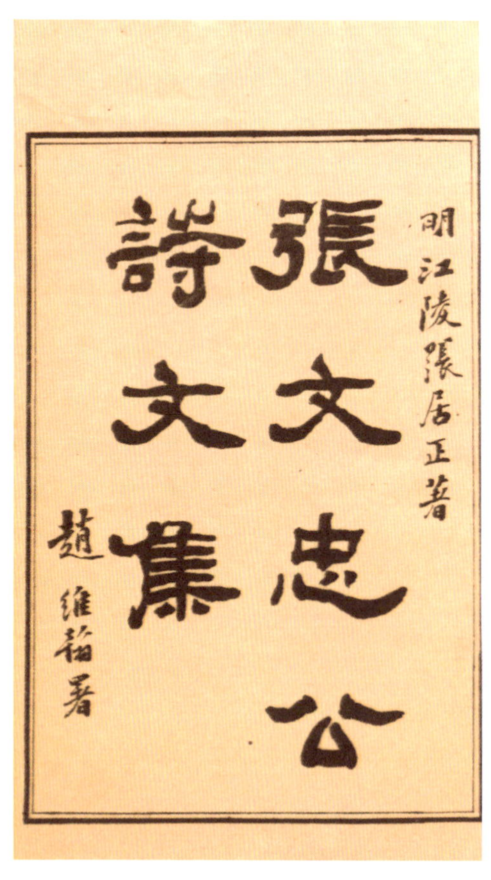

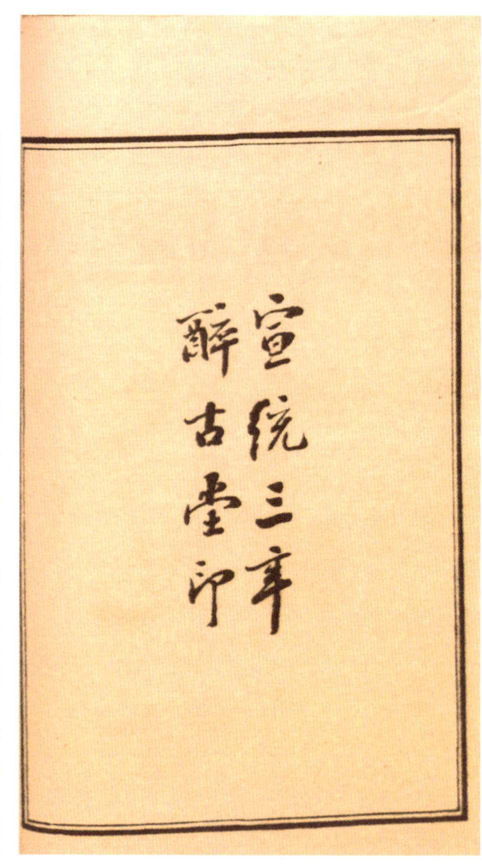

明張文忠公文集一

承天大志紀贊

基命紀

臣聞帝王之興其先必有明聖顯懿之德豐功厚利積累之業以肇基明命而濬發厥祥昔周之盛大命既集乃詩人頌述休美必溯其自於文王曰周雖舊邦其命維新蓋文王不回之德式克昭事於天受帝祉而施于孫假哉天命由此乎基也我皇上應期挺生膺圖握紀仰萬年之明盛陟三五之登閎駿命之隆超軼有周遠矣實由我獻皇帝天縱聖哲日躋誠敬淵仁厚德邁於周文而章聖皇太后明章婦順又於太姒徽音有加美焉積功累仁祈天永命由來遠矣是以忻豫通於上下精誠貫於神明上帝眷歆篤生神聖纘紹丕圖光昭鴻業由樸棫之化宣下武之光本作豐之功成宅鎬之烈天錫顯號胙社日興固昭代中興之基所由肇也夫蓄基厚則發之必宏嗣德昌則培之愈固二聖肯堂所基既厚且宏而皇上又振耀前猷茂膺命緒德總百王規摹萬世以永凝佑命寖啟昌期曷有紀極臣稽實錄所載二聖肇基帝業紀其尤大彰著者列

283.海忠介公集六卷　〔明〕海瑞撰　

清同治八年（1869）刻本　四册一函

海瑞（1514—1587）字汝賢，號剛峰，瓊州瓊山（今海南海口）人。

半葉十行二十二字，白口，四周雙邊，單黑魚尾，半框高19.4釐米，寬13.5釐米。版心上鎸書名，中鎸卷次、篇名，下鎸葉碼。

卷端題“海忠介公集，邱鎮魁典籍，賈棠青南、焦映漢雯濤、王贊猷甫選定，吴位和、吴纘姬、伍衡文、吴必禄、符詩、鄭應瑞、何士瓚、馮廷瑛、詹登翰重編”。

卷首有馮瑞本跋，署“同治乙巳年”；海瑞“稿引”，署“嘉靖壬戌仲夏朔日瓊山海瑞國開甫書”；梁雲龍“海忠介公傳”；何喬遠“海忠介公傳”；彭鵬“重建海忠介公祠記”；海忠介公像；祭文；目録。

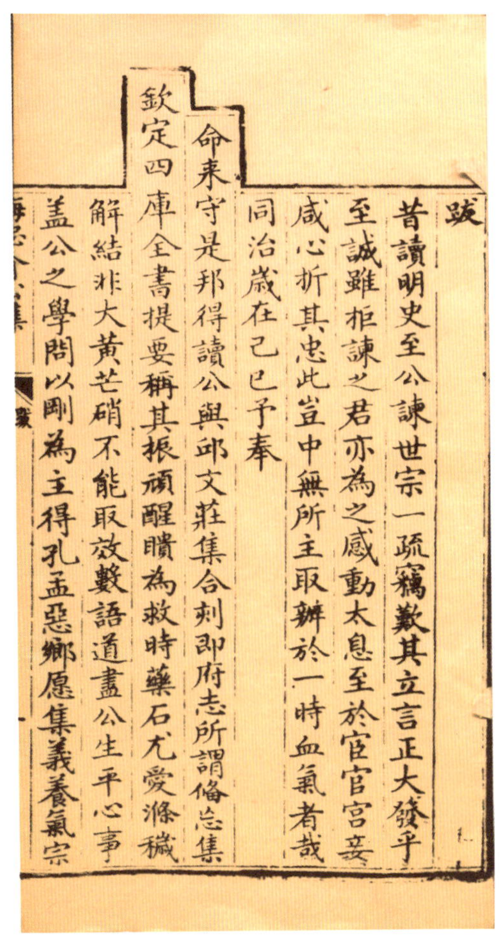

跋

昔讀明史至公諫世宗一疏竊歎其立言正大發乎至誠雖拒諫之君亦為之感動太息至於宦官宮妾咸心折其忠此豈中無所主取辦於一時血氣者哉同治歲在己巳予奉

命來守是邦得讀公與邱文莊集合刻即府志所謂備忘集

欽定四庫全書提要稱其振頑醒聵為救時藥石尤愛滌穢解結非大黃芒硝不能取效數語道盡公生平心事蓋公之學問以剛為主得孔孟惡鄉愿集義養氣宗

海忠介公集卷之一　　　　　　　　　　　　　　　　邱鎮魁典籍

賈　棠青南　　吳位和　吳必禄　何士讚

焦映漢雯濤選定　吳纘姬　符　詩　馮廷瑛重編

王　贊獻甫　　伍衛文　鄭應瑞　詹登翰

奏疏

平黎疏

廣東舉人臣海瑞謹奏爲區處兵後地方以絶後患圖久安事臣竊見瓊州一府頗頗獨居海中其地綿亘一千餘里黎岐中盤州縣濱海旋於外譬之人黎岐心腹州縣四肢黎岐爲寇是心腹之疾也心腹之疾不除將必浸淫四

清别集

284.鮚埼亭集三十八卷首一卷外編五十卷經史問答十卷　〔清〕全祖望撰

清同治十一年（1872）姚江借樹山房刻本　三十二册三函

全祖望（1705—1755）字紹衣，號謝山，鄞縣（今浙江寧波）人。

半葉十行二十一字，小字雙行同，白口，左右雙邊，單黑魚尾，半框高18.1釐米，寬13.5釐米。版心上鎸書名，中鎸卷次，下鎸葉碼。

内封題“鄞全謝山先生著/鮚埼亭集/姚江借樹山房藏板”。

卷端題“鮚埼亭集，鄞全祖望紹衣撰，餘姚史夢蛟竹房校”。

卷首有清同治十一年朱蘭序、目録、世譜、年譜。

卷首有阮元序。

卷末有清乾隆三十年（1765）董秉純跋。

外編内封題“鮚埼亭集/外編”。

經史問答卷端題“全謝山先生經史問答，餘姚史夢蛟重校，易問目答董秉純”。

鈐印：“公安廖氏竹林齋藏書”陽文方印。

鄞全謝山先生著
鮚埼亭集
姚江借樹山房藏板

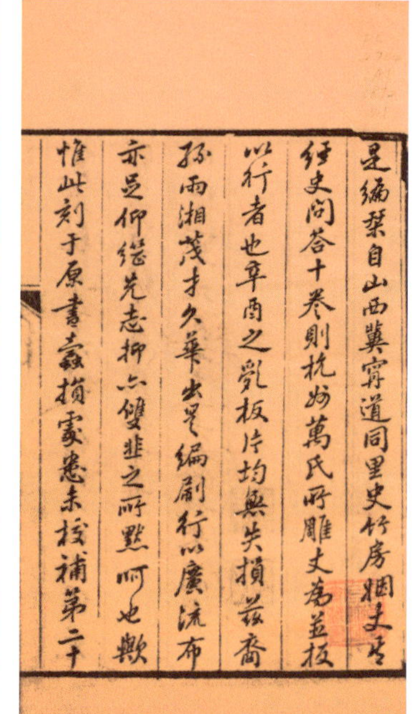
是編梨自山西冀寧道同里史竹房姻丈者
經史問答十卷則杭州萬氏所雕丈爲並校
以行者也辛酉之亂板片均燬失損蔡裔
孫雨湘茂才久華出是編刷行以廣流布
亦足仰繼先志抑亦雙韭之所默呵也歟
惟此刻于原書叢損處悉未校補第二十

鮚埼亭集卷第一

鄞　全祖望紹衣譔　　餘姚史夢蛟竹房校

頌

皇雅

聖清戎樂詞一十六篇

三祖

二宗之豐功非筆札所能盡其揚扢自來館閣諸臣大都隨一時一事而述之而未有兼綜五朝之備者今條其節目之大者一十有六括爲鐃歌以視唐柳宗元宋謝翱不足爲役故未敢以上之太常

285.帶經堂集九十二卷　〔清〕王士禛撰　

清乾隆十二年（1747）七略書堂刻本　二十册二函

半葉十行十九字，白口，左右雙邊，單黑魚尾，半框高18.8釐米，寬14.3釐米。版心中鎸篇名、卷次，下鎸葉碼。

内封題“王阮亭先生著/帶經堂集/七略書堂校刊”。

卷端題“帶經堂集，新城王士正貽上，歙門人程哲校編”。

卷首有“帶經堂全集序”，署“乾隆丁卯菊月望後一日古歙黄晟曉峰氏書於槐蔭草堂”；王士正“蠶尾詩自序”；程哲“蠶尾詩集序”；“帶經堂集序”；張雲章“蠶尾詩原序”；李敬、汪琬、葉方藹、陳維崧原序；程哲“漁洋詩集序”；漁洋先生像。

按：卷一第一葉a面下鎸“問竹軒藏板”。本館所藏書品有修補，或有殘缺。卷首數葉葉序有誤。

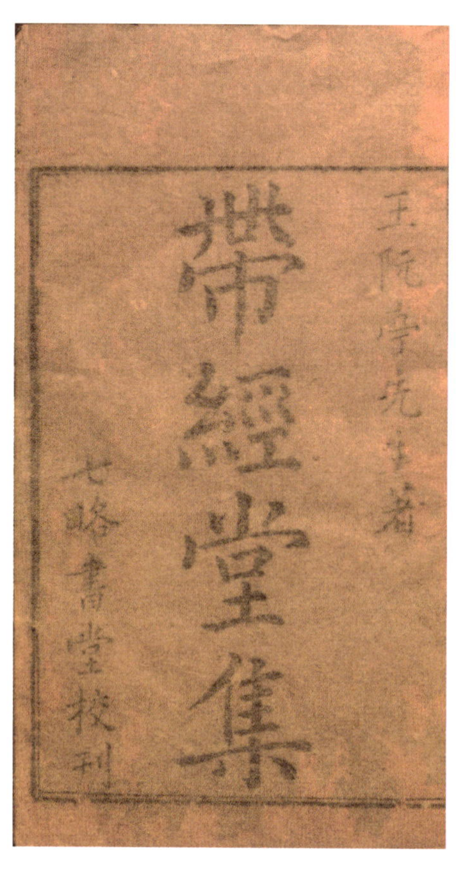
王阮亭先生著
帶經堂集
七略書堂校刊

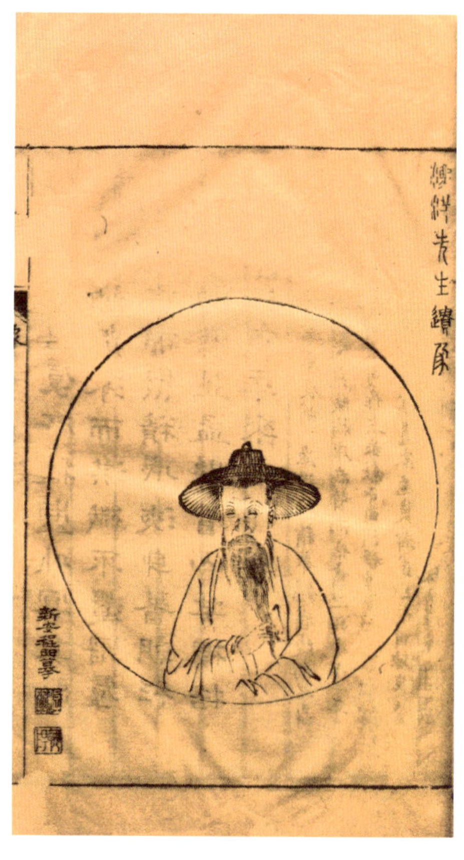

帶經堂集卷一

歙門人程哲校編

漁洋詩一丙申稿

新城王士正貽上

幽州馬客吟歌五曲

蚪鬚鐵裲襠來往城闕東臂上黃鷂子胯底綠螭驄

鷂子喜秋風一日三奮飛憎馬走千里𩧐轡不言饑

相逢南山下載獫從兩狼共作幽州語齊醉湖姬旁

286.王氏漁洋詩鈔十二卷 〔清〕王士禛撰 PL2732 .A56 W3

清宣統二年（1910）時中書局石印本　八册一函

内封題“王漁洋詩鈔”。

牌記題“宣統二年六月/時中書局印行”。

卷端題“王氏漁洋詩鈔”。

卷首有清宣統二年楊葆光序、目次。

鈐印：“公安廖氏竹林齋藏書”陽文方印。

按：目次葉鎸“濟南王士禛貽上撰，毗陵邵長蘅子湘選”。卷末有版權葉，題“宣統二年七月影印”。

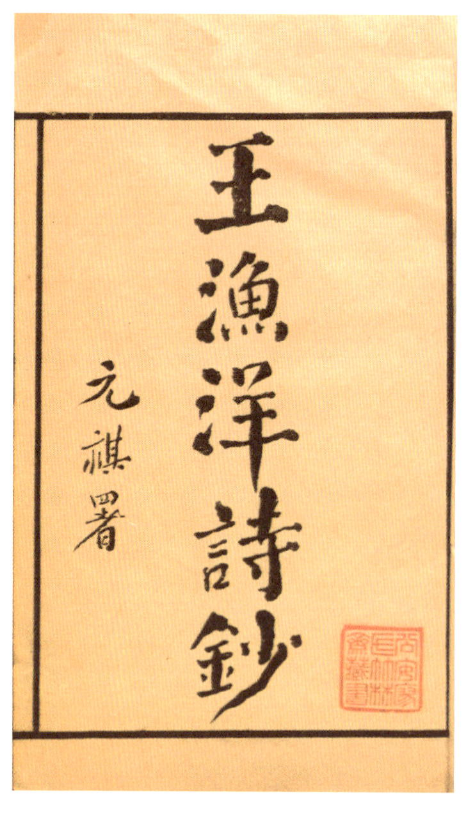

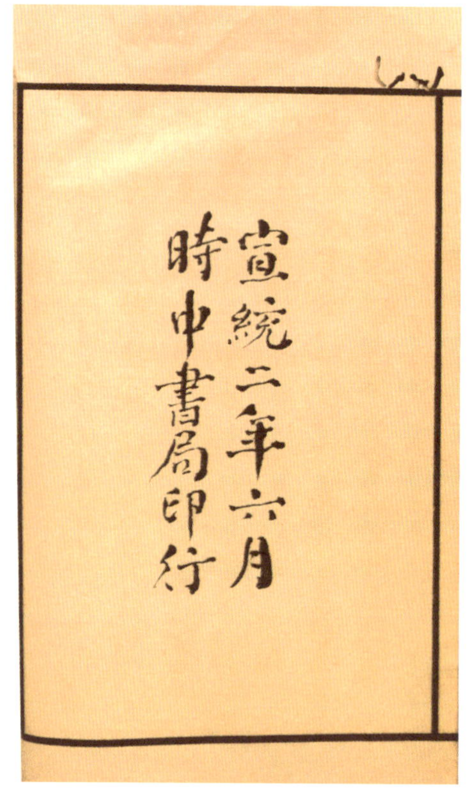

王氏漁洋詩鈔卷一

寄趙子

日落揚子江江上丹青樹寒雁下蕪城遙山隱瓜步天末懷佳人前期邈煙霧

寄任同年

陽羨六斑茶蘭陵十千酒古來佳麗區遙當五湖口君家罨畫溪花竹使人迷窻內溪流滿雲中煙樹齊我家東海澨不識吳中路昨日懷佳人夜夢江南渡彷彿渡江船見子滆湖邊飄搖碧雲裏嘯傲青峰巔憶昔燕山別楊柳花如雪望遠抱遙悲傷離紛暮節邇聞顧丹陽

287.嶺南集八卷　〔清〕杭世駿撰　

清光緒七年（1881）廣州學海堂刻本　二册一函

杭世駿（1696—1773）字大宗，號堇浦，浙江仁和（今杭州）人。

半葉十行十九字，白口，左右雙邊，單黑魚尾，半框高17.9釐米，寬14釐米。版心上鎸書名，中鎸卷次，下鎸葉碼。

内封題“杭堇甫先生著/嶺南集”。

牌記題“光緒七年冬/學海堂重刊”。

卷端題“嶺南集，仁和杭世駿撰”。

卷首有序，海寧林元、阮林等題辭。

卷末有“校記附”。

按：卷首序有殘葉。

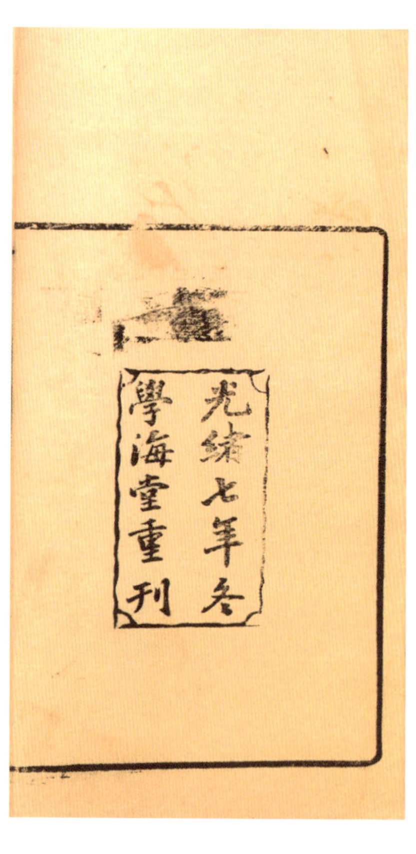

嶺南集卷一

仁和杭世駿撰

酬丁處士餞送江口

娟娟隔岸山歷歷臨江樹搖搖獨客心漠漠沙洲渡褰裳送行舟勞子遠來赴去住各艱辛川涂莽回互征僑嗟不逢芳華悵遲暮了思艮會難始省初心誤紆戚入晚烟不辨烟中路飢禽解笑人投老去𠀇墓

富春渚用謝康樂韻

川行漸清駛矯首見城郭宿雨收烟浮初日出林

288.御製圓明園詩二卷首一卷 〔清〕高宗弘曆撰 〔清〕鄂爾泰等注

清光緒十三年（1887）天津石印書屋石印本 二册一函

内封題“御製圓明園圖咏”。

牌記題“光緒十三年七月天津石印書屋敬謹摹勒上石”。

卷端題“御製圓明園詩”。

卷首有“世宗憲皇帝御製圓明園記”、高宗“圓明園後記”。

卷末有鄂爾泰等跋。

按：首一卷之前記、後記均爲硃色刊印。

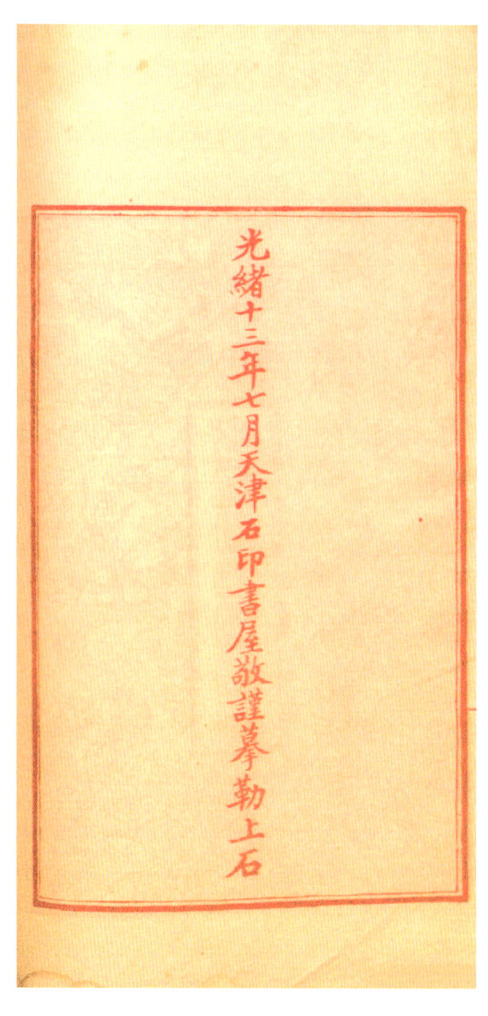
光緒十三年七月天津石印書屋敬謹摹勒上石

正大光明

園南出入賢良門內為正衙不雕不繪得松軒茅殿意屋後峭石辟立玉筍嶙峋前庭虛敞四望牆外林木陰湛花時霏紅疊紫層映無際

勝地同靈囿〔管子〕賢知之君必立於勝地故正天下而莫之敢禦也〔薛

289.船山詩草選六卷　〔清〕張問陶撰　

清光緒（1875—1908）石印本　二册一函

張問陶（1764—1814）字仲冶，號船山，四川遂寧人。

内封題“嘉慶丁丑刊/船山詩選/吴門學耕堂藏板”。

卷端題“船山詩草選，遂寧張問陶仲冶著，吴縣石韞玉執如録”。

卷首有清嘉慶二十二年（1817）黄丕烈序、目録。

鈐印：“公安廖氏竹林齋藏書”陽文方印。

按：此書當爲清光緒十三年（1887）上海蜚英館影印《士禮居黄氏叢書》之零本。

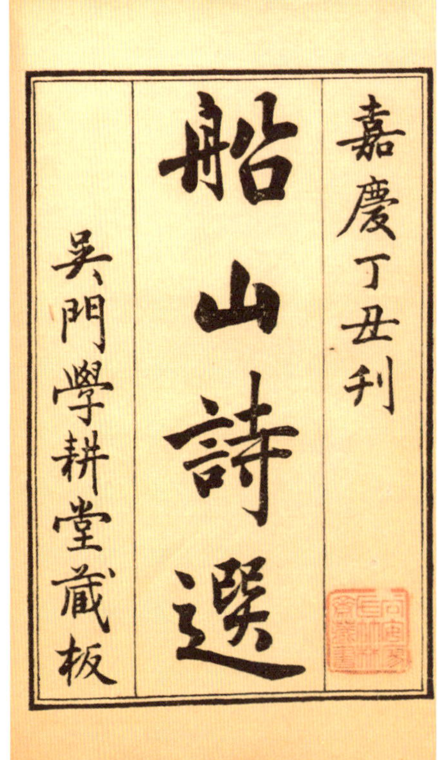

嘉慶丁丑刊

船山詩選

吳門學耕堂藏板

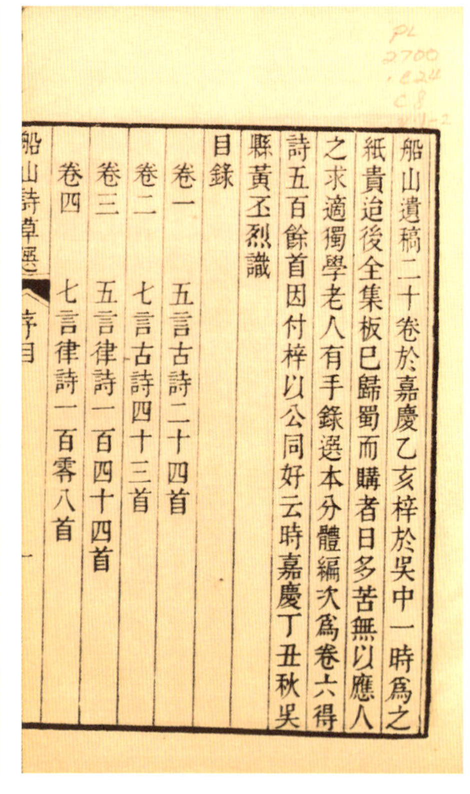

船山遺稿二十卷於嘉慶乙亥梓於吳中一時爲之紙貴迨後全集板已歸蜀而購者日多苦無以應八之求適獨學老人有手錄選本分體編次爲卷六得詩五百餘首因付梓以公同好云時嘉慶丁丑秋吳縣黃丕烈識

目錄

卷一　五言古詩二十四首

卷二　七言古詩四十三首

卷三　五言律詩一百四十四首

卷四　七言律詩一百零八首

船山詩草選　序目　一

船山詩草選卷一

遂寧 張問陶 仲冶著

吴縣 石韞玉 執如録

五言古

城北一帶田家

鷹鷙呼長雲魚龍逼頹岸江流閲萬里波勢來天半山根鬼工鑿千古石凌亂何代鋤爲田扶犂滿南澗杉皮小屋子四壁垂蘿蔓朝耕課妻子夜飲逢親串骨肉聚鄉井亦可忘貧賤生死南山坡安知離别幻

月夜展讀亥白兄書札

290.癸巳存稿十五卷 〔清〕俞正燮撰

清光緒十年(1884)刻本 八册一函

俞正燮(1775－1840)字理初，安徽黟縣人。

半葉十二行二十四字，白口，四周雙邊，單黑魚尾，半框高18.3釐米，寬14釐米。版心上鎸書名，中鎸卷次，下鎸葉碼。

内封題“癸巳存稿/十五卷”。

卷端題“癸巳存稿，黟俞正燮理初”。

卷首有清光緒十年禹航姚清祺序；癸巳存稿原序，署“道光二十九年平定張穆”；“皇清敕文林郎已故舉人揀選知縣俞公崇祀鄉賢事實十八條”；“入祀鄉賢部覆”；總目。

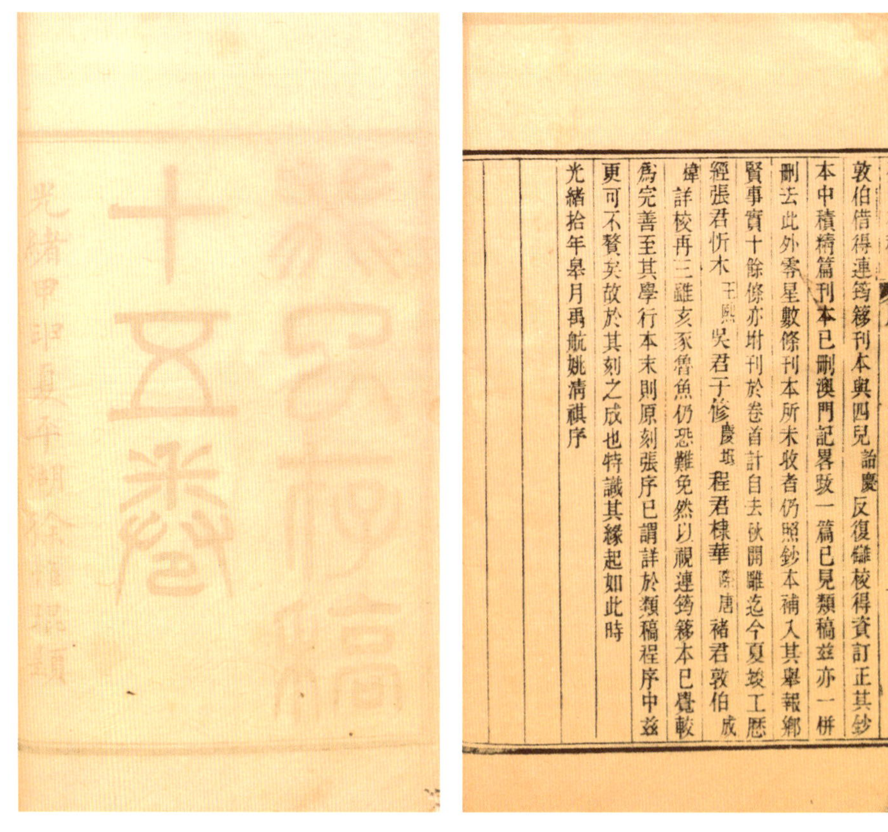

癸巳存稿

十五卷

敦伯借得連筠簃刊本與四兒諭慶反復讎校得資訂正其鈔
本中積精篇刊本已删澳門記畧跋一篇已見類稿茲亦一併
删去此外零星數條刊本所未收者仍照鈔本補入其舉報鄉
賢事實十餘條亦坿刊於卷首計自去秋開雕迄今夏蕆工歷
經張君忻木王熙吳君子修慶坻程君棣華際唐褚君敦伯成
煒詳校再三雖亥豕魯魚仍恐難免然以視連筠簃本已覺較
爲完善至其學行本末則原刻張序已謂詳於類稿程序中茲
更可不贅矣故於其刻之成也特識其緣起如此時
光緒拾年臯月禹航姚清祺序

癸巳存稿卷一

黟俞正燮理初

豶

易大畜六五豶豕之牙王弼注謂能豶其牙柔能制健正義引褚氏云豶除也除其牙也其語不足信求古有二說李氏集解崔憬引說文曰豶劇豕虞翻曰劇豕稱豶釋文引劉氏曰豕去勢曰豶言劇豕之牙不害物故曰吉韓非十過云豎刀自豶以爲治內亦言去勢此一說也其一說則釋文引鄭康成曰牙讀爲互陸佃埤雅亦云今東齊海岱之間以杙繫豕謂之牙鄭意以牙互爲一字謂豶豕宜制之與牿童牛意同且崔憬所引說文亦與今本異說文豕部豶云羠豕也羊部羠云騬羊也馬部騬云犗馬也牛部犗云騬牛也皆展轉相訓而馬部騰則云傳

291.棣垞集四卷外集三卷　〔清〕朱啓連撰　

清光緒二十六年（1900）刻本　二册一函

朱啓連（1853—1899）字跂惠，號棣垞，浙江蕭山人。

半葉十一行二十一字，黑口，左右雙邊，無魚尾，半框高15.2釐米，寬12釐米。版心中鎸書名、卷次，下鎸葉碼。

内封題“棣垞集”。

卷端題“棣垞集，蕭山朱啓連”。

卷首有朱啓連自評及他人評朱詩；“義寧陳右銘提刑來書”；朱啓連自序，署“壬辰九月”；陶邵學“朱君家傳”及“祭文”。

棣垞外集卷末有“棣垞集跋”，署“光緒二十六年七月番禺陶邵學”。

鈐印：“妙吉羊室”陽文方印。

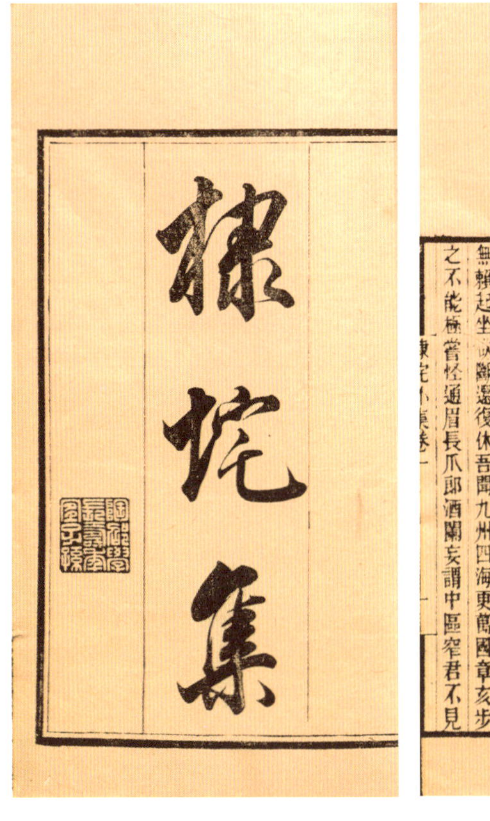

棣垞集

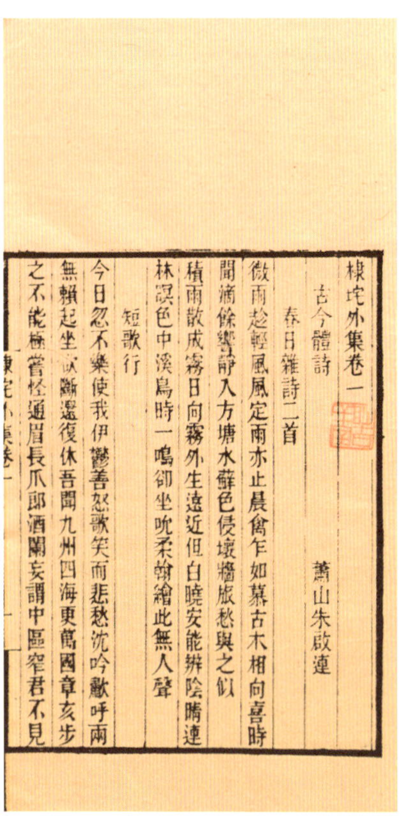

棣垞外集卷一

古今體詩

春日雜詩二首　蕭山朱啟連

微雨趁輕風風定雨亦止晨禽乍如慕古木相向喜時

聞滴餘響静入方塘水蘚色侵壞牆旅愁與之似

積雨散成霧日向霧外生遠近但白曉安能辨陰晴連

林溟色中溪鳥時一鳴卻坐吮柔翰繪此無人聲

短歌行

今日忽不樂使我伊鬱善怒歌笑而悲愁沉吟歔呼兩

無賴起坐試斷還復休吾聞九州四海更萬國章亥步

之不能極嘗怪通眉長爪郎酒闌妄謂中區窄君不見

棣垞外集卷一　一

棣垞集卷一

古今體詩　　　　蕭山朱啟連

廉州遇章吉甫端山陰人

吾母系潁川姊妹若而人長適君同姓同縣同里鄰次三適吾宗吾家兼族姻次二匹君父次四乃吾親道光丁中葉共寄珠江濱往還有歲月言笑無冬春通家各意厚禮節何彬彬萬事有分闕君父歸投綸坐令兩荊枝渺若越與秦阿姊四千里流年數十巡低徊每念及涕下沾衣巾余時甫髫齔隅坐未解詢五歲哭阿耶哀痛長號呻二十哭阿孃卽今成鮮民迴思少小日母愛未忍瞋稍間輒呼兒中表亦有倫長姨適章氏寡居遘

292.兩當軒集二十二卷考異二卷附録四卷　〔清〕黄景仁撰

清光緒二年（1876）刻本　六册一函

黄景仁（1749—1783）字漢鏞，一字仲則，號鹿菲子，江蘇武進（今常州）人。

半葉十一行二十二字，黑口，四周單邊，雙黑魚尾，半框高18釐米，寬13釐米。版心中鎸“集”、卷次，下鎸葉碼。

内封題“重刊兩當/軒全集二/十二卷”。

牌記題“光緒二年/家塾校梓”。

卷端題“兩當軒集，武進黄景仁著”。

卷首清乾隆四十年（1775）黄景仁自叙、像贊、清光緒二年汪昉序、校刊氏姓、目録。

卷末有題詞、清咸豐八年（1858）季錫疇跋。

鈐印：“公安廖氏竹林齋藏書”陽文方印、“盱眙王錫元蘭生收藏經籍金石文字印”陰文方印。

按：序末鎸“曾孫婿劉清泰菰浦、曾孫男競執武校字”。

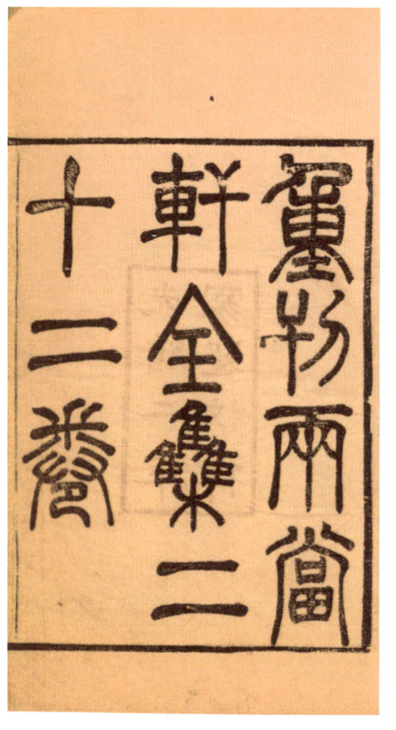

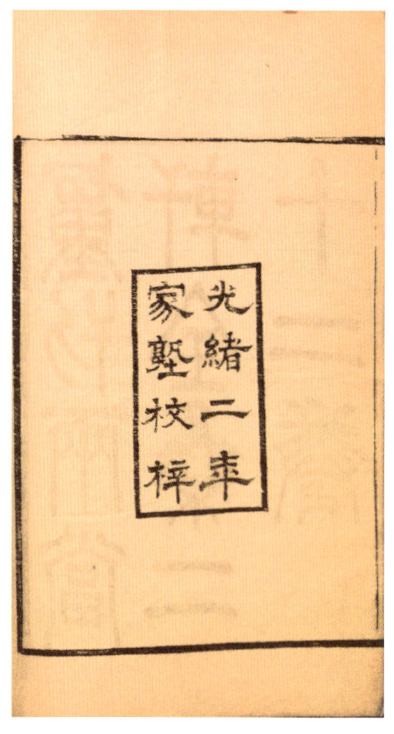

兩當軒集卷第一

武進黃景仁著

古近體詩八十三首

初春 癸未年起

未覺氈爐煖旋懷柑酒新池臺平入夜原野渺含春物外
欣然意風前現在身中宵感幽夢冰雪尚嶙峋

舟中詠懷

旦發極清曠夕眺俄幽夐沙迷歸浣蹤葉積返樵徑白水
寒較明昏霧薄將凝動搖虛舟賞超越滄洲興同調聞巖
岑秦越罕投贈長歌闋以再傾耳誰與應殊悲生事薄聊
覺野情勝中宵風鶴聲淒肅彌孤聽

293.讀白華草堂詩初集九卷　〔清〕黄釗撰　PL2710.U222 A17 1835

清道光十五年（1835）刻本　三册一函

黄釗（1787—1853）字穀生，號香鐵，廣東鎮平人。

半葉十行二十一字，白口，四周雙邊，單黑魚尾，半框高17.1釐米，寬13.3釐米。版心上鎸“讀白華草堂詩”，中鎸“初集”、卷次，下鎸葉碼。

内封題“讀白華草堂/詩初集”。

卷端題“讀白華草堂詩初集，鎮平黄釗穀生”。

鈐印：“高齋”陽文方印、“滄萍”陽文方印、“起居郎”陽文方印、“清白任真”陰文方印。

讀白華草堂詩初集卷之一 己巳至甲戌

鎭平 黃釗 穀生

京口

金焦到眼佇登臨。煙裏疎鐘響易沈。客子情懷中酒後。美人消息大江深。雪泥浪跡鴻留爪。風露清秋鶴警心。擬向蒼厓吹鐵笛。醉歌一和水龍吟。

燕子磯望金陵

廢壘空朱雀。寒沙但白鷗。蒼茫六朝盡。日夜大江流。有客來京口。看山到石頭。興亡無限意。自古帝王州。

吳宮

讀白華草堂詩 初集卷一 一

294.二林居集二十四卷　〔清〕彭紹升撰　PL2722 .E6 A16

清光緒七年（1881）刻本　六册一函

彭紹升（1740—1796）字允初，號尺木，又號知歸子，江蘇長洲（今蘇州）人。

半葉十一行二十三字，上白下黑口，左右雙邊，單黑魚尾，半框高19釐米，寬14.2釐米。版心上鐫書名，中鐫卷次，下鐫葉碼。

内封題“二林/居集”。

牌記題“光緒辛巳/季春月刊”。

卷端題“二林居集，長洲彭紹升允初著”。

卷首有目録。

卷末有跋，署“光緒六年庚辰夏四月從姪孫祖賢謹識”。

按：卷末跋言刻書緣起：“獨二林居集尚未付梓，己卯祖賢備藩江右，因出篋中舊藏本，爲嘉慶四年所鐫，共二十四卷。丏張謹夫司馬師亮任校刊之役，董覺軒大令沛、張玉珊大令鳴克、翁壽生大令錫祺皆與有勞焉。書成謹志其緣起如此。”

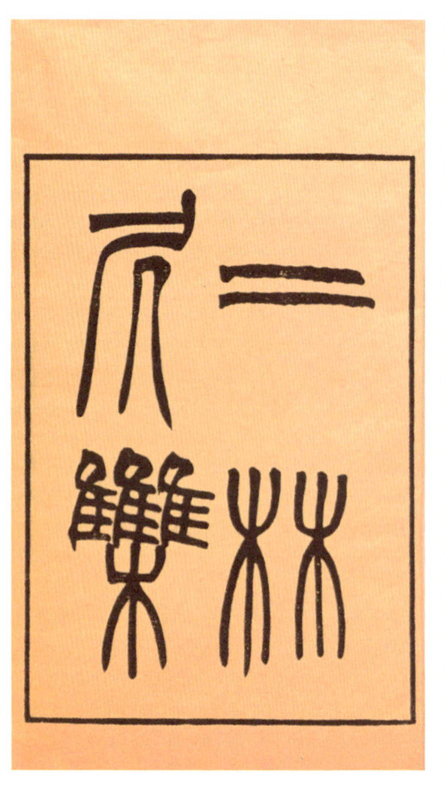

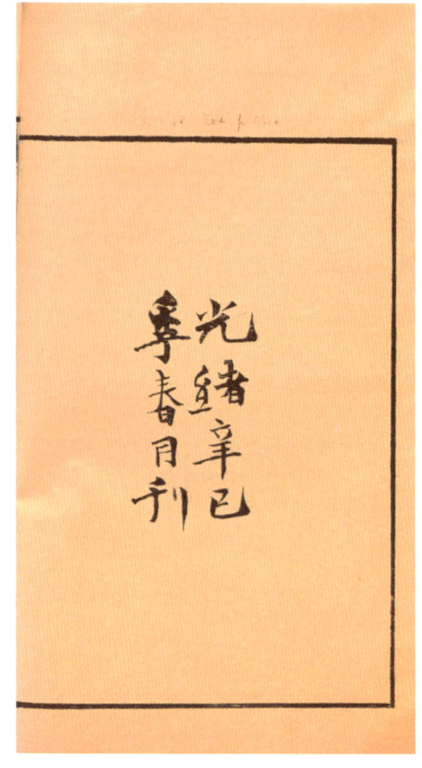

二林居集卷一

長洲彭紹升允初著

述古一

讀易

乾坤者太極之妙用也太極者自心之異名也太極無體以陰陽爲體陰陽分而太極隱矣是故爲高爲卑爲晅爲雨爲風雷爲山澤其炳然于乾坤之內者不知其所從出也自心無體以動靜爲體動靜岐而自心泯矣是故爲男爲女爲貴爲賤爲剛柔爲凶吉其紛然于陰陽之中者不知其誰使之也聖人知之是故于乾示用九之道焉于坤示用六之道焉知太極之未始有乎陰陽也知陰陽之未始離乎太極也是

295.樊榭山房集十卷文集八卷續集十卷　〔清〕厲鶚撰　PL2718.I18 A6 1881

清光緒七年(1881) 嶺南述軒刻本　六册一函

厲鶚(1692—1752)字太鴻,又字雄飛,號樊榭,錢塘(今浙江杭州)人。

半葉十二行二十四字,白口,四周單邊,單黑魚尾,半框高19.2釐米,寬13.4釐米。版心中鎸書名、卷次,下鎸葉碼。

内封題"樊榭山房/集"。

牌記題"光緒七年二月/領南述軒重刊"。

卷端題"樊榭山房集,錢唐厲鶚太鴻"。

卷首有清乾隆四年(1739)三月朔錢塘厲鶚自序。

鈐印:"務洪藏書"陽文長方印、"張錫麟印"陰文方印、"務洪"陽文方印。

按:詩集卷五末鎸"嶺南雲林閣承刊",卷十末鎸"錢塘生員汪尭俞、汪舜俞校字"。

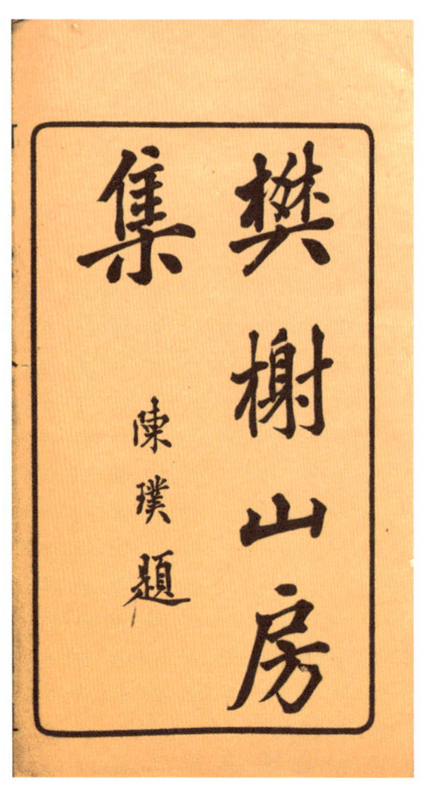

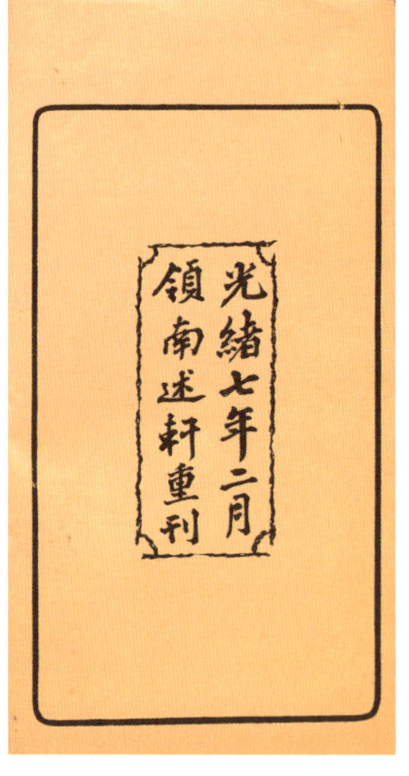

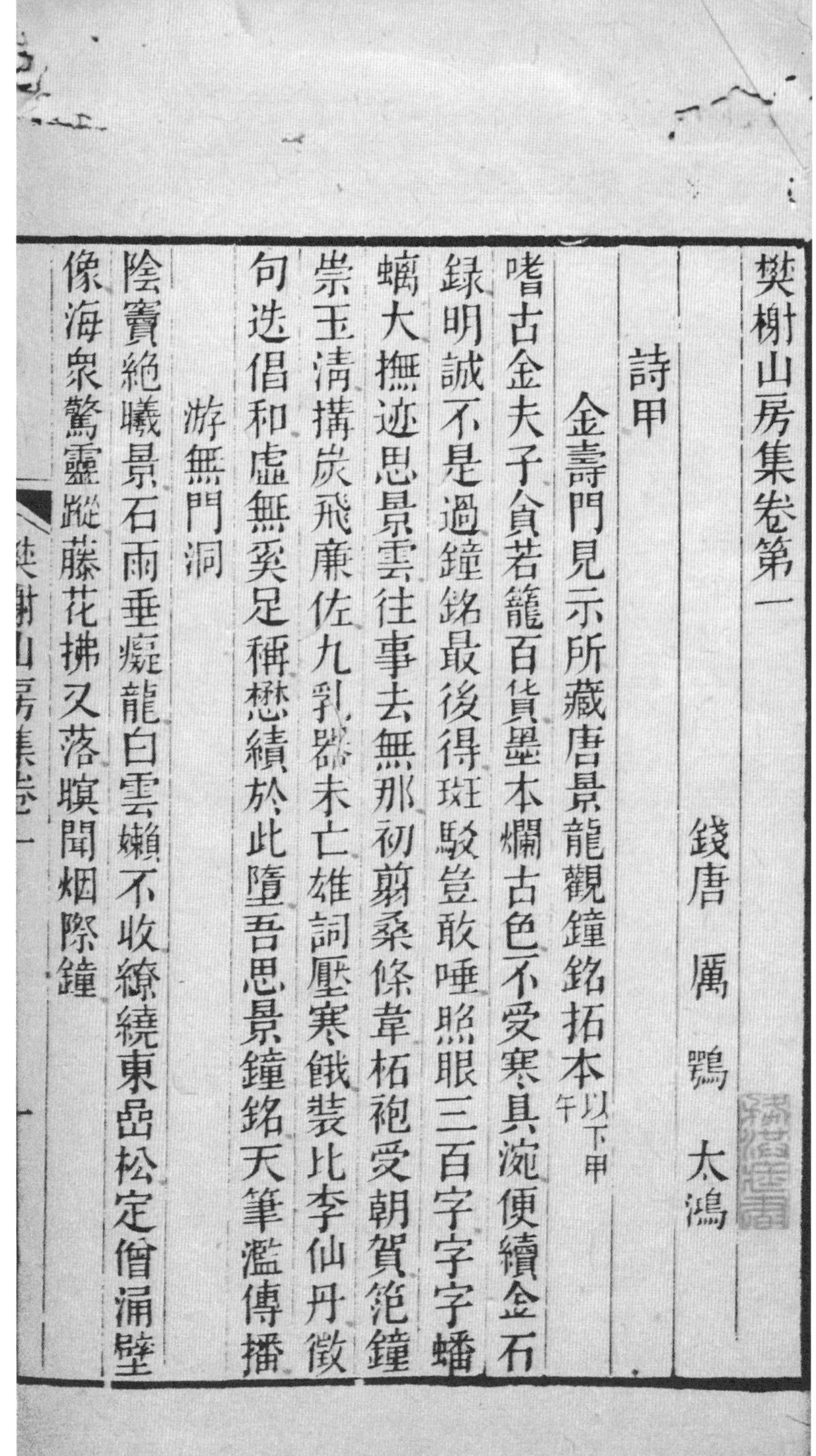

樊榭山房集卷第一

錢唐 厲鶚 太鴻

詩甲

金壽門見示所藏唐景龍觀鐘銘拓本以下甲午

嗜古金夫子貧若籠百貨墨本爛古色不受寒具涴便續金石録明誠不是過鐘銘最後得斑駁豈敢唾照眼三百字字蟠螭大撫迹思景雲往事去無那初翦桑條韋柘袍受朝賀笵鐘崇玉清搆炭飛廉佐九乳器未亡雄詞壓寒餓裴比李仙丹徵句迭倡和虛無奚足稱懋績於此墮吾思景鐘銘天筆濫傳播

游無門洞

陰竇絶巘景石雨垂癡龍白雲嬾不收繚繞東嶽松定僧涌壁像海泉鷲靈蹤藤花拂又落暝聞烟際鐘

296.六一山房詩集十卷續集十卷 〔清〕董沛撰

清光緒五至十年(1879—1884)刻本 四册一函

董沛(1828—1895)字孟如,號覺軒,浙江鄞縣人。

半葉十行二十一字,白口,左右雙邊,單黑魚尾,半框高17.5釐米,寬13.5釐米。版心上鎸書名,中鎸卷次,下鎸葉碼。

内封題"六一山房/詩集"。

卷端題"六一山房詩集,鄞董沛覺軒"。

卷首有清同治十一年(1872)董濂序、十三年蔡鴻序。

續集内封題"六一山房詩/續集"。

卷端題"六一山房續集,鄞董沛覺軒"。

卷首有清光緒九年(1883)洪熙序、董沛序。

鈐印:"哈佛大學漢和圖書館珍藏印"陽文長方印。

按:蔡鴻序後鎸"二百八十峰草堂蔡氏刊"。續集董沛序言刻書事:"前五卷刻於己卯,後五卷刻於甲申,是爲六一山房續集。"

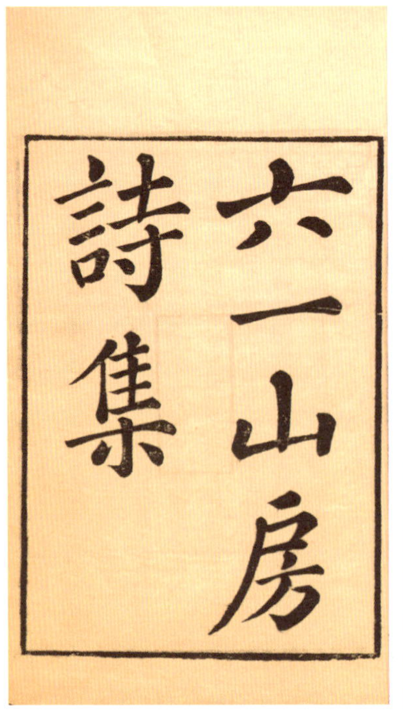

六一山房詩集卷一 丙午至辛亥

鄞董沛覺軒

丙午

過芍藥沚錢忠介公故第

相國祠堂在悲風捲樹涼大江東去恨流不到錢唐

古意

繁花媚簾影漾漾微波光舊時嬌少妹宛轉如我長纖手理素縑織作君衣裳經以迴文機繡以雙鴛鴦惓惓念離别道遠孰寄將孤琴亾與歡攬鏡空自傷

二

297.袁文箋正十六卷補注一卷　〔清〕袁枚撰　〔清〕石韞玉箋　**增訂箋正四卷**　〔清〕魏大縉撰　PL2735 .A5 A16

清光緒十四年（1888）上海蜚英館石印本　五册一函

袁枚（1716—1798）字子才，號簡齋、隨園，錢塘（今浙江杭州）人。石韞玉（1756—1837）字執如，號琢堂，晚號獨學老人，又號花韻庵主人，江蘇吴縣（今蘇州）人。

内封題“袁文箋正”。

牌記題“光緒戊子仲夏月/上海蜚英館石印”。

卷端題“袁文箋正，錢唐袁枚著，館後學石韞玉箋”。

卷首有清嘉慶十七年（1812）石韞玉序、袁枚傳、目録。

增訂袁文箋正内封題“增訂袁文箋正”。

牌記題“光緒戊子仲夏月/上海蜚英館石印”。

卷端題“增訂袁文箋正，仁和魏大縉笏棠”。

鈐印：“公安廖氏竹林齋藏書”陽文方印。

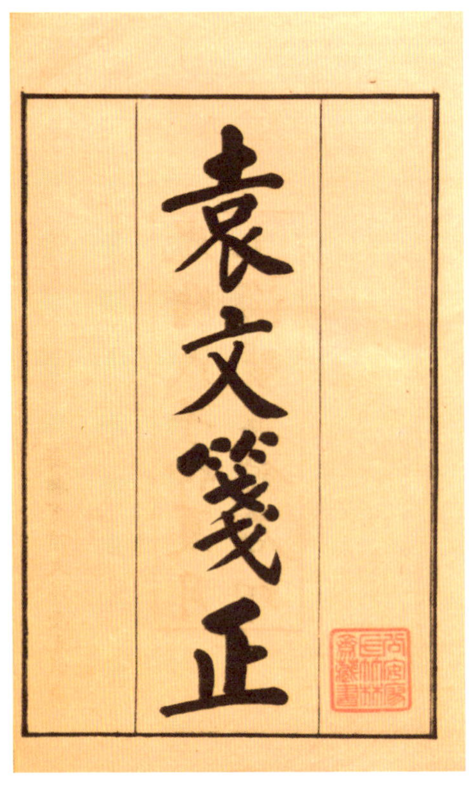

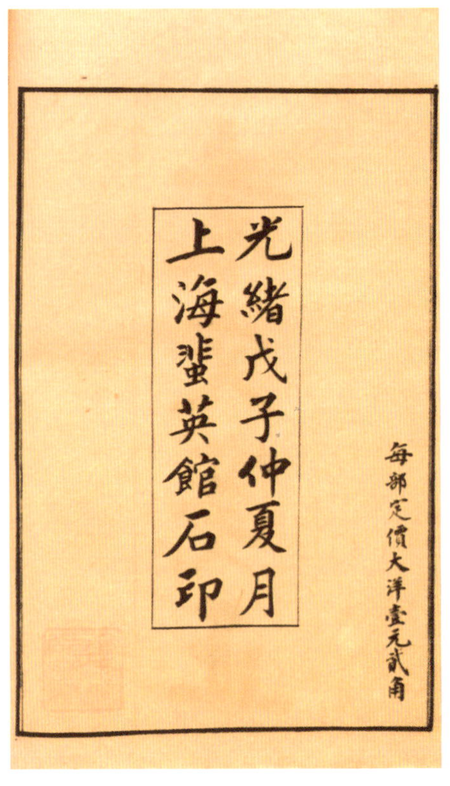

袁文箋正卷一

錢唐袁枚著

上尹制府書尹公名繼善官至大學士謚文端時為兩江總督

館後學石韞玉箋

六月十四日公鳴八騶過五柳度磴彴相錙壇將蕢隨園之蓬茅請鑾駕之臨幸是日也流水游龍冠簪朋盍鳥欲鳴而難囀人含意以未申今聞瓠子防秋繡衣東指凡諸悃素宜早寫宣南史王融傳融躁於名利自恃人地三十內望為公輔行遇朱雀桁開路人塡塞乃搥車壁曰車中乃可無七尺車前豈可乏八騶　陶潛五柳先生傳宅邊有五柳樹因以為號焉　唐諸公主傳安樂公主自鑿定昆池司農卿趙履溫為繕治累石肖華山磴彴橫斜回淵九折以石瀵水　莊子徐無鬼見魏武侯曰君必無盛鶴列於麗譙之間無徒驥於錙壇之宮　蘇軾詩我笑劉伯倫醉髮蓬茅散　後漢明德皇后紀前過濯龍門上見外家車如流水馬如游龍　易由豫大有得勿疑朋盍簪注盍合也簪聚也　庾信華林園馬射賦烏韡歌來花濃雪散　文選古詩齊心同所願含意俱未申　漢武帝紀天子禱萬里沙過祠泰山還至瓠子自臨塞決河　水經河水又東過濮陽縣北瓠子河出焉　漢百官公卿表侍御史有繡衣直指出討姦猾治大獄武帝所制不常置注衣以繡者尊寵之也夫頌陽者葵藿之誠獻曝者野人之禮朱鷺晨飛於漢殿元龜夜夢於宋王樹且爭天雲猶捧日而況新辭墨綬舊綰銀黃一椽皆餼廩之餘五畝亦大官所賜豈有塞門引被不覩河洛之圖洗耳投淵遠拒崆峒之駕者哉然而愛有餘者敬不足也心雖摯者事或乖也曹植求親親表若葵藿之傾太陽雖不為回光然終向之者誠也　列子楊朱篇昔者宋國有田父自曝於日顧其妻曰負日之暄人莫知者以獻吾君將有重賞　爾雅疏楚威王時有赤鷺合沓飛翔而來舞舊鼓吹朱鷺曲是也古今樂錄漢鼓吹十八曲一曰朱鷺按此朱鷺雖為漢曲飛翔實在楚殿此云漢殿誤　莊子外物篇宋元君夢人曰予為清江使者漁者預且得予元君召預且得白龜圓五尺剝之以七十二鑽而無遺策書昆命於元龜　漢官儀邑宰銅章墨綬秩六百石　劉孝標廣絕交論近世有樂安任昉海內

298.劬書室遺集十六卷附理學庸言二卷　〔清〕金錫齡撰　

清光緒二十一年(1895)刻本　六册一函

金錫齡(1811—1896)字伯年,號芑堂,廣東番禺(今廣州)人。

半葉十行二十字,小字雙行同,白口,四周雙邊,單黑魚尾,半框高18.7釐米,寬13.7釐米。版心上鐫書名,中鐫卷次,下鐫葉碼。

内封題"劬書室遺集"。

牌記題"光緒二十一年乙/未夏五月開雕"。

卷端題"劬書室遺集,番禺金錫齡撰"。

卷首有"劬書室遺集序",署"光緒壬辰子壻廖廷相"。

理學庸言内封題"理學庸言"。

牌記題"光緒二十一年乙/未夏五月開雕"。

卷端題"理學庸言,番禺金錫齡撰"。

劬書室遺集
葉衍蘭署檢

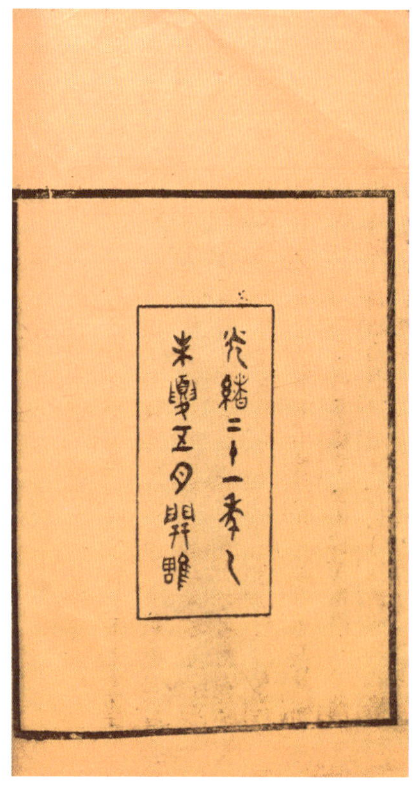
光緒二十一年乙
未夏五月開雕

勈書室遺集卷一

番禺金錫齡撰

周易古訓攷

學易者當明乎象數義理然必訓詁明而後象數義理無不明則古訓宜攷矣案易注莫古於子夏傳如乾元亨利貞傳云元始也與爾雅同亨通也與繫辭傳同文言亨者嘉之會也嘉會足以合禮繫辭觀其會通以行其典禮此傳訓所本利和也與文言傳同貞正也與師彖傳同卽此一傳攷之已足見其立訓之古自子夏而外次推漢魏諸家其注多淵源於子夏故立訓往往相合案如乾元亨利貞

299.甌北詩鈔十八卷　〔清〕趙翼撰　

清乾隆五十六年（1791）刻本　六册一函

趙翼（1727—1814）字雲崧，號甌北，江蘇陽湖（今常州）人。

半葉十行二十一字，白口，四周單邊，單黑魚尾，半框高18.3釐米，寬14釐米。版心上鎸“甌北詩鈔”，中鎸篇名、卷次，下鎸葉碼。

内封題“甌北詩鈔”。

卷端題“甌北詩鈔，陽湖趙翼雲崧”。

卷首有清乾隆二十二年（1757）汪由敦“甌北初集序”，五十年袁枚、王鳴盛序，五十五年錢大昕序，五十年翁方綱、吴省欽、祝德麟序，五十六年李保泰序，張舟“甌北詩鈔跋”，族孫懷玉序，張雲璈題辭“謁趙雲崧觀察歸復展讀甌北集爲長歌奉簡”。

按：張舟“甌北詩鈔跋”言此詩鈔由詩集三十三卷中“删存舊刻十之五六，分體重編，名曰甌北詩鈔，並載諸君子評語”。版本據李保泰序。詩鈔無總卷次，分五言古四卷，七言古五卷，五言律二卷，七言律七卷。

甌北詩鈔

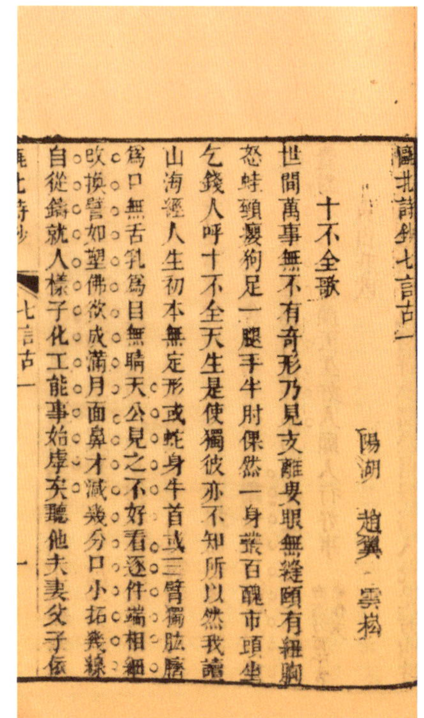

甌北詩鈔七言古一

十不全歌　陽湖　趙翼　雲崧

世間萬事無不有奇形乃見支離叟眼無縫頭有細胸
怒蛙頸癭朐足一腿手牛肘倮然一身叢百醜市頭坐
乞錢人呼十不全天生是使獨彼亦不知所以然我讀
山海經人生初本無定形或蛇身牛首或三臂獨肱磨
爲口無舌乳爲目無睛天公見之不好看逐件端相細
改換譬如塑佛欲成滿月面鼻才減幾分口小拓幾線
自從鑄就人樣子化工能事始虛矣聽他夫妻父子依

甌北詩鈔　七言古一　一

甌北詩鈔　五言古

陽湖　趙翼　雲崧

古詩十九首

人日住在天，但知住在地。天者積氣成，離地便是氣。氣在斯天在，豈有高下異。試觀露生草，蓬勃暢生意。有屋以隔之，不毛便如薙。乃知地與天，相距不寸許。人生足以上，即天所涵被。譬如魚在水，何處非水味。世惟視天遠，所以肆無忌。

五色石補天，幻語滋世惑。豈知語非幻，理可推而得。五金在石中，邃古人莫識。女媧辨物性，煉之以火德。其色

300.忠雅堂文集十二卷忠雅堂詩集二十七卷忠雅堂詞集二卷補遺二卷 〔清〕蔣士銓撰 PL2705.I26 1800z

清嘉慶二十一年(1816)刻本 十八册一函

蔣士銓(1725—1785)字心餘、清容、苕生,號藏園,江西鉛山人。

半葉十一行二十一字,白口,左右雙邊,單黑魚尾,半框高17.8釐米,寬15釐米。版心上鎸書名,中鎸卷次,下鎸篇名、葉碼。

文集内封題"清嘉慶丙子重鎸/忠雅堂文集/藏園藏版"。

卷端題"忠雅堂文集,鉛山蔣士銓心餘"。

卷首有錢栻序、阮元撰"蔣心餘先生傳"、目録。

卷末有吕璜跋、趙敬襄跋。

詩集内封題"忠雅堂詩集"。

卷端題"忠雅堂詩集,鉛山蔣士銓定甫"。

卷首有清乾隆二十七年(1762)金德瑛序、袁枚序、目録。

詞集卷端題"忠雅堂詞集,鉛山蔣士銓定甫"。

補遺卷末鎸"男知白率孫立昂、立仁敬輯,年家子廖炳奎、沈淮校字"。

鈐印:"番禺胡氏所藏圖籍"陰文方印。

按:書根鎸"忠雅堂全集"。

忠雅堂文集卷一

鉛山蔣士銓心餘

論

二氏論

井田不能勝其養而惰遊者衆學校不能勝其教而邪僻者生於是二氏興焉二氏者所以出全力爲天下國家分其教養於萬一者也有饑夫於此向市人乞百錢無有應者饑夫乃歸於二氏持募疏而請曰寺觀莊嚴善緣資福而檀施塡委焉叩以二氏之旨不知也曰吾免餓而已有頑夫於此臨以官司加以刑戮罔懼也或語以地獄天堂苦樂之事則頂禮持誦願從懺悔叩以

301.巢經巢詩鈔九卷後集四卷　〔清〕鄭珍撰　PL2705.E59 C43 1897

清光緒二十三年（1897）廣州遵義黎氏刻本　四册一函

鄭珍（1806—1864）字子尹，號米樓，晚號柴翁，貴州遵義人。

半葉十行二十一字，白口，四周雙邊，雙黑魚尾，半框高18.6釐米，寬12.5釐米。版心中鎸書名、卷次，下鎸葉碼。

内封題"巢經巢詩鈔全/集"。

牌記題"光緒廿三年丁/酉冬遵義黎/氏刊於五羊城"。

卷端題"巢經巢詩鈔，遵義鄭珍子尹"。

卷首有翁同書序，署"咸豐二年八月望日常熟翁同書"；莫友芝序，署"咸豐二年夏五月獨山莫友芝"；王柏心序，署"咸豐四年歲在甲寅新正人日監利王柏心"。後集有黎汝謙引；楊自明書後，署"光緒丁酉五月門人荔波楊自明"；趙懿跋。

卷末有"黎汝謙校字，黎汝恒參校"。

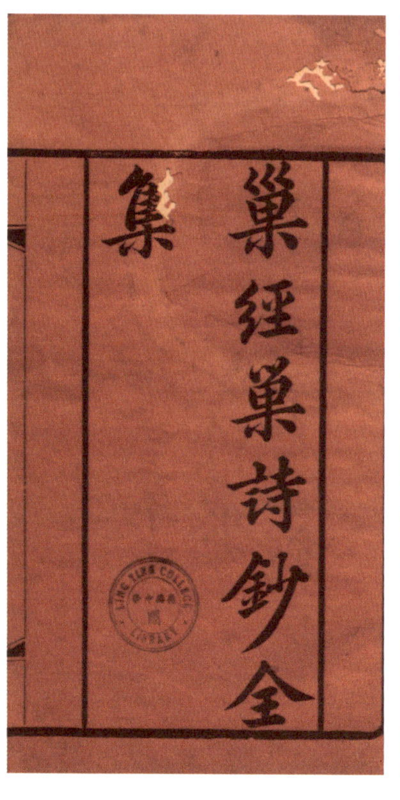

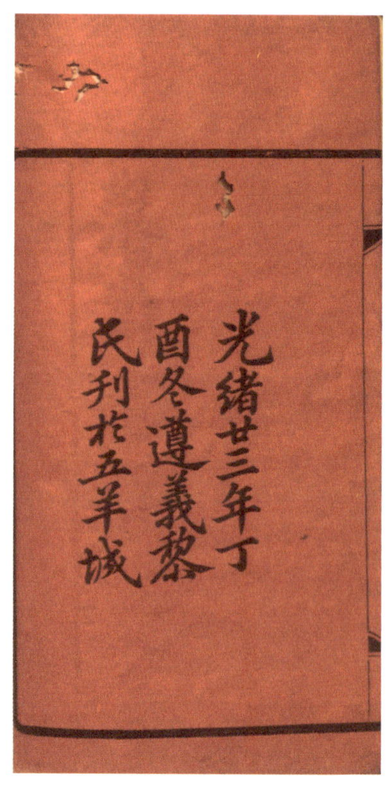

巢經巢詩鈔卷第一

遵義 鄭珍 子尹

古今詩共四十二首

夜溪誦了亜凉 已下丙戌

天外一鈎月晚風吹到門開窗上鐙幌凉意幽無痕展誦四五卷爐火餘溫曆舉頭不見月知歸何處邨惟聞溪水西時時犬聲喧緩步肆閒散披衣亜籬根不覺花上露盈盈浩已緐此趣誰共領欲說都忘言

闌干曲

紅辟沉沉霜入影博山雲斷金虬冷嫦娥袖薄雙臂寒

302.白茅堂集四十六卷耳提録一卷 〔清〕顧景星撰

清光緒二十八年（1902）刻本 十二册三函

顧景星（1621—1687）字赤方，號黄公，蘄州（今湖北蘄春）人。

半葉十一行二十一字，白口，四周雙邊，單黑魚尾，半框高18釐米，寬13.9釐米。版心上鎸書名，中鎸卷數、篇名，下鎸葉碼。

内封題“白茅堂詩/文全集”。

卷端題“白茅堂集，蘄州顧景星黄公著，男昌校輯”。

卷首有喻成龍“白茅堂文集序”、張士及“顧赤方徵君詩文集序”、“顧黄公先生小像”、“行述”、“白茅堂集諸家叙”、顧景星“白茅堂集叙”。

耳提録内封題“蘄州顧黄公先生緒論/耳提録全集/白茅堂藏版”。

卷端題“耳提録，楚蘄顧黄公徵君先生緒論，玉峰姪維禎評閲，男昌謹述，孫仕紘、仕縿、三經、仕綬、湛露仝校録”。

耳提録有顧昌序；跋；凌兆熊跋，署“光緒二十八年歲次壬寅八月朔知蘄州事定遠後學凌兆熊謹跋”。

按：本館藏本缺卷二十四、二十五。

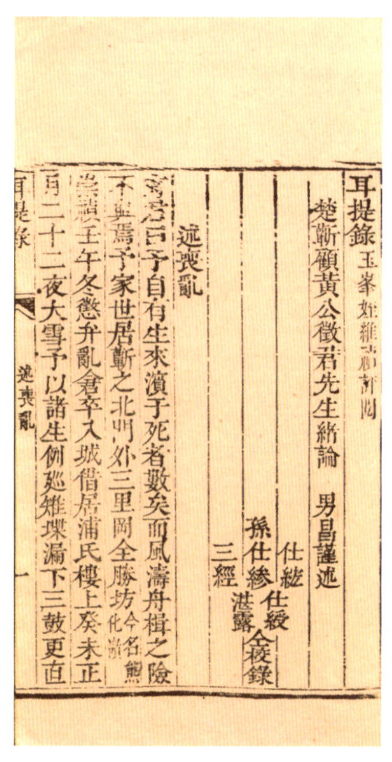
耳提錄 玉峯姪維禎評閱
楚蘄顧黃公徵君先生緒論 男昌謹述
仕紘 孫仕縿 仕綬 三經 湛露 仝校錄
述喪亂
[illegible]曰予自有生來瀕于死者數矣而風濤舟楫之險
不與焉予家世居蘄之北門外三里岡全勝坊今名化熊
崇禎壬午冬懲弁亂倉卒入城借居蒲氏樓上癸未正
月二十二夜大雪予以諸生例廵雉堞漏下三鼓更直
耳提錄 述喪亂 一

白茅堂集卷之一

蘄州顧景星黄公著　男昌校輯

賦

夏萼賦 有序

崇禎丁丑予年十六見楊用修雁來紅賦未盡體物之妙別擬此作甲申居吳門春晚多閒偶憶其略續之

春炎始升青陽方謝繁英既披儕花未郤感榮蕩之芳將續倍蓄於始夏承春餘以孤花留不盡於造化則有盈露韜霞纖蔓函色鈴攡緩撒恩罔新遮數枝杜曲幾蔚章家遠望迫視旖旎柔嘉何芳心之内固雖過時而

303.尚絅堂詩集五十二卷詞集二卷駢體文二卷 〔清〕劉嗣綰撰

清宣統二年（1910）刻本 十册一函

劉嗣綰（1762—1820）字簡之，又字醇甫，號芙初，江蘇陽湖（今常州）人。

半葉十一行二十二字，黑口，左右雙邊，單黑魚尾，半框高17.2釐米，寬13.4釐米。版心中鎸書名、卷次，下鎸葉碼。

内封題"尚絅堂集"。

詩集内封題"古今體/詩五十/二卷"。

牌記題"同治己巳/陽月重栞"。

卷端題"尚絅堂詩集，陽湖劉嗣綰醕甫"。

卷首有清同治九年（1870）劉崐序、清嘉慶十三年（1808）法式善"尚絅堂集叙"、清道光四年（1824）郭麐序、清嘉慶十二年劉嗣綰自序、清道光六年劉延和序、清同治八年曾孫記刊事。

詞集内封題"箏船詞/二卷"。

駢體文内封題"駢體文/二卷"。

鈐印："紫硯樓"陽文方印。

按：曾孫記刊事後鎸"宣統二年仲春重印，元孫毅、明禔、祐、祺覆校"。

倘絅堂詩集卷一

陽湖 劉嗣綰 醕甫

燹餘集 癸巳甲午乙未丙申丁酉

余年十二三學為詩稿脱輒焚棄歲丁酉稍稍存録因就故紙中并向所記憶者蒐輯一二名為燹餘如曰可入中郎之賞則吾豈敢

古詞

海天不可極碧水絃清商一絃生一波流入瀟與湘湘波易哀咽斷續不得長綿綿九疑山鬱作蒼梧蒼安能枯桐引復此棲鳳皇伶倫感孤竹帝女悲空桑古調今已矣古心徒自傷

304.説雲詩鈔五卷首一卷　〔清〕袁守定撰　PL2537.Y836 1887

清光緒十三年（1887）袁氏家塾刻本　二册一函

袁守定（1705—1782），字叔倫，號易齋，晚號漁山翁，豐城人。

半葉十行二十一字，白口，四周雙邊，單黑魚尾，半框高17.5釐米，寬13釐米。版心上鐫書名，中鐫卷數，下鐫葉碼。

内封題“説雲詩鈔”。

牌記題“光緒丁亥重校/板藏袁氏家塾”。

卷端題“説雲詩鈔，漁山袁守定”。

卷首有魯仕驥序，署“乾隆四十三年歲在戊戌仲冬月年愚姪魯仕驥”；“自序”；目録；“作詩年譜”；蔣士銓“題辭”。

按：封面題“光緒丙申秋中建平縣令尹袁石浦君贈”。

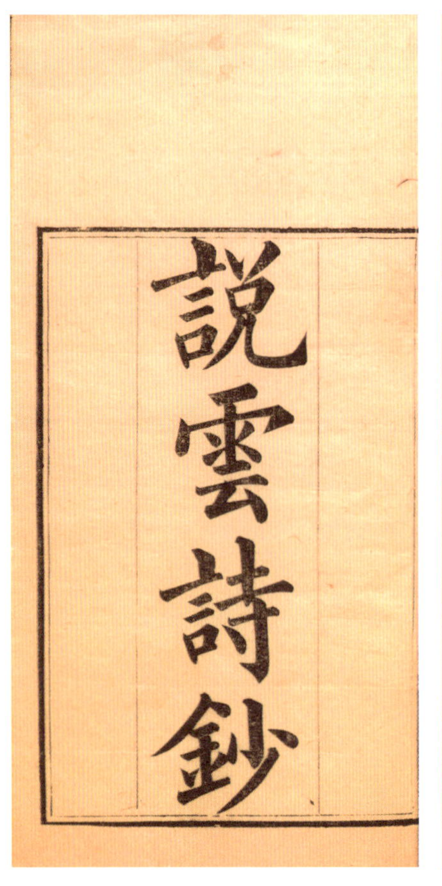

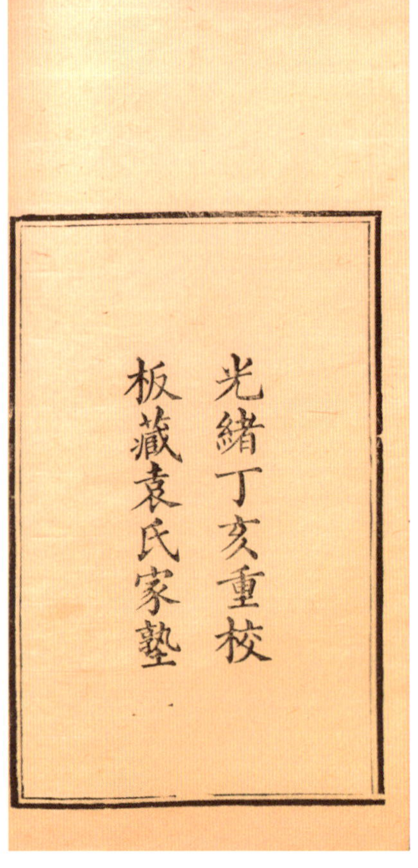

說雲詩鈔卷一

漁山袁守定

湘中草

擬古八首

谷處絕跫音中情苦不愜振衣將有營所營在素業徘徊歷修畛陰風卷亂莢寒色上川原空林猶落葉緬昔結契初新情兩稠疊庭前合歡樹零落在轉睫美盡道所忌曷由挽逝渠興言往從之屏營乏舟楫

嚴車向宛洛廣廣大河陰白日照古道晨風鳴繁林曠野莽無人草木戞悲音步上寒泉坂慨焉懷所欽君子

305.味經齋文集六卷 〔清〕葛其仁撰

清道光三十年(1850)歙縣學署刻本 二册一函

葛其仁,字元肫,一字鐵生,江蘇嘉定(今上海)人。

半葉十行二十二字,白口,左右雙邊,單黑魚尾,半框高18.7釐米,寬12.7釐米。版心上鎸書名,中鎸卷次,下鎸葉碼。

内封題"味經齋文/集六卷"。

牌記題"道光庚戌年春/刊於歙縣學署"。

卷端題"味經齋文集,嘉定葛其仁鐵生"。

卷首有清道光三十年朱右曾序、三十年張文洤序、二十九年王寶仁"味經齋文集稿序"。

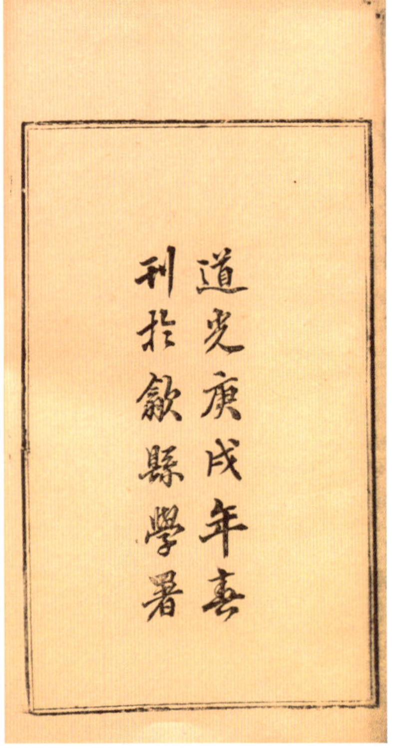

味經齋文集卷一

嘉定葛其仁鐵生

漢掾吏用儒士論 庚寅

國家因事設官沿才授職唐虞三代百職事皆聖賢之徒無儒與吏之分也下此則兩漢用人之法猶爲近古攷漢郡國舉士三科並設賢良方正也孝廉也博士弟子也三者之外凡曹掾書史亭長游徼嗇夫之屬亦皆以儒士爲之是賢豪長者未嘗不仕郡縣也周制下士與庶人在官者同祿祿同則秩亦相等漢祖其意故其時佐命之勛有多出於刀筆者蕭曹之屬皆是也不惟此也公孫宏之儒

306.聽竹廬集二卷　〔清〕鄒南英撰　

清光緒十九年（1893）鄒氏容園刻本　一册一函

鄒南英，字彬雅，號石渠，别號石湖，湖南長沙人。

半葉九行二十二字，上白下黑口，四周雙邊，單黑魚尾，半框高18.3釐米，寬12.3釐米。版心上鐫書名，中鐫卷次，下鐫葉碼。

内封題“聽竹/廬詩/集二卷”。

牌記題“光緒癸巳季/秋月重栞於/冠山之容園”。

卷端題“聽竹廬集，古今體詩一百三十二首，長沙鄒南英石湖著”。

卷終題“男彦編次，孫元晸、元定、元傑、元卓校字”。

卷首有胡紫滄叙，署“道光壬寅七月既望雪帆胡紫滄撰於龍山官署之懷麓軒”；葉大焯“傳”。

卷末有鄒彦跋，署“光緒十有九年癸巳歲九月朔男彦敬識”。

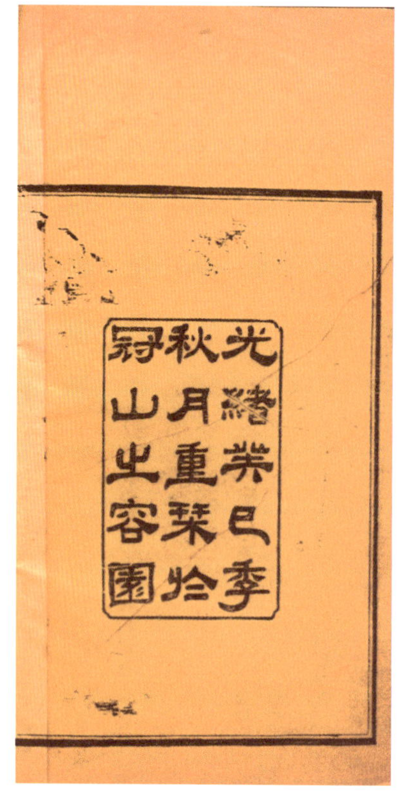

光緒癸巳季
秋月重栞於
冠山之容園

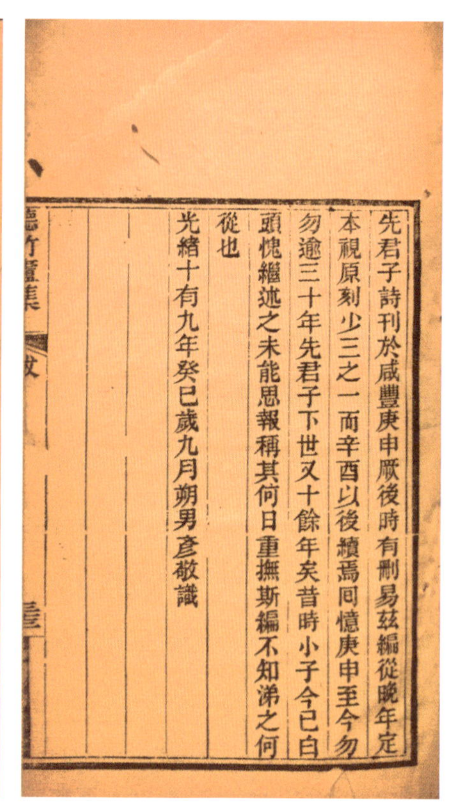

先君子詩刊於咸豐庚申厥後時有删易茲編從晚年定
本視原刻少三之一而辛酉以後續焉回憶庚申至今匆
匆逾三十年先君子下世又十餘年矣昔時小子今已白
頭愧繼述之未能思報稱其何日重撫斯編不知涕之何
從也
光緒十有九年癸巳歲九月朔男彦敬識

聽竹廬集卷一 古今體詩一百三十二首

長沙鄒南英石湖著

垂釣 嘉慶辛酉詩

垂釣西池頭水清魚不食終日把竿坐毋乃徒費力問我亦何爲偶爾適胸臆水兮自空明魚兮自游息魚水兩相忘誰能計失得

雄雞

鄰翁養雄雞華冠善長鳴臨風唱曉日東海紅雲生旁有一雛雛羽毛半未成便欲揺脣舌與之相抗衡謂爾鳴不

307.香蘇山館古體詩鈔十四卷今體詩鈔十六卷　〔清〕吴嵩梁撰

清道光六年（1826）刻本　六册一函

吴嵩梁（1766—1834）字子山，號蘭雪，江西東鄉人。

半葉十二行二十四字，黑口，四周單邊，雙黑魚尾，半框高17.6釐米，寬14釐米。版心中鎸卷名、卷次、葉碼。

内封題“香蘇山館/詩鈔”。

卷首有王昶、袁枚等評跋，謝啓昆、譚光祥等題詞；吴嵩梁自記，署“嘉慶二十三年五月書於贛江舟中”。

古體詩鈔卷端題“香蘇山館古體詩鈔，東鄉吴嵩梁蘭雪”。

今體詩鈔卷端題“香蘇山館今體詩鈔，東鄉吴嵩梁蘭雪”。

古體詩鈔卷首有曾燠“香蘇山館詩集序”；吴嵩梁自序，署“嘉慶二十三年”。

今體詩鈔卷首有吴嵩梁自序，署“道光四年”；姚瑩“香蘇山館詩集後序”。

按：姚瑩“香蘇山館詩集後序”有“道光丙戌三月二十五日……爲蘭雪遥祝六十初度”，推斷版本年代爲1826年。

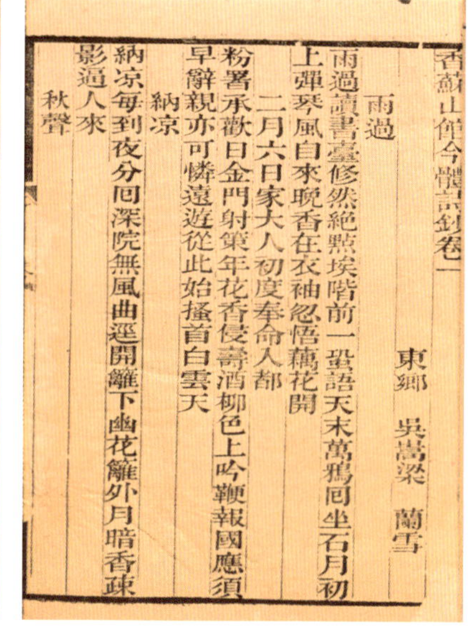

香蘇山館今體詩鈔卷一

東鄉　吴嵩梁　蘭雪

雨過

雨過讀書臺修然絶點埃階前一蛩語天末萬鴉回坐石月初上彈琴風自來晚香在衣袖忽悟藕花開

二月六日家大人初度奉命入都

粉署承歡日金門射策年花香侵壽酒柳色上吟鞭報國應須早辭親亦可憐遠遊從此始搔首白雲天

納涼

納涼每到夜分回深院無風曲逕開籬下幽花籬外月暗香疎影過人來

秋聲

香蘇山館古體詩鈔卷一

東鄉　吳嵩梁　蘭雪

南昌使院送督學翁覃谿師入都

古人重氣誼，大道資扶持。言所不得已，匪矜文采奇。今人寧虛答，貌合而神離。苟非金石交，曷取瓊琚詞。我恨識公晚，夙昔夢見之。坐我春風中，十年酬渴飢。采蘭出幽深，相馬畧瘦肥。遂合蘆中人，肩與韋彥隨。是時公校士，我方以病辭。下車問姓名，儕輩或未知。一膺國士遇，萬口傳新詩。射雕慚未能，病鶴聊自嗤。公初見予病鶴賦及和韻諸詩，以射雕手許之。孟秋來豫章，函丈欣所依。拜像谷緣屋，山谷三集注本刻成，同人拜文節公像於谷緣書屋。盟心以不欺。同學二三子，析義窮毫釐。永懷千載業，惜此寸晷移。毋以利欲奪，毋以門戶岐。肆力苟不倦，深造各有時。勉旃佩明訓，終身無暫違。

308.學海堂集十六卷　〔清〕吴蘭修編　

清道光五年（1825）啓秀山房刻本　五册一函

吴蘭修，字石華，廣東嘉應（今梅州）人。

半葉十行二十字，小字雙行同，白口，左右雙邊，單黑魚尾，半框高18.7釐米，寬14.3釐米。版心上鎸書名，中鎸卷次，下鎸葉碼。

内封題"學海/堂集/道光五年，啓秀山房藏板"。

卷端題"雪海堂集，啓秀山房訂，附録阮元"。

卷首有阮元序。

按：目録後題"此初集也，二集續出。嘉應吴蘭修編校監刻"，目録末鎸"仙城西湖街/簡書齋刊刻"。本館藏本殘，缺二卷：卷七、卷八。

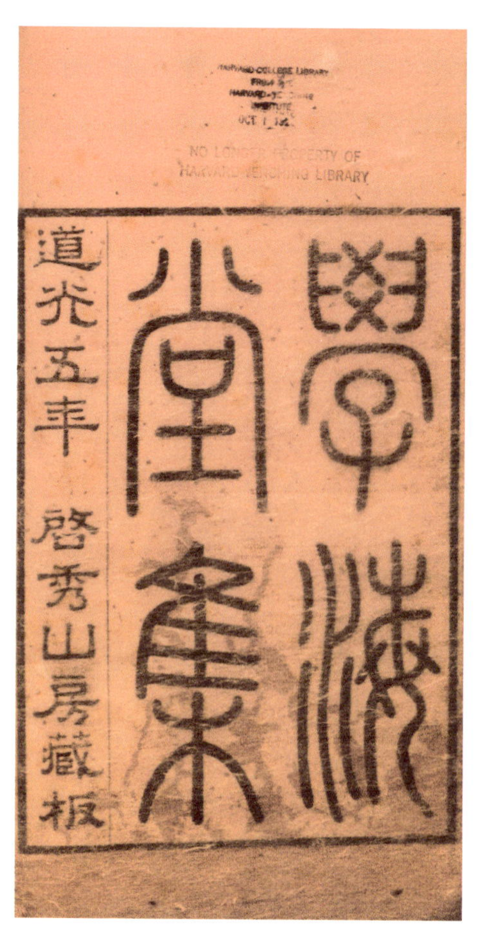

學海
堂集
道光五年　啓秀山房藏板

學海堂集卷一

啟秀山房訂

易之彖解

附録　阮　元

周易彖之爲音今俗皆讀團之去聲與古音有異古音當讀若弛音近于才亦與蠡字音近故繫辭傳曰彖者材也此乃古音訓相兼是彖音必與才音同部材字之才與彖字皆在段氏古音第一部由之咍止海志代轉而爲十五部脂微齊皆灰又轉爲十六部之支佳紙蟹寘卦陌麥昔錫若讀今音通貫切如劉瓛之訓斷則在十四部與材字迥不同部孔子何以

309.養一齋文集二十卷 〔清〕李兆洛撰 PL2718.I115 A6 1878

清光緒四年（1878）刻本 八册一函

李兆洛（1769—1841）字申耆，晚號養一老人，武進（今江蘇常州）人。

半葉十二行二十二字，上白下黑口，左右雙邊，單黑魚尾，半框高17.7釐米，寬12.7釐米。版心上鎸“養一文集”，中鎸卷次，下鎸葉碼。

内封題“養一齋/文集”。

牌記題“光緒戊寅/年夏重刊”。

卷端題“養一齋文集，武進李兆洛申耆著”。

卷首有趙振祚序、湯成烈“重刊李申耆先生養一齋文集序”、包世臣“李鳳臺傳”、薛子衡“李養一先生行狀”、“名宦題稿”、高承鈺“原識”、例言、記、“重刊李申耆先生養一齋文集集資小引”、目録、“養一齋遺像”。

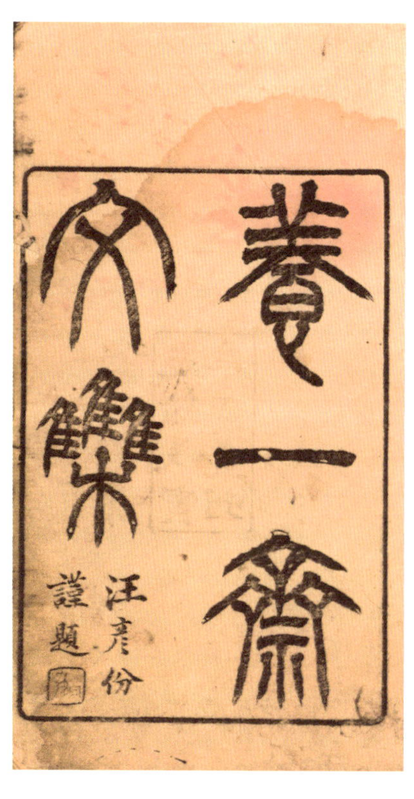

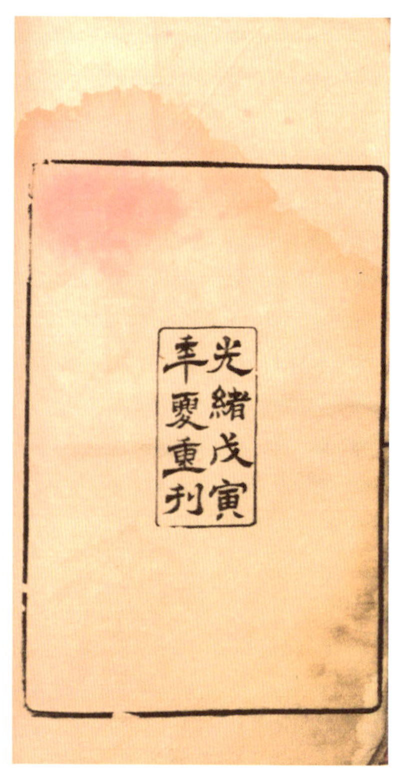

養一齋文集卷一

武進李兆洛申耆著

頌

皇上五旬萬壽恭頌擬大行元符一篇謹序嘉慶十四年代安徽巡撫董教增

皇上御極之十有四年三光協和風雨時節寰宇乂安民物豐阜丕應

聖天子五旬萬壽之辰於時海隅日出蝡飛蠕動莫不喁喁于于懽欣頌禱臣以蒙恩夙侍禁近仰見

皇上無逸作所孜孜日昃大小庶務咸經睿裁雖日月之光不疲於普照山海之量不藉於裒益而堯臞禹瘠曾不恤已非有禬祠頤和求自致於洪算者也以天地之心爲心即以天地之壽爲壽以祖宗之心爲心即以祖宗之壽

310.朱九江先生集十卷首一卷　〔清〕朱次琦撰　PL2705 .U25 1897

清光緒二十三年（1897）順德簡氏讀書草堂刻本　四册一函

半葉十一行二十四字，白口，左右雙邊，單黑魚尾，半框高21釐米，寬14.1釐米。版心上鎸書名，中鎸卷名，下鎸葉碼、卷次。

内封題“朱九江先生/集十卷”。

卷端題“朱九江先生集”。

卷首有簡朝亮序，署“光緒二十有三年冬至日門人順德簡朝亮謹序”；“年譜”；目録。

按：首一卷爲簡朝亮所纂“朱九江先生年譜”。

朱九江先生集卷一

詩

與陳五二首

蒼兕嘯驚風浩然滿南山豈爲憑高力聲洪能自傳宛彼同舍子欲達無由緣夙夜亦勞止將意何拳拳襟抱各有適捥推良獨難孤蓬託吹噓騾入浮雲端浮雲無根蔕一隕卽深淵君子崇令名豎立靡所干

去者未可留來者未有涯茫茫造化運使我心傷悲朝才黃口出莫還華顛歸向所親植樹攬條皆十圍氣結不能言逝欲與俗辭洪喬不在世怏悒終何之矯首望八荒孰是長年姿所願崇令名不朽以相貽

311.壯懷堂詩初稿十卷二集四卷三集十四卷 〔清〕林直撰

PL2718.I45 A17 1905

清咸豐六年至光緒三十一年（1856—1905）刻本 六册一函

林直，字子隅、湘帆，福建侯官（今福州）人。

半葉十行二十一字，黑口，左右雙邊，單黑魚尾，半框高17.5釐米，寬13.4釐米。版心中鎸集名、卷次，下鎸葉碼。

初稿内封題“壯懷堂/詩初集/十卷”。

牌記題“咸豐六年歲次丙辰/立春之月栞于福州”。

卷端題“壯懷堂詩初稿，侯官林直子隅”。

卷首有林則徐、劉家謀、夏塏、謝章鋌等人“評語”，符兆綸“題詞”。

二集内封題“壯懷堂詩/二集四卷”。

牌記題“光緒卅一年歲在乙/巳孟冬栞於羊城”。

卷端題“壯懷堂詩二集，侯官林直子隅”。

卷首有宋壽嵋序。

三集内封題“壯懷堂詩/三集十四卷”。

牌記題“光緒卅一年歲在乙/巳孟冬栞於羊城”。

卷端題“壯懷堂三集，嶺海詩存，侯官林直子隅”。

卷首有李光廷及謝章鋌序，鄭獻甫、秦緗業等題詞。

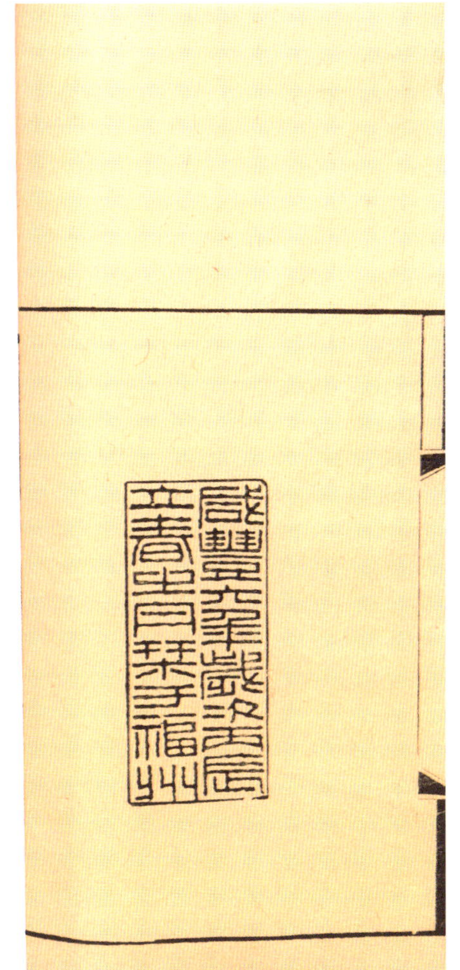
咸豐六年歲次丙辰
立春中月栞于福州

壯懷堂詩初稿卷一

侯官林　直子隅

登臺

俯仰乾坤際誰爲曠代才雄心一萬古落日獨登臺

仙人篇

吾聞軒轅國乃在大海中樓臺聳金碧咫尺蓬萊宮奇花大如掌照眼丹霞紅王母海上來車聲走豐隆鸞鳳起吹笙連蜷舞長虹仙姬捧瑶觴環珮搖琤瑽鏗鏘奏仙樂一洗箏琶空初歌絕凡響再歌啟遐聰三歌忘世慮洽然坐春風千秋萬禩中爲樂不可窮

壯懷堂詩初稿卷一　一

312.紫荊吟館詩集四卷 〔清〕曹秉哲撰

清光緒二十五年(1899)刻本 二册一函

曹秉哲(1841—1891),字吉三,廣東番禺人。

半葉十行二十二字,黑口,四周雙邊,雙黑魚尾,半框高16.8釐米,寬12.6釐米。版心中鎸書名、卷次,下鎸葉碼。

内封題“紫荊吟/館詩集”。

卷端題“紫荊吟館詩集,番禺曹秉哲吉三”。

卷首有馮譽驥序,署“光緒辛已正月五日馮譽驥讀訖加墨並識”;陸廷黻序,署“光緒九年上元夜鄞縣陸廷黻序”;何士循序,署“光緒戊四月時有二日息州何士循敬志”;自序;曹受培跋,署“光緒戊戌年男受培謹跋”。

卷二末鎸有“番禺龍延齡初校,南海馮愿覆校,男受培再覆校,男受培、受堉校刊”。

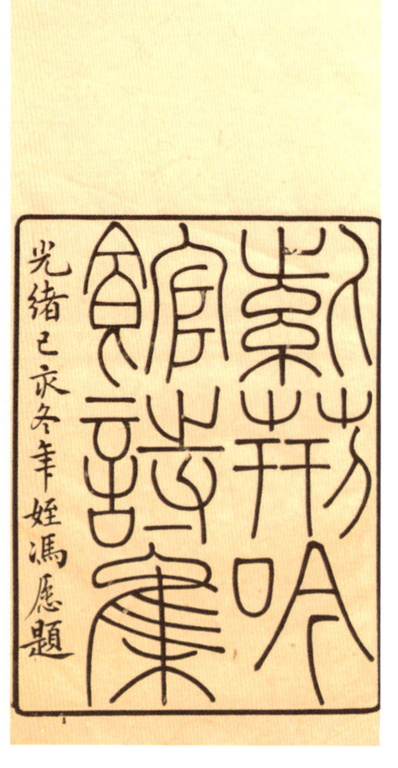
紫荊吟館詩集
光緒己亥冬季姪馮愿題

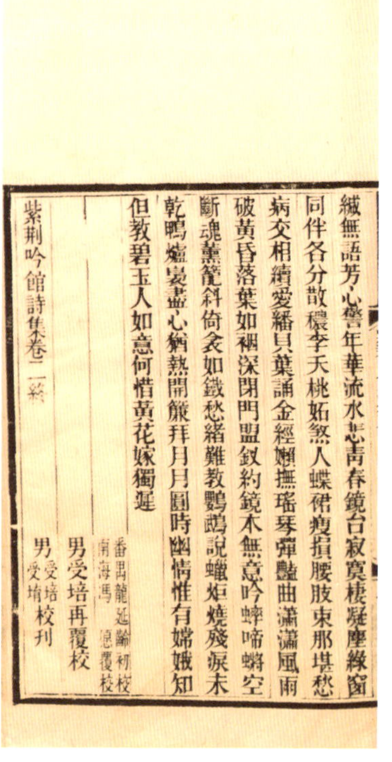
緘無語芳心誓年華流水忘青春鏡台寂寞棲凝塵綠窗
同伴各分散穠李夭桃妬煞人蝶裙瘦損腰肢束那堪愁
病交相續愛翻貝葉誦金經嬾撫瑤琴彈蠱曲瀟瀟風雨
破黃昏落葉如裍深閉門盟釵約鏡本無意吟蟀啼螿空
斷魂薰籠斜倚衾如鐵愁緒難教鸚鵡說蠟炬燒殘淚未
乾鴨爐裊盡心猶熱開簾拜月月圓時幽情惟有嫦娥知
但教碧玉人如意何惜黃花嫁獨遲
番禺龍延齡初校
南海馮愿覆校
男受培再覆校
男受培受堉校刊
紫荊吟館詩集卷二 終

紫荆吟館詩集卷一

番禺曹秉哲吉三

戊午

雨後郊行見耕者有感

郭外雨初晴風日清且美散步來田間觸目感先起農人荷簑行畚插偕婦子來往一何忙意恐負寸晷從來勤苦事先貴念其始致功當及時士農無二理憶予從學歲忽忽二十矣譬諸事耰鋤未洗罍瓶恥豐歉權在天勤惰事在己苟使荒於嬉過此安足恃世有同志人願與參斯旨

亦寄園題壁園在横溪村時避夷氛全家居此

總集類

類編之屬

313.續古文辭類纂三十四卷　王先謙纂　PL2451 .L5 1907

清光緒三十三年（1907）上海商務印書館鉛印本　四册一函

王先謙（1842—1917）字益吾，號葵園，湖南長沙人。

内封題"續古文/辭類纂"。

卷端題"續古文辭類纂，長沙王先謙纂集"。

卷首有王序、例略、目録、志略。

按：版心下印有"商務印書館印行"。封面印有"正續古文辭類纂"，疑爲上海商務印書館《正續古文辭類纂七十四卷續三十四卷》十二册之續部。

續古文辭類纂　例略　二

孟長卿言田生枕藉傳經祇以取識同門若文章之事高下槩殊開卷即得無待證明也梅氏浸淫於古所造獨爲深遠其志固不屑爭得失於一先生之前矣曾文正公以雄直之氣宏通之識發爲文章冠絶今古其於惜抱遺書篤好深思雖聲欬不親而塗跡並合學者將欲杜歧趨遵正軌姚氏而外取法梅曾足矣其餘諸家騈列所得洪纖各不相掩僕有恒言文士畢生苦志身後之名後來者當其護惜之苟有可取勿遽抹殺區區寸抱幸高識者諒焉

是編剏始聞見苦隘桐城蕭穆敬甫於其鄉先輩遺文及海內名家專集儲藏略備遠道見餉數逾百種往復論列裨益宏多成書後就正於吳冀州汝綸摯甫開示大義匡我不逮可謂直諒多聞當代之益友也周自菴先生商榷之餘間加評論輒爲棸入生平於師友寸善拳拳服膺附書簡端以志永矢光緒八年春二月

目錄

論辨類一

姚鼐傳李斯論

吳殿麟爲人後者爲大宗說

惲子居三代因革論一　三代因革論二　三代因革論三　三代因革論四　三代因革論五　三代因革論六　三代因革論七　三代因革論八　顧命辨上　顧命

續古文辭類纂卷一 論辨類一

長沙王先謙纂集

姚姬傳李斯論 ○○○

蘇子瞻謂李斯以荀卿之學亂天下是不然秦之亂天下之法無待於李斯斯亦未嘗以其學事秦當秦之中葉孝公卽位得商鞅任之商鞅教孝公燔詩書明法令設告坐之過而禁遊宦之民因秦國地形便利用其法富强數世兼幷諸侯迄至始皇始皇之時一用商鞅成法而已雖李斯助之言其便利益成秦亂然使李斯不言其便始皇固自爲之而不厭何也秦之甘於刻薄而便於嚴法久矣其後世所習以爲善者也斯逆探始皇二世之心非是不足以中侈君而張吾之寵是以盡舍其師荀卿之學而爲商鞅之學埽去三代先王仁政而一切取自恣肆以爲治焚詩書禁學士滅三代法而尚督責斯非行其學也趨時而已設所遭値非始皇二世斯之術將不出於此非爲仁也亦以趨時而已君子之仕也進不隱賢小人之仕也無論所學識非也卽有學識甚當見其君國行事悖謬無義疾首頻蹙於私家之居而矜夸導譽於朝廷之上知其不義而勸爲之者謂天下將諒我之無可奈何於吾君而不吾罪也知其將喪國家而爲之者謂當吾身容可以免也且夫小人雖明知世之將亂而終不以易目前之富貴而以富貴之謀貽天下之亂固有終身安享榮樂禍遺後人而彼宴然無與者矣嗟乎秦未

選集之屬

314.全上古三代秦漢三國六朝文七百四十六卷 〔清〕嚴可均輯

Q.PL2451 .Y4 1887

清光緒十九年（1893）廣雅書局刻本　八十册十函

嚴可均（1762—1843）字景文，號鐵橋，浙江烏程（今湖州）人。

半葉十三行二十五字，黑口，四周單邊，單黑魚尾，半框高20.5釐米，寬14.5釐米。版心上鎸集名、卷次、篇名，下鎸葉碼。

内封題“全上古三/代秦漢三/國六朝文”。

卷端題“烏程嚴可均校輯”。

卷首有王毓藻序、嚴可均“全上古三代秦漢三國六朝文總叙”、“凡例”、“總目”附“見存漢魏六朝文集板刻本目録”、“梅鼎祚文紀目録”、“張溥漢魏六朝一百三家集目録”。

終卷末有方功惠跋。

按：王序記“刊刻緣起”。方功惠跋，署“光緒癸巳冬”，版本據此。總目記：“大凡全上古三代秦漢三國六朝文十五集，作者三千四百九十六人，附韻編姓氏合七百四十六卷。”包括全上古三代文十六卷、全秦文一卷、全漢文六十三卷、全後漢文一百六卷、全三國文七十六卷、全晋文一百六十七卷、全宋文六十四卷、全齊文二十六卷、全梁文七十四卷、全陳文十八卷、全後魏文六十卷、全北齊文十卷、全後周文二十四卷、全隋文三十六卷、先唐文一卷。“韻編全文姓氏五卷”原缺。每集有目録。

全上古三代文卷一

烏程嚴可均校輯

太昊

太昊亦作太皞風姓號伏戲氏以木德王是爲春皇一云伏羲氏一云宓犧氏一云包羲氏一云庖犧氏都陳在位百十一年一云百六十四年

十言之教

乾坤震巽坎離艮兑消息左傳定四年正義引易云伏羲作十言之教

炎帝

帝生于姜水說文因姓姜以火德王稱炎帝一云赤帝一云有炎氏始作耒耜號神農氏一云農皇以起烈山亦號烈山氏一云厲山氏一云連山氏一云朱襄氏初都陳後居曲阜在位百二十年傳八世五百三十年一云傳十七世一云七十世謹案漢藝文志

315.古文詞略二十四卷 〔清〕梅曾亮輯 PL2606 .M4

清光緒三十四年（1908）學部圖書局鉛印本 五册一函

梅曾亮（1786—1865），原名曾蔭，字伯言，號葛君，江蘇上元（今南京）人。

内封題“古文詞略”。

牌記題“光緒三十四年夏/學部圖書局印行”。

卷端題“古文詞略”。

卷首有梅曾亮撰凡例。

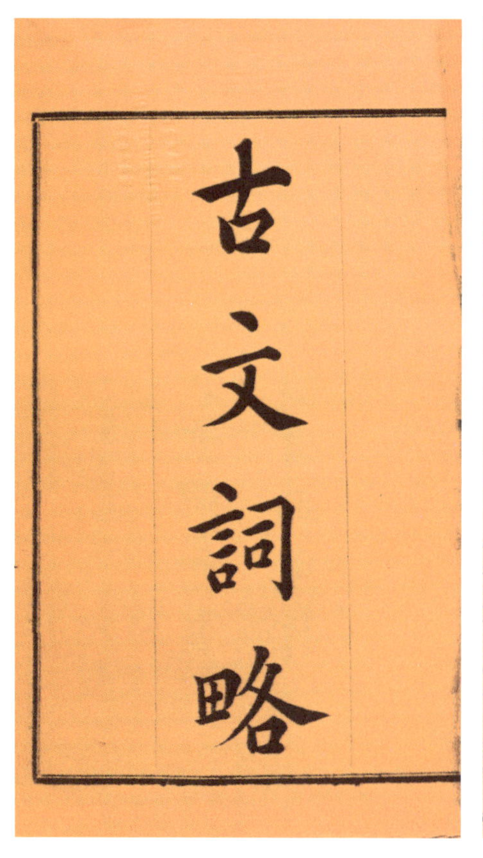

古文詞略

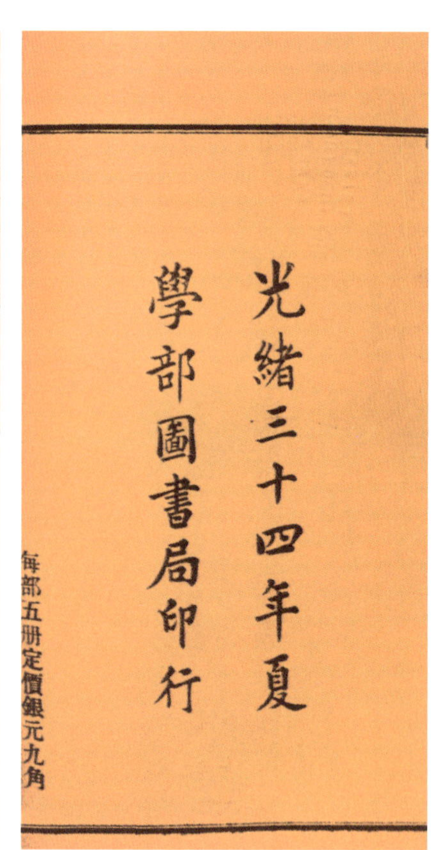

光緒三十四年夏

學部圖書局印行

每部五册定價銀元九角

古文詞略卷一　論辨類一

賈誼過秦論一

秦孝公據殽函之固擁雍州之地君臣固守以窺周室有席卷天下包舉宇內囊括四海之意幷吞八荒之心當是時商君佐之內立法度務耕織修守戰之備外連衡而鬭諸侯於是秦人拱手而取西河之外孝公既沒惠王武王蒙故業因遺冊南兼漢中西舉巴蜀東割膏腴之地北收要害之郡諸侯恐懼會盟而謀弱秦不愛珍器重寶肥美之地以致天下之士合從締交相與爲一當是時齊有孟嘗趙有平原楚有春申魏有信陵此四君者皆明知而忠信寬厚而愛人尊賢重士約從離衡幷韓魏燕趙齊楚宋衞中山之衆於是六國之士有甯越徐尙蘇秦杜赫之屬爲之謀齊明周最陳軫召滑樓緩翟景蘇厲樂毅之徒通其

316.古文讀本二卷　〔清〕吴汝綸輯　

清光緒二十九年（1903）學校司排印局鉛印本　二册

吴汝綸（1840—1903）字摯甫，安徽桐城人。

内封題“桐城吴先生點定/古文讀本/排印局鉛印”。

卷首有胡景桂“重印古文讀本序”，署“光緒癸卯十月永年胡景桂叙於學校司萬卷樓”；吴啓孫“重印古文讀本序”；“重印古文讀本弁言”；目録。

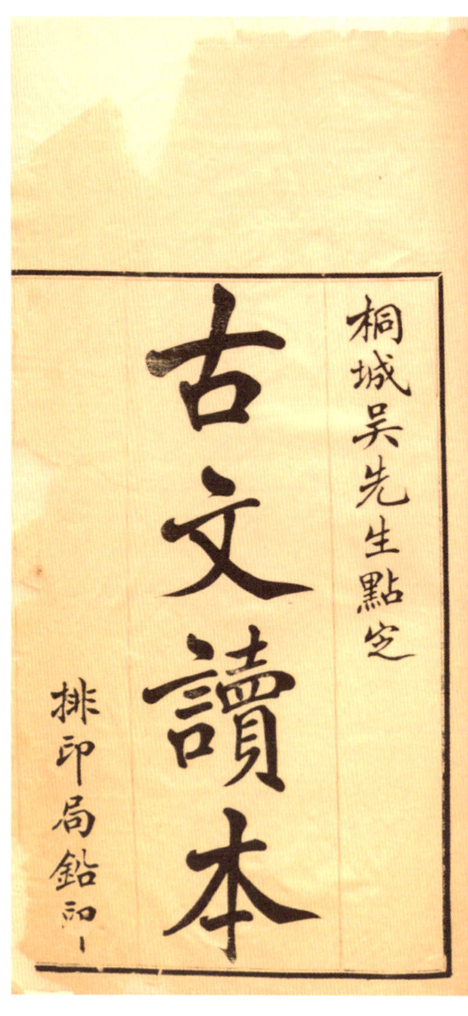

桐城吴先生點定
古文讀本
排印局鉛印

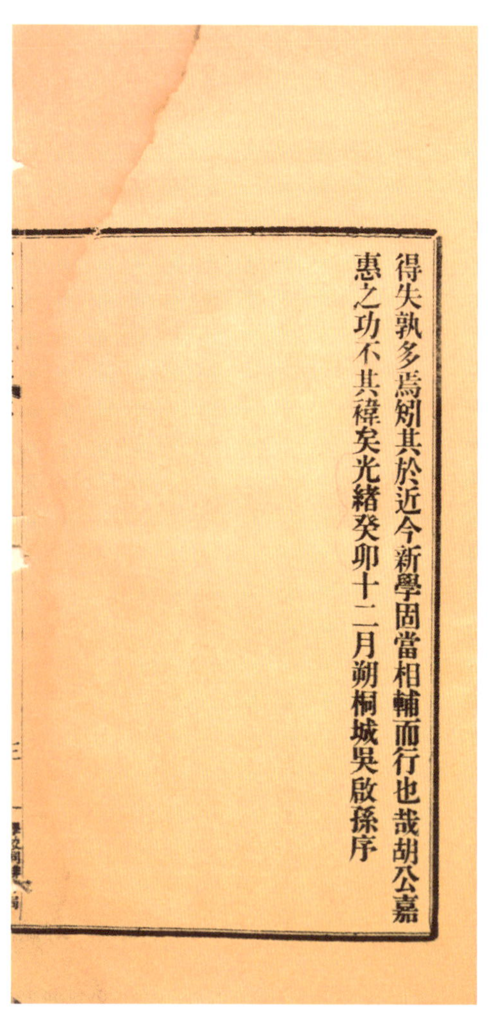

得失孰多焉矧其於近今新學固當相輔而行也哉胡公嘉
惠之功不其韙矣光緒癸卯十二月朔桐城吳啟孫序

蘇厲謂周君以下三十八首圈識原本

蘇厲謂周君曰。敗韓魏。殺犀武。攻趙。取藺離石祁者。皆白起。是攻用兵。又有天命也。今攻梁。梁必破。破則周危。君不若止之。謂白起曰。楚有養由基者。善射。去柳葉者百步而射之。百發百中。左右皆曰善。有一人過曰。善射。可教射也矣。養由基曰。人皆曰善。子乃曰可教射。子何不教我射之也。客曰。我不能教子支左屈右。夫射柳葉者。百發百中。而不以善息。少焉氣力倦。弓撥矢鉤。一發不中。前功盡矣。今公破韓魏。殺犀武。而北攻趙。取藺離石祁者。公也。公之功甚多。今公又以秦兵出塞。過兩周。踐韓。而以攻梁。一攻而不得。前功盡滅。公不若稱病不出也。

秦武王謂甘茂

317.漁洋山人古詩選五言詩十七卷七言詩歌行鈔十五卷惜抱軒今體詩選十八卷

〔清〕王士禛、姚鼐編　　PL2732.A56 A17 1866

清同治五年(1866)刻本　十册一函

姚鼐(1732—1815)字姬傳,一字夢穀,室名惜抱軒,安徽桐城人。

半葉十行二十二字,黑口,左右雙邊,雙黑魚尾,半框高18釐米,寬13.5釐米。版心中鎸詩體、卷次,下鎸葉碼。

内封題"漁洋山人/古詩選"。

牌記題"同治五年十月/金陵書局開雕"。

卷端題"五言詩,濟南王士禛選"。

卷首五言有凡例;"阮亭選古詩序",署"慈谿姜宸英";蔣景祁序,署"康熙丁丑三月陽羨受業門人蔣景祁";作者姓氏。七言有凡例、作者姓氏。

惜抱軒今體詩内封題"惜抱軒今/體詩選"。

牌記題"同治五年八月/金陵書局開雕"。

卷首有"姚惜抱今詩選勘誤表"、姚鼐"五七言今體詩鈔序目"、程邦瑞序。

318.又一部　八册一函。疑所附七言今體詩鈔九卷爲《惜抱軒今體詩選》七言部分。

PL2732.A56 A17 1866a

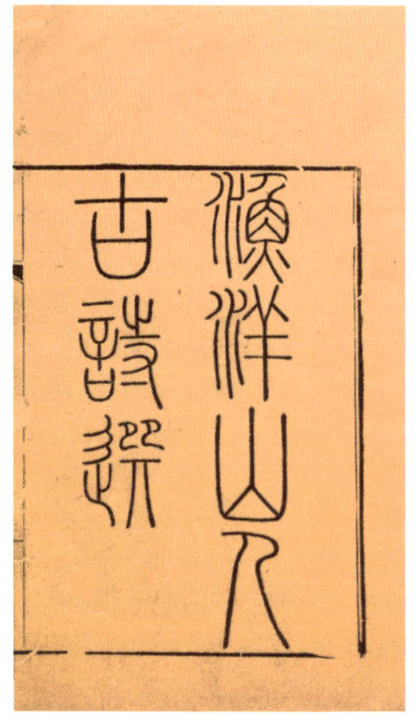

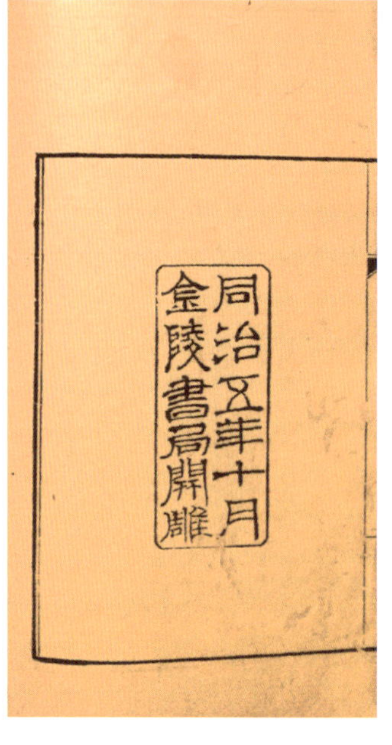

五言詩卷一

古

濟南 王士禎 選

無名氏

古詩十九首〔文選作二十首分東城高且長燕趙多佳人爲二首〕

行行重行行與君生別離相去萬餘里各在天一涯道路阻且長會面安可知〔一作期〕胡馬依北風越鳥巢南枝相去日已遠衣帶日已緩浮雲蔽白日遊子不顧返思君令人老歲月忽已晚棄捐勿復道努力加餐飯

青青河畔草鬱鬱園中柳盈盈樓上女皎皎當窗牖娥娥紅粉妝纖纖出素手昔爲倡家女今爲蕩子婦蕩子行不

319.標注續文章軌範讀本七卷　〔明〕鄒守益纂　

日本明治三十年（1897）刻本　二册

二節版，上欄半葉二十行八字，下欄半葉十一行字數不等，小字雙行同，白口，四周單邊，單黑魚尾，半框高19釐米，寬13.2釐米。版心中鐫書名、卷次，下鐫葉碼、“□□□藏板”。

版權頁題“明治三十年七月十日印刷/明治三十年七月廿日發行/發行者水野慶次郎”。

卷端題“標注續文章軌範讀本，明安福東郭鄒守益批選，北海漪園焦竑評校，晋江九我李廷機注閲，日本北總櫻塘井上揆訓釋”。

按：下欄爲原文、原注，上欄爲井上揆釋文。本館藏本缺卷一、卷四。

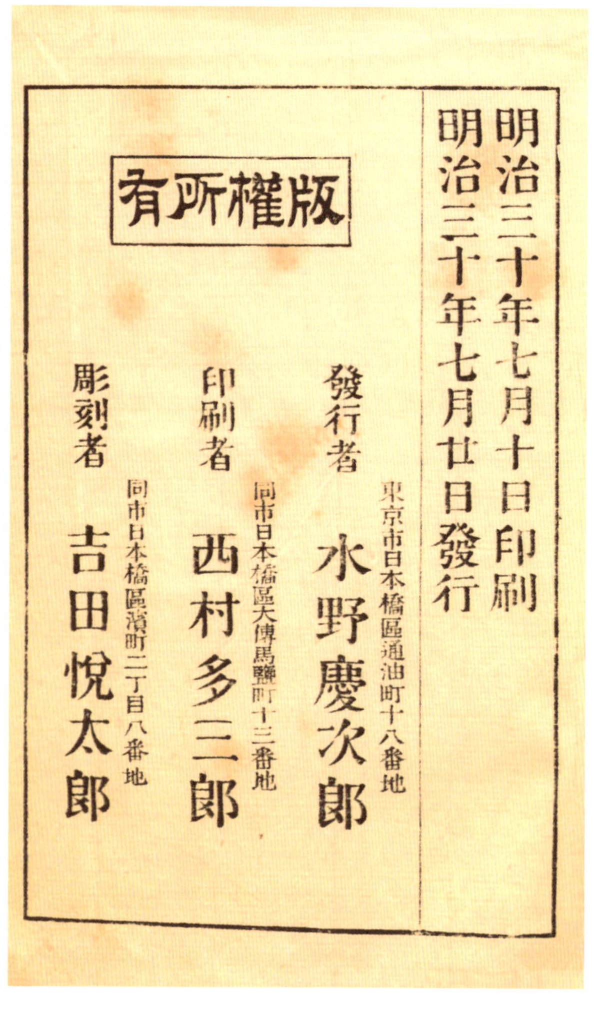
明治三十年七月十日印刷
明治三十年七月廿日發行

版權所有

發行者　東京市日本橋區通油町十八番地　水野慶次郎

印刷者　同市日本橋區大傳馬鹽町十三番地　西村多三郎

彫刻者　同市日本橋區濱町二丁目八番地　吉田悅太郎

○此一篇。即魏策文。鄒東郭標曰酒味色論。○按史記魏世家魏罃。武侯子。謚惠王。孟子稱梁惠王。○又按魏世家惠王十五年。魯衞宋鄭君來朝。共公擇言。蓋在此時。○共公。穆公子。○魏策。梁主作梁王。○西仲曰酒以成礼既酣矣復請舉觴似涉於甘酒。○儀狄女子名。名義考。瞽瞍人多以為無目。儀狄人多以為男子。不知瞽瞍有

標註續文章軌範讀本卷之三

明　安福　東郭　鄒守益　批選

北海　漪園　焦竑　評校

晉江　九我　李廷機　註閱

日本北總　櫻塘　井上揆　訓釋

放膽文

酒味色論　魯共公

梁主魏嬰（史作罃音相近）觴諸侯於范臺。酒酣。請魯君舉觴。魯君興避席擇言曰。（擇善而言）昔者帝女（蓋堯女）令儀狄作酒而美。進之禹。禹飲而甘（句法奇活）之。遂疏儀狄。絕旨酒。曰。後世必有以酒亡其國者。齊

320.涵芬樓古今文鈔一百卷　　吴曾祺纂　　PL2451 .W8

清宣統二年（1910）上海涵芬樓鉛印本　一百册

吴曾祺（1852—1929）字翼亭，亦作翊庭，福建侯官（今福州）人。

内封題“涵芬樓古今文鈔”。

卷端題“涵芬樓古今文鈔，侯官吴曾祺纂録”。

卷首有嚴復“涵芬樓古今文鈔序”，署“宣統二年正月”；吴曾祺自叙；例言；文體芻言。

鈐印：“公安廖氏竹林齋藏書”陽文方印。

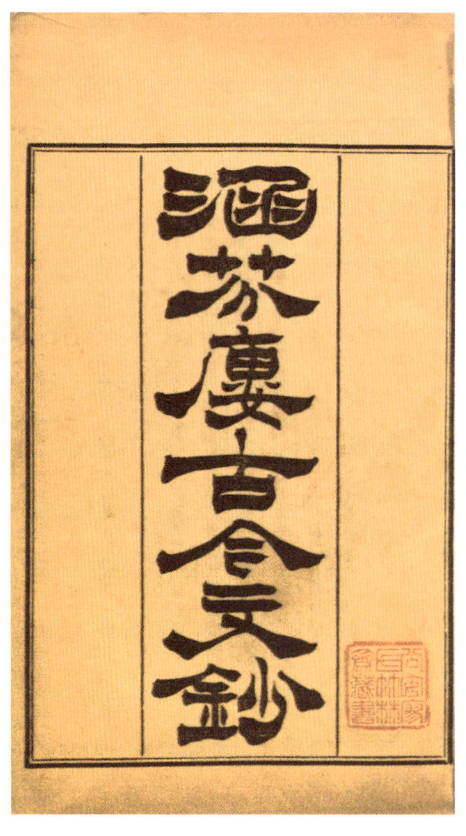

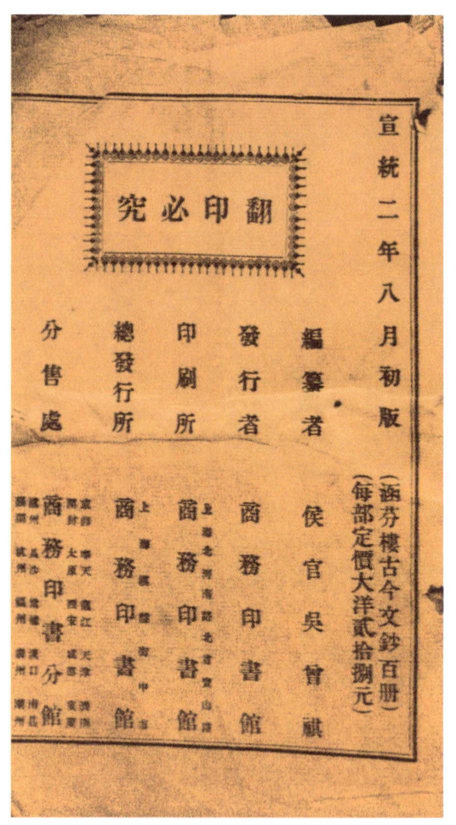
宣統二年八月初版
（涵芬樓古今文鈔百册）
（每部定價大洋貳拾捌元）
翻印必究
編纂者　侯官吴曾祺
發行者　商務印書館
印刷所　上海北河南路北首寶山路　商務印書館
總發行所　上海棋盤街中市　商務印書館
分售處　商務印書分館

涵芬樓古今文鈔卷一

侯官吳曾祺纂錄

論辨類

論上一

攝生養性論 彭祖

神强者長生。氣强者易滅。柔弱畏威。神强也。鼓怒騁志。氣强也。凡人才所不至。而極思之。則志傷也。力所不勝。而極舉之。則形傷也。積憂不已。則魂神傷矣。積悲不已。則魄神散矣。喜怒過多。神不歸室。憎愛無定。神不守形。汲汲而欲。神則煩。切切所思。神則敗。久言笑則藏腑傷。久坐立則筋骨傷。寢寐失時則肝傷。動息疲勞則脾傷。挽弓引弩則筋傷。沿高涉下則腎傷。沈醉嘔吐則肺傷。飽食偃臥則氣傷。驟馬步走則胃傷。喧呼詰罵則膽傷。陰陽不交則瘡痱生。房室不潔則勞瘵發。且人生一世。久遠之期。壽不過三萬日。不能一日無損傷。不能一日修補。徒責神之不

321.經史百家雜鈔二十六卷　〔清〕曾國藩纂　

清光緒三十二年(1906)上海商務印書館鉛印本　十二册一函

曾國藩(1811—1872),初名子城,字伯涵,號滌生,湖南湘鄉人。

内封題“光緒三十二年歲次丙午/經史百家雜鈔/上海商務印書館鑄版”。

卷端題“經史百家雜鈔,湘鄉曾國藩纂,合肥李鴻章校刊”。

卷首有序例、目録。

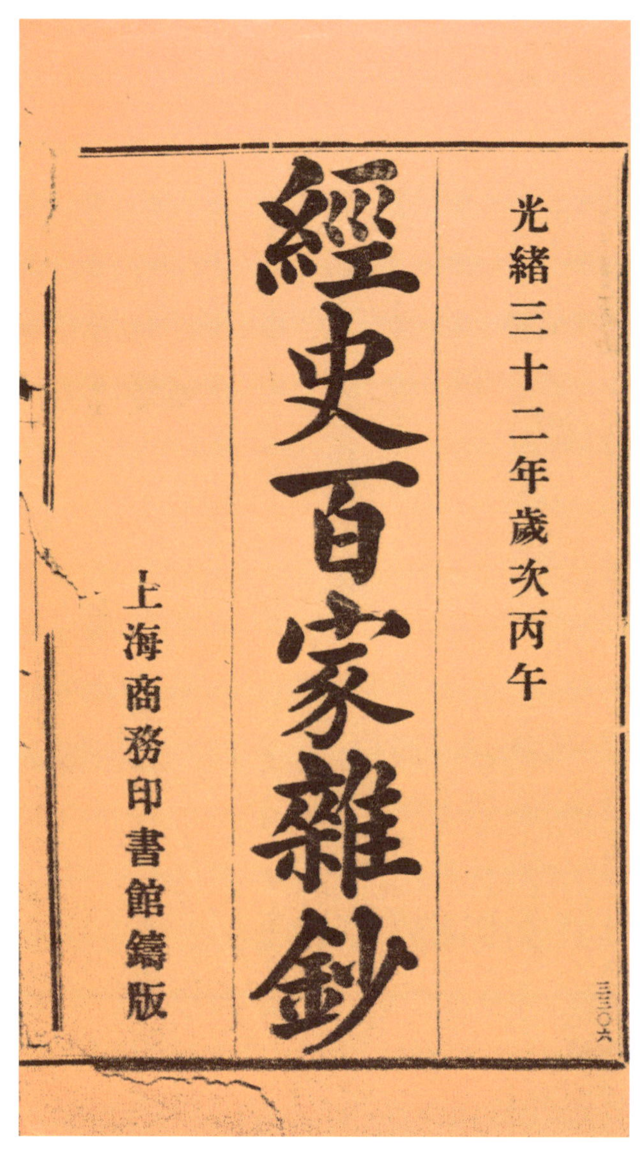

經史百家雜鈔卷一

湘鄉曾國藩纂　合肥李鴻章校刊

論箸之屬一

書洪範

惟十有三祀。王訪于箕子。王乃言曰。嗚呼。箕子。惟天陰騭下民。相協厥居。我不知其彝倫攸敘。箕子乃言曰。我聞在昔。鯀陻洪水。汩陳其五行。帝乃震怒。不畀洪範九疇。彝倫攸斁。鯀則殛死。禹乃嗣興。天乃錫禹洪範九疇。彝倫攸敘。初一曰五行。次二曰敬用五事。次三曰農用八政。次四曰協用五紀。次五曰建用皇極。次六曰乂用三德。次七曰明用稽疑。次八曰念用庶徵。次九曰嚮用五福。威用六極。一五行。一曰水。二曰火。三曰木。四曰金。五曰土。水曰潤下。火曰炎上。木曰曲直。金曰從革。土爰稼穡。潤下作鹹。炎上作苦。曲直作酸。從革作辛。稼穡作甘。二五事。一曰貌。二曰言。三曰視。四曰聽。五曰思。貌曰恭。言曰從。視曰明。聽曰聰。思曰睿。恭作肅。從作乂。明作哲。聰作謀。睿作聖。三八政。一曰食。二曰貨。三曰祀。四曰司空。五曰司徒。六曰司寇。七曰賓。八曰師。四五紀。一曰歲。二曰月。三曰日。四曰星辰。五曰歷數。五皇極。皇建其有極。斂時五福。用敷錫厥庶民。惟時厥

322.類賦玉盆珠八卷　〔清〕梁樹輯　

清光緒七年(1881)通志堂刻本　八册一函

半葉二十行四十二字,白口,四周雙邊,無魚尾,半框高13.8釐米,寬10.4釐米。版心上鐫書名,中鐫卷次、類目,下鐫葉碼。

内封題“光緒辛巳新鐫/類賦玉盆珠/通志堂藏板”。

卷首有清光緒七年梁樹序。

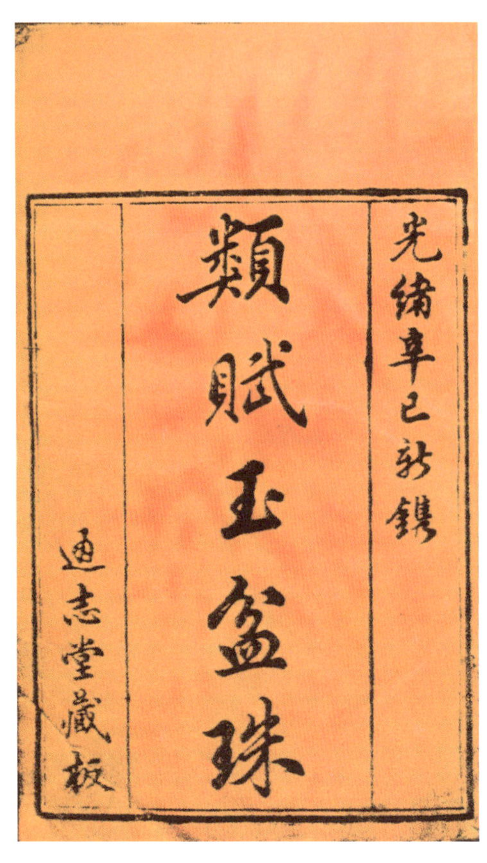

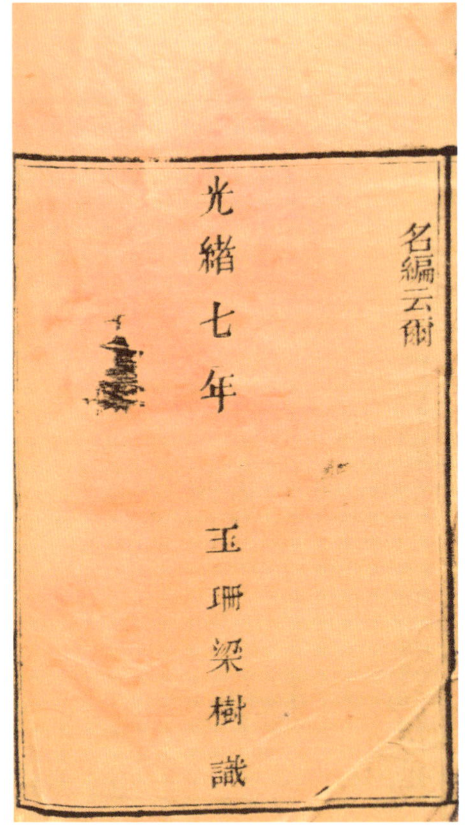

天文部

天地總

端倪莫測坱圠無垠○氣分清濁體判方圓○三百六十度周天之數九萬一千里去地之程○參伍分而動根於靜剛柔錯而生迭以施○奉若三無治原以出喻猶一指物亦能齊○元之又元牽扈盡於無極太極道無常道微長養於大主廣主○間不縮與不盈至誠悠久况無端而無妄大化推移○元亨利貞猶是四德兼備飛潛動植罔非太極彌綸○畢好雨而箕好風民情亦協天數五而地數十帝德能參○無臭無聲妙一元之囊籥為形為色涵萬象之胚胎○亦爲陟而上爲蟠嘗歸鴻運開於子而闢於丑時窮機緘○爲炭爲銅騐到純青之候若橐若鼓還思嘘噏之神○某爲群物之母乎自一生而罔極是乃一家春也歷萬歲而長安

無極太極賦○周子太極圖說

元氣渾淪陰陽闔闢○相盪相摩惟精惟一○誰窮隱而鉤深在課虛而叩寂○以繫詞爲根據理本堪輿問卦畫于先天形原無迹○半籌斜添雙鉤旁帶○運似扇輪圓同車蓋○兩儀胡識其互根五行胡分其代謝○胡析而爲寒暑晦明胡衍而爲春秋冬夏○大含細入安問中邊上際下蟠詎留隙罅○嘗黃曩寥生以後微露端倪在絪緼鼓盪之初莫名神化○如立之極寔本于無○不見一物莫名一隅[illegible]洞乎天載之微無声無臭渾乎人生而靜無智無慮○可名非名直欲盡空乎諸有上德不德須觀妙乎常無○填豈在延漫謂以虛爲用奮非鼓橐籥秘索解多諺○溯源淵到天根易原有象[illegible]息參從卦爻道豈無樞○由後溯前自無之有○闡鴻濛之氣象究其始而無端結混沌之胚胎要之終而不析○生二生三生萬微茫既已難窮曰希曰夷曰微智巧何由悉討○大莫載而小莫破[illegible]參理氣之真詮易無體而神無方遂握象爻之關鍵○悟一物各一太極之理分之無不分識萬物同一太極之原合之無不合○勉爲垂訓太極非民極之倫胡氏鈎元無極即無形之謂○性[illegible]張南軒精論不磨

323.忠雅堂評選四六法海八卷 〔明〕王志堅編 〔清〕蔣士銓評

清光緒元年（1875）廣州藏珍閣刻本 八册一函

王志堅（1576—1633）字弱生，一字聞修，號淑士，江蘇昆山人。

半葉九行二十字，白口，四周雙邊，單黑魚尾，半框高18.5釐米，寬14.2釐米。版心上鎸"評選四六法海"，中鎸卷次、體裁名，下鎸葉碼。

内封題"蔣士銓先生評選/四六法海"。

牌記題"光緒乙亥/年重刊寄/螺齋藏板"。

卷端題"忠雅堂評選四六法海，鉛山蔣士銓心餘評選"。

卷首有王志堅"四六法海原序"；方濬師序，署"同治己巳仲夏月初浣閣後學定遠方濬師謹序"；"原題編輯大意"；任壽昌序；屈瑛光序；"總論"；"目録"。

卷末有跋，署"咸豐元年仲春月孫立昂謹識"。

卷終鎸"省城西湖街藏珍閣刊刷"。

夾叙夾議此即所謂斷字訣也

曲折頓挫生氣盤旋

許多意思以數行盡之便

忠雅堂評選四六法海卷之一

鉛山蔣士銓心餘評選

梁武帝與謝朏勑　沈約

吾以菲德屬當期運鑒與吾賢思隆治道而明不遠燭所蔽者多實寄賢能匡其寡闇嘗謂山林之志上所宜弘激貪厲薄義等為政自居元首臨對百司雖復執文經武各脩厥職羣才競爽以致和美而鎮風靜俗變教論道自非箕潁高人莫膺茲寄是用虛心側席屬想清塵不得不屈茲獨往同此濡足便望釋

324.唐宋八家鈔八卷首一卷　〔清〕高嵣纂　

清道光十五年（1835）刻本　八册一函

半葉九行二十五字，小字雙行同，白口，四周雙邊，單黑魚尾，半框高20釐米，寬15.3釐米。版心上鎸"唐宋八家鈔"、著者，中鎸卷次、篇名，下鎸葉碼。

内封題"道光十五年新鎸/和陽高梅亭集評/批點唐宋八家鈔/善成堂藏版"。

卷首有高嵣清乾隆五十三年（1788）序、龔在燕清道光十五年"重刻叙"。

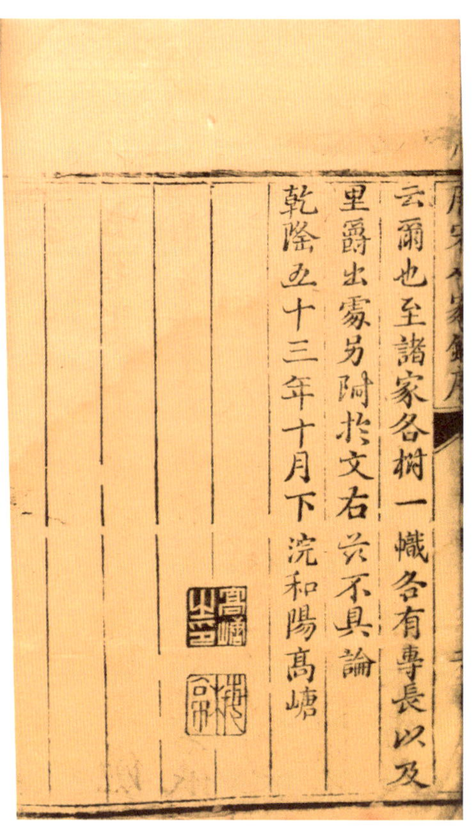

云爾也至諸家名樹一幟各有專長以及
里爵出處另附於文右云不具論
乾隆五十三年十月下浣和陽高嵣

唐韓昌黎一

公名愈字退之南陽人（今河南南陽府是）三歲孤隨兄會（名）官嶺表會卒嫂鄭鞠之（公有祭鄭夫人文）七歲言出成文比長通六經百家言能文章尤以明聖人之道爲志擢進士第署董晉（宣武節度使）張封建（武寧節度使）推官操行堅正鯁言無所忌他日立朝丰範巳畧具一班矣調四門博士遷監察御史德宗朝論宮市貶陽山令多惠政元和初權知國子博士遷員外郎坐郴潤事又降爲博士公才高數黜官時作進學解以自慰宰相權德輿李絳奇其才改郎中史館修撰知制誥柳子厚與公論史官書即此時也奏議淮西事忤執政意坐

325.初唐四傑集三十七卷　　PL2501 .C46

清抄本　八册一函

半葉九行，字數不等，無邊欄界行。

每集卷首有“唐書文苑傳”。

卷末題“星渚項氏校刊”。

書根題“抄本初唐四傑集”。

子目：

王子安集十六卷　〔唐〕王勃撰

楊盈川集十卷　〔唐〕楊炯撰

盧昇之集七卷　〔唐〕盧照鄰撰

駱丞集四卷　〔唐〕駱賓王撰

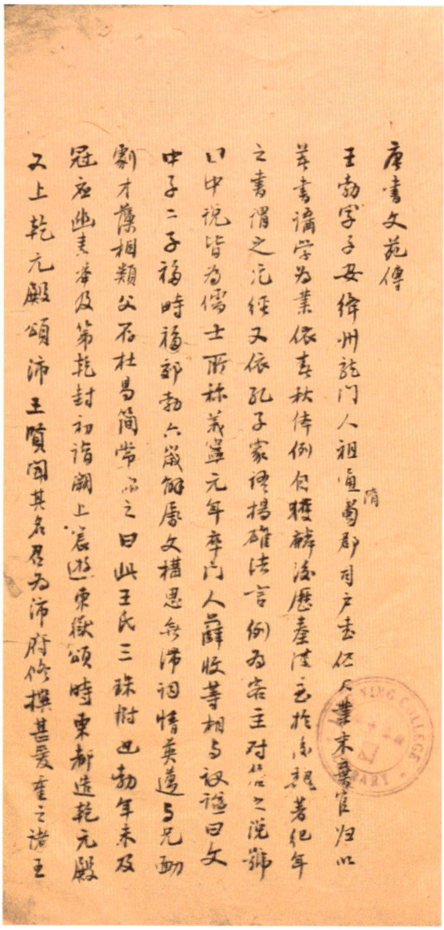

王子安集卷一

賦

春思賦 并序

咸亨二年余春秋二十有二旅寓巴蜀浮遊歲序殷憂明時坎壈聖代九隴縣令河東柳太易英達君子也僕從遊焉高談胸懷頗泄憤懣於時春也風光依然古人云風景不殊舉目有山河之異不其悲乎僕不才耿介之士也竊稟宇宙獨用之心受天地不平之氣雖弱植一介窮途千里未嘗下情於公侯屈色於流俗遂以金石自匹猶不能忘情於春則知春之所及遠矣春之所感深

326.增注唐賢絶句三體詩法三卷　〔宋〕周弼選　〔元〕釋圓至注　（日本）斐庾增注

日本刻本　一册一函

半葉十行二十二字，小字雙行同，黑口，左右雙邊，三黑魚尾，半框高20.8釐米，寬15釐米。版心中鎸卷次，下鎸葉碼。

卷端題“增注唐賢絶句三體詩法，汶陽周弼伯弜選，高安釋圓至天隱注，東嘉斐庾季昌增注”。

卷首有元至大二年（1309）斐庾序、方回序、“唐三體詩注綱目”、“唐分十道之圖”等圖、斐庾“求名公校正咨目”、“諸家集注唐詩三體家法諸例”、“唐世系紀年”、“三體集一百六十七人”。

鈐印：“□□藏”陰文方印。

按：卷二、卷三卷端題“唐賢七言律詩三體家法”“增注唐詩五言律句三體家法”。

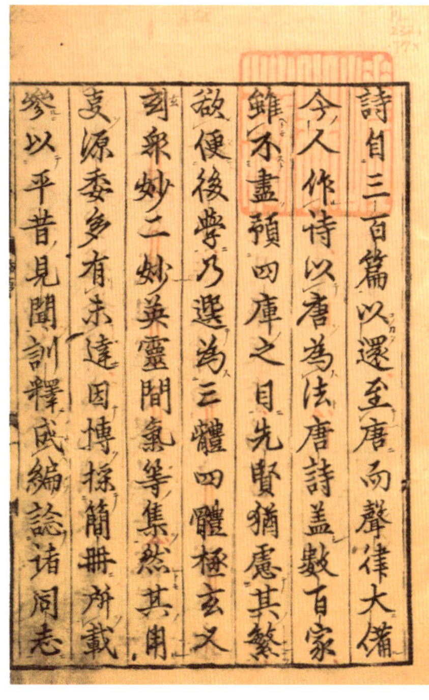

詩自三百篇以還至唐而聲律大備今人作詩以唐為法唐詩蓋數百家雖不盡顧四庫之目先賢猶慮其繁欲便後學乃選爲三體四體極玄又刻衆妙二妙英靈間氣等集然其間支源委多有未達因博採簡冊所載參以平昔見聞訓釋成編諗諸同志

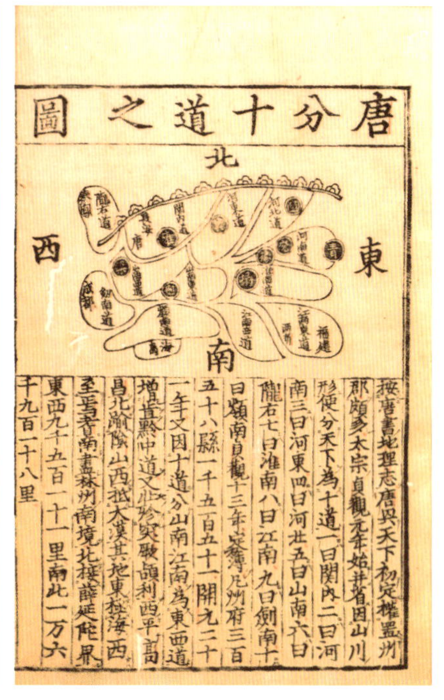

唐分十道之圖

按唐書地理志唐興天下初定權置州郡頗多太宗貞觀元年始并省因山川形便分天下為十道一曰關內二曰河南三曰河東四曰河北五曰山南六曰隴右七曰淮南八曰江南九曰劒南十曰嶺南貞觀十三年定簿凡州府三百五十八縣一千五百五十一開元二十一年又因十道分山南江南為東西道增置黔中道又北殄突厥頡利西平高昌北踰陰山西抵大漠其地東極海西至焉耆南盡林州南境北接薛延陀界東西九千五百一十一里南北一万六千九百一十八里

增註唐賢絶句三體詩法卷之一

汶陽周弼伯弜選

高安釋圓至天隱註

東嘉裴庾季昌增註

實接

伯弜曰絶句之法大抵以第三句爲主首尾率直而無婉曲者此異時所以不及唐也其法非推久失其傳人亦鮮能知之以實事寓意而接則轉換有力若斷而續外振起而內不失於平妥前後相應雖止四句而涵蓄不盡之意焉此其畧亦詳而求之玩味之久自當有所得

華清宮

驪山温泉宮太宗所建玄宗天寳六載改名華清宮又於其閒起老君殿左朝元閣右長生殿也

增註 華清宮在唐関内道京兆府昭應縣驪山下古驪戎國居於此故名湯泉

○地理志太宗貞觀十八年營建御湯名湯泉宮高宗咸亨二年名温泉宮明皇天寳六年改

327.八家四六文注八卷首一卷補注一卷　〔清〕許貞幹注　〔清〕陳衍補注

清光緒十八年(1892)上海圖書集成印書局鉛印本　八册一函

内封題"八家四六/文注、補注增訂校勘附"。

牌記題"光緒十有八年上海圖/書集成印書局印"。

卷端題"八家四六文注,陽湖孫星衍伯淵著,侯官許貞幹豫生注"。

卷首有陳寶琛序、原叙、例言、原刻序跋題詞、總目。

卷末有洪熙跋。

鈐印:"公安廖氏竹林齋藏書"陽文方印。

按:補注卷首有陳衍自序,卷末附增訂、校勘。

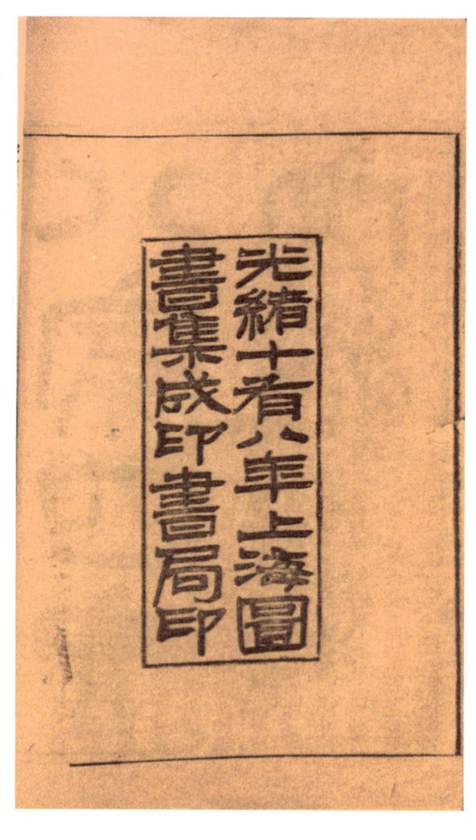

陽湖孫星衍伯淵著

侯官許貞幹豫生註

三國疆域志後序

補撰地理亦有權輿（爾雅）權輿始也 春秋地名京璠實作（唐書藝文志）京相璠春秋土地名三卷 後則沈約宋書多及三方之制（山堂考索）齊沈約補輯何承天等所遺始自義熙肇號終於昇明三年爲紀十志三十列傳六十合百卷名曰宋書（晉書地理志）魏武定伯三方鼎立 長孫隋志亦兼五代之名（山堂考索）唐武德間命封德彝顔師古修隋史未就貞觀三年復詔魏徵撰房元齡總之惟十志未上又詔李淳風長孫無忌等裒綴三十卷高宗時上之其志上總梁陳齊周之事 唐世既輯成晉書歐陽亦改爲劉志（山堂考索）貞觀中太宗以晉史何法盛等十八家制作雖多未能盡善乃敕史官房元齡褚遂良等更加纂錄採正典與舊說數十餘部兼引僞史十六國爲紀十志二十列傳七十載記三十合爲一百三十卷（館閣書目）宋仁宗時詔歐陽修宋祁刪修唐書紀表志則歐公主之傳則宋公主之紀十表十五志五十列傳百五十凡二百二十五卷謂之新唐書（按）舊唐書二百卷晉劉昫所撰 宋隋二志其無間矣自餘得失可得而言唐時載籍具存藏於故府（史記儒林傳）學者載籍極博猶考信於六藝（左傳）吾觀諸故府 有王隱地道永初山川何徐州郡陸澄地理（宋書州郡志）今以班固馬彪二志太康元年定戸王隱地道晉世起居永初郡國何徐州郡及地理雜書互相考覆（按）王鳴盛十七史商榷何是何承天徐是徐爰（唐書藝文志）劉澄之永初山川古今記二十卷鄧基陸澄地理志一百五十卷 任昉地記之富野王輿地之傳（唐書藝文志）任昉地記二百五十二卷（陳書顧野王傳）著輿地志三十卷 總此數家以資左證（唐書劉知幾傳）左證其謬 而晉書地理輒有牴牾（裴駰史記序）甚多疏略或有牴牾 履絢何人代之魄矣（後漢書輿服志）記曰知天者冠述知地者履絢 新唐之志亦易名家劉昫舊書既非甚劣

328.憑山閣彙輯留青采珍集十二卷　〔清〕陳枚選　

清康熙四十二年（1703）憑山閣刻本　十二册一函

陳枚，字簡侯，錢塘（今浙江杭州）人。

半葉九行二十字，白口，左右雙邊，單黑魚尾，半框高19釐米，寬12.8釐米。版心上鎸"留青采珍集"，中鎸卷次、卷名，下鎸葉碼。

卷端題"憑山閣彙輯留青采珍集，西泠陳枚簡侯選，男德裕子厚校，錢塘沈近思闇齋訂"。

卷首有"采珍數目"。

按：目録葉題"後函"，鎸有"憑山閣識"。憑山閣彙輯留青采珍集全集分前函、後函。本館藏本爲後函。

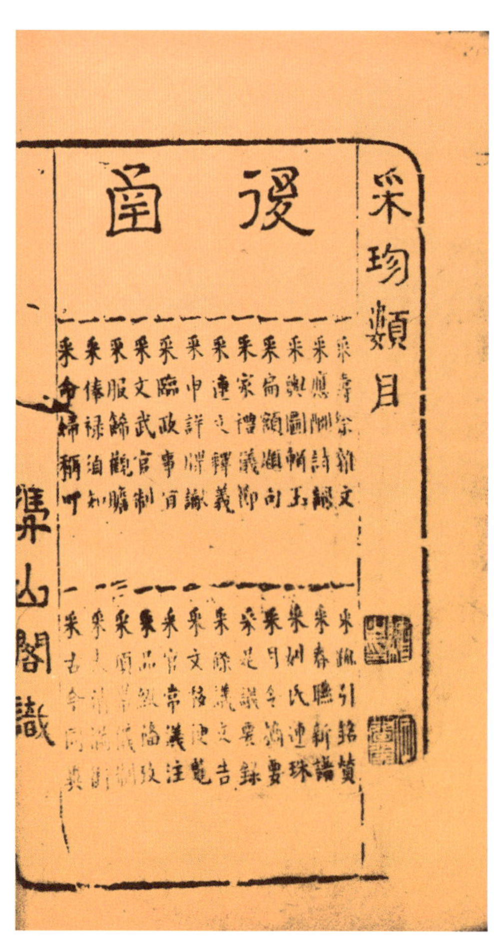

憑山閣彙輯留青采珍集卷一

西泠陳　枚簡侯選　男　德裕子厚校

錢塘沈近思闇齋訂

壽文

柴陛升三十初度序　周清原蓉湖

余髮甫燥即聞西陵柴虎臣先生名未得見讀其文暨從其門人陸冠周諸人稱其道德嘗想像于山高水長間令嗣陛升天材駿發方弱齡即能辨四聲精屬對余友宣城施尚白見而異之因舉所誦虎豹犀

329.國朝駢體正宗十二卷　〔清〕曾燠輯　

清嘉慶十一年(1806)粵東賞雨茆屋刻本　六册一函

曾燠(1760—1831)字庶蕃,號賓谷,南城(今屬江西)人。

半葉十一行二十二字,白口,左右雙邊,單黑魚尾,半框高18.6釐米,寬14.3釐米。版心上鎸書名,中鎸卷次,下鎸葉碼。

内封題"嘉慶丙寅七月/國朝駢體正宗/賞雨茆屋藏板"。

卷端題"國朝駢體正宗,南城曾燠賓谷輯"。

卷首有曾燠序。

鈐印:"張世俊"陽文長方印。

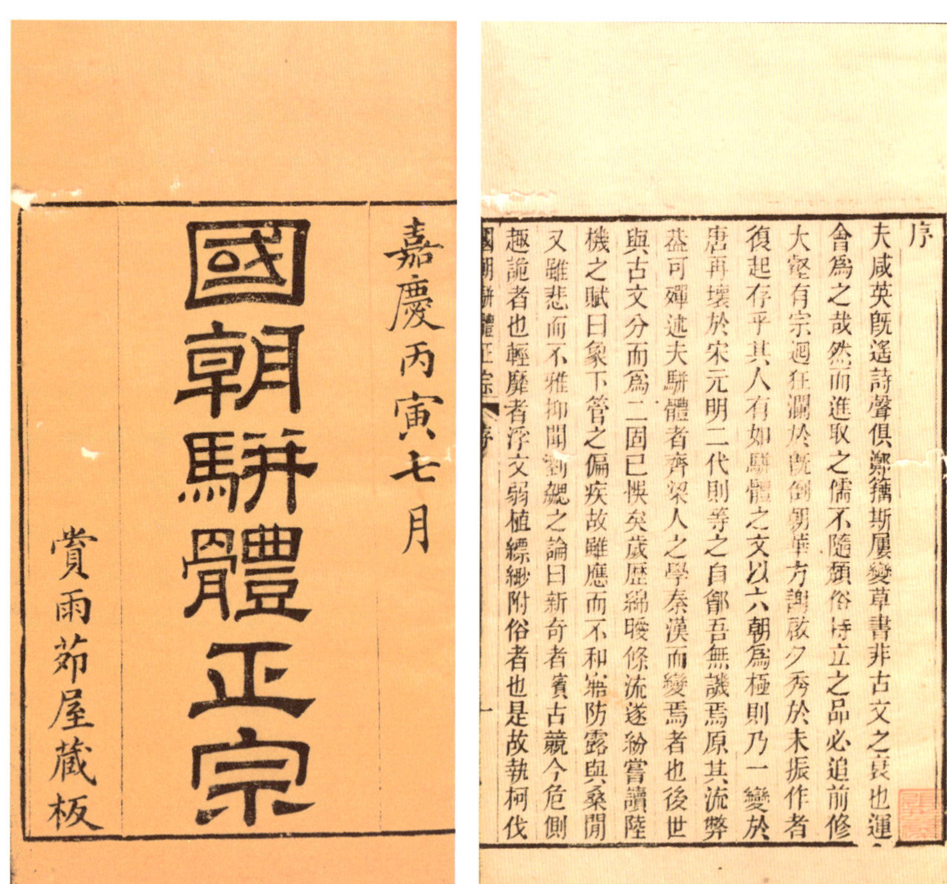
嘉慶丙寅七月
國朝駢體正宗
賞雨茆屋藏板

序
夫咸英既遥詩聲俱鄭籀斯屢變草書非古文之衰也運
會爲之哉然而進取之儒不隨頹俗特立之品必追前修
大筌有宗迴狂瀾於既倒朝華方謝啟夕秀於未振作者
復起存乎其人有如駢體之文以六朝爲極則乃一變於
唐再壞於宋元明二代則等之自鄶吾無譏焉原其流弊
蓋可殫述夫駢體者齊梁人之學秦漢而變焉者也後世
與古文分而爲二固已慎矣歲歷綿曖條流遂紛嘗讀陸
機之賦曰象下管之偏疾故雖應而不和寤防露與桑間
又雖悲而不雅抑聞劉勰之論曰新奇者擯古競今危側
趣詭者也輕靡者浮文弱植縹緲附俗者也是故執柯伐

國朝駢體正宗卷一

南城曾燠賓谷輯

平滇頌并序

毛奇齡

自昔建武致治寵午奸兵貞觀昇平高羅畔命大抵殷憂啟聖闕茲成功雖極盛隆猶不乏潢池盜弄升陵竊發之變獨是阿犖一倡亂而天雄成德綿蔓數世小波甫聚寇而應運化順環轉百出從未有鴟義撟虔初逞叩熒犯顏逆節還擾江漢就其悖罔極之僭據而一敗荆湘再釁澧岳繼殄黔蜀終絕昆詔數年之間鏖禍盡揃其敉寧耆定一若焫蓬沃炭颷奮雷霆擊桓桓虓虎既迅且烈如今日者葢

郡邑之屬

330.吳興詩存初集八卷二集十四卷三集六卷四集二十卷 〔清〕陸心源輯

清光緒十六年(1890)刻本 二十册二函

陸心源(1834—1894)字剛甫,號存齋,晚號潛園老人,歸安(今浙江湖州)人。

半葉十行二十字,上白下黑口,左右雙邊,單黑魚尾,半框高17.1釐米,寬11.9釐米。版心上鎸"吳興詩存",中鎸集次、卷次,下鎸葉碼。

卷端題"吳興詩存,歸安陸心源剛甫輯"。

每集卷首有目録;二集卷首有叙,署"光緒庚寅秋八月遲鴻殘叟楊峴拜叙";四集卷首有"吳興詩存例言"。

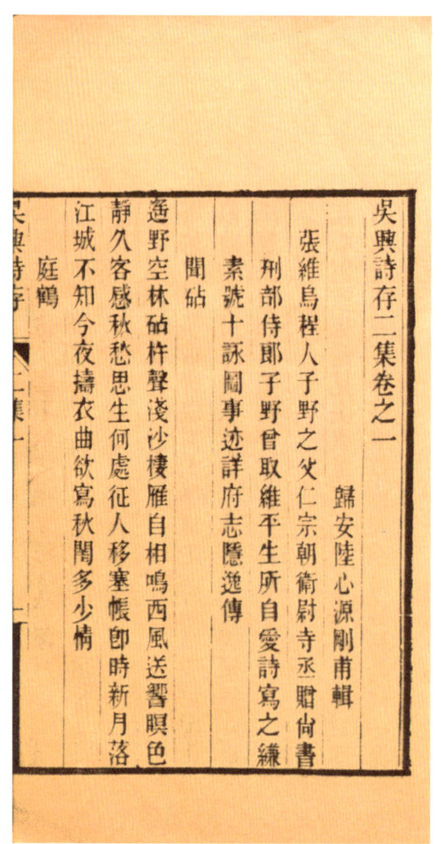

吳興詩存二集卷之一

歸安陸心源剛甫輯

張維烏程人子野之父仁宗朝衛尉寺丞贈尚書刑部侍郎子野嘗取維平生所自愛詩寫之縑素號十詠圖事迹詳府志隱逸傳

聞砧

遙野空林砧杵聲淺沙棲雁自相鳴西風送響暝色靜久客感秋愁思生何處征人移塞帳即時新月落江城不知今夜擣衣曲欲寫秋閨多少情

庭鶴

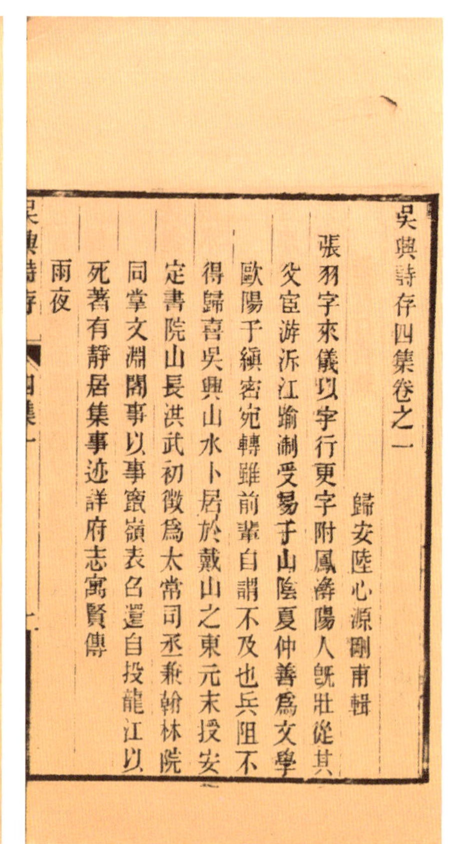

吳興詩存四集卷之一

歸安陸心源剛甫輯

張羽字來儀以字行更字附鳳潯陽人既壯從其父宦游浙江踰淛受易于山陰夏仲善爲文學歐陽子緘密宛轉雖前輩自謂不及也兵阻不得歸喜吳興山水卜居於戴山之東元末授安定書院山長洪武初徵爲太常司丞兼翰林院同掌文淵閣事以事竄嶺表召還自投龍江以死著有靜居集事迹詳府志寓賢傳

雨夜

吳興詩存初集卷之一

歸安陸心源剛甫輯

後主諱叔寶字元秀宣帝子陳亡入隋仁壽四年終於洛陽事迹詳陳書本紀

採桑

春樓髻梳罷南陌競相隨去後花叢散風來香處移廣袖承朝日長鬟礙聚枝柯新攀易斷葉嫩摘前萎採藥鈎手弱微汗雜粧垂不應歸獨早堪爲使君知

日出東南隅行

重輪上瑞暉西北照南威南威年二八開牖敞重闈

氏族之屬

331.舊德集十四卷 繆荃孫撰 PL2719.I17 A16 1896

清光緒二十二年（1896）活字本 四册一函

繆荃孫（1844—1919），字炎之，一字筱珊，晚號藝風老人，江蘇江陰人。

半葉十一行二十三字，小字雙行同，黑口，左右雙邊，單黑魚尾，半框高17.5釐米，寬12.6釐米。版心中鎸書名、卷次，下鎸葉碼。

内封題“舊德集/十四卷”。

牌記題“光緒已丑冬/季修家譜畢/以聚珍字印/行舊存詩文/二卷頗患漏/略因廣爲搜/輯編校成一/十四卷謹雕/梨版以垂永/久丙申春初”。

卷端題“舊德集”。

舊德集卷弟一

繆　鑑字君寶元處士有苕石效顰集一卷

張宣序苕石效顰集失於至正壬辰之兵宣兒時猶及見其手書其孫恭徧訪諸故老口授三數十篇圖錄諸梓復命宣錄牆東先生跋語曾萃成卷以求當世賢大夫之言以光厥祖夫古今文學之士上無搢紳之援下無子孫之賢浮沈乏偶隱約以終其身者何限恭是舉也比之得爲而不爲者有間矣

陸文圭跋客況句云孱沈秋驛雨雞送曉窗鐙書壁云門當車馬道簾隔利名塵寄友云病猶有藥扶持老貧爲無心俯仰人遣興云門因好客時時掃窗爲看山面面開右澄江詩人苕石翁得意句也詩家與文章家不同詩家最難删後三百篇經聖人手議論不敢到建安稱七子李杜蘇黃集大成渡江初誠齋放翁後村號三大家數其餘江湖詩人一聯半句雖是小家數亦有過人者如江西派中人物彭城陵陽南康人皆入社澄江人獨否故自古澄江無詩人噫今有人矣翁名鑑字君寶繆氏詩號效顰集云

自題小像

332.香海盦叢書九種 〔清〕徐琪輯 PL2507.X536 1886

清光緒(1875—1908)刻本 四册一函

各書行款不一。

子目:

薝蔔花館詩集二卷補遺一卷詞集一卷補遺一卷 〔清〕徐鴻謨撰 光緒十一年(1885)刻

蓮因室詩集二卷詞集一卷 〔清〕鄭蘭孫撰 光緒元年(1875)刻

墨池賡和一卷 〔清〕徐琪輯 光緒十三年(1887)刻

冬日百咏一卷 〔清〕徐琪撰 光緒元年(1875)刻

九芝仙館行卷四卷 〔清〕徐琪輯 光緒十七年(1891)刻

葡萄徵事詩一卷

西堂得桂詩一卷

鸞綸記寵詩一卷

雲麾碑陰先翰詩一卷

名山福壽編一卷 〔清〕徐琪輯 光緒七年(1881)刻

蘇海餘波一卷 〔清〕徐琪輯 光緒七年(1881)刻

俞樓詩記一卷 〔清〕俞樾撰 光緒七年(1881)刻

留雲集一卷 〔清〕徐琪輯 光緒十二年(1886)刻

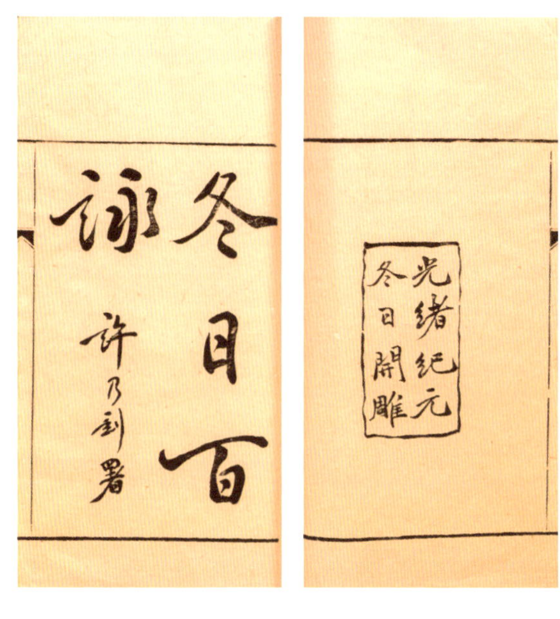

冬日百詠

仁和徐琪箸

蔭甫師以冬日雜詠課精舍諸生同時作者紛然命意不一余竊以眼前景物詩料甚繁若徒摭拾二三既不免於挂漏卽摹寫盡致亦一冬景詩耳而於日字義轉無切合因雜稽故實自立冬始日賦一詩每月之前先冠以孟冬仲冬季冬三總章復循今冬節候之次附小雪大雪冬至小寒大寒立春於某日之下合之共得百章方以管窺之見未嘗萬一而吾　師過情獎譽許爲絕作謂可刻成小集專行自維譾陋何

酬唱之屬

333.同人唱和詩集不分卷　〔清〕黄丕烈輯　PL2537 .T8

清光緒（1875—1908）石印本　一册一函

内封題“道光甲申/同人唱和詩集/士礼居刊”。

卷端分别題“夢境圖唱和詩集”“狀元會倡和詩集”“虎丘詩唱和詩集”。

卷首有清道光四年（1824）潘世恩序、石韞玉序。夢境詩和狀元詩前各有小引。

鈐印：“公安廖氏竹林齋藏書”陽文方印。

按：此書當爲清光緒十三年（1887）上海蜚英館影印《士禮居黄氏叢書》之零本。

道光甲申
同人唱和詩集
士礼居刊

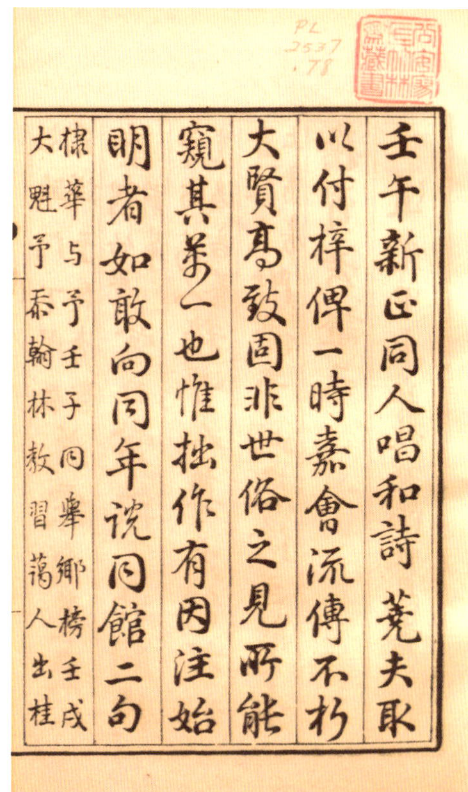

壬午新正同人唱和詩　蕘夫取
以付梓俾一時嘉會流傳不朽
大賢高致固非世俗之見所能
窺其萬一也惟拙作有因注始
明者如敢向同年說同館二句
棣華与予壬子同舉鄉榜壬戌大魁予忝翰林教習蔦人出桂

夢境圖唱和詩集

道光辛巳夏郡有修志之舉石竹堂潘芝軒兩先生實主其事余以忝與纂修之列因訪書赴琴川於八月二十一日泊舟常熟西門之倉前天未明時夢見一空曠之所竹堂芝軒身凭一石几對坐二鼓磴作談詩狀余自外入但聞七字句云不使閒情管落花寤後足成七絕一首及歸再用句中平韻衍之復得二首竊思我三人幼學相隨壯行各異今以郡志事得陪兩先生後未始非文字因緣也爰乞屬和第一首韻

詩文評類

詩評之屬

334.帶經堂詩話三十卷首一卷　〔清〕王士禛撰　〔清〕張宗柟纂

清同治十二年（1873）廣州藏修堂刻本　十册一函

半葉十二行二十三字，小字雙行字數不等，黑口，左右雙邊，單黑魚尾，半框高18.2釐米，寬13.8釐米。版心中鐫"詩話"、卷次、類别，下鐫葉碼。

内封題"帶經堂/詩話"。

牌記題"同治癸酉冬廣/州藏修堂重刊"。

卷端題"帶經堂詩話，漁洋山人"。

卷首有自序，署"乾隆二十五歲在上章執徐孟春海鹽後學張宗柟謹署"；"帶經堂詩話彙纂書目"；"寒坪兄手書一通"；目録；題跋；"帶經堂詩話纂例"。

卷末有"含廣先生墓志銘"；張宗樉後序，言張宗柟纂漁洋山人詩話事。

鈐印："尊藝閣藏書"陽文隨形印。

按：卷三十末鐫"嘉興戴廷章、金陵王安政仝録，紹興李宏德摹鐫"。

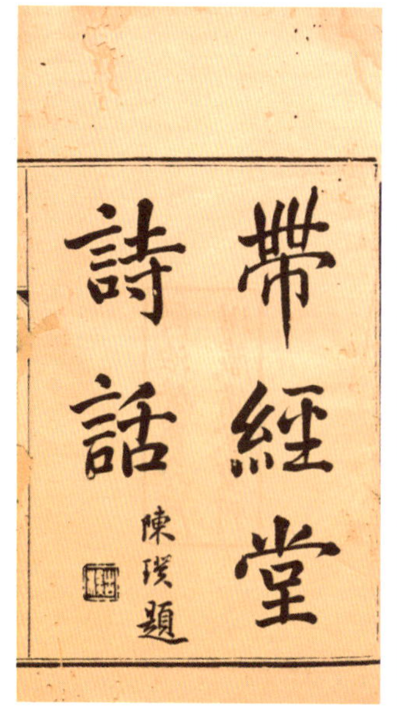

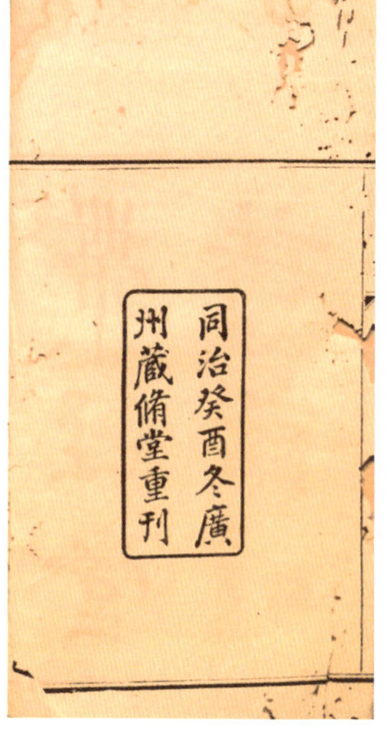

帶經堂詩話卷一

漁洋山人

綜論門一

源流類

李白云興寄深微五言不如四言七言又其靡也此獨謂三百篇耳若後來韋孟等作有何興寄但如嚼蠟耳風雅中如燕燕于飛差池其羽我來自東零雨其濛鸛鳴于垤婦歎于室昔我往矣楊柳依依今我來思雨雪霏霏蕭蕭馬鳴悠悠旆旌其新孔嘉其舊如之何等句後千萬世縱有能言更從何處着筆耶香祖筆記　幷錄七

池北偶談予六七歲始入鄉塾受詩誦至燕燕綠衣等篇便覺棖觸欲涕亦不自知其所以然稍長遂頗悟興觀羣怨之旨宋

文評之屬

335.四六叢話三十三卷選詩叢話一卷 〔清〕孫梅輯 PL2402 .S858 1881

清光緒七年(1881)刻本 十二册一函

孫梅,字松友,號春浦,浙江烏程(今湖州)人。

半葉十行二十一字,黑口,左右雙邊,雙黑魚尾,半框高18.3釐米,寬13.6釐米。版心中鎸書名、卷次,下鎸葉碼。

内封題"四六叢話三十三卷/選詩叢話一卷"。

牌記題"光緒七年歲次辛巳/仲秋之月吴下重彫"。

卷端題"四六叢話,烏程孫梅輯"。

卷首有秦潮跋,署"乾隆庚戌秋七月錫山秦潮跋";阮元後序,署"乾隆五十三年受業儀徵阮元謹序";程杲序,署"乾隆己酉孟秋月受業休寧程杲謹識";孫梅自序,署"乾隆五十四年己酉七月上浣烏程孫梅序";重刊四六叢話許應鎔跋,署"光緒七年歲次辛卯仲秋之月";陳廣寍跋,署"受業門人山陰陳廣寍謹跋"。

鈐印:"佩文"陽文方印、"純熙讀書不求甚解亦不求甚記只得其大凡"陽文方印。

按:牌記葉有"粤東雙門底全經閣發兑"朱印。

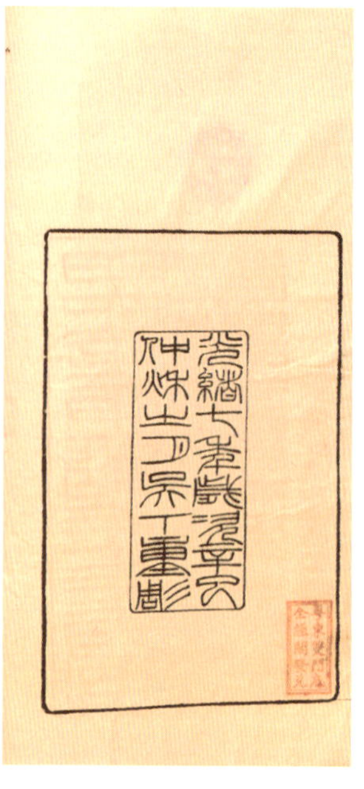

四六叢話卷一

烏程 孫梅 輯

選一

文之爲言合天人以炳耀選之爲道從精義以入神選而不文非他山之瑜瑾文而非選豈麗製之淵林若乃懸衡百代揚搉羣言進退師於一心總持及乎千載吾於昭明氏見之矣夫一言以知蔑知人難矣未若知言之難也後世必有子雲知言難矣未若知文之尤難也更二難以課最包載籍以爲程著述以來僅有斯作夫陶冶墳素者本

336.藝談録二卷　〔清〕張維屏撰　

清道光十二年（1832）富文齋刻本　四册一函

張維屏（1780—1859）字子樹，一字南山，號松軒，廣東番禺人。

半葉十二行二十三字，小字雙行同，黑口，左右雙邊，雙黑魚尾，半框高17.4釐米，寬13.3釐米。版心上鎸書名、卷次，下鎸葉碼。

上卷卷端題“藝談録，松心十録庚集，番禺張維屏撰，同邑門人沈世良校”，下卷卷端題“藝談録，松心十録庚集，番禺張維屏撰，桂林門人倪鴻校”。

卷首有張維屏自序。

按：上卷末有木記題“粵東省城西湖街富文齋承接刊印”。爲《松心十録》零種。本館所藏上卷一册有殘損、錯葉。

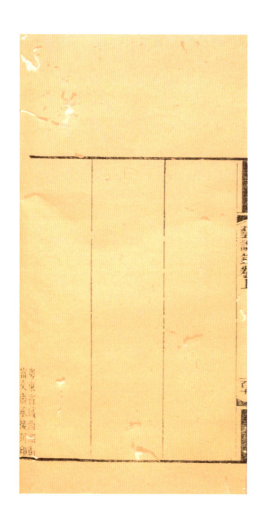
粵東省城西湖街
富文齋承接刊印

藝談錄　松心十錄庚集

番禺張維屏撰

同邑門人沈世良校

顧炎武字亭林崑山人

炎武學有本原博贍而能通貫四庫提要

先生謂經學卽理學舍經學則其所謂理學者禪學也而日知錄尤爲先生精詣之書鮚埼亭集

國初人才極盛而文行兼修品學並重必首推亭林聽松廬詩話

摘句　感慨河山追失計艱難戎馬發深情

[illegible]蔓草枯楊漢二京

陰[illegible]古音方奏客誰聽

從知一[illegible]方能[illegible]非

制藝之屬

337.存我軒偶録不分卷　〔清〕陸鍾渭撰　DS736 .T75

清光緒二十九年（1903）崇實學社石印本　一册

内封題"存我軒偶録"。

牌記題"光緒癸卯季春/崇實學社校印"。

鈐印："公安廖氏竹林齋藏書"陽文方印。

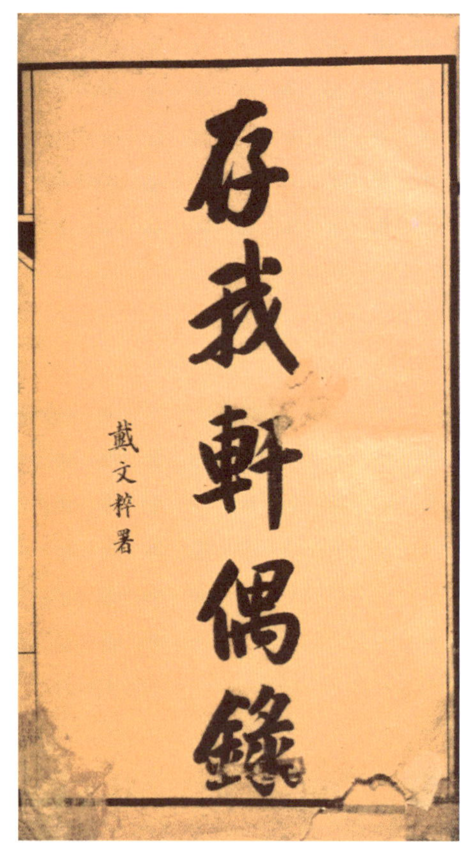

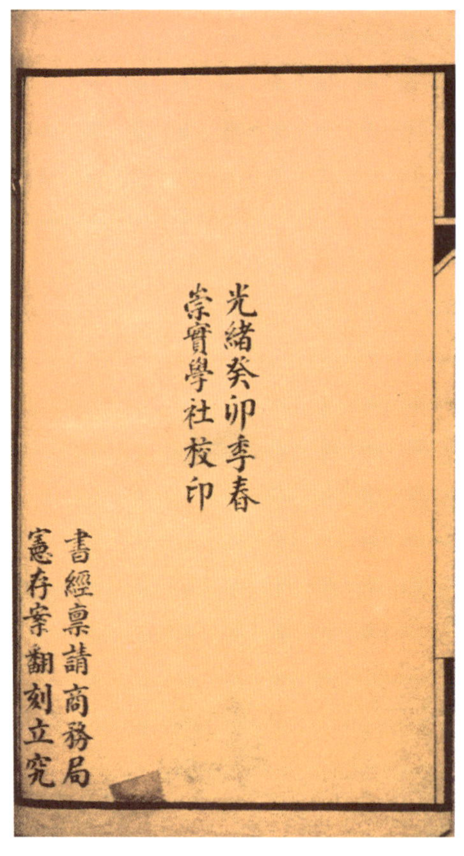

管仲論

業莫大於尊王。功莫宏於攘狄。自來夷狄之患。非挾尊王之名以臨之。必不能勝。挾尊王之名。而攘之非其才則勝日不久。然則春秋之世求一取威定霸內安外攘。如管仲者豈易得哉。論者謂管仲相桓公。諫行言聽。獨不能去豎刁易牙開方諸人。及其臨沒又不能薦賢自代。功業雖顯。卒啓爭立之禍。以此責仲似也。不知此正仲所以全其功業也。夫桓公中主也。非管仲不能成其事也。開方諸人又桓公所信者也。使管仲不計天下大局。斷斷焉欲去三子。幸而去之可也。不幸而不能去。其有不為三子傾乎。仲即為三子傾。又遑問所薦之賢乎。故其存也。委曲周旋。以成尊王攘狄之事。及其將沒。第以三子非人情不可近。為桓公諷。諷而聽。國之福也。不聽則功固已成。業固已就。仲亦可告無罪於天下矣。孔子之論仲也。曰一匡天下。民到於今受其賜。微管仲吾其被髮左衽。非不知仲之不能去三子也。而卒且隱其過。表其功者。以其為一國者輕。為天下萬世者重也。後人不察。往往以雜霸視仲。鄙夷而不屑道。夫仲誠不屑道之雜霸矣。然當夷狄內侵。中原孱弱。非得如仲其人者。終無以振威勘亂。而垂功業於不朽。嗚呼。此

詞　類

别集之屬

338.**白香詞譜一卷晚翠軒詞韻一卷**　〔清〕舒夢蘭輯　PL2548 .S53 1909

清宣統元年（1909）振始堂朱墨石印本　二册

舒夢蘭，字香叔、白香，江西靖安人。

内封題“白香詞譜”。

牌記題“宣統元年春/振始堂藏版”。

卷首有孫殿齡序，署“道光癸卯冬月”；舒夢蘭撰凡例；目録。

詞韻内封題“晚翠軒/詞韻”。

牌記題“宣統元年春/春草軒藏版”。

按：詞譜行間、欄上有勘誤。

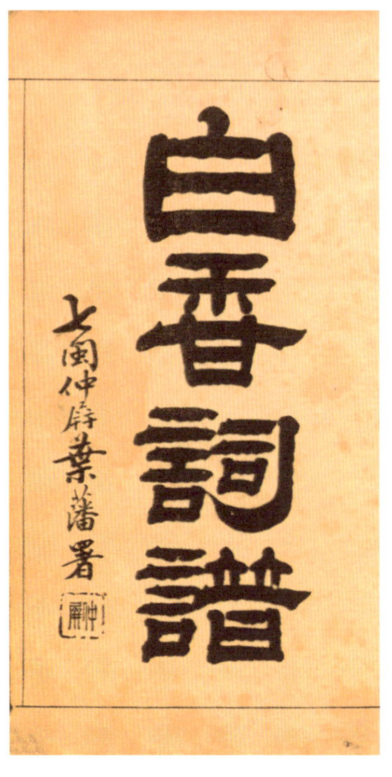

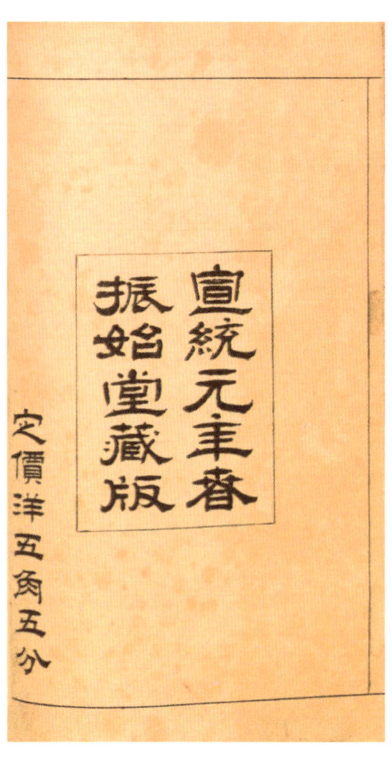

萋　　咋

白香詞譜

憶江南　懷舊　南唐　李後主

多少恨。昨夜夢魂中。還似舊時遊上苑。車如流水馬如龍。花月正春風。

搗練子　秋閨　李後主

深院靜。小庭空。斷續寒砧斷續風。無奈夜長人不寐。數聲和月到簾櫳。

憶王孫　春閨　秦　觀

萋萋芳草憶王孫。柳外樓高空斷魂。杜宇聲聲不忍聞。欲黄昏。雨打梨花深閉門。

調笑令　宫詞　王　建

團扇團扇。美人竝來遮面。玉顏顦顇三年。誰復商量管絃。絃管絃管。春草昭陽路斷。

如夢令　春景　秦　觀

339.詞選茗柯詞一卷立山詞一卷　〔清〕張惠言、張琦撰　PL2548 .C5

清刻本　一册一函

張惠言（1761—1802），原名一鳴，字臯文，號茗柯，江蘇武進（今常州）人。張琦（1764—1833），初名翊，字宛鄰，號翰風，江蘇陽湖（今常州）人。

半葉十一行二十三字，白口，左右雙邊，單黑魚尾，半框高17.5釐米，寬14.2釐米。茗柯詞版心上鎸“箋易注元室遺稿”，下鎸葉碼。立山詞版心上鎸“立山詞”，下鎸葉碼、“宛鄰書屋”。

茗柯詞卷端題“茗柯詞，張惠言填”。

立山詞卷端題“立山詞，陽湖張琦”。

鈐印：“天彭”陽文方印。

按：據兩書版心信息，《立山詞》當是《宛鄰書屋》本（清道光十九年刻），《茗柯詞》當是嘉慶道光間揚州阮氏刻《張臯文箋易詮全集》本。後人拼凑了售予日人。

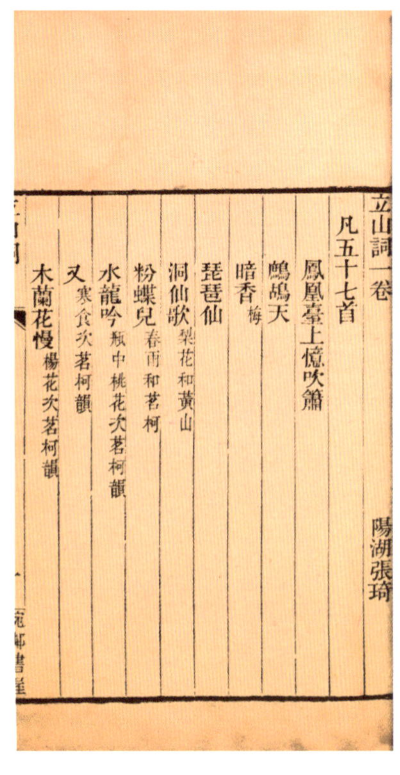
立山詞一卷　陽湖張琦
凡五十七首
鳳凰臺上憶吹簫
鷓鴣天
暗香　梅
琵琶仙
洞仙歌　梨花和黃山
粉蝶兒　春雨和茗柯
水龍吟　瓶中桃花次茗柯韻
又　寒食次茗柯韻
木蘭花慢　楊花次茗柯韻

茗柯詞

張惠言填

凡四十六首

虞美人 胡蝶

雙雙燕

傳言玉女 已刻選本

粉蝶兒 春雨

青門引 上巳

南歌子 長河修禊

水龍吟 瓶中桃花

前調 寒食次計伯英韻

前調 清明次計伯英韻

340.靈芬館詞不分卷 〔清〕郭麐撰

清光緒五年（1879）刻本　二册一函

郭麐（1767—1831）字祥伯，號頻伽，江蘇吴江（今蘇州）人。

半葉十二行二十三字，白口，左右雙邊，單黑魚尾，半框高17.8釐米，寬13.5釐米。版心中鐫書名、卷次，下鐫葉碼。

内封題“蘅夢詞二卷、浮眉樓詞二卷、懺餘綺語二卷、爨餘詞一卷/靈芬館詞”。

牌記題“光緒五年己卯/八月娱園開鋟”。

卷端題“吴江郭麐祥伯著，仁和許增邁孫刊”。

鈐印：“公安廖氏竹林齋藏書”陽文方印。

按：此本當爲《娱園叢刻》零種。

子目：

蘅夢詞二卷

浮眉樓詞二卷

懺餘綺語二卷

爨餘詞一卷

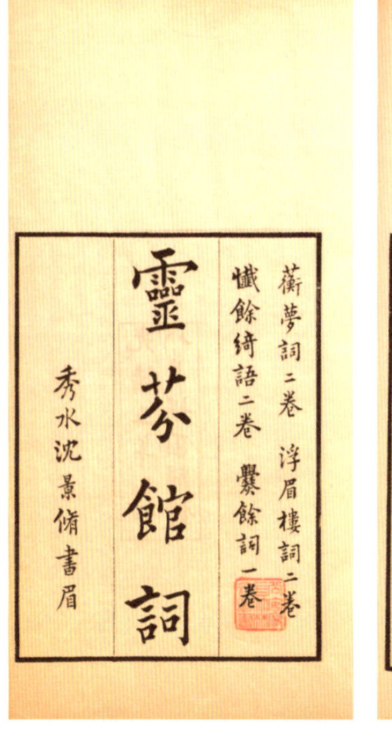

蘅夢詞二卷　浮眉樓詞二卷
懺餘綺語二卷　爨餘詞一卷
靈芬館詞
秀水沈景脩書眉

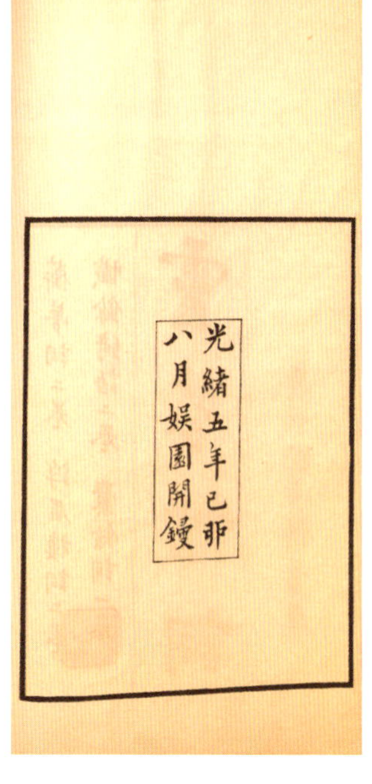

光緒五年己卯
八月娱園開鋟

蘅夢詞卷一

吳江郭麐祥伯箸
仁和許增邁孫刊

風蝶令

碪入尖風響，鐙留短燄紅。一衾幽夢斷孤鴻，正是可憐時候可憐儂　鏡約眉痕外，琴聲鬢影中。王昌不合住牆東，贏得傷春傷別恨重重

一翦梅

莫愁生小鬱金堂，鬢點飛黃，機織流黃。曼聲一曲轉淸商，塵繞歌梁，花顫釵梁　洞房對霤頓書倉，一丈紅薔，只隔紅牆。題成錦字少人將，月自迴廊，人自迴腸

菩薩蠻

341.桐花閣詞鈔一卷 〔清〕吴蘭修撰

清光緒三年（1877）廣東刻本 一册一函

半葉十行二十一字，白口，四周雙邊，單黑魚尾，半框高18釐米，寬11.5釐米。版心中鎸書名，下鎸葉碼。

内封題"桐花閣/詞鈔"。

卷端題"桐花閣詞鈔，嘉應吴蘭修撰，學海堂叢刻之六"。

按：此書當爲《學海堂叢刻》之一種。

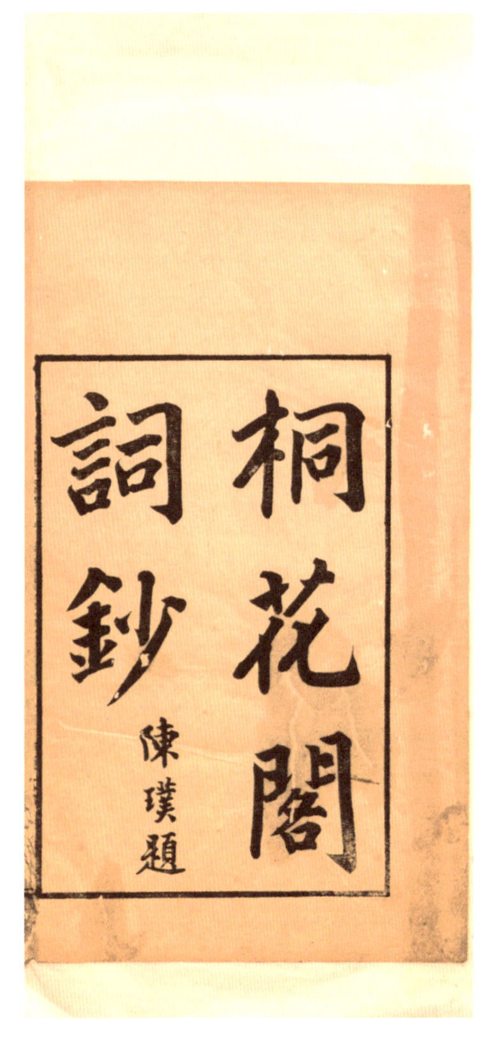

桐花閣詞鈔

嘉應吴蘭修撰 學海堂叢刻之六

雙雙燕

新燕

踏青過了正繡戸春深出巢新燕柳陰小語學得呢喃一半剛到海棠深院看不盡緣圍紅罥有人午夢初回爲汝丁簾齊捲　庭畔微風送輭只貪逐蜻蜓乍飛還倦紅樓十二認錯闌干幾遍待趁斜陽歸晚恁絮絮慈窠依戀從今畫閣同棲莫便天涯去遠

摸魚子

湯雨生騎尉官江口都司以事落職作秋江罷

總集之屬

342.唐五代詞選三卷　〔清〕成肇麐輯　PL2551 .F4

清光緒十三年(1887)刻本　一册一函

成肇麐(1846—1901)字漱泉,號厚卿,江蘇寶應人。

半葉九行二十一字,黑口,左右雙邊,單黑魚尾,半框高13釐米,寬9.5釐米。版心中鎸"詞"、卷次,下鎸葉碼。

内封題"唐五代/詞選"。

牌記題"光緒十三年/秋九月刊成"。

卷端題"唐五代詞選"。

卷首有馮煦叙。

卷末題"旌德湯朔林刻"。

鈐印:"夫問精舍"陽文方印、"照曠堂藏書記"陽文方印、"公安廖氏竹林齋藏書"陽文方印、"介盦"陽文方印、"貴池劉我穀珍藏書籍印"陽文長方印、"半粟"陽文方印。

按:此本與《宋七家詞選》合刊。外封手書"蒙香室叢書本"。

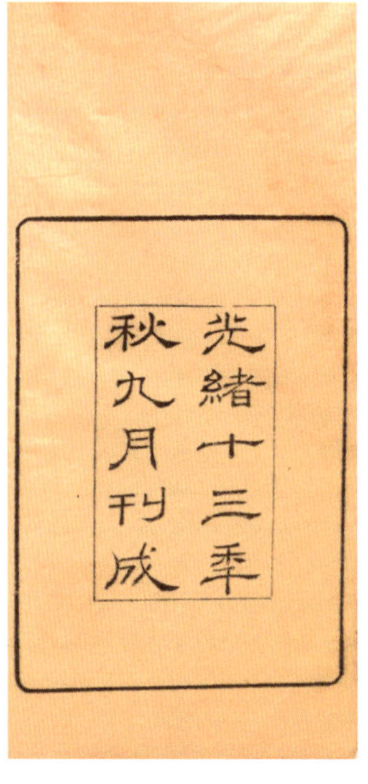

唐五代詞選卷上

唐昭宗

巫山一段雲

蝶舞梨園雪鶯啼柳帶煙小池殘日豔陽天苧蘿山又山　青鳥不來愁絕忍看鴛鴦雙結春風一等少年心閑情恨不禁

後唐莊宗

一葉落

一葉落搴朱箔此時景物正蕭索畫樓月影寒西風吹

詞上　一

343.宋六十一家詞選十二卷　　馮煦輯　　PL2553 .F4

清光緒十三年（1887）冶城山館刻本　四册一函

馮煦（1843—1927）字夢華，號蒿盦，江蘇金壇人。

半葉九行二十一字，黑口，左右雙邊，無魚尾，半框高13.1釐米，寬9.6釐米。版心中鎸“詞”、卷次，下鎸葉碼。

内封題“宋六十一/家詞選”。

牌記題“光緒丁亥刊/於冶城山館”。

卷端題“宋六十一家詞選”。

卷首有清光緒十三年馮煦序、目、例言。

鈐印：“夫問精舍”陽文方印、“公安廖氏竹林齋藏書”陽文方印、“照曠堂藏書記”陽文方印、“介盦”陽文方印、“貴池劉我穀珍藏書籍印”陽文長方印、“半粟”陽文方印。

按：外封手書“蒙香室叢書本”。

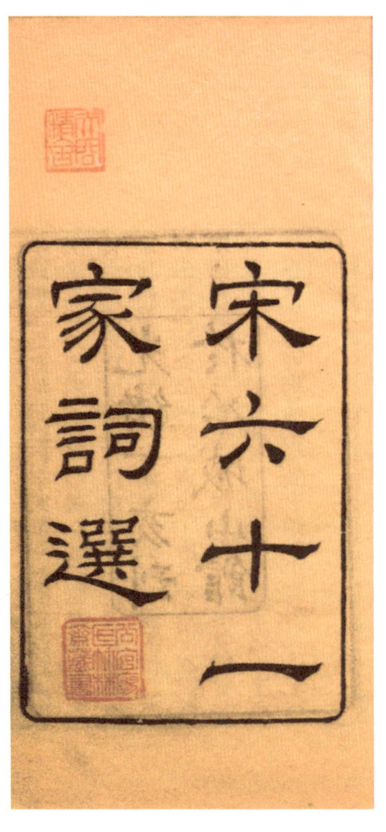

宋六十一家詞選卷一

晏殊珠玉詞

浣溪沙

一曲新詞酒一桮去年天氣舊亭臺夕陽西下幾時迴無可奈何花落去似曾相識燕歸來小園香徑獨徘徊

又

小閣重簾有燕過晚花紅片落庭莎曲闌干影入涼波一霎好風生翠幕幾回疏雨滴圓荷酒醒人散得愁

344.宋七家詞選七卷附樂府指迷　〔清〕戈載輯　

清光緒十三年（1887）刻本　三册一函

半葉九行二十字，小字雙行同，黑口，左右雙邊，無魚尾，半框高12.9釐米，寬9.7釐米。版心中鎸"詞"、卷次，下鎸葉碼。

内封題"宋七家/詞選"。

牌記題"光緒十一年/夏六月重刊"。

卷端題"宋七家詞選"。

卷首有清光緒十三年成肇麐序。

鈐印："夫問精舍"陽文方印、"照曠堂藏書記"陽文方印、"公安廖氏竹林齋藏書"陽文方印、"介盦"陽文方印、"貴池劉我穀珍藏書籍印"陽文長方印、"半粟"陽文方印。

按：卷首目録葉鎸"吳縣戈載順卿輯"，各卷末有戈載評。欄上有眉批。此本卷首之成肇麐序，爲《唐五代詞選》之序。此本與《唐五代詞選》合刊，外封手書"蒙香室叢書本"。牌記所題清光緒十一年，當爲據光緒十一年曼陀羅華閣本。

宋七家詞選卷一

清眞周邦彦美成

點絳脣

孤館迢迢莫天草露沾衣潤夜來秋近月暈通風信今日原頭黄葉飛成陣知人悶故來相趁共結臨歧恨

又

遼鶴歸來故鄉多少傷心地寸書不寄魚浪空千里憑仗桃根說與相思意愁無際舊時衣袂猶有東

詞一 一

戲劇類

345.成裕堂繪像第七才子書六卷四十二回 〔清〕毛綸評點 PL2698 .K3 P5 M3

清雍正十三年(1735)刻巾箱本 四册一函

毛綸,字德音,號聲山,江蘇長洲(今蘇州)人。

半葉八行十六字,白口,四周雙邊,單黑魚尾,半框高9.7釐米,寬7釐米。版心上鎸"第七才子書",中鎸卷次,下鎸葉碼。

内封題"聲山先生評點/繡像第七才/子書/會文堂藏板"。

卷端題"成裕堂繪像第七才子書"。

卷首有清雍正十三年程士任"繡像七才子書重刻序"、清康熙五年(1666)浮雲客子序、四年吴儂悔庵序、目録、圖像。

按:卷一爲自序、總論、評點。封面題簽題"琵琶記第七才子書"。

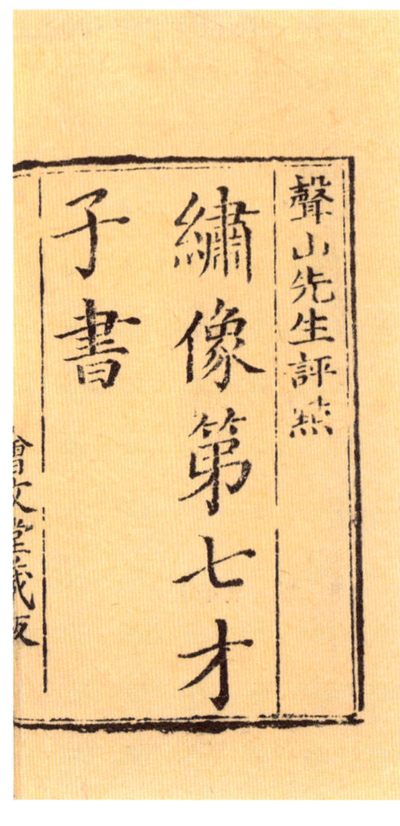

成裕堂繪像第七才子書卷之一

聲山別集

自序

太史公作屈原傳曰國風好色而不淫小雅怨誹而不亂若離騷者可謂兼之予嘗以此分評王高兩先生之書王實甫之西廂其好色而不淫者乎高東嘉之琵琶其怨誹而不亂者

小説類

346.繡像東周列國志二十七卷一百八回 〔明〕馮夢龍撰 〔清〕蔡奡評點

清光緒三十年(1904)上海商務印書館鉛印本 十二册一函

馮夢龍(1574—1646)字猶龍,又字子猶,號龍子猶、墨憨齋主人、顧曲散人、吴下詞奴、姑蘇詞奴等,長洲(今江蘇蘇州)人。蔡奡,字元放,號七都夢夫、野雲主人,秣陵(今江蘇南京)人。

内封題"東周列/國志"。

牌記題"光緒三十年歲/次甲辰上海商/務印書館鑄版"。

卷端題"繡像東周列國志,白下蔡奡元放甫評點"。

卷首有清乾隆十七年(1752)蔡奡序、讀法、總目、像贊。

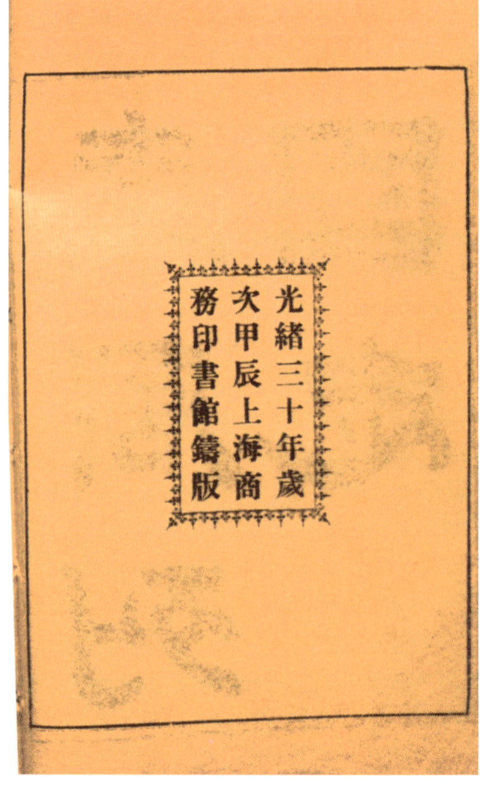

繡像東周列國志卷一

白下蔡　奡元放甫評點

詞曰　道德三皇五帝。功名夏后商周。英雄五霸鬧春秋。頃刻興亡過手　青史幾行名姓。北邙無數荒邱。前人田地後人收。說甚龍爭虎鬪

第一回　周宣王聞謠輕殺　杜大夫化厲鳴寃

話說周朝自武王伐紂。即天子位。成康繼之。那都是守成令主。又有周公召公畢公史佚等一班賢臣輔政。眞個文修武偃。物阜民安。自武王八傳至於夷王。覲禮不明。諸侯漸漸強大到九傳厲王。暴虐無道。爲國人所殺。此乃千百年民變之始。又虧周召二公。同心協力。立太子靖爲王。是爲宣王。那一朝天子。却又英明有道。任用賢臣方叔召虎尹吉甫申伯仲山甫等。復修文武成康之政。周室赫然中興。有詩爲證。

夷厲相仍政不綱　任賢圖治賴宣王　共和若沒中興主。　周歷安能八百長。

却說宣王雖說勤政。也到不得武王丹書受戒。戶牖置銘。雖說中興。也到不得成康時敎化大行。重譯獻雉。至三十九年。姜戎（西夷別種）抗命。宣王御駕親征。敗績於千畝。（地名在今州城東南）車徒大損。思爲再舉之計。又恐軍數不充。親自料民於太原。那太原即今固原州。正是鄰近戎狄之地。料民者。將本地戶口。按籍查閱。觀其人數之多少。車馬粟芻之饒乏。好做準備徵調出征太宰仲山甫進諫不聽。後人有詩云。

犬彘何須辱劍鋩。　隋珠彈雀總堪傷。　皇威褻盡無能報。　枉自將民料一場。

347.繡像東周列國志二十七卷一百八回　〔明〕馮夢龍撰　〔清〕蔡奡評點

清光緒三十一年(1905)上海商務印書館鉛印本　十二册一函

内封題"東周列/國志"。

牌記題"光緒三十一年歲/次乙巳仲秋上海/商務印書館鑄版"。

卷端題"繡像東周列國志,白下蔡奡元放甫評點"。

卷首有清乾隆十七年(1752)蔡奡序、讀法、總目、像贊。

鈐印:"公安廖氏竹林齋藏書"陽文方印。

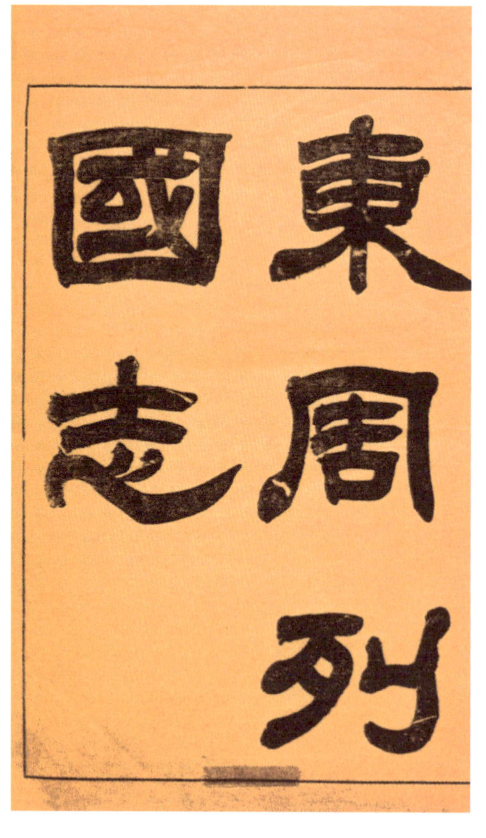

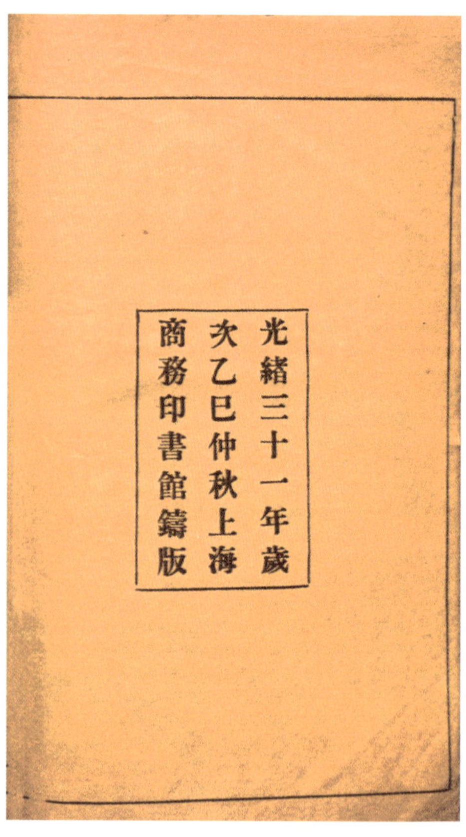

繡像東周列國志卷一

白下蔡　奡元放甫評點

詞曰　道德三皇五帝。功名夏后商周。英雄五霸鬧春秋。頃刻興亡過手。　青史幾行名。姓。北邙無數荒邱。前人田地後人收。說甚龍爭虎鬬。

第一回　周宣王聞謠輕殺　杜大夫化厲鳴寃

話說周朝自武王伐紂即天子位。成康繼之。那都是守成令主。又有周公召公畢公史佚等。一班賢臣輔政。眞個文修武偃。物阜民安。自武王八傳至於夷王。覲禮不明。諸侯漸漸强大。到九傳厲王。暴虐無道。爲國人所殺。此乃千百年民變之始。又虧周召二公同心協力。立太子靖爲王。是爲宣王。那一朝天子。却又英明有道。任用賢臣方叔召虎尹吉甫申伯仲山甫等。復修文武成康之政。周室赫然中興。有詩爲證。

夷厲相仍政不綱。　任賢圖治賴宣王。　共和若沒中興主。　周歷安能八百長。

却說宣王雖說勤政。也到不得武王丹書受戒。戶牖置銘。雖說中興。也到不得成康時教化大行。重譯獻雉。至三十九年。姜戎（西夷別種）抗命。宣王御駕親征。敗績於千畝（地名在涇州城東南）。車徒大損。思爲再舉之計。又恐軍數不充。親自料民於太原。那太原即今固原州。正是鄰近戎狄之地。料民者。將本地戶口按籍查閱。觀其人數之多少。車馬粟芻之饒乏。好做準備徵調出征。太宰仲山甫進諫不聽。後人有詩云。

犬彘何須辱劍鋩。　隋珠彈雀總堪傷。　皇威褻盡無能報。　枉自將民料一場。

348.繡像小八義十卷一百二十回 PL2647 .H7

清光緒二十一年（1895）上海觀瀾閣書局石印巾箱本　一册一函

内封題“繪圖小八義/光緒乙未夏五月”。

牌記題“正續全集/上海觀瀾閣/書局重石印”。

卷端題“繡像小八義”。

卷首有清光緒二十一年懺夢庵主序。

鈐印：“公安廖氏竹林齋藏書”陽文方印。

按：該本殘，止於第十卷一百回。與《繪像鐵花仙史》合函。

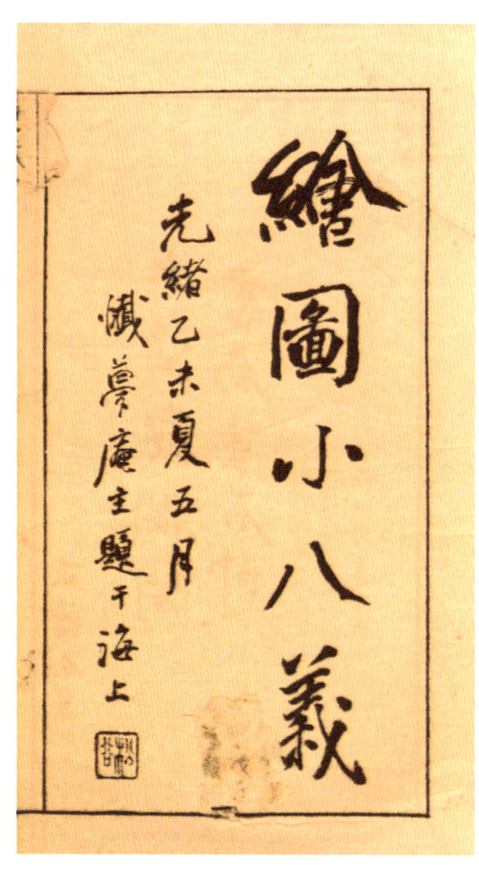

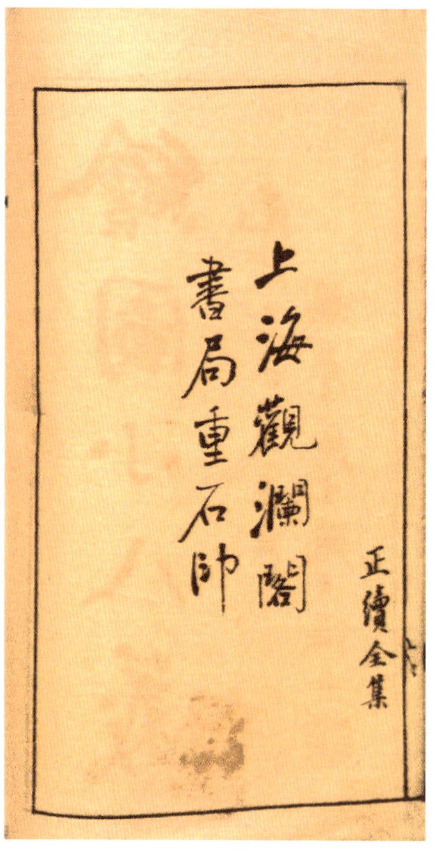

繡像小八義卷一

詞曰　大宋八帝徽皇　駕坐東京汴梁　因此蔡京三黨害忠良　周家命赴法場　忽起一陣神風　刮出母子一雙　[illegible]野外苦奔忙　不知流落何方

這一首西江月敘完從內裏引出一部小八義傳[illegible]一塊是忠孝節義傳留萬世問說這部書出在那一朝代那一個年月出在大宋八帝徽宗駕下且問江南湖廣郴州府城裏有家鄉宦姓周名義表字會卿那徽宗駕前稱臣官居東閣大[illegible]之職夫人徐氏膝下只生一子名喚周順表字景隆年方一十六歲生的人品出衆相貌過[illegible]且是經綸滿腹周老爺爲官清正一生骨鯁朝中常呼爲鐵面御史每與太師蔡京右侍郎童貫不和屢次告老聖上不準時値金人寇邊滿朝文武會議防邊之策爲周老爺獨議主戰蔡京童貫專議主和因此與周老爺不睦各歸府下不提且說蔡京秉政懷奸植黨敗斥羣賢常日朝散與童貫說道今日議事周義不當衆官面前傲慢老夫實實可惱想一妙計除此老兒以雪心頭之恨童貫說道下官有一計現有金人寇邊侵犯中原密差心腹布散流言卽云勾[illegible]起兵端實周義主謀再著諫臺參奏卽叫老兒死無葬身之地蔡京聞聽甚喜依計而行不上幾日流言傳遍京城右諫議郎高俅指揮使楊儉鎭殿將軍劉彥龍原係蔡京一黨同上本章[illegible]奏至徽宗面前皇爺聞奏大怒正要金人擾亂卽令朝臣議處蔡京復近前奏道大臣私通外國罪該滅九族請正典刑以警臣下皇爺尚自憂疑蔡京卽傳詔提周義闔族人等共計一百零三口赴市曹正法適値太白金星經過早知東斗星周順有難忽起一陣神風將周順母子刮出法場法司臨刑只剩一百零一口斬首交旨不提且說母子被神風刮出汴梁城外睜眼一看乃是一片荒郊老夫人說兒呀咱母子死裏逃生多蒙神人救護望空拜謝夫人說我兒咱母子逃命罷

老夫人這才痛傷情　伸手拉住周景隆　我的兒命苦誰似你　你比黃連苦對沖

349.初刻封神演義八卷一百回　〔明〕許仲琳撰　

清嘉慶二十四年（1819）刻本　八册一函

許仲琳，號鍾山逸叟，應天（今江蘇南京）人。

半葉十五行三十二字，白口，四周單邊，單黑魚尾，半框高21.5釐米，寬13.5釐米。版心上鐫“全像封神傳”，中鐫卷次，下鐫葉碼。

内封題“嘉慶己卯重鐫/商周列國傳/繡像封神/演義”。

卷端題“初刻封神演義”。

卷首有周之標序、封神傳像。

鈐印：“公安廖氏竹林齋藏書”陽文方印、“萬文樓珍藏印”陽文方印、“石萬文”陽文方印。

按：除卷一，其他七卷卷端題“新刻封神演義”。卷首封神傳像共四十幅，每幅版心下鐫題名。

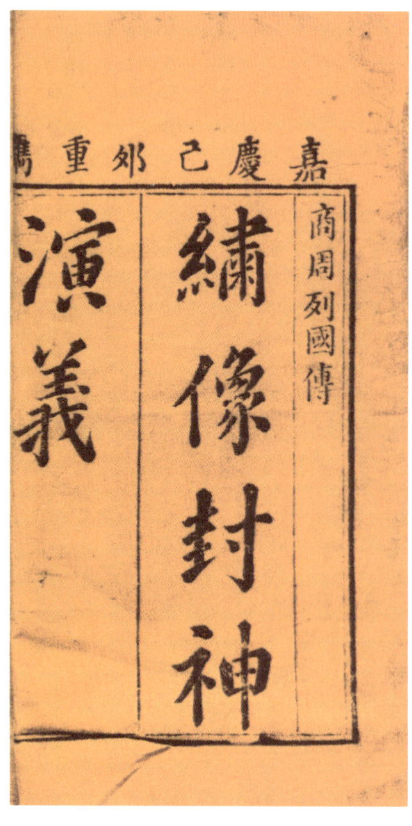

刻封神演義卷之一

第一回　紂王女媧宮進香

古風一首

混沌初分盤古先太極兩儀四象懸子天丑地人寅出避除獸患有巢賢燧人取火免鮮食伏羲畫卦陰陽前神農治世嘗百草軒轅禮樂婚姻聯少昊黃帝民物阜禹王治水洪波蠲承平享國至四百桀王無道乾坤顛日縱妹嬉荒酒色成湯造亳洗腥膻放桀南巢爭暴虐雲霓如願後蘇全三十一世傳殷紂商家脈絡如斷弦紊亂朝綱絕倫紀殺妻誅子信讒言穢污宮闈寵妲己蠆盆炮烙忠良冤鹿臺聚斂萬姓苦愁聲怨氣應障天直諫剖心盡焚炙孕婦刳剔朝涉殲崇信姦回棄朝政屏逐師保性何偏郊社不修宗廟廢奇技淫巧盡心研昵比罪人乃罔畏沉酗肆虐如鸇鳶西伯朝商囚羑里微子抱器走風煙皇天震怒降災毒若涉一海無邊淵天下荒荒萬民怨子牙出世人中仙終日垂絲釣入王飛熊入夢獵岐田共載歸周輔朝政三分有二日相沿文考未集大勳沒武王善述日乾乾孟津大會八百國取彼凶殘伐罪愆甲子昧爽會牧野前徒倒戈反回旋若崩厥角齊稽首血流漂杵脂如泉戎衣一著天下定更於成湯增光妍牧馬華山示偃武開

350.四大奇書第一種五十一卷一百二十回 〔明〕羅貫中撰 〔清〕毛宗崗評

清光緒三十三年（1907）澹雅書局刻本 十六册二函

羅貫中（約1330—約1400），名本，字貫中，以字行，號湖海散人，山西太原人。毛宗崗（1632—1709？），字序始，號孑庵，江蘇長洲（今蘇州）人。

半葉十二行二十八字，小字雙行同，白口，四周單邊，單黑魚尾，半框高21.3釐米，寬14.5釐米。版心上鎸“第一才子書”，中鎸卷次，下鎸葉碼。

内封題“繡像第一/才子書”。

牌記題“光緒三十三年/澹雅書局校刊”。

卷端題“四大奇書第一種，聖嘆外書，茂苑毛宗崗序始氏評，龍霧鄒梧岡参訂”。

卷首有清順治元年（1644）金聖嘆序、凡例、目録、“讀三國志法”、像贊。

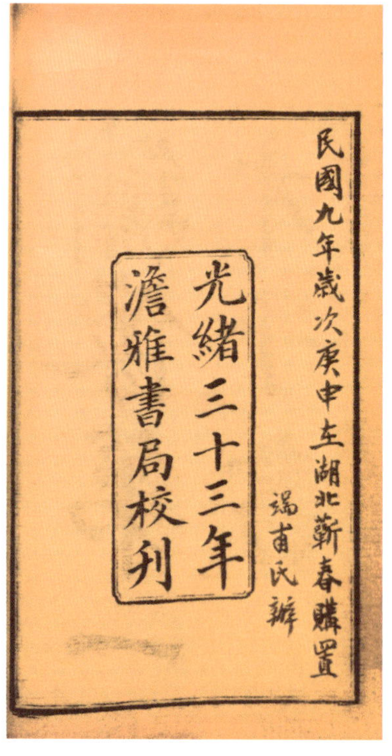

四大奇書第一種卷之一

聖嘆外書　茂苑毛宗崗序始氏評　龍霧鄒梧岡參訂

詞曰

滚滚長江東逝水浪花淘盡英雄是非成敗轉頭空青山依舊在幾度夕陽紅　白髮漁樵江渚上慣看秋月春風一壺濁酒喜相逢古今多少事都付笑談中以詞起以詞結

第一回

宴桃園豪傑三結義　斬黃巾英雄首立功

人謂魏得天時吳得地利蜀得人和乃三大國將興先有天公地公人公三小寇以引之亦如劉季將爲天子有吳廣陳涉以先之劉秀將爲天子有赤眉銅馬以先之也以三寇引出三國是全部中賓主以張角兄弟三人引出桃園兄弟三人此又一回中賓主

351.肉蒲團四卷二十回　〔清〕李漁撰　題（日）倚翠樓主人譯

日本寶永二年（1705）青心閣刻本　四册一函

李漁（1611—1680），字笠鴻、謫凡，號笠翁，浙江蘭溪人。

半葉十行二十一字，白口，左右雙邊，單黑魚尾，半框高16.8釐米，寬12.2釐米。版心中鎸書名、卷次，下鎸葉碼。

内封題“天下第一風流小説/明情隱先生編次/日本倚翠樓主人譯/肉蒲團、一名覺後禪、全四册/寶永乙酉秋上梓、青心閣發兑”。

卷端題“肉蒲團一名覺後禪”。

卷首有日本寶永二年倚翠樓主人序。

卷末有柳花亭漫叟跋。

按：内封鎸“翻刻必究”。

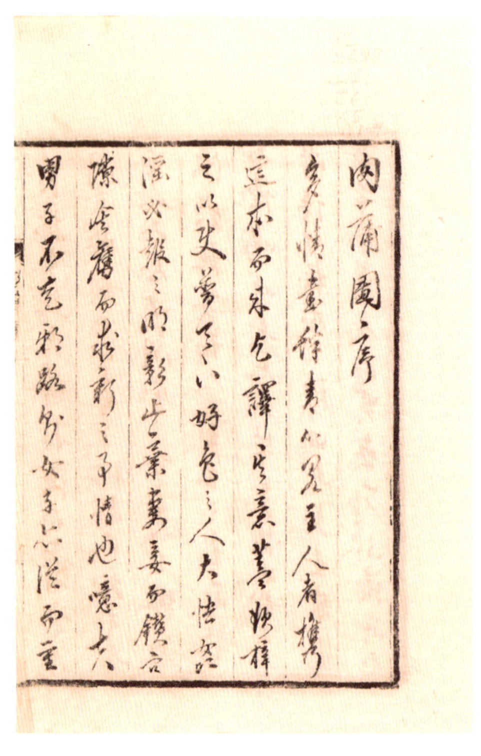
肉蒲團序

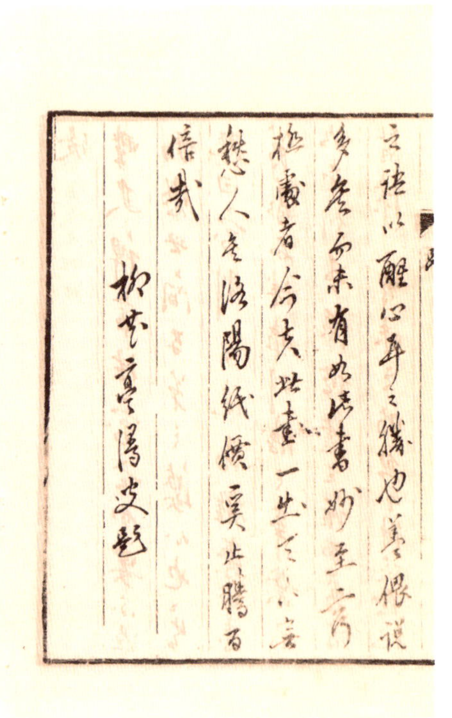

肉蒲團一名覺後禪卷之一

第一回

止淫風借淫事說法　談色事就色慾開端

詞曰黑髮難留朱顔易變人生不比青松名消利息一派落花風悔殺少年不樂風流院放逐衰翁王孫輩聽歌金縷及早戀芳樂　世間真樂地算來算去還數房中不比榮華境歡始愁終得趣朝朝燕酣眠處怕響晨鐘掙眼看乾坤覆載一幅大春宮

這一首詞名曰滿庭芳單說人生在世朝朝勞苦事事愁煩沒有一毫受用處還虧那太古之世開天闢地的

352.兒女英雄傳評話八卷四十四回　〔清〕文康撰　題〔清〕還讀我書室主人評

清光緒二十四年(1898)上海書局石印本　八册一函

文康,字鐵仙,一字悔庵,號燕北閑人,費莫氏。滿洲鑲紅旗人。

内封題“繪圖評點兒/女英雄傳”。

牌記題“光緒戊戌孟春之月/俠女奇緣/上海書局石印”。

卷端題“兒女英雄傳評話,還讀我書室主人評”。

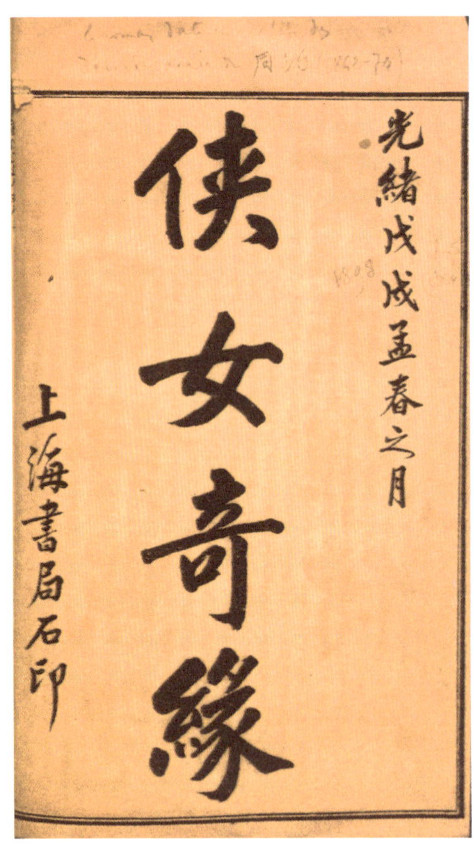

緣起首回　開宗明義閑評兒女英雄　引古證今演說人情天理

俠烈英雄本色　溫柔兒女家風　兩般若說不相同　除是癡人說夢　兒女無非天性　英雄不外人情　最憐兒女最英雄　纔是人中龍鳳

八句提綱道罷這部評話原是不登大雅之堂的一種小說初名金玉緣因所傳的是首善京都一樁公案又名日下新書篇中立旨立言雖然無當於文卻還一洗穢語淫詞不乖於正因又名正法眼藏五十三參初非釋家言也後經東海吾了翁重訂題曰兒女英雄傳評話相傳是太平盛世一個燕北閑人所作據這燕北閑人自己說他幼年在塾讀書適逢一日先生不在館裡他讀到孟子書寢一章偶然有些困倦便把書丟過一邊也學那聖門高弟隱几而臥纔得睡着便恍恍惚惚閒出了書房來到街頭只見憧憧擾擾眼前換了一番新世界兩旁岐逕曲巷中有無數的車馬轎騎冠蓋飛揚人往人來十分熱鬧當中卻有一條無偏無頗的蕩平大路這條路上只有一個瘦骨巉頭髮根根上指的在前面挺然直立的走了去（將用親尖兩筆公古事可稱新色頻傳）閒人一時正不知自己走那條路好想要向前面那個問問條途苦於自己在他背後等閒望不着他的面目就待一步一趨的趕上借問一聲不想他愈走愈遠那條路愈走愈高（作者蓋寫自悔未竟讀書之志流連慨慕感喟無窮）眼前忽然一閃不見了他不知不覺竟走到雲端裡來了沒奈何一個人踽踽涼涼站在雲端裡一望纔看出雲外那座天原來雖說萬象高懸卻也只得一縱一橫縱裡看去便是宗動天日天月天水天火天金天木天土天二十八宿天共是九天橫裡看去便是無上天四人天忉利天堅首天持鬘天常橋天福生天福受天廣果天大梵天梵輔天梵眾天少光天光音天無量光天少淨天徧淨天無量淨天善見天善現天無想天無煩天無熱天無邊空處天無邊識處天無所有處天非想天非非想天色究竟天須燄摩天兜率陀天樂變化天還有一座他化自在天共是三十三天他到的那個所在正是他化自在天的天界卻說這座天乃是帝釋天尊悅意夫人所掌掌的是古往今來忠臣孝子義夫節婦的後果前因（這樣管項挂個門丹兒寫個來面兒想沒有比此再鬪的了）這日恰遇見天尊同了夫人升殿那燕北閑人便隱在一個僻靜去處一同瞻仰只見那天宮現彩寶殿生雲仙樂悠揚香烟繚繞左一行排一層黃袍銀帶的仙官右一行列幾名翠袖霓裳的宮娥堦下列着是白旄黃鉞彩節朱幡金蓋銀蓋崇芝葺蕨日飛揚龍旗鳳旗月華旗隨風招展雕弓羽箭飛魚袋畫着飛魚玉鞶金根馴象官牽着馴象飛電馬追風馬跨上時雷振風馳龍驤虎賁衛用着他龍拏虎躑一個個一層層都齊臻臻靜悄悄的分列兩邊殿上龍案頭設着文房四寶旁邊擺着一個硃紅描金架子架上插着四面硃紅繡旗旗上分列着忠孝節義四個大字一時仙樂奏罷畫閣開處左有金童右有玉女手捧寶鑪焚着白檀紫霧引了那帝釋天尊悅意夫人出來那天尊頭戴着珠嵌寶冕旒身穿海晏河清龍袞足登朱絲履腰繫白玉鞓那悅意夫人不消說自然是日月龍鳳襖山河地理裙了身後一雙日月宮扇簇擁着出來那時許多星官神將早排列在堦下只聽殿頭官喝道有事出班早奏無事捲簾退班只見班部叢中閃出四位金冠朱紱的天官各各手捧文冊一卷上殿奏道今日正有人間兒女英雄一樁公案該當發落請旨定奪早有殿上宮官接過那文冊呈到龍案上天尊閱目一看降旨道這班兒發落他閻浮人世去須得先叫他明白了前因後果纔免得他怨天尤人但是天機不可

353.繪像鐵花仙史二十六回

清光緒十七年（1891）石印巾箱本　四册一函

内封題“繪像鐵華仙史”。

牌記題“辛卯秋七月/仿聚珍版印”。

卷端題“繪像鐵花仙史”。

卷首有三江釣叟序。

鈐印：“公安廖氏竹林齋藏書”陽文方印、“張□宫”陽文方印。

按：該本與本館《繡像小八義》合函。

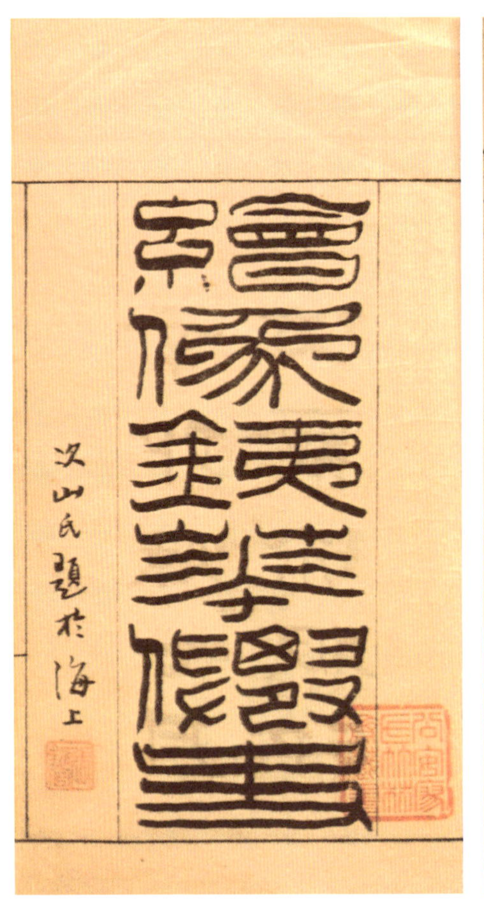
繪像鐵華仙史
汶山氏題於海上

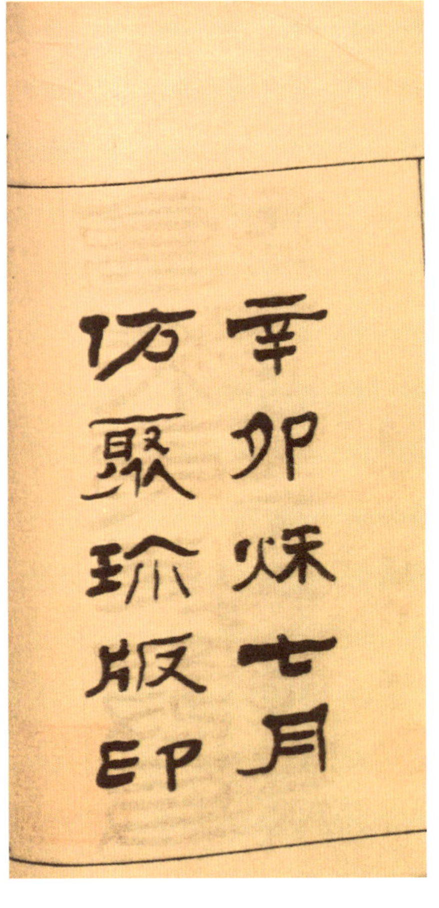
辛卯秋七月
仿聚珍版印

繡像鐵花仙史

第一回　文官閙嬰諧秦晉

詩曰

風流何事不成羣　智絀才愚各有情　異種奇葩誇富貴　埋蛟隱跡託青萍

退歸林下怡山水　坐醉花間結晉秦　從此赤繩雙繫足　枉教情薄似秋雲

話說先朝全盛之時四海共慶昇平武林西子湖邊定香橋畔有一個名園喚做埋劒園乃是錢塘蔡孝廉號其志的祖遺之園他始祖曾爲宋時後來因見權臣持國武將無功遂掛官歸隱卽於定香之側疊南屏之石爲山引西湖之水爲沼花木成蹊亭榭悉備又將自己所佩的一口寶劒埋於園中以誌不仕終隱之意後來子孫相傳遂以埋劒爲名只因宋沒元興兵端不息漸至年久事非業成廢圃幾爲汾陽故宅幸得其志性情却與始祖相符遂又清復故址從新修葺朱欄粉牖比舊更勝但自性癖山水將城中宅院封鎖與妻符氏並僮僕十餘口遷作園居這年其志秋場報捷未免忙了月餘久不覽園一日稍暇乃邀了一個莫逆好友也是其年新中的舉人姓王名悅兩人極是意投道合最相知的所以這日其志一聞就請了王悅來家同至園中賞菊兩個正爾遊玩遙見忽

354.結水滸全傳七十卷末一卷　〔清〕俞萬春撰　

清同治七年（1868）書業堂刻本　二十四册二函

俞萬春（1794—1849）字仲華，號忽來道人，浙江山陰（今紹興）人。

半葉八行二十二字，白口，左右雙邊，單黑魚尾，半框高13.7釐米，寬10.8釐米。版心上鐫“蕩寇志”，中鐫卷次，下鐫葉碼。

内封題“繡像蕩寇志/山陰俞仲華先生著/結水滸傳/書業堂藏板”。

牌記題“同治己巳新鐫/俞仲華先生著/蕩寇志/書業堂藏板”。

卷端題“結水滸全傳，山陰忽來道人俞萬春仲華甫手著”。

卷首有清同治七年陳奂、徐佩珂叙，仁山重刻俞仲華先生蕩寇志叙，清嘉慶十一年（1806）俞萬春“蕩寇志緣起”，繪像。

鈐印：“公安廖氏竹林齋藏書”陽文方印。

繡像蕩寇志
山陰俞仲
結水滸傳
書業堂藏板

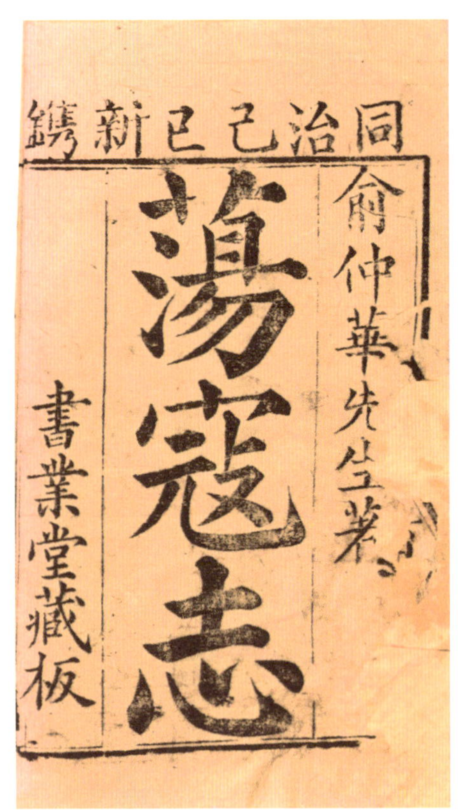
同治己巳新鐫
俞仲華先生著
蕩寇志
書業堂藏板

結水滸全傳卷之一

山陰忽來道人俞萬春仲華甫手著

這一部書名喚作蕩寇志看官你道這書爲何而作緣施耐庵先生水滸傳並不以宋江爲忠義衆位只須看他一路筆意無一字不描寫宋江的奸惡其所以稱他忠義者正爲口裏忠義心裏强盜愈形出大奸大惡也聖歎先生批得明明白白忠於何在義於何在總而言之旣是忠義必不做强盜旣是强盜必不算忠義乃有羅貫中者忽撰

類叢部

類書類

通類之屬

355.説略三十二卷 〔明〕顧起元撰 PL2606 .S8

清道光元年(1821)苕溪邵氏西山堂刻本 十册一函

顧起元(1565—1628)字太初,一作鄰初,號遯園居士,江寧(今江蘇南京)人。

半葉八行十六字,白口,左右雙邊,無魚尾,半框高16.7釐米,寬12.1釐米。版心上鎸書名、集名,中鎸篇名,下鎸葉碼、“雲山書院”。

卷端題“説略”。

卷首有目録,目録末鎸“道光元年苕溪邵氏西山堂重刊”。

鈐印:“公安廖氏竹林齋藏書”陽文方印、“定静安慮得之齋”陽文長方印。

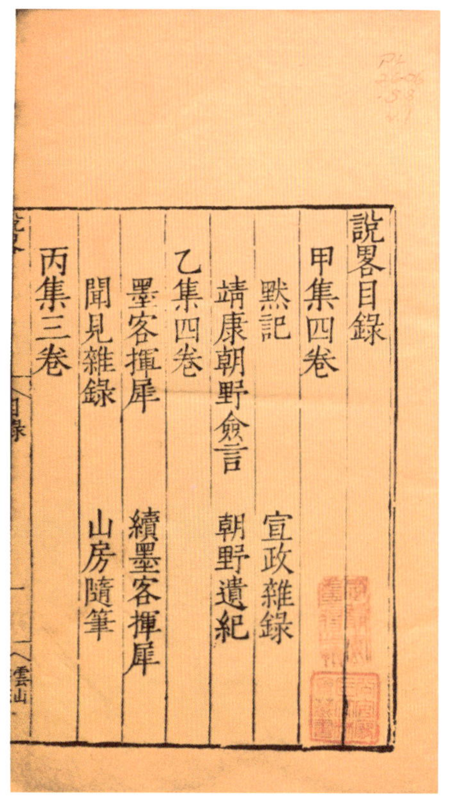

説畧目録
甲集四卷
默記 宣政雜録
靖康朝野僉言 朝野遺紀
乙集四卷
墨客揮犀 續墨客揮犀
聞見雜録 山房隨筆
丙集三卷

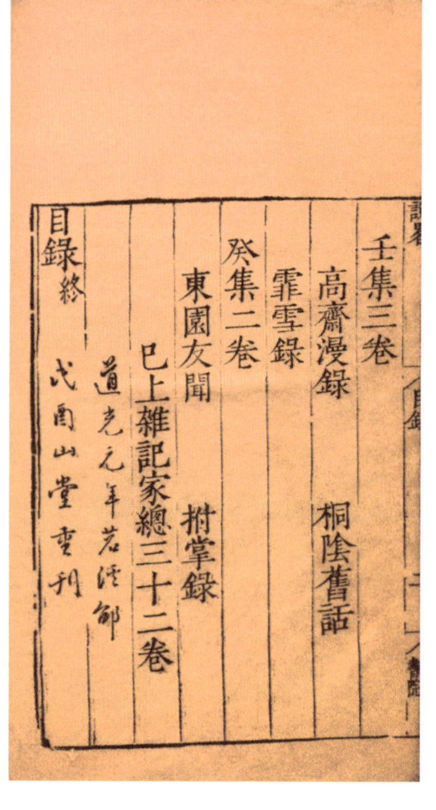
壬集三卷
高齋漫録 桐陰舊話
霏雪録
癸集二卷
東園友聞 拊掌録
已上雜記家總三十二卷
道光元年苕溪邵氏西山堂重刊
目録終

默記　　說畧一　雜記

王朴仕周爲樞密使五代自朱梁以用武得天下政事皆歸樞密院至今言二府當時宰相但行文書而已況朴之得君所以世宗才四年間取淮南下三關所向成功時緣用兵朴多宿禁中一日謁見世宗屏人顰蹙且倉皇歎嗟曰禍起不久矣世宗因問之曰臣觀玄象大異所以不敢不言

356.**增補注釋故事白眉十卷** 〔明〕許以忠撰 PL1489 .H84

清光緒二年（1876）經濟堂刻本 六册一函

二節版，半葉行字不等，白口，四周單邊，無魚尾。上半框高3.3釐米，下半框高17.7釐米，寬14.5釐米。版心上鐫“增補故事白眉”，中鐫卷次，下鐫葉碼。

内封題“光緒丙子重刻/許貫日先生注釋/增補白眉/故事/内附新箋、名公尺牘，經濟堂梓行”。

卷端題“增補注釋故事白眉，貫日許以忠集，恭玉許國球校，吴門聚錦堂梓”。

卷首有鄧志謨“故事白眉弁言”、許國球清康熙八年（1669）“重訂白眉序”、目録。

鈐印：“公安廖氏竹林齋藏書”陽文方印。

名公表聯

如美如神既法堯而一道得辭得詩爰授受舜以發尊望譽譽慈慈之所莫造庭班謌儀儀簡簡之詩切祈賽算 御定宇

增補註釋故事白眉卷之一

貫日 許以忠 集
恭玉 許國球 校
吳門 聚錦堂 梓

君道部

上皇 太后 皇帝 聖節 聖壽 皇后
太子 宗室 外戚 詔書 赦書 朝制

○上皇類

太上皇（天子之父曰太上皇）漢高祖（名邦字曰季以布衣而得天下國號漢）曰父有天下傳歸于子子有天下尊居于父此人道之極也朕平暴亂（天子自稱曰朕蔡邕曰朕者我也古者上下共稱至秦始皇始爲天子自稱漢因之）立諸侯偃兵息民天下大安此皆太公之

357.佩文韻府一百六卷　〔清〕張玉書等撰　**韻府拾遺一百六卷**　〔清〕汪灝等纂　AE17 .P4

清道光咸豐間（1821—1861）嶺南潘氏海山仙館刻本　一百六十册十七函

半葉十二行二十五字，小字雙行同，白口，四周雙邊，單黑魚尾，半框高16.3釐米，寬11.6釐米。版心上鎸書名，中鎸卷次、韻目，下鎸葉碼。

内封題“佩文韻府”。

牌記題“嶺南潘氏海山/仙館藏板”。

卷端題“佩文韻府”。

卷首有清康熙五十年（1711）御製序、職名。

鈐印：“公安廖氏竹林齋藏書”陽文方印。

佩文韻府

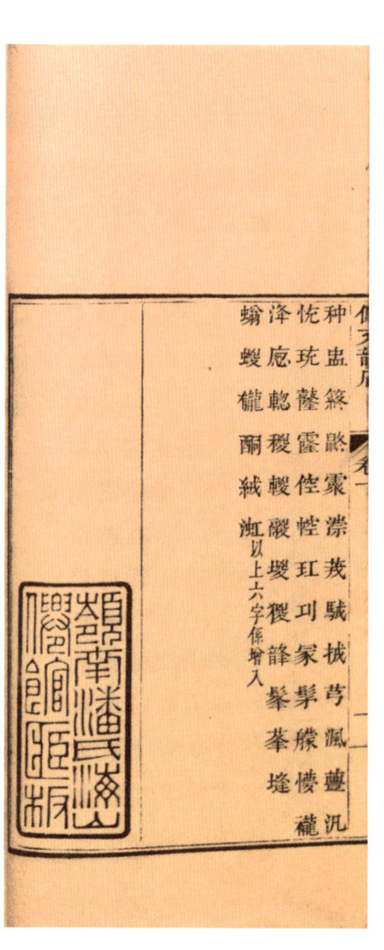
嶺南潘氏海山仙館藏板
以上六字係增入

佩文韻府卷一

上平聲　一東韻

東同銅桐筒童僮瞳筩中衷忠蟲
沖終戎崇嵩菘弓躬宮融雄熊穹
窮馮風楓豐充隆空公功工攻蒙
濛籠聾櫳瓏洪紅鴻虹叢翁葱聰
驄驂通蓬篷烘潼曚朧藭忽鶲峒
罿螽狨灃癃幪夢潨訌葼緵夎豵
涷曈鮦狆忡崧彤芃酆麷釭儚雺
䓗璁谼恫鬆總樅椶逢蝀侗絧艟
犝氃爞瀜窿悾矇朦罞懵嚨曨襱
龐茙藂篆㚇艐膧衕𩍓㖮穜詷𦪇

358.御定駢字類編二百四十卷　〔清〕聖祖玄燁撰　AE17.P53 1887

清光緒十三年（1887）上海同文書局石印本　四十八册四函

内封題“御定駢字類編”。

牌記題“光緒丁亥孟夏上/海同文書局石印”。

卷端題“御定駢字類編”。

卷首有清雍正五年（1727）御製序、凡例、目録。

按：此本無雍正六年編修、監修等職名。

御定駢字類編卷第一

天地門一

天

天地 易乾夫大人者與||合其德 又坤||變化草木蕃||閉賢人隱 又泰象曰||交泰后以財成||之道輔相||之宜以左右民 又豫象||以順動故日月不過而四時不忒 又復象復其見||之心乎 又咸象||感而萬物化生聖人感人心而天下和平觀其所感而||萬物之情可見矣 又豐象||盈虛與時消息 又繫辭易與||準 注言聖人作易與||相準謂準擬||則乾健以法天坤順以法地之紀是也 又範圍||之化而不過 又廣大配|| 又||之道貞觀者也 又||之大德曰生 又說卦||定位山澤通氣 書泰誓惟||萬物父母惟人萬物之靈 又周官少師少傅少保曰三孤貳公弘化寅亮||弼予一人 詩小序昊天有成命郊祀||也 禮記曲禮天子祭||祭四方祭山川 又禮運故聖人作則必以||為本 又樂記大樂與||同和大禮與||同節 注言順||之氣與其數 又中庸致中和||位焉萬物育焉 又能盡物之性則可以贊||之化育可以贊||之化育則可以與||參矣 又鄉飲酒義賓主象||也 周禮大司徒日至之景尺有五寸謂之地中||之所合也四時之所交也風雨之所會也陰陽之所和也 左傳禮之可以為國也久矣與||並 注有||則禮義與 又經緯||曰文 孟子其為氣也至大至剛以直養而無害則塞乎||之間 國語夫利百物之所生也||之所載也而或專之其害多矣 又其祭以均分公侯伯子男使各有寧宇以順及||無逢其災害 史記孟子傳騶衍深觀陰陽消息而作怪迂之變終始大聖之篇十餘萬言先序今以上至黃帝學者所共術大並世盛衰因載其禨祥度制推而遠之至||未生窈冥不可考而原也先列中國名山大川通谷禽獸水土所殖物類所珍因而推之及海外人之所不能睹稱引||剖判以來五德轉移治各有宜而符應若茲 又賈誼傳且夫||為爐兮造化為工陰陽為炭兮萬物為銅 又匈奴傳中行說令單于遺漢書以尺二寸牘及印封皆令廣大長倨傲其辭曰||所生日月所置匈奴大單于敬問漢皇帝無恙 又太史公自序易著||陰陽四時五行故長於變 漢書律曆志至治之世||之氣合以生風||之風氣正十二律定 又司馬相如傳相如既奏大人賦天子大說飄飄有凌雲氣游||之間意 又魏相傳春夏秋冬天子所服當法||之數中得人和 又揚雄傳宓羲氏之作易也綿絡||經以八卦文王附六爻孔子錯其象而彖其辭然後發||之藏定萬物之基 魏志高堂隆傳凡帝王徙都立邑皆先定||社稷之位敬恭以奉之 晉書成公綏傳綏以賦者貴能分賦物理敷演無方||之盛可以致思矣歷觀古人未之有賦豈獨以至麗無文難以辭讚不然何其闊哉遂為||賦 晉書孔坦傳陛下纂曆登皇乘圖踐帝||更禁日月再張 莊子若夫乘||之正御六氣之辯以遊無窮者彼且惡乎待哉 又今一以||為大鑪以造化為大冶惡乎往而不可哉 又吾在於||之間猶小石小木之在大山也方存乎見少又奚以自多 又||者形之大者也陰陽者氣之大者也 又夫保始之徵不懼之實勇士一人雄入於九軍將求名而能自要者而猶若是而況官||府萬物直寓六骸象耳目一知之所知而心未嘗死者乎 又臣之事君義也無適而非君也無所逃於||之間是之謂大戒 又夫播糠眯目則||四方易位矣 淮南子||未形馮馮翼翼洞洞灟灟故曰大昭 法言或問神曰心請問之曰潛天而天潛地而地||神明而不測者也心之潛也猶將測之況於人乎況於事倫乎 道德指歸論主如||民如草木 又頭足為||肘腋為四海肝膽為吳越眉目為齊楚 宣和書譜於||山川得其方圓流峙之形於日月星辰得其經緯昭回之度 禮記陰陽相薄而為雷||之鼓也 明一統志||壇在順天府正陽門之南左繞以短牆周迴十里 又||原在慶陽府環縣南九十里 陳後主宣聖禮典詔祖述憲章之典並||而合德樂正雅頌之奥

359.子史精華一百六十卷　〔清〕吴襄等纂修　AE4 .T95

清光緒二十二年（1896）上海寶文書局石印本　八册一函

内封題“子史精華”。

牌記題“光緒二十二年秋上海/寶文書局石印”。

卷端題“子史精華”。

卷首有“御製子史精華序”、職名、目録。

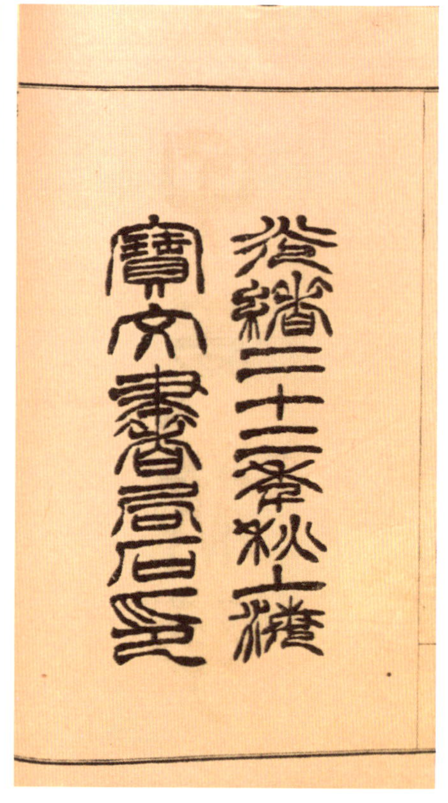

天部一

天

消陽無計量 若長有咢 萬物豪

四時云下 常象 動化從新

虛滿合⿰ 精氣有五

虛其無形 包物衆 或維之

以九制 尊充 因人 主正

大圓 萬物母 玄德 能長生

法道 得一以淸 不爭善勝不言善應 道猶張弓

利而不害 日暴夜息風乾露濡 圓而無端

且冬且夏 元運無窮 長嬴蕃以肇斂迺陰迺以敷榮

出三入一 徧覆包涵昭明顯融

捭闔 持樞 左舒 如彈丸

相因爲反相盈爲益 合精物生

職生覆 密移 積氣

煉石補闕 汸然無際漠然無分 清都紫微

蒼蒼正色 神而不可不爲 無爲而尊 運而無積

晝夜有紀 六極五常 機緘不得已運轉不能止

降施 萬物出乎無有 不陽歲成 成體成

360.稟啓零紈四卷　〔清〕姜士堯撰　BJ2007 .C5 H76

清末上海申報館鉛印本　二册

内封題“稟啓零紈”。

牌記題“上海申報館/仿聚珍版印”。

卷端題“稟啓零紈，雲廬居士繕”。

卷首有姜士堯自序，署“道光三十年歲次庚戌冬至前二日山陰姜士堯雲廬居士閑書於竇江捕署之夢香吟館”。

鈐印：“公安廖氏竹林齋藏書”陽文方印。

稟啓零紈

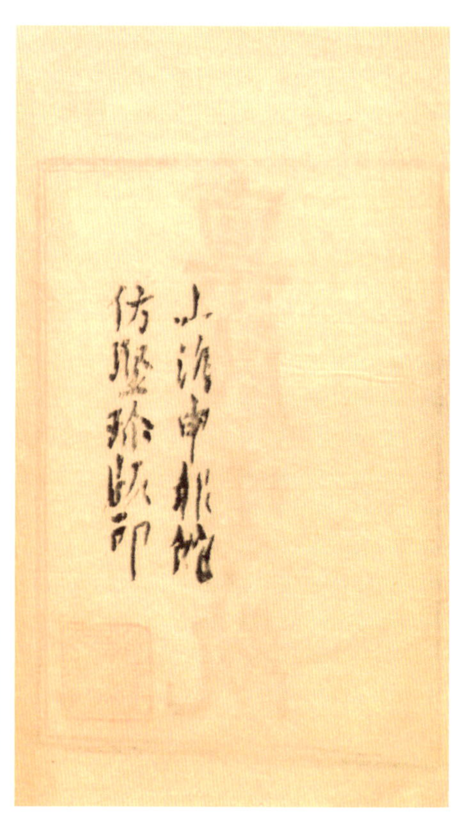
上海申報館
仿聚珍版印

稟啓零紈卷一

雲廬居士緝

聖治

至仁育物大智臨民　萬國咸寧百官以治　誕受丕丕之基難名蕩蕩之德　明良喜起極賡歌颺拜之庥　都俞盈廷躋熙皞雍和之盛　福備十全恩周九有　心惟精一邁有道之百王治本至公同無私之兩大　禹儉中修堯文外煥　立心咸五倖德涵三　體乾健而昭俊明　占泰通而持常久　政越百王率土仰生成之德學隆千古普天沾教育之恩　安益求安治愈思治　王多吉士朝有直臣　春耕秋斂灼知王業之艱難夜寐夙興惟欲人情之壽富　立賢無方用人惟己　人文煥而承穆聖風衍而普和　家國平康內外交泰　天拱一堂

361.格致鏡原一百卷　〔清〕陳元龍撰

清光緒二十二年（1896）積山書局石印本　十六册二函

陳元龍（1652—1736）字廣陵，號乾齋，浙江海寧人。

内封題“格致鏡原”。

牌記題“光緒丙申仲春/積山書局石印”。

卷端題“格致鏡原”。

卷首有清雍正十三年（1735）陳元龍原序、凡例、總目。

鈐印：“公安廖氏竹林齋藏書”陽文方印。

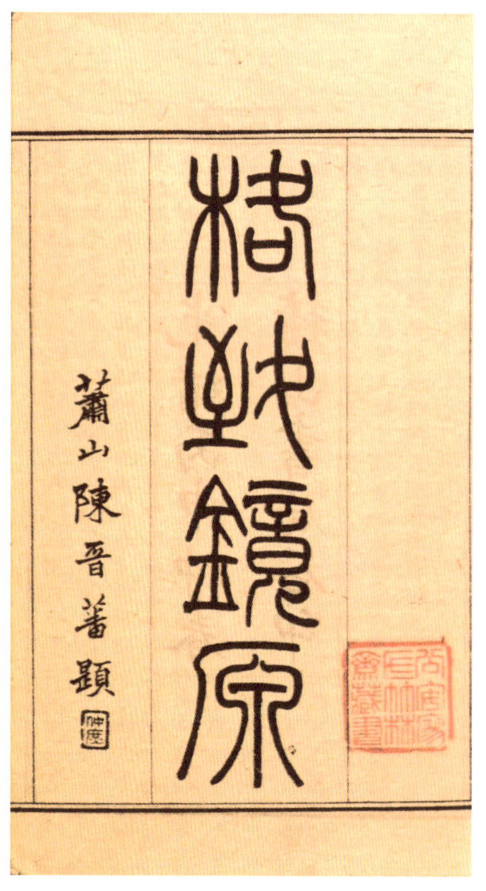

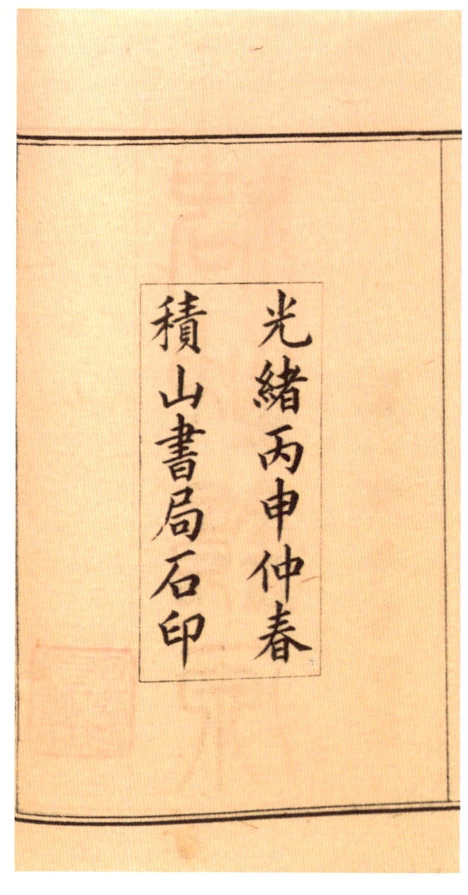

格致鏡原卷一

乾象類一

天 附渾儀 刻漏 候氣

總論 徐整三五歷紀未有天地之時混沌如雞子溟涬始判濛鴻滋分歲起攝提元氣啟肇 禮統天地者元氣之所生萬物之祖也 列子天地亦物也物有不足故昔者女媧氏鍊五色石以補其闕斷鼇之足以立四極 河圖括地象西北為天門東南為地戶 注天不足西北是天門地不滿東南是地戶 春秋說題辭天之言顚也居高理下為人經紀故其字一大以鎮之此天之名義也天之為體中包乎地日月星辰屬焉 許慎說文天顚也至高無上從一大也 劉熙釋名天豫司兗冀以舌腹言之天顯也在上高顯也青徐以舌頭言之天坦也坦然高而遠也 楊泉物理論天者旋也均也積陽純剛其體迴旋羣生之所共仰所以立天地者水也成天地者氣也水土之氣升而為天 儲泳袪疑說自天統開於子輕清之炁一萬八百年升而為天天之晶華凝結而為日月星辰成象既著功用乃行 列子天積氣爾日月星辰亦氣之光耀者也 虞昺穹天論天形穹窿如笠而冒地之表浮元氣之上譬覆奩以抑水

專類之屬

362.海錯百一録五卷　〔清〕郭柏蒼輯　

清光緒十二年（1886）刻本　二册一函

郭柏蒼（1815—1890）字兼秋、青郎，侯官（今福建福州）人。

半葉九行二十一字，小字雙行同，上白下黑口，左右雙邊，單黑魚尾，半框高19.8釐米，寬12.7釐米。版心上鎸書名，中鎸卷次，下鎸葉碼。

内封題“光緒丙戌/海錯百一録”。

卷端題“海錯百一録，侯官郭柏蒼兼秋輯”。

卷首有郭柏蒼自序。

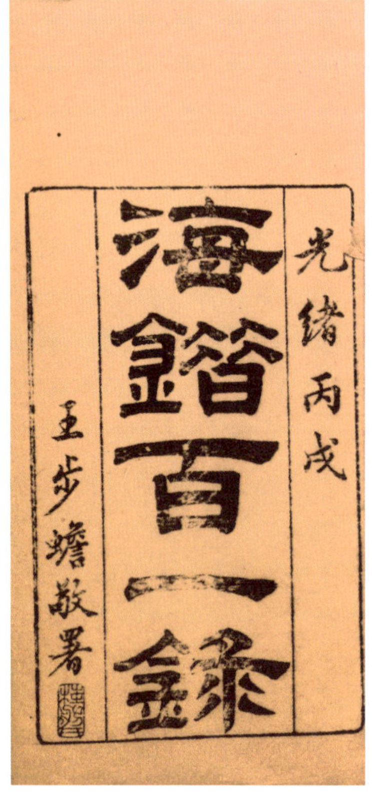
光緒丙戌
海錯百一録
王步蟾敬署

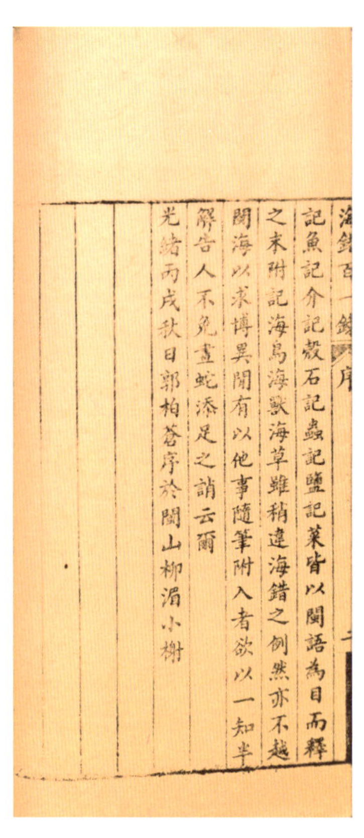
海錯百一録序
記魚記介記殻石記蟲記鹽記菜皆以閩語為目而釋
之末附記海鳥海獸海草雖稍違海錯之例然亦不越
閩海以求博異聞有以他事隨筆附入者欲以一知半
解告人不免畫蛇添足之誚云爾
光緒丙戌秋日郭柏蒼序於閩山柳湄小榭

海錯百一録卷一

侯官郭柏蒼蒹秋輯

記漁

漁船名目　海人討海之船（以漁為生者名討海）名目不一曰竹編網船曰旋編船曰竹編艙船曰拖釣網船曰手摇釣船漁者各有其技各乘其船各取其魚非一船能取諸魚也（江河之魚春夏浮而遡流秋冬没而順流有鱗之魚好遡流海水豬而不動故漁者視風為度惟恐魚不避風潮）

碮　砌石海旁而曲折之而玲瓏之曰碮亦曰扈潮退

叢書類

彙編之屬

363.海山仙館叢書五十六種 〔清〕潘仕成輯 PL2451 .P29

清道光咸豐間(1821—1861)刻本 一百二十册十二函

潘仕成,字德畬,廣東番禺人。

半葉九行二十一字,黑口,左右雙邊,無魚尾,半框高12.5釐米,寬9.7釐米。版心中鎸各書書名、卷次,下鎸葉碼、"海山仙館叢書"。

卷首有葉志詵序、潘藴章跋、例言、海山仙館叢書總目次。

鈐印:"吴郡謝氏"陰文方印、"望炊樓藏"陽文方印。

按:每種書各有内封、刊書年代。無内封者,不録年代。

子目:

遂初堂書目一卷 〔宋〕尤袤撰 道光二十六年(1846)刻

易大義一卷 〔清〕惠棟撰 道光二十七年(1847)刻

讀書敏求記四卷 〔清〕錢曾撰 道光二十七年(1847)刻

尚書注考一卷 〔明〕陳泰交撰 道光二十七年(1847)刻

讀詩拙言一卷 〔明〕陳第撰 道光二十七年(1847)刻

四書逸箋六卷 〔清〕程大中撰 道光二十六年(1846)刻

一切經音義二十五卷 〔唐〕釋玄應撰 〔清〕莊炘、錢坫、孫星衍校 道光二十五年(1845)刻

古史輯要六卷首一卷 〔清〕□□撰 道光二十五年(1845)刻

史記短長説二卷 〔明〕凌迪知、凌稚隆訂正 道光二十七年(1847)刻

順宗實録五卷 〔唐〕韓愈撰 道光二十六年(1846)刻

九國志十二卷 〔宋〕路振撰 〔宋〕張唐英補 道光二十七年(1847)刻

靖康傳信録三卷 〔宋〕李綱撰 道光二十六年(1846)刻

庚申外史二卷 〔明〕權衡撰 道光二十七年(1847)刻

二十二史感應録二卷 〔清〕彭希涑撰 道光二十九年(1849)刻

洛陽名園記一卷　〔宋〕李格非撰　道光二十六年(1846)刻

廣名將傳二十卷　〔明〕黄道周注斷　道光二十九年(1849)刻

高僧傳十三卷　〔南朝梁〕釋慧皎撰　道光二十七年(1847)刻

酌中志二十四卷　〔明〕劉若愚撰　道光二十五年(1845)刻

火攻挈要三卷圖一卷　(德)湯若望授　〔清〕焦勖述　道光二十七年(1847)刻

慎守要録九卷　〔明〕韓霖撰　道光二十九年(1849)刻

明夷待訪録一卷　〔清〕黄宗羲撰　道光二十七年(1847)刻

考古質疑六卷　〔宋〕葉大慶撰　光緒十一年(1885)刻

隱居通議三十一卷　〔元〕劉壎撰　道光二十九年(1849)刻

洞天清禄集一卷　〔宋〕趙希鵠撰　道光二十九年(1849)刻

調變類編四卷　道光二十七年(1847)刻

菰中隨筆一卷　〔清〕顧炎武撰　道光二十五年(1845)刻

雲谷雜記四卷首一卷末一卷　〔宋〕張淏撰　道光二十九年(1849)刻

龍筋鳳髓判四卷　〔唐〕張鷟撰　〔明〕劉允鵬注　〔清〕陳春補正　道光二十六年(1846)刻

桂苑筆畊集二十卷　〔唐〕崔致遠撰　道光二十七年(1847)刻

敬齋古今黈八卷　〔元〕李冶撰　道光二十九年(1849)刻

晁具茨先生詩集十五卷　〔宋〕晁冲之撰　〔清〕□□注　道光二十七年(1847)刻

揭曼碩詩三卷　〔元〕揭傒斯撰　道光二十七年(1847)刻

青籐書屋文集三十卷補遺一卷　〔明〕徐渭撰　道光二十六年(1846)刻

婦人集一卷補遺一卷　〔清〕陳維崧撰　〔清〕冒褒注　〔清〕冒丹書補　道光二十六年(1846)刻

漁隱叢話六十卷後集四十卷　〔宋〕胡仔撰　道光二十六年(1846)刻

四溟詩話四卷　〔明〕謝榛撰　道光二十五年(1845)刻

宋四六話十二卷　〔清〕彭元瑞撰　道光二十六年(1846)刻

詞苑叢談十二卷　〔清〕徐釚撰　道光二十七年(1847)刻

竹雲題跋四卷　〔清〕王澍撰　道光二十七年(1847)刻

讀畫録四卷 〔清〕周亮工撰 道光二十七年(1847)刻

續三十五舉一卷 〔清〕桂馥撰 道光二十七年(1847)刻

茶董補二卷 〔明〕陳繼儒輯 道光二十七年(1847)刻

酒顛補三卷 〔明〕陳繼儒輯 道光二十七年(1847)刻

尺牘新鈔十二卷 〔清〕周亮工輯 道光二十七年(1847)刻

顔氏家藏尺牘四卷姓氏考一卷 〔清〕顔光敏輯 道光二十七年(1847)刻

幾何原本六卷 (意)利瑪竇口譯 〔明〕徐光啓筆受 道光二十七年(1847)刻

同文算指前編二卷通編八卷 (意)利瑪竇授 〔明〕李之藻演 道光二十九年(1849)刻

圜容較義一卷 (意)利瑪竇授 〔明〕李之藻演 道光二十七年(1847)刻

測量法義一卷 (意)利瑪竇口譯 〔明〕徐光啓筆受 道光二十七年(1847)刻

測量異同一卷 〔明〕徐光啓撰 道光二十七年(1847)刻

勾股義一卷 〔明〕徐光啓撰 道光二十七年(1847)刻

翼梅八卷 〔清〕江永撰 道光二十七年(1847)刻

曆學補論一卷

歲實消長辯一卷

恒氣注曆辯一卷

冬至權度一卷

七政衍一卷

金水發微一卷

中西合法擬草一卷

算賸一卷

女科二卷産後編二卷 〔清〕傅山撰 道光二十七年(1847)刻

海録一卷 〔清〕楊炳南撰 咸豐元年(1851)刻

新釋地理備考全書十卷 (葡)瑪吉士撰 道光二十七年(1847)刻

全體新論十卷 (英)合信撰 咸豐元年(1851)刻

遂初堂書目

宋尤袤撰

經總類

成都石刻九經論語孟子爾雅　杭本周易　舊監本尚書　京本毛詩　舊監本禮記　杭本周禮　儀禮　舊監本左傳　杭本公羊傳　杭本穀梁傳　舊監本論語　舊監本孟子　舊監本爾雅　舊監本國語　高麗本尚書　江西本九經　六經圖　朱氏新定易書詩春秋古經

364.增訂漢魏叢書九十六種 〔清〕王謨輯

清光緒二十一年(1895)石印本 十四册二函

王謨,字仁圃,一字汝上,晚稱汝上老人,江西金谿人。

内封題"光緒乙未孟夏既望/漢魏叢書"。

牌記題"經翼二十種,别史十七種,子餘廿六種,載籍三十三種"。

子目:

經類

易傳三卷 〔漢〕京房撰 〔三國吴〕陆績注

關氏易傳一卷 〔北魏〕關朗撰

周易略例一卷 〔晋〕王弼撰 〔唐〕邢璹注

古三墳一卷 〔晋〕阮咸注

汲冢周書十卷 〔晋〕孔晁注

詩傳孔氏傳一卷 〔周〕端木賜撰

詩説一卷 〔漢〕申培撰

韓詩外傳十卷 〔漢〕韓嬰撰

毛詩草木鳥獸蟲魚疏二卷 〔三國吴〕陸璣撰

大戴禮記十三卷 〔漢〕戴德撰 〔北周〕盧辯注

春秋繁露十七卷 〔漢〕董仲舒撰

白虎通德論四卷 〔漢〕班固撰

獨斷一卷 〔漢〕蔡邕撰

忠經一卷 〔漢〕馬融撰

孝傳一卷 〔晋〕陶潜撰

小爾雅一卷 〔漢〕孔鮒撰

方言十三卷 〔漢〕揚雄撰 〔晋〕郭璞注

博雅十卷 〔三國魏〕張揖撰 〔隋〕曹憲音

釋名四卷 〔漢〕劉熙撰

别史

竹書紀年二卷 〔南朝梁〕沈約注

穆天子傳六卷　〔晋〕郭璞注

越絶書十五卷　〔漢〕袁康撰

吴越春秋六卷　〔漢〕趙曄撰　〔宋〕徐天祜音注

西京雜記六卷　〔漢〕劉歆撰

漢武帝内傳一卷　〔漢〕班固撰

飛燕外傳一卷　〔漢〕伶玄撰

雜事秘辛一卷　〔漢〕□□撰

華陽國志十四卷　〔晋〕常璩撰

十六國春秋十六卷　〔北魏〕崔鴻撰

三國志辨誤一卷　〔宋〕□□撰

元經薛氏傳十卷　〔隋〕王通撰　〔唐〕薛收傳　〔宋〕阮逸注

群輔録一卷　〔晋〕陶潜撰

英雄記鈔一卷　〔漢〕王粲撰

高士傳三卷　〔晋〕皇甫謐撰

蓮社高賢傳一卷　〔晋〕□□撰

神仙傳十卷　〔晋〕葛洪撰

子餘

孔叢二卷附詰墨一卷　〔漢〕孔鮒撰

新語二卷　〔漢〕陸賈撰

新書十卷　〔漢〕賈誼撰

新序十卷　〔漢〕劉向撰

鹽鐵論十二卷　〔漢〕桓寬撰　〔明〕張之象注

説苑二十卷　〔漢〕劉向撰

淮南鴻烈解二十一卷　〔漢〕劉安撰　〔漢〕高誘注

法言十卷　〔漢〕揚雄撰　〔宋〕宋咸注

申鑒五卷　〔漢〕荀悦撰　〔明〕黄省曾注

論衡三十卷　〔漢〕王充撰

潜夫論十卷　〔漢〕王符撰

中論二卷　〔漢〕徐幹撰

中説二卷　〔隋〕王通撰

風俗通義十卷　〔漢〕應劭撰

人物志三卷　〔三國魏〕劉邵撰　〔北魏〕劉昞注

新論十卷　〔北齊〕劉晝撰

顔氏家訓二卷　〔北齊〕顔之推撰

參同契一卷　〔漢〕魏伯陽撰

陰符經一卷　〔漢〕張良等注

風后握奇經一卷附握奇經續圖一卷八陣總述一卷　〔漢〕公孫宏解〔□〕□□續圖　〔晋〕馬隆撰八陣總圖

素書一卷　〔漢〕黄石公撰　〔宋〕張商英注

心書一卷　〔三國蜀〕諸葛亮撰

孫子二卷　〔周〕孫武撰　〔三國魏〕曹操注

列子八卷　〔周〕列禦寇撰　〔晋〕張湛注

傅子一卷　〔晋〕傅玄撰

道德經評注二卷　〔漢〕河上公章句

載籍

古今注三卷　〔晋〕崔豹撰

中華古今注三卷　〔後唐〕馬縞撰

文心雕龍十卷　〔南朝梁〕劉勰撰

博物志十卷　〔晋〕張華撰　〔宋〕周日用、盧□注

詩品三卷　〔南朝梁〕鍾嶸撰

書品一卷　〔南朝梁〕庾肩吾撰

尤射一卷　〔三國魏〕繆襲撰

拾遺記十卷　〔晋〕王嘉撰　〔南朝梁〕蕭綺録

述異記二卷　〔南朝梁〕任昉撰

續齊諧記一卷　〔南朝梁〕吴均撰

搜神記八卷　〔晋〕干寶撰

搜神後記二卷　〔晋〕陶潛撰

還冤記一卷　〔北齊〕顔之推撰

神異經一卷　〔漢〕東方朔撰　〔晉〕張華注

海内十洲記一卷　〔漢〕東方朔撰

别國洞冥記四卷　〔漢〕郭憲撰

枕中書一卷　〔晉〕葛洪撰

佛國記一卷　〔晉〕釋法顯撰

伽藍記五卷　〔後魏〕楊衒之撰

三輔黄圖六卷　〔漢〕□□撰

水經二卷　〔漢〕桑欽撰

星經二卷　〔漢〕甘公、石申撰

荆楚歲時記一卷　〔南朝梁〕宗懍撰

南方草木狀三卷　〔晉〕嵇含撰

竹譜一卷　〔晉〕戴凱之撰

禽經一卷　〔周〕師曠撰　〔晉〕張華注

鼎録一卷　〔南朝梁〕虞荔纂

古今刀劍録一卷　〔南朝梁〕陶弘景撰

天禄閣外史八卷　〔漢〕黄憲撰

輶軒絶代語一卷　〔漢〕揚雄撰

鄴中記一卷　〔晉〕陸翽撰

博異記一卷　〔唐〕鄭還古撰

世本一卷　〔漢〕宋衷注　〔清〕孫馮翼輯

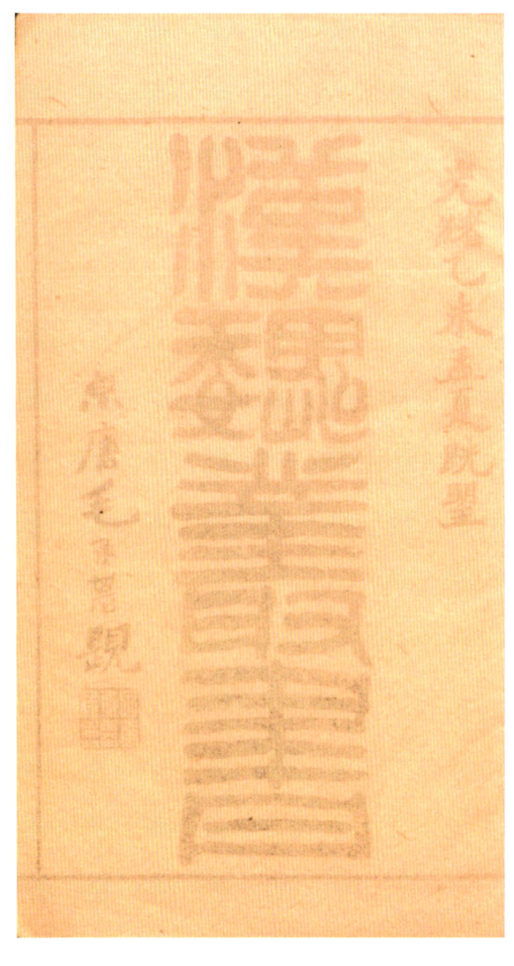

光緒乙未孟夏既望

漢魏叢書

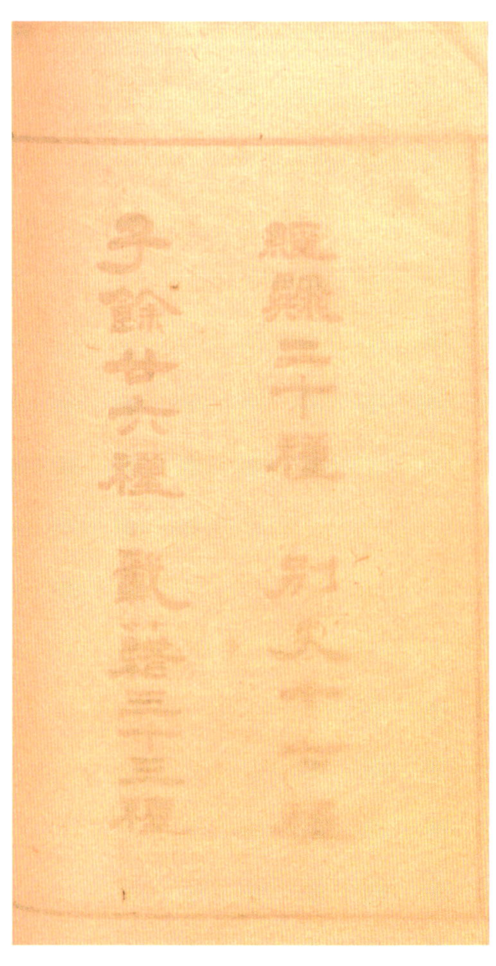

經翼二十種　別史十七種

子餘廿六種　載籍三十三種

易傳總目

易傳卷上

漢　東局　京房　著　　豐城　呂林有　校

☰乾下乾上　乾。純陽用事，象配天，屬金，與坤為飛伏，居世。易云：用九，見群龍无首，吉。九三三公為應，肖乾九三，陽之位，甲壬配外內二象。積算起己巳火至戊辰土，周而復始。五星之位起鎮星，參宿從位起壬戌。建子起潛龍，建巳至極主亢位。配於人事為首，為君父。於類為馬，為龍。降五行，頒六位。分氣候二十四，西北之方，野陰陽相戰之地。易云：戰乎乾。天六位，地六氣，四象分萬物，陰陽無差，升降有等。吉凶見乎其象，造化分乎有無。六位純陽，陰象在中。陽為君，陰為臣，陽為民，陰為事。陽實陰虛，明暗之象，陰陽可知。水配位為福德，木入金鄉居寶貝，土臨內象為父母，火來四上嫌相敵，金入金鄉木漸微。宗廟上建戌亥，乾本位。

八卦例諸

☰巽下乾上　姤。陰爻用事，金木互。天下風行曰姤。姤，遇也。易曰：陰遇陽。與巽為飛伏，元士居世。定吉凶，只取一爻之象。九四諸侯堅剛在上，陰氣處下。易云：繫于金柅。積陰入陽，辛壬降內外象。建庚午至乙亥。積算起乙亥水至甲戌土，周而復始。五行升降。五星從位起太白，井宿從位入辛丑。建午起坤宮初六，易云：履霜堅冰至。配於人事。為母，於類為馬。易云：行地無疆。內巽為風，乾為天。天下有風行，君子以號令告四方。天風氣象三十六候。木入金為始。陰不能制於陽，附於金。姤，易之柔道牽也。五行升降以時消息，陰盪陽，降入遯。

☰艮下乾上　遯。陰爻用事，陰盪陽，遯金土見象。山在天下為遯。遯，退也。陰東陽退也。小人君子污隆，契斯義也。易云：遯世無悶。與艮為飛伏，大夫居世，建辛未為月。六二得應，與君位遯，臣事君，全身遠害。建辛未至丙子，陰陽遯去，積而候位。積算起丙子至乙亥，周而復始。寄於貶黜。五星從位起太陰，鬼宿入位降丙午。配於人事為背，為手。於類為狗，為山石。內外升降，陰陽分數二十八候。陽退上入金，積陽為天，積陰為地。山所地，高峻逼通於天。陰長陽消，降入否。

365.增訂漢魏叢書八十六種　〔清〕王謨輯　

清乾隆五十六年（1791）刻本　八十册八函

半葉九行二十字，白口，左右雙邊，單黑魚尾，半框高19.5釐米，寬14.5釐米。版心上鐫子目書名，中鐫卷次，下鐫葉碼。

内封題“乾隆辛亥重鐫/漢魏叢書/經翼二十種，别史十六種，子餘廿二種，載籍廿八種，本衙藏版”。

卷首有清乾隆五十七年（1792）陳蘭森重刻叙、明萬曆二十年（1592）屠隆序、“增訂漢魏叢書凡例”、“增訂漢魏叢書參閲姓氏”、“增訂漢魏叢書目次”。

卷末有王謨跋。

鈐印：“公安廖氏竹林齋藏書”陽文方印。

子目：

經翼

焦氏易林四卷　〔漢〕焦贛撰

易傳三卷　〔漢〕京房撰　〔三國吴〕陸績注

關氏易傳一卷　〔北魏〕關朗撰

周易略例一卷　〔三國魏〕王弼撰　〔唐〕邢璹注

古三墳一卷　〔晋〕阮咸撰

汲冢周書十卷　〔晋〕孔晁注

詩傳孔氏傳一卷　〔周〕端木賜撰

詩説一卷　〔漢〕申培撰

韓詩外傳十卷　〔漢〕韓嬰撰

毛詩草木鳥獸蟲魚疏二卷　〔三國吴〕陸璣撰

大戴禮記十三卷　〔漢〕戴德撰　〔北周〕盧辯注

春秋繁露十七卷　〔漢〕董仲舒撰

白虎通德論四卷　〔漢〕班固撰

獨斷一卷　〔漢〕蔡邕撰

忠經一卷　〔漢〕馬融撰

孝傳一卷　〔晋〕陶潛撰

小爾雅一卷　〔漢〕孔鮒撰
方言十三卷　〔漢〕揚雄撰　〔晋〕郭璞注
博雅十卷　〔三國魏〕張揖撰　〔隋〕曹憲音
釋名四卷　〔漢〕劉熙撰

別史

竹書紀年二卷　〔南朝梁〕沈約注
穆天子傳六卷　〔晋〕郭璞注
越絶書十五卷　〔漢〕袁康撰
吴越春秋六卷　〔漢〕趙曄撰　〔宋〕徐天祐音注
西京雜記六卷　〔漢〕劉歆撰
漢武帝内傳一卷　〔漢〕班固撰
飛燕外傳一卷　〔漢〕伶玄撰
雜事秘辛一卷　〔漢〕□□撰
華陽國志十四卷　〔晋〕常璩撰
十六國春秋十六卷　〔北魏〕崔鴻撰
元經薛氏傳十卷　〔隋〕王通撰
群輔録一卷　〔晋〕陶潛撰
英雄記鈔一卷　〔漢〕王粲撰
高士傳三卷　〔晋〕皇甫謐撰
蓮社高賢傳一卷　〔晋〕□□撰
神仙傳十卷　〔晋〕葛洪撰

子餘

孔叢二卷詰墨一卷　〔漢〕孔鮒撰
新語二卷　〔漢〕陸賈撰
新書十卷　〔漢〕賈誼撰
新序十卷　〔漢〕劉向撰
説苑二十卷　〔漢〕劉向撰
淮南鴻烈解二十一卷　〔漢〕劉安輯　〔漢〕高誘注
鹽鐵論十二卷　〔漢〕桓寬撰　〔宋〕宋咸注　〔明〕張之象注

法言十卷　〔漢〕揚雄撰
申鑒五卷　〔漢〕荀悦撰　〔明〕黄省曾注
論衡三十卷　〔漢〕王充撰
潛夫論十卷　〔漢〕王符撰
中論二卷　〔漢〕徐幹撰
中説二卷　〔隋〕王通撰
風俗通義十卷　〔漢〕應劭撰
人物志三卷　〔三國魏〕劉邵撰　〔北魏〕劉昞注
新論十卷　〔南朝梁〕劉晝撰
顔氏家訓二卷　〔北齊〕顔之推撰
參同契一卷　〔漢〕魏伯陽撰
陰符經一卷　〔漢〕張良等注
風后握奇經一卷附握奇經續圖一卷八陣總述一卷　〔漢〕公孫宏解〔□〕□□撰續圖　〔晋〕馬隆述八陣總述
素書一卷　〔漢〕黄石公撰　〔宋〕張商英注
心書一卷　〔三國蜀〕諸葛亮撰

載籍

古今注三卷　〔晋〕崔豹撰
博物志十卷　〔晋〕張華撰　〔宋〕周日用、盧□注
文心雕龍十卷　〔南朝梁〕劉勰撰
詩品三卷　〔南朝梁〕鍾嶸撰
書品一卷　〔南朝梁〕庾肩吾撰
尤射一卷　〔三國魏〕繆襲撰
拾遺記十卷　〔晋〕王嘉撰　〔南朝梁〕蕭綺輯
述異記二卷　〔南朝梁〕任昉撰
續齊諧記一卷　〔南朝梁〕吴均撰
搜神記八卷　〔晋〕干寶撰
搜神後記二卷　〔晋〕陶潛撰
還冤記一卷　〔北齊〕顔之推撰

神異經一卷　〔漢〕東方朔撰　〔晋〕張華注

海内十洲記一卷　〔漢〕東方朔撰

别國洞冥記四卷　〔漢〕郭憲撰

枕中書一卷　〔晋〕葛洪撰

佛國記一卷　〔晋〕釋法顯撰

伽藍記五卷　〔北魏〕楊衒之撰

三輔黄圖六卷　〔漢〕□□撰

水經二卷　〔漢〕桑欽撰

星經二卷　〔漢〕甘公、石申撰

荆楚歲時記一卷　〔南朝梁〕宗懔撰

南方草木狀三卷　〔晋〕嵇含撰

竹譜一卷　〔晋〕戴凱之撰

禽經一卷　〔周〕師曠撰　〔晋〕張華注

古今刀劍録一卷　〔南朝梁〕陶弘景纂

鼎録一卷　〔南朝梁〕虞荔纂

天禄閣外史八卷　〔漢〕黄憲撰

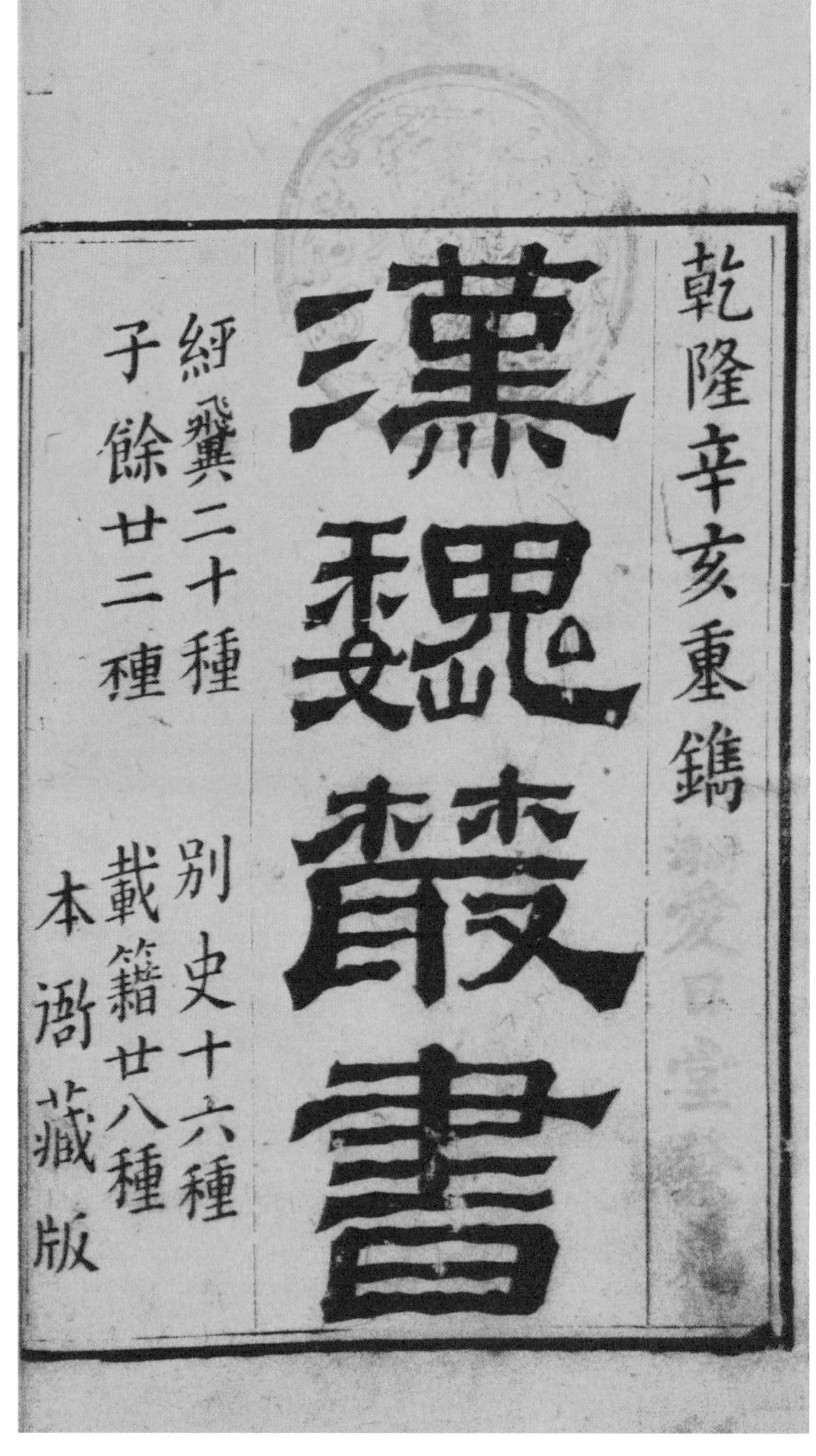

乾隆辛亥重鐫

漢魏叢書

經翼二十種　別史十六種

子餘廿二種　載籍廿八種

本衙藏版

焦氏易林卷一

漢　焦贛著　南豐趙　新校

乾之第一

乾　道陟多阪胡言連蹇。譯瘖且聾。莫使道通請謁不行求事無功。

坤　招殃來螫。害我邦國。病傷手足。不得安息。

屯　陽孤亢極多所恨惑。車傾蓋亡。身常憂惶乃得其願。雌雄相從

蒙　鵲鵴鳲鳩。專一無尤。君子是則長受嘉福

366.粤雅堂叢書三十集一百八十五種一千三百四十七卷　〔清〕伍崇曜輯

清道光同治間(1849—1874)粤雅堂刻本　三百三十册三十三函

伍崇曜,字紫垣,廣東南海人。

半葉九行二十一字,黑口,左右雙邊,無魚尾,半框高13.2釐米,寬9.8釐米。版心中鎸書名、卷次,下鎸葉碼、"粤雅堂叢書"。

内封題"第一集/粤雅堂叢書"。

鈐印:"公安廖氏竹林齋藏書"陽文方印、"儒林子孫"陽文長方印。

按:本館藏本不全,缺第三編第二十一集以後内容。

子目:

一編

第一集

南部新書十卷　〔宋〕錢易撰　道光三十年(1850)刻

中吴紀聞六卷　〔宋〕龔明之撰　道光三十年(1850)刻

志雅堂雜鈔二卷　〔宋〕周密撰　道光三十年(1850)刻

焦氏筆乘六卷續八卷　〔明〕焦竑撰　道光三十年(1850)刻

東城雜記二卷　〔清〕厲鶚撰　道光三十年(1850)刻

第二集

奉天録四卷　〔唐〕趙元一撰　咸豐二年(1852)刻

咸淳遺事二卷　〔宋〕□□撰　道光三十年(1850)刻

昭忠録一卷　〔宋〕□□撰　道光三十年(1850)刻

月泉吟社一卷　〔宋〕吴渭輯　咸豐元年(1851)刻

河汾諸老詩集八卷　〔元〕房祺輯　咸豐二年(1852)刻

谷音二卷　〔元〕杜本輯　咸豐元年(1851)刻

揭文安公文粹二卷　〔元〕揭傒斯撰　咸豐元年(1851)刻

玉笥集十卷　〔元〕張憲撰　咸豐元年(1851)刻

潞水客談一卷　〔明〕徐貞明撰　咸豐元年(1851)刻

陶庵夢憶八卷　〔清〕張岱撰　咸豐二年(1852)刻

天香閣隨筆二卷　〔清〕李介撰　咸豐二年（1852）刻

天香閣集一卷　〔清〕李介撰　咸豐二年（1852）刻

第三集

芻蕘奥論二卷　〔宋〕張方平撰　咸豐元年（1851）刻

唐史論斷三卷　〔宋〕孫甫撰　咸豐元年（1851）刻

叔苴子内編六卷外編二卷　〔明〕莊元臣撰　咸豐二年（1852）刻

西洋朝貢典録三卷　〔明〕黄省曾撰　道光三十年（1850）刻

五代詩話十卷　〔清〕王士禛輯　〔清〕鄭方坤删補　咸豐元年（1851）刻

第四集

易圖明辨十卷　〔清〕胡渭撰　咸豐二年（1852）刻

四書逸箋六卷　〔清〕程大中撰　道光三十年（1850）刻

古韻標準四卷詩韻舉例一卷　〔清〕江永撰　〔清〕戴震参定　咸豐二年（1852）刻

四聲切韻表一卷凡例一卷　〔清〕江永撰　咸豐二年（1852）刻

緒言三卷　〔清〕戴震撰　道光三十年（1850）刻

聲類四卷　〔清〕錢大昕撰　道光二十九年（1849）刻

宋遼金元四史朔閏考二卷　〔清〕錢大昕撰　〔清〕錢侗增補　咸豐二年（1852）刻

第五集

國史經籍志五卷附録一卷　〔明〕焦竑撰　咸豐元年（1851）刻

文史通義八卷　〔清〕章學誠撰　咸豐元年（1851）刻

校讐通義三卷　〔清〕章學誠撰　咸豐元年（1851）刻

第六集

經義考補正十二卷　〔清〕翁方綱撰　道光三十年（1850）刻

小石帆亭五言詩續鈔八卷首一卷　〔清〕翁方綱輯　道光三十年（1850）刻

蘇詩補注八卷　〔清〕翁方綱撰　咸豐元年（1851）刻

附：志道集一卷　〔宋〕顧禧撰

石洲詩話八卷　〔清〕翁方綱撰　咸豐元年（1851）刻

北江詩話六卷　〔清〕洪亮吉撰　咸豐四年（1854）刻

玉山草堂續集六卷 〔清〕錢林撰 道光二十九年(1849)刻

第七集

虎鈐經二十卷 〔宋〕許洞撰 咸豐二年(1852)刻

打馬圖經一卷 〔宋〕李清照撰 咸豐元年(1851)刻

叙古千文一卷 〔宋〕胡寅撰 〔宋〕黄灝注 道光三十年(1850)刻

草廬經略十二卷 〔明〕□□撰 道光三十年(1850)刻

字觸六卷 〔清〕周亮工撰 咸豐元年(1851)刻

今世説八卷 〔清〕王晫撰 咸豐二年(1852)刻

飲水詩集一卷詞集一卷 〔清〕納蘭性德撰 咸豐元年(1851)刻

第八集

雙溪集十五卷附遺言一卷 〔宋〕蘇籀撰 咸豐元年(1851)刻

日湖漁唱一卷補遺一卷續補遺一卷 〔宋〕陳允平撰 咸豐元年(1851)刻

秋笳集八卷附録一卷 〔清〕吴兆騫撰 咸豐二年(1852)刻

瑟譜六卷 〔元〕熊朋來撰 咸豐二年(1852)刻

燕樂考原六卷 〔清〕凌廷堪撰 咸豐元年(1851)刻

第九集

絳雲樓書目四卷 〔清〕錢謙益撰 〔清〕陳景雲注 道光三十年(1850)刻

述古堂藏書目四卷宋板書目一卷 〔清〕錢曾撰 道光三十年(1850)刻

石柱記箋釋五卷 〔清〕鄭元慶撰 道光三十年(1850)刻

林屋唱酬録一卷 〔清〕馬曰琯等輯 道光三十年(1850)刻

焦山紀遊集一卷 〔清〕馬曰琯等輯 道光三十年(1850)刻

沙河逸老小稿六卷嶰谷詞一卷 〔清〕馬曰琯撰 咸豐元年(1851)刻

南齋集六卷詞二卷 〔清〕馬曰璐撰 咸豐元年(1851)刻

第十集

九國志十二卷 〔宋〕路振撰 〔宋〕張唐英補 道光三十年(1850)刻

胡子知言六卷疑義一卷附録一卷 〔宋〕胡宏撰 道光三十年(1850)刻

嵩庵閑話二卷 〔清〕張爾岐撰 道光三十年(1850)刻

後漢書補注二十四卷 〔清〕惠棟撰 咸豐元年(1851)刻

後漢書補表八卷 〔清〕錢大昭撰 咸豐二年(1852)刻

二編

第十一集

詩書古訓六卷　〔清〕阮元撰　咸豐五年（1855）刻

十三經音略十三卷附録一卷　〔清〕周春撰　咸豐四年（1854）刻

説文聲繫十四卷　〔清〕姚文田撰　咸豐五年（1855）刻

第十二集

鄭志三卷附録一卷　〔漢〕鄭玄撰　〔三國魏〕鄭小同編　〔清〕錢東垣、錢繹、錢侗按　咸豐三年（1853）刻

文館詞林殘四卷（存卷六百六十二、卷六百六十四、卷六百六十八、卷六百九十五）　〔唐〕許敬宗等輯　咸豐三年（1853）刻

兩京新記殘一卷（存卷三）　〔唐〕韋述撰　咸豐三年（1853）刻

新譯大方廣佛華嚴經音義四卷　〔唐〕釋慧苑撰　咸豐四年（1854）刻

道德真經注四卷　〔元〕吴澄撰　咸豐五年（1855）刻

太上感應篇注二卷　〔清〕惠棟撰　咸豐五年（1855）刻

歷代帝王年表三卷　〔清〕齊召南撰　〔清〕阮福續　咸豐五年（1855）刻

紀元編三卷末一卷　〔清〕李兆洛撰　〔清〕六承如録　咸豐五年（1855）刻

第十三集

中興禦侮録二卷　〔宋〕□□撰　咸豐四年（1854）刻

襄陽守城録一卷　〔宋〕趙萬年撰　咸豐四年（1854）刻

宋季三朝政要五卷附録一卷　〔宋〕□□撰　咸豐四年（1854）刻

詞源二卷　〔宋〕張炎撰　咸豐三年（1853）刻

精選名儒草堂詩餘三卷　〔元〕鳳林書院輯　咸豐三年（1853）刻

樓山堂集二十七卷　〔明〕吴應箕撰　咸豐三年（1853）刻

第十四集

朱子（熹）年譜四卷考異四卷　〔清〕王懋竑撰　咸豐三年（1853）刻

附：朱子論學切要語二卷　〔清〕王懋竑輯

韓柳年譜八卷　〔清〕馬曰璐輯　咸豐五年（1855）刻

韓文（愈）類譜七卷　〔宋〕魏仲舉輯

韓吏部文公集年譜一卷　〔宋〕吕大防撰

韓文公歷官記一卷 〔宋〕程俱撰

韓子年譜五卷 〔宋〕洪興祖撰

柳先生(宗元)年譜一卷 〔宋〕文安禮撰

疑年録四卷 〔清〕錢大昕撰 咸豐四年(1854)刻

續疑年録四卷 〔清〕吴修撰 咸豐五年(1855)刻

米海岳(芾)年譜一卷 〔清〕翁方綱撰 咸豐五年(1855)刻

元遺山先生(好問)年譜三卷附圖紀略一卷 〔清〕翁方綱撰 咸豐五年(1855)刻

第十五集

崇文總目五卷補遺一卷附録一卷 〔宋〕王堯臣等撰 〔清〕錢東垣等輯釋 〔清〕錢侗輯補遺附録 咸豐三年(1853)刻

菉竹堂書目六卷 〔明〕葉盛撰 咸豐四年(1854)刻

菉竹堂碑目六卷 〔明〕葉盛撰 咸豐四年(1854)刻

寒山堂金石林時地考二卷 〔明〕趙均撰 咸豐三年(1853)刻

勝飲編十八卷 〔清〕郎廷極撰 咸豐三年(1853)刻

采硫日記三卷 〔清〕郁永河撰 咸豐三年(1853)刻

嵩洛訪碑日記一卷 〔清〕黄易撰 咸豐四年(1854)刻

通志堂經解目録一卷 〔清〕翁方綱撰 咸豐三年(1853)刻

蘇米齋蘭亭考八卷 〔清〕翁方綱撰 咸豐三年(1853)刻

石渠隨筆八卷 〔清〕阮元撰 咸豐四年(1854)刻

第十六集

周官新義十六卷附考工記解二卷 〔宋〕王安石撰 咸豐三年(1853)刻

爾雅新義二十卷附叙録一卷 〔宋〕陸佃撰 〔清〕宋大樽校並輯叙録 咸豐三年(1853)刻

孫氏周易集解十卷 〔清〕孫星衍撰 咸豐五年(1855)刻

春秋穀梁傳時月日書法釋例四卷 〔清〕許桂林撰 咸豐四年(1854)刻

第十七集

群經音辨七卷 〔宋〕賈昌朝撰 咸豐四年(1854)刻

相臺書塾刊正九經三傳沿革例一卷 〔宋〕岳珂撰 咸豐四年(1854)刻

九經補韻一卷附録一卷　〔宋〕楊伯嵒撰　〔清〕錢侗考證　咸豐三年（1853）刻

詞林韻釋二卷　〔宋〕□□撰　咸豐四年（1854）刻

漢書地理志稽疑六卷　〔清〕全祖望撰　咸豐三年（1853）刻

國策地名考二十卷首一卷　〔清〕程恩澤撰　〔清〕狄子奇箋　咸豐三年（1853）刻

第十八集

儀禮石經校勘記四卷　〔清〕阮元撰　咸豐四年（1854）刻

隸經文四卷　〔清〕江藩撰　咸豐四年（1854）刻

樂縣考二卷　〔清〕江藩撰　咸豐四年（1854）刻

國朝漢學師承記八卷　〔清〕江藩撰

附：國朝經師經義目録一卷　〔清〕江藩撰　咸豐四年（1854）刻

國朝宋學淵源記二卷附記一卷　〔清〕江藩撰　咸豐四年（1854）刻

顧亭林先生（炎武）年譜四卷附録一卷　〔清〕張穆撰　咸豐三年（1853）刻

閻潛邱先生（若璩）年譜四卷　〔清〕張穆撰　咸豐三年（1853）刻

第十九集

秋園雜佩一卷　〔明〕陳貞慧撰　咸豐四年（1854）刻

倪文正公（元璐）年譜四卷　〔清〕倪會鼎撰　咸豐四年（1854）刻

南雷文定前集十一卷後集四卷三集三卷詩歷四卷世譜一卷附録一卷　〔清〕黄宗羲撰　咸豐三年（1853）刻

程侍郎遺集十卷附録一卷　〔清〕程恩澤撰　咸豐五年（1855）刻

第二十集

李元賓文集六卷文編三卷外編二卷續編一卷　〔唐〕李觀撰　〔唐〕陸希聲編文編　〔宋〕趙昂編外篇　〔清〕秦恩復編續編　咸豐四年（1854）刻

吕衡州集十卷附考證一卷　〔唐〕吕温撰　〔清〕顧廣圻撰考證　咸豐四年（1854）刻

西崑酬唱集二卷　〔宋〕楊億等撰　咸豐四年（1854）刻

羅鄂州小集六卷　〔宋〕羅願撰　咸豐三年（1853）刻

附：羅郢州遺文一卷　〔宋〕羅頌撰

樂府雅詞六卷拾遺二卷　〔宋〕曾慥輯　咸豐三年（1853）刻

陽春白雪八卷外集一卷　〔宋〕趙聞禮輯　咸豐三年（1853）刻

揅經室詩録五卷　〔清〕阮元撰　咸豐五年（1855）刻

三編

第二十一集

孟子音義二卷　〔宋〕孫奭撰　咸豐十年（1860）刻

兩漢博聞十二卷　〔宋〕楊侃撰　咸豐十年（1860）刻

春秋五禮例宗十卷　〔宋〕張大亨撰　咸豐十一年（1861）刻

兒易外儀十五卷　〔明〕倪元璐撰　咸豐十一年（1861）刻

春秋國都爵姓考一卷附補一卷　〔清〕陳鵬撰　〔清〕曾釗補　咸豐十一年（1861）刻

儀禮管見三卷附録一卷　〔清〕褚寅亮撰　咸豐十一年（1861）刻

孝經今文音義一卷　〔唐〕陸德明撰　咸豐十年（1860）刻

第二十二集

孝肅包公奏議十卷　〔宋〕包拯撰　同治元年（1862）刻

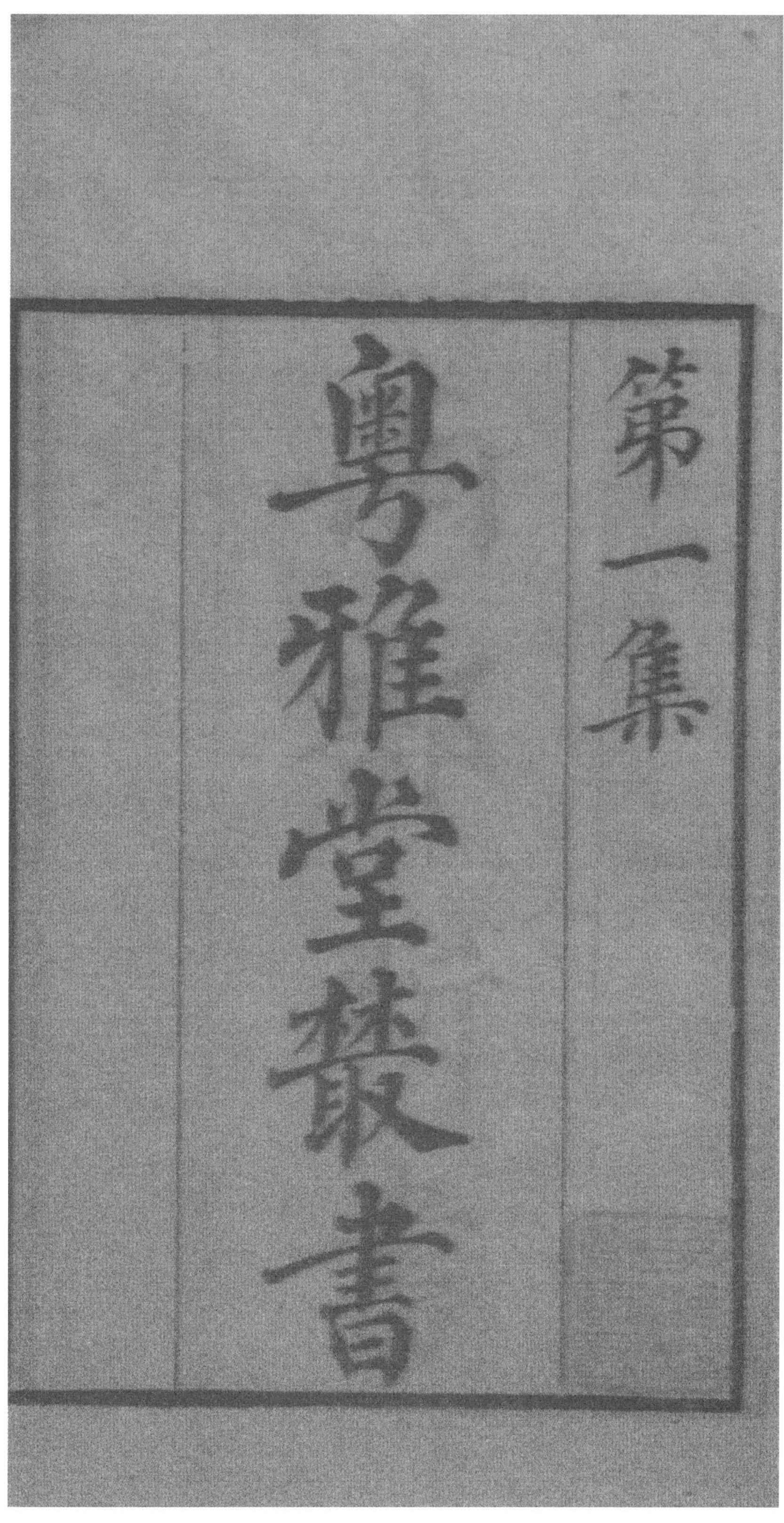
第一集
粤雅堂叢書

粤雅堂叢書總目

第一集

南部新書十卷　宋錢易撰

中吴紀聞六卷　宋龔明之撰

志雅堂雜鈔二卷　宋周密撰

焦氏筆乘六卷續八卷　明焦竑撰

東城雜記二卷　國朝厲鶚撰

第二集

奉天録四卷　唐趙元一撰

粤雅堂叢書總目　一　粤雅堂叢書

南部新書甲

錢後人希白

自武德至長安四年以前尚書左右僕射並是正宰相初豆盧欽望拜左僕射不言同中書門下三品不敢參議朝政數日後始有詔加知軍國重事至景雲二年韋安石除僕射不帶同二品自後空除僕射不是宰相遂爲故事

至德二年宰相直主政事筆每人知十日至貞元十年又分每人輪一日執筆

367.咫進齋叢書三集三十五種　〔清〕姚覲元輯　

清光緒九年（1883）歸安姚氏刻本　二十四册三函

姚覲元（1823—？）字彦侍，浙江歸安人。

半葉十三行二十二字，上黑口，左右雙邊，雙黑魚尾，半框高18.2釐米，寬13.5釐米。版心中鎸書名、卷次，下鎸葉碼、“咫進齋叢書”。

内封題“咫進齋/叢書”。

第一集牌記題“光緒九年春三月/順德李文田書題”。

第二、三集牌記題“歸安姚/氏校刊”。

卷首有清光緒七年陳澧序、總目。

鈐印：“公安廖氏竹林齋藏書”陽文方印。

子目：

第一集

公羊禮疏十一卷　〔清〕凌曙撰

公羊問答二卷　〔清〕凌曙撰

孝經疑問一卷　〔明〕姚舜牧撰

説文答問疏證六卷　〔清〕薛傳均撰

瘞鶴銘圖考一卷　〔清〕汪士鋐撰

蘇齋唐碑選一卷　〔清〕翁方綱撰

姚氏藥言一卷　〔明〕姚舜牧撰

咽喉脉證通論一卷

務民義齋算學　〔清〕徐有壬撰

測圓密率三卷

橢圓正術一卷

截球解義一卷

弧三角拾遺一卷

朔食九服里差三卷

用表推日食三差一卷

造各表簡法一卷

大雲山房十二章圖説二卷　〔清〕惲敬撰

大雲山雜記二卷　〔清〕惲敬撰

棠湖詩稿一卷　〔宋〕岳珂撰

春草堂遺稿一卷　〔清〕姚陽元撰

第二集

小爾雅疏證五卷　〔清〕葛其仁撰

説文引經考二卷附補遺一卷　〔清〕吴玉搢撰

説文檢字二卷補遺一卷　〔清〕毛謨撰　〔清〕姚覲元撰補遺

古今韻考四卷　〔清〕李因篤撰

前徽録一卷　〔清〕姚世錫撰

中州金石目四卷附補遺一卷　〔清〕姚晏撰

三十五舉一卷附校勘記一卷　〔元〕吾丘衍撰　〔清〕姚覲元撰校勘記

續三十五舉一卷　〔清〕桂馥撰

再續三十五舉一卷　〔清〕姚晏撰

安吴論書一卷　〔清〕包世臣撰

寒秀草堂筆記四卷　〔清〕姚衡撰

第三集

禮記天算釋一卷　〔清〕孔廣牧撰

孝經鄭注一卷　〔漢〕鄭玄撰　〔清〕嚴可均輯　光緒八年（1882）粤東刻

爾雅補郭二卷　〔清〕翟灝撰　光緒八年（1882）粤東刻

説文新附考六卷　〔清〕鄭珍撰　光緒五年（1879）刻

汲古閣説文訂一卷　〔清〕段玉裁撰

説文校定本二卷　〔清〕朱士端撰

四聲等子一卷

銷燬抽燬書目一卷

禁書總目一卷

違礙書目一卷

慎疾芻言一卷　〔清〕徐大椿撰　光緒七年（1881）刻

陽宅闢謬一卷　〔清〕姚文田撰

清聞齋詩存三卷　〔清〕周鼎樞撰　光緒八年（1882）刻

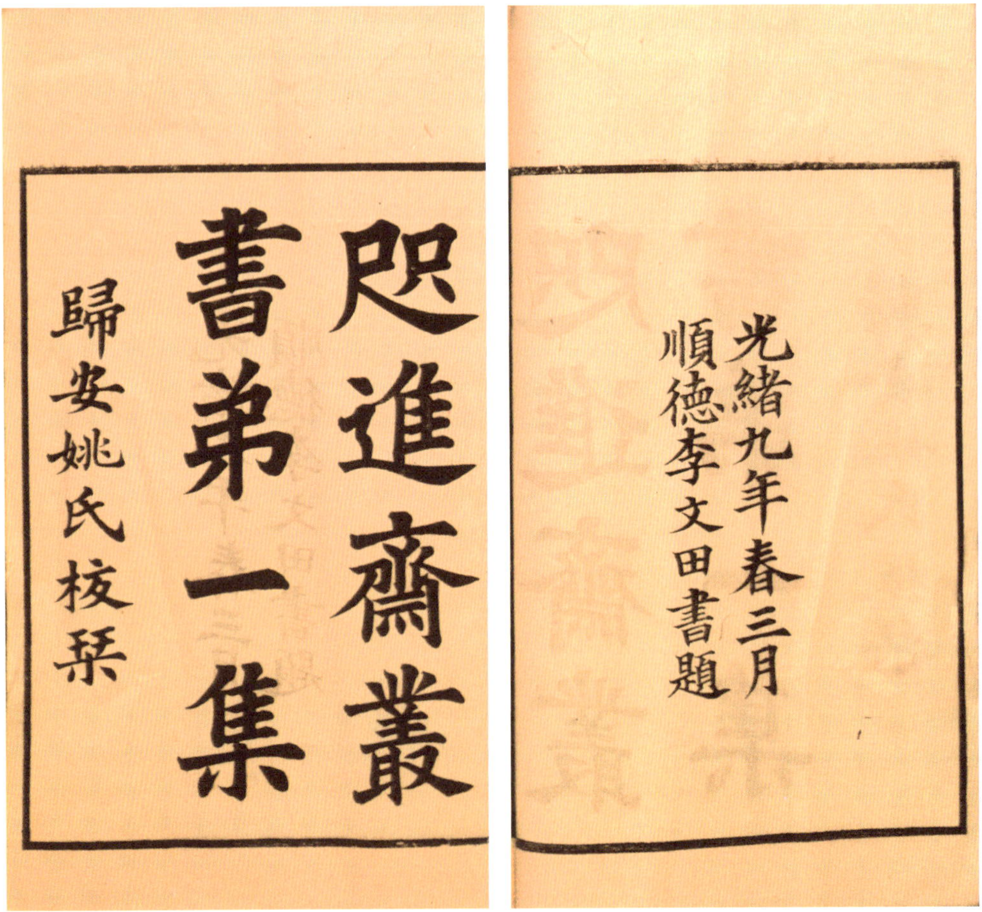

光緒九年春三月
順德李文田書題

咫進齋叢書弟一集

歸安姚氏校栞

春秋公羊禮疏卷一

江都淩曙學

隱公

元年春王正月

注惟王者然後改元立號

疏班固白虎通春秋曰元年春王正月公卽位改元位也王者改元年卽事天地沈約宋書禮志魏明帝初司空王朗議古者有年數無年號漢初猶或有世而改有中元後元元改彌數中後之號不足故更假取美名非古也遡春秋之事曰隱公元年則簡而易知漢世之事曰建元元年則後不見宜若古稱元而已樂資春秋後傳惟王者改元諸侯改元自汾王以前未有也晉竹書曲沃莊伯十一年十一月則用夏正爲歲首而秦譜至宣公初志閏月不惟改元又改歷矣萬氏斯大學春秋

家集之屬

368.錢氏家集十種三十四卷　錢振鍠輯　

清光緒三十三年(1907)木活字本　八册一函

錢振鍠(1875—1944)字夢鯨,號名山,又號謫星,江蘇陽湖(今常州)人。

半葉十二行二十五字,白口,四周單邊,單黑魚尾,半框高20.2釐米,寬14.4釐米。版心上鎸書名,中鎸卷次、篇名,下鎸葉碼。

卷端題"錢氏家集"。

子目:

佳樂堂遺稿一卷　〔清〕錢鈞撰

九峰閣詩集六卷文集四卷　〔清〕錢嚮杲撰

謫星初集詩二卷文一卷説詩一卷筆談一卷雜著一卷　錢振鍠撰

謫星二集文二卷詩一卷筆談一卷雜著一卷　錢振鍠撰

謫星三集文三卷詩一卷筆談一卷　錢振鍠撰

雲在軒詩集三卷筆談一卷　〔清〕錢希撰

北窗吟草一卷　〔清〕錢永撰

謫星詞一卷　錢振鍠撰

謫星對聯一卷　錢振鍠撰

附:乩詩録一卷　錢振鍠輯

求拙齋遺詩一卷　〔清〕蔣南棠撰

錢氏家集卷一

佳樂堂遺稿

陽湖錢　鈞　賡村著　　　男　嚮杲校

自題憶書圖咸豐庚申八月

故鄉千里盡沉淪何物還堪繫此身只有好書與良友朝朝腸斷似車輪

消息辛酉在龍潭作

傳來消息似商飈觸撥開愁萬萬條塵海有家增客感亂離無處不魂銷新沙草木經霜謝故國山川入夢遙歡逝傷離無限意一燈涼影夜蕭蕭

白浦道中

僕僕舟車客是家秋光流水送年華千林紅透霜楓葉兩岸黃分

自著之屬

369.亭林遺書十種二十七卷　〔清〕顧炎武撰　

清刻本　十册一函

半葉十一行二十字，小字雙行同，白口，左右雙邊，單黑魚尾，半框高19釐米，寬15釐米。版心中鎸書名、卷次，下鎸葉碼。

卷首有總目。

鈐印："蘭蕙堂書畫印"陽文方印、"吴□山印"陰文方印。

子目：

左傳杜解補正三卷

九經誤字一卷

石經考一卷

金石文字記六卷

韻補正一卷

昌平山水記二卷

譎觚十事一卷

顧氏譜系考一卷

亭林文集六卷

亭林詩集五卷

左傳杜解補正卷上

北史言周樂遜著春秋序義通賈服說發杜氏違今杜氏單行而賈服之書不傳矣吳之先達邵氏寶有左觿百五十餘條又陸氏粲有左傳附注傅氏遜本之爲辨誤一書今多取之參以鄙見名曰補正凡三卷若經文大義左氏不能盡得而公穀得之公穀不能盡得而啖趙及宋儒得之者則別記之於書而此不具也東吳顧炎武

隱元年莊公寤生驚姜氏　解寐寤而莊公已生恐無此事應劭風俗通曰兒墮地能開目視者爲寤生

左傳杜解補正卷上　一

370.安吴四種　〔清〕包世臣撰　PL2722.A84 A68 1888

清光緒十四年(1888)刻本　十六册二函

包世臣(1775—1855)字慎伯,號倦翁,安徽涇縣人。

半葉十行二十二字,白口,左右雙邊,單黑魚尾,半框高17.4釐米,寬12.5釐米。版心中鎸卷次、書名,下鎸葉碼。

内封題"安吴四種"。

牌記題"光緒十四年/夏重校印行"。

卷端題"安吴四種,涇縣包世臣慎伯著,從弟世榮、族子慎言合注"。

卷首有包誠序,署"同治十一年八月朔日男誠謹識";包世臣自序,署"道光甲辰秋九月廿六日涇包世臣慎伯甫書"。

按:每册末題"男誠、家丞,孫希龐、希魯、希蘭、希廉校字"。

子目:

　中衢一勺三卷附録四卷　〔清〕包世榮、包慎言注

　藝舟雙楫六卷附録三卷

　管情三義賦三卷詩三卷詞一卷濁泉編一卷

　齊民四術農三卷禮三卷刑二卷兵四卷

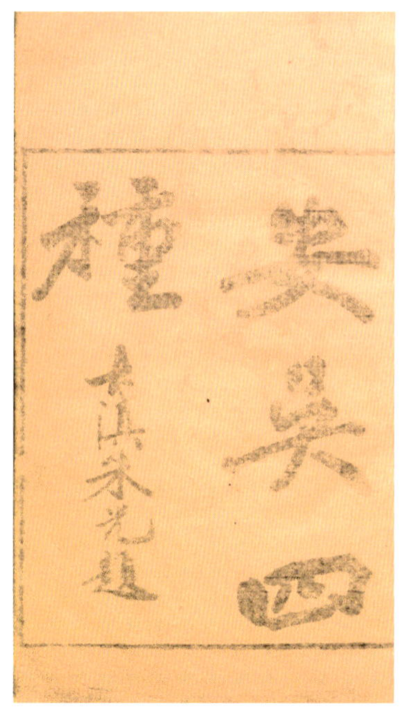

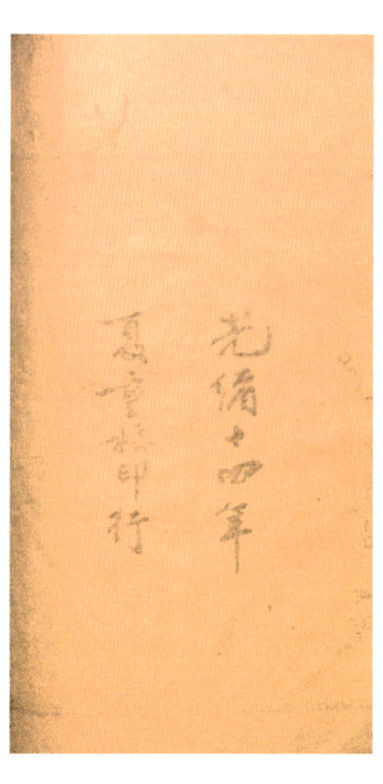

安吳四種卷第一

涇縣包世臣慎伯著　從弟世榮　族子嶧言　合註

中衢一勺卷第一上卷

海運南漕議并序

嘉慶癸亥，河南衡家樓決口，穿山東張秋運河，糧艘不能行，中外頗憂漕事。

上以諫臣言，飭有漕督撫議海運。予曾遊上海崇明登小洋，馬跡諸山，從父老問南北洋事，稔海運大便，然非有所資藉，而驟改舊章，則疑衆難成，既見邸抄，遂委曲告所知，未幾其說達於江蘇巡撫，屬爲論列，巡撫以爲然

371.榕村全書四十六種　〔清〕李光地撰　

清道光九年（1829）刻本　八十八册十一函

半葉九行二十字，白口，四周單邊，單黑魚尾，半框高15.4釐米，寬11.7釐米。版心上鎸書名，下鎸葉碼。

卷首有“榕村全書總序”，署“道光九年已丑春季三山後學陳壽祺謹序”；“四書解義序”；王承烈序；陶成敬序；四書解義發凡等。

子目：

四書解義八卷　道光五年（1825）刻

大學古本説一卷

中庸章段一卷餘論一卷四記一卷

讀論語札記二卷

讀孟子札記二卷

周易通論四卷

周易觀象十二卷

周易觀象大指二卷

詩所八卷

尚書七篇解義二卷

洪範説二卷

春秋燬餘四卷　道光二年（1822）刻

孝經全注一卷

古樂經傳五卷

曆象本要一卷

握奇經注一卷

陰符經注一卷

離騷經注一卷九歌注一卷

參同契注一卷

韓子粹言一卷　〔唐〕韓愈撰　〔清〕李光地輯

正蒙注二卷

二程子遺書纂二卷外書纂一卷　〔清〕李光地輯
朱子語類四纂五卷　〔清〕李光地輯
朱子禮纂五卷　〔清〕李光地輯
性理一卷　〔清〕李光地輯
古文精藻二卷　〔清〕李光地輯
榕村講授三卷　〔清〕李光地輯
榕村字畫辨訛一卷
榕村韻書五卷
榕村詩選八卷首一卷　〔清〕李光地輯　道光二年（1822）刻
程墨前選二卷　〔清〕李光地輯　道光十年（1830）刻
名文前選六卷　〔清〕李光地輯　道光十年（1830）刻
易義前選五卷　〔清〕李光地輯　道光十年（1830）刻
榕村語録三十卷
榕村全集四十卷續集七卷别集五卷　續集道光七年（1827）刻
榕村制義初集一卷二集一卷三集一卷四集一卷
附：周禮纂訓二十一卷　〔清〕李鍾倫撰
　經書源流歌訣一卷　〔清〕李鍾倫撰
　三禮儀制歌訣一卷　〔清〕李鍾倫撰
　歷代姓系歌訣一卷　〔清〕李鍾倫撰
　文貞公年譜二卷　〔清〕李清植撰
　儀禮纂録二卷　〔清〕李清植撰
　淛哎存愚二卷　〔清〕李清植撰
　榕村譜録合考二卷　〔清〕李清馥撰
　道南講授十三卷　〔清〕李清馥輯
　律詩四辨四卷　〔清〕李宗文撰

則區區之誠也

康熙五十九年夏五書於江寧官舍

之立誠齋族子玉融馥

丑春季三山後學陳壽祺謹序

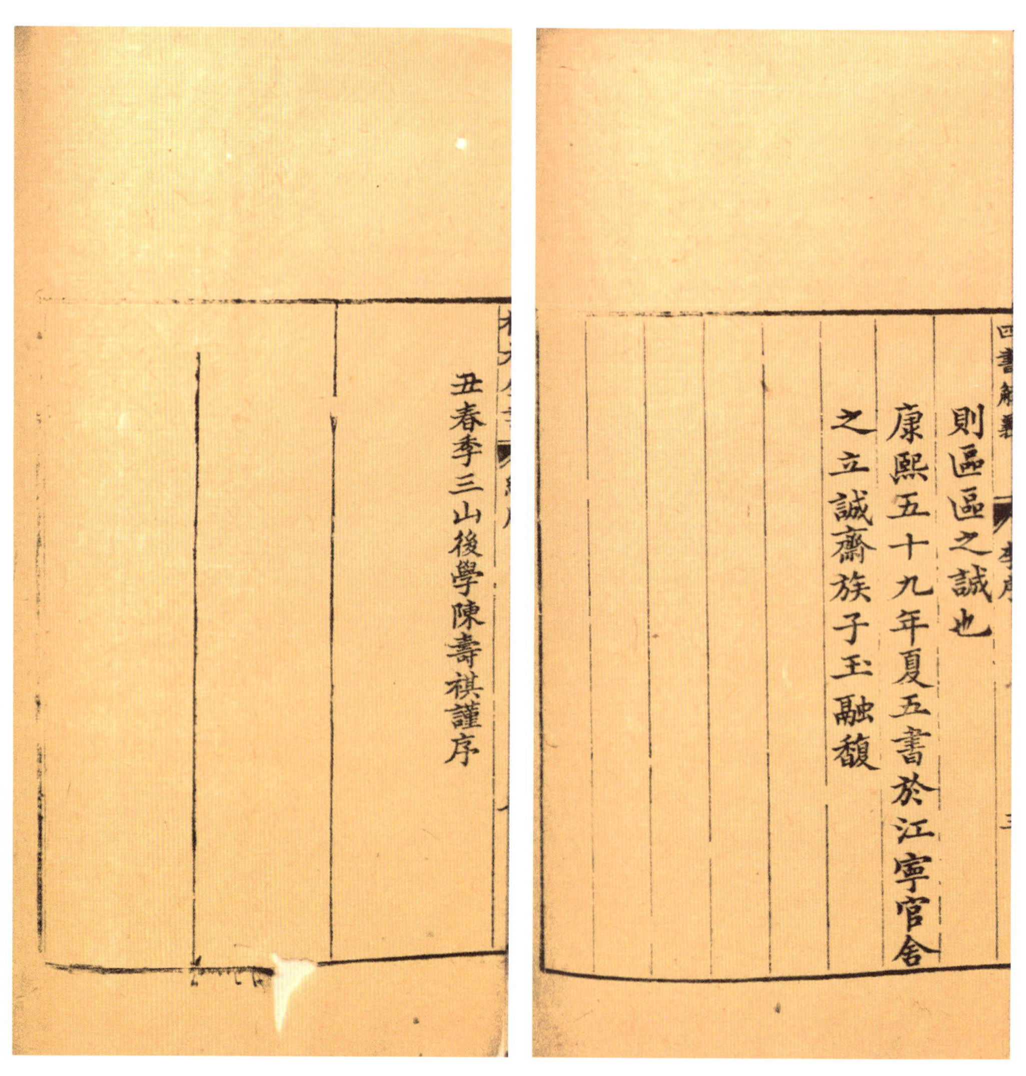

大學古本說

安溪李光地厚菴私記　元孫維迪重校梓

大學之道在明明德在親民在止於至善親程子改新當從之書金縢子小子其新逆乃親逆也

此三者大學之綱領也明德即性也以其得之於天而昭明不昧故謂之明德德本明也昏於氣而蔽於物學者所以明之而已民亦同有是德而舊染汙俗故又當推吾之明德以新之也性之體純粹至善而其用見於人倫事物之閒故修己治人

372.春在堂全書三百二十七卷　〔清〕俞樾撰　PL2734.A1 1883

清光緒九年（1883）刻本　六十八册七函

半葉十行二十一字，黑口，左右雙邊，無魚尾，半框高18.3釐米，寬11.7釐米。版心中鎸卷名、卷次，下鎸葉碼。

内封題“德清俞蔭/甫所著書”。

牌記題“同治十年秋八/月曾國藩署檢”。

卷首“春在堂全書總目”端題“光緒九年重定本”。

子目：

群經平議三十五卷

周易平議二卷

尚書平議四卷

周書平議一卷

毛詩平議四卷

周禮平議二卷

考工記世室重屋明堂考一卷

儀禮平議二卷

大戴禮記平議二卷

小戴禮記平議四卷

春秋公羊傳平議一卷

春秋穀梁傳平議一卷

春秋左傳平議三卷

春秋外傳國語平議二卷

論語平議二卷

孟子平議二卷

爾雅平議一卷

諸子平議三十五卷

管子平議六卷

晏子春秋平議一卷

老子平議一卷

墨子平議三卷

荀子平議四卷

列子平議一卷

莊子平議三卷

商子平議一卷

韓非子平議一卷

吕氏春秋平議三卷

春秋繁露平議二卷

賈子平議二卷

淮南内篇平議四卷

揚子太玄平議一卷

揚子法言平議二卷

第一樓叢書三十卷

易貫五卷

玩易篇一卷

論語小言一卷

春秋名字解詁補義一卷

古書疑義舉例七卷

兒笘録四卷

讀書餘録二卷

詁經精舍自課文二卷

湖樓筆談七卷

曲園雜纂五十卷

艮宧易説一卷

達齋書説一卷

達齋詩説一卷

達齋春秋論一卷

達齋叢説一卷

荀子詩説一卷
何劭公論語義一卷
士昏禮對席圖一卷
樂記異文考一卷
生霸死霸考一卷
春秋歲星考一卷
卦氣直日考一卷
七十二候考一卷
左傳古本分年考一卷
春秋人地名對一卷
劭易補原一卷
讀韓詩外傳一卷
讀吴越春秋一卷
讀越絶書一卷
讀鶡冠子一卷
讀鹽鐵論一卷
讀潛夫論一卷
讀論衡一卷
讀中論一卷
讀抱朴子一卷
讀文中子一卷
改吴一卷
説項一卷
正毛一卷
評袁一卷
通李一卷
議郎一卷
訂胡一卷
日知録小箋一卷

苓子一卷
小繁露一卷
韻雅一卷
小浮梅閑話一卷
讀五九枝譚一卷
閩行日記一卷
吴中唱和詩一卷
梵珠一卷
百空曲一卷
十二月花神議一卷
銀瓶徵一卷
吴絳雪（宗愛）年譜一卷
五行占一卷
集千字文詩一卷
隱書一卷
老圓一卷

俞樓雜纂五十卷

易窮通變化論一卷
周易互體徵一卷
八卦方位説一卷
卦氣續考一卷
詩名物證古一卷
禮記鄭讀考一卷
禮記異文箋一卷
鄭君駁正三禮考一卷
九族考一卷
玉佩考一卷
喪服私論一卷
左傳連珠一卷

論語鄭義一卷
續論語駢枝一卷
論語古注擇從一卷
孟子古注擇從一卷
孟子高氏學一卷
孟子纘義内外篇一卷
四書辨疑辨一卷
群經賸義一卷
讀文子一卷
讀公孫龍子一卷
讀山海經一卷
讀楚辭一卷
讀漢碑一卷
讀昌黎先生集一卷
讀王觀國學林一卷
讀王氏稗疏一卷
莊子人名考一卷
楚辭人名考一卷
駢隸一卷
讀隸輯詞一卷
廣雅釋詁疏證拾遺一卷
著書餘料一卷
佚文一卷
佚詩一卷
銘篇一卷
玉堂舊課一卷
廣楊園近鑑一卷
壺東漫録一卷
百哀篇一卷

　詠物二十一首一卷
　五五一卷
　枕上三字訣一卷
　廢醫論一卷
　九宫衍數一卷
　金剛經訂義一卷
　一笑一卷
　説俞一卷
　俞樓經始一卷
賓萌集五卷外集四卷
春在堂雜文二卷續編五卷三編四卷
春在堂詩編十卷
春在堂詞録三卷
春在堂隨筆八卷
春在堂尺牘四卷
楹聯録存三卷
四書文一卷
太上感應篇纘義二卷
茶香室叢鈔二十三卷續鈔二十五卷
右台仙館筆記十六卷
游藝録六卷
袖中書二卷
金剛般若波羅蜜經注二卷
東瀛詩記二卷　〔清〕俞樾輯
新定牙牌數一卷
慧福樓幸草一卷　〔清〕俞繡孫撰

德清俞蔭
甫所著書

同治十年秋八
月曾國藩署檢

羣經平議卷一

德清俞樾

周易一

初九 乾

正義曰陽爻稱九陰爻稱六其說有二一者乾體有三畫坤體有六畫陽得兼陰故其數九陰不得兼陽故其數六二者老陽數九老陰數六老陰老陽皆變周易以變者爲占所以老陽數九老陰數六者以揲蓍之數九遇揲則得老陽六遇揲則得老陰其少陽稱七少陰稱八義亦準此

373.隨園三十八種 〔清〕袁枚編

清光緒十八年(1892)勤裕堂鉛印本 四十册四函

内封題“光緒壬辰陽月/隨園三十八種”。

牌記題“勤裕堂交/著易堂印”。

卷首有袁枚像。

卷末有跋。

鈐印:“公安廖氏竹林齋藏書”陽文方印。

子目:

隨園圖一卷 〔清〕袁起繪

小倉山房文集三十五卷

小倉山房外集八卷

小倉山房詩集三十七卷補遺二卷

袁太史時文一卷

小倉山房尺牘十卷

牘外餘言一卷

隨園詩話十六卷補遺十卷

隨園隨筆二十八卷

新齊諧二十四卷續十卷

隨園食單一卷

續同人集十七卷 〔清〕袁枚輯

隨園八十壽言六卷 〔清〕袁枚輯

紅豆村人詩稿十四卷 〔清〕袁樹撰

碧腴齋詩存八卷 〔清〕胡德琳撰

南園詩選二卷 〔清〕何士顒撰

筱雲詩集二卷 〔清〕陸應宿撰

粲花軒詩稿(湄君詩集)二卷 〔清〕陸建撰

袁家三妹合稿四卷

繡餘吟稿一卷 〔清〕袁棠撰

盈書閣遺稿一卷 〔清〕袁棠撰

樓居小草一卷 〔清〕袁杼撰

素文女子遺稿一卷 〔清〕袁機撰

閩南雜咏一卷 〔清〕袁綬撰

湘痕閣詩稿二卷詞稿一卷 〔清〕袁嘉撰

瑶華閣詩草一卷詞鈔一卷補遺一卷 〔清〕袁綬撰

隨園女弟子詩選六卷 〔清〕袁枚輯

飲水詞鈔二卷 〔清〕納蘭性德撰 〔清〕袁通選

七家詞鈔 〔清〕汪世泰輯

箏船詞一卷 〔清〕劉嗣綰撰

捧月樓詞二卷 〔清〕袁通撰

緑秋草堂詞一卷 〔清〕顧翰撰

玉山堂詞一卷 〔清〕汪度撰

崇睦山房詞一卷 〔清〕汪全德撰

過雲精舍詞二卷 〔清〕楊夔生撰

碧梧山館詞二卷 〔清〕汪世泰撰

隨園瑣記二卷 〔清〕袁祖志撰

涉洋管見（談瀛録）一卷 〔清〕袁祖志撰

紅豆村人續稿四卷 〔清〕袁樹撰

諸子詹詹録二卷 〔清〕袁樹撰

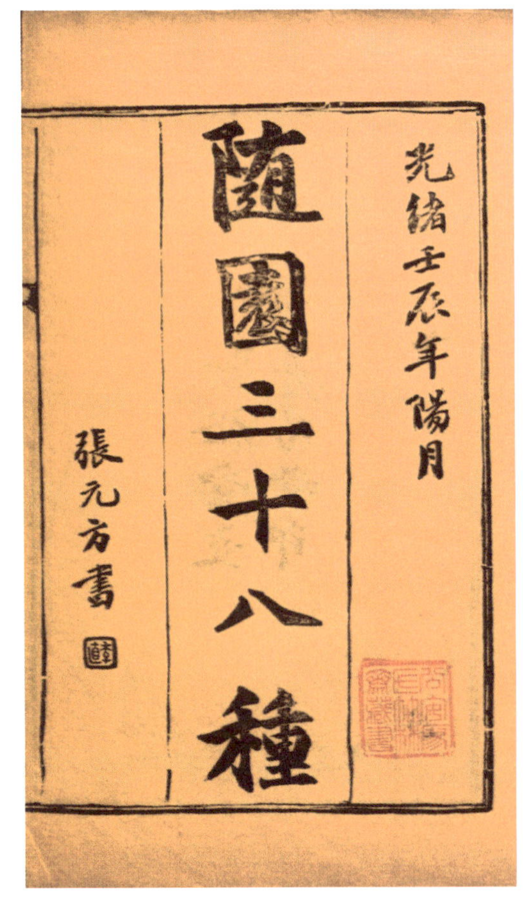
光緒壬辰年陽月
隨園三十八種
張元方書

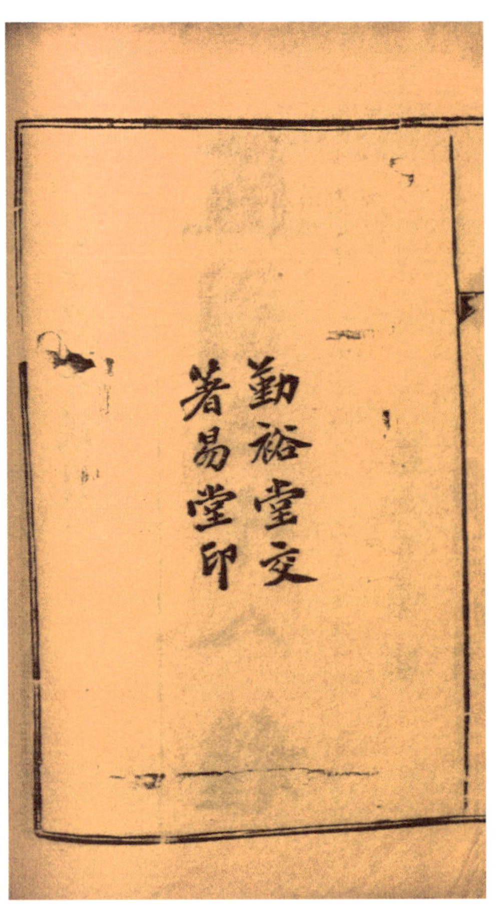
勤裕堂交
著易堂印

錢唐袁枚子才

長沙弔賈誼賦

歲在丙辰子春秋二十有一於役粵西路出長沙感賈生之弔屈平也亦爲文以弔賈生其詞曰何蒼蒼者之不自珍其靈氣兮代紛紛而俊英前者既不用而流亡兮後者又不用而挺生惟吾夫子之於君臣兮淚如秋霖而不可止前既哭其治安兮後又哭其愛子爲人臣而竭其忠兮爲人師而殉之以死君固蓄農虞夏之故人兮行宛曼於先王不知漢家之自有制度兮乃謬悠然一則曰禮樂二則曰明堂夫固要君以堯舜兮豈知其謙讓而猶未遑彼絳灌之歔歔兮召儒生而傾東向見夫子而吠所怪兮以弱冠而氣淩其上曰丁我躬而未諳夫人世兮未免負孤妄而抱絕狀當七國之妖氛將發兮彼社稷臣無一語徒申申其排余兮余又見木索箠箸而憐汝祿兩愛而莫知所爲兮終不知千古之孰爲龍而孰爲鼠彼俗儒之寡識兮謂宜交驩夫要津使詭遇而獲獸兮吾又恐孟軻之笑人聖賢每汶汶而蹇屯兮歷萬祀而不知其故也吾獨悲吾夫子兮豈其知而不遇也明珠耀於懷袖兮忽中道而置之淑女歆於衾席兮臏妬譖而棄之夫既干將之出匣兮胡不淬清水而試之蒙召見於宣室兮宜鬼神於前席猶拳拳而託長沙王兮終不忍使先生之獨受此卑濕欲嘉遯乎山椒兮感君王之恩重圖効忠於晚節兮鵩鳥又知而來迓己之壽命固甘心兮又累梁王而使之翻墜傷爲傅之無狀兮自賢人之忠愛也三十三而化去兮恐者非哭泣之爲害也彼顏淵之樂道兮亦時命之不長賢者不忍其言之驗兮宜其身先七國而亡誤鳳凰爲鷯鷄兮覽德輝而竟去颺玉虬以上升兮知九州之不可以久駐逝者既蕭曼以雲征兮名猶留乎此處亂曰瀟湘之春水浩浩兮有美一人涉遠道兮忽見芳草生君之廟兮咨嗟躑躅歲年少兮

不繫舟賦 有序

374.李氏五種合刊　〔清〕李兆洛撰　

清光緒二十四年（1898）掃葉山房石印本　八册一函

内封題“李氏五種/合栞”。

牌記題“歷代地理韻編二十卷/皇朝輿地韻編二卷/歷代地理沿革圖一卷/皇朝一統輿圖一卷/歷代紀元編三卷/光緒戊戌三月掃葉山房校印”。

卷首有李鴻章序、毛嶽生序、凡例。

卷末有跋。

鈐印：“公安廖氏竹林齋藏書”陽文方印、“趙載富堂藏書”陽文方印。

子目：

歷代地理志韻編今釋二十卷

皇朝輿地韻編二卷

歷代地理沿革圖一卷　〔清〕六嚴撰　〔清〕馬徵麟增輯

皇朝一統輿圖一卷

紀元編三卷末一卷　〔清〕六承如録

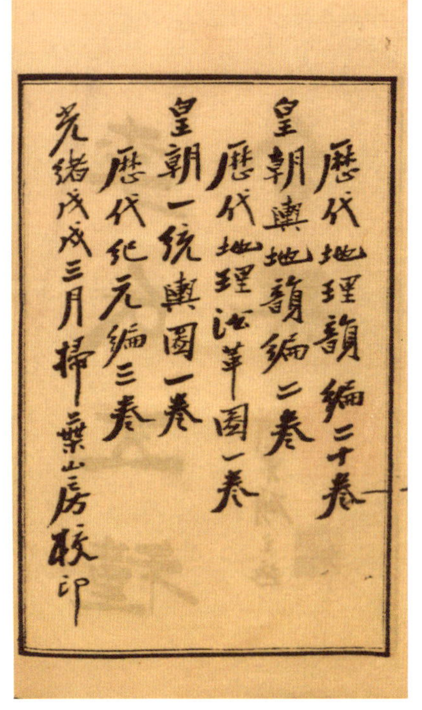

皇朝輿地韻編卷上

武進李兆洛輯

受業江陰 六嚴 六承如 宋景昌 徐思鍇 編集

上平一東

東

景東廳○雲南澂江府○舊屬雲南●舊府○雲南　安東縣○江蘇淮安府●故衛○山東青州府　巴東縣○湖北宜昌府　桂東縣○湖南郴州　齊東縣○山東濟南府

同

大同府○山西●縣○大同府　同州府○陝西●故直隸州○陝西　會同縣○湖南靖州○廣東瓊州府

中

漢中府○陝西　閬中縣○四川保寧府

忠

忠直隸州○四川●土州○廣西南寧府

嵩

375.曾文正公全集一百五十六卷首一卷 〔清〕曾國藩撰

清光緒二年（1876）傳忠書局刻本　一百二十册十二函

半葉十行二十四字，黑口，左右雙邊，單黑魚尾，半框高21.2釐米，寬13.8釐米。版心中鎸"奏稿"、卷次，下鎸葉碼。

内封題"曾文正公/全集首卷"。

牌記題"光緒二年秋/傳忠書局栞"。

卷端題"曾文正公全集"。

卷首有首卷目録、上諭、諭賜祭文、御製碑文、國史本傳、江蘇巡撫奏疏、安徽巡撫奏疏、湖廣總督奏疏、江西巡撫奏疏、直隸總督奏疏、神道碑、墓志銘、總目。

鈐印："公安廖氏竹林齋藏書"陽文方印。

子目：

曾文正公奏稿三十六卷

十八家詩鈔二十八卷　〔清〕曾國藩輯

經史百家雜鈔二十六卷　〔清〕曾國藩輯

經史百家簡編二卷　〔清〕曾國藩輯

鳴原堂論文二卷

曾文正公詩集三卷文集三卷

曾文正公書札三十三卷

曾文正公批牘六卷

曾文正公雜著二卷

求闕齋讀書録十卷

求闕齋日記類鈔二卷

曾文正公年譜十二卷

孟子要略五卷附録一卷　〔宋〕朱熹撰　〔清〕劉傳瑩輯　〔清〕曾國藩按

曾文正公家書十卷

曾文正公家訓二卷

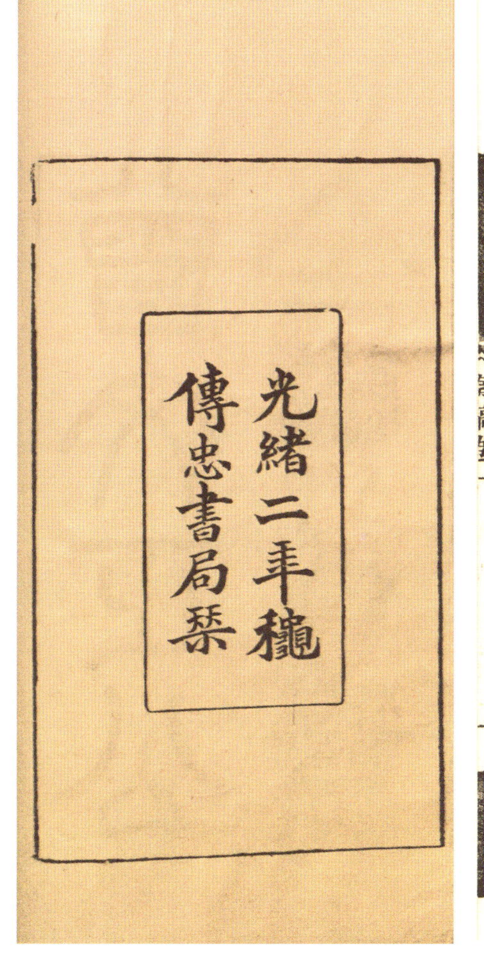

光緒二年穐
傳忠書局栞

遵議大禮疏道光三十年正月二十八日

奏爲遵
旨敬謹詳議事正月十六日
皇上以
大行皇帝硃諭遺命四條內無庸
郊配
廟祔二條令臣工詳議具奏臣等謹於二十七日集議諸臣皆
以
大行皇帝功德懿鑠
郊配既斷不可易

奏稿卷一

新學類

史　志

諸國史

376.西學原始考一卷泰西著述考一卷華英通商事略一卷　〔清〕王韜撰

D11 .W3

清光緒十六年（1890）鉛印本　一册一函

王韜（1828—1897）字紫詮，號仲弢，江蘇長洲（今蘇州）人。

内封題“西學原/始考”。

牌記題“光緒庚寅/春季遯叟/手校印行”。

卷端題“西學原始考，長洲王韜紫詮輯撰”。

泰西著述考内封題“泰西著述考”。

牌記題“庚寅春仲/遯叟校刊”。

卷端題“泰西著述考，長洲王韜仲弢甫輯撰”。

華英通商事略内封題“華英通商/事略”。

牌記題“甫里逸民刊/於淞北寄盧”。

卷端題“華英通商事略，英國偉烈亞力口譯，長洲王韜仲弢著”。

按：每書卷末題“門人興國蔡嘉設寶臣校字”。

西學原始考

長洲　王韜　紫詮輯撰

西國紀元前二千四百餘年希臘國有格致士曰大利司摩擦琥珀能吸引輕物謂琥珀中有氣一經摩擦氣即外發擦後其氣仍收於體內輕物近之卽隨氣趨附其面故當時名爲琥珀氣後經考察始知爲電氣此爲電學之肇端

二千二百餘年當帝嚳三十一年甯綠王於百辣河畔始建巴比倫城獨據四大城而立國始爲民之首領西古史謂甯綠英武蓋世係挪亞次子含之後裔洪水之後挪亞有三子曰閃曰含曰雅弗在小亞細亞分王其地爲西洋諸國之祖按此爲西土築城之始

二千一百四十七年當中國帝摯八年巴比倫始造文字始創天文占驗法前一年埃及始造石塔按今泰西列國所傳巴比

别國史

377.**德國最近進步史**　（美）林樂知譯　范禕述　DD220 .V4

清光緒三十年（1904）上海商務印書館鉛印本　一册

上海廣學會校刊。

按：原著者Veritas。

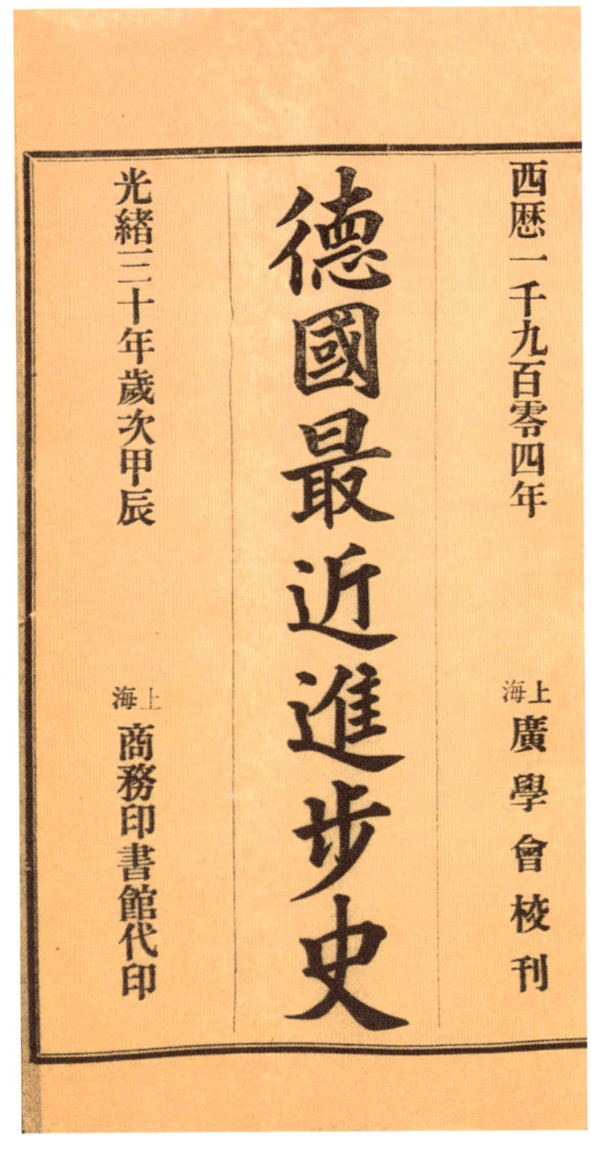

西歷一千九百零四年

上海 廣學會校刊

德國最近進步史

光緒三十年歲次甲辰

上海 商務印書館代印

德國最近進步史卷上

美國林樂知譯　　東吳范禕述

第一章　緒言

研究一國之興衰。最爲學人之樂事。且覺有味。而尤可喜者。則以其正在興盛之際。非沙士勃雷所謂腐敗之國也。今德意志之現狀。自然在興盛之一邊。毫無衰象。其帝國主義。三十年以來。甚爲堅固。且其堅固之心。不稍搖動。日復一日。得格外之進步。於是當日立國之偉人。將以今之德國。爲其留名之閣。雖手定此帝國之根基者。其人已經過去。而其經營之遺跡。則尚留而不往。試回溯立國之大皇帝威廉第一。本爲普魯士之君。戰勝法國。在法京浮賽。於聯邦諸君之中。加冕而稱皇帝。時正一千八百七十一年。自是二十年。太平無事。一意振興。有俾思麥爲其首相。有毛奇及魯恆爲其大將。此將相等。雖今日亦已過去。而其才能。則甚爲難得。風雲聚合。會於一時。於帝國

戰　記

378.旅順實戰記　　（日）櫻井忠温編繪　黃郛譯　　DS517.3 .S35 1909

清宣統元年（1909）鉛印本　一册

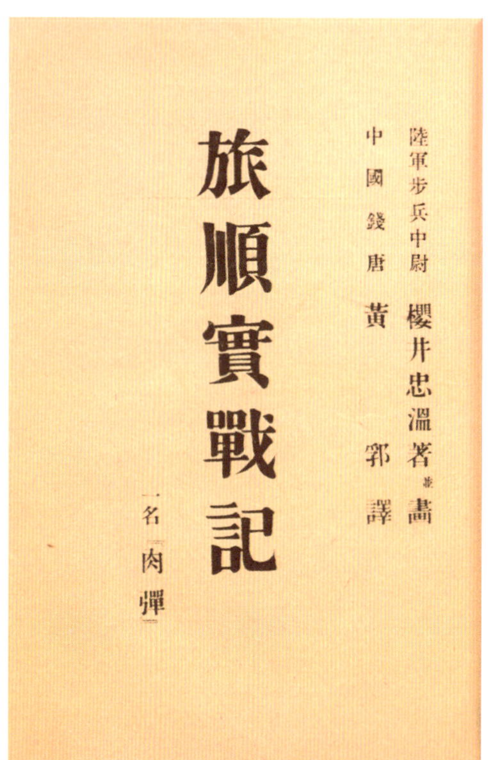

陸軍步兵中尉 櫻井忠溫著并畫
中國錢唐 黃郛譯

旅順實戰記

一名『肉彈』

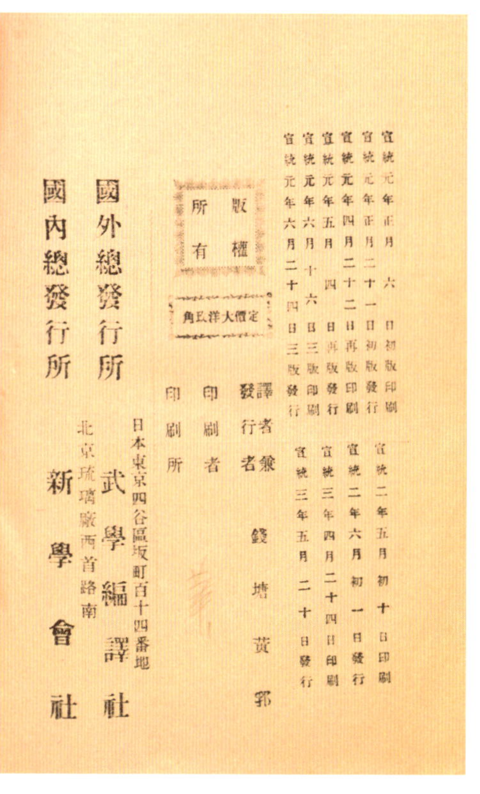

宣統元年正月六日初版印刷
宣統元年正月二十一日初版發行
宣統元年四月二十二日再版印刷
宣統元年五月四日再版發行
宣統元年六月十六日三版印刷
宣統元年六月二十四日三版發行

宣統二年五月初十日印刷
宣統二年六月初一日發行
宣統三年四月二十四日印刷
宣統三年五月二十日發行

版權所有

定價大洋五角

譯者兼發行者 錢塘黃郛
印刷者
印刷所

國外總發行所 武學編譯社 日本東京四谷區坂町百十四番地
國內總發行所 新學會社 北京琉璃廠西首路南

旅順實戰記 一名肉彈

日本陸軍步兵中尉 櫻井忠温著
中國錢江 黃郛譯

第一 戰友之血塊

日露戰爭—此大戰爭今幸已結局、幾十萬忠勇之將卒、戴名譽之月桂冠、而凱旋於國民感謝歡迎之裡。親彼等戰勝將卒、其忠勇之風采—嬉樂之神姿—現於顏面、雖然彼等豈獨嬉樂已哉、十有八月之間、焦於日、曝於雨、其形現於其顏面之嬉笑之蔭、彼等數想那爲國家故、爲君上故、其身與彼荒涼之滿洲之野之土相化、之露相消、而不能共享今日凱旋之樂之幾多戰死友、其色雖不露而暗淚實時時濡貫戎衣之袖者也。

凱旋之悲

曾記日清戰役之終期、有某部隊將欲凱旋、因至陣歿將卒之墓前、行最後之拜別禮。其整列隊伍時、有一兵卒、抱其平日最親愛之故戰友之墓標、淚盈盈然而言曰、

戰友之墓前

『喂、加籐、我們要回國了。我與儞被風吹、被雨打、而共同動作於劍電彈雨之下、今儞已得

臣民傳記

379.林則徐　　陳穎侶撰　梁紀佩編輯　　DS760.9 .L5 C4

清宣統元年（1909）悟群著書社鉛印本　一册

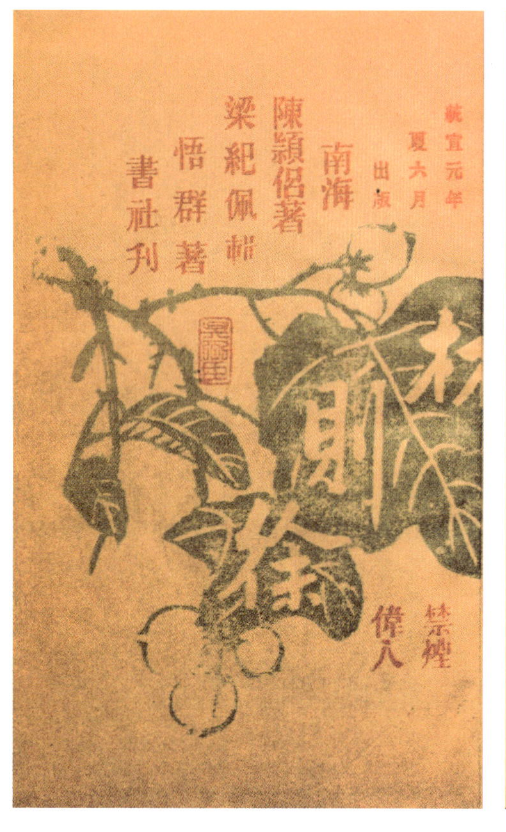

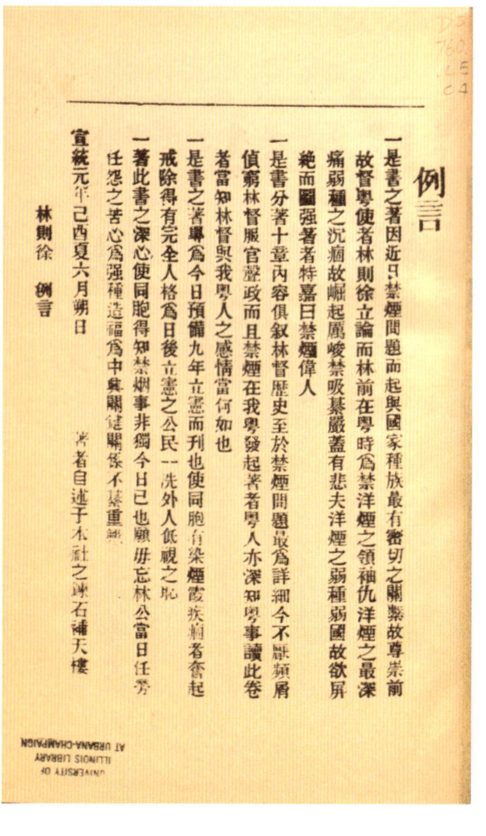

例言

一是書之著因近日禁煙問題而起與國家種族最有密切之關繫故尊崇前故督粵使者林則徐立論而林前在粵時爲禁洋煙之領袖仇洋煙之最深痛弱種之沉痼故崛起厲峻禁吸甚嚴蓋有悲夫洋煙之弱種弱國故欲屏絶而圖强著者特嘉曰禁煙偉人

一是書分著十章內容俱叙林督歷史至於禁煙問題最爲詳細今不厭頻屑偵窮林督服官蹙政而且禁煙在我粵發起著者粵人亦深知粵事讀此卷者當知林督與我粵人之感情當何如也

一是書之著專爲今日預備九年立憲而刊也使同胞有染煙霞疾痼者奮起戒除得有完全人格爲日後立憲之公民一洗外人低視之恥

一著此書之深心使同胞得知禁煙事非獨今日已也願毋忘林公當日任勞任怨之苦心爲强種造福爲中興關健關係不甚重歟

著者自述于本社之鍊石補天樓

宣統元年己酉夏六月朔日

林則徐　例言

林則徐

陳穎侶著稿
梁紀佩編輯

第一章 緒論

鴉片之害。弱我種類。孱我國勢。東方病夫。中是毒者病益劇亞國睡獅。耽其癖者睡益迷。療而治之。躍而醒之。神洲之大。廣漠之羣。何渺乎其無人也。然事勢之流極。從其殆而救之。則難。乘病之未深。痛而藥之。則事祇半而功益倍。此當鴉片將盛未盛之衝。有一躍然而擊其弊者。尚有林則徐其人也。

林則徐之去今日。事經數十年矣。然禁鴉片煙一事。多數人羣。猶嘖嘖稱之。惜其所志未遂。事輒中止。嗚呼。我中國四萬萬同胞。每年被其賺去者以千百萬計。財政之弱。生計之絀。直接者固罹其病。卽影響

380.沈藎　　章士釗撰　　

清光緒二十九年（1903）鉛印本　一册

版權頁題“蕩虜叢書/著者支那漢族黄中黄/發行所支那第一蕩虜社”。

卷端題“沈藎，《蕩虜叢書》第二種，支那漢族黄中黄著”。

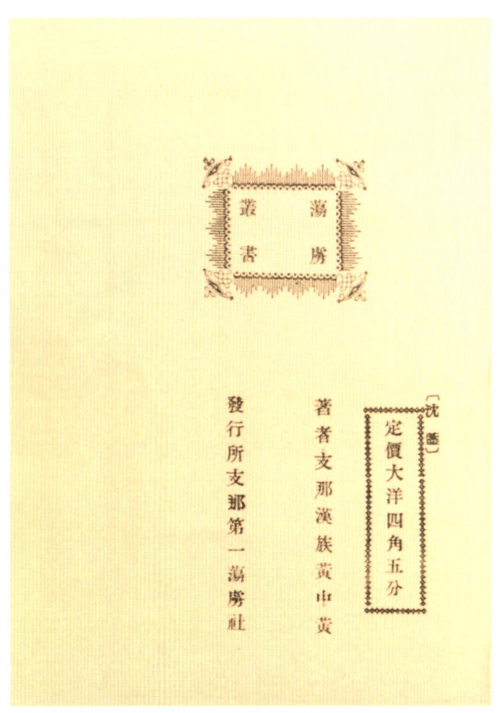
蕩虜叢書

〔沈藎〕

定價大洋四角五分

著者支那漢族黄中黄

發行所支那第一蕩虜社

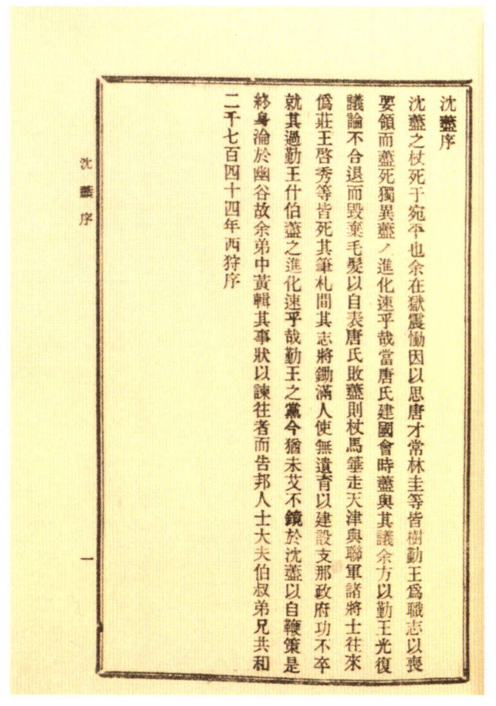
沈藎序

沈藎之杖死于宛平也余在獄震慟因以思唐才常林圭等皆樹勤王爲職志以喪要領而藎死獨異藎ノ進化速乎哉當唐氏建國會時藎與其議余方以勤王光復議論不合退而毁棄毛髮以自表唐氏敗藎則杖馬箠走天津與聯軍諸將士往來僞莊王啓秀等皆死其筆札間其志將鋤滿人使無遺育以建設支那政府功不卒就其過勤王什伯藎之進化速乎哉勤王之黨今猶未艾不鏡於沈藎以自鞭策是終身淪於幽谷故余弟中黄輯其事狀以諫往者而告邦人士大夫伯叔弟兄共和二千七百四十四年西狩序

沈藎序　一

沈藎

蕩虜叢書第二種

支那漢族黃中黃著

第一章　緒論

今日之中國乃適渡於種族競爭黨派鬩鬥之湍流而其現象之激急風雲之偉壯必有足爲紀念者焉故自戊戌爆烈以來中經庚子以至今日其間黨說之退脫方針之轉撥著著進步蹊徑可尋是宜乎潛勢力之滿布全國也雖然本年事件之多端亦既照人耳目矣而區分之約爲四時代一時代以一人作爲代數以記之則二三月之交者吳敬恒（蔡民友同）時代也四五月之交者鈕永建（湯槱同）時代也五六月之交者章炳麟（鄒容同）時代也六七月之交者沈藎時代也然吳敬恒以幾次之演說惹起滿清之注目是爲本年騷動之發端而鈕永建復組織軍隊爲滿清腐鼠之嚇以故吳蔡湯鈕之名詞擾攘于上海者數月而卒無事吳敬恒走西鈕永建返東而其毒乃大集突發于章炳麟當章炳麟被捕之日全國之視線

政治法律

381.中國政俗考略　（美）佑尼干撰　（美）林樂知、任保羅譯　

清光緒三十二年（1906）上海廣學會鉛印本　一册

内封題“西歷一千九百零六年/中國政俗考略/光緒三十二年歲次丙午，上海廣學會印”。

卷端題“中國政俗考略，美國佑尼干著，美國林樂知榮章、吴江任保羅申甫同譯”。

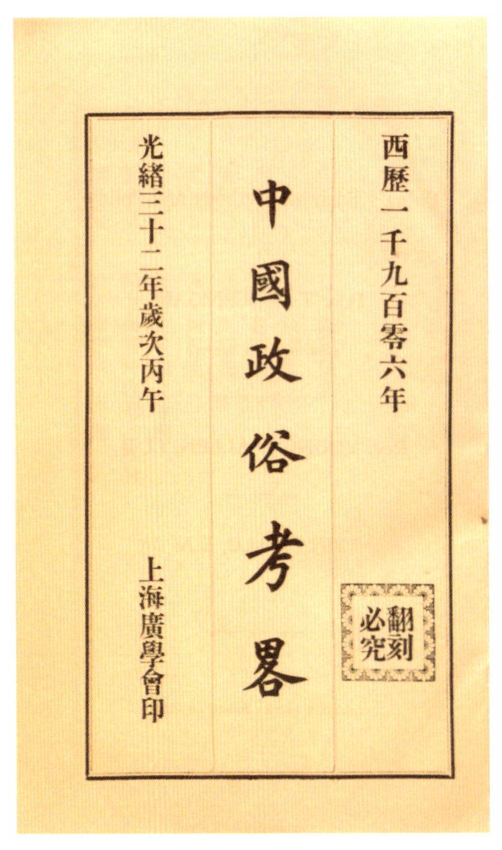

西歷一千九百零六年

中國政俗考畧

翻刻必究

光緒三十二年歲次丙午

上海廣學會印

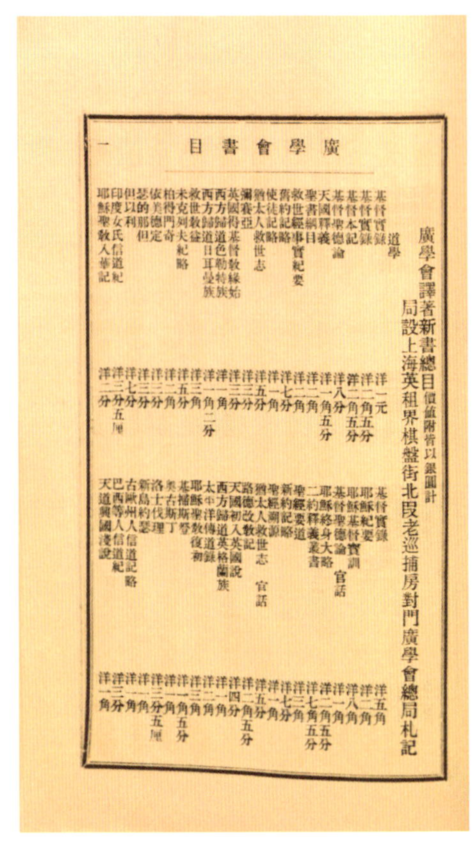

廣學會書目　一

廣學會譯著新書總目（價值附皆以銀圓計）

局設上海英租界棋盤街北段老巡捕房對門廣學會總局札記

基督實錄道學	洋一元
基督實錄	洋二角五分
基督本記	洋二角五分
基督聖德論	洋八分
天國釋義	洋一角五分
聖書綱目	洋二角
救世經事實紀要	洋二角
舊約記略	洋七分
使徒記略	洋一角
猶太人救世志	洋五分
獨賽亞	洋三分
英國得基督教緣始	洋三分
西方歸道色勒特族	洋一角
西方歸道日耳曼族	洋一角二分
救世教益	洋三角
未克列夫紀略	洋五分
柏得門奇	洋二角
依美德定	洋三分
瑟的那但	洋三分
但以利	洋七分
印度女氏信道紀	洋三分五厘
耶穌聖教人華記	洋二分

基督實錄	洋五角
耶穌紀要	洋二角
耶穌基督實訓	洋八角
基督聖德論官話	洋一角
耶穌終身大略	洋二角五分
二約釋義叢書	洋七角五分
聖經要道	洋三角
新約記略	洋七分
聖經溯源	洋一角
猶太人救世志官話	洋五分
路德改教記	洋二角五分
天國初入英國說	洋四分
西方歸道英格蘭族	洋一角
太平洋傳道錄	洋二角
耶穌聖教復初	洋三角
基補斯督	洋一角五分
奥古斯丁	洋一角
洛士伐理	洋三分五厘
新島約瑟	洋一角
古歐州人信道記略	洋一角
巴西等人信道紀	洋三分
天道興國淺説	洋一角

中國政俗考畧

美國 佑尼干著

美國 林樂知榮章
吳江 任保羅申甫 同譯

第一章 論中國之皇室

中國王政起於家庭、故欲觀中國之民德、必先觀中國之家規、且因專制國之政體、以皇帝之諭旨爲律法、皇帝之一言一行、皆爲百姓之觀瞻、所在上行下效、如風偃草、人民之公見、有時亦頗有勢力、但申於在上之允准、非謂人民之本有此權利也、

依西國重民之政體、律法出於民、亦由民任其責、而觀其成、在專制國則不然、中國之人民、依理而論、實無一毫權利、而其所受治之風俗律法、萬不足責以敦品勵行者、皆由全權之皇帝、立其極、故觀中國之人民、表明在下者之過失

382.中國之武士道　　梁啓超撰　　

清光緒三十年（1904）鉛印本　一册

梁啓超（1873—1929）字卓如，號任公，又號飲冰室主人，廣東新會人。

卷端題“中國之武士道，飲冰室主人述”。

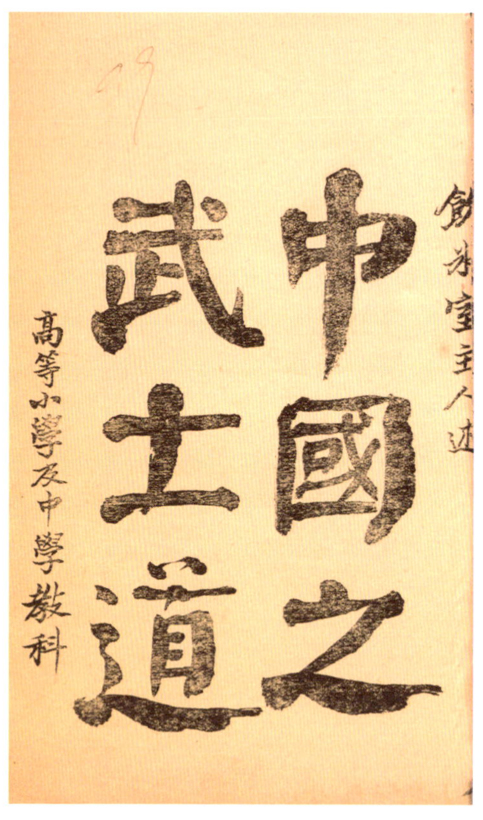
中國之武士道

飲冰室主人述

高等小學及中學教科

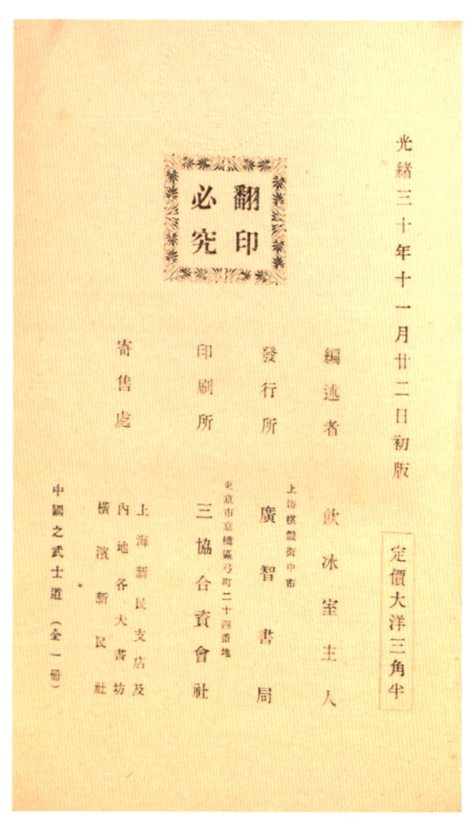
光緒三十年十一月廿二日初版

定價大洋三角半

翻印必究

編述者　飲冰室主人

發行所　上海棋盤街中市　廣智書局

印刷所　東京市京橋區弓町二十四番地　三協合資會社

寄售處　上海新民支店及　內地各大書坊　橫濱新民社

中國之武士道（全一册）

中國之武士道

飲冰室主人述

孔子

魯定公十年夏公會齊侯於夾谷孔子攝相事曰臣聞有文事者必有武備古者諸侯出疆必具官以從請具左右司馬定公曰諾具左右司馬犁彌言於齊侯曰孔丘知禮而無勇若使萊人以兵刼魯侯必得志焉齊侯從之孔子以公退曰士兵之兩君合好而裔夷之俘以兵亂之非齊君所以命諸侯也請命有司有司郤之不退孔子左右視晏子與景公景公心怍麾而退之將盟齊人加於載書曰齊師出竟而不以甲車三百乘從我者有如此盟孔子使茲無還揖對曰而不反我汶陽之田吾以共命者亦如之於是齊人乃歸所侵魯之鄆汶陽讙龜陰之田（參合左傳定公十年及史記孔子世家）

學 校

383.中國歷史教科書　　汪榮寶編纂

清宣統元年（1909）上海商務印書館鉛印本　一册

内封題“學部審定/中學堂、師範學堂用/中國歷史教科書/上海商務印書館印行”。

版權頁題“宣統元年六月初版/編纂者元和汪榮寶/校訂者海鹽張元濟”。

鈐印：“清穆氏”陽文半圓印、“隣月閣藏”陽文印。

學部審定

中學堂
師範學堂用

中國歷史教科書

上海商務印書館印行

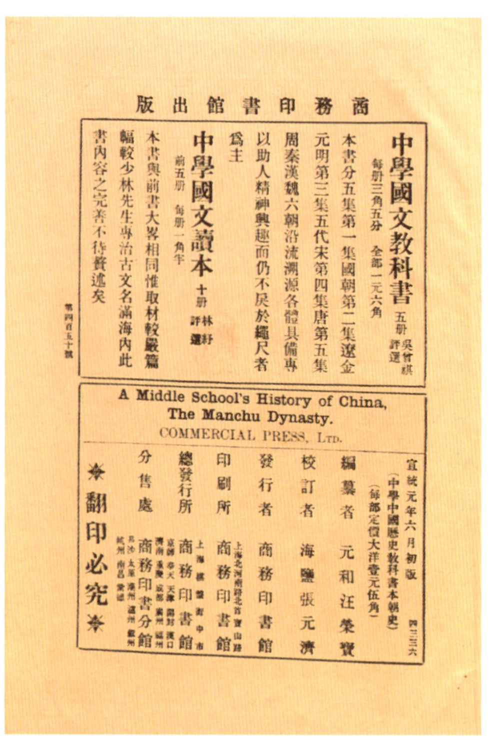

商務印書館出版

中學國文教科書　五册　吴曾祺評選
每册三角五分　全部一元六角
本書分五集第一集國朝第二集遼金元明第三集五代宋第四集唐第五集周秦漢魏六朝沿流溯源各體具備專以助人精神興趣而仍不戾於繩尺者爲主

中學國文讀本　十册　林紓評選
前五册　每册一角半
本書與前書大畧相同惟取材較嚴篇幅較少林先生專治古文名滿海内此書内容之完善不待贅述矣

第四百五十號

A Middle School's History of China,
The Manchu Dynasty.
COMMERCIAL PRESS, Ltd.

宣統元年六月初版　四三三六
（中學中國歷史教科書本朝史）
（每部定價大洋壹元伍角）

編纂者　元和汪榮寶
校訂者　海鹽張元濟
發行者　商務印書館
印刷所　上海北河南路北首寶山路　商務印書館
總發行所　上海棋盤街中市　商務印書館
分售處　商務印書分館

翻印必究

肅慎挹婁扶餘及沃沮

靺鞨七部

中國歷史教科書

本朝史

第一編　開創時期

第一章　本朝建國以前滿洲之史略

占亞細亞大陸『中央高原』之東部。而與俄領西伯利亞及朝鮮北部壤地相接者。爲今滿洲。實維本朝創業之地。滿洲之有建國。蓋在中國唐虞時。是時通古斯族。有肅慎氏者。始通中國。當帝舜二十五年。來獻弓矢。成周之初。數入朝貢。其國界南至長白山。北抵黑龍江。東濱日本海。約當今吉林。黑龍江。及西伯利亞之沿海州等境。及後漢時。亦稱挹婁。魏晉之際。使命間至。史家記錄。常兩名互稱。而其西南別爲扶餘。有今開原以北千餘里地。東南別爲諸沃沮。有北沃沮南沃沮及東沃沮諸部。沃沮者。蓋卽窩集。滿洲語森林之義也。

北魏之世。中國分裂。而肅慎故土。亦離爲七部。在松花江沿岸者。曰粟末部。與高麗接。

384.**最新地理教科書**　　謝洪賚編　　

清宣統二年（1910）上海商務印書館鉛印本　一册

封面題“學部審定，高等小學用”。

按：清光緒三十一年（1905）初版，本館藏本爲第二十一版。存第四册。

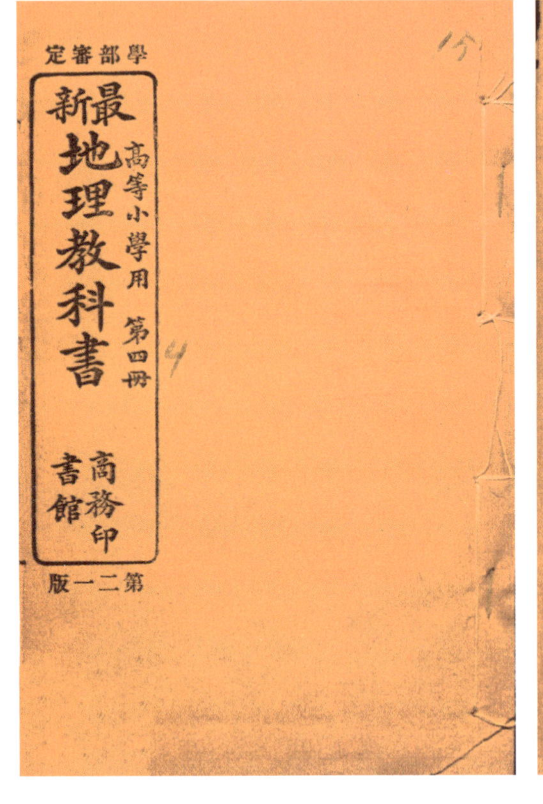

學部審定

最新地理教科書

高等小學用　第四册

商務印書館

第二十一版

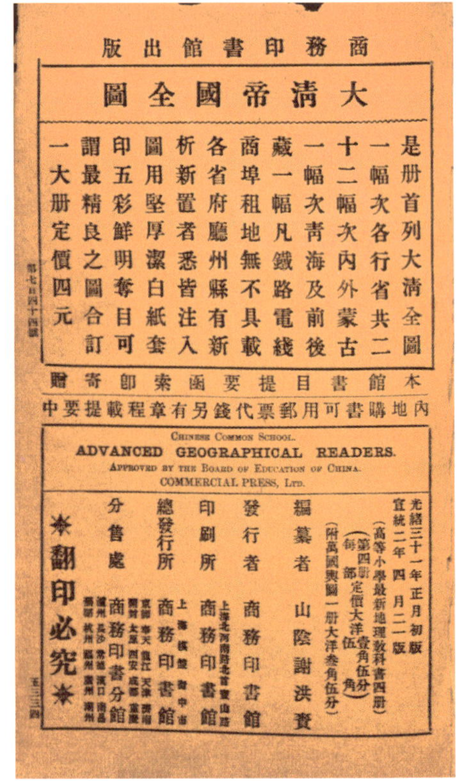

商務印書館出版

大清帝國全圖

是册首列大清全圖一幅，次各行省共二十二幅，次內外蒙古一幅，次青海及前後藏一幅。凡鐵路電綫商埠租地無不具載，各省府廳州縣有新析新置者悉皆注入。圖用堅厚潔白紙套印五彩，鮮明奪目，可謂最精良之圖合訂一大册，定價四元

本館書目提要函索即寄贈

內地購書可用郵票代錢另有章程載提要中

CHINESE COMMON SCHOOL.
ADVANCED GEOGRAPHICAL READERS.
APPROVED BY THE BOARD OF EDUCATION OF CHINA.
COMMERCIAL PRESS, LTD.

光緒三十一年正月初版
宣統二年四月二十一版

（高等小學最新地理教科書四册）
（第四册　每部定價大洋壹角伍分　伍角）
（附萬國輿圖一册大洋叁角伍分）

編纂者　山陰謝洪賚

發行者　商務印書館

印刷所　上海北河南路北首寶山路　商務印書館

總發行所　上海棋盤街中市　商務印書館

分售處　商務印書分館

※翻印必究※

最新地理教科書卷四

外國地理下

第一課　歐羅巴洲總論一

五大洲中。幅員最小者。歐羅巴也。東以烏拉嶺、裏海、與亞洲分界。西盡大西洋。北枕北冰洋。南界地中海。南北距約九千里。東西距約萬里。海岸線之長。甲於五洲。半島港灣相交錯。說者謂其文明進步。實基於此。西境地形較狹。多高原。東境寬廣。一望平原。爲之中樞者。曰阿爾卑斯山。其分支。東北則喀爾巴阡山也。東南則巴爾幹山也。西南則比里牛斯山也。北方又有基阿連山脈。爲瑞典挪威半島

385.最新國文教科書初等小學用　　蔣維喬、莊俞編纂　高鳳謙、張元濟校訂

495.1 C43C

清光緒三十年（1904）上海商務印書館鉛印本　一册

封面題"學部審定，初等小學用"。

按：1904年初版，本館藏本非初版，各册再版版本不一。藏本殘，存第二册。

386.又一部　存第四册。　PL1115 .C45x

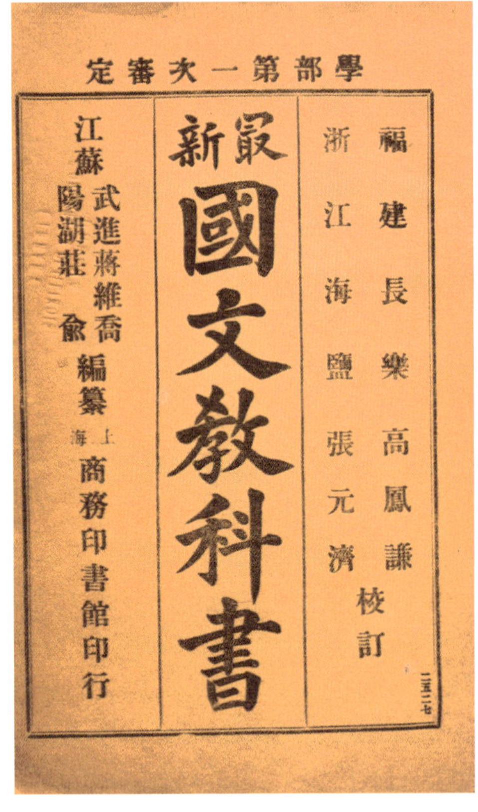
學部第一次審定
福建長樂高鳳謙
浙江海鹽張元濟 校訂
最新國文教科書
江蘇武進蔣維喬
陽湖莊俞 編纂
上海商務印書館印行

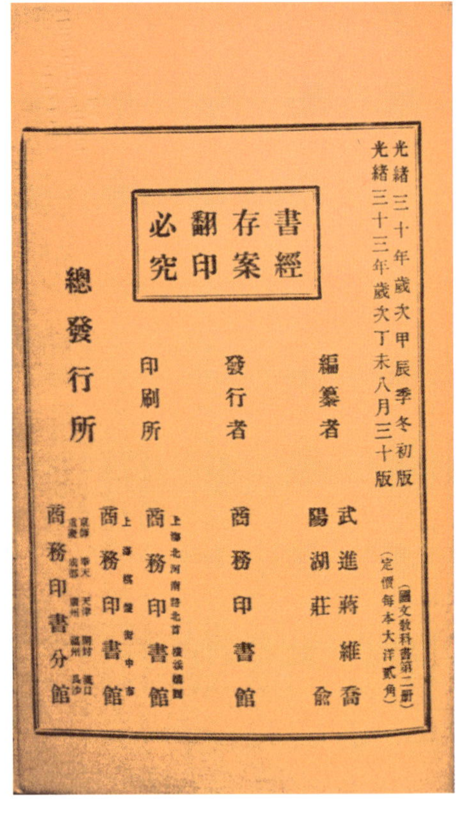
光緒三十年歲次甲辰季冬初版
光緒三十三年歲次丁未八月三十版
（國文教科書第二册）
（定價每本大洋貳角）
書經存案
翻印必究
編纂者　武進蔣維喬　陽湖莊俞
發行者　商務印書館
印刷所　商務印書館
總發行所　商務印書館
商務印書分館

滿 今 新 授 告 讀 當 比 更 也

第一課 學堂

學堂暑假 一月已滿
今日早起 穿新衣
入學堂 先生授我新書
告我曰 汝讀此書
當比首册 更有味也

交　涉

387.中西關係略論四卷　（美）林樂知撰　

清光緒二年（1876）上海廣學會鉛印本　一册

内封題“光緒二年孟秋中浣/中西關係略論/活字板印”。

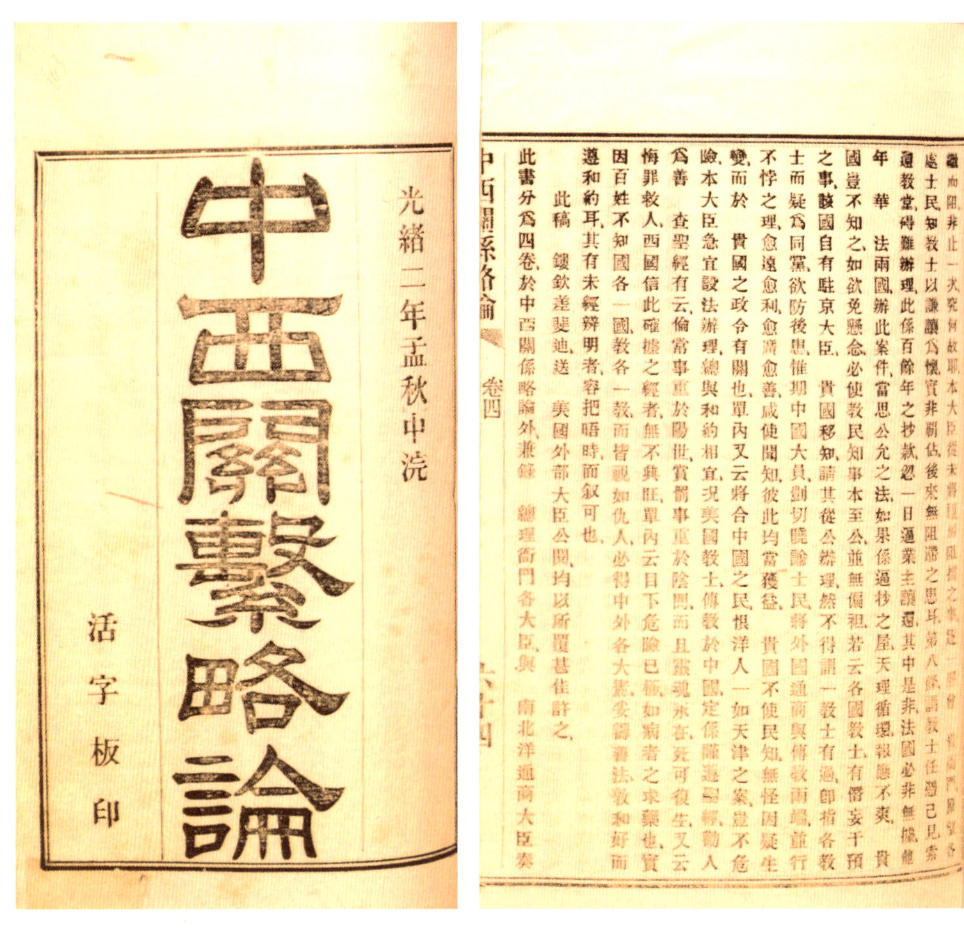

光緒二年孟秋中浣

中西關繫略論

活字板印

礙而阻、非止一次、究何故耶、本大臣從未將[illegible]阻擋之事、是一概會[illegible]衙門、屢望各
處士民知教士以謙讓爲懷、實非覇佔、後來無阻滯之患耳、第八條謂教士任憑己見索
還教堂、礙難辦理、此係百餘年之抄款、忽一日逼業主讓還、其中是非、法國必非無據、[illegible]
年　華　法兩國、辦此案件、當思公允之法、如果係過抄之屋、天理循環、報應不爽、　貴
國豈不知之、如欲免懸念、必使教民知事本至公、並無偏袒、若云各國教士、有僭妄干預
之事、該國自有駐京大臣、　貴國移知、請其從公辦理、然不得謂一教士有過、即指各教
士而疑爲同黨、欲防後患、惟期中國大員、剴切曉諭士民、將外國通商與傳教兩端、並行
不悖之理、愈遠愈利、愈濟愈善、咸使聞知、彼此均當獲益、　貴國不使民知、無怪因疑生
變、而於　貴國之政令有關也、單內又云將合中國之民、恨洋人一如天津之案、豈不危
險、本大臣急宜設法辦理、總與和約相宜、況美國教士、傳教於中國、定係謹遵聖經、勸人
爲善　查聖經有云、倫常事重於陽世、賞罰事重於陰間、而且靈魂永在、死可復生、又云
悔罪救人、西國信此確據之經者、無不興旺、單內云目下危險已極、如病者之求藥也、實
因百姓不知國各一國、教各一教、而皆視如仇人、必得中外各大憲、妥籌善法、敦和好而
遵和約耳、其有未經辯明者、容把晤時、而叙可也、
此稿　鏤欽差斐迪送　美國外部大臣公閱、均以所覽甚佳許之、
此書分爲四卷、於中西關係略論外、兼錄　總理衙門各大臣、與　南北洋通商大臣奏

中西關係略論　卷四

中西關係略論

南北洋通商大臣及各督撫又總理衙門諸奏稿

節抄同治十三年十一月初四日直隸總督北洋通商大臣李　奏

若不稍變成法、於洋務開用人之途、使人人皆能通曉、將來即有萬全之策、數十年後、主持乏人、亦必名存實亡、漸漸頹廢、

節抄同治十三年十一月初四日兩廣總督英 安徽巡撫裕　奏擬請

旨、飭令中外大臣督撫、就平日眞知灼見之人、切實保奏、內而卿貳部曹、外而大小文武、不論資格、不限官階、但係才具出衆、確實可靠者、一一出具切考、某人知兵事、可膺將領之選、某人善籌畫、可膺理財之任、或熟習洋情、或諳練機器、如果確係眞才、能任艱鉅者、

准予破格拔擢、以勵群倫、

節抄同治十三年十一月十二日、福建巡撫王　奏、一用人一條、據稱十年之計樹木、百年之計樹人、遇有事而用非其長、與先事而養之有素、其得失較然矣、夫設科取士、自有常經、而救時需才、不拘成格、是必別有陶鑄之方、寬予登庸路、俾人人知所趨向、鼓舞振興、而後習文事者、不專攻於詞章書法、肄武備者、不徒求諸弓矢

天　學

388.天文揭要　　登郡文會館撰　（美）赫士口譯　周文源筆述　　QB62 .H39

清光緒二十九年（1903）上海美華書館鉛印本　一册

内封題“耶穌降世一千九百零三年，登郡文會館撰/天文揭要/光緒二十九年歲次癸卯，上海美華書館鉛板”。

牌記題“益智書會/校訂藏版”。

卷端題“天文揭要，美國教士赫士口譯，蓬萊瀛橋周文源筆述”。

耶穌降世一千九百零三年
登郡文會館譔
天文揭要
光緒二十九年歲次癸卯
上海美華書館鉛板

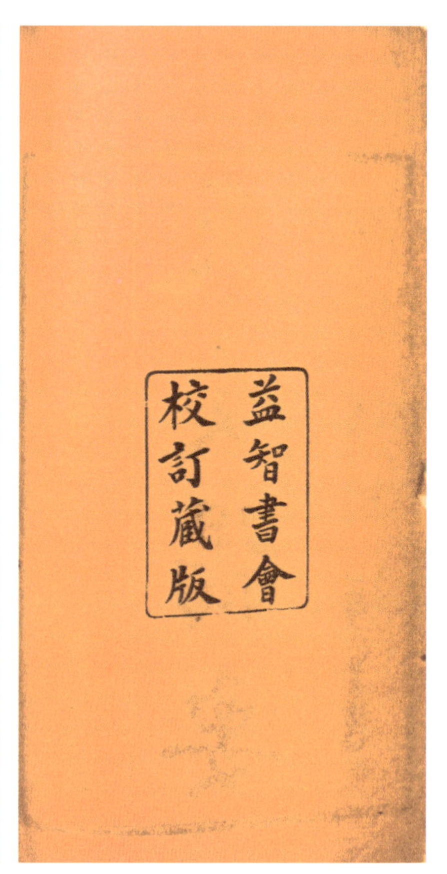

益智書會
校訂藏版

天文揭要 上卷

美國教士赫　士口譯
蓬萊瀛橋周文源筆述

第一章　論地

第一節　何先論地〇欲求經緯星之大小、遠近、軌道、輕重等事、必須先知地之大小、軌道、輕重、如欲測量日之遠近、必須先知地半徑之長短而以爲底線、方能測定日之遠近也、

第二節　地之形式〇吾人所居之地、略似一大球形、其據有四、一無論自地面何處起程、順大圈往某向直行、必回至原處、且無論東西南北、任往何向、其所行之里數、亦幾適相等、若地非圓形、必不能回至原處、若地非畧爲球形、里數亦必有大差矣、二各物之影、必如各物之式、據月之有蝕、實爲地之影所蔽而入月面之影、常爲圓形、故知地必爲球形矣、三凡自平面視遠處之物、理當見其大者、不能見其小者、今自平地或海面、視距地面遠

地　學

地理學

389.新廣西　　李官理編繪　

清光緒三十一年(1905)上海商務印書館鉛印本　一册

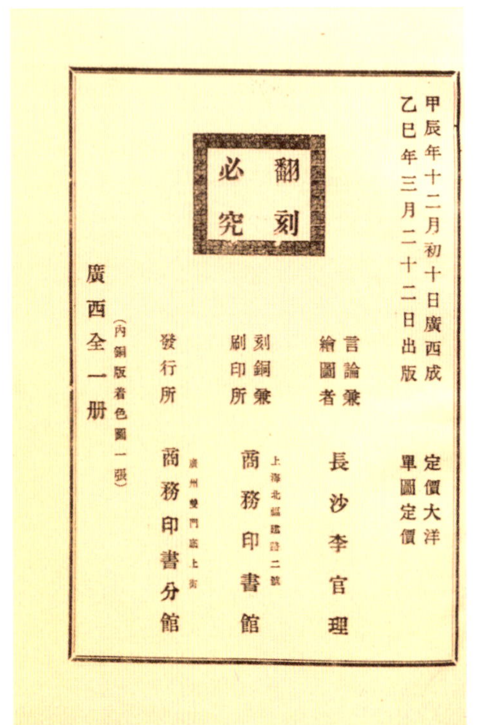

甲辰年十二月初十日廣西成
乙巳年三月二十二日出版

定價大洋
單圖定價

翻刻必究

言論彙
繪圖者　長沙李官理

刻銅彙
刷印所　上海北福建路二號　商務印書館

發行所　廣州雙門底上街　商務印書分館

(内銅版着色圖一張)

廣西全一册

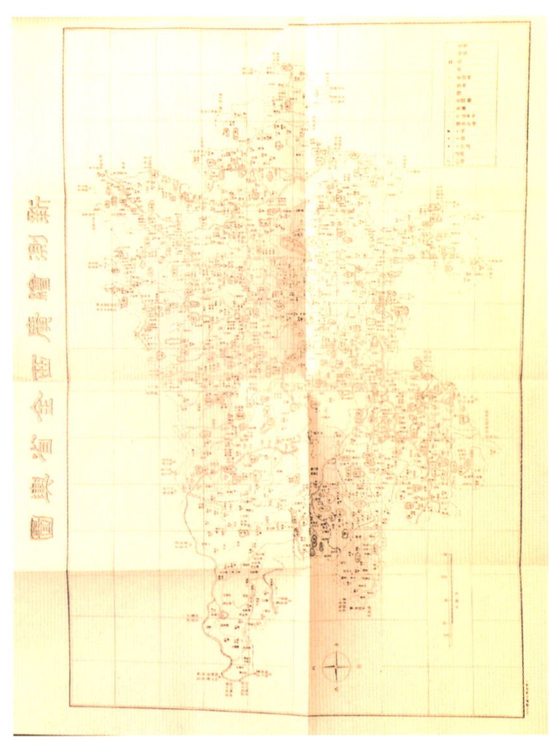

水道攷

廣西百川交錯鉅細朝宗派別支分源流可溯查廣西據三江之總名曰灕江（江即桂）曰右江（江即黔）曰左江。灕江源出興安縣之海陽山至縣北之渡頭橋派分西北北曰湘（湘水經全州出湖南之零陵道州）西曰灕灕水繞縣西南行會六洞水與小融江合下靈川縣合甘棠溪至桂林合相思江（義寧縣北七十里有義江至蘇橋流分爲二一西入永福逹柳慶一東逕陡門合相思江入灕）下陽朔縣西合荔浦（出修仁經荔浦）東合樂川（出富川入湖南之永明經恭城）幷匯於平樂府曰撫江與思勤江合（出富川丹霞洞合白鑿江至思勤縣合濁水江至昭平上五里是爲思勤江）下昭平縣合馬江下梧州府與左右江會。

右江上有二源一源出貴州永從縣合古州下懷遠縣經縣城東合浪溪江西合通道江下融縣至柳城縣西南合龍江是爲右中之右曰融江是也一源出貴州都勻府經荔波合環水經思恩縣至慶遠府合小江（出天河）

幼　學

390.兒童矯弊論　　(日)大村仁太郎編　京師編書局譯　　

清光緒三十二年(1906)京師學務處官書局鉛印本　一册

鈐印："沈觀仲印"陽文方印。

按：再版本。

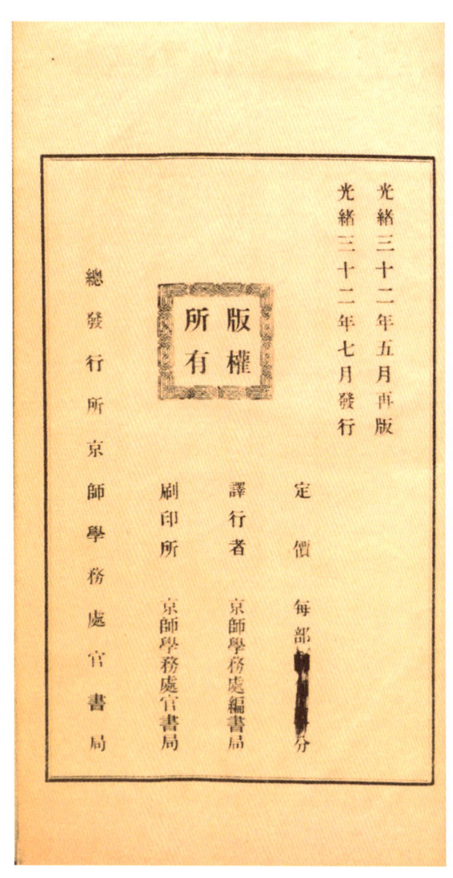

光緒三十二年五月再版
光緒三十二年七月發行

版權所有

定價每部[illegible]分
譯行者　京師學務處編書局
刷印所　京師學務處官書局
總發行所京師學務處官書局

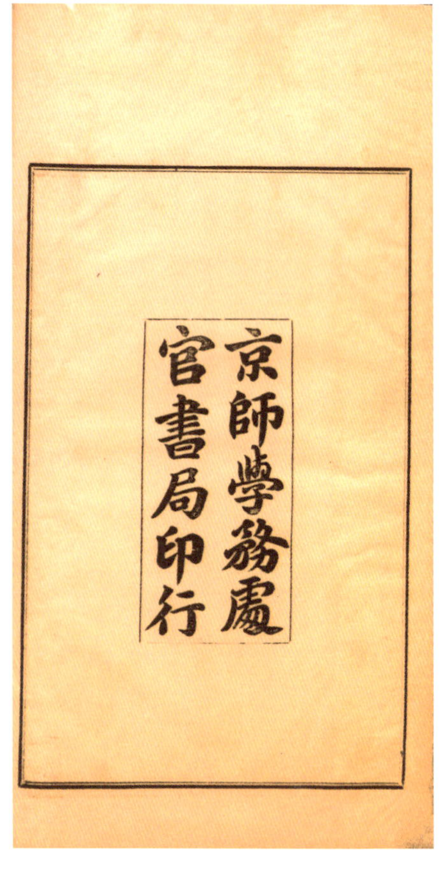

京師學務處官書局印行

兒童矯弊論

日本大村仁太郎編
京師編書局譯

第一章 總論

十九世紀之學者。往往講兒童矯弊之方。以爲惡性日增。莫能抑制。故眞善美三者之發達。亦難臻極點。雖然。人性之發達。譬諸植物。苟雜草繁生。莫之芟薙。則有用之植物。皆受其妨害。況雜草之性。最易延長。人性亦然。其不善者較善者爲强。惟人性又能與植物異其趣者。一性中兼包善惡二者而已。蓋人生爲惡念所阻。決非偶然。如兒童之性行。或由先天不良分子之流傳。或由後天不良外物之印象。或由教育無方。因而受其妨害。然則矯正之法。豈可忽哉。吾竊怪今之教育家。大都以健全爲精神教育。而能於兒童之性行上研究瑕疵者。甚寥寥也。夫僅知善而不知所以爲惡。則其所知之善。亦不能深固。譬之曰言興利而不講除害之

京師官書局印

游　記

391.歐洲十一國游記　　康有爲撰　　D919 .K36 1906

清光緒三十一年至三十三年（1905—1907）上海廣智書局鉛印本　二册

卷首有清光緒三十年康有爲“歐洲十一國游記序”。

按：第一編爲意大利游記，第二編爲法蘭西游記。

392.又一部　僅第一編，宣統二年（1910）第六版。　914.5 K13

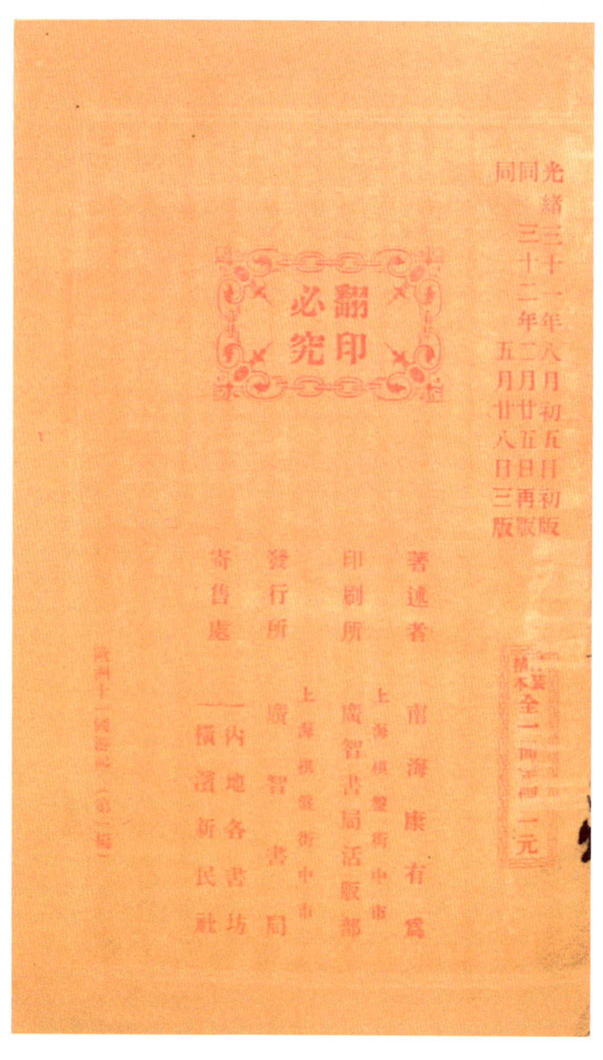

光緒三十一年八月初五日初版
同　三十一年八月廿五日再版
同　三十二年五月廿八日三版

翻印必究

著述者　南海康有爲
印刷所　上海棋盤街中市　廣智書局活版部
發行所　上海棋盤街中市　廣智書局
寄售處　內地各書坊　橫濱新民社

全一冊　一元

歐洲十一國游記（第一編）

歐洲十一國游記

南海康有爲廣廈

第一編　意大利游記

先泊巴連的詩往奈波里道中

五月三日夜十二時。至意大利之巴連的詩。距鉢賒九百三十英里。爲中里凡三千一百八十九里。經五十小時而到。不及兩日半。可謂迅速矣。此爲小埠。人民不多。然街道屋舍甚整。亦有來船絃歌者。警察者戴雞毛冠。彈壓於埔頭。船客下船以序。整淨不譁。自此登歐洲大陸矣。

時已一時矣。然船客皆登岸覓客舍宿。以船中運煤入艙太鬧故也。然實不甚鬧。吾在船酣寢竟夕。至淩晨六時乃登岸。凡一入客舍。所費不貲。自房租食費外。浴費一二餅金。賞費自侍食鋪床守門運行李牽梯亭五六人。皆須賞賜。虛縻無算。然船客僅登岸宿四五時。乃無一留船者。可見歐人之俗。求安而必不少節。彼此同。不節。故客舍及馬車侍役。得以分養華人。則必節之。故客舍馬車雖閙美。而侍役亦無以爲分養。故爲

西人侈靡之風

書名筆畫索引

一畫

二畫

三畫

四畫

五畫

六畫

七畫

八畫

九畫

十畫

十一畫

十二畫

十三畫

十四畫

十五畫

十六畫

十七畫

十八畫

十九畫

二十畫

二十一畫

二十二畫

二十四畫

三十畫

著者名筆畫索引

五畫

六畫

七畫

八畫

九畫

十畫

十一畫

十二畫

十三畫

十四畫

十五畫

十六畫

十七畫

十八畫

十九畫

二十畫

二十一畫

二十三畫

“十二五”國家重點圖書出版規劃項目
2011—2020年國家古籍整理出版規劃重點項目
國家古籍整理出版專項經費資助項目

海外中文古籍總目

美國伊利諾伊大學圖書館中文古籍目録

An Illustrated Catalogue of Ancient Chinese Books in the University of Illinois at Urbana-Champaign Library

蔣樹勇（Shuyong Jiang）編

上册

中華書局

圖書在版編目(CIP)數據

美國伊利諾伊大學圖書館中文古籍目録/蔣樹勇編. —北京：中華書局,2020.5
(海外中文古籍總目)
ISBN 978-7-101-14434-5

Ⅰ.美…　Ⅱ.蔣…　Ⅲ.院校圖書館-古籍-中文圖書-圖書館目録-美國　Ⅳ.Z838

中國版本圖書館 CIP 數據核字(2020)第 033226 號

書　　名　美國伊利諾伊大學圖書館中文古籍目録(全二册)
編　　者　蔣樹勇
叢 書 名　海外中文古籍總目
特邀審稿　李國慶
責任編輯　張　昊
裝幀設計　劉　麗
出版發行　中華書局
(北京市豐臺區太平橋西里 38 號　100073)
http://www.zhbc.com.cn
E-mail:zhbc@zhbc.com.cn
印　　刷　三河弘翰印務有限公司
版　　次　2020 年 5 月北京第 1 版
2020 年 5 月第 1 次印刷
規　　格　開本/787×1092 毫米　1/16
印張 57¼　字數 404 千字
國際書號　ISBN 978-7-101-14434-5
定　　價　980.00 元

海外中文古籍總目·總序

中華文明悠久燦爛，數千年來留下了極爲豐富的典籍文獻。這些典籍文獻滋養了中華民族的成長和發展，也廣泛地傳播到世界各地，不僅對周邊民族産生了深刻影響，更對世界文明的融合發展做出了卓越貢獻。可以説，中華民族創造的輝煌文化，不僅是中華文明的重要組成部分，更是全人類共同的文化遺産，需要我們共同保護、傳承、研究和利用。而要進行這一工作，首先需要對存世典籍文獻進行全面地調查清理，編纂綜合反映古典文獻流傳和存藏情況的總目録。

由全國古籍整理出版規劃領導小組（簡稱“古籍小組”）主持編纂、歷時十七年最終完成的《中國古籍總目》就是這樣一部古籍總目録。它“全面反映了中國（大陸及港澳臺地區）主要圖書館及部分海外圖書館現存中國漢文古籍的品種、版本及收藏現狀”，著録了約二十萬種中國古籍及主要版本，是迄今爲止對中國古籍流傳與存藏狀況的最全面最重要的總結。但是，限於當時的條件，《中國古籍總目》對於中國大陸地區以外的中文古籍的調查、搜集工作，“尚處於起步階段”，僅僅著録了“港澳臺地區及日本、韓國、北美、西歐等地圖書館收藏的中國古籍稀見品種”（《中國古籍總目·前言》），並没有全面反映世界各國各地區存藏中國古籍的完整狀況。

對於流傳到海外的中國古籍的搜集和整理，始終是我國學界魂牽夢繞、屢興未竟的事業。清末以來幾代學人迭次到海外訪書，以書目提要、書影、書録等方式將部分收藏情况介紹到國内。但他們憑個人一己之力，所訪古籍終爲有限。改革開放以來，黨和政府對此極爲重視。早在1981年，黨中央就明確提出“散失國外的古籍資料，也要通過各種辦法爭取弄回來或複製回來”（中共中央《關於整理我國古籍的指示》，1981年9月17日）。其時“文革”結束不久，百業待興，這一高瞻遠矚的指示還僅得到部分落實，難以規模性地全面展開。如今，隨着改革開放事業的快速發展，國際間文化交流愈加密切，尤其是《中國古籍總目》的完成和中華古籍保護計劃的實施，爲落實這一指示提供了堅實的基礎，可以説，各項條件已經總體具備。在全球範圍内調查搜集中國古籍、編纂完整反映中國古籍流傳存藏現狀的總目録，爲中國文化的傳承、研究提供基礎性數據，已經成爲黨和政府以及學術界、出版界的共識。

據學界的初步調研，海外所藏中國古籍數量十分豐富，總規模超過三百萬册件，而尤以亞洲、北美洲、歐洲收藏最富，南美洲、大洋洲、非洲也有少量存藏。海外豐富的中國古籍藏量以及珍善本的大量存在，爲《海外中文古籍總目》的編纂提供了良好的基礎。而且，海外收藏中國古籍的機構有的已經編製了館藏中國古籍善本目録、特藏目録或聯合目録，關於海外中國古籍的提要、書志、叙録等文章專著也不斷涌現，對於編纂工作無疑具有很高的參考價值。然而，目前不少海外圖書館中國古籍的存藏、整理、編目等情況却不容樂觀。絶大多數圖書館中文館員數量極其有限，無力系統整理館藏中文古籍；有的甚至没有中文館員；有的中國古籍祇能被長期封存，處於自然消耗之中，更遑論保護修復。啓動《海外中文古籍總目》項目，已經刻不容緩。

長期以來，我們一直關注着海外中國古籍的整理編目與出版工作。2009年《中國古籍總目》項目甫告竣工，在古籍小組辦公室的領導下，編纂出版《海外所藏中國古籍總目》的計劃便被提上日程，並得到中共中央宣傳部、新聞出版總署的高度重視，被列入《“十二五”國家重點圖書出版規劃》《2011—2020年國家古籍整理出版規劃》。經過細緻的調研考察和方案研討，在“十三五”期間，項目正式定名爲《海外中文古籍總目》，並被列爲“十三五”古籍整理出版工作的五大重點工作之一。中華書局爲此組織了專業團隊，專門負責這一工作。

《海外中文古籍總目》是《中國古籍總目》的延續與擴展，旨在通過團結中國國内和世界各地相關領域的專家學者，組成編纂團隊，吸收最新研究成果進行編目，以全面反映海外文獻收藏單位現存中文古籍的品種、版本及收藏現狀。在工作方法與編纂體例上，《海外中文古籍總目》與傳統的總目編纂有着明顯的區别和創新。我們根據前期的調研結果，結合各海外藏書機構的情況和意見，借鑒中華古籍保護工程的有益經驗，確定了“先分館編輯出版，待時機成熟後再行統合”的整體思路。同時,《海外中文古籍總目》在分類體系、著録標準、書影采集等方面都與全國古籍普查登記工作高度接軌,確保能夠編纂出一部海内外標準統一、體例一致、著録規範、内容詳盡的古籍總目。

編纂《海外中文古籍總目》,可以基本摸清中國大陸以外地區的中文古籍存藏情況,爲全世界各領域的研究者提供基礎的數據檢索途徑,爲系統準確的古籍整理出版工作提供可靠依據,爲中國與相關各國的文化交流活動提供新的切入點和立足點。同時,我們也應該認識到,中國的古籍資源既是中國的,也是世界的,整理和保護這些珍貴的人類文明遺産,是每一個人的共同責任和使命。

2017年1月,中共中央辦公廳、國務院辦公廳印發了《關於實施中華優秀傳統文化傳承發展工程的意見》,其中明確提出“堅持交流互鑒、開放包容,積極參與世界文化的對話交流,不斷豐富和發展中華文化”的基本原則,並將“實施國家古籍保護工程,加强中華文化典籍整理編纂出版工作”列爲重點任務之一。遥想當年,在兵燹戰亂之中,前輩學人不惜生命捍衛先人留下的典籍。而今,生逢中華民族實現民族復興的偉大時代,我們有責任有義務完成這一幾代學人的宏願。我們將努力溝通協調各方力量,群策群力,與海内外各藏書機構、學界同仁一起,踏踏實實、有條不紊地將《海外中文古籍總目》這一項目繼續開展下去,盡快完成這樣一個動態的、開放的、富於合作精神的項目,使之早日嘉惠學林。

中華書局編輯部

2017年2月

目　録

睹印懷故人(代序)

一

能參與編撰《美國伊利諾伊大學圖書館中文古籍目録》已屬榮幸，更爲驚喜的是遇到了兩位師長的舊藏。

根據歷史記録，1978年該館得到了印第安納大學退休教授鄧嗣禹先生的56册藏書和柳無忌先生的180册藏書。

鄧嗣禹（1905—1988）先生，字持宇，湖南常寧黄洞鄉人。1932年燕京大學畢業後，留學哈佛大學，與林語堂 、陳寅恪等同爲哈佛燕京學社成員，1942年獲博士學位，後長期任教於印第安納大學，並被哈佛等名校聘爲客座教授。先生的主要著述有《中國考試制度史》《通俗漢語（附文法注釋）》《太平天國起義的新見解》《太平天國起義與捻軍運動》《清朝政治制度》《太平天國起義史編纂》《現代通俗漢語》《太平天國起義和西方政權》等。我入印第安納大學東亞系讀研究所是上世紀末，鄧先生雖然退休多年，但仍在布魯明頓住，經常出入校園，所以有機會以後輩校友的身份向他請益。記憶尤新的是，我向先生叩問研究方向，他回答説，“無論東西，只要有興趣，努力鑽研，定有成果”。言簡意賅，受用終身。

鄧先生給伊大的書多屬普通之物，未見印章。鄙校倒是收藏了一本他的舊物《拳教析疑説》，上有先生的一枚名章，樸實無華，恰如其人。

鄧嗣禹

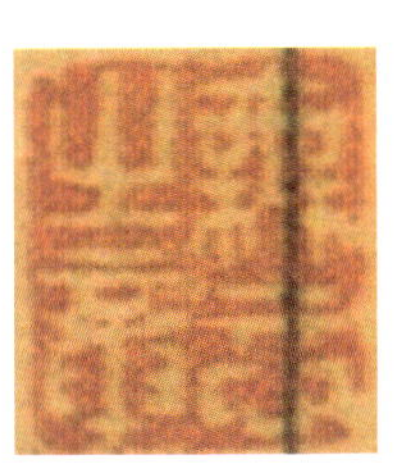
無忌之章

柳無忌

柳無忌印

柳無忌印　　松陵柳無忌藏書之印

柳先生的藏書印共五方，見於本書目所載《西京雜記》和《酉陽雜俎》之上。據説這些印是他父親柳亞子當年請名家爲他治刻的。

柳無忌（1907—2002）先生，出生於江蘇吴江。該地漢代即設鎮，名松陵，所以他自稱“松陵柳無忌”，以示不忘根本。柳先生畢業於北京清華學校和耶魯大學，學貫中西，長期致力文學研究和教學工作，譯著有《英國文學史》《莎士比亞時代抒情詩》《凱撒大將》《西洋文學研究》《中國文學概論》《當代中國文學作品選》《葵曄集》《抛磚集》《古稀話舊集》《休而未朽集》《柳無忌散文選》《少年歌德》《曼殊評傳》《印度文學》《蘇曼殊年譜》《蘇曼殊全集》《柳亞子年譜》等。1961年，柳無忌先生應印第安納大學之邀前去創辦東亞語言文學系，柳太太高靄鴻女士一同前往，任印大圖書館中文部編目員。柳太太此前在哥倫比亞大學修習了圖書館學，先後在耶魯大學醫學院醫學史圖書館、華盛頓國立陸軍醫學圖書館和耶魯大學圖書館工作過。可以説，印大東亞研究事業是柳先生夫婦一手創辦的，惠澤後人無數。敝校已故教授陳穎在印第安那大學得比較文學博士學位，導師即爲柳無忌先生。他作有《賀柳無忌師榮休七律四首》，其第一首如下：

温柔敦厚一儒生，言笑雍容見性情，
族望高風陶令宅，師承大道孔門經。
王仁教授功彌遠，庾信文章老更成，
最愛年年勤樹植，堂前桃李競春榮。

我進印大東亞系時，柳先生已退休並離開布魯明頓，不過我在先生九十大壽時曾有緣前去加利福尼亞州孟樂公園的孟樂公寓拜謁致賀。柳先生屈尊題贈了我一本《柳亞子傳》。我曾有小文紀念此事 。

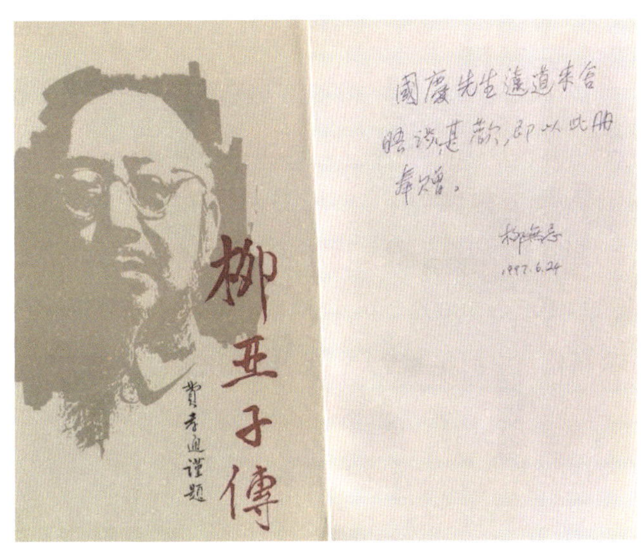

柳無忌先生贈書

柳無忌先生九十歲留影

那一天是1997年6月24日。倏忽之間，二十多年過去，睹物思人，不勝感慨。

柳先生的藏書當不止這些。曾在網上讀到過一篇署名李君維的文章，《走進柳無忌先生書齋》，作者說："書齋到處放着中外書籍，談話就從書說起了。他說仁壽本的《二十五史》近千册，放在衣櫃裏面。柳先生拿出李卓吾評閱、楊定見小引的《水滸四傳全書》原刻本，墨憨齋（馮夢龍）手定、本衙藏版的十六册四十卷的《今古奇觀》，陶氏涉園影印稱爲元刻本的《新刊巾箱本蔡伯喈琵琶記》，這些都是柳無忌愛不釋手的珍藏……"先生已逝，不知它們都流落到哪裏去了。

二

中文古籍流落在北美者不知凡幾，其原收藏者和西傳之緣由可考者也不多。能提供些許綫索的，除了館方採購檔案（如果還保留的話）外，就是書上的印章了。本編共收該館所藏1911年以前的綫裝中文古籍總計382種392部4681册。在這些書中，近200部有藏書印章，總計在500方上下。以下部分爲印主可考者，按本目録之編號羅列。因篇幅所限，所列條目中的重複之印一般不重出，除非有關聯或有助於進一步考證者，考釋文字也儘量從簡。由於伊大所收古籍多爲普通之物，最早的只有明版，即柳無忌先生舊藏，印主之中也就没有那些聲名煊赫的古代大藏書家。不過倒有不少是近代名人，還有一些海外藏家或機構，頗有值得注意者。

張之銘（002.誠齋先生易傳二十卷）

張之銘（1872—1945），號伯岸，晚號遯翁。鄞縣（今浙江寧波）人。從小經商，亦嗜書如命。在日本東京、横濱僑居多年，大力搜集圖籍，得中外圖書數萬册。有兩地藏書，一在上海，一在日本東京橋區，皆名“古歡室”。章炳麟爲之作《古歡室記》。其藏書在1949年後散出。

張之銘珍藏

古鄞張之銘藏書

四明張氏古懽室藏書記

許貞幹（007.書經六卷　026.春秋公羊經傳解詁十二卷附音本校記一卷　048.康熙字典十二集三十六卷總目一卷檢字一卷辨似一卷等韻一卷補遺一卷備考一卷　050.字典考證十二卷　072.史記一百三十卷）

許貞幹，福建閩侯人，字豫生，光緒十八年（1892）進士。曾任臺灣道員、袁世凱幕僚。事蹟見《福建通志·列傳選》卷六。室名“味青齋”，有藏書印“味青齋藏書記”，有《味青齋藏書畫目》。家有藏書數萬卷，身後爲陳寶琛購得。俄亥俄州立大學藏《説文解字校録》上有同樣印章。

豫生　本立而道生　桐華館

馬國維（057.爾雅音圖三卷）

馬國維，廣東番禺人，後寓居香港。曾任中山大學教授，著名金石學家、文字學家、篆刻家。著有《廣東印史略》《廣雅書院冠冕樓藏書滄桑史》《國維雜著》等。

國維經眼　熊氏圖籍　曾藏馬國維家

馮祖憲（255.法苑珠林一百卷）

耕餘樓主人馮澤夫，族名馮祖憲，室名“辨齋”，浙江慈溪人。咸豐至光緒時人。上海金融家、藏書家，清同光時期上海錢莊界領袖之一。在同治元年（1862）編撰了上海最早的洋涇浜英語辭書《英話注解》。

馮氏辨齋藏書　慈谿耕餘樓藏

任援道（224.穀山筆麈十八卷）

任援道（1890—1980），原名任鍼，又名任友安，字亮才、良才，號豁庵，江蘇宜興人。民國時期著名政客。畢業於河北保定軍官學校，曾任平津警備司令。抗戰爆發，任援道參加汪精衛僞政府。抗戰勝利後避居香港，後又遠走加拿大，1980年在加拿大病逝。新加坡南洋理工大學藏有一本《康熙字典》，上有鈐印“任援道印”“道鎔近號寄翁”。任道鎔（1823—1906）字筱沅，一字礪甫，號寄鷗，江蘇宜興人。清朝大臣。拔貢，考授教職。歷任知縣、知府、按察使、布政使、巡撫等職。著有《寄鷗館日記》《寄鷗館梅花百咏》《寄鷗遊草》等。捐贈人任九皋（Denis Jen，1924—），新加坡富商。他們都是宜興任氏一族。

任援道印

沈子修（124.文史通義八卷附校讎通義三卷）

沈子修（1880—1955），原名全懋，安徽六安霍山縣人。畢業於兩江師範學堂。光緒三十三年（1907）參加同盟會。先後在安徽公學、安徽法政學校、省立三農任職，畢生從事教育工作。新中國成立後，歷任華東軍政委員會文教委員會委員、中國民主同盟中央委員、皖北支部主任委員、皖北區各界人民代表會議協商委員會副主席、皖北人民行政公署副主任、皖北行署土地改革委員會委員等職。1952年當選爲安徽省人民政府副主席、省政協副主席、民盟安徽省副主任委員。

平湖沈子修藏　子修

翟樹榮（042.群經音辨七卷 052.字鑑五卷 055.廣韻五卷）

翟樹榮，曾任民本通訊社上海分社社長、民本廣播電臺臺長。該臺設立的目的是推廣及發佈民本通訊社的新聞稿件，並以宣揚文教政令、繁榮工商、服務社會爲宗旨，1946年9月15日於上海市福州路吴宫飯店頂樓正式播音，1949年9月15日遷往臺北市重慶南路一段106號，但翟樹榮並未隨行，後不知所終。他曾作爲證人在東京出庭揭露日本的南京大屠殺暴行。

翟樹榮印

揚州吴氏（028.黄太史訂正春秋大全三十七卷）

揚州“測海樓”主人吴氏兄弟，兄名引孫（1851—1920），字福茨；弟名筠孫（1861—1917），字竹樓，揚州人。吴引孫於光緒五年（1879）中舉，後官浙江寧紹道；吴筠孫於光緒十四年（1888）中舉，又於光緒二十年（1894）成爲進士，後官湖北荆宜道。“測海樓”仿寧波“天一閣”而建，上層存書24萬餘卷，底層名“有福讀書堂”，爲子孫讀書之處。“測海樓”藏書不乏善本，尤以明刊本爲多。1927年爲軍閥偷走了一部分，其餘八千多種在1931年被北京富晋書社以四萬元收購，後來大宗轉售於北京圖書館和上海涵芬樓等機構，售餘之書則在上海漢口路富晋書社分店零售，從此流散於天涯海角。1931年富晋書社曾編有《揚州吴氏測海樓藏書目録》七卷（石印本），目録學家陳乃乾據此編有《測海樓舊本書目》四卷《附録》一卷（慎初堂鉛印本）。多所北美東亞圖書館所藏中文古籍上有吴氏藏印，如匹兹堡大學所藏《元豐類稿》，斯坦福大學所藏《容臺文集》，哈佛燕京圖書館亦有六種。

真州吴氏有福讀書堂藏書

朱天梵（041.經典釋文三十卷附考證不分卷）

朱天梵（1883—1966），名光，又名冲，字天梵，别字漢才，以字行，上海三林鄉人。善詩文，精書畫金石。長期任教上海美專、上海新華藝專。著有《明遺民録》《經學概述》《小盤柴阿文稿》《天梵樓詩》《天梵印存》等。

朱天梵印

朱光之印

天梵

天梵樓

抱殘守缺

上海朱光所藏

王汝修（144.歷代畫史彙傳七十二卷首一卷總目三卷附録二卷）

王汝修（1843—1895），名仁爵，字斝侯，浙江慈溪黄山村人。精通詩文，尤擅駢文，善畫工書。與王治本、王惕齋、王藩清爲晚清著名文人四兄弟，一起以詩人、書法家身份漫遊日本，教書經商，擁有自己經營的書店"凌雲閣"。

王氏斝侯

周雁石（114.明季三朝野史四卷）

周雁石（1894—1959），號愨石公，由太倉縣遷居海門茅家鎮，中國近代著名藏書家。曾任江蘇省立國學圖書館編目部主任、國立浙江大學中文系副教授等職。

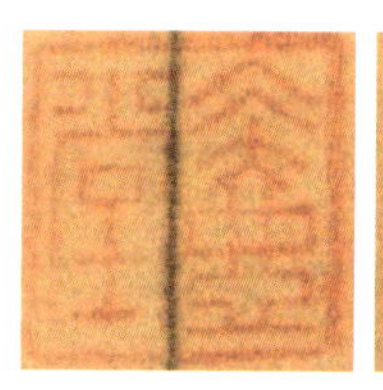
冰壺堂

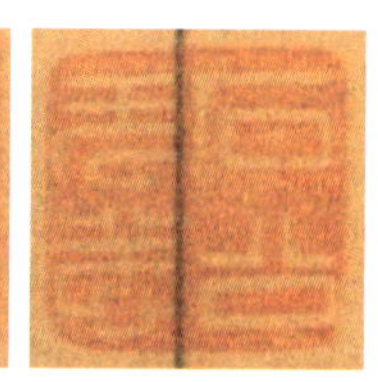
石公無恙

屈爔(195.善本書室藏書志四十卷附録一卷)

屈爔(1880—1963),字伯剛,號是閑,晚年自署屈彊,浙江嘉興平湖人。光緒間諸生,留學日本早稻田大學,歸國後授舉人銜。民國曾任職南京臨時政府,後執教於聖約翰大學等校,任商務印書館舊書股主任及館外編輯。新中國成立後,任浙江文史館館員。精版本目録之學,開設過書店“雙百樓”“穆齋”。藏書印有“是閑手校”“屈氏藏書”等,著有《彈山詩稿》《望絶自記》等。

屈爔之印

伯剛

交流圖書公司藏書印

張錫麟(295.樊榭山房集十卷文集八卷續集十卷)

張錫麟,字務洪,番禺沙灣鄉人。清舉人。工駢儷、詩詞,嘗掌教廣雅書院,著有《矩園稿鈔》。

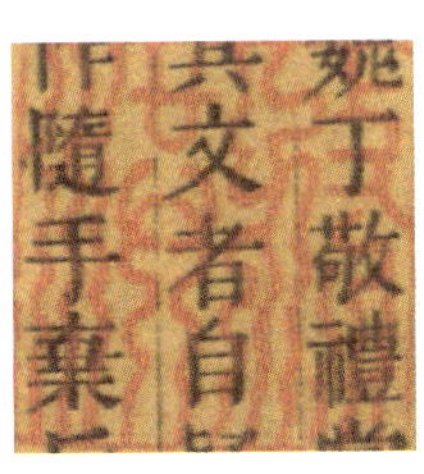

務洪

張錫麟印

務洪藏書

唐肯(123.史通削繁四卷)

唐肯,字企林,又字滄諳,號荆川後人,江蘇武進人。畢業於日本士官學校,曾任宜興縣長。工書畫,能詩文,精鑒别,富收藏。書宗錢灃,畫習“四王”,其人其藝頗受時人推崇。

滄諳

謝家福（363.海山仙館叢書五十六種）

謝家福（1847—1896），字綏之，號望炊、鋭庵、蘭階主人、桃園主人，室名“望炊樓”，吴縣人。學貫中西的洋務派愛國學者，中國交通電信事業的先驅者，蘇州電報通信的創始人，慈善救濟事業家。

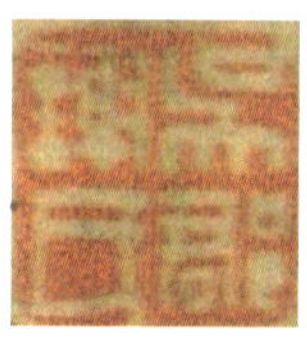
吴郡謝氏

望炊樓藏

高魯（238.詳注聊齋志異圖咏十六卷首一卷）

高魯（1877—1947），字曙青，號叔欽，福建長樂龍門鄉人，天文學家。

高魯

叔欽

温澍梁（233.酉陽雜俎二十卷續集十卷）

徐信符《廣東藏書記略》載，“（順德龍山）温氏夙多聞人，謙山編有《粤東文海》《（粤東）詩海》，有功鄉邦文獻。其族人澍梁富藏書，有《漱緑樓藏書目》（藏書所印亦有漱六樓章），四部悉備，而以曾勉士遺物爲佳，近年多已散出矣”。藏書印有“漱緑樓”“順德温氏家藏”“温惜香閣”“嶺南温澍梁幼珊珍藏”等。

温澍梁印

國英（201.御纂性理精義十二卷）

國英，字鼎臣，滿族，姓索卓絡，隸鑲白旗，道光二十年（1840）官内閣中書，歷官至廣東鹽運使。有《共讀樓書目》行世。

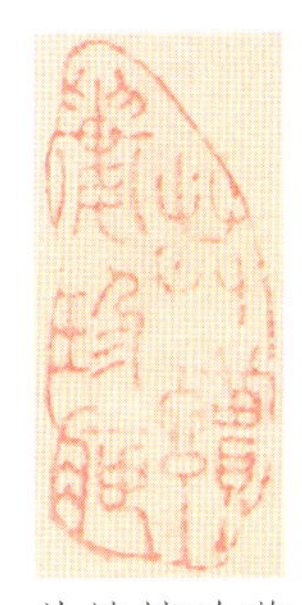

共讀樓珍藏

盛景璿（291.棣垞集四卷外集三卷）

盛景璿（1880—1929），字季瑩，一字澹逋、濠叟，號芰舲，廣東番禺人。齋堂爲“眇吉羊室”“妙吉羊室”，民國藏書家。盛氏以經商致富，喜藏書。晚年藏書被同里藏書家陳融所購，歸於“黄梅華屋”。

眇吉羊室

胡之焯（268.白香山詩長慶集二十卷別集一卷後集十七卷補遺二卷首一卷）

胡之焯，字心畬，號子襄，湖南益陽人，胡林翼叔父胡達灝之孫。

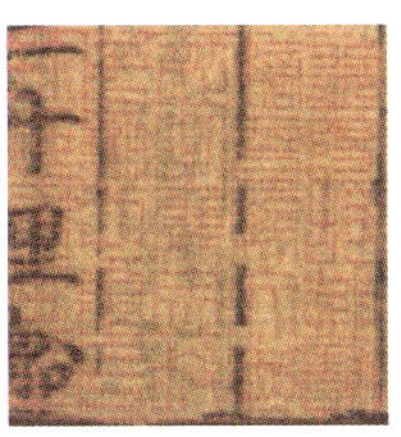

益陽胡鄉賢嫡曾孫文忠從子廉泉叔子子襄心畬氏珍藏書畫印

徐寶璜（271.昌黎先生集四十卷集傳一卷外集十卷遺文一卷點勘四卷）

徐寶璜（1894—1930），字伯軒，江西九江人。中國早期新聞教育家、新聞學者。1912年畢業於北京大學，後考取官費留美，於密歇根大學攻讀經濟學、新聞學。1916

年回國，先任北京《晨報》編輯，繼任北京大學教授兼校長室秘書。1920年後，相繼任教於北平、朝陽、中國、平民四所大學，講授新聞和經濟方面的課程。

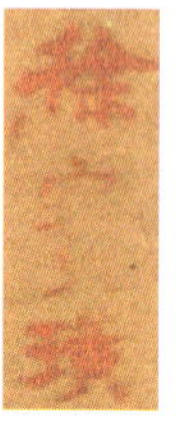

徐寶璜

黄節（335.四六叢話三十三卷選詩叢話一卷）

黄節（1873—1935），名晦聞，字玉昆，號純熙、甘竹灘洗石人，後署晦翁、佩文、黄史氏，廣東順德甘竹右灘人。清末在上海與章太炎、馬叙倫等人創立國學保存會，刊印《風雨樓叢書》、創辦《國粹學報》。民國後加入南社，長居北京，任北京大學文學院教授、清華大學研究院導師。以詩注名世，與梁鼎芬、羅癭公、曾習經合稱“嶺南近代四家”。著有《詩旨纂辭》《變雅》《漢魏樂府風箋》《魏文帝魏武帝詩注》《曹子建詩注》《阮步兵詩注》《鮑參軍詩注集説》《謝康樂詩注》《謝宣城詩注》《顧亭林詩説》《蒹葭樓集》等。

佩文

純熙讀書不求甚解亦不求甚記只得其大凡

方介堪（342.唐五代詞選三卷　343.宋六十一家詞選十二卷　344.宋七家詞選七卷附樂府指迷）

方介堪（1901—1987），單名方巖、方嵒，早名文渠，一作文矩，字介堪、介戡，號介盦、介庵，齋室名“玉篆樓”。篆刻家。曾任西泠印社副社長、全國書法家協會名譽理事、中日蘭亭書會名譽顧問。

夫問精舍

照曠堂藏書記

半粟

介盦

貴池劉我穀珍藏書籍印

李滄萍（273.昌黎先生詩集注十一卷　278.劍南詩鈔不分卷　293.讀白華草堂詩初集九卷）

李滄萍（1897—1949），字菊生，號高齋，齋名萍簃，中歲後以字行。廣東豐順人。南社社員、大學教授、作家。早年卒業於廣東高等師範，後負笈京師，受業於陳伯弢、張孟劬、黄晦聞之門。歷任教育部秘書、譯述館分纂、北京大學講師、北京師範大學教授、廣東省政府秘書、教育廳秘書及民政廳秘書、廣東通志館編纂、國立中山大學教授、研究院教授等職。擅長經學、詩學、古文學、史傳研究、修辭學及詩史等。著有《詩學大綱》《詩學通論》《楚詞通論》《高齋詩存》《高齋文存》等。

鞠生

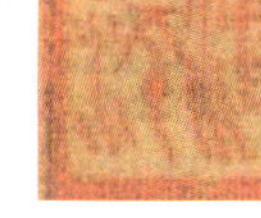
滄萍

高齋

滄萍印信

起居郎

清白任真

沈訒（089.晋略六十五卷序目一卷）

沈訒，南社社員陳柱（1890—1944）的女婿，編過陳柱的《守玄閣文稿選》。他跟陳女陳松英結婚時，名人楊鐵夫（1869－1943）填詞《賀新郎·沈訒陳松英結婚志慶》爲賀。著有《緯書與古天文學之關係》。

沈訒讀

王錫元（292.兩當軒集二十二卷考異二卷附録四卷）

王錫元（1824—1901？），字蘭生，江蘇盱眙人。清同治乙丑科（1865）進士。曾任吏部文選司主事、淮安府裏河同知。室名“十四間書樓”。藏印有“盱眙王氏十四間書樓藏書印”“樂與共晨夕”等。

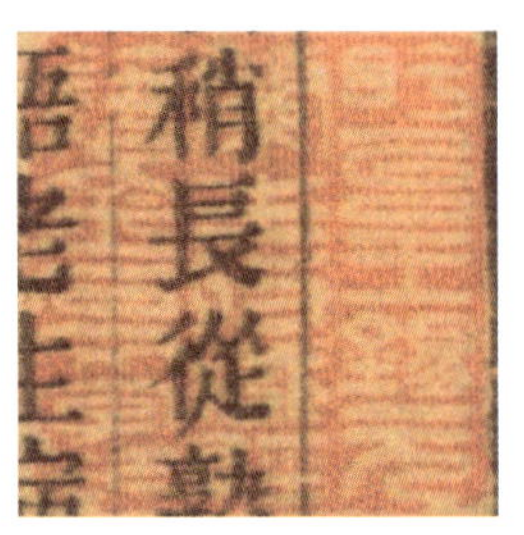

盱眙王錫元蘭生收藏經籍金石文字印

徐友蘭（035.日知録集釋三十二卷刊誤二卷續刊誤二卷）

徐友蘭（1842—1905），字佩之，會稽（今浙江紹興）人。清末知名藏書家。其藏書處總稱爲鑄學齋，此外尚有八杉齋、述史樓、熔經館、熔經鑄史齋等。

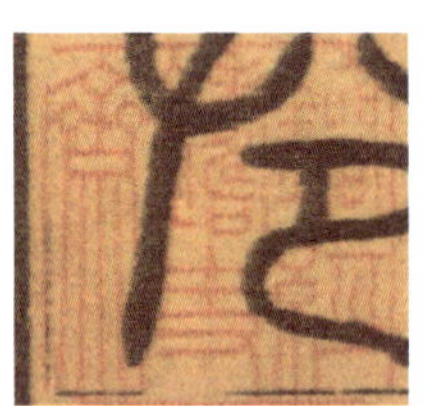

鎔經鑄史齋

百齡（278.劍南詩鈔不分卷）

百齡（1752—1815），號菊溪，隸正黄旗漢軍，遼東人。乾隆三十七年（1772）進士，官至湖廣、兩江總督，協辦大學士。

珊瑚閣珍藏印

宫田無聲(303.尚絅堂詩集五十二卷詞集二卷駢體文二卷)

美國艾龍圖書館藏《杜詩鈔述注》卷首有一題識,説該書“系藤原惺窩先生舊藏焉。書香手澤,流傳迨今,古色蒼然,實經四百數十星霜矣。頃有紫硯樓主人宫田君無聲獲諸東都書肆”。據此可知紫硯樓主人爲宫田無聲,餘不詳。俄亥俄州立大學圖書館藏《古歡堂集》等有同樣印章。

紫硯樓

今關壽磨(201.御纂性理精義十二卷　221.南江札記四卷附末一卷國史儒林傳稿 339.詞選茗柯詞一卷立山詞一卷)

今關壽磨(1891—1970),號天彭,亦稱天彭山人。日本學者。此人與魯迅多有交往,在中國大肆收羅古籍。後藏書散出,美國多所東亞圖書館有收藏,以加州伯克利大學和愛荷華大學圖書館最多。

今關天彭之印

天彭

Frank Hawley(058.釋人疏證二卷)

Frank Hawley(1906—1961),英國學者。1931年第一次去日本教英語,二戰前回英國。1946年任倫敦《泰晤士報》東京站主任,1952年退休。此後他移居京都,繼續個人的研究。他在日本期間大量收集有關琉球的和、漢古籍等各類文獻,最終形成一個獨特的收藏,自名爲“寶玲文庫”。他去世之後,文庫被夏威夷大學的阪卷駿三教授幫該校圖書館購得。

寶玲文庫

古桑文庫（170.蜀中名勝記三十卷）

據日本《國文學研究資料館館藏和古書目録》，此印屬百々家（奈良）。

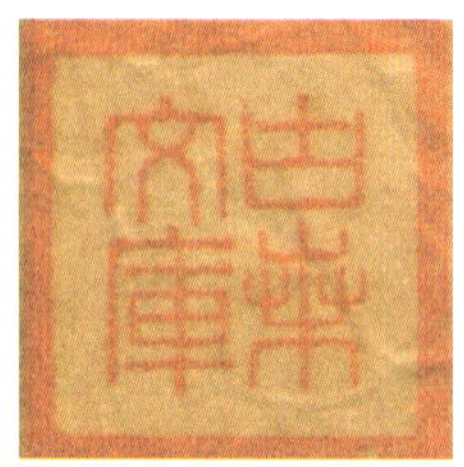
古桑文庫

長門藏版局（163.唐陸宣公奏議十二卷附唐名臣陸宣公傳一卷陸宣公年譜輯略一卷）

長門藏版局爲日本明治年間（1868—1912）的書坊。

長門藏版局章

三

以下是目前未能考索出印主者。如前所述，伊利諾伊大學所藏皆爲近人之物，也多不是名人之物，故查找甚爲不易，只能録以待考。

王氏怡愛堂（ 087.續後漢書四十二卷義例一卷音義四卷　146.歷代名人年譜十卷附存疑及生卒年月無考一卷　154.文獻通考詳節二十四卷 ）

《香港大學馮平山圖書館藏善本目録》著録的《感舊集》十六卷和《遺山先生詩集》二十卷上有此印。《香港中文大學圖書館古籍善本書録》著録的《小窗艷記》十四卷則鈐有“萬全王氏悟忠堂一鶴藏書印”，當是一家人，然未能獲得更多信息。

萬全王氏怡愛堂二鶴藏書印

王陶盉（048.康熙字典十二集三十六卷總目一卷檢字一卷辨似一卷等韻一卷補遺一卷備考一卷）

未能查出此人事蹟。曾見一方“華巢散人伯淵甫王陶缽珍藏”印，或爲同一人所有。

王陶盉藏

其萬年子子孫孫永寶

張嘉珵、黄有澤（111.十六國春秋一百卷）

香港中文大學藏有一部明末朱墨套印本《淮南鴻烈解》上有朱印：“黄有澤藏書”“華域文章”“鷴山人”“崑崙山外是我家”“昌厚書堂”“謹藏”。張印多見於著録，然都未能揭示生平。

張嘉珵藏書之印

張嘉珵

崑崙山外是我家

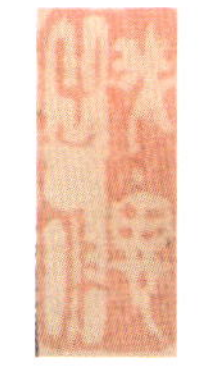

我思之作

浀溪月橋

紫石

黄有澤藏書

鵠山人

昌厚書堂

謹藏

黄有澤藏書

王頌三（036.皇清經解一百九十卷 282.明張文忠公詩文集文集十一卷詩集六卷）

近代有多人名王頌三。《贛州府志》載：王頌三，號小華，興國人，道光己酉（1849）拔貢，知湖北來鳳縣。咸豐八年（1858）代理通山知縣。死於太平天國運動。又廣州培正學校有一教師王頌三，主編過商務印書館的一套中學國文教材。再有1944年廈門大學土木工程學院有王頌三老師，江蘇鹽城人。未知此印屬何人。

王頌三印

柘簃

如以

不詳（097.東華録擥要一百十四卷）

臣秉祥印

李秉祥

不詳（167.讀史方輿紀要一百三十卷附方與全圖總説四卷 374.李氏五種合刊）

趙富堂藏書

不詳(105.函史上編八十一卷下編二十一卷附函史尺牘)

簡日全

汗青

不詳(184.敬吾心室彝器款識不分卷)

闢

春城清玩

不詳(053.六書通十卷首一卷)

教問

不詳(143.墨林今話十八卷續編一卷)

家暉

不詳（155.三通考輯要七十六卷）

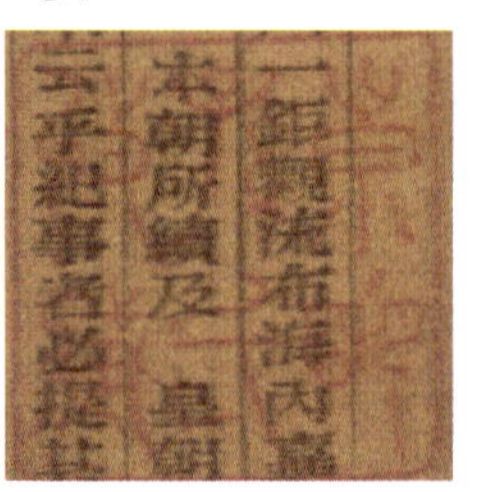

崇明孫氏收藏

不詳（120.四裔編年表四卷）

諸暨圖書館之符信　□（小竹）素園藏書印　諸暨圖書館收藏印

不詳（124.文史通義八卷附校讎通義三卷）

賡之所藏　不求甚解

不詳（100.繹史一百六十卷世系圖一卷年表一卷）

文瑞

不詳(091.御批歷代通鑑輯覽一百二十卷)

 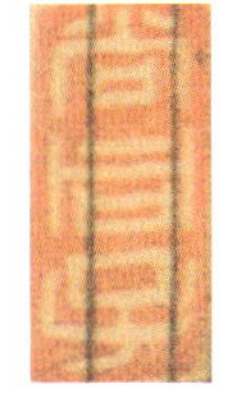  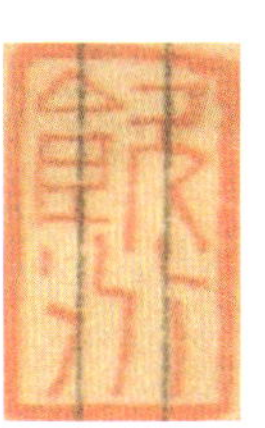

吴縣張氏瑋人閲畢　尚同子　飲水室藏書印　飲水

不詳(189.資治通鑑目録三十卷)

頌禮堂書藏印

不詳(349.初刻封神演義八卷一百回)

萬文樓珍藏印　石萬文

不詳(196.二十二子全書)

曾藏黄純熙處

不詳（250.繪事瑣言八卷）

近代書畫家符鑄（1881—1947），字鐵年，號瓢庵，别署鐵道人。然不敢確定即是此人。

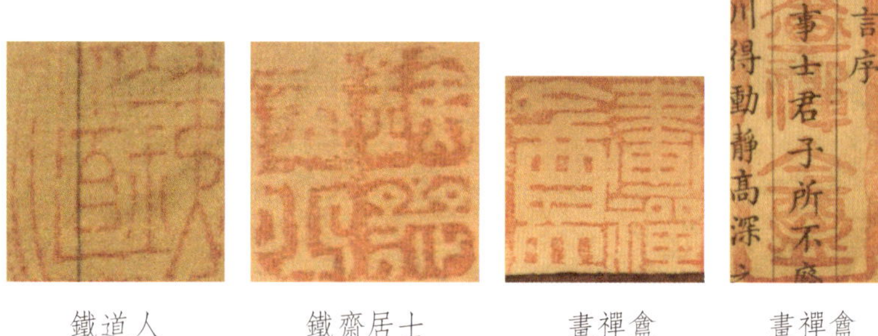

鐵道人　　鐵齋居士　　畫禪盦　　畫禪盦

不詳（353.繪像鐵花仙史二十六回）

張□官

不詳（211.練兵實紀九卷雜集六卷）

《香港中文大學圖書館古籍善本書録》著録的康熙版《格致鏡原》上鈐有“南海讀經堂藏書”“日泉藏書”印。

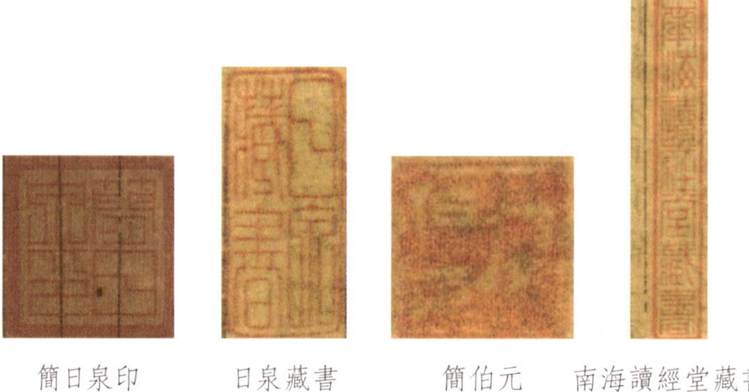

簡日泉印　　日泉藏書　　簡伯元　　南海讀經堂藏書

不詳（242.墨緣彙觀四卷附名畫續録）

李元植藏書印

不詳（216.欽定授時通考七十八卷）

蓮府珍藏

不詳（355.説略三十二卷）

定静安慮得之齋

不詳（240.涑水記聞十六卷）

北顧樓劫餘圖書字畫存

不詳（225.香祖筆記十二卷）

春暉閣章

貢樹重榮

不詳（334.帶經堂詩話三十卷首一卷）

尊藝閣藏書

不詳（267.讀書堂杜工部詩集注解二十卷文集注解二卷附杜工部編年詩史譜目）

退一步想書屋

不詳（329.國朝駢體正宗十二卷）

張世俊

不詳（276.李義山詩集三卷）

玉雨山房圖書

不詳（269.唐丞相曲江張文獻公集十二卷千秋金鑑録五卷附録一卷）

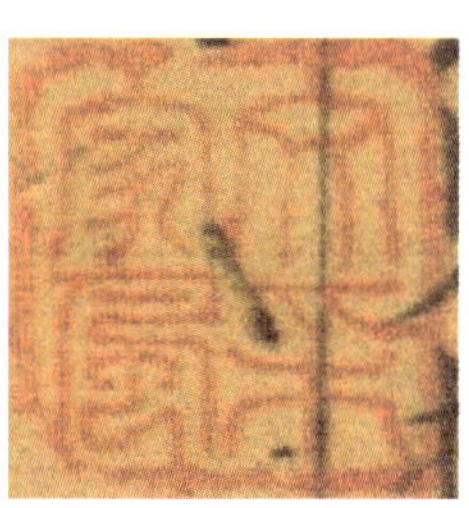

文采家風

養拙樓藏

不詳（369.亭林遺書十種二十七卷）

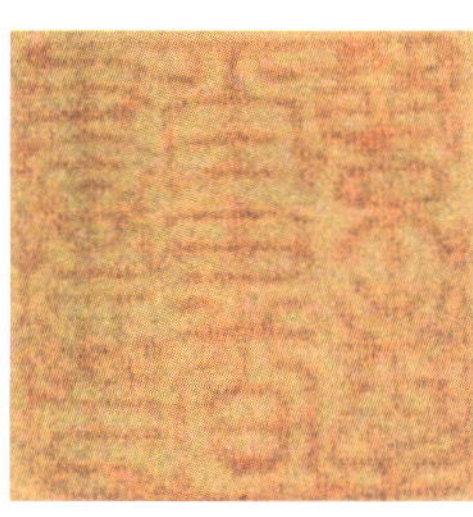

蘭蕙堂書畫印

吴□山印

不詳（246.桐陰論畫二卷首一卷畫訣一卷續桐陰論畫一卷）

應書陽藏

不詳（390.兒童矯弊論）

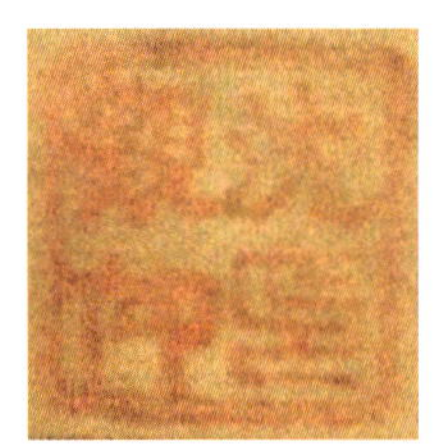

沈觀仲印

不詳（383.中國歷史教科書）

清穆氏

隣月閣藏

不詳（265.九家集注杜詩三十六卷首一卷）

行己有恥

不詳（300.忠雅堂文集十二卷忠雅堂詩集二十七卷忠雅堂詞集二卷補遺二卷）

番禺胡氏所藏圖籍

四

據伊利諾伊大學圖書館的記録，他們最早採購到的、也是數量最大的一批中文古籍是香港的“公安廖氏竹林齋”藏書。根據所鈐的印章，可知共有131部。遺憾的是，館藏没有留下記録，我也遍查不得，未詳竹林齋主是誰。現羅列鈐有“公安廖氏竹林齋藏書”印的書目如下，俾知此人應是受過良好傳統教育之人，藏書四部皆備，十分難得。

經部

001.周易四卷

002.誠齋先生易傳二十卷

004.御纂周易折中二十二卷首一卷

005.周易傳義音訓八卷首一卷附易學啓蒙一卷

006.書經六卷

008.［滿漢合璧］書經六卷首一卷

010.欽定書經圖説五十卷

012.詩經八卷

014.毛詩稽古編三十卷附考一卷

015.御纂詩義折中二十卷

018.毛詩草木鳥獸蟲魚疏二卷

019.韓詩外傳十卷

020.周禮鄭氏注十二卷附札記

021.儀禮十七卷校録一卷續校一卷

022.禮記集説十卷

024.大戴禮記補注十三卷校正孔氏大戴禮記補注十三卷

027.春秋十六卷首一卷附陸氏三傳釋文音義十六卷

028.黄太史訂正春秋大全三十七卷

029.監本四書大學一卷中庸一卷論語十卷孟子七卷

033.增訂五經體注大全

035.日知録集釋三十二卷刊誤二卷續刊誤二卷

039.東塾讀書記二十五卷

040.讀書雜志八十二卷餘編二卷

041.經典釋文三十卷附考證不分卷

042.群經音辨七卷

044.説文通訓定聲十八卷附説雅一卷分部檢韻一卷古今韻準一卷行狀一卷

046.古籀拾遺三卷附宋政和禮器文字考一卷

052.字鑑五卷

054.文字蒙求廣義四卷

055.廣韻五卷

060.輶軒使者絶代語釋别國方言十三卷

史部

089.晋略六十五卷序目一卷

092.袁王綱鑑合編三十九卷附御撰明紀綱目二十卷

093.竹書紀年統箋十二卷前編一卷雜述一卷

094.明紀六十卷

097.東華録擥要一百十四卷

099.歷朝紀事本末六百五十八卷

100.繹史一百六十卷世系圖一卷年表一卷

104.聖武記十四卷

108.戰國策三十三卷附重刻剡川姚氏本戰國策札記三卷

109.重訂路史前紀九卷後紀十四卷國名紀八卷發揮六卷餘論十卷

111.十六國春秋一百卷

113.明季稗史彙編二十七卷

120.四裔編年表四卷

122.史通通釋二十卷附録一卷

124.文史通義八卷附校讎通義三卷

125.文史通義八卷附校讎通義三卷

129.十七史商榷一百卷卷首一卷

131.南宋雜事詩七卷

135.歷代名臣言行録二十四卷

138.國朝先正事略六十卷首一卷

142.增廣尚友録統編二十二卷

143.墨林今話十八卷續編一卷

155.三通考輯要七十六卷

156.九通分類總纂二百四十卷

162.學仕遺規四卷

163.唐陸宣公奏議十二卷附唐名臣陸宣公傳一卷陸宣公年譜輯略一卷

166.輿地廣記三十八卷札記二卷

167.讀史方輿紀要一百三十卷附方輿全圖總説四卷

175.金石萃編一百六十卷

176.金石續編二十一卷首一卷

179.金石索十二卷首一卷

186.汪本隸釋刊誤不分卷

187.封泥考略十卷

188.藏書記要一卷

189.資治通鑑目録三十卷

191.汲古閣珍藏秘本書目一卷

192.百宋一廛賦一卷

194.彙刻書目二十卷

197.文中子中説十卷

198.皇朝經世文編一百二十卷

199.皇朝經世文續編一百二十卷

202.御纂性理精義十二卷

203.畜德録二十卷

204.人範六卷

206.小學纂注六卷附文公朱夫子年譜一卷朱子小學總論一卷

子部

209.墨子十五卷目一卷附墨子篇目考

210.墨子閒詁十五卷目録一卷附録一卷後語二卷

212.管子二十四卷

213.商君書五卷附考一卷

214.韓非子二十卷附識誤三卷

216.欽定授時通考七十八卷

218.傷寒總病論六卷札記一卷

219.本草綱目五十二卷本草綱目圖三卷本草綱目拾遺十卷本草萬方鍼線八卷

220.洪氏集驗方五卷

222.群書拾補三十七卷

225.香祖筆記十二卷

226.定香亭筆談四卷

229.任兆麟述記三卷

230.小知録十二卷

234.右台仙館筆記十六卷

236.夜雨秋燈録八卷續録八卷

239.異聞益智叢録三十四卷

240.涑水記聞十六卷

241.紀氏嘉言四卷

244.佩文齋書畫譜一百卷

255.法苑珠林一百卷

集部

268.白香山詩長慶集二十卷别集一卷後集十七卷補遺二卷首一卷
272.昌黎先生集四十卷集傳一卷外集十卷遺文一卷點勘四卷
274.孟東野集十卷附一卷追昔游集三卷
277.淮海集四十卷首一卷淮海後集六卷淮海後集長短句三卷詩餘一卷
280.太師誠意伯劉文成公集二十卷首一卷
284.鮚埼亭集三十八卷首一卷外編五十卷經史問答十卷
286.王氏漁洋詩鈔十二卷
289.船山詩草選六卷
292.兩當軒集二十二卷考異二卷附録四卷
297.袁文箋正十六卷補注一卷增訂箋正四卷
320.涵芬樓古今文鈔一百卷
327.八家四六文注八卷首一卷補注一卷
333.同人唱和詩集不分卷
337.存我軒偶録不分卷
340.靈芬館詞不分卷
342.唐五代詞選三卷
343.宋六十一家詞選十二卷
344.宋七家詞選七卷附樂府指迷
347.繡像東周列國志二十七卷一百八回
348.繡像小八義十卷一百二十回
349.初刻封神演義八卷一百回
353.繪像鐵花仙史二十六回
354.結水滸全傳七十卷末一卷
355.説略三十二卷
356.增補注釋故事白眉十卷

類叢部

357.佩文韻府一百六卷韻府拾遺一百六卷

360.稟啓零紈四卷

361.格致鏡原一百卷

365.增訂漢魏叢書八十六種

366.粤雅堂叢書三十集一百八十五種一千三百四十七卷

367.偲進齋叢書三集三十五種

373.隨園三十八種

374.李氏五種合刊

375.曾文正公全集一百五十六卷首一卷

流落在海外的這些普通古籍目前處於一種很尷尬的境地。就文物價值而言它們還不夠古老，就文獻價值而言它們也大多不算稀見，使用起來却不如整理標點過的新版本方便。於是，它們就像一批棄兒，冷冰冰地隱没在書庫的角落裹，難見天日。然而這些藏書印，時時在呼唤我們的注意，一百年甚至幾百年來，它們是被一個個鮮活的生命翻閲過的。儘管我們並不能一一考察出他們是誰，這些生命却都曾延續了中華文明的繁盛。我以爲，這一個個代表了歷代讀書人的鮮紅印章使這一本本古書都有了温度，我們後來者理當對它們肅然起敬。

美國俄亥俄州立大學　李國慶

2019年11月10日草於美國哥倫布市小葉巷

前　言

美國伊利諾伊大學圖書館是北美最大的州立大學圖書館，藏書超過1400萬册。伊大與中國的淵源綿長深厚。庚子事件後，當時的伊大校長埃德蒙·詹姆斯（Edmund J. James）曾進言羅斯福總統，力促退還部分賠款用於幫助中國發展教育，並敞開校門接納來美求學的中國學子。據統計，在1905年至1960年間，伊大畢業的中國留學生獲博士學位人數列全美高校之首①。至今，伊大仍然吸引着來自中國的莘莘學子，是中國留學生最多的大學之一。

伊大的中文藏書始於19世紀20年代，但由於當時亞洲圖書館尚未建立，中文藏書的發展緩慢有限。當時入庫的最大一批中文書籍，是1934年伊大中國校友會籌款購贈的商務印書館1929年版《四部叢刊》。1965年亞洲圖書館（時爲遠東圖書館）成立，漢學家吴禄夫（Ernst Wolff）任第一任館長。吴氏在中國出生，在德國受教育，之後又在華盛頓大學獲中文博士學位。伊大的中文古籍主要是在他的任期内初具規模的。當時，他在總圖書館館長的大力支持下，兩次出行亞洲，采購圖書。在1965年至1970年間，伊大的中文藏書迅速增長，短短五年内就達到了27000多册。

伊大亞洲圖書館在草創初期還獲得福特基金會的資金支持，開始積極徵購有名的私人藏書，先後購得華盛頓大學賴福勒（Erwin Reifler）教授的文字與金石學圖

---

① 根據袁同禮《中國留美同學博士論文目録》對於1905年至1960年間中國留學生博士論文的統計，伊利諾伊大學中國留學生的博士論文數爲204篇，爲全美最多。見袁同禮*A Guide to Doctoral Dissertations by Chinese Students in America 1905-1960*, Sino-American Cultural Society, Inc., Washington, D.C. 1961, p. 236.

書以及香港廖氏竹林齋所藏藝術考古書籍，共計8000餘册。這些書籍品質優良，構成伊大中文藏書的核心。1978年，伊大亞洲圖書館又有幾個重要的小型私藏的采購，包括印第安納大學退休教授鄧嗣禹的藏書56册、柳無忌教授的私人藏書180册，其中亦不乏古籍珍品。伊大的中文古籍至此成其規模。之後伊大對於古籍的收藏沉寂了若干年，古籍特藏基本維持現狀，直至2010年伊大獲得又一批私人捐贈的中文古籍近80種。

可以説，伊大的中文古籍收藏得益於幾個私人館藏的捐獻和采購，由此構成中文古籍的主要典藏。這幾個私人藏書中，規模最大的是香港廖氏竹林齋藏書。從本次目録著録的鈐印來看，380餘種古籍中131種鈐有“公安廖氏竹林齋藏書”印，超過所録古籍的三分之一。其中值得一提的有清乾隆七年（1742）《御纂性理精義》、清乾隆二十年（1755）内府刻本《御纂詩義折中》、清光緒十五年（1889）鑲白旗官學所用《周易傳義音訓》等。幾批小型私人藏書雖數量都不多，却不乏精品。尤其是柳無忌藏書中的三種明版書：萬曆四十一年（1613）的《穀山筆麈》十八卷（並無柳無忌印）、崇禎六年（1633）的《酉陽雜俎》二十卷《續集》十卷以及明末汲古閣《西京雜記》《佛國記》合刻本。正如曾任伊大亞洲圖書館館長的汪燮回顧伊大中文館藏發展時所言：“伊大中文藏書數量固然不少，但由於這幾本明版書的入庫，纔算得上是中文善本書的擁有者。”①

伊大在2010 年所獲得的捐贈來自原香港嶺英中學（Ling Ying College），由學校創始人洪高煌（K.W. Hung）博士的子女捐獻。這些古書大部分是在抗日戰爭時期，陸續從逃難去香港的人士手中徵集得來，成爲嶺英圖書館館藏的一部分。1970年，嶺英中學關閉，爲了保存這些古籍，洪博士將它們運來美國。1973年洪博士辭世後，這批藏書一直留在了伊州的家中，直至2010年洪博士的兒子决定將其捐獻給中西部的高校圖書館，以實現洪博士當時籌集並保存這批古籍藏書的初衷，讓它們得到更好的利用②。這次捐贈的古籍以清刻本居多，大大增加了伊大中文古籍，尤其是詩文集的館藏。

自2010年獲贈洪氏捐獻的古籍之後，伊大圖書館便從這批古籍入手開始整理、

① 汪燮，《伊大中文圖書資源發展回顧——第一個二十五年（1965—1990）》，《香檳季刊》，1992年第4期，第19頁。

② 據洪高煌博士之子Mr. Samuel S. Hung捐贈時信件及所附説明。

録入中文古籍的館藏數據。適逢中華書局的《海外中文古籍總目》出版計劃開始實行，伊大得以系統地梳理本館的中文古籍館藏。整個過程雖然多有挑戰，但收益却是多重的。首先，所有收録的古書編目數據都按照古籍編目規則完善更新。其次，更正補充了本校在OCLC聯合目録中的館藏信息，並貢獻了不少高質量的主要數據記録，大大增加了書籍獲取效率。最後，對需要維護的古籍進行系統維護，包括采取必要的保護措施，歸置在不同的庫藏，包括善本庫藏、遠程善本庫藏等，使這些藏書保存在適宜的藏書環境中。

伊大中文古籍從初始的卡片記録到後來的電子數據，一直都没有機會按照古籍録入標準進行完善的數據處理來反映這些書的版本、行款、收藏信息及整個典藏的全貌，這次終於有一個相對完整的記録供參考。在此，特别感謝中華書局開啓《海外中文古籍總目》項目，使得像伊大這樣中小型中文圖書館的古籍也得到系統整理並能完善所有數據。也感謝該項目海外系列的主編李國慶教授的精心指導。在本目録的編纂整理過程中，我也得到本館同仁的大力支持，特别要感謝采編部的Michael Norman從館藏系統中抽取相關的古書列表，以保證本目録能無遺漏地收録所有的書目；齊曉平和賴慧玲幫助記録2010年捐贈古書的數據。信息學院的幾位研究生，樊昀、孫琪、張可楨等幫助掃描數以千計的書影，張可楨還幫助修改編目數據、完善編目記録。在此，表示由衷的感謝！我們希望通過整理出版本目録，讓伊大圖書館的中文古籍通過精確的描述數據，獲得更爲廣泛的使用。本目録雖力求嚴密、精確、無遺漏，但難免百密一疏，所有不當錯漏之處，均爲本人之不才所致，歡迎指正。

蔣樹勇

2018年8月16日於香檳–厄巴納

凡　例

一、本書目收録伊利諾伊大學圖書館所藏全部1911年以前的綫裝古籍，計382種392部4681册。

二、書目按經部、史部、子部、集部、類叢部、新學類及其下屬類目分類編排。類目設置及條目排序參照《全國古籍普查登記手册》之《漢文古籍分類表》和《漢文古籍目録分類款目組織規則》，並結合本館實際情况作適當變通。

三、書目按書名項、著者項、版本項、稽核項、附注項順序著録。叢書、合刻本、彙印書列出子目。

1.書名項：包括書名及卷次。書名以卷端所題爲據，取自其他部位之題名，於附注項説明。卷次包括卷數、卷首、卷末、附録等。殘本在書名項著録原書卷數，在附注項標明現存卷數及卷次。

2.著者項：包括朝代（國别）、著者、並列著者及著作方式。一般著録本名，主要據書中所署，書中無署且無考者著録爲“□□”。清以前的著者，著録朝代名；域外著者，著録國别。

3.版本項：包括刻印或抄寫時代、地域、版刻類型等。年代不詳者，則著録爲某朝或某朝某代間抄本、刻本。

4.稽核項：著録册數、函數。

5.版式項：著録行格、字數、書口、邊欄、魚尾、版框尺寸、版心文字等情况。

6.藏印項：著録書中有關藏書家、名人學者所鈐藏書印，以反映其流傳情况。藏印文字不能識别者以“□”代之。

7.複本：著録爲“又一部”。

四、款目左上角爲本書目檢索順序號，右上角爲館藏索書號。叢書零種以子目歸入各部類。

五、本書目未區分中國著者所撰域外刻印和域外著者所撰域外刻印之古籍，凡漢文著述，皆入正文。另附書名索引和著者名索引，按筆畫順序編排。

六、爲體現古籍原貌，每部書均選出若干書影，一般情况選擇内封、牌記和卷端，原書無上述頁面者，提供其他書頁以供讀者瀏覽。

經部

易　類

傳説之屬

001.周易四卷　〔宋〕朱熹注　

清嘉慶十年(1805)刻本　四册一函

朱熹(1130—1200)字元晦，又字仲晦，號晦庵，世稱晦庵先生，徽州婺源(今屬江西)人。

半葉九行十七字，小字雙行同，白口，四周單邊，無魚尾，半框高20.4釐米，寬14.8釐米。版心上鎸書名、卷名，下鎸葉碼。

内封題“嘉慶十年冬至栞版/易經/寧化伊秉綬題”。

卷端題“周易”。

卷首有周易序、筮儀、周易本義卦歌、周易本義圖目、目録。

鈐印：“公安廖氏竹林齋藏書”陽文方印。

按：卷末鎸“樗園客隱檢校，江寧王景桓董工”，當爲清嘉慶十年揚州鮑氏樗園刻《五經四書讀本》之一種。

嘉慶十年冬至栞版
易經
寧化伊秉綬題

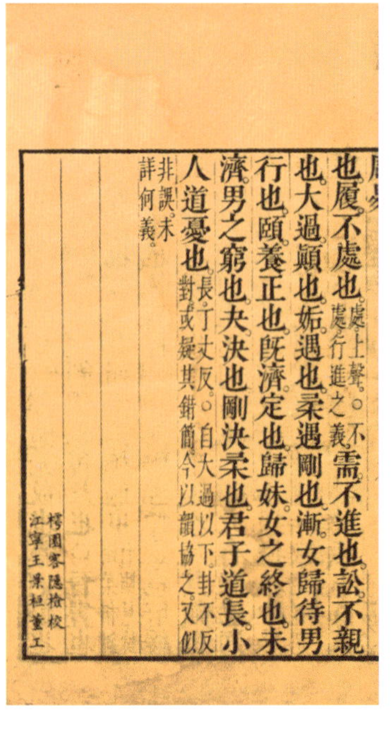

周易
也履不處也處上聲。○不處行進之義需不進也訟不親也大過顛也姤遇也柔遇剛也漸女歸待男行也頤養正也既濟定也歸妹女之終也未濟男之窮也夬決也剛決柔也君子道長小人道憂也長丁丈反。○自大過以下卦不反對或疑其錯簡今以韻協之又似非誤未詳何義
樗園客隱檢校
江寧王景桓董工

周易卷之一

周易上經

周代名也易書名也其卦本伏羲所畫有交易變易之義故謂之易其辭則文王周公所繫故繫之周以其簡袠重大故分爲上下兩篇經則伏羲之畫文王周公之辭也并孔子所作之傳十篇凡十二篇中間頗爲諸儒所亂近世晁氏始正其失而未能盡合古文吕氏又更定著爲經二卷傳十卷乃復孔氏之舊云

☰☰ 乾下乾上

乾元亨利貞乾渠焉反○六畫者伏羲所畫之卦也一者奇也陽之數也乾

002.誠齋先生易傳二十卷　〔宋〕楊萬里撰　PL2464 .Y3

清張日晸校訂本　六册一函

楊萬里（1127—1206）字廷秀，號誠齋，江西吉水人。

半葉十行二十字，白口，四周雙邊，單黑魚尾，半框高19.5釐米，寬13.8釐米。版心中鎸“誠齋易傳”、卷次，下鎸葉碼。

内封題“誠齋/易傳”。

卷端題“誠齋先生易傳，宋楊萬里撰”。

卷首有“欽定四庫全書提要”、尹耕明嘉靖二十一年（1542）序、楊萬里自序、後序、“宋臣寮請鈔録易傳狀”“楊承議申送易傳狀”。

卷末鎸“後學張日晸校訂”。

鈐印：“張之銘珍藏”陽文方印、“公安廖氏竹林齋藏書”陽文方印、“古鄞張之銘藏書”陽文方印、“四明張氏古懽室藏書記”陽文方印。

誠齋

易傳

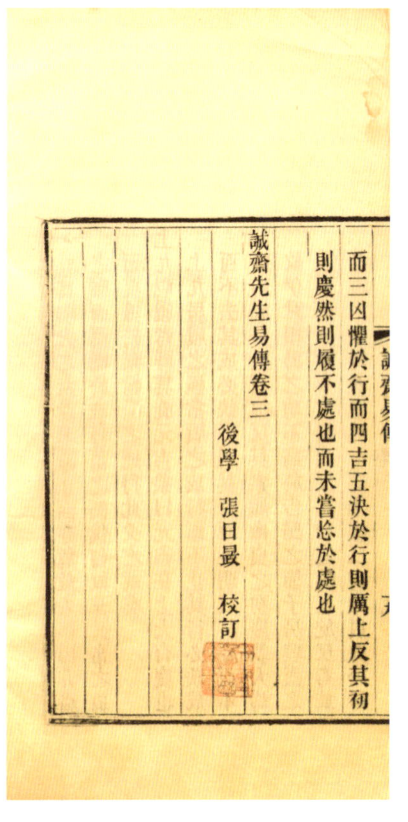

而三凶懼於行而四吉五決於行則厲上反其初

則慶然則履不處也而未嘗忘於處也

誠齋先生易傳卷三

後學　張日晸　校訂

誠齋先生易傳卷一

宋 楊萬里 譔

☰☰ 乾下乾上

乾䷀卦曰乾健說卦曰乾剛又曰乾爲天爲君故君德體天天德主剛風霆烈日天之剛也剛明果斷君之剛也君惟剛則勇於進德力於行道明於見善決於改過主善必堅去邪必果建天下之大公以破天下之衆私聲色不能惑小人不能移陰柔不能奸矣故以漢不以成哀而以孝元以唐不以穆敬而以文宗皆不剛健之過也然強足拒諫

誠齋易傳卷一 一

003.新刻來瞿唐先生易注十五卷圖一卷首末各一卷 〔明〕來知德注

清末(1821—1911)朝爽堂刻本 十册一函

來知德(1525—1604)字矣鮮,號瞿唐,梁山(今重慶梁平)人。

半葉九行二十二字,白口,四周單邊,單黑魚尾,半框高18.6釐米,寬14釐米。版心上鎸"周易,批點來注",中鎸卷名、葉碼,下鎸"朝爽堂"。

内封題"來瞿唐先生秘本/廬陵高雪君先生鑒定,永川凌厚子先生原點/易經來注圖解/讀易了然,楼發兑"。卷首另有内封,題"易學啟蒙"。

卷端題"新刻來瞿唐先生易注,永川凌夫惇厚于(子)甫圈點、廬陵高奣映雪君甫校讐"。卷首卷端題"新刻來瞿唐先生易經啟蒙,廬陵後學高奣映編訂"。

卷首有凌夫惇序,署"前雲南提學道後陞貴州督學道按察使使司副使治生凌夫惇拜首撰於競秀亭";高奣映序,署"廬陵後學高奣映雪君父拜撰於川東官署";來瞿唐自序,署"萬曆戊戌春三月念二日梁山後學來知德序";高奣映識;"凡例"十四則。

按:首卷目録中列末卷有"後跋",未見。

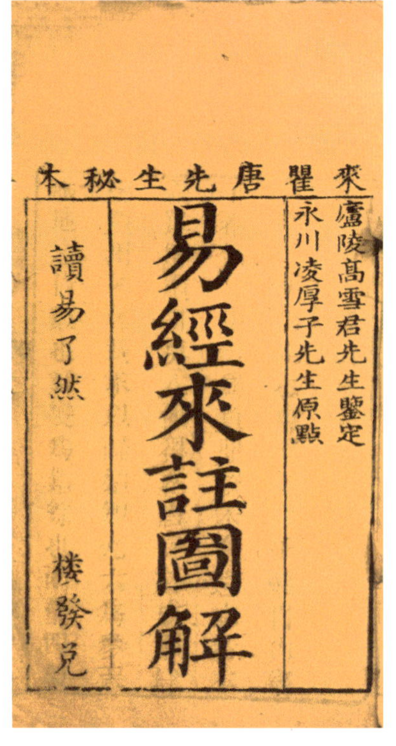

一陽生二陽二陽生三陽

陽至六月而極陰生

新刻來瞿唐先生易註卷之一

永川婁夫惇厚于甫圖點

廬陵高奣映雪君甫校讎

周易上經

周代名易書名卦則伏羲所畫也伏羲仰觀俯察見陰陽有奇耦之數故畫一奇以象陽畫一耦以象陰見一陰一陽有各生之象故自下而上再倍而三以成八卦又于八卦之上各變八卦以成六十四卦六十四卦皆重而爲六畫者以陰陽皆極于六故聖人

周易

朝爽堂

004.御纂周易折中二十二卷首一卷　〔清〕李光地等纂　PL2464 .M3

清同治六年（1867）浙江馬新貽刻本　十册一函

李光地（1642—1718）字晋卿，號厚庵，别號榕村，福建安溪人。

半葉十一行二十四字，小字雙行同，白口，左右雙邊，單黑魚尾，半框高18.3釐米，寬14釐米。版心上鎸書名，中鎸卷次、篇名、卦名，下鎸葉碼。

内封題“御纂周易折中”。

卷端題“御纂周易折中”。

卷首有“御纂周易折中序”、凡例、引用姓氏、御纂周易折中總裁校對分修校録監造諸臣職名、目録。

序末鎸“同治六年十月浙江巡撫臣馬新貽敬謹摹刊”。首一卷有“綱領”“義例”。

鈐印：“公安廖氏竹林齋藏書”陽文方印。

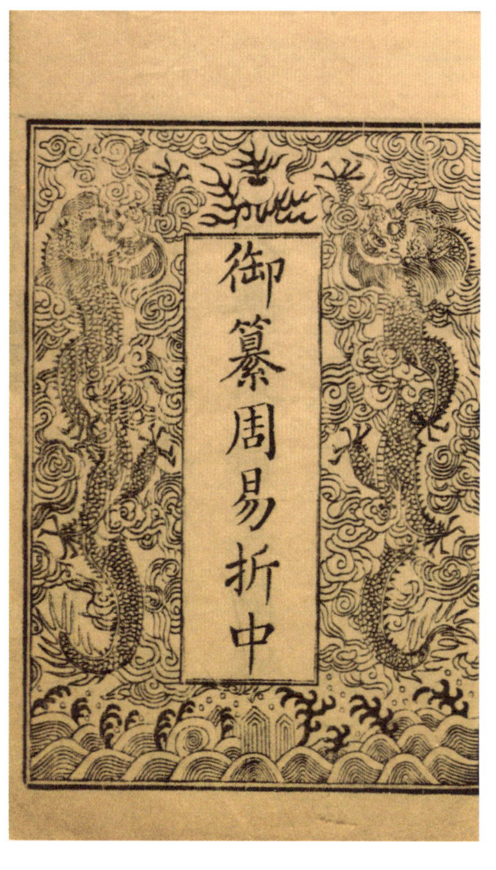

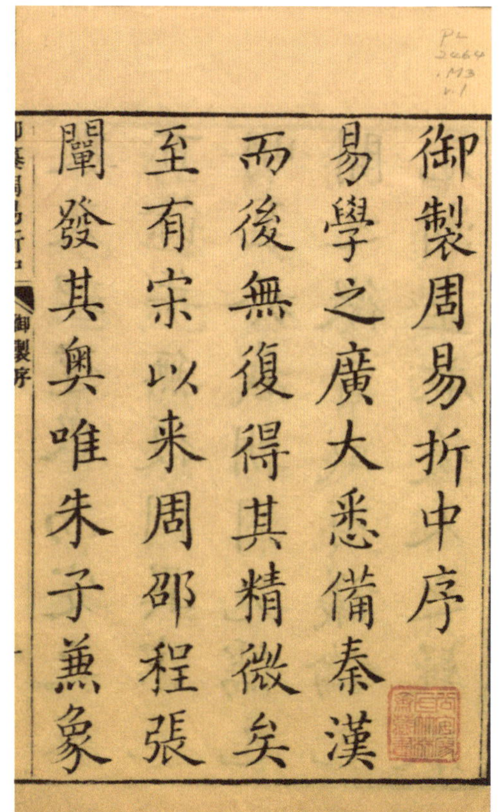
御製周易折中序
易學之廣大悉備秦漢
而後無復得其精微矣
至有宋以来周邵程張
闡發其奥唯朱子兼象

御製序

御纂周易折中卷第一

周易上經

本義 周代名也。易，書名也。其卦本伏羲所畫，有交易變易之義，故謂之易。其辭則文王周公所繫，故繫之周。以其簡袠重大，故分爲上下兩篇。經則伏羲之畫，文王周公之辭也。并孔子所作之傳十篇，凡十二篇。中閒頗爲諸儒所亂，近世晁氏始正其失，而未能盡合古文。呂氏又更定著爲經二卷，傳十卷，乃復孔氏之舊云。

☰ 乾下乾上

乾，元亨利貞。

本義 六畫者，伏羲所畫之卦也。一者，奇也，陽之數也。乾者，健也，陽之性也。本註乾字，三畫卦之名也。下者，內卦也。上者，外卦也。經文乾字，六畫卦之名也。伏羲仰觀俯察，見陰陽有奇耦之數，故畫一奇以象陽，畫一耦以象陰。見一陰一陽有各生一陰一陽之象，故自下而上，再倍而三，以成八卦。見陽之性健，而其成形之大者爲天，故三奇之卦名之曰乾，而擬之於天也。三畫已具，八卦已成，則又三倍其畫，以成六畫，而爲八卦之上，各加八卦，以成六十四卦也。此卦六畫皆奇

文字音義之屬

005.周易傳義音訓八卷首一卷附易學啓蒙一卷　〔宋〕程頤傳　〔宋〕朱熹本義　〔宋〕吕祖謙音訓　

清光緒十五年（1889）江南書局刻本　八册一函

程頤（1033—1107）字正叔，洛陽伊川（今河南）人。吕祖謙（1137—1181）字伯恭，世稱東萊先生，婺州（今浙江金華）人，原籍壽州（今安徽）。

半葉九行十八字，白口，左右雙邊，單黑魚尾，半框高16.7釐米，寬13.5釐米。版心上鎸“周易傳義音訓”，中鎸卷次，下鎸葉碼。

内封題“周易傳/義音訓”。

牌記題“光緒己丑年十月户/部公刊於江南書局”。

卷端題“周易，程頤傳，朱熹本義，吕祖謙音訓”。

卷首有宋元符二年（1099）程頤序、“易序”、篇義、圖説、朱熹撰五贊、筮儀、卦歌、凡例、目録。

鈐印：“公安廖氏竹林齋藏書”陽文方印、“鑲白旗官學”陽文長方印。

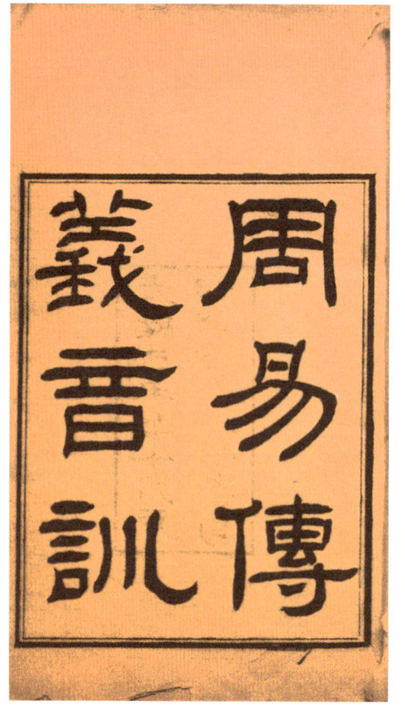

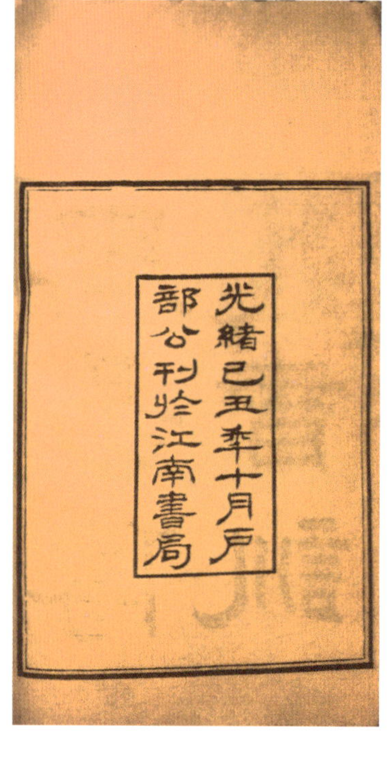

周易卷之一

程頤傳　朱熹本義　呂祖謙音訓

周易上經【音訓】按前漢藝文志易經十二篇顏師古曰上下經及十翼故十二篇杜預春秋左氏傳集解後序曰汲郡汲縣有發舊冢者大得古書周易上下篇與今正同別有陰陽說而无彖象文言繫辭疑於時仲尼造之於魯尚未播之於遠國也然則戰國時易固分上下經矣繫辭上傳曰二篇之策萬有一千五百二十所謂二篇則上下二篇也然則孔子時易固分上下經矣以此考之易經之分上下必始於文王作周易之時近世晁氏編古周易乃合而為一且謂後人妄有上下經之辨何其考之不詳哉

【本義】周代名也易書名也其卦本伏羲所畫有交易變易之義故謂之易其辭

周易傳義音訓　卷一　一

書 類

006.書經六卷 〔宋〕蔡沈集傳 PL2465 .J6

清嘉慶十年(1805)刻本 四册一函

蔡沈(1167—1230)字仲默,號九峰,建陽(今屬福建)人。

半葉九行十七字,小字雙行同,白口,四周單邊,無魚尾,半框高20.5釐米,寬14.9釐米。版心上鎸書名、卷名,下鎸葉碼。

内封題"嘉慶十年冬至栞版/書經"。

卷端題"書經"。

卷首有蔡沈"書經集傳序"。

鈐印:"公安廖氏竹林齋藏書"陽文方印。

按:卷末鎸"樗園客隱檢校,江寧王景桓董工",當爲清嘉慶十年揚州鮑氏樗園刻《五經四書讀本》之一種。

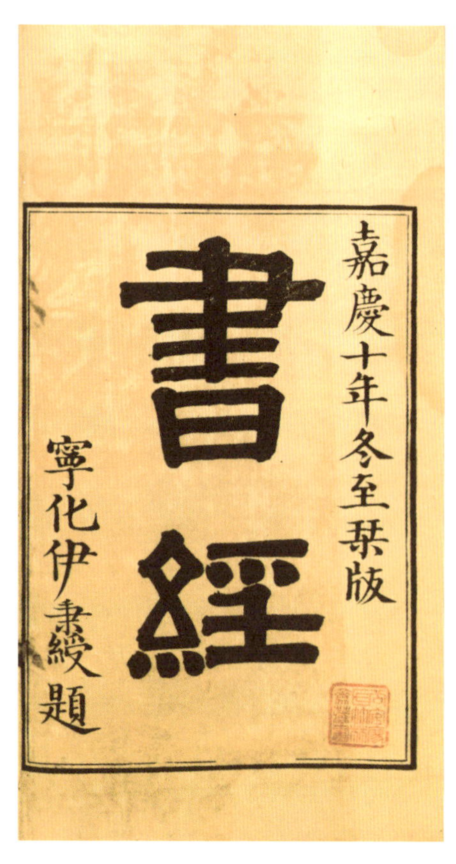

書經卷之一

虞書

虞舜氏。因以爲有天下之號也。書凡五篇。堯典雖紀唐堯之事。然本虞史所作。故曰虞書。其舜典以下。夏史所作。當曰夏書。春秋傳亦多引爲夏書。此云虞書。或以爲孔子所定也。

堯典

堯。唐帝名。說文曰。典從冊在丌上。尊閣之也。此篇以簡冊載堯之事。故名曰堯典。後世以其所載之事。可爲常法。故又訓爲常也。今文古文皆有。

曰若稽古帝堯。曰放勳。欽明文思安安。允恭克讓。光被四表。格于上下。曰粵越通。古文作粵。曰若者。發語辭。

007.書經六卷 〔宋〕蔡沈集傳

清同治十一年(1872)山東書局刻本 四册一函

半葉九行十七字，小字雙行同，白口，四周單邊，無魚尾，半框高20.5釐米，寬14.9釐米。版心上鎸書名、卷名，下鎸葉碼。

内封題“書經”。

牌記題“同治十一年山東書局/開雕尚志堂藏板”。

卷端題“書經”。

卷首有清同治六年御筆諭文、“山東書局校刊書經官紳職名”、蔡沈“書經集傳序”、書經篇目。

鈐印：“豫生”陽文方印。

按：諭文准奏請刊刻書籍咨文，“江蘇等省自遭兵燹以後，各府州縣學中舊藏書籍大半散佚，經史版片亦皆燬失無存……著各直省督撫轉飭所屬將舊存學中書籍廣爲購補，並將列聖御纂欽定經史各書先行敬謹重刊頒發”。諭文爲硃字。

同治十一年山東書局
開雕尚志堂藏板

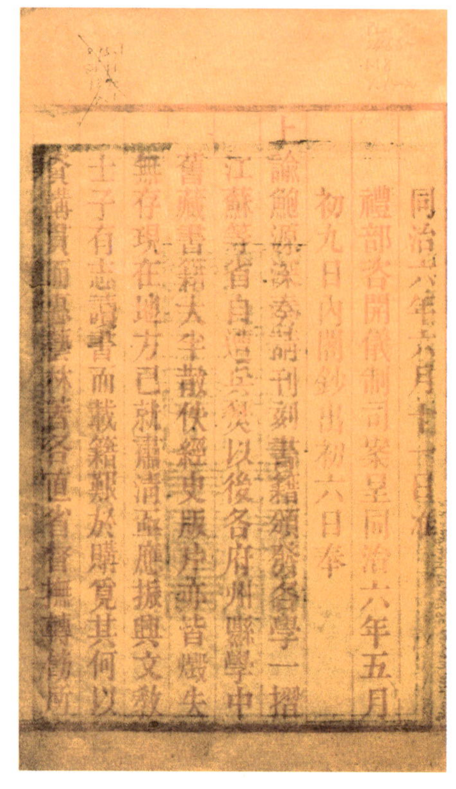
同治六年六月十一日准
禮部咨開儀制司案呈同治六年五月
初九日内閣鈔出初六日奉
上諭鮑源深奏請刊刻書籍頒發各學一摺
江蘇等省自遭兵燹以後各府州縣學中
舊藏書籍大半散佚經史版片亦皆燬失
無存現在地方已就肅清亟應振興文教
士子有志讀書而載籍難於購覓其何以
資講貫而勵實修著各直省督撫轉飭所

書經卷之一

虞書 虞。舜氏。因以爲有天下之號也。書凡五篇。堯典雖紀唐堯之事。然本虞史所作。故曰虞書。其舜典以下。夏史所作。當曰夏書。春秋傳亦多引爲夏書。此云虞書或以爲孔子所定也。

堯典 堯。唐帝名。說文曰。典從册在丌上。尊閣之也。此篇以簡册載堯之事。故名曰堯典。後世以其所載之事。可爲常法。故又訓爲常也。今文古文皆有。

曰若稽古帝堯。曰放勳。欽明文思安安。允恭克讓。光被四表。格于上下。曰。粤越通。古文作粤。曰若者。發語辭。

008.［滿漢合璧］書經六卷首一卷　〔清〕高宗弘曆敕譯　

清光緒二十二年（1896）荆州駐防繙譯總學刻本　六册一函

半葉七行字數不等，黑口，四周雙邊，單黑魚尾，半框高18.7釐米，寬14釐米。版心上鎸漢文“書經”，中鎸漢文卷次、卷名，下鎸葉碼。

内封題“板存荆州駐防繙譯總學/御製繙譯書經/光緒丙申仲秋重鎸”。

卷端題“書經”。

卷首有清乾隆二十五年（1760）“御製繙譯書經序”、宋嘉定二年（1209）武夷蔡沈“書集傳序”。

卷末有清光緒二十二年宗室祥亨“重刊繙譯書經跋”。

鈐印：“公安廖氏竹林齋藏書”陽文方印。

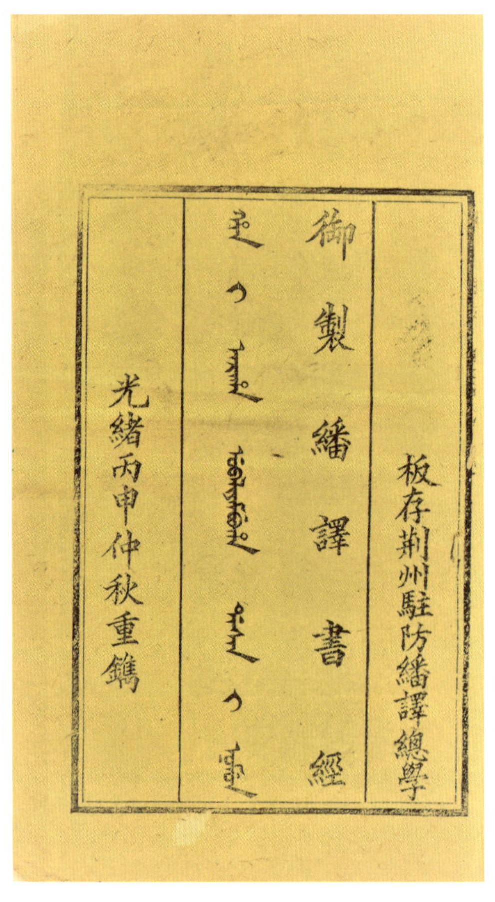
板存荆州駐防繙譯總學
御製繙譯書經
光緒丙申仲秋重鎸

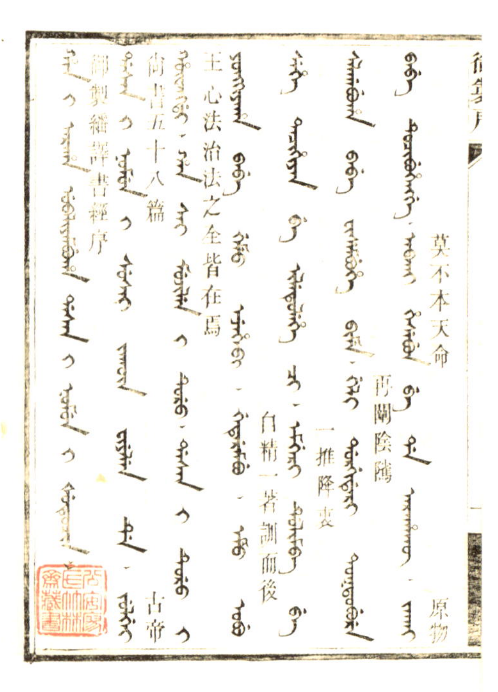
莫不本天命　原物
再闡陰陽
一推降衷
自精一者訓而後
王心法治法之全皆在焉
尚書五十八篇　古帝
御製繙譯書經序

俊德 以親九族

四表 格于上下 克明

允恭克讓 光被

曰若稽古帝堯 曰放勲 欽明文思安安

堯典

虞書

書經卷之一

009.楊子書繹六卷 〔清〕楊文彩撰 PL2733.A45 A6 1876

清光緒二年（1876）韓懿章文起堂刻本 十册一函

楊文彩，字治文，號一水，寧都（今江西）人。

半葉九行二十二字，白口，四周雙邊，單黑魚尾，半框高20.5釐米，寬13.7釐米。版心上鎸書名，中鎸篇名，下鎸葉碼。

卷端題“楊子書繹，仁和韓懿章重刊，寧都楊文彩治文著，門人魏禧叔子參訂，男龍泉御李、龍晉進也編校”。

卷首有“重刊楊子書繹序”，署“光緒二年歲次丙子夏五月下浣仁和韓懿章聰甫氏書於甯都州署”；魏禧序；楊文彩自序；楊文彩後序。

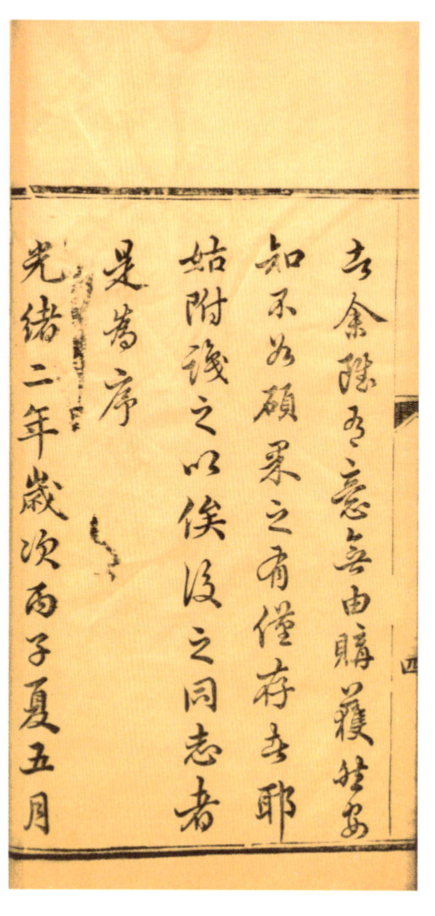
者余雖有意無由購獲甚安
知不如顧累之有僅存者耶
姑附識之以俟後之同志者
是為序
光緒二年歲次丙子夏五月
四

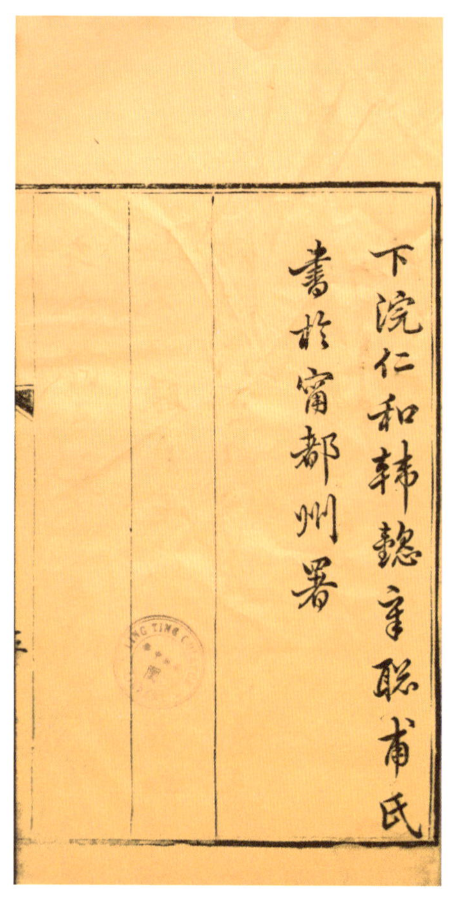
下浣仁和韓懿章聰甫氏
書於甯都州署

楊子書繹卷之一

仁和趙懿章重刊

寧都楊文彩治文著

門人魏禧叔子參訂 男 龍泉御李 晉進也 編校

虞書

王方麓曰書自禹貢以後每篇各記一事獨典謨所載不倫而五篇體製相似若出一人意者紀載出虞史而緒成於夏啟以後史臣之手春秋傳多引爲夏書據所成也孔子定爲虞書原所作也且曰虞則上

010.欽定書經圖説五十卷　〔清〕孫家鼐等纂　

清光緒三十一年（1905）石印本　十六册二函

孫家鼐（1827—1909）字燮臣，號容卿、蟄生，别號澹静老人，安徽壽州（今壽縣）人。

卷首有孫家鼐進表文、交片、奏摺、條例、總修纂修校對諸臣職名、總目。

鈐印："公安廖氏竹林齋藏書"陽文方印。

按：版心上鐫"光緒三十一年/校印"。

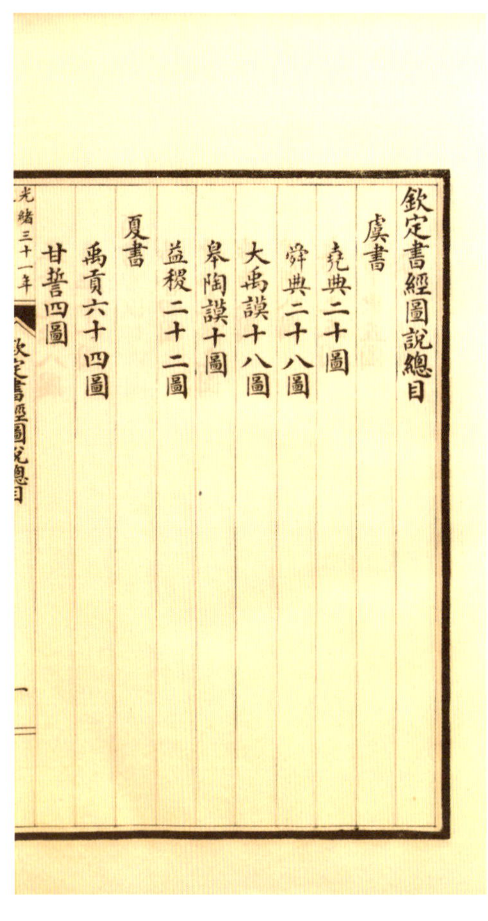
欽定書經圖說總目
虞書
堯典二十圖
舜典二十八圖
大禹謨十八圖
皋陶謨十圖
益稷二十二圖
夏書
禹貢六十四圖
甘誓四圖
光緒三十一年
欽定書經圖說總目
一

虞書

尚書是中國古來第一部歷史周禮外史氏掌三皇五帝之書即此類是也後經孔子删訂斷自唐虞儒者始尊之為經虞是帝舜有天下之號書凡五篇其中堯典應謂之唐書大禹謨應謂之夏書而皆曰虞書者書本虞史所作且以明堯舜禹三聖相傳實守一道無容區分也

堯典

堯唐帝名堯是初頭出治第一箇聖人堯典是上古第一篇文字典者法也常也言此篇所載之事皆可以為後世常法也

011.尚書集注述疏三十二卷首一卷末二卷 簡朝亮撰 **附讀書堂答問一卷** 張子沂輯

清光緒三十三年(1907)讀書堂刻本 二十三册三函

簡朝亮(1851—1933)字季紀,號竹居,廣東順德人。

半葉十一行二十四字,白口,左右雙邊,單黑魚尾,半框高18.7釐米,寬13釐米。版心上鎸書名,中鎸卷次、條名,下鎸葉碼。

内封題“尚書集注/録疑三十/五卷”。

牌記題“門弟子離讀校栞/讀書堂答問附後”。

卷端題“尚書集注述疏,順德簡朝亮述”。

卷首有簡朝亮自序,署“光緒二十有九年正月人日順德簡朝亮序”;簡朝亮後序,署“光緒三十有三年十有二月晦日”。

按:卷首有尚書集注述疏序、尚書大名、尚書原目。各卷卷末鎸有“門弟子校栞於讀書堂”。“讀書堂答問”卷端題“簡先生答問繫乎尚書者,今述而編焉。本其所爲書之次次之也。凡壹百十壹條,同爲壹卷。門弟子張子沂謹編”。

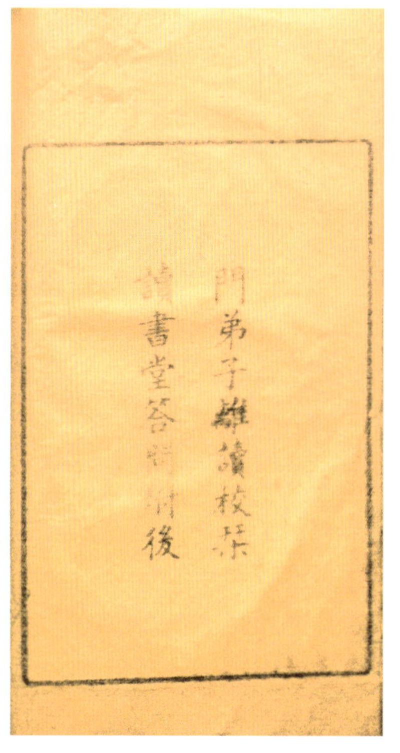

門弟子離讀校栞
讀書堂答問附後

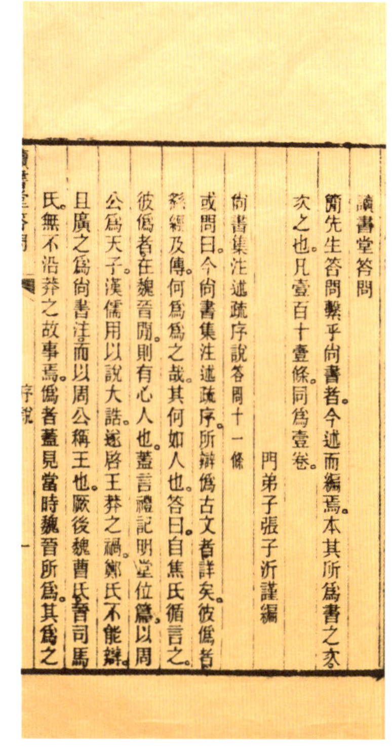

讀書堂答問
簡先生答問繫乎尚書者。今述而編焉。本其所爲書之次
次之也。凡壹百十壹條。同爲壹卷。
門弟子張子沂謹編
尚書集注述疏序說答問十一條
或問曰。今尚書集注述疏序所辯僞古文者詳矣。彼僞者
經及傳。何爲爲之哉。其何如人也。答曰。自焦氏循言之。
彼僞者在魏晉閒。則有心人也。蓋言禮記明堂位篇。以周
公爲天子。漢儒用以說大誥。遂啓王莽之禍。鄭氏不能辯。
且廣之爲尚書注。而以周公稱王也。厥後魏曹氏晉司馬
氏。無不沿莽之故事焉。僞者蓋見當時魏晉所爲。其爲之
讀書堂答問 一 序說 一

尚書集注述疏卷一

順德簡朝亮述

虞書

虞舜氏。遂以爲有天下之號也。虞舜者。受之唐堯。而傳之夏禹。故書紀三聖。獨稱曰虞書。董子所謂三聖相受而同一道也。論語稱堯曰。咨爾舜。天之厤數在爾躬。允執其中。四海困窮。天祿永終。舜亦以命禹。

述曰。虞書。今存者。若堯典。今亡者若舜典。若大禹謨。此三聖之事也。尚書大傳。堯典之前。題曰虞夏傳。唐傳。堯典之後。題曰虞夏傳。虞傳。禹貢之前。題曰虞夏傳。夏傳。蓋有傳則有書矣。書孔疏云。劉向別錄。馬鄭王本。皆題曰虞夏書。

詩　類

傳説之屬

012.詩經八卷　〔宋〕朱熹集注　PL2466 .J6

清嘉慶十年（1805）刻本　四册一函

半葉九行十七字，小字雙行同，白口，四周單邊，無魚尾，半框高20.9釐米，寬14.5釐米。版心上鐫書名、篇名，下鐫葉碼。

内封題“嘉慶十年冬至棨版/詩經/寧化伊秉綬題”。

卷端題“詩經”。

卷首有朱熹“詩經傳序”、篇目。

鈐印：“公安廖氏竹林齋藏書”陽文方印。

按：疑爲清嘉慶十年揚州鮑氏樗園刻《五經四書讀本》之一種。

嘉慶十年冬至棨版

詩經

寧化伊秉綬題

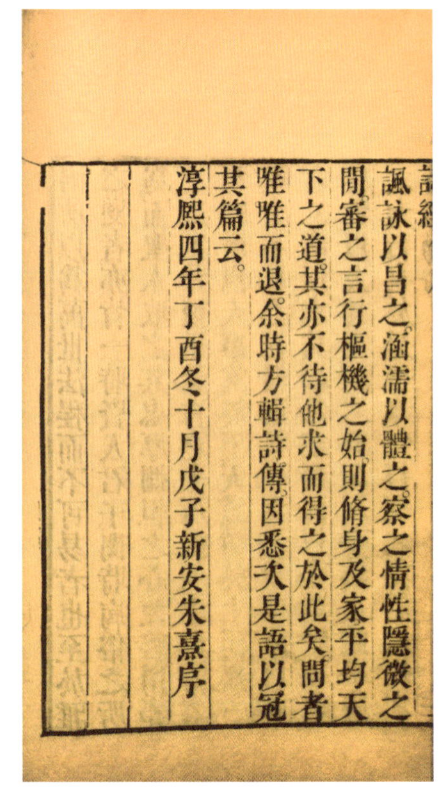

諷詠以昌之，涵濡以體之，察之情性隱微之間，審之言行樞機之始，則脩身及家平均天下之道，其亦不待他求而得之於此矣。問者唯唯而退。余時方輯詩傳，因悉次是語以冠其篇云。

淳熙四年丁酉冬十月戊子新安朱熹序

詩經卷之一

國風一

國者。諸侯所封之域。而風者。民俗歌謠之詩也。謂之風者。以其被上之化以有言。而其言又足以感人。如物因風之動以有聲。而其聲又足以動物也。是以諸侯采之以貢於天子。天子受之而列於樂官。於以考其俗尚之美惡。而知其政治之得失焉。舊說二南爲正風。所以用之閨門鄉黨邦國而化天下也。十三國爲變風。則亦領在樂官。以時存肄。備觀省而垂監戒耳。合之凡十五國云。

周南一之一

周國名。南南方諸侯之國也。周國本在禹貢雍州之境。內岐山之陽。后稷十三世孫古公亶父始居其地。傳子王季歷。至孫文王昌。辟國寖廣。於是徙都于豐。而分岐周故地以爲周公旦召公奭之采邑。且使周公

013.詩經八卷　〔宋〕朱熹集傳　PL2466 .N82 1893

清光緒十九年(1893)浙江書局刻本　四册一函

半葉九行十七字,小字雙行同,白口,四周單邊,單黑魚尾,半框高19.2釐米,寬14釐米。版心上鎸書名,中鎸卷次、篇名,下鎸葉碼。

内封題"詩經"。

牌記題"光緒癸巳年/浙江書局刊"。

卷端題"詩經,朱熹集傳"。

卷首有朱熹"詩經傳序"。

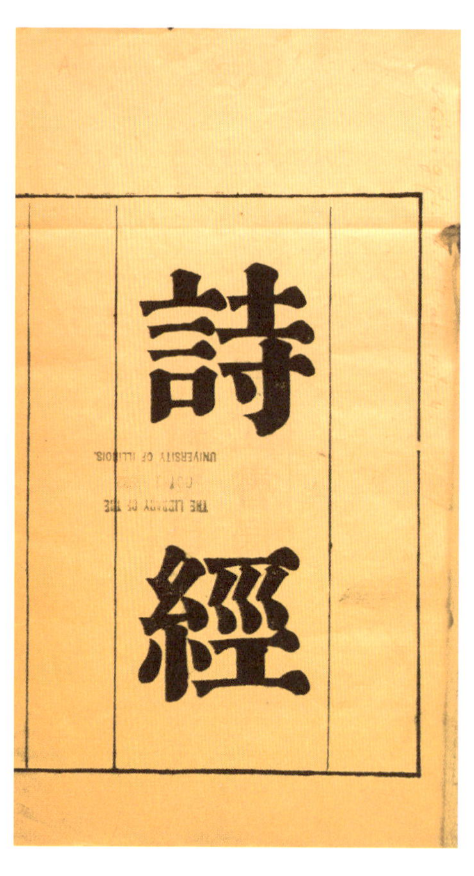

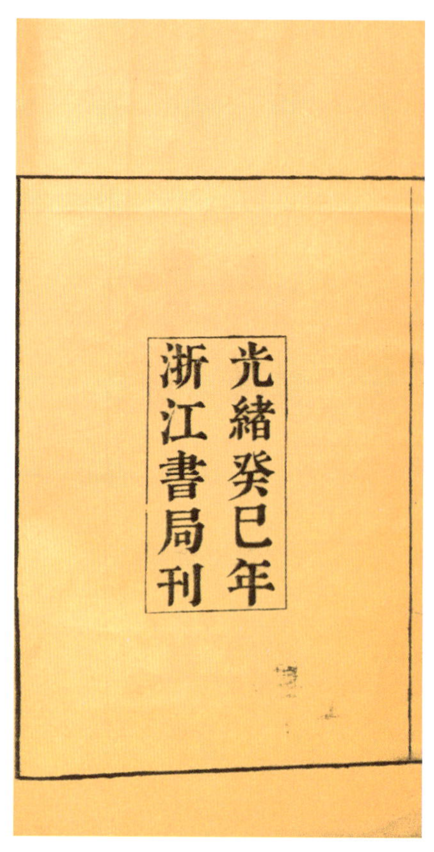

詩經卷之一　朱熹集傳

國風一

國者，諸侯所封之域；而風者，民俗歌謠之詩也。謂之風者，以其被上之化以有言，而其言又足以感人，如物因風之動以有聲，而其聲又足以動物也。是以諸侯采之以貢於天子，天子受之而列於樂官，於以考其俗尚之美惡，而知其政治之得失焉。舊說二南為正風，所以用之閨門、鄉黨、邦國而化天下也；十三國為變風，則亦領在樂官，以時存肄，備觀省而垂監戒耳。合之凡十五國云。

周南一之一

周，國名；南，南方諸侯之國也。周國本在禹貢雍州之境，內岐山之陽。后稷十三世孫古公亶父始居其地，傳子王季歷，至孫文王昌，辟國寖廣，於是徙都于豐，而分岐周故地以為周公旦、召公奭之采邑，且使周公

014.毛詩稽古編三十卷　〔清〕陳啓源撰　**附考一卷**　〔清〕費雲倬輯

清光緒九年(1883)上海同文書局石印本　八册一函

陳啓源,字長發,吴江(今江蘇)人。

内封題“光緒九年孟夏/毛詩稽古編/上海同文書局縮印”。

卷端題“毛詩稽古編,東吴陳啟源長發述,同邑龎佑清黼廷氏校”。

卷首有“欽定四庫全書總目提要”、朱鶴齡叙、趙嘉稷叙、阮元序、叙例、校訂姓氏、目録。

附考卷端題“震澤費雲倬星躔輯”。

鈐印:“公安廖氏竹林齋藏書”陽文方印。

光緒九年孟夏
毛詩稽古編
上海同文書局縮印

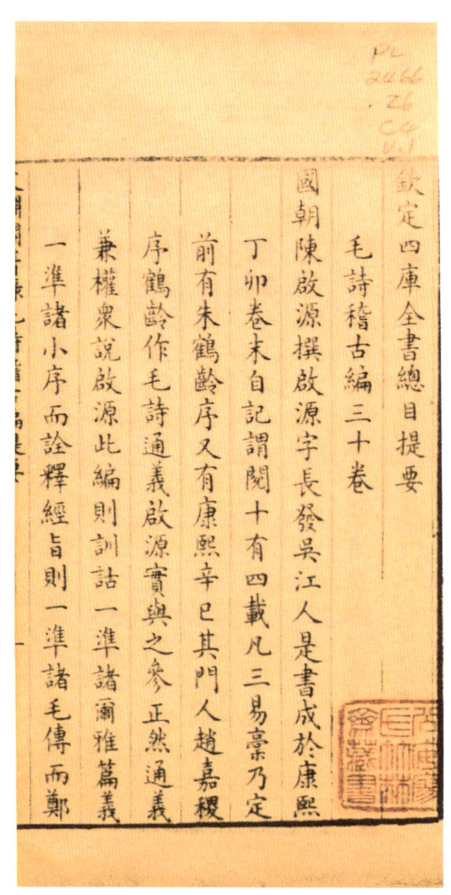
欽定四庫全書總目提要
毛詩稽古編三十卷
國朝陳啟源撰啟源字長發吴江人是書成於康熙
丁卯卷末自記謂閲十有四載凡三易稾乃定
前有朱鶴齡序又有康熙辛巳其門人趙嘉稷
序鶴齡作毛詩通義啟源實與之參正然通義
兼權衆說啟源此編則訓詁一準諸爾雅篇義
一準諸小序而詮釋經旨則一準諸毛傳而鄭

毛詩稽古編卷一

東吴陳啓源長發述　　同邑龐佑清鞴廷氏校

國風

十五國次弟先儒多有論說惟孔仲達程正叔崔尽叟於删詩本意未必合也以今國風較之吴季札所聞止豳秦二風是聖心更定餘皆國史之舊源謂國史次弟原無取義夫子述而不作各仍其舊文獨更置豳秦以示意爾殿豳以近雅先儒之說允矣至抑秦於魏唐之後其義猶鼓喋竊嘗思之唐即晉也晉姝諸國以晉秦楚爲大楚雄南裔秦起西戎惟以晉更霸有功王室以霸僅桓公一身晉自文公以後世爲盟主晉失霸天下

015.御纂詩義折中二十卷 〔清〕傅恒等撰

清乾隆二十年(1755)内府刻本 十册一函

傅恒(?—1770)號春和,富察氏,滿洲鑲黄旗人。

半葉八行二十字,白口,四周雙邊,單黑魚尾,半框高21.7釐米,寬16.2釐米。版心上鎸“詩義折中”,中鎸卷次,下鎸葉碼。

内封題“御纂詩義折中”。

卷端題“御纂詩義折中”。

卷首有清乾隆二十年御纂序、篇目、纂修官名録。

鈐印:“公安廖氏竹林齋藏書”陽文方印。

御纂詩義折中

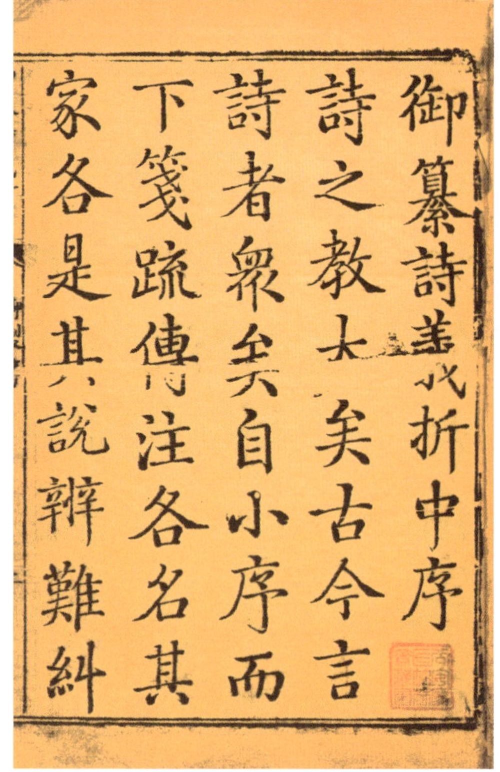

御纂詩義折中序
詩之教大矣古今言
詩者衆矣自小序而
下箋疏傳注各名其
家各是其説辨難糾

御纂詩義折中卷之一

國風一

朱子曰國者諸侯所封之域風者民俗歌謠之詩也謂之風者以其被上之化以有言而其言又足以感人如物因風之動以有聲而其聲又足以動物也

周南一之一

周國名在雍州岐山之陽太王始居之傳至文

專著之屬

016.毛詩草木鳥獸蟲魚疏二卷　〔三國吴〕陸璣撰　PL2466 .Z6 L8

清光緒十二年(1886)上海聚珍仿宋印書局鉛印本　一册

牌記題“上海聚珍倣/宋印書局印”。

卷端題“毛詩草木鳥獸蟲魚疏，吴太子中庶子烏程令吴郡陸機元恪撰”。

卷首有清光緒十二年羅振玉序。

鈐印：“公安廖氏竹林齋藏書”陽文方印。

上海聚珍倣
宋印書局印

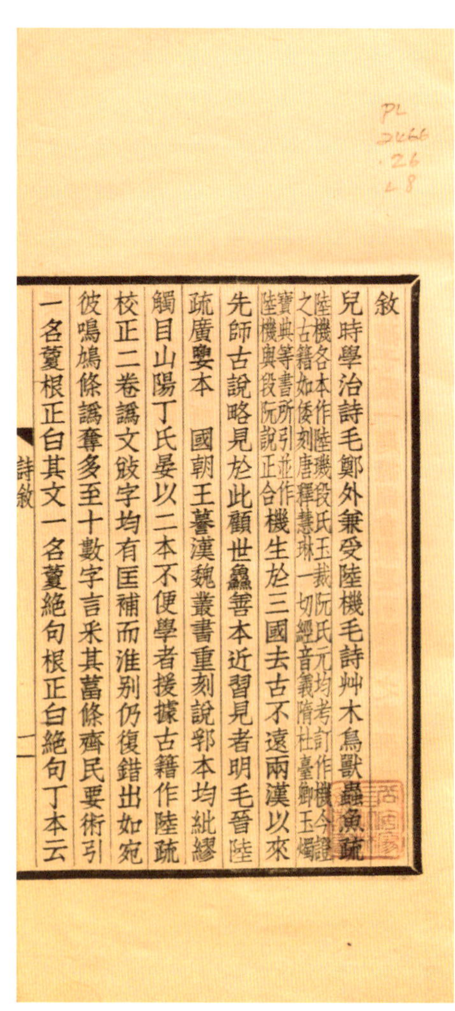
敘
兒時學治詩毛鄭外兼受陸機毛詩艸木鳥獸蟲魚疏陸機各本作陸璣段氏玉裁阮氏元均考訂作機今證之古籍如倭刻唐釋慧琳一切經音義隋杜臺卿玉燭寶典等書所引並作陸機與段阮說正合機生於三國去古不遠兩漢以來
先師古說略見於此顧世鮮善本近習見者明毛晉陸
疏廣要本　國朝王謨漢魏叢書重刻說郛本均紕繆
觸目山陽丁氏晏以二本不便學者援據古籍作陸疏
校正二卷譌文敓字均有匡補而淮別仍復錯出如宛
彼鳴鳩條譌奪多至十數字言釆其蓄條齊民要術引
一名蔓根正白其文一名蔓絕句根正白絕句丁本云
詩敘　一

毛詩艸木鳥獸蟲魚疏卷上

吴太子中庶子烏程令吴郡陸機元恪撰

方秉蕑兮

蕑卽蘭香艸也春秋傳曰刈蘭而卒楚辭曰紉秋蘭以爲佩王丁本無以爲佩三字據宋嚴粲詩緝引及毛本增孔子曰詩丁本無孔字據秦淯疏引及毛本增蘭當爲王者香艸皆是也其莖葉似藥艸澤蘭但廣而長節節中赤高四五尺漢諸池苑及許昌宫中皆種之可著粉中故天子賜諸侯茝蘭藏衣著書中辟白魚王丁本魚下有也字據詩疏引及毛本無

采采芣苡

017.詩經繹參四卷　〔清〕鄧翔撰　

清同治六年（1867）羊城孔氏刻朱墨套印本　四册一函

鄧翔，字鳳翔，號巢閣，廣東南海人。

半葉九行二十三字，小字雙行同，白口，四周雙邊，單黑魚尾，半框高17釐米，寬13釐米。版心中鎸卷次，下鎸葉碼。

内封題"詩經繹參"。

牌記題"同治丁卯/孔氏藏板"。

卷端題"詩經繹參，南海鄧翔巢閣甫著，受業孔廣陶少唐、馬浩泉翰墀、羅嘉耀沛卿、莫壁書綺屏仝參訂校刊"。

卷首有蔣益澧序，署"同治歲在著雍執徐春正月湘鄉蔣益澧序"；義例；鄧翔自序，署"同治甲子冬南海鄧翔巢閣甫識"。

按：天頭有眉批。内封葉有"羊城雙門底九經閣發兑"朱印。

詩經繹參卷之一

南海鄧　翔巢閣甫著

受業　孔廣陶少唐　馬浩泉翰墀

羅嘉耀沛卿　莫璧書綺屏　仝參訂校刊

國風集解國者諸侯所封之域風者民俗歌謠之詩諸侯采之以貢于天子天子受之而列于樂官于以考其俗尚之美惡而知其政治之得失焉二南爲正風所以用之閨門鄉黨邦國而化天下也十三國爲變風亦領在樂官以時存肄備觀省而垂監戒蓋男女亂倫而邶鄘衛之風變君臣失道而王風變田遊荒淫而齊風變儉嗇褊急而魏風變以至唐風變而憂傷秦風變而勇鬬陳風變而淫遊歌舞曹檜二風變而亂極思治此十三國之大概也吳楚無風楚僻在荆山吳未通上國也滕薛無詩微也虢檜皆滅于鄭而虢無詩陳蔡皆列會盟而蔡無詩有司失

018.毛鄭詩斠議一卷　羅振玉撰　PL2466 .N5

清光緒十六年（1890）鉛印本　一册一函

羅振玉（1866—1940）字叔藴，號雪堂，浙江上虞人。

卷端題“毛鄭詩斠議”。

卷首有羅振玉序。

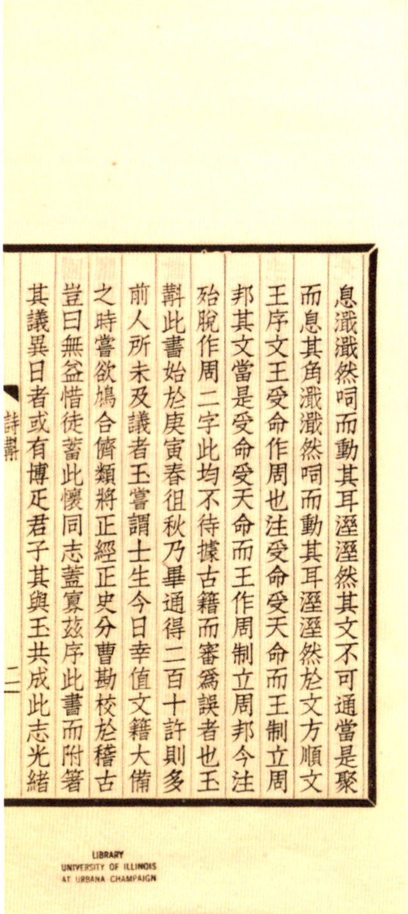

息瀸瀸然呞而動其耳溼溼然其文不可通當是聚
而息其角瀸瀸然呞而動其耳溼溼然於文方順文
王序文王受命作周也注受命受天命而王制立周
邦其文當是受命受天命而王作周制立周邦今注
殆脱作周二字此均不待據古籍而審爲誤者也玉
斠此書始於庚寅春徂秋乃畢通得二百十許則多
前人所未及議者玉嘗謂士生今日幸值文籍大備
之時嘗欲鳩合儕類將正經正史分曹勘校於稽古
豈曰無益惜徒蓄此懷同志蓋寡兹序此書而附箸
其議異日者或有博疋君子其與玉共成此志光緒
詩斠　二

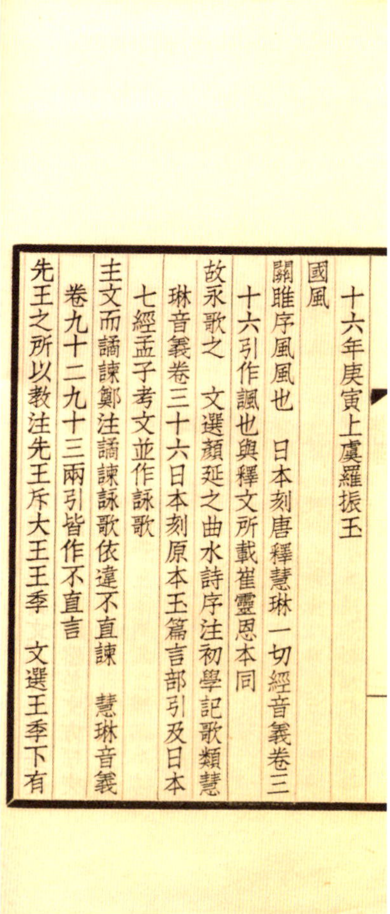

十六年庚寅上虞羅振玉
國風
關雎序風風也　日本刻唐釋慧琳一切經音義卷三
十六引作諷也與釋文所載崔靈恩本同
故永歌之　文選顏延之曲水詩序注初學記歌類慧
琳音義卷三十六日本刻原本玉篇言部引及日本
七經孟子考文並作詠歌
主文而譎諫鄭注譎諫詠歌依違不直諫　慧琳音義
卷九十二九十三兩引皆作不直言
先王之所以教注先王斥大王王季　文選王季下有

毛鄭詩斠議

毛鄭詩世鮮善本玉所習乃木瀆周氏本葢據唐正義本而斠以宋以後諸本者於正義以前本無所考斠段氏玉裁所訂詁訓傳據古籍所引詳爲讎正其書善矣而於鄭氏箋闕然玉不揣檮昧取史記漢書文選初學記注及倭刻原本玉篇玉燭寶典唐釋慧琳一切經音義諸書所徵引以斠今本於今本之脫誤者多所是正考傳箋之例隨文加釋不以已見於彼便略於此如板詩及爾同僚及爾游衍箋兩見及與也抑詩無不柔嘉輯柔爾顏箋兩見柔安也一篇

詩斠 一

三家詩之屬

019.韓詩外傳十卷　〔漢〕韓嬰撰　

清刻本　二册一函

半葉十行二十一字，白口，左右雙邊，單黑魚尾，半框高18.3釐米，寬13.8釐米。版心中鎸書名、卷次，下鎸葉碼。

内封題“古經解彙函第十四/韓詩外傳/明通津草堂本用張氏學津討原本校正”。

卷端題“韓詩外傳，古經解彙函之十四，韓嬰”。

卷首有“韓詩外傳序”，署“至正十五年龍集乙未秋八月曲江錢惟善”；“刻韓詩外傳序”，署“嘉靖戊戌八月望日仙居林英麟識”；“韓嬰小傳”。

鈐印：“公安廖氏竹林齋藏書”陽文方印。

按：此爲《古經解彙函》零本之又一種，本館《古經解彙函》全本所收爲新安周氏校本。

古經解彙函　第十四
韓詩外傳
明通津草堂本用張氏學津討原本校正

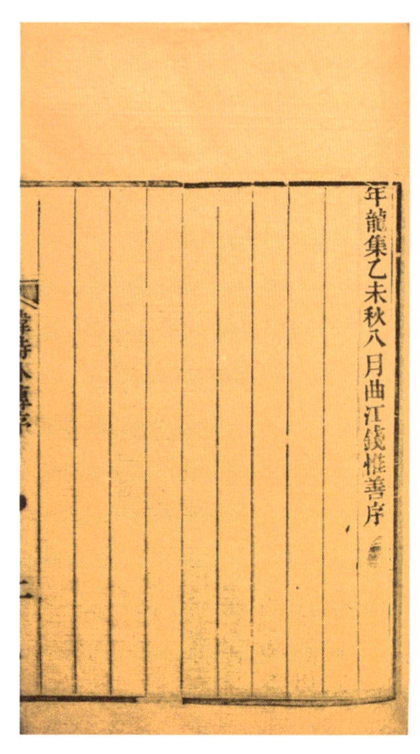
年龍集乙未秋八月曲江錢惟善序

韓詩外傳卷第一

韓嬰

曾子仕於莒得粟三秉方是之時曾子重其祿而輕其身親沒之後齊迎以相楚迎以令尹晉迎以上卿方是之時曾子重其身而輕其祿懷其寶而迷其國者不可與語仁窘其身而約其親者不可與語孝任重道遠者不擇地而息家貧親老者不擇官而仕故君子橋褐趨時當務爲急傳云不逢時而仕任事而敦其慮爲之使而不入其謀貧焉故也詩曰夙夜在公實命不同

傳曰夫行露之人許嫁矣然而未往也見一物不具一

周禮類

020.周禮鄭氏注十二卷附札記　〔漢〕鄭玄撰　

清光緒（1875—1908）石印本　六册一函

鄭玄（127—200）字康成，北海高密（今山東）人。

内封題“嘉慶戊寅/周禮鄭氏注/士礼居刊行”。

卷端題“周禮，鄭氏注”。

鈐印：“公安廖氏竹林齋藏書”陽文方印。

按：札記有黄丕烈“重雕嘉靖本校宋周禮札記序”。此書當爲清光緒十三年上海蜚英館影印《士禮居黄氏叢書》之零本。

嘉慶戊寅
周禮鄭氏注
士礼居刊行

重雕嘉靖本挍宋周禮札記序
鄭氏之學惟三禮爲冣精三禮之注惟鄭氏
爲冣善向來三禮鄭注本合刻者以十六行
十七字本爲佳相傳爲嘉靖本是也若宋時
三禮合刻之本世鮮傳焉禮記有撫州本儀
禮有嚴州本皆覆雕行世周禮獨缺如余竊
病焉向聞萬卷堂余氏有單注本在余友顧
抱沖家未及借挍近於同郡故藏書家見有

周禮卷第一

天官冢宰第一　周禮　鄭氏注

惟王建國建立也周公居攝而作六典之職謂之周禮營邑於土中七年致政成王以此禮授之使居雒邑治天下司徒職曰日至之景尺有五寸謂之地中天地之所合也四時之所交也風雨之所會也陰陽之所和也然則百物阜安乃建王國焉辨方正位辨別也鄭司農云別四方正君臣之位君南面臣北面之屬玄謂考工匠人建國水地以縣置槷以縣視以景爲規識日出之景與日入之景晝參諸日中之景夜考之極星以正朝夕是別四方召誥曰越三日戊申大保朝至于雒卜宅厥既得卜則經

儀禮類

021.儀禮十七卷校録一卷續校一卷 〔漢〕鄭玄注 〔清〕黄丕烈校録

清光緒（1875—1908）石印本 四册一函

黄丕烈（1763—1825）字紹武，號蕘圃，江蘇吴縣（今蘇州）人。

内封題“嘉慶甲戌/儀禮鄭氏注/宋本重刊”。

卷端題“儀禮，鄭氏注”。

校録卷末鐫“嘉慶乙亥歲吴門黄氏讀未/見書齋開彫同邑孫保安書”。

鈐印：“公安廖氏竹林齋藏書”陽文方印。

按：續校卷端題“宋嚴州本儀禮經注精校重雕緣起”。此書當爲清光緒十三年上海蜚英館影印《士禮居黄氏叢書》之零本。

嘉慶甲戌
儀禮鄭氏注
宋本重刊

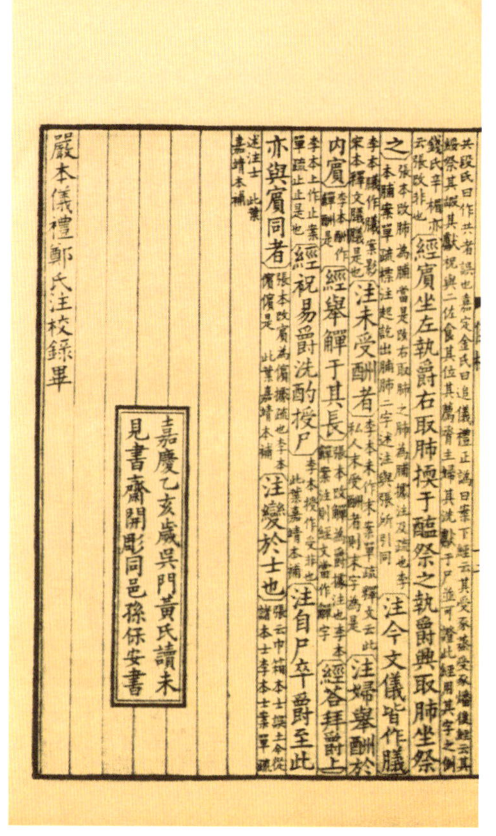
嚴本儀禮鄭氏注校録畢

嘉慶乙亥歲吳門黃氏讀未
見書齋開彫同邑孫保安書

儀禮卷第一

士冠禮第一　　儀禮　　鄭氏注

士冠禮筮于廟門筮者以蓍問日吉凶於易也冠必筮日於廟門者重以成人之禮成子孫也廟謂禰廟不於堂者嫌蓍之靈由廟神

主人玄冠朝服緇帶素韠即位于門東西面主人將冠者之父兄也玄冠委貌也朝服者十五升布衣而素裳也衣不言色者衣與冠同也筮必朝服尊蓍龜之道緇帶黑繒帶士帶博二寸再繚四寸屈垂三尺素韠白韋韠長三尺上廣一尺下廣二尺其頸五寸肩革帶博二寸天子與其臣玄冕以視朔皮弁以日視朝諸侯與其臣皮弁以視朔朝服以日視朝凡染黑五入爲緅七入爲緇玄則六入與

有司如主人服即位于西方東面北上有司羣吏有事者謂主人之吏所自辟除府史以下今時卒吏及假吏是也

筮與席所卦者具饌于西塾筮所以問吉凶謂蓍也所卦者所以畫地記爻易曰六畫而成卦饌陳也具俱也西塾門外西堂也

布席于門中闑西閾外西面闑門橛閾閫也古文闑爲槷閾爲蹙

筮人執筴抽上韇兼執之進受命於主人筮人有司主三易者韇藏筴之器今時藏弓矢者謂之韇丸也兼并也進前也自西方而前受命者當知所筮也

宰自右少退贊命宰有司主政教者自由也贊佐也命告也佐主人告所以筮也少儀曰贊幣自左詔辭自右

筮人許諾右還即席坐西面卦者在左即就也東面受命右還北行就席卦者有司主畫地識爻者

卒筮書卦執以示主人卒已也書卦者筮人以方寫所得之卦

主人受眂反之反還也

筮人還東面旅占卒進告吉旅衆也還與其屬共占之古文旅作臚也

若不吉則筮遠日如初儀遠日旬之外

徹筮席徹去

禮記類

022.禮記集説十卷　〔元〕陳澔撰　

清嘉慶十年（1805）刻本　十册一函

陳澔（1260—1341）字可大，都昌（今江西）人。

半葉九行十七字，小字雙行同，白口，四周單邊，無魚尾，半框高20.8釐米，寬14.5釐米。版心上鎸書名、篇名，下鎸葉碼。

内封題“嘉慶十年冬至栞版/禮記”。

卷端題“禮記”。

卷首有陳澔“禮記集説序”、目録。

鈐印：“公安廖氏竹林齋藏書”陽文方印。

按：疑爲清嘉慶十年揚州鮑氏棠園刻《五經四書讀本》之一種。

嘉慶十年冬至栞版
禮記
寧化伊秉綬題

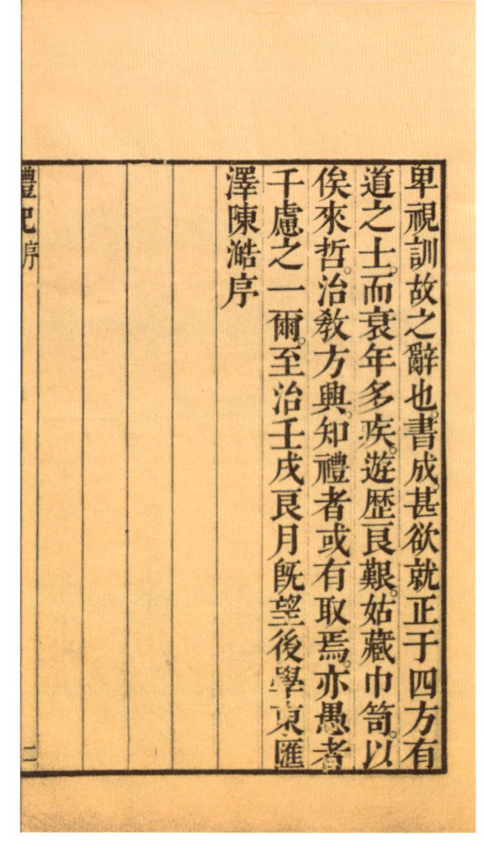
畢視訓故之辭也書成甚欲就正于四方有道之士而衰年多疾遊歷良艱姑藏巾笥以俟來哲治教方與知禮者或有取焉亦愚者千慮之一爾至治壬戌良月既望後學東匯澤陳澔序

禮記序　二

禮記卷之一

曲禮上第一

經曰曲禮三千言節目之委曲其多如是也此即古禮經之篇名後人以編簡多故分爲上下○張子曰物我兩盡自曲禮入

曲禮曰毋不敬儼若思安定辭安民哉毋禁止辭○朱子曰首章言君子脩身其要在此三者而其效足以安民乃禮之本故以冠篇○范氏曰經禮三百曲禮三千可以一言蔽之曰毋不敬○程子曰心定者其言安以舒不定者其辭輕以疾○劉氏曰篇首三句如曾子所謂君子所貴乎道者三而籩豆之事則有司存之意蓋先立乎其大者也毋不敬則動容貌斯遠暴慢矣儼若思則正顏色斯近信

023.禮記集説十卷　〔元〕陳澔撰　PL2467 .N3X

清光緒十九年（1893）浙江書局刻本　十册二函

半葉九行十七字，小字雙行同，白口，四周單邊，單黑魚尾，半框高19.3釐米，寬14.1釐米。版心上鎸書名，中鎸卷次、篇名，下鎸葉碼。

内封題“禮記”。

牌記題“光緒癸巳年/浙江書局刊”。

卷端題“禮記，陳澔集説”。

卷首有陳澔“禮記集説序”、目録。

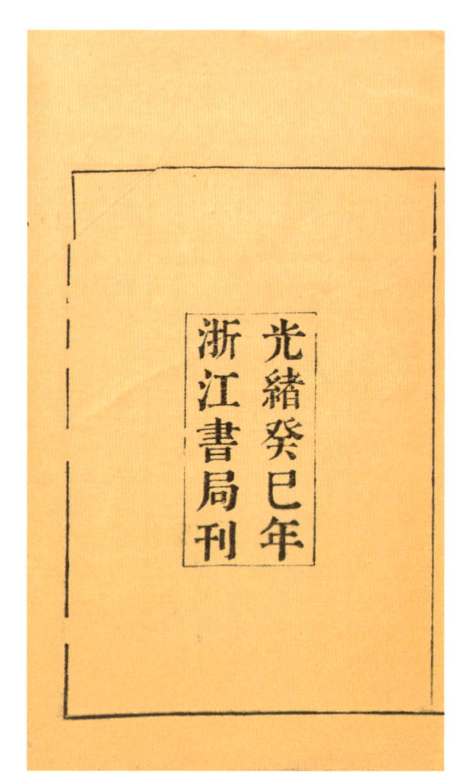

禮記卷之一　陳澔集説

曲禮上第一

經曰。曲禮三千。言節目之委曲。其多如是也。此即古禮經之篇名。後人以編簡多。故分爲上下。○張子曰。物我兩盡。自曲禮入。

曲禮曰。毋不敬。儼若思。安定辭。安民哉。毋。禁止辭。

○朱子曰。首章言君子脩身。其要在此。三者。而其效足以安民。乃禮之本。故以冠篇。○范氏曰。經禮三百。曲禮三千。可以一言蔽之。曰毋不敬。○程子曰。心定者。其言安以舒。不定者。其辭輕以疾。○劉氏曰。篇首三句。如曾子所謂君子所貴乎道者三。而籩豆之事。則有司存之意。蓋先立乎其大者也。毋不敬。則動容貌。斯遠暴慢矣。儼若思。則正顔色。斯近信

大戴禮記類

024.大戴禮記補注十三卷　〔清〕孔廣森撰　校正孔氏大戴禮記補注十三卷　王樹枏撰

清光緒九年（1883）謙德堂刻本　四册一函

孔廣森（1752—1786）字衆仲，一字撝約，號顨軒，山東曲阜人。王樹枏（1852—1936）字晋卿，號陶盧，直隷新城（今河北高碑店）人。

半葉十行二十二字，小字雙行同，黑口，四周單邊，無魚尾，半框高17.4釐米，寬12.5釐米。版心中鎸書名、卷次，下鎸葉碼。

内封題“光緒五年開雕/大戴禮記補注/謙德堂藏板”。

牌記題“光緒九/年用孔/顨軒所/著書本/重校刊”。

卷端題“大戴禮記補注，北周涿盧辯注，曲阜孔廣森補”。

卷首有阮元序、“大戴禮記補注序録”。

校正孔氏大戴禮記補注内封題“校正孔氏大/戴禮記補注”。

卷首有叙録。

卷末有王樹枏跋，署“癸未（光緒九年）十一月三日”。

鈐印：“公安廖氏竹林齋藏書”陽文方印。

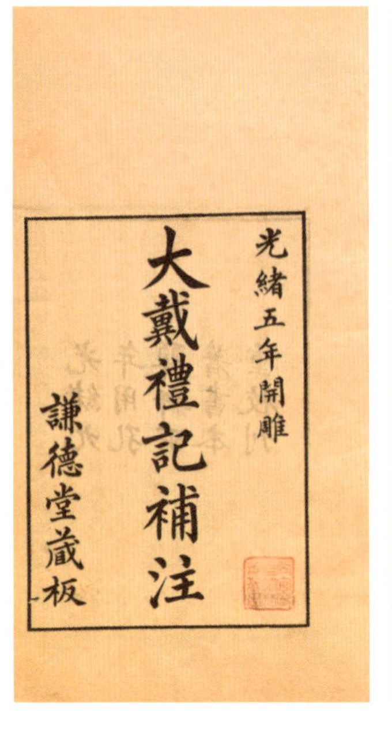

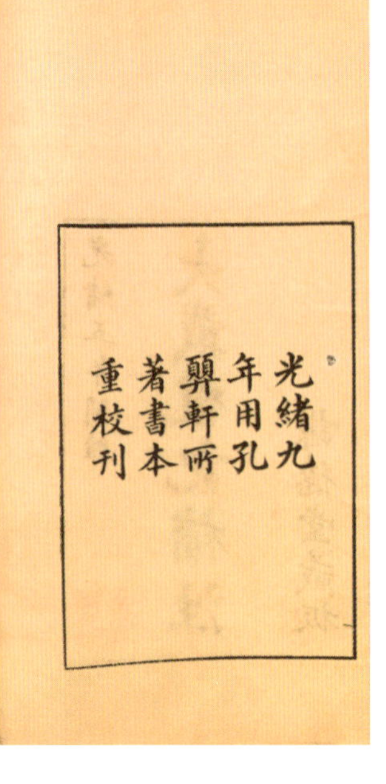

大戴禮記補注卷一

北周涿盧辯注　曲阜孔廣森補

王言第三十九

孔子閒居曾子侍孔子曰參今之君子惟士與大夫之言之聞也○聞朱本訛閒从楊氏大訓改其至於君子之言者甚希矣於乎吾王言其不出而死乎哀哉補不出而死言終身不得其人而以王言教之○於乎音嗚呼曾子起曰敢問何謂王言孔子不應曾子懼肅然摳衣下席曰弟子知其不孫也得夫子之閒也難是以敢問也補閒暇也曲禮曰少閒願有復也○孫音遜閒朱本作聞孔子不應曾子懼退負序而立補序東西牆也堂上之牆曰序堂下之牆曰壁室中之牆曰墉負序示不敢復問也文王世子曰凡侍坐於大

春秋左傳類

025.東萊博議四卷 〔清〕吕祖謙撰 PL2470 .Z6 L82

清光緒三十一年(1905)上海商務印書館鉛印本 二册

内封題“東萊博議”。

牌記題“光緒乙巳年上海/商務印書館藏板”。

卷端題“東萊博議，壽州吕祖謙伯恭著”。

卷首有東萊先生傳略、自序、朱序、張文炳序、馮泰松重刊序、引言、例言、“增補虛字注釋”、目次。

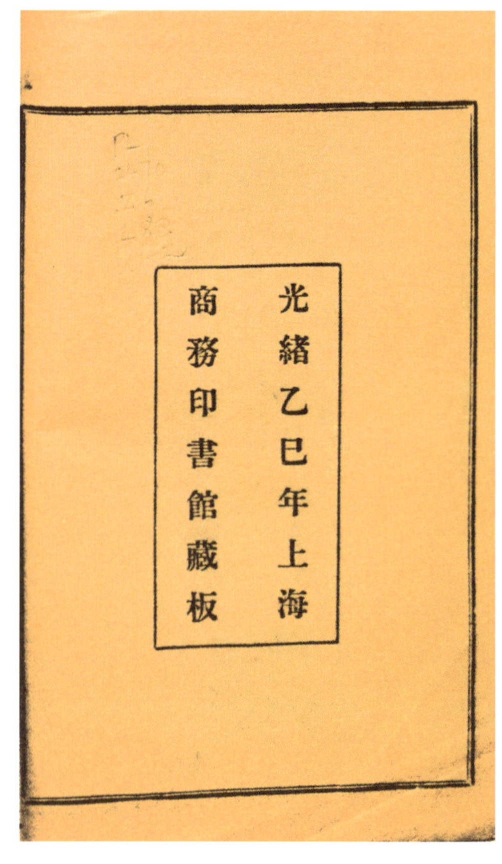

東萊博議卷之一

壽州呂祖謙伯恭著

鄭伯克段于鄢

隱公元年初鄭武公娶于申曰武姜生莊公及共叔段莊公寤生驚姜氏故名曰寤生遂惡之愛共叔段欲立之亟請于武公公弗許及莊公卽位爲之請制公曰制巖邑也虢叔死焉他邑唯命請京使居之謂之京城太叔祭仲曰都城過百雉國之害也先王之制大都不過參國之一中五之一小九之一今京不度非制也君將不堪公曰姜氏欲之焉辟害對曰姜氏何厭之有不如早爲之所無使滋蔓蔓難圖也蔓草猶不可除況君之寵弟乎公曰多行不義必自斃子姑待之既而太叔命西鄙北鄙貳於己公子呂曰國不堪貳君將若之何欲與太叔臣請事之若弗與則請除之無生民心公曰無庸將自及太叔又收貳以爲己邑至于廩延子封曰可矣厚將得衆公曰不義不暱厚將崩太叔完聚繕甲兵具卒乘將襲鄭夫人將啓之公聞其期曰可矣命子封帥車二百乘以伐京京叛太叔段入于鄢公伐諸鄢五月辛丑太叔出奔共

釣者負魚魚何負於釣獵者負獸獸何負於獵莊公負叔段叔段何負於莊公且爲釣餌以誘魚者釣也爲陷阱以誘獸者獵也不責釣者而責魚之吞餌不責獵者而責獸之投阱天下寧有是耶莊公雄猜陰很視同氣如寇讎而欲必致之死故匿其機而使之狎縱其欲而使之放養其惡而使之成甲兵之强卒乘之富莊公之鉤餌也百雉之城兩鄙之地莊公之陷阱也彼叔段之冥頑不靈魚爾獸爾豈有見鉤餌而不吞過陷阱而不投者哉導之以逆而反誅其逆教之以叛而反討其叛莊公之用心亦險矣莊公之心以謂亟治之則其惡未顯人必不服緩治之則其惡已暴人必無辭其始不問者蓋將多叔段之罪而斃之也殊不知叔段之惡日長而莊公之惡與之俱長叔段之罪日深而莊公之罪與之俱深人徒見莊

春秋公羊傳類

026.春秋公羊經傳解詁十二卷　〔漢〕何休注　**附音本校記一卷**　〔清〕魏彦撰　PL2470 .Z6 C85

清同治二年（1863）揚州汪氏問禮堂刻本　二册一函

何休（129—182）字邵公，任城樊（今山東兖州）人。

半葉十一行十九字，小字雙行不等，白口，左右雙邊，雙黑魚尾，半框高17.2釐米，寬12.5釐米。版心中鎸"公羊"、卷次，下鎸葉碼。

内封題"宋紹熙本/公羊傳注/揚州汪氏問禮堂栞"。

卷端題"春秋公羊經傳解詁，何休學"。

卷首有"漢司空掾任城樊何休序"、清道光四年（1824）汪喜孫、劉逢禄重校刊序。

卷末附清同治二年魏彦"重刊宋紹熙公羊傳注附音本校記"。

鈐印："豫生"陽文方印、"桐華館"陽文長方印、"本立而道生"陽文方印。

按：每卷末均標明經傳、注、音義字數，部分卷末鎸有"余仁仲比校訖"。

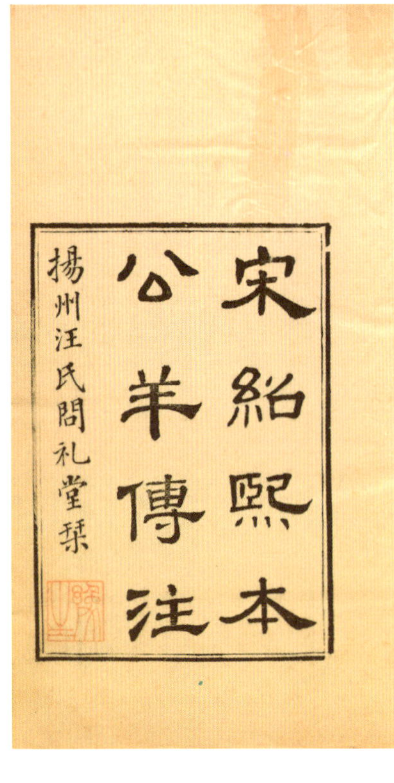
宋紹熙本
公羊傳注
揚州汪氏問礼堂栞

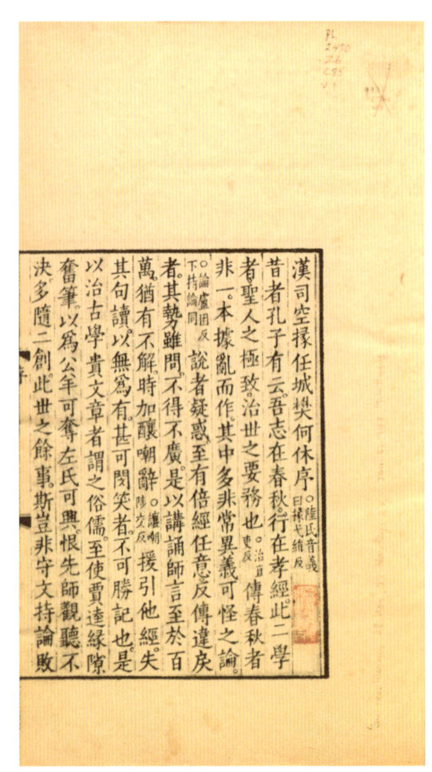
漢司空掾任城樊何休序（陸氏音義曰掾弋絹反）
昔者孔子有云吾志在春秋行在孝經此二學
者聖人之極致治世之要務也（治直吏反）傳春秋者
非一本據亂而作其中多非常異義可怪之論
（論盧困反下持論同）說者疑惑至有倍經任意反傳違戾
者其勢雖問不得不廣是以講誦師言至於百
萬猶有不解時加釀嘲辭（釀嘲陟交反）援引他經失
其句讀以無爲有甚可閔笑者不可勝記也是
以治古學貴文章者謂之俗儒至使賈逵緣隙
奮筆以爲公羊可奪左氏可興恨先師觀聽不
決多隨二創此世之餘事斯豈非守文持論敗

春秋公羊經傳解詁隱公第一○陸曰解詁佳買反下音古訓也

何休學○學者言爲此經之學即注述之意

元年。春。王正月。○正月音征又音政後放此 元年者何諸据疑問所不知故曰者何 君之始年也以常録即位知君之始年君魯侯隱公也年者十二月之摠號春秋書十二月稱年是也變一爲元元者氣也無形以起有形以分造起天地天地之始也故上無所繫而使春繫之也不言公言君之始年者王者諸侯皆稱君所以通其義於王者惟王者然後改元立號春秋託新王受命於魯故因以録即位明王者當繼天奉元養成萬物 春者何獨在王上故執不知問 歲之始也以上繫元年在王正月之上知歲之始也春者天地開辟之端養生之首法象所出四時本名也昬斗指東方曰春指南方曰夏指西方曰秋指北方曰冬歲者摠號其成功之稱尚書以閏月定四時成歲是也○辟婢亦反本亦作闢稱尺證反下之稱畢稱同 王者孰謂孰誰也欲言時王則無事欲言先王又無謚故問誰謂 謂文王也以上繫王於春知謂文王也文王周始受命之王天之所命故上繫天端方陳受命制正月故假以爲王法不言謚者法其生不法其死與後王共之人道之始也 曷爲先言王而後言正月据下秋七月天王先言月而後言王 王

春秋總義類

027.春秋十六卷首一卷 〔周〕左丘明、公羊高、穀梁赤傳 **附陸氏三傳釋文音義十六卷** 〔唐〕陸德明撰 PL2470 .J7

清嘉慶十年（1805）刻本 十四册二函

陸德明（約550—630）名元朗，以字行，吴縣（今江蘇蘇州）人。

半葉九行十七字，小字雙行同，白口，四周單邊，無魚尾，半框高20.5釐米，寬14.5釐米。版心上鎸書名、篇名，下鎸葉碼。

内封題“嘉慶十年冬至栞版/春秋三傳”。

卷端題“春秋”。

卷首有“春秋三傳序”、目録。

鈐印：“公安廖氏竹林齋藏書”陽文方印。

按：首一卷有綱領、提要、王朝世表、年表、王朝列國世次、王朝列國興廢説、列國爵姓、名號歸一圖。卷末鎸“樗園客隱檢校，江寧王景桓董工”，疑爲清嘉慶十年揚州鮑氏樗園刻《五經四書讀本》之一種。

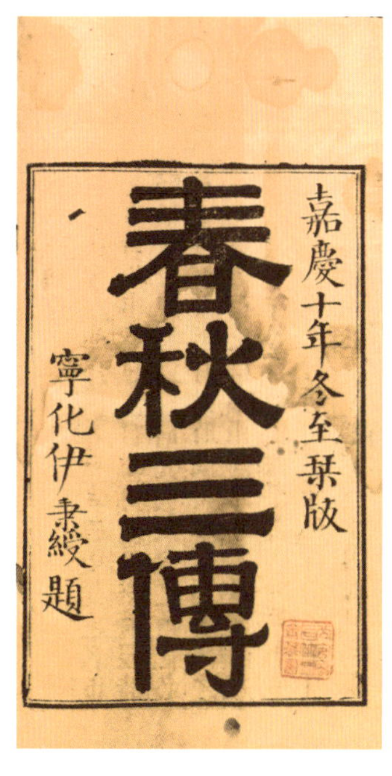
嘉慶十年冬至栞版
春秋三傳
寧化伊秉綬題

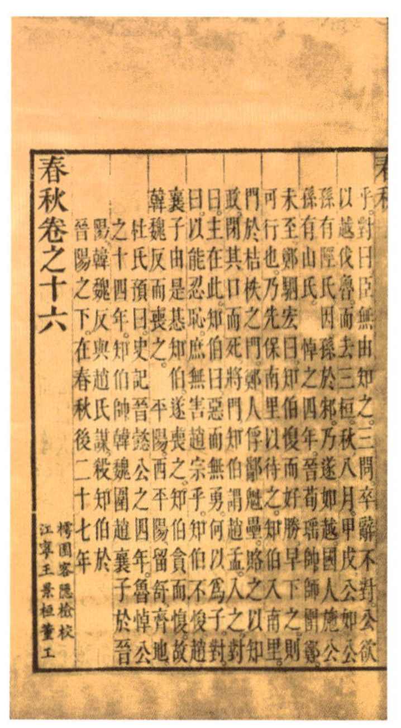
春秋卷之十六
樗園客隱檢校
江寧王景桓董工

春秋卷之一

杜氏預曰。春秋者。魯史記之名也。記事者以事繫日。以日繫月。以月繫時。以時繫年。所以紀遠近。別同異也。故史之所記。必表年以首事。年有四時。故錯舉以爲所記之名也。

【案】孟子。言春秋天子之事也。蓋謂春秋本諸侯之史。其時列邦僭亂。名分混淆。而史體乖舛。夫子因而修之。其名秩則一裁以武成班爵之舊。其行事則一律以周公制禮之初。故曰春秋天子之事者。猶曰天子之史云爾。說者不察。而以爲夫子行南面之權。則近於夸矣。又董仲舒述夫子之言曰。我欲託之空言。不若見諸行事之深切著明也。蓋謂凡著書者。言理則虛。徵事則實。故雖言理義以垂訓。不如借二百餘年行事。使是非得失。皆著見

028.黄太史訂正春秋大全三十七卷 〔明〕胡廣等纂

清康熙五十年（1711）郁郁堂刻本 十六册二函

半葉十二行二十四字，小字雙行同，白口，左右雙邊，單黑魚尾，半框高20.6釐米，寬14.5釐米。版心上鎸“春秋大全”，中鎸卷次、篇名，下鎸葉碼、“郁郁堂藏板”。

内封題“康熙辛卯新鎸/黄際飛先生校訂/春秋大全/郁郁堂藏板”。

卷端題“黄太史訂正春秋大全，會魁金壇虞大復參正，豫章東邑書林王氏校梓”。

卷首有“黄太史訂正春秋大全序論”、凡例、“春秋諸國興廢説”“春秋列國圖説”“春秋二十國年表”。

鈐印：“公安廖氏竹林齋藏書”陽文方印、“真州吴氏有福讀書堂藏書”陽文方印。

按：凡例中列纂修者翰林院學士兼左春坊大學士奉政大夫胡廣等數十人。

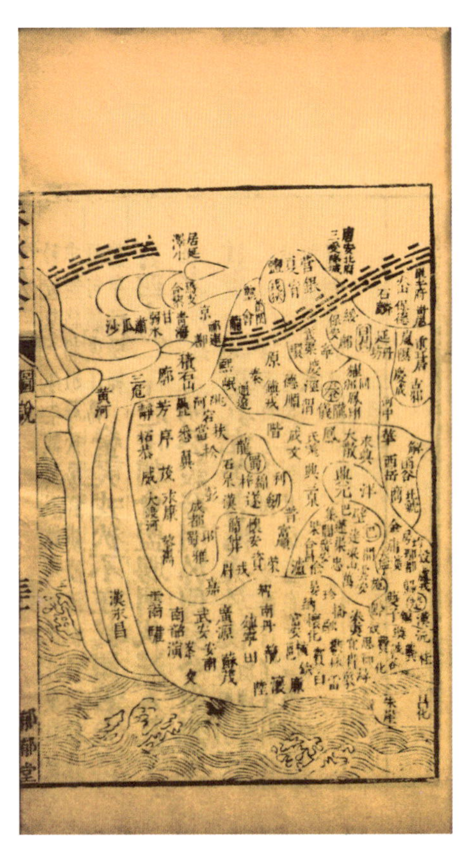

黄太史訂正春秋大全卷之一

會　魁　金　壇　虞大復　叅正
豫章東邑　書　林　王　氏　校梓

隱公上

公名息姑姬姓侯爵自周公子伯禽始受封傳世二十三而至隱公攝主國事在位十一年謚法不尸其位曰隱（左傳）惠公元妃孟子孟子卒繼室以聲子生隱公宋武公生仲子仲子生而有文在其手曰爲魯夫人故仲子歸于我生桓公而惠公薨是以隱公立而奉之程子曰夫子之道既不行於天下於是因魯春秋立百王之大法平王東遷在位五十一年卒不能興復先王之業王道絶矣孟子曰王者之迹熄而詩亡然後春秋作適當隱公之初故始於隱公

四書類

總義之屬

029.監本四書大學一卷中庸一卷論語十卷孟子七卷　　PL2463 .J6

清刻本　五册一函

半葉九行十七字，小字雙行同，白口，四周單邊，無魚尾，半框高20.8釐米，寬15釐米。版心上鎸書名、篇名，下鎸葉碼。

鈐印："公安廖氏竹林齋藏書"陽文方印。

按：本館藏本缺第一册，故無内封、牌記可據。加拿大不列顛哥倫比亞大學録有清同治九年（1870）順德黎教忠堂重刻本，行款與此本最爲接近。

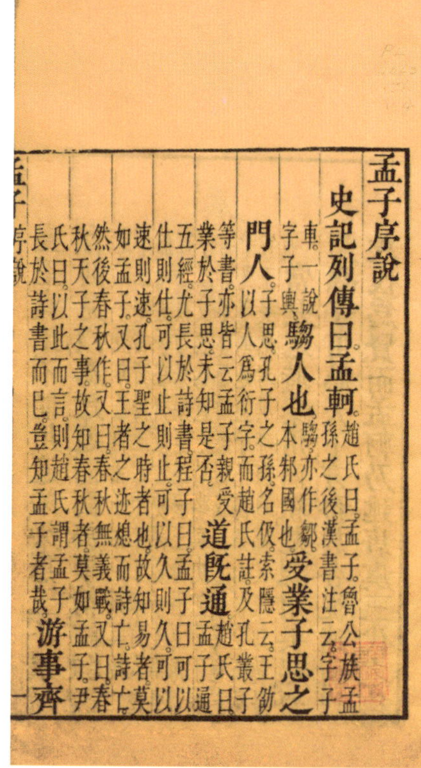

孟子序說
史記列傳曰孟軻趙氏曰孟子魯公族孟孫之後漢書注云字子
車一說字子輿騶人也騶亦作鄒本邾國也受業子思之
門人子思孔子之孫名伋索隱云王劭以人爲衍字而趙氏註及孔叢子
等書亦皆云孟子親受業於子思未知是否道既通趙氏曰孟子通
五經尤長於詩書程子曰孟子曰可以仕則仕可以止則止可以久則久可以
速則速孔子聖之時者也故知易者莫如孟子又曰王者之迹熄而詩亡詩亡
然後春秋作又曰春秋無義戰又曰春秋天子之事故知春秋者莫如孟子尹
氏曰以此而言則趙氏謂孟子
長於詩書而已豈知孟子者哉游事齊
孟子序說　一

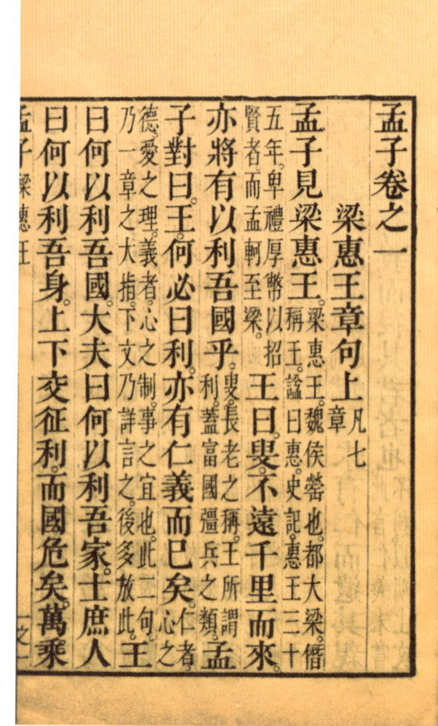

孟子卷之一
梁惠王章句上凡七章
孟子見梁惠王梁惠王魏侯罃也都大梁僭稱王謚曰惠史記惠王三十
五年卑禮厚幣以招賢者而孟軻至梁王曰叟不遠千里而來
亦將有以利吾國乎叟長老之稱王所謂利蓋富國彊兵之類孟
子對曰王何必曰利亦有仁義而已矣仁者心之
德愛之理義者心之制事之宜也此二句乃一章之大指下文乃詳言之後多放此王
曰何以利吾國大夫曰何以利吾家士庶人
曰何以利吾身上下交征利而國危矣萬乘
孟子　梁惠王

論語卷之一

學而第一

此爲書之首篇故所記多務本之意乃入道之門積德之基學者之先務也凡十六章

子曰學而時習之不亦說乎

說悅同學之爲言效也人性皆善而覺有先後後覺者必效先覺之所爲乃可以明善而復其初也習鳥數飛也學之不已如鳥數飛也說喜意也既學而又時時習之則所學者熟而中心喜說其進自不能已矣程子曰習重習也時復思繹浹洽於中則說也又曰學者將以行之也時習之則所學者在我故說謝氏曰時習者無時而不習坐如尸坐時習也立如齊立時習也

有朋自遠方來不亦樂乎

樂音洛朋同類也自遠方來則近者可

論語之屬

030.論語集注十卷　〔宋〕朱熹撰　

清光緒十八年（1892）浙江書局刻本　二册一函

半葉九行十七字，小字雙行同，白口，四周單邊，單黑魚尾，半框高19.4釐米，寬13.9釐米。版心上鐫書名，中鐫卷次、篇名，下鐫葉碼。

内封題“論語”。

牌記題“光緒壬辰年/浙江書局刊”。

卷端題“論語，朱熹集注”。

卷首有“論語序説”。

按：當爲浙江書局刊朱熹《四書集注》之一。

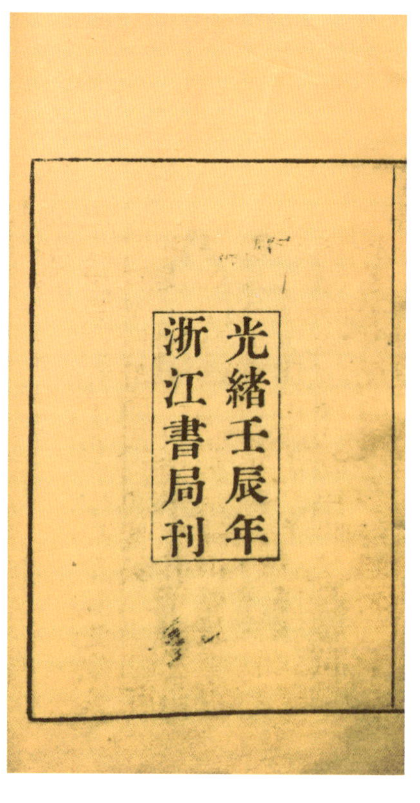

論語卷之一　朱熹集註

學而第一　此爲書之首篇故所記多務本之意乃入道之門積德之基學者之先務也凡十六章

子曰學而時習之不亦說乎。說悅同○學之爲言效也人性皆善而覺有先後後覺者必效先覺之所爲乃可以明善而復其初也習鳥數飛也學之不已如鳥數飛也說喜意也既學而又時時習之則所學者熟而中心喜說其進自不能已矣程子曰習重習也時復思繹浹洽於中則說也又曰學者將以行之也時習之則所學者在我故說謝氏曰時習者無時而不習坐如尸坐時習也立如齊立時習也有朋自遠方來不亦樂乎。樂音洛○朋同類也自遠方來則近者可

論語　卷一　學而　一

031.論語解義三十卷　〔清〕凌鳴喈撰　

清嘉慶十七年（1812）刻本　十册一函

凌鳴喈，生卒年不詳，字體元，號泊齋，烏程（今浙江湖州）人。

半葉十行二十字，黑口，左右雙邊，雙黑魚尾，半框高17.3釐米，寬13.2釐米。版心中鎸書名、卷次、葉碼，下鎸“傳經堂藏版”。

卷端題“論語解義，賜進士出身授朝議大夫兵部武選司員外郎加二級凌鳴喈撰、國史館謄録議叙鹽場大使凌江增注”。

卷首有“論語集解序”，署“魏尚書駙馬都尉關内侯何晏撰，梁皇侃疏”；皇侃“論語義疏“；並有平安服元喬“皇侃論語義疏新刻序（附存日本元文）”。

卷末有“叙説”，署“嘉慶壬申中夏朔越五日吳興凌鳴喈撰”。

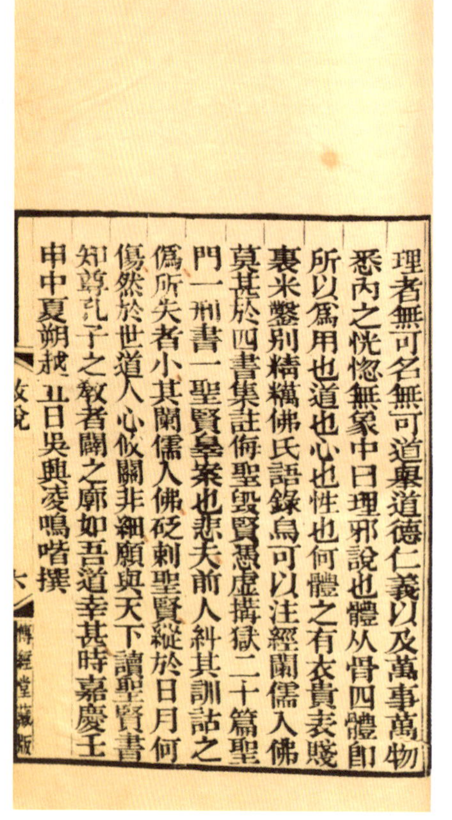

理者無可名無可道乘道德仁義以及萬事萬物悉內之恍惚無象中日理邪說也體从骨四體節所以為用也道也心也性也何體之有衣貴表賤裏米鑿別精糲佛氏語錄烏可以注經闌儒入佛莫甚於四書集註侮聖毀賢憑虛構獄二十篇聖門一刑書一聖賢冤案也悲夫前人糾其訓詁之僞所失者小其闌儒入佛砭刺聖賢縱於日月何傷然於世道人心攸關非細願與天下讀聖賢書知尊孔子之教者闢之廓如吾道幸甚時嘉慶壬申中夏朔越五日吳興凌鳴喈撰

敘說　六　傳經堂藏版

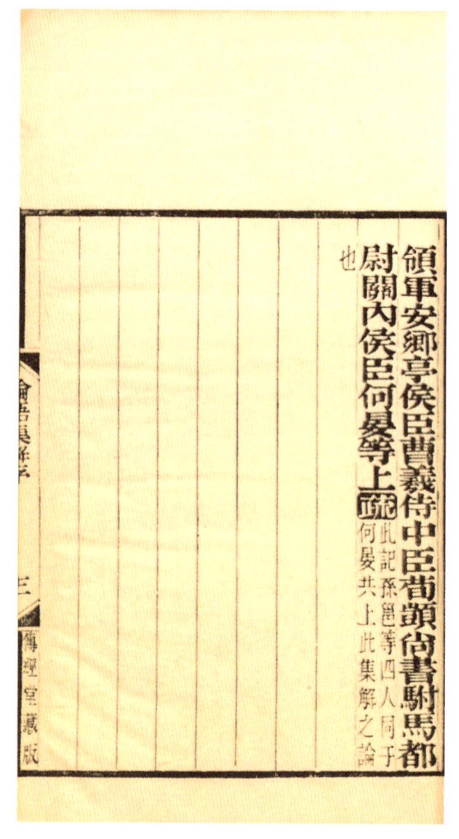

領軍安鄉亭侯臣曹羲侍中臣荀顗尚書駙馬都尉關內侯臣何晏等上

疏 此記孫邕等四人同于何晏共上此集解之論也

論語集解序　三　傳經堂藏版

論語解義卷一

賜進士出身授朝議大夫兵部武選司員外郎加二級凌鳴喈撰

國史館謄錄議敘鹽場大使凌江增注

學而第一

子曰學而時習之不亦說乎【注】小學業小道大學業大道道布在方策賢者識其大者不賢者識其小者時節其中因時損益服習不厭日知其所亡月無忘其所能兼不憤不啟章先傳後倦章參觀始得故說也習教事則心亨說古通兌皇本佗悅誦於口者順於心溫故知新說樂學不厭也人不知而不慍教不倦也馬融曰子者男子通稱皇疏子是有德之稱謂孔子疏古者稱師爲子王肅

孟子之屬

032.孟子集注七卷 〔宋〕朱熹撰

清光緒十八年（1892）浙江書局刻本 三册一函

半葉九行十七字，小字雙行同，白口，四周單邊，單黑魚尾，半框高18.9釐米，寬14釐米。版心上鎸書名，中鎸卷次、篇名，下鎸葉碼。

内封題“孟子”。

牌記題“光緒壬辰年/浙江書局刊”。

卷端題“孟子，朱熹集注”。

卷首有“孟子序説”。

按：爲浙江書局刻朱熹《四書集注》之一。

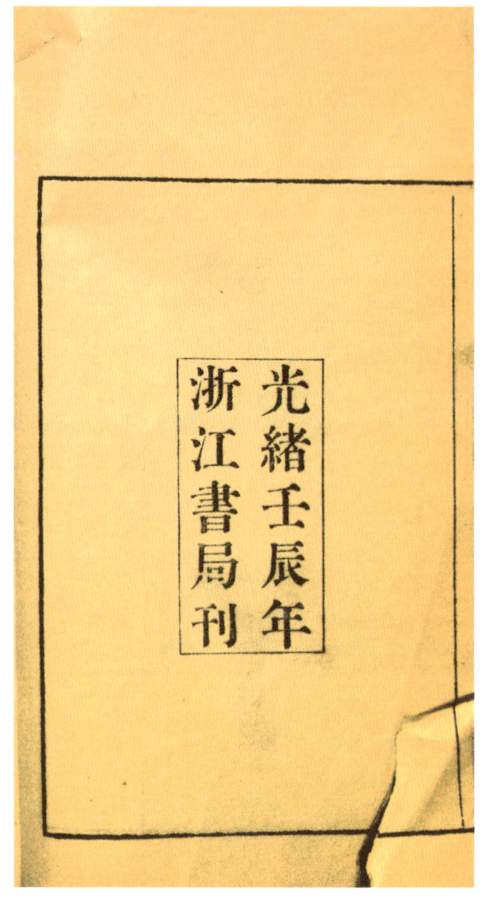

孟子卷之一　朱熹集註

梁惠王章句上 凡七章

孟子見梁惠王。梁惠王，魏侯罃也。都大梁，僭稱王，謚曰惠。史記：惠王三十五年，卑禮厚幣以招賢者，而孟軻至梁。王曰：叟不遠千里而來，亦將有以利吾國乎？叟，長老之稱。王所謂利，蓋富國彊兵之類。孟子對曰：王何必曰利？亦有仁義而已矣。仁者，心之德、愛之理；義者，心之制、事之宜也。此二句乃一章之大指，下文乃詳言之。後多放此。王曰何以利吾國，大夫曰何以利吾家，士庶人曰何以利吾身，上下交征利而國危矣。萬乘

群經總義類

傳說之屬

033.增訂五經體注大全 PL2462 .N2

清光緒五年(1879)慈水古草堂刻本　二十四册二函

内封題“增訂五經/體注大全”。

牌記題“光緒己卯年夏五/慈水古草堂鋟版”。

鈐印:“公安廖氏竹林齋藏書”陽文方印。

按:書名據卷端。各書均有内封、牌記。

子目:

易經大全會解四卷　〔清〕來爾繩撰

書經體注大全合參六卷　〔清〕錢希祥撰

詩經融注大全體要八卷　〔清〕高朝瓔撰

全本禮記體注十卷　〔清〕范翔撰

寄傲山房塾課纂輯春秋十二卷　〔清〕鄒聖脉撰

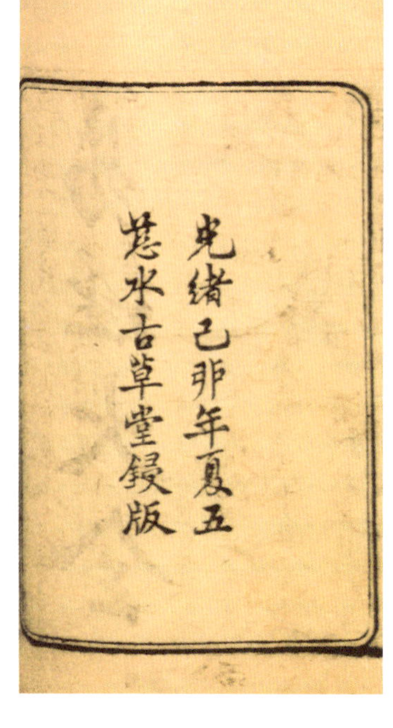

易經大全會解

蕭山後學來爾繩木臣氏纂輯　男來集　姪子書　來朋　公對　校正

西陵後學宋治建子氏　宋之證睿宗氏　編訂　族孫來學謙有光重訂

孫來道溱重梓

周易

大全上經首乾坤終坎離造化之始終備矣下經首咸恒終既濟未濟人物之始終備矣乾坤者造化之本體坎離者乾坤之大用交易謂陰交於陽陽交於陰如卦圖天地定位八卦相錯變易謂陽變爲陰陰變爲陽如蓍策老陰變少陽老陽變少陰交易主對言所謂對待之易也變易主著言所謂流行之易也蒙引易更四聖不必盡合如坤以西南爲陰東北爲陽是文王後天卦位與伏羲不同如乾卦元亨利貞取四德師卦丈人吉无咎之類孔子不與文王同如需取乾遇坎至成三爻類言需而不自取險言周公又與文王不同如坤之无成有終只是常說而象曰弗敢成也代有終也孔子又與周公不同於象傳解卦詞或多取一義或別取一義如剛中正履帝位而不疚之類與文王伏羲本旨不同者尤多學者只宜虛心求之其不同處亦理各有所當也

易經大全會解　卷一　乾　一

周易卷之一

周易上經

周代名也易書名也其卦本伏羲所畫有交易變易之義故謂之易其辭則文王周公所繫故繫之周以其簡袠重大故分爲上下兩篇經則伏羲之畫文王周公之辭也并孔子所作之傳十篇凡十二篇中間頗爲諸儒所亂近世晁氏始正其失而未能盡合古文呂氏又更

034.欽定七經綱領不分卷 PL2461 .P5

清宣統元年（1909）學部圖書局鉛印本　一册

内封題“欽定七經綱領”。

牌記題“宣統元年二月/學部圖書局印”。

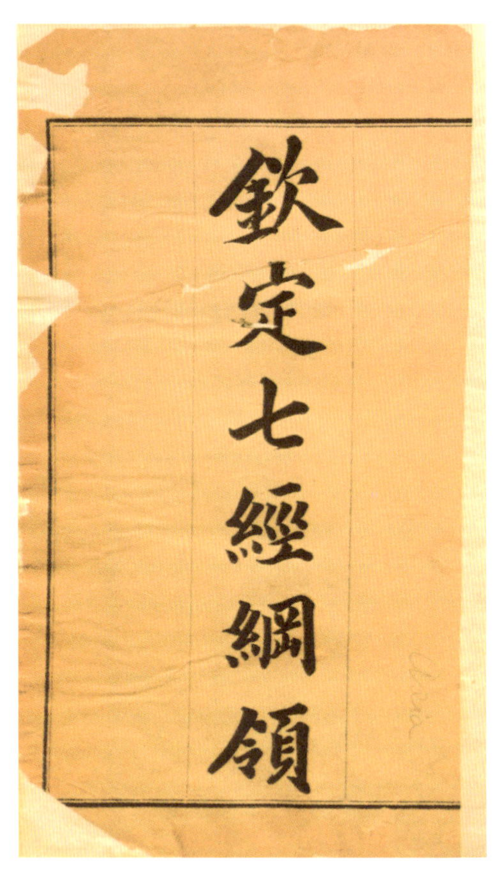

欽定七經綱領

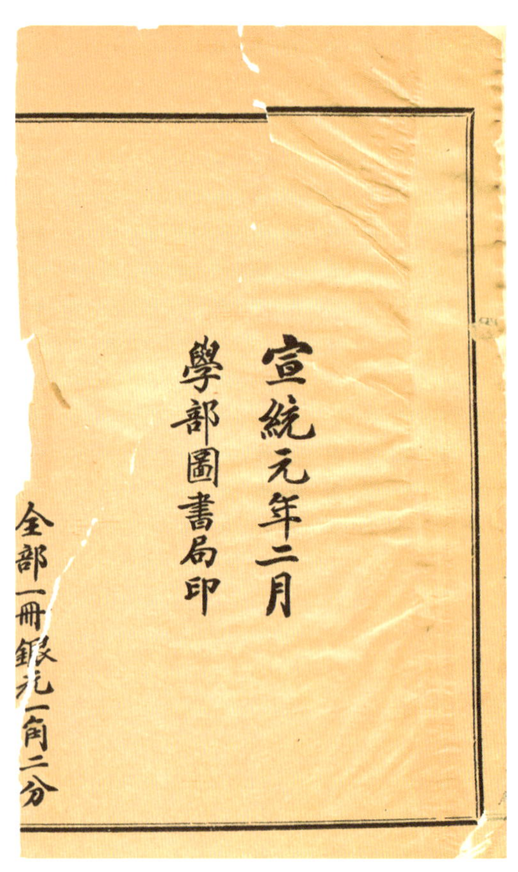

宣統元年二月

學部圖書局印

全部一冊銀元一角二分

欽定易經綱領

綱領一 此篇論作易傳易源流

周禮大卜掌三易之法。一曰連山。二曰歸藏。三曰周易。其經卦皆八。其別皆六十有四。

陸氏德明曰。伏羲氏之王天下。仰則觀於天文。俯則察於地理。觀鳥獸之文。與地之宜。近取諸身。遠取諸物。始畫八卦。因而重之。爲六十四。文王拘於羑里作卦辭。周公作爻辭。孔子作彖辭象辭文言繫辭說卦序卦雜卦十翼。班固曰。孔子晚而好易。讀之韋編三絕。而爲之傳。傳卽十翼也。自魯商瞿子木受易於孔子。以授魯橋庇子庸。子庸授江東馯臂子弓。子弓授燕周醜子家。子家授東武孫虞子乘。子乘授齊田何子莊。及秦燔書。易爲卜筮之書。獨不禁。故傳授者不絕。隋書云秦焚書周易獨以卜筮得存惟失說卦三篇後河內女子得之 漢興。田何以齊田徙杜陵。號杜田生。授東武王同子中。及洛陽周王孫。梁人丁寬。齊服生。皆著易傳。漢初言易者本之田生。同授淄川楊何。寬授同郡碭田王孫。王孫授施讎及孟喜梁丘賀。由是有施孟梁丘之學焉。施讎傳易授張禹及琅邪魯伯。禹授淮陽彭宣及沛戴崇。伯授太山屯莫如及琅邪邴丹。

035.日知録集釋三十二卷刊誤二卷續刊誤二卷　〔清〕顧炎武撰　〔清〕黄汝成集釋

清同治八年（1869）刻本　十六册二函

顧炎武（1613—1682），初名絳，字忠清，自署蔣山傭。明亡後改名炎武，字寧人，號亭林，江蘇昆山人。

半葉十一行二十二字，小字雙行同，黑口，左右雙邊，雙黑魚尾，半框高18.2釐米，寬13.2釐米。版心中鎸“日釋”、卷次，下鎸葉碼。

内封題“日知録/集釋三/十二卷”。

卷端題“日知録集釋，崑山顧炎武著，嘉定後學黄汝成集釋”。

卷首有“欽定四庫全書提要”、清道光十四年（1834）黄汝成叙、初刻自序、與友人書數則、清康熙三十四年（1695）潘耒原序、目次。

鈐印：“鎔經鑄史齋”陽文方印、“公安廖氏竹林齋藏書”陽文方印。

按：每卷末題“金陵劉漢洲鎸”。刊誤、續刊誤卷端題“嘉定黄汝成潛夫氏撰”。

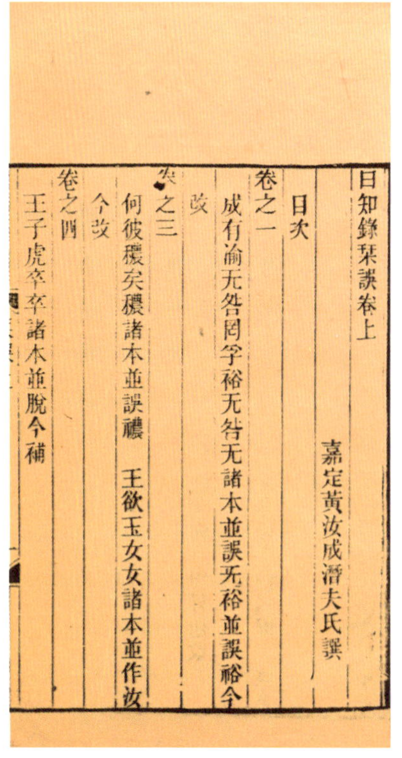
日知錄栞誤卷上
嘉定黃汝成潛夫氏譔
目次
卷之一
成有渝无咎 罔孚裕无咎无諸本並誤旡裕並誤裕今
改
卷之三
何彼襛矣襛諸本並誤穠 王欲玉女女諸本並作汝
今改
卷之四
王子虎卒卒諸本並脫今補

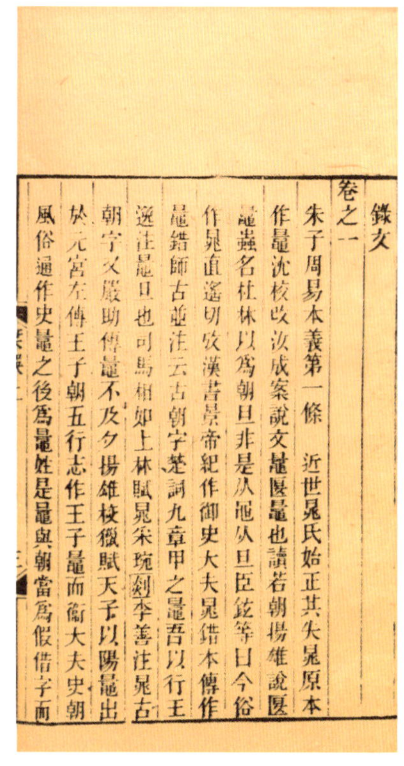
錄文
卷之一
朱子周易本義第一條 近世晁氏始正其失晁原本
作鼂沈校改汝成案說文鼂匽鼂也讀若朝揚雄說匽
鼂蟲名杜林以爲朝旦非是从黽从旦臣鉉等曰今俗
作晁直遙切攷漢書景帝紀作御史大夫晁錯本傳作
鼂錯師古並注云古朝字楚詞九章甲之鼂吾以行王
逸注鼂旦也司馬相如上林賦晁采琬剡李善注晁古
朝字又嚴助傳鼂不及夕揚雄校獵賦天子以陽鼂出
於元宮左傳王子朝五行志作王子鼂而衛大夫史朝
風俗通作史鼂之後爲鼂姓是鼂與朝當爲假借字而

日知錄集釋卷一

崑山顧炎武著　嘉定後學黃汝成集釋

三易

夫子言包羲氏始畫八卦不言作易而曰易之興也其於中古乎又曰易之興也其當殷之末世周之盛德邪當文王與紂之事邪是文王所作之辭始名爲易而周官大卜掌三易之法一曰連山二曰歸藏三曰周易連山歸藏非易也而云三易者後人因易之名以名之也雷氏曰伏羲畫卦自兩儀生四象而四時之序已著自四象生八卦而萬物之理悉函自八卦重之相錯相盪陽動而進左旋而位于西北陰動而退右轉而位于西南于是震兌正于東西坎離正于南北而四時首春帝出乎震之象以立又以乾元用九消息之而十二辟卦之象以成六十四卦之象以著伏羲氏之所以爲易者也連山者神農氏之易也神農詳于地辨

036.皇清經解一百九十卷 〔清〕阮元輯 PL2461 .Z6 H836 1888

清光緒十四年(1888)上海點石齋石印本 十二册二函

阮元(1764—1849)字伯元,號芸臺,江蘇儀徵人。

内封題"皇清經解"。

牌記題"光緒十四年夏/五月滬上石印"。

卷首有點石齋主人"皇清經解石印縮本序",署"光緒十一年歲次乙酉四月下澣點石齋主人撰並書";夏修恕"皇清經解序",署"道光九年九月廣東督糧道前翰林院檢討新建夏修恕謹記";"皇清經解石印縮本例言";總目;嚴傑杰撰"詔刻十三經注疏",署"道光九年九月錢塘弟子嚴傑謹識於督糧道署之調鶴書堂"。

鈐印:"王頌三印"陽文方印、"如以"陰文長方印、"栢簃"陰文方印。

按:"例言"題:"是書阮本原刻一千四百卷,勞本補刊又附續刻八卷,著書人七十四家,得書一百九十種,訂成三百六十册……兹以一百九十種併爲一百九十卷,裝訂二十四册。"本館藏本殘,缺卷九十至一百九十。

子目:

左傳杜解補正三卷 〔清〕顧炎武撰

音論一卷 〔清〕顧炎武撰

易音三卷 〔清〕顧炎武撰

詩本音十卷 〔清〕顧炎武撰

日知録二卷 〔清〕顧炎武撰

四書釋地一卷 〔清〕閻若璩撰

四書釋地續一卷 〔清〕閻若璩撰

四書釋地又續一卷 〔清〕閻若璩撰

四書釋地三續一卷 〔清〕閻若璩撰

孟子生卒年月考一卷 〔清〕閻若璩撰

潛邱札記二卷 〔清〕閻若璩撰

禹貢錐指二十一卷 〔清〕胡渭撰

學禮質疑二卷 〔清〕萬斯大撰

學春秋隨筆十卷 〔清〕萬斯大撰

毛詩稽古編三十卷 〔清〕陳啓源撰

仲氏易三十卷 〔清〕毛奇齡撰

春秋毛氏傳三十六卷 〔清〕毛奇齡撰

春秋簡書刊誤二卷 〔清〕毛奇齡撰

春秋屬辭比事記四卷 〔清〕毛奇齡撰

經問十五卷 〔清〕毛奇齡撰

論語稽求篇七卷 〔清〕毛奇齡撰

四書賸言六卷 〔清〕毛奇齡撰

詩說四卷 〔清〕惠周惕撰

湛園札記一卷 〔清〕姜宸英撰

經義雜記十卷 〔清〕臧琳撰

解春集二卷 〔清〕馮景撰

尚書地理今釋一卷 〔清〕蔣廷錫撰

易說六卷 〔清〕惠士奇撰

禮說十四卷 〔清〕惠士奇撰

春秋說十五卷 〔清〕惠士奇撰

白田草堂存稿一卷 〔清〕王懋竑撰

周禮疑義舉要七卷 〔清〕江永撰

深衣考誤一卷 〔清〕江永撰

春秋地理考實四卷 〔清〕江永撰

群經補義五卷 〔清〕江永撰

鄉黨圖考十卷 〔清〕江永撰

儀禮章句十七卷 〔清〕吴廷華撰

觀象授時十四卷 〔清〕秦蕙田撰

經史問答七卷 〔清〕全祖望撰

質疑一卷 〔清〕杭世駿撰

注疏考證六卷 〔清〕齊召南撰

周官禄田考三卷 〔清〕沈彤撰

尚書小疏一卷 〔清〕沈彤撰

儀禮小疏八卷　〔清〕沈彤撰
春秋左傳小疏一卷　〔清〕沈彤撰
果堂集一卷　〔清〕沈彤撰
周易述二十一卷　〔清〕惠棟撰
古文尚書考二卷　〔清〕惠棟撰
春秋左傳補注六卷　〔清〕惠棟撰
九經古義十六卷　〔清〕惠棟撰
春秋正辭十三卷　〔清〕莊存與撰
鍾山札記一卷　〔清〕盧文弨撰
龍城札記一卷　〔清〕盧文弨撰
尚書集注音疏十四卷　〔清〕江聲撰
尚書後案三十一卷　〔清〕王鳴盛撰
周禮軍賦説四卷　〔清〕王鳴盛撰
十駕齋養新録三卷　〔清〕錢大昕撰
十駕齋養新餘録一卷　〔清〕錢大昕撰
潛研堂文集六卷　〔清〕錢大昕撰
四書考異三十六卷　〔清〕翟灝撰
尚書釋天六卷　〔清〕盛百二撰
讀書脞録二卷　〔清〕孫志祖撰
讀書脞録續編二卷　〔清〕孫志祖撰
弁服釋例八卷　〔清〕任大椿撰
釋繒一卷　〔清〕任大椿撰
爾雅正義二十卷　〔清〕邵晋涵撰
宗法小記一卷　〔清〕程瑶田撰
儀禮喪服足徵記十卷　〔清〕程瑶田撰
釋宫小記一卷　〔清〕程瑶田撰
考工創物小記四卷　〔清〕程瑶田撰
磬折古義一卷　〔清〕程瑶田撰
溝洫疆理小記一卷　〔清〕程瑶田撰

禹貢三江考三卷　〔清〕程瑤田撰

水地小記一卷　〔清〕程瑤田撰

解字小記一卷　〔清〕程瑤田撰

聲律小記一卷　〔清〕程瑤田撰

九穀考四卷　〔清〕程瑤田撰

釋草小記一卷　〔清〕程瑤田撰

釋蟲小記一卷　〔清〕程瑤田撰

禮箋三卷　〔清〕金榜撰

毛鄭詩考正四卷　〔清〕戴震撰

詩經補注二卷　〔清〕戴震撰

考工記圖二卷　〔清〕戴震撰

東原集二卷　〔清〕戴震撰

古文尚書撰異三十三卷　〔清〕段玉裁撰

毛詩故訓傳三十卷　〔清〕段玉裁撰

詩經小學四卷　〔清〕段玉裁撰

周禮漢讀考六卷　〔清〕段玉裁撰

儀禮漢讀考一卷　〔清〕段玉裁撰

説文解字注三十卷　〔清〕段玉裁撰

六書音均表五卷　〔清〕段玉裁撰

經韻樓集六卷　〔清〕段玉裁撰

廣雅疏證二十卷　〔清〕王念孫撰

讀書雜志二卷　〔清〕王念孫撰

春秋公羊通義十三卷　〔清〕孔廣森撰

禮學卮言六卷　〔清〕孔廣森撰

大戴禮記補注十三卷　〔清〕孔廣森撰

經學卮言六卷　〔清〕孔廣森撰

溉亭述古録二卷　〔清〕錢塘撰

群經識小八卷　〔清〕李惇撰

經讀考異八卷　〔清〕武億撰

尚書今古文注疏三十九卷　〔清〕孫星衍撰
問字堂集一卷　〔清〕孫星衍撰
儀禮釋宫九卷　〔清〕胡匡衷撰
禮經釋例十三卷　〔清〕凌廷堪撰
校禮堂文集一卷　〔清〕凌廷堪撰
劉氏遺書一卷　〔清〕劉臺拱撰
述學二卷　〔清〕汪中撰
經義知新記一卷　〔清〕汪中撰
大戴禮正誤一卷　〔清〕汪中撰
曾子注釋四卷　〔清〕阮元撰
周易校勘記十一卷　〔清〕阮元撰
尚書校勘記二十二卷　〔清〕阮元撰
毛詩校勘記十卷　〔清〕阮元撰
周禮校勘記十四卷　〔清〕阮元撰
儀禮校勘記十八卷　〔清〕阮元撰
禮記校勘記六十七卷　〔清〕阮元撰
春秋左傳校勘記四十二卷　〔清〕阮元撰
春秋公羊傳校勘記十二卷　〔清〕阮元撰
春秋穀梁傳校勘記十三卷　〔清〕阮元撰
論語校勘記十一卷　〔清〕阮元撰
孝經校勘記四卷　〔清〕阮元撰
爾雅校勘記八卷　〔清〕阮元撰
孟子校勘記十六卷　〔清〕阮元撰
車制圖解二卷　〔清〕阮元撰
積古齋鐘鼎彝器款識二卷　〔清〕阮元撰
疇人傳九卷　〔清〕阮元撰
揅經室集七卷　〔清〕阮元撰
撫本禮記鄭注考異二卷　〔清〕張敦仁撰
易章句十二卷　〔清〕焦循撰

易通釋二十卷　〔清〕焦循撰

易圖略八卷　〔清〕焦循撰

孟子正義三十卷　〔清〕焦循撰

周易補疏二卷　〔清〕焦循撰

尚書補疏二卷　〔清〕焦循撰

毛詩補疏五卷　〔清〕焦循撰

禮記補疏三卷　〔清〕焦循撰

春秋左傳補疏五卷　〔清〕焦循撰

論語補疏二卷　〔清〕焦循撰

周易述補四卷　〔清〕江藩撰

拜經日記八卷　〔清〕臧庸撰

拜經文集一卷　〔清〕臧庸撰

瞥記一卷　〔清〕梁玉繩撰

經義述聞二十八卷　〔清〕王引之撰

經傳釋詞十卷　〔清〕王引之撰

周易虞氏義九卷　〔清〕張惠言撰

周易虞氏消息二卷　〔清〕張惠言撰

虞氏易禮二卷　〔清〕張惠言撰

周易鄭氏義二卷　〔清〕張惠言撰

周易荀氏九家義一卷　〔清〕張惠言撰

易義别録十四卷　〔清〕張惠言撰

五經異義疏證三卷　〔清〕陳壽祺撰

左海經辨二卷　〔清〕陳壽祺撰

左海文集二卷　〔清〕陳壽祺撰

鑒止水齋集二卷　〔清〕許宗彦撰

爾雅義疏二十卷　〔清〕郝懿行撰

春秋左傳補注三卷　〔清〕馬宗璉撰

春秋公羊經何氏釋例十卷　〔清〕劉逢禄撰

公羊春秋何氏解詁箋一卷　〔清〕劉逢禄撰

發墨守評一卷　〔清〕劉逢禄撰

穀梁廢疾申何二卷　〔清〕劉逢禄撰

左氏春秋考證二卷　〔清〕劉逢禄撰

箴膏肓評一卷　〔清〕劉逢禄撰

論語述何二卷　〔清〕劉逢禄撰

燕寢考三卷　〔清〕胡培翬撰

研六室雜著一卷　〔清〕胡培翬撰

春秋異文箋十三卷　〔清〕趙坦撰

寶甓齋札記一卷　〔清〕趙坦撰

寶甓齋文集一卷　〔清〕趙坦撰

夏小正疏義四卷　〔清〕洪震煊撰

秋槎雜記一卷　〔清〕劉履恂撰

吾亦盧稿四卷　〔清〕崔應榴撰

論語偶得一卷　〔清〕方觀旭撰

經書算學天文考一卷　〔清〕陳懋齡撰

四書釋地辨證二卷　〔清〕宋翔鳳撰

毛詩紬義二十四卷　〔清〕李黼平撰

公羊禮説一卷　〔清〕凌曙撰

禮説四卷　〔清〕凌曙撰

孝經義疏一卷　〔清〕阮福撰

經傳考證八卷　〔清〕朱彬撰

甓齋遺稿一卷　〔清〕劉玉麐撰

説緯一卷　〔清〕王崧撰

經義叢鈔三十卷　〔清〕嚴傑撰

國朝石經考異一卷　〔清〕馮登府撰

漢石經考異一卷　〔清〕馮登府撰

魏石經考異一卷　〔清〕馮登府撰

唐石經考異一卷　〔清〕馮登府撰

蜀石經考異一卷　〔清〕馮登府撰

北宋石經考異一卷　〔清〕馮登府撰

三家詩異文疏證二卷　〔清〕馮登府撰

尚書札記四卷　〔清〕許鴻磐撰

037.又一部　缺三十一卷：卷一至卷十二、卷五十至五十四、卷九十一至九十六、卷一百八十三至一百九十。　PL2461 .Z6 H836 1885

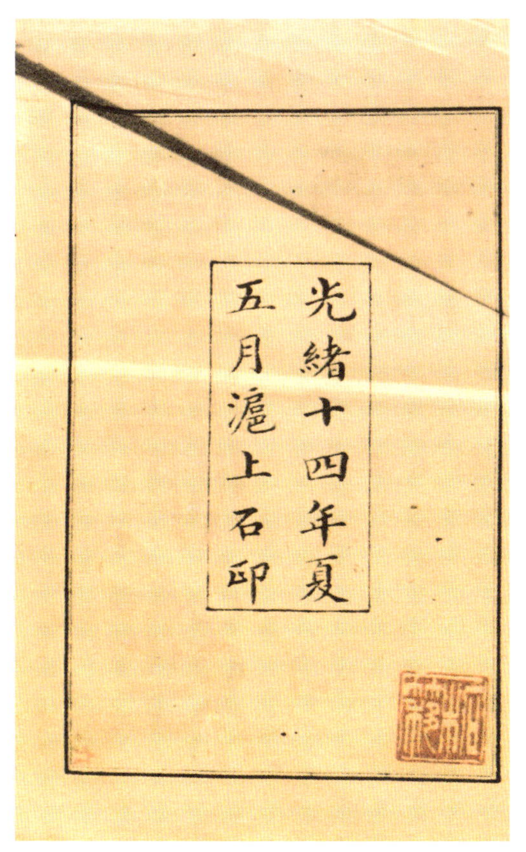
光緒十四年夏
五月滬上石印

038.古經解彙函二十三種 〔清〕鍾謙鈞等輯

清同治十二年（1873）粵東書局刻本 八十册十函

鍾謙鈞（1803—1874）字秉之，又字雲卿，巴陵樓西灣（今湖南岳陽）人。

半葉十行二十一字，白口，左右雙邊，單黑魚尾，半框高18.4釐米，寬13.8釐米。版心中鎸書名、卷次，下鎸葉碼。

内封題"同治十二年/古經解彙函/附小學彙函，粵東書局刊"。

牌記題"菊坡精舍藏版，學海堂刻經典釋文與此彙函一併印行"。

卷首有鍾謙鈞序，署"同治十二年九月"；馮端本序，署"同治十三年八月"；"古經解彙函總目"。

子目：

古經解彙函

鄭氏周易注三卷補遺一卷 〔漢〕鄭玄撰 〔宋〕王應麟輯 〔清〕惠棟增補 〔清〕孫堂重校並輯補遺

陸氏周易述一卷 〔三國吴〕陸績撰 〔明〕姚士麟輯 〔清〕孫堂增補

周易集解十七卷 〔唐〕李鼎祚撰

周易口訣義六卷 〔唐〕史徵撰

易緯八種 〔漢〕鄭玄注

易緯乾坤鑿度二卷

易緯乾鑿度二卷

易緯稽覽圖二卷

易緯辨終備一卷

易緯乾元序制記一卷

易緯通卦驗二卷

易緯是類謀一卷

易緯坤靈圖一卷

尚書大傳三卷附序録一卷辨訛一卷 〔漢〕伏勝撰 〔漢〕鄭玄注 〔清〕陳壽祺輯校並撰序録辨訛

韓詩外傳十卷附校注拾遺一卷 〔漢〕韓嬰撰 〔清〕周廷寀校注 〔清〕

周宗杬撰校注拾遺

毛詩草木鳥獸蟲魚疏二卷　〔三國吴〕陸璣撰　〔清〕丁晏校正

春秋繁露十七卷附録一卷　〔漢〕董仲舒撰　〔清〕盧文弨校

春秋釋例十五卷　〔晋〕杜預撰　〔清〕莊述祖、孫星衍校

春秋啖趙集傳纂例十卷　〔唐〕陸淳撰

春秋微旨三卷　〔唐〕陸淳撰

春秋啖趙二先生集傳辯疑十卷　〔唐〕陸淳撰

論語集解義疏十卷　〔三國魏〕何晏集解　〔南朝梁〕皇侃義疏

論語筆解二卷　〔唐〕韓愈、李翺撰

鄭志三卷補遺一卷　〔三國魏〕鄭小同編　〔清〕王復輯　〔清〕武億校

小學彙函

輶軒使者絶代語釋别國方言十三卷校正補遺一卷　〔漢〕揚雄撰　〔晋〕郭璞注　〔清〕盧文弨校

釋名八卷　〔漢〕劉熙撰　〔清〕吴志忠校

廣雅十卷　〔三國魏〕張揖撰　〔隋〕曹憲音

匡謬正俗八卷　〔唐〕顔師古撰

急就篇四卷　〔漢〕史游撰　〔唐〕顔師古注　〔宋〕王應麟補注

説文解字十五卷　〔漢〕許慎撰　〔宋〕徐鉉等校定

説文解字繫傳四十卷附校勘記三卷　〔南唐〕徐鍇撰　〔清〕祁寯藻撰校勘記

説文解字篆韻譜五卷附録一卷　〔南唐〕徐鍇撰

大廣益會玉篇三十卷　〔宋〕陳彭年等重修

干禄字書一卷　〔唐〕顔元孫撰

五經文字三卷　〔唐〕張參撰

新加九經字樣一卷　〔唐〕唐玄度撰

大宋重修廣韻五卷　〔宋〕陳彭年等重修

廣韻五卷　〔宋〕陳彭年等重修

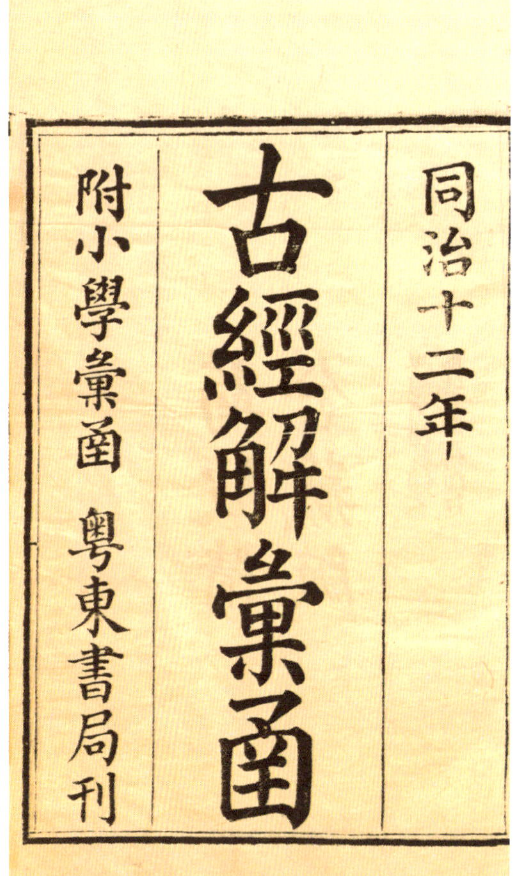
同治十二年
古經解彙函
附小學彙函
粵東書局刊

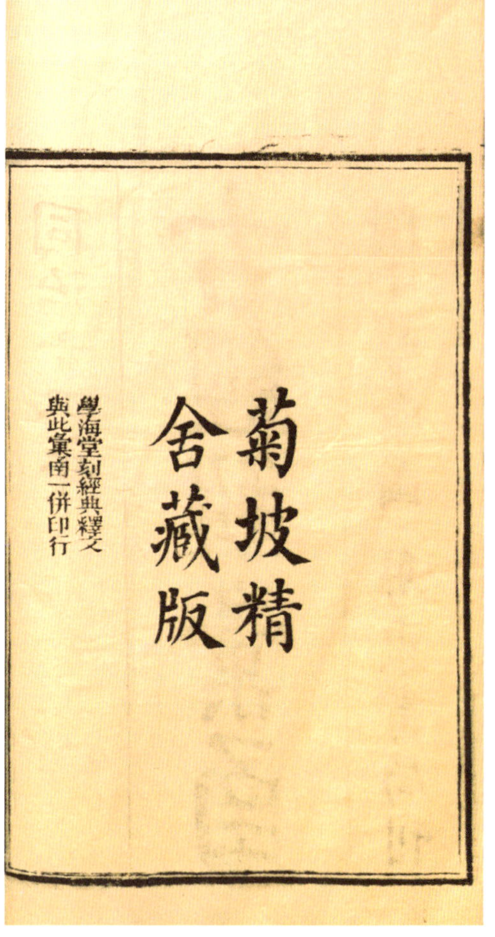
菊坡精舍藏版
學海堂刻經典釋文
與此彙函一併印行

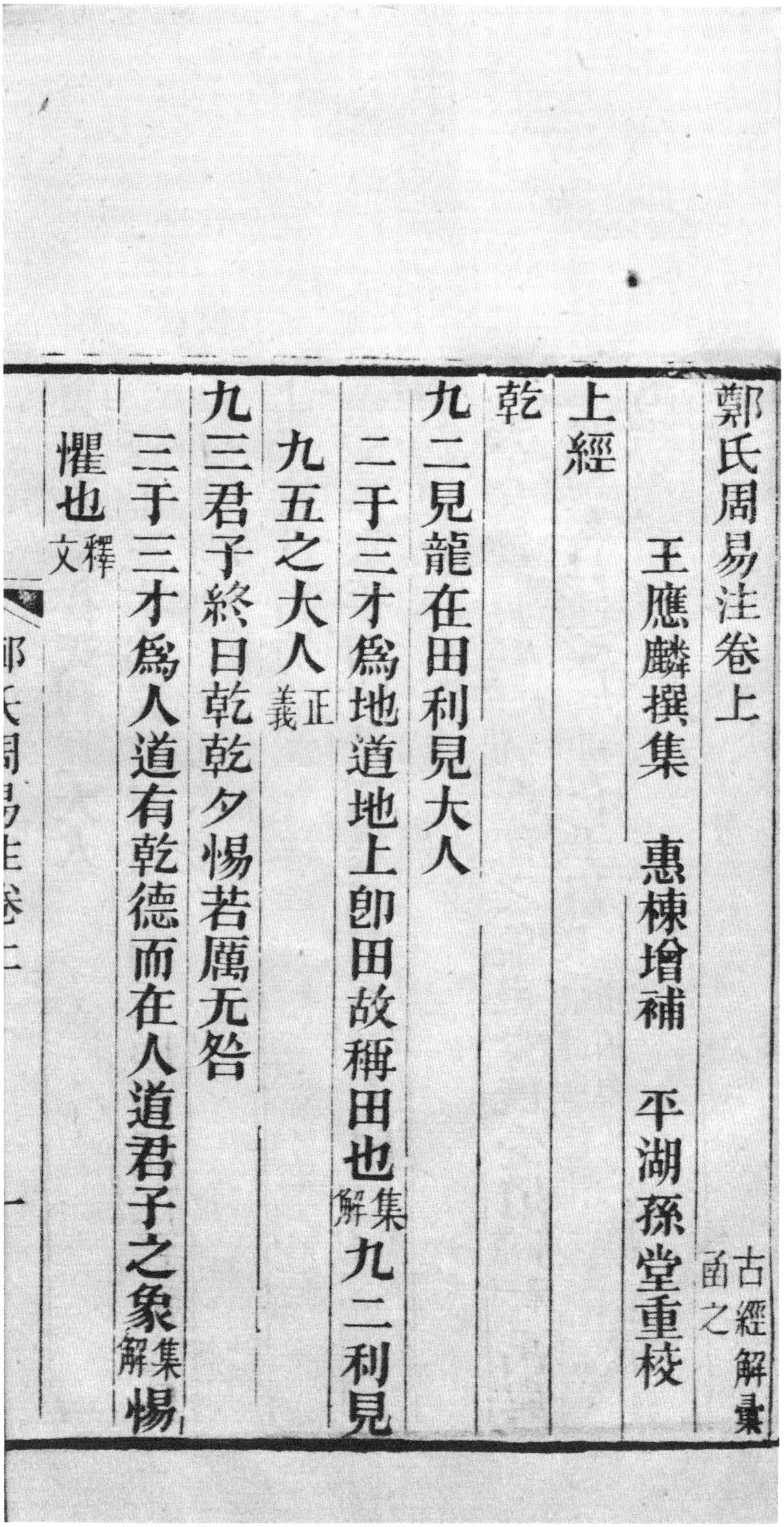

古經解彙函之

鄭氏周易注卷上

王應麟撰集　惠棟增補　平湖孫堂重校

上經

乾

九二見龍在田利見大人

二于三才爲地道地上卽田故稱田也集解九二利見

九五之大人正義

九三君子終日乾乾夕惕若厲无咎

三于三才爲人道有乾德而在人道君子之象集解惕

懼也釋文

039.東塾讀書記二十五卷　〔清〕陳澧撰　

清光緒二十四年（1898）紉蘭書館刻本　五册一函

陳澧（1810—1882）字蘭甫，號東塾，廣東番禺人。

半葉十二行二十四字，小字雙行同，黑口，四周單邊，單黑魚尾，半框高18.9釐米，寬14.4釐米。版心中鎸書名、卷次、篇名，下鎸葉碼。

内封題“東塾讀書/記十二卷/又三卷”。

牌記題“光緒二十四年/紉蘭書館用廣/州本重刻點畫/悉遵原本挍勘”。

卷端題“東塾讀書記，番禺陳澧撰”。

卷首有清同治十年（1871）陳澧自述。

鈐印：“公安廖氏竹林齋藏書”陽文方印、“江夏徐汝梅”陽文方印。

按：原書卷十三、十四、十七至二十、二十二至二十五未刻，實爲十五卷。原版圈點、欄上眉批均保留。

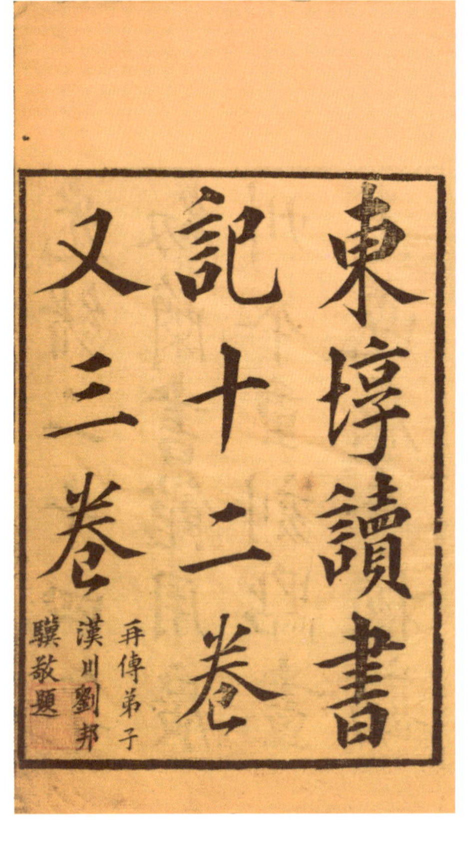
東塾讀書
記十二卷
又三卷
再傳弟子
漢川劉邦
驥敬題

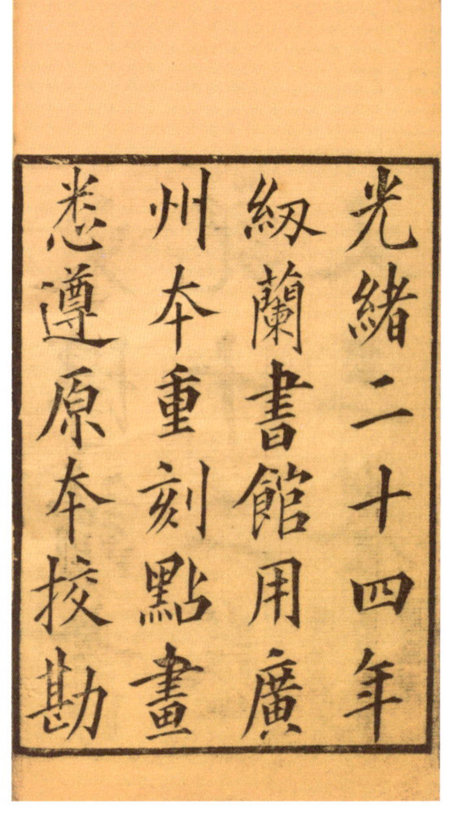
光緒二十四年
紉蘭書館用廣
州本重刻點畫
悉遵原本挍勘

孝經爲道之根源六藝之總會

教弟子孝弟學文

東塾讀書記卷一

孝經

番禺陳澧撰

鄭康成六藝論云：孔子以六藝題目不同，指意殊別，恐道離散，後世莫知根源，故作孝經以總會之。孝經序正義引。隋書經籍志亦有此數語，其下云：明其枝流雖分，本萌於孝者也。此二句或亦六藝論之語。澧案：六藝論已佚，而幸存此數言，學者得以知孝經爲道之根源，六藝之總會，此微言未絕，大義未乖者矣。

說文敘末載許叔重遣子沖上說文書，並上孝經孔氏古文說。澧謂孔子教弟子孝弟學文，許君以二書並上，意在斯乎？惜孝經孔氏古文說竟不傳也。

荀慈明對策云：漢制使天下誦孝經。後漢書本傳。澧案：續漢書百官志：司隸校尉假佐二十五人，孝經師主監試經，諸州與司隸同。

040.讀書雜志八十二卷餘編二卷　〔清〕王念孫撰　

清同治九年（1870）金陵書局刻本　二十四册三函

王念孫（1744—1832）字懷祖，號石臞，江蘇高郵人。

半葉十行二十一字，小字雙行同，白口，四周雙邊，單黑魚尾，半框高17.7釐米，寬13.3釐米。版心中鎸"志"、編次，下鎸葉碼。

内封題"讀書雜志/八十二卷/餘編二卷"。

牌記題"同治庚午十一月/金陵書局重栞"。

卷端題"讀書雜志，高郵王念孫"。

鈐印："公安廖氏竹林齋藏書"陽文方印。

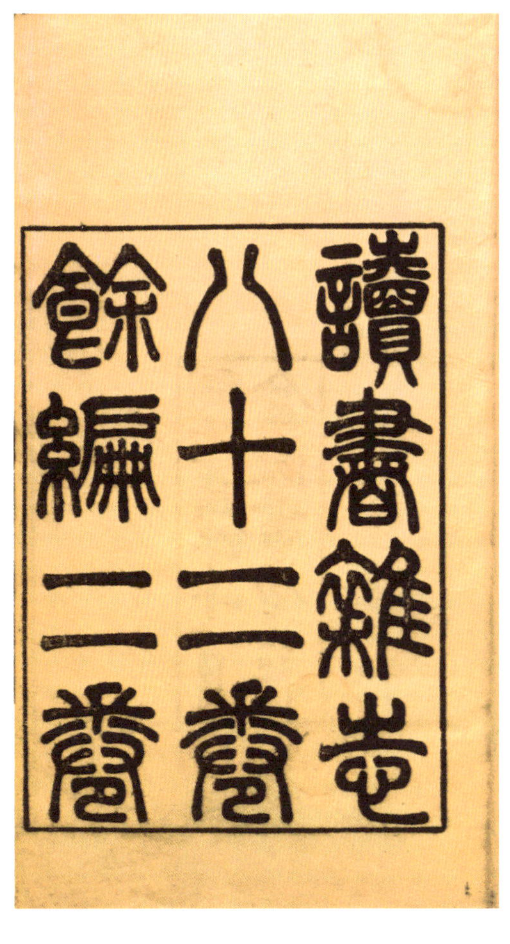

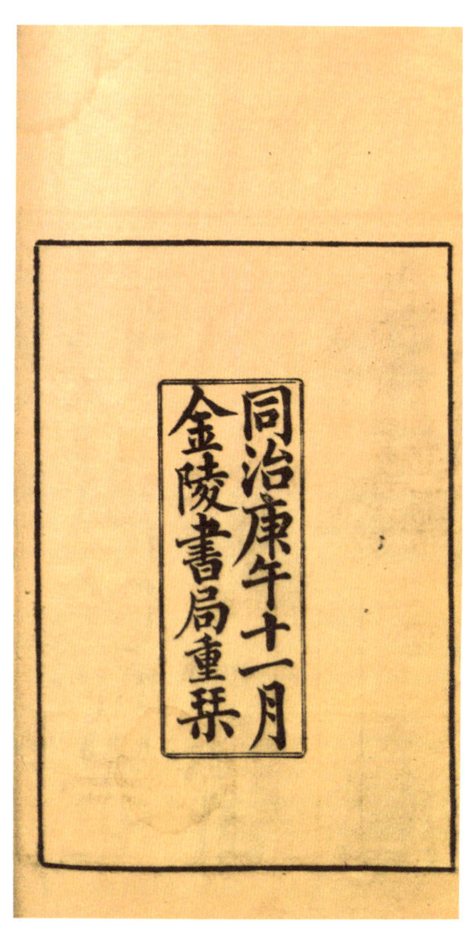

逸周書弟一　　讀書雜志一

高郵王念孫

政

度訓篇力爭則力政力政則無讓念孫案政與征同古字多以政爲征不可枚舉力征謂以力相征伐吳語曰以力征一二兄弟之國大戴記用兵篇曰諸侯力政不朝於天子皆是也又大武篇武有七制政攻侵伐陳戰鬬今本七誤作六陳誤作摶又脫鬬字辯見本篇政亦與征同故與攻侵伐陳戰鬬竝列而爲七而孔注云政者征伐之政則誤讀爲政事之政矣

力競

文字音義之屬

041.經典釋文三十卷　〔唐〕陸德明撰　　附考證不分卷　〔清〕盧文弨撰

清同治八年（1869）湖北崇文書局刻本　十二册二函

盧文弨（1717—1796）字紹弓，號磯漁、抱經，浙江餘姚人。

半葉十一行二十二字，小字雙行同，黑口，四周雙邊，雙黑魚尾，半框高19.7釐米，寬15釐米。版心中鎸卷名、卷次，下鎸葉碼。

内封題“經典釋文”。

卷端題“經典釋文，唐國子博士兼太子中允贈齊州刺史吴縣開國男陸德明撰”。

卷首有清乾隆五十六年（1791）盧文弨“重雕經典釋文緣起”、“經典釋文審定及校勘姓氏”。

卷末有明崇禎十年（1637）馮斑跋、葉萬跋、陸隴其跋。

考證内封題“經典釋文考證”。

牌記題“同治八年湖北/崇文書局開雕”。

卷端題“經典釋文序録考證，前日講起居注官翰林院侍讀學士盧文弨綴緝”。

卷首有“經典釋文考證引用姓氏”。

鈐印：“天梵樓”陰文方印、“公安廖氏竹林齋藏書”陽文方印、“抱殘守缺”陰文長方印、“朱天梵印”陰文方印、“朱光之印”陰文方印、“天梵”陽文方印、“上海朱光所藏”陰文方印。

按：卷一爲陸德明撰序録及目録。

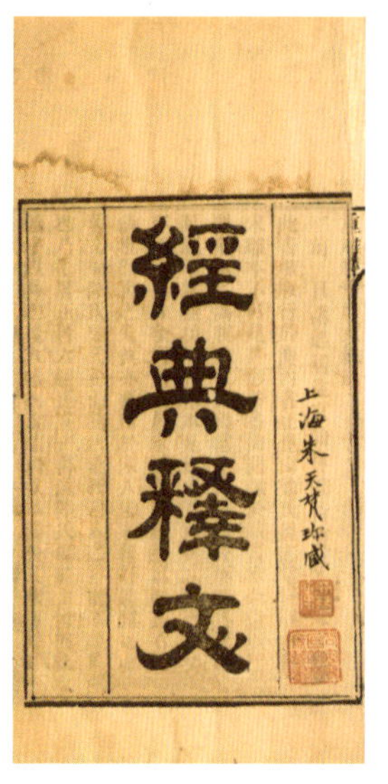
經典釋文
上海朱天梵收藏

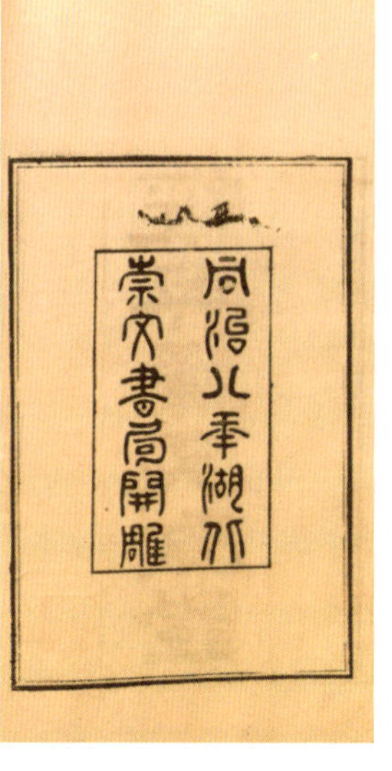
同治八年湖北
崇文書局開雕

經典釋文卷第一　　序録

唐國子博士兼太子中允贈齊州刺史吳縣開國男陸德明撰

序

夫書音之作作者多矣前儒撰著光乎篇籍其來既久誠無閒然但降聖已還不免偏尚質文詳略互有不同漢魏迄今遺文可見或專出己意或祖述舊音各師成心製作如面加以楚夏聲異南北語殊是非信其所聞輕重因其所習後學鑽仰罕逢指要夫筌蹄所寄唯在文言差若毫釐謬便千里夫子有言必也正名乎名不正則言不順言不順則事不成故君子名之必可言也言之必可行也斯富哉言乎大矣盛矣無得而稱矣然人稟二儀之淯和含

042.群經音辨七卷　〔宋〕賈昌朝撰　PL1201 .C3863

清光緒十四年(1888)上海蜚英館石印本　一册一函

賈昌朝(998—1065)字子明，真定獲鹿(今屬河北)人。

内封題"澤存堂/五種"。

又内封題"張氏重刊/群經音辨/澤存堂藏板"。

牌記題"光緒戊子仲春月/上海蜚英館石印"。

卷端題"群經音辨，朝奉郎尚書司封員外郎直集賢院兼天章閣侍講輕車都尉賜緋魚袋臣賈昌朝撰"。

卷首有賈昌朝序、牒文。

卷末有後序。

鈐印："公安廖氏竹林齋藏書"陽文方印、"翟樹榮"陽文方印。

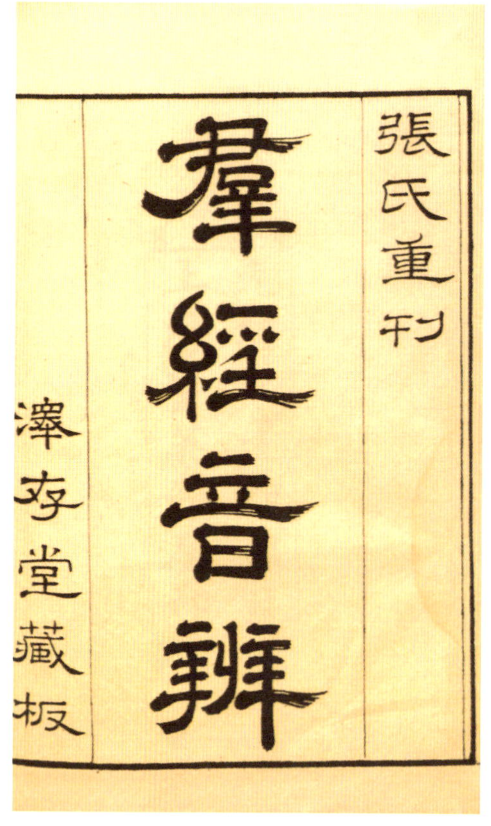

張氏重刊
羣經音辨
澤存堂藏板

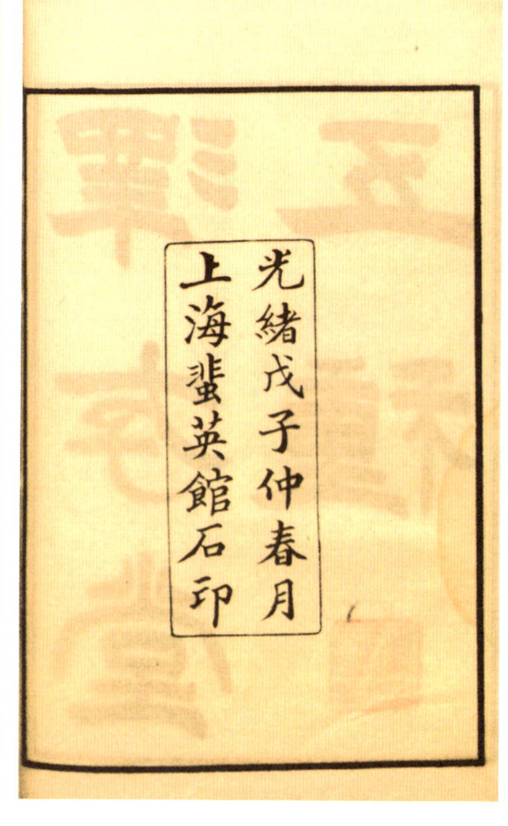

光緒戊子仲春月
上海蜚英館石印

羣經音辨卷第一

朝奉郎尚書司封員外郎直集賢院兼天章閣侍講輕車都尉賜緋魚袋臣賈昌朝撰

辨字同音異

上 時掌　示 神至

王 雨方　玉 魚欲

丨 古本　中 丑列

艸 倉老　小 私兆

八 博拔　釆 蒲莧

牛 語求　告 古奧

口 苦后　吅 況袁

043.十三經紀字一卷附字典紀字一卷韻府紀字一卷 〔清〕汪汲編

PL2461 .Z6 W23

清乾隆五十九年(1794)古愚山房刻本　一册一函

汪汲,字葵田,號海陽竹林人。

無行格,半葉六行字不等,白口,四周單邊,無魚尾,半框高15釐米,寬10.5釐米。版心上鐫書名,下鐫葉碼。

内封題“海陽竹林人録/十三經紀字/韻府、字典紀字附/古愚山房藏版”。

卷端題“十三經紀字,海陽竹林人汪汲葵田氏消夏録”。

卷首有序,署“乾隆甲寅二月下澣秣陵談泰星符氏拜撰”。

卷末有清乾隆五十八年汪汲“十三經紀字書後”。

海陽竹林人錄
十三經紀字
韻府字典紀字附
古愚山房藏

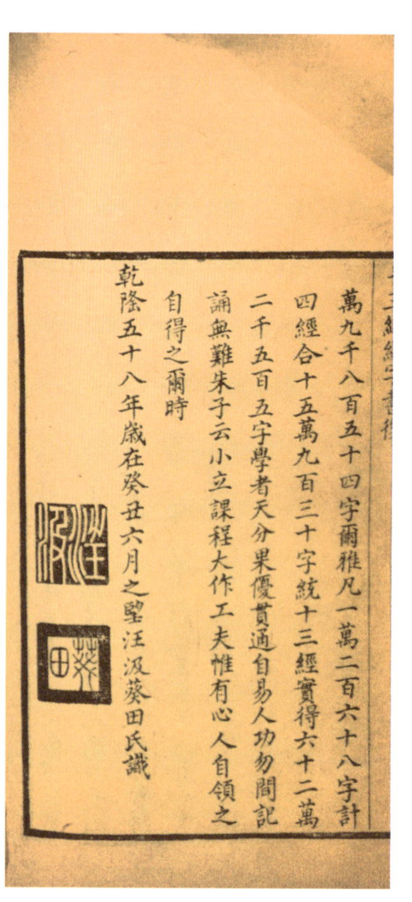

萬九千八百五十四字爾雅凡一萬二百六十八字計
四經合十五萬九百三十字統十三經實得六十二萬
二千五百五字學者天分果優貫通自易人功勿間記
誦無難朱子云小立課程大作工夫惟有心人自領之
自得之爾時
乾隆五十八年歲在癸丑六月之望汪汲葵田氏識

十三經紀字

海陽竹林人汪汲葵田氏消夏錄

周易上經 三十卦

乾 凡九百九十五字

坤 凡五百三十四字

屯 凡二百二十字

小學類

文字之屬

044.説文通訓定聲十八卷附説雅一卷分部檢韻一卷古今韻準一卷行狀一卷

〔清〕朱駿聲撰 PL1281 .C65

清同治九年(1870)臨嘯閣刻本　二十六册三函

朱駿聲(1788—1858)字豐芑，號允倩，江蘇吴縣(今蘇州)人。

半葉十行字數不等，白口，四周雙邊，單黑魚尾，半框高18.8釐米，寬13釐米。版心上鎸書名，中鎸韻目，下鎸葉碼。

内封題“附説雅十九篇、古今韻準一卷、行狀一卷/説文通訓定聲/十八卷柬韻一卷/臨嘯閣藏版”。

卷端題“説文通訓定聲，吴郡朱駿聲豐芑甫紀録，新安朱鏡蓉伯和甫參訂”。

卷首有清咸豐元年(1851)進呈奏疏及上諭、清道光二十八年(1848)羅惇衍序、道光十三年(1833)朱駿聲自叙、“説文”、凡例、“聲母千文”、六書爻列、朱鏡蓉後叙、道光二十九(1849)年謝增跋、總目。

古今韻準卷末有清同治九年朱孔彰跋，言重刊事。

鈐印：“公安廖氏竹林齋藏書”陽文方印。

説文通訓定聲

吳郡朱駿聲豐芑甫紀錄
新安朱鏡蓉伯和甫參訂

豐部第一 凡三十八部

東五十一名凡東之派皆衍東聲 得紅切

東

東 [篆] 動也从木官溥說从日在木中按白虎通五行東方者動方也萬物始動生也此古聲訓之法劉熙釋名全書皆然音相近則誼相通亦訓詁之一道淮南天文訓東方木也按日所出也从日在木中會意木叒木榑桑也離騷折若木以拂日廣雅釋天東君日也楚辭九歌有東君篇日在木中爲東日在木上爲杲日在木下爲杳易既濟東鄰虞注震爲東白虎通情性東方者陽也五行東方天下皆生也爾雅釋地東至于泰遠按極東地名又東至日所出爲太平按即大荒東經之大言山叚借荀子議兵隴種東籠而退耳楊注與湅瓏同沾溼皃按此疊韻連語借聲託誼本無正字後仿此又爾雅釋魚科斗活東注蝦蟆子按科活雙聲斗東雙聲方音之轉東出鐘

045.說文韻譜校五卷　〔清〕王筠撰　

清刻本　二册一函

王筠（1784—1854）字貫山，號菉友，山東安丘人。

半葉十一行二十二字，小字雙行同，黑口，左右雙邊，雙黑魚尾，半框高18.7釐米，寬13.7釐米。版心中鎸書名、卷次、韻目，下鎸葉碼、"思進齋叢書"。

卷端題"說文韻譜校"。

卷首有清道光十三年（1833）王筠序。

鈐印："韞玉"陰文方印、"胡氏校勘"陽文方印。

按：此書爲《思進齋叢書》之一，胡樸安校勘本。欄上有硃筆眉批，行間有改字，扉葉有手寫校者記，言以此本與濰縣劉氏刻本相校，記末署"十七年二月樸安校竟記"。胡樸安（1878—1947）原名韞玉，字樸安，安徽涇縣人。

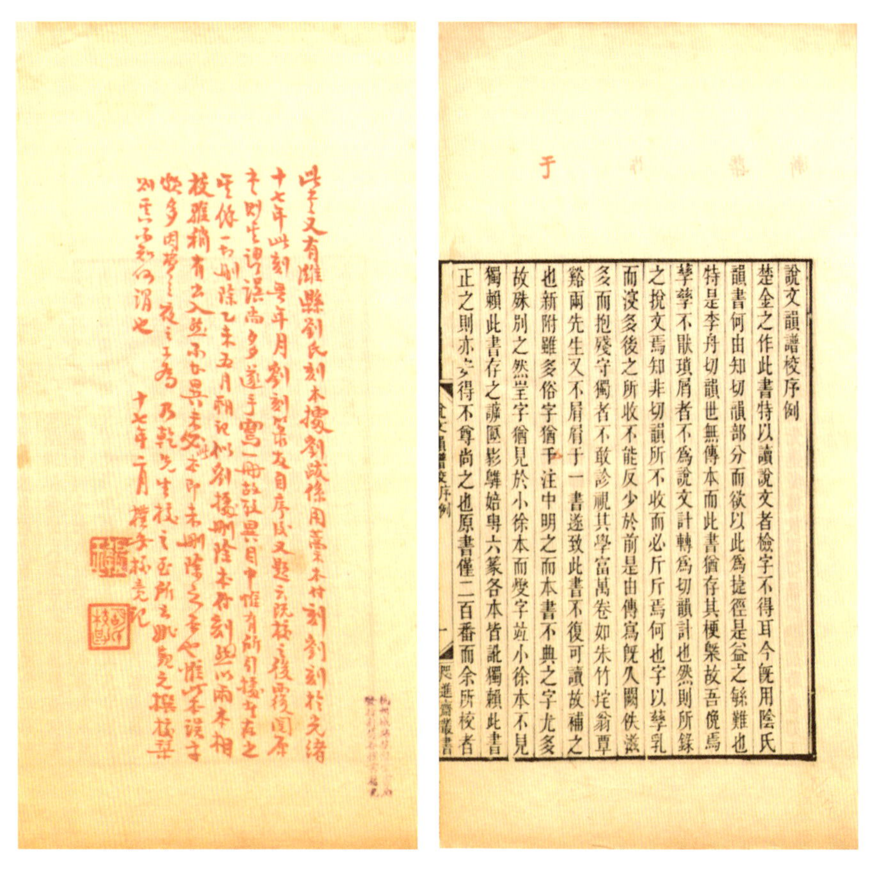

說文韻譜校卷一

上平聲

案部目自東部至山部凡廿七廣韻則䰟部廿三繼以痕部廿四爲部廿八其部首之異者開部廣韻以部中之咍爲首殷部以部中之欣爲首

東部一

說文 詷 共也一曰譀也從言同聲周書曰在后之詷徒紅切 爞 旱气也從火蟲聲直弓切新附字案爾雅爞爞炎炎熏也然詩雲漢蘊隆蟲蟲初不從火恐尒疋或經後人改易益重言謰語祇以耳治不必其義有合也 泈 水也從水夂聲夂古文終職戎切 䨶 小雨也從雨眾聲明堂月令曰䨶雨職戎切 駥 馬高八尺從馬戎聲如融切新附字 蕄 灌渝從艸夢聲讀若萌莫中切 龓 兼有也從有龍聲讀若籠盧紅切 櫳 檻也從木龍聲盧紅切案此與房櫳各字

說文 菄 玉篇得紅切廣韻東下引吳都賦草則東風扶留菄下云東風菜義見上注俗加艸 䍶 北山經泰戲之山有獸焉其狀如羊一角一目目在耳後其名曰䍶䍶其名自訆玉篇廣韻皆引此文各有訛誤玉篇都

046.古籀拾遺三卷附宋政和禮器文字考一卷 〔清〕孫詒讓撰 PL2448 .S8

清光緒十六年（1890）瑞安孫氏刻本 二册一函

孫詒讓（1848—1908）字仲容，號籀高，浙江瑞安人。

半葉十一行二十二字，小字雙行同，白口，左右雙邊，無魚尾，半框高23.5釐米，寬17.2釐米。版心中鎸書名、卷次，下鎸葉碼。

内封A面題“古籀/拾遺”。

内封B面題“附宋政和禮/器考/經微室箸書/之一/籀高”。

卷端題“古籀拾遺，瑞安孫詒讓記”。

卷首有孫叙。

鈐印：“公安廖氏竹林齋藏書”陽文方印。

按：孫叙言重校之事：“此書成於同治壬申（十一年，1872）……光緒戊子（十四年，1888）重校定刊於温州同里……庚寅（十六年）正月刊成”。

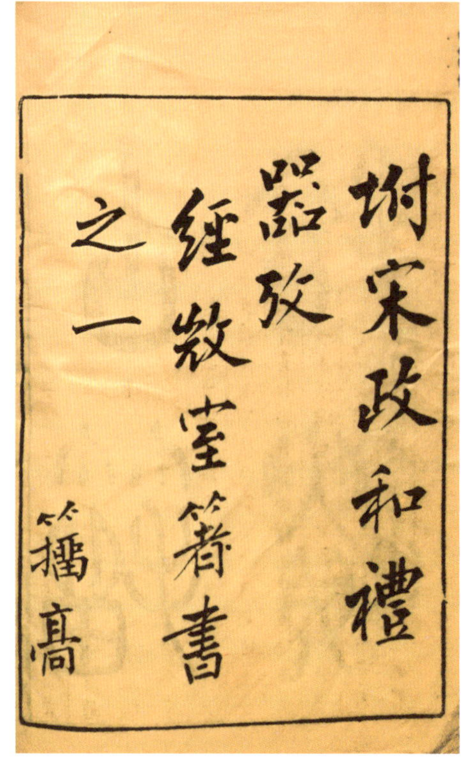

古籀拾遺上

瑞安孫詒讓記

宋薛尚功鐘鼎彝器款識十四條

商鐘　己酉戍命尊　鄦子鐘　聘鐘　盄龢鐘　齊侯鎛鐘　窖磬　晉姜鼎　師艅尊　單癸卣　孟姜匜　穿辟父敦　敔敦　寏簋

商鐘王楚宣咊博古圖錄題爲蛟篆鐘

隹惟正月王宣咊圖釋爲仲王俅歗堂集古錄釋爲中晉吉日丁亥既望分王錄釋爲嚎非召純贅釐𦵔乃吉金自王錄釋爲樂非欣禾咊其安呂王錄釋爲台樂□□宣咊圖釋爲娛奉二字未塙喜而賓各客其台怡鼓之夙暮宣咊圖釋爲慕不王錄釋爲辛非[illegible]鳥余子孫萬枼葉無疆用之[illegible]語

讓案此鐘薛書所載凡三本一爲淮揚石本一爲古器物

047.大廣益會玉篇三十卷　〔南朝梁〕顧野王撰　〔唐〕孫强增字

日本慶長九年（1604）刻本　五册一函

顧野王（519—581）字希馮，吴郡吴縣（今江蘇蘇州）人。

半葉十二行字數不等，小字雙行二十八字，黑口，四周雙邊，雙黑魚尾，半框高21.4釐米，寬13.5釐米。版心中鎸“玉”、卷次，下鎸葉碼。

卷端題“大廣益會玉篇”。

卷首有宋大中祥符六年（1013）序、玉篇序、“進玉篇啟”、“玉篇廣韻指南”、總目。

卷末有日本慶長九年跋。

按：指南後有牌記題“至正丙午良月/南山書院新栞”。

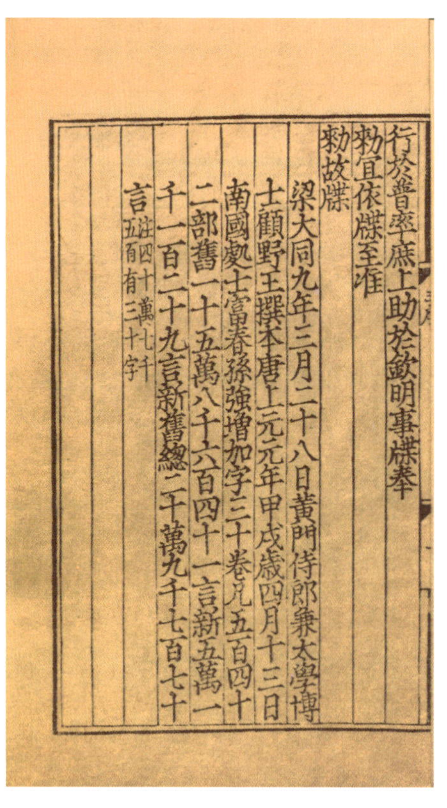
行於普率庶上助於欽明事牒奉
勅宜依牒至准
勅故牒
梁大同九年三月二十八日黃門侍郎兼太學博
士顧野王撰本唐上元元年甲戌歲四月十三日
南國處士富春孫強增加字三十卷凡五百四十
二部舊一十五萬八千六百四十一言新五萬一
千一百二十九言新舊總二十萬九千七百七十
言注四十萬七千五百有三十字

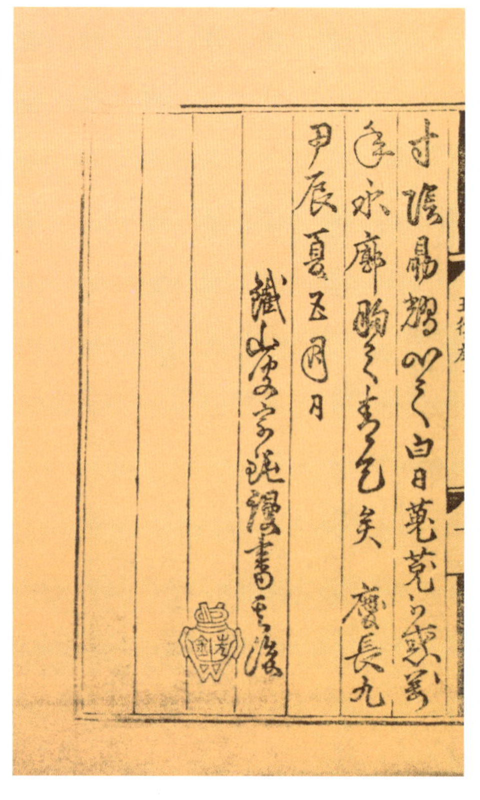
慶長九
甲辰夏五月

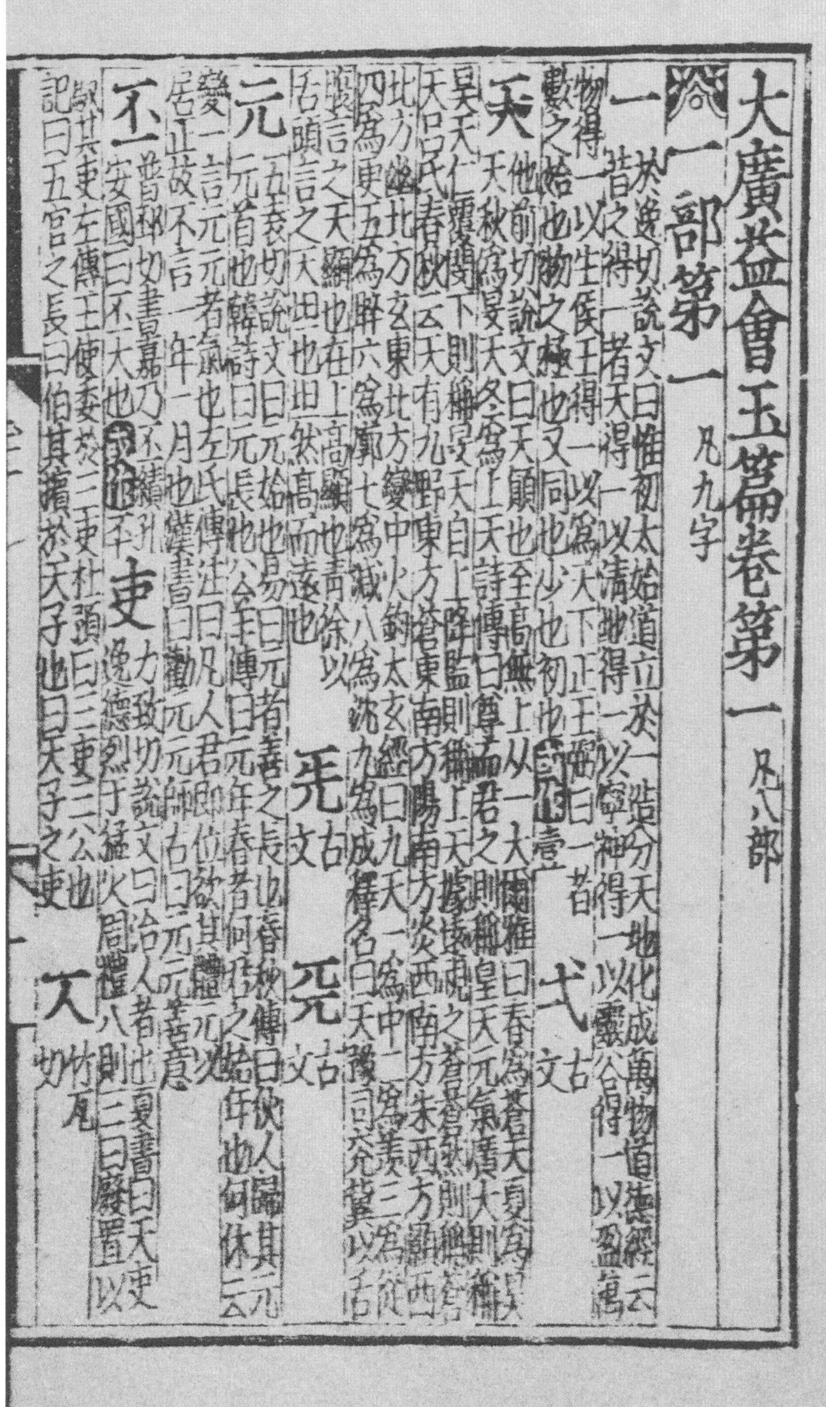

大廣益會玉篇卷第一 凡八部

一部第一 凡九字

一 於逸切說文曰惟初太始道立於一造分天地化成萬物道德經云昔之得一者天得一以清地得一以寧神得一以靈谷得一以盈萬物得一以生侯王得一以爲天下正王弼曰一者數之始也物之極也又同也少也初也古文壹 弌 古文

天 他前切說文曰天顛也至高無上从一大爾雅曰春爲蒼天夏爲昊天秋爲旻天冬爲上天詩傳曰尊而君之則稱皇天元氣廣大則稱昊天仁覆閔下則稱旻天自上降監則稱上天據遠視之蒼蒼然則稱蒼天呂氏春秋云天有九野東方蒼天東南方陽天南方炎天西南方朱天西方顥天西北方幽天北方玄天東北方變天中央鈞天太玄經曰九天一爲中天二爲羨天三爲從天四爲更天五爲睟天六爲廓天七爲減天八爲沈天九爲成天釋名曰天豫司兗冀以舌腹言之天顯也在上高顯也青徐以舌頭言之天坦也坦然高而遠也 兲 古文 兲 古文

元 五袁切說文曰元始也易曰元者善之長也春秋傳曰狄人歸其元元首也韓詩曰元長也公羊傳曰元年春者何君之始年也何休云變一言元元者氣也左氏傳注曰凡人君即位欲其體元以居正故不言一年一月也漢書曰勸元元師古曰元元善意

丕 普邳切書曰嘉乃丕績孔安國曰丕大也[illegible]平 吏 力致切說文曰治人者也夏書曰天吏逸德烈于猛火周禮八則三曰廢置以馭其吏左傳王使委於三吏杜預曰三吏三公也記曰五官之長曰伯其擯於天子也曰天子之吏 丆 竹瓦切

048.康熙字典十二集三十六卷總目一卷檢字一卷辨似一卷等韻一卷補遺一卷備考一卷 〔清〕張玉書、凌紹雯等撰 PL1420 .K2

清康熙五十五年（1716）刻本 四十册四函

張玉書（1642—1711）字素存，號潤甫、潤浦，江蘇丹徒人。

半葉小字十六行二十四字，間有大字，白口，四周雙邊，單黑魚尾，半框高19.9釐米，寬14釐米。版心上鎸書名，中鎸集名、部首，下鎸葉碼。

卷端題“康熙字典”。

卷首有清康熙五十五年陳邦彦奉敕書“御製康熙字典序”、凡例、職名、總目、檢字、辨似、等韻。

卷末有補遺、備考。

鈐印：“豫生”陽文方印、“王陶盋藏”陽文圓印、“其萬年子子孫孫永寶”陽文方印。

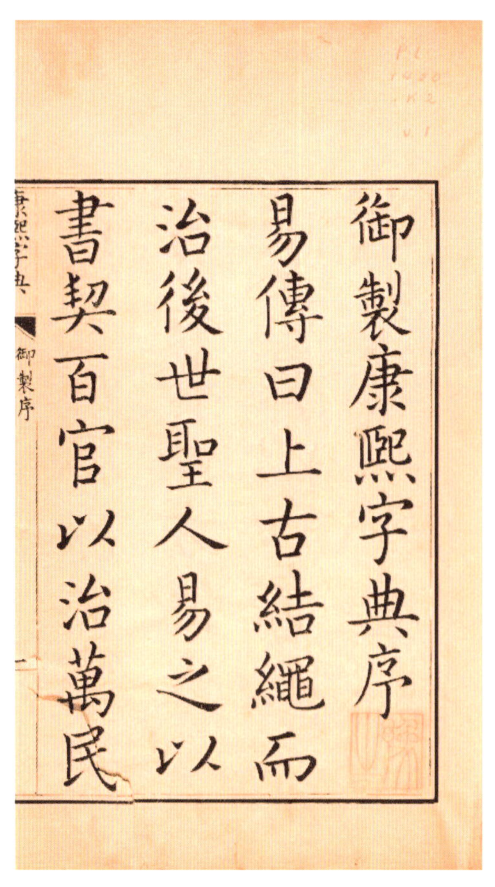
御製康熙字典序
易傳曰上古結繩而
治後世聖人易之以
書契百官以治萬民
康熙字典 御製序

康熙字典

子集上

一部

一　古文弌　唐韻韻會於悉切集韻正韻益悉切𠀤漪入聲
說文惟初大始道立於一造分天地化成萬物
廣韻數之始也物之極也易繫辭天一地二老子道德經道生
一一生二　又廣韻同也禮樂記禮樂刑政其極一也史記儒
林傳韓生推詩之意而爲內外傳數萬言其語頗與齊魯閒殊
然其歸一也　又少也顏延之庭誥文選書務一不尚煩密何
承天答顏永嘉書竊願吾子舍兼而遵一也　又增韻純也易
繫辭天下之動貞夫一老子道德經天得一以清地得一以寧
神得一以靈谷得一以盈萬物得一以生侯王得一以爲天下
正　又均也唐書薛平傳兵鎭完輯徭賦均一　又誠也中庸

康熙字典　子集上　一部　一

049.康熙字典十二集附備考一卷補遺一卷　〔清〕張玉書、凌紹雯等撰

清光緒十五年（1889）上海點石齋石印本　四册一函

内封題“康熙字典”。

牌記題“光緒十五年歲在/己丑夏五月上海/點石齋十一次印”。

卷端題“康熙字典”。

卷首有清康熙五十五年（1716）陳邦彦序、凡例、職名、總目、檢字、等韻。

卷末有備考、補遺。

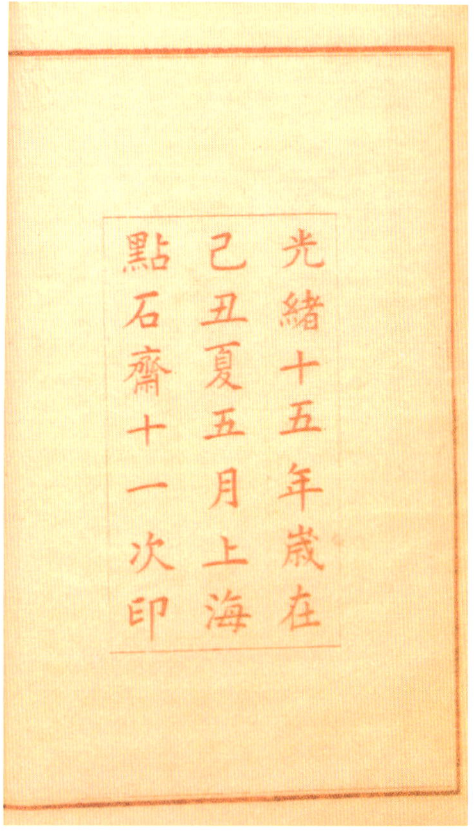

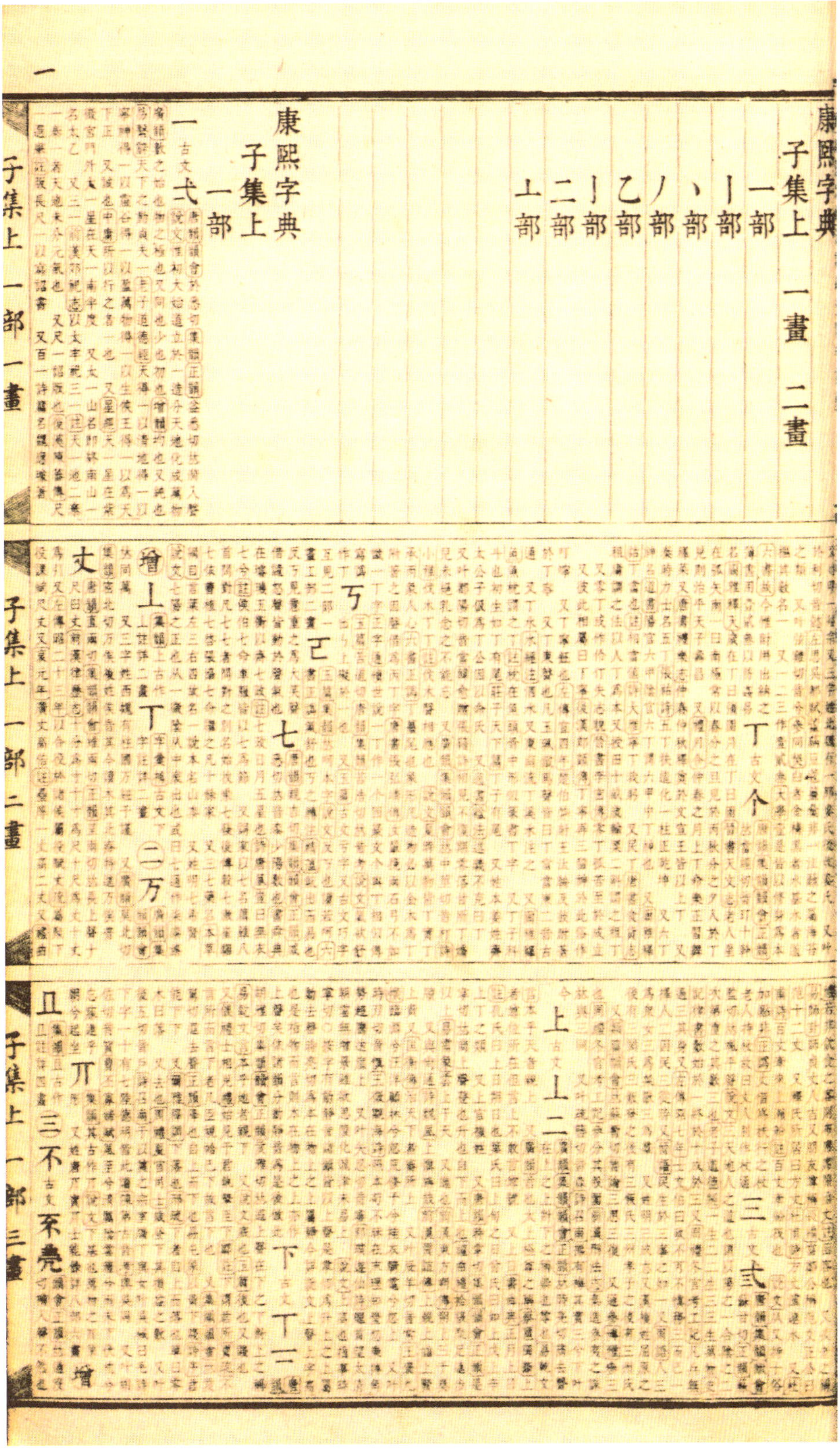

一

康熙字典

子集上 一畫 二畫

康熙字典

子集上

一部

子集上 一部 一畫

子集上 一部 二畫

子集上 一部 三畫

050.字典考證十二卷 〔清〕王引之等撰 PL1420 .K2 Suppl. 1876

清光緒二年（1876）崇文書局刻本 八册一函

王引之（1766—1834）字伯申，號曼卿，江蘇高郵人。

半葉十行二十一字，白口，四周雙邊，無魚尾，半框高17.5釐米，寬13.2釐米。版心上鎸書名、卷名，下鎸葉碼。

内封題“字典考證”。

牌記題“光緒二年夏月/崇文書局開雕”。

卷首有奕繪、阿爾邦阿、那清安、王引之奏文，署“道光十一年”。

鈐印：“豫生”陽文方印。

按：卷首奏文言重刊《康熙字典》完竣，輯録《考證》一事：“細檢原書，凡字句譌誤之處，皆照原文逐一校訂，共更正二千五百八十八條。謹照原書十二集輯爲考證十二册。”每集又分上、中、下。

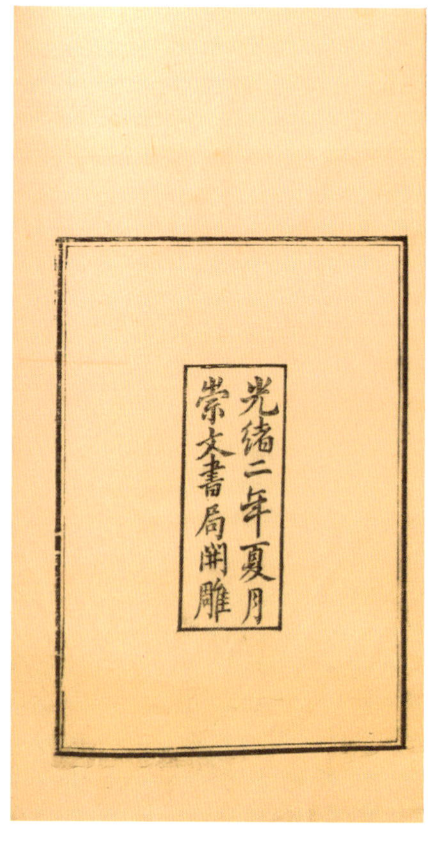

字典子集上考證

一部

二畫

丈

左傳昭二十三年以令役於諸侯屬役賦丈　謹照原文二十三年改三十二年

杜甫詩百丈牽來上瀨船　謹照原文牽來改誰家

註百丈牽船筏也　謹照原註筏改篾

上

楚辭九懷臨淵兮汪洋顧林兮忽荒修子兮䍐衣騎

051.佩觿三卷　〔宋〕郭忠恕撰　

清光緒十四年（1888）上海蜚英館石印本　一册一函

郭忠恕（？—977），字恕先，河南洛陽人。

内封題“張氏重刊/佩觿/澤存堂藏版”。

卷端題“佩觿，朝請大夫國子周易博士柱國臣郭忠恕記”。

卷末有“郭忠恕傳”“談苑”等。張士俊跋，署“康熙歲在上章攝提格查山子張士俊書”。

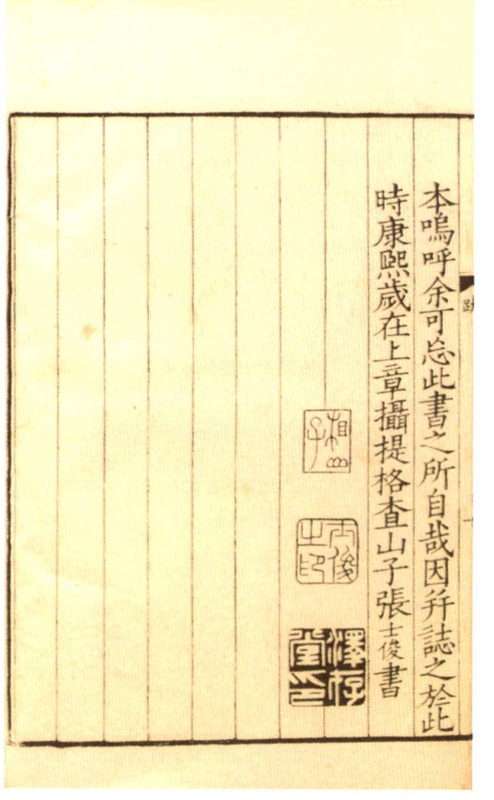

佩觿卷上

朝請大夫國子周易博士柱國臣郭忠恕記

佩觿者童子之事得立言於小學者也其一曰造字之旨始於象形孔子曰牛羊之字以形舉也中則止戈反正傳止戈爲武反正爲乏而省聲生焉禮鷙蟲攫搏鄭注从鳥墊省聲今作鷙省非也說文云从執聲至若春秋姓字地名更見尚書宋齊舊本隸寫古文學者知之不可具舉有以氷爲凝說文氷魚陵翻凝筆陵翻亦互用之有以渴音竭說文字林渴音真列翻水竭字古文

052.字鑑五卷　〔元〕李文仲編　

清末蜚英馆石印本　一册一函

李文仲，生卒年不詳，長洲人。自署吴郡學生。

内封題“張氏重刊/字鑑/澤存堂藏版”。

卷端題“字鑑，吴郡學生李文仲編”。

卷首有李文仲自序、顔堯焕序、吴郡千文傳序、西秦張模叙、唐泳涯序。

卷末有朱彝尊後序，署“康熙己丑二月小長蘆朱彝尊”。

鈐印：“公安廖氏竹林齋藏書”陽文方印、“翟樹榮印”陽文方印。

張氏重刊
字鑑
澤存堂藏版

伯英李君酷嗜古書旁搜遠紹作類韻三
十卷閱十載甫脫稾用心良苦余爲敘其始末
未及鋟梓而伯英下世矣余懼其齎志九原其
傳泯泯一日忽其猶子文仲謁余出字鑑一編
謂伯父無恙時常在左右繙閱舊書講求遺事
伯父器之類韻備矣韻內字畫有未正者伯父
欲正之未及留以遺後人今以說文箴增韻之
誤以六書明諸家之失以卒伯父志子旣敘類

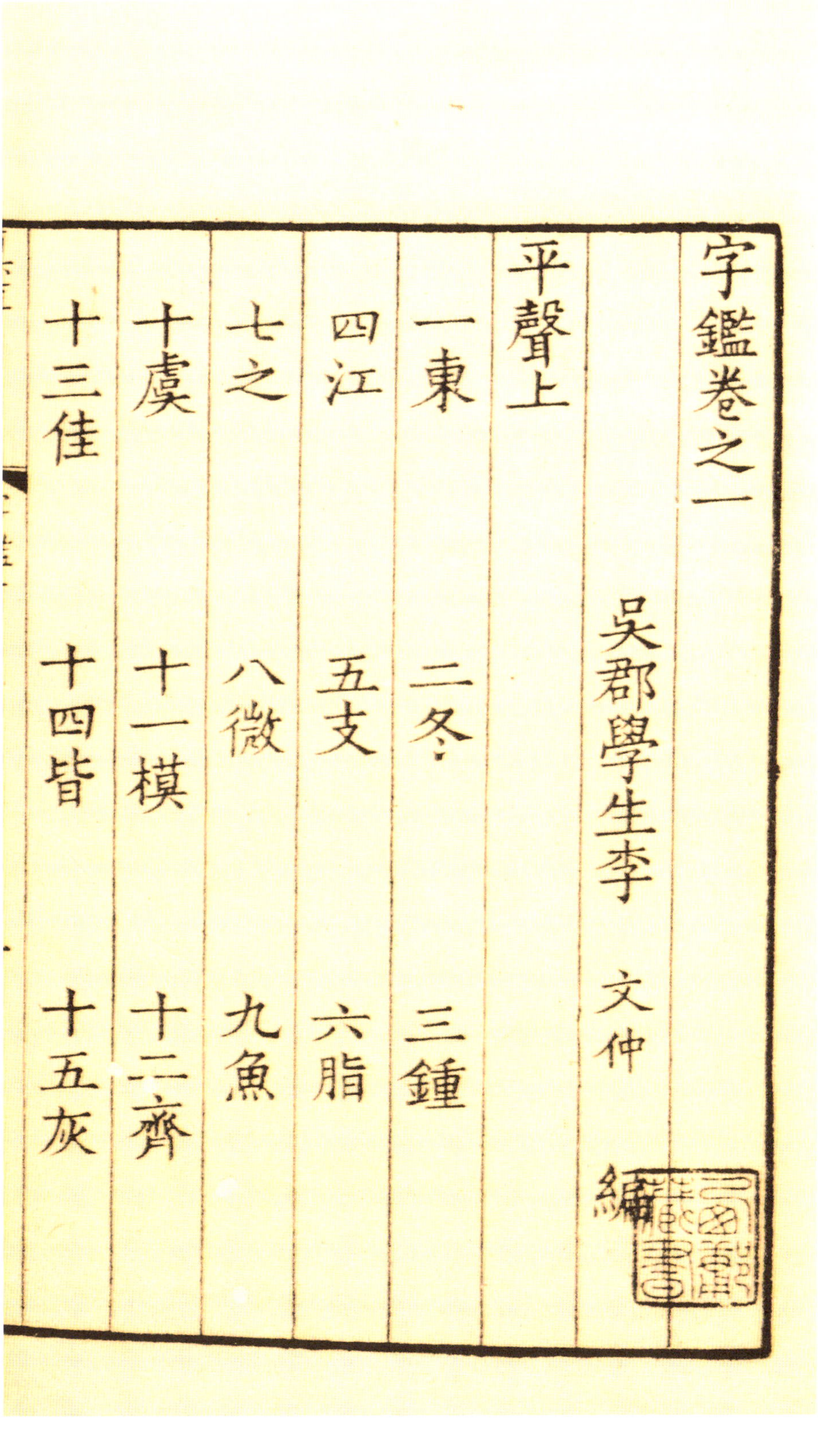

字鑑卷之一

吳郡學生李　文仲　編

平聲上

一東　二冬　三鍾

四江　五支　六脂

七之　八微　九魚

十虞　十一模　十二齊

十三佳　十四皆　十五灰

053.六書通十卷首一卷　〔明〕閔齊伋撰　PL1469 .M56 1893

清光緒十九年（1893）積山書局石印本　五册一函

閔齊伋（1580—?）字寓五，烏程（今浙江湖州）人。

内封題“海鹽畢既明先生篆訂/重訂六書通/增附百體福壽全圖”。

牌記題“光緒癸巳年孟秋/平遠書屋重校印/積山書局石印”。

卷端題“六書通，海鹽畢弘述既明篆訂，苕溪閔章含貞、程昌煒赤文同校”。

卷首有閔齊伋自序，署“順治辛丑仲冬五湖閔齊伋寓五父記時年八十有二”；畢弘述序，署“康熙五十九年歲次庚子清和之望海鹽畢弘述既明氏識”；程煒序，署“康熙庚子清和月穀旦苕溪程昌煒赤文氏識”；李祖望序，署“光緒七年辛巳歲陽上春月上浣之五日金谿七十七老叟李希祁杏卿氏識，姪孫李祖望硯孫敬書”。

鈐印：“教”陰文方印、“問”陽文方印。

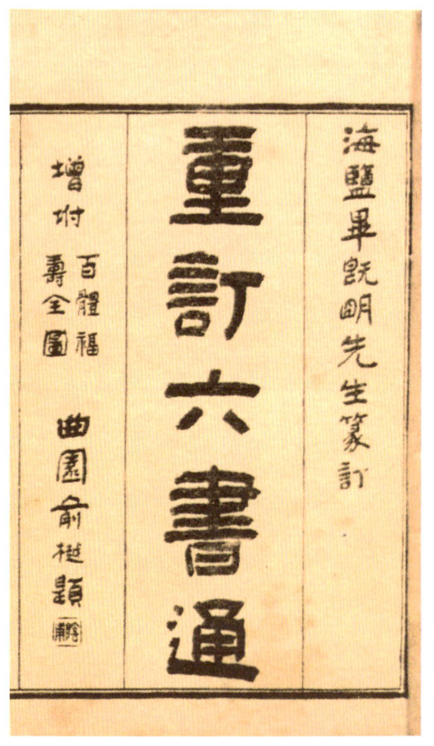
海鹽畢既明先生篆訂
重訂六書通
增附百體福壽全圖
曲園俞樾題

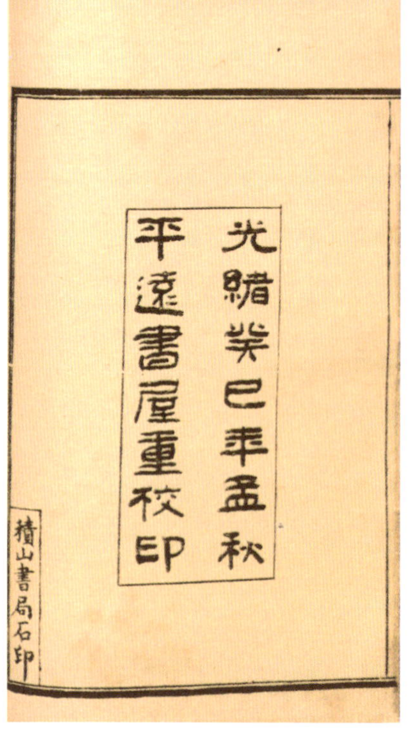
光緒癸巳年孟秋
平遠書屋重校印
積山書局石印

六書通　　　上平聲上第一

海鹽畢弘述既明纂訂

苕溪閔章含貞
程昌煒赤文　同校

一東

054.文字蒙求廣義四卷　〔清〕王筠撰　〔清〕蒯光典注　PL1281 .W31

清光緒二十七年(1901)江楚書局刻本　五册一函

半葉十行二十二字，小字雙行同，黑口，左右雙邊，單黑魚尾，半框高17.7釐米，寬13.8釐米。版心中鎸書名、卷次，下鎸葉碼。

内封題“文字蒙/求廣義”。

牌記題“江楚/書局”。

卷端題“文字蒙求廣義，安邱王筠原本”。

卷首有清道光十八年(1838)王筠原序、菉友筠序、清光緒二十七年蒯光典“識語”。

鈐印：“公安廖氏竹林齋藏書”陽文方印。

文字蒙求廣義卷一　以下二卷列字率以類聚　安邱王筠原本

象形　易曰百官以治萬民以察知文字爲記事而作如今之帳簿而已有實字無虛字後世之虛字皆借實字爲之也字因事造而事由物起牛羊物也牟芈則事也艸木物也出乇禾卤皆事也故班書藝文志曰六書謂象形象事象意象聲轉注假借其次第最允說文及周禮鄭注皆不及也鐘鼎象形字皆畫成其物隨體詰屈李斯變爲小篆欲其大小齊同不能無所伸縮遂有不象者矣茲兼采古文以便初學

日 ⊙　日中有黑影初無定在卽所謂三足烏者也　實也日實疊韻此古聲訓之法聲相近者誼相通也太陽之精不虧故从〇一以象形中央之一古文乙字之變陽中有陰故日中有黑影如離卦然又君象也尙書大傳注日君象也月臣象也

音韻之屬

055.廣韻五卷　〔宋〕陳彭年等撰　PL1201 .K85

清康熙四十三年（1704）張氏澤存堂刻本　三册一函

陳彭年（961—1017）字永年，江西南城人。

半葉十行字不等，小字雙行字不等，白口，左右雙邊，單黑魚尾，半框高15.3釐米，寬11.4釐米。版心中鎸韻目，下鎸葉碼、刻工名。

内封題"張氏重刊/宋本廣韻/澤存堂藏板"。

卷端題"廣韻"。

卷首有"大宋重修廣韻一部"。

卷末有張士俊跋。

鈐印："公安廖氏竹林齋藏書"陽文方印、"翟樹榮印"陽文方印。

按：張士俊跋言刻書本末："從常熟毛丈扆借得大宋重修廣韻一部，相與商榷行世，延其甥王君爲玉，館於將門東莊，摹寫舊本字畫，校讎再四，而後鏤諸版。復因吴江潘先生耒假崑山故相國徐公元文家藏善本勘對詳審，自康熙癸未歲之夏五訖於甲申秋孟乃克竣工。"

張氏重刊
宋本廣韻
澤存堂藏板

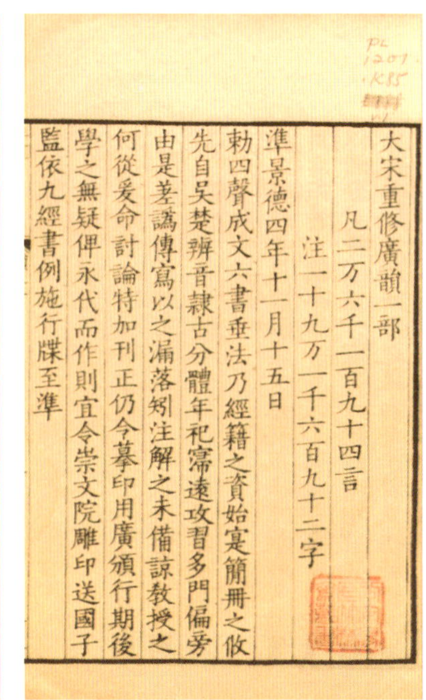

大宋重修廣韻一部
凡二万六千一百九十四言
注一十九万一千六百九十二字
準景德四年十一月十五日
勑四聲成文六書垂法乃經籍之資始寔簡冊之攸
先自吳楚辨音隷古分體年祀寖遠攻習多門偏旁
由是差譌傳寫以之漏落矧注解之未備諒教授之
何從爰命討論特加刊正仍令摹印用廣頒行期後
學之無疑俾永代而作則宜令崇文院雕印送國子
監依九經書例施行牒至準

廣韻上平聲卷第一

德紅東第一獨用　都宗冬第二鍾同用
職容鍾第三　古雙江第四獨用
章移支第五脂之同用　旨夷脂第六
止而之第七　無非微第八獨用
語居魚第九獨用　遇俱虞第十模同用
莫胡模第十一　徂奚齊第十二獨用
古膎佳第十三皆同用　古諧皆第十四
呼恢灰第十五咍同用　呼來咍第十六
職鄰眞第十七諄臻同用　之純諄第十八

韻書之屬

056.初學審音二卷　〔清〕葉庭鑾輯　PL1201 .Y48

清光緒三年(1877)何承禧武林刻本　一册一函

葉庭鑾(1794—1863)字金門,江蘇上元(今南京)人。

半葉六行,小字雙行,上白下黑口,四周雙邊,單黑魚尾,半框高18.7釐米,寬13.2釐米。版心上鎸書名,中鎸卷次,下鎸葉碼。

卷端題"初學審音,金陵葉庭鑾金門輯"。

卷首有何兆瀛序,署"光緒丁丑年四月金陵何兆瀛豈匏甫識於武林之知雄白齋";清道光二十九年(1849)葉庭鑾自序;何承禧跋,署"光緒三年歲次丁丑春二月受業弟子何承禧謹跋"。

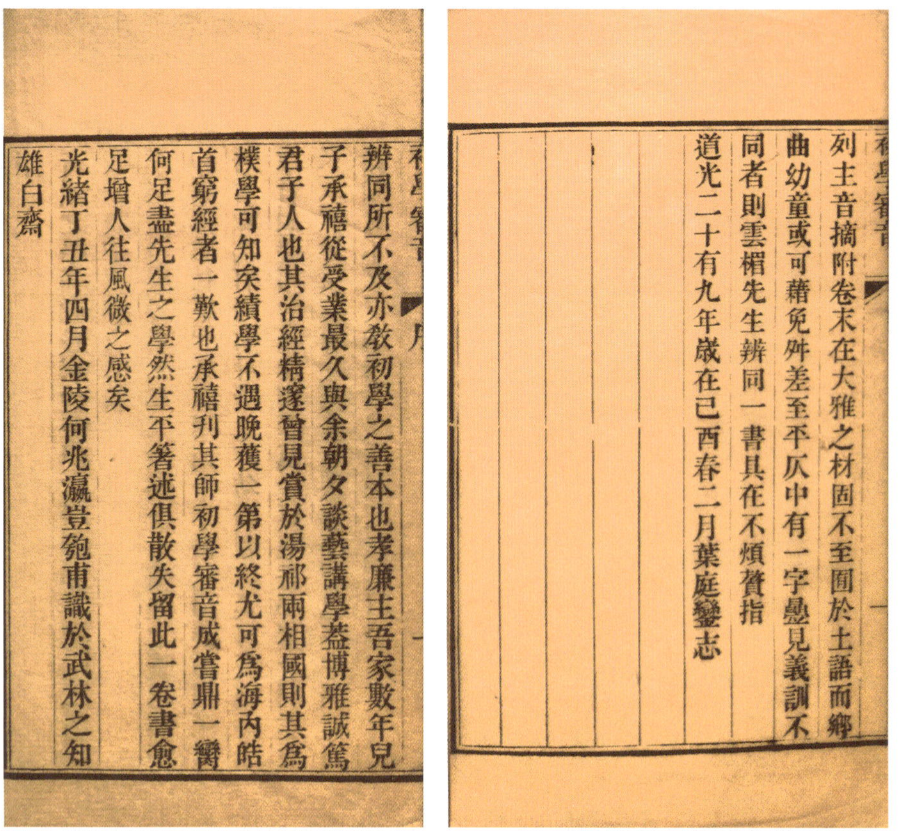

辨同所不及亦敎初學之善本也孝廉主吾家數年見子承禧從受業最久與余朝夕談藝講學益博雅誠篤君子人也其治經精邃曾見賞於湯祁兩相國則其爲樸學可知矣績學不遇晚獲一第以終尤可爲海內皓首窮經者一歎也承禧刊其師初學審音成嘗鼎一臠何足盡先生之學然生平箸述俱散失留此一卷書愈足增人往風微之感矣

光緒丁丑年四月金陵何兆瀛豈匏甫識於武林之知雄白齋

列主音摘附卷末在大雅之材固不至囿於土語而鄉曲幼童或可藉免舛差至平仄中有一字數見義訓不同者則雲楣先生辨同一書具在不煩贅指

道光二十有九年歲在己酉春二月葉庭鑾志

初學審音

金陵　葉庭鑾　金門輯

有平無仄

東

蝀東韻會正韻有董

涷二音仄韻不收

渢

馮集韻韻會正韻竝

有泛音仄韻不收

支

茨疵

訓詁之屬

057.爾雅音圖三卷　〔晋〕郭璞注　

清光緒八年（1882）上海同文書局石印本　二册一函

郭璞（276—324）字景純，河東聞喜（今山西聞喜）人。

内封題“光緒八年季冬/爾雅音圖/上海同文書局縮印”。

卷端題“爾雅，郭璞注”。

卷首有郭璞“爾雅序”；曾燠“爾雅圖重刊影宋本序”，署“嘉慶六年太歲辛酉十月望日兩淮都轉鹽運使南城曾燠撰”。

卷終題“秣陵陶士立臨字，當塗彭萬程刻”。

鈐印：“國維經眼”陰文方印、“曾藏馬國維家”陽文長方印、“熊氏圖籍”陽文方印。

按：縮印所據底本爲曾燠藝學軒刻本。“爾雅序”欄上有眉批。

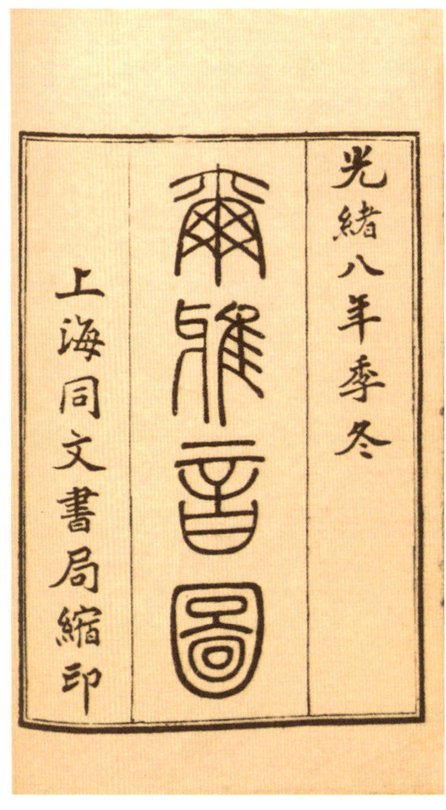
光緒八年季冬
爾雅音圖
上海同文書局縮印

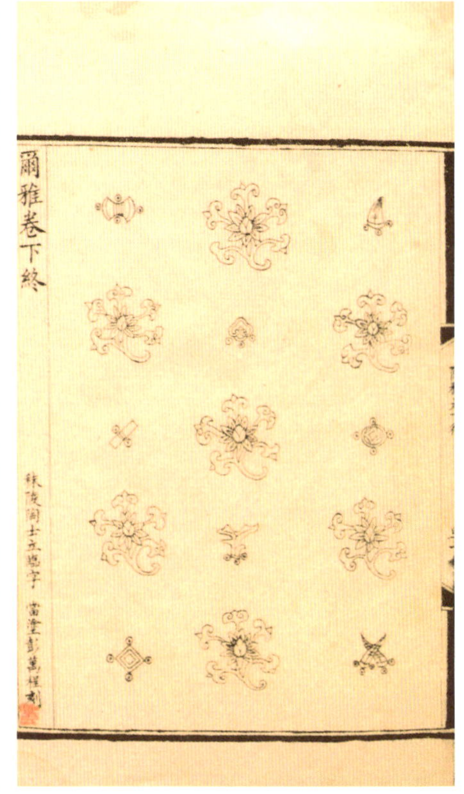
爾雅卷下終
秣陵陶士立臨字　當塗彭萬程刻

爾雅卷上

郭璞註

釋詁第一　釋言第二

釋訓第三　釋親第四

釋詁第一

初哉首基肇（音兆）祖元胎俶（音叔）落權輿始也（尚書曰三月哉生魄詩曰令終有俶又曰俶載南畝又曰訪予落止又曰胡不承權輿胚胎未成亦物之始也其餘皆義之常行者耳此所以釋古今之異言通方俗之殊語）

林烝天帝皇王后辟（音壁）公侯君也（詩曰有壬有林又曰文王烝哉其餘義皆通見詩書）

弘廓宏溥介純夏幠（音呼）厖（音旁）墳嘏丕奕洪誕（音但）戎駿假京碩濯訏（音吁）宇穹壬路淫甫景廢壯冢簡箌（音罩）昄（音反）晊（音姪）將業席大也（詩曰我受命溥將又曰亂如此幠為下國駿厖湯孫奏假王公伊濯訏謨定命有壬有林厥聲載路既有

058.釋人疏證二卷　　葉德輝撰　　PL1420 .Y48

清光緒二十八年（1902）長沙葉氏刻本　一册一函

葉德輝（1864—1927）字奂彬，號直山，别號郎園，湖南湘潭人，祖籍江蘇吴縣。

半葉十一行二十二字，小字雙行同，黑口，左右雙邊，雙黑魚尾，半框高18釐米，寬13.2釐米。版心中鎸“人”、卷次，下鎸葉碼。

内封題“釋人疏證”。

牌記題“光緒壬寅仲冬/長沙葉氏印行”。

卷端題“釋人疏證，長沙葉德輝奂彬述”。

卷首有葉德輝叙，署“光緒壬寅夏六月中伏日長沙葉德輝”。

鈐印：“寶玲文庫”陽文長方印。

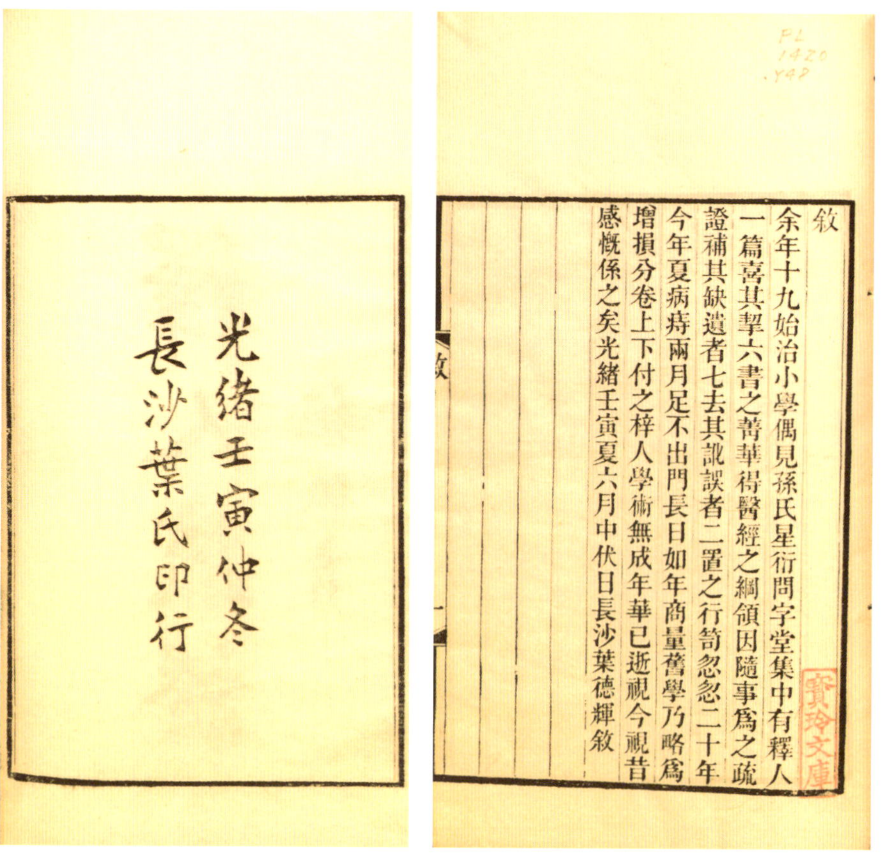
光緒壬寅仲冬
長沙葉氏印行

敘
余年十九始治小學偶見孫氏星衍問字堂集中有釋人
一篇喜其挈六書之菁華得醫經之綱領因隨事爲之疏
證補其缺遺者七去其譌誤者二置之行笥忽忽二十年
今年夏病痔兩月足不出門長日如年商量舊學乃略爲
增損分卷上下付之梓人學術無成年華已逝視今視昔
感慨係之矣光緒壬寅夏六月中伏日長沙葉德輝敘

釋人疏證卷上

長沙葉德輝奐彬述

人

說文人天地之性最貴者也此籒文象臂脛之形儿部云仁人也古文奇字人也象形孔子曰儿在下故詰詘案人儿一字許書儿立部首者以兀兒等字無所从兄兂部首無所次也籒文象臂脛形者人以從生物以衡生故象上臂下脛也奇字象形者儿在下象股脛詰詘詰詘者屈曲也性生古字通周禮地官大司徒辨五地之物生杜子春讀生爲性左傳利用厚生國語厚生作厚性天地之性最貴也者謂天地生人獨貴也孝經聖

059.五車韻府　　(美)馬禮遜編　　

清同治四年(1865)上海倫敦傳教會石印本　一册

五車韻府

A

DICTIONARY

OF THE

CHINESE LANGUAGE,

BY THE

REV. R. MORRISON, D. D.

VOL. I.

SHANGHAE: LONDON MISSION PRESS.

LONDON: TRÜBNER & CO.

REPRINTED, 1865.

A

DICTIONARY

OF THE

CHINESE LANGUAGE.

A

亞 Of the second class; inferior. This is the appellative so common in the names of poor people, as A-lan, A-pin, &c. Many now write it 阿 O, which, in the Provincial Dialect, is pronounced as A. For words thus pronounced, see Ya.

AN

安 Rest; composure. For a further definition, and words thus pronounced, see Gan.

AOU

澳 A deep bay; inlet from the sea or mouth of a river. For further definition, and words thus pronounced, see Gan.

CHA

查 Wood floating in water; a float; a raft; to examine into; to enquire; to refer to records in public offices. A surname. A bar or hindrance. 巨查 Keu-cha, the great raft, —probable allusion to the ark of Noah.

060.輶軒使者絶代語釋别國方言十三卷　〔漢〕揚雄撰　〔清〕戴震疏證

清光緒八年(1882)汗青簃刻本　三册一函

揚雄(前53—18)字子雲,成都人。戴震(1724—1777)字東原,安徽休寧人。

半葉十行二十三字,小字雙行同,黑口,四周雙邊,單黑魚尾,半框高19.1釐米,寬13.3釐米。版心中鎸"方言疏證"、卷次,下鎸葉碼、"汗青簃"。

内封題"方言疏證/十三卷"。

牌記題"光緒壬午春初汗青/簃重校栞微波榭本"。

卷端題"輶軒使者絶代語釋别國方言,戴震疏證"。

卷末有宋慶元六年(1200)"朱質跋李刻方言"。

鈐印:"公安廖氏竹林齋藏書"陽文方印。

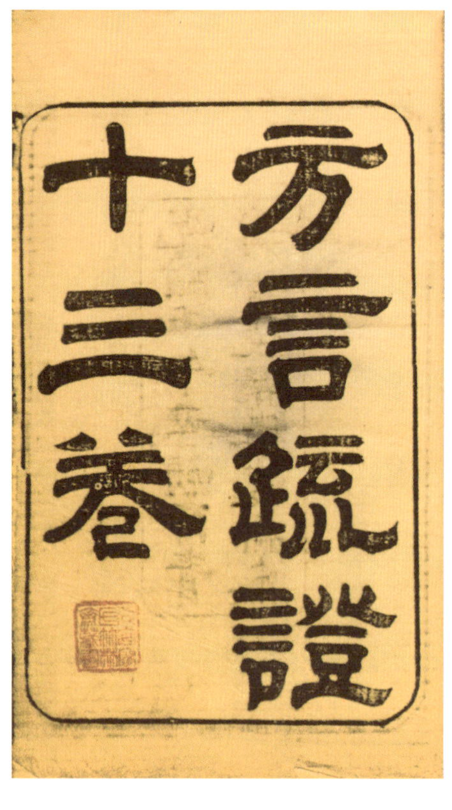

方言疏證
十三卷

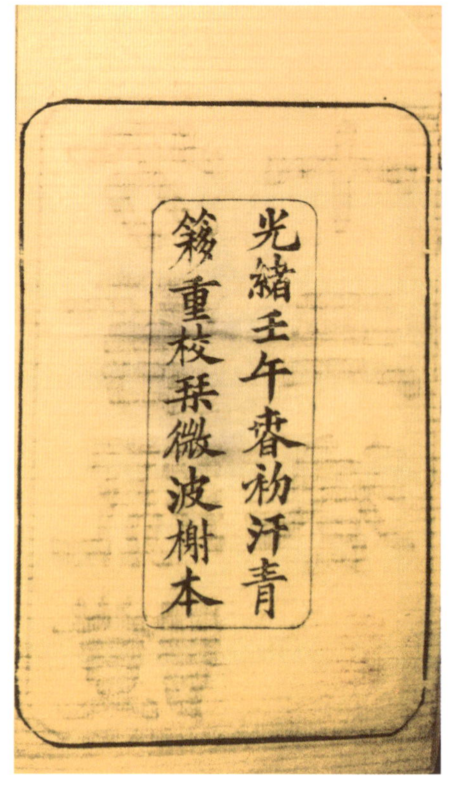

光緒壬午春初汗青
簃重校栞微波榭本

輶軒使者絶代語釋別國方言第一

戴震 疏證

黨曉哲知也楚謂之黨黨朗也解寤貌或曰曉齊宋之間謂之哲

案知讀爲智廣雅黨曉哲智也義本此智古智字孫綽遊天台山賦近智以守見而不之之者以路絶而莫曉李善注云之往也假有之者以其路斷絶莫之能曉也方言曰曉知也此所引乃如字讀與廣雅異注內黨朗疊韻字也廣韻作爣朗云火光寬明

虔儇慧也謂慧了音翾秦謂之謾言謾詑音詑大和反謾七山反晉謂之𢝊音悝或莫佳反宋楚之閒謂之倢言便倢也楚或謂之謞他和反亦今通語自關而東

061.藏語　　何藻翔撰　　DS785 .H69x

清宣統二年（1910）上海廣智書局鉛印本　一册

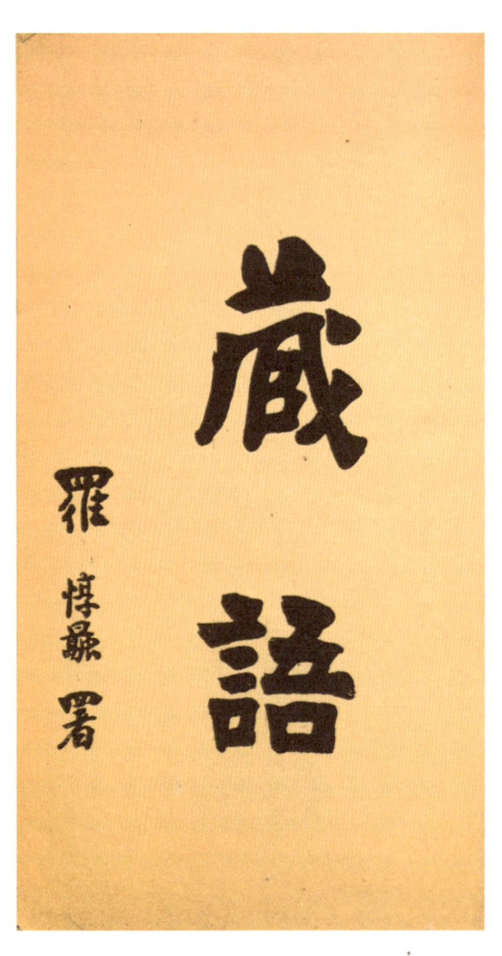

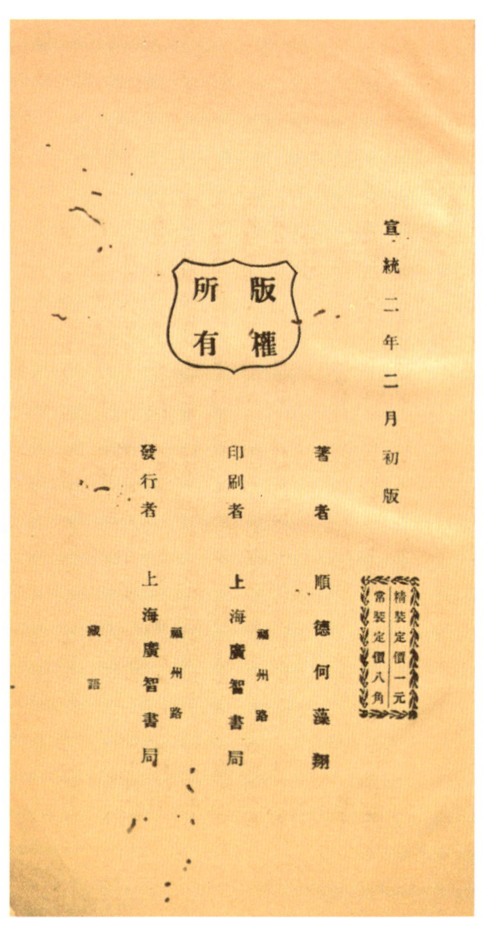

藏語

順德何藻翔

光緒三十二年四月十四日外務部接張欽使電貴部主事何藻翔學貫中外。沈毅有爲。請飭來印隨同入藏。以資襄贊。翌日翔奉電云翩高肯來。吾無憂矣。應辦各事轉商唐侍郎筱川照行。十七日謁唐侍郎。云去年本欲奉約赴印。但已約定燕孫。不敢以第二座奉屈。憩伯舊交。素相推許。此行必能行其志。開埠事想不至十分棘手。但求爲國家辦一兩事。亦何必自居其名。寄語憩伯。善後法只管條陳。惟恐爲財力所限。須擇要先辦。一時亦難十分完善。徐圖改良耳。英軍現駐春丕。照約俟三埠開。安賠欵交清。三年始撤兵。故開埠事刻不容緩。君宜速往助憩伯。答材識庸陋。恐難報稱。惟竭綿薄以副厚期耳。

退見梁燕孫編修。細詢西藏善後辦法。從何下手。梁云。憩伯此行。查辦二字。分兩截做去。查明奏准方能辦。今日只可辦開埠交欵二事耳。

查外務部案亞東關光緒二十年三月二十六日開埠。據駐藏奎大臣煥奏銷冊。經費共約用二十六萬兩。二十一年。戶部四川司三月八月奏銷兩案。由總署戶部及川藏備邊經費項下分撥。

062.［漢俄合璧］韻編　（俄）巴第編　柏百福補譯　Q.495.1 P17K

清光緒十四年（1888）北京同文館鉛印本　二册

内封題“掌院修士巴第遺編/象胥上士栢百福補譯/素餐埜人李壽軒、金臺業儒甄雲甫參校/漢俄合璧韻編/降生一千八伯八十八年、光緒十四年歲次戊子/北京同文館排印”。

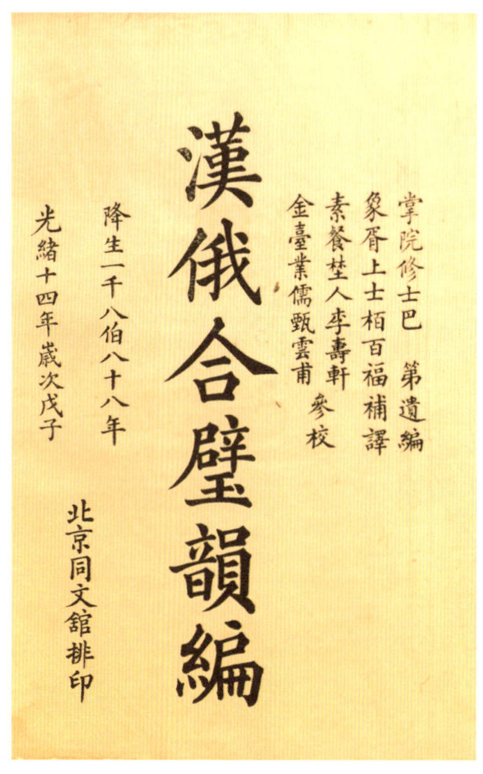

掌院修士巴　第遺編
象胥上士栢百福補譯
素餐埜人李壽軒
金臺業儒甄雲甫　參校
漢俄合璧韻編
降生一千八伯八十八年
光緒十四年歲次戊子
北京同文館排印

КИТАЙСКО-РУССКІЙ СЛОВАРЬ.

А.

阿 *А.* собственно произносится *э;* подъ симъ звукомъ см. его значенія. Какъ *а* употребляется въ нѣкоторыхъ междометіяхъ, преимущественно же въ транскрипціи собственныхъ названій не китайскаго происхожденія.

| 呀 *а я:* увы, ахъ! | 約 *а іо:* восклицаніе при боли, при непріятномъ чувствѣ. | 威 *а вэй* id въ южномъ Китаѣ. | 渾 *а хунь:* пишется также. | [illegible] или | 訇 *а хунъ* у Кит. магометанъ тоже что мулла; съ перс. *Ахундъ.* | 魏 или | [illegible] *а вэй* слово не китайское; на оригинальномъ языкѣ Хасини Асса фетида; сдѣлалась извѣстною въ Китаѣ при монгольской династіи Юань. | 哥 *а гэ:* маньчжурское слово: царевичъ; братецъ, въ фамиліарномъ и вѣжливомъ смыслѣ, равносильномъ китайскому *Гэ гэ;* вошло въ китайскій языкъ между маньчжурами, какъ нѣкоторыя другія слова, наприм: *а ма,* вмѣсто китайскаго *Фу-цинъ,* отецъ. | 爹 *а дѣ* уйгурское названіе отца (въ VIII вѣкѣ); остается иногда безъ перевода; это тюркское ата, отецъ. | 錫 *а си* стар. названіе тонкой шерстяной ткани и тонкаго холста, равно привозныхъ. | 緆 *а си* тонкій холстъ. | 誰 *а шуй* кто? употребляется на югѣ. 嬌 *а цзяо* нѣжный, деликатный, жантильный (о дѣвицахъ), 躭 *а дань* Адамъ у іудеевъ и магометанъ въ Китаѣ. По преданію магометанъ, Богъ сотворилъ Адама изъ душистой глины растворенной райскою водою безсмертія; *дань* выражается и другими знаками. | 呼 *а ху* въ буддійскихъ шагахъ, восклицаніе чрезвычайной похвалы: дивно! | 彌 *а ми* матушка. | 薩 呼 *са а ху:* прекрасно! дивно! | 賴耶 *а лай я:* инд. *А-лай-я,* т. е. вмѣстилище, въ будд. идеалистической системѣ Іогачара, источникъ призрачнаго бытія міра; въ ней зародыши добра и зла и всѣ феномены въ потенціи. См. ши. | 羅 訶 *а ло хо:* инд: *Архатъ,* т. е. досточтимый; у буддистовъ титулъ Будды. Въ христіанскомъ памятникѣ IX-го вѣка этими же знаками выражено библейское *Э-ло-а* Богъ. | 羅 漢 *а ло хань:* во просторѣчіи *Ло-хань,* также съ инд. *Архатъ;* по китайскіе буддисты, прилагая *А-ло-ха* къ Буддѣ, названіе *Ало-хань,* арханъ, даютъ своимъ святымъ четвертой, т. е. высшей степени изъ подвижниковъ, которые освободились отъ перерожденій. Архановъ два рода: 1) Арханы *безъ остатка,* т. е. погрузившіеся въ нирвану; 2) Арханы *съ остаткомъ* т. е. остающіеся въ мірѣ, въ человѣческомъ тѣлѣ, владѣя даромъ метаморфозъ; архановъ послѣдняго рода насчитываютъ 500; они обитаютъ въ кашмирскихъ горахъ; главные изъ нихъ, въ числѣ 18 часто изображаются буддистами; кумиры ихъ можно встрѣтить во многихъ буддійскихъ капищахъ. | 米 納 *а ми на:* у китайскихъ магометанъ, аминь, произносимое послѣ нѣкоторыхъ молитвъ. | 芙 蓉 *а фу юнъ:* такъ прежде назывался опіумъ. | 闍黎 или | 鞞闍 *а шэ ли* инд. *Ачарья,* у китайскихъ буддистовъ значитъ наставникъ; *а шэ ли* бываетъ въ буддійскихъ монастыряхъ пяти родовъ: 1) постригающій ставленниковъ; 2) руководящій ихъ при обрядахъ посвященія; 3) научающій правиламъ монашеской жизни; 4) толкующій свящ. книги; 5) духовникъ во время лѣтняго уединенія. 3-й родъ ламъ созерцателей. 蘭 若 *а лань жо:* инд. зн: уединенное тихое мѣсто, такъ называются будд. монастыри; по правиламъ они не должны быть ближе 5 ли (2.5 верст.) отъ селеній и городовъ. | 穆 孫 *а му сунъ:* маньчжурское, не всегда переводимое слово; значитъ, кишечный жиръ закланной въ жертву свиньи, въ шаманскихъ

063.**漢文典**　　來裕恂撰　　495.1 L14C

清光緒三十二年(1906)上海商務印書館鉛印本　一册

内封題“光緒三十二年閏四月/漢文典/上海商務印書館印行”。

按:初版。

光緒三十二年閏四月
漢文典
上海商務印書館印行

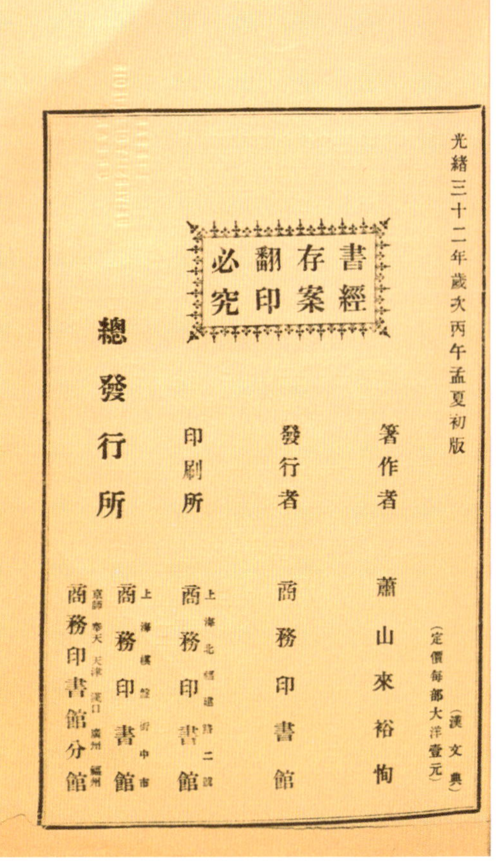
光緒三十二年歲次丙午孟夏初版
(漢文典)
(定價每部大洋壹元)
書經存案翻印必究
著作者　蕭山來裕恂
發行者　商務印書館
印刷所　上海北福建路二號　商務印書館
總發行所　上海棋盤街中市　商務印書館
京師　奉天　天津　漢口　廣州　福州　商務印書館分館

漢文典文字典卷一

字由

中國文字、基於伏羲畫卦、至倉頡造字而大備、思想日益邃密、語言之記載、由之而不窮、自茲以降、由古文而大篆、而小篆、而隸書、而行書、而草書、而楷書、時用八體、時用六體、承學之士、創造新字者日益衆、大抵如唐韋續所纂五十六種書者、可考證也、雖然中國文字自上古至今已四千數百年於茲矣、而統計不過四萬有奇、較之英文十萬餘者、不能比例、且適用又不過半焉、是可以知吾國文字之勢力矣、作字由第一、隸篇四、

起原篇

太古渾渾、其民睢盱、其俗敦龐、無點畫以爲符號、無文字以代語言、自伏羲法河圖而後有文字、及朱襄造書契、刻木畫字、使天下義理、必歸文字、天下文字、必歸六書、文字於是有條理、逮黄帝立史官、以倉頡爲左史、文字遂大成、故中國文字、起於伏羲、成於倉頡、

064.漢英韻府 （美）衛三畏編譯 491.1 W67S 1903

清同治十三年（1874）滬邑美華書院鉛印本 一册

衛三畏，美國傳教士，清道光十三年（1833）來華。

内封題“同治甲戌年鐫/衛三畏廉士甫編譯/漢英韻府/滬邑美華書院銅板梓行”。

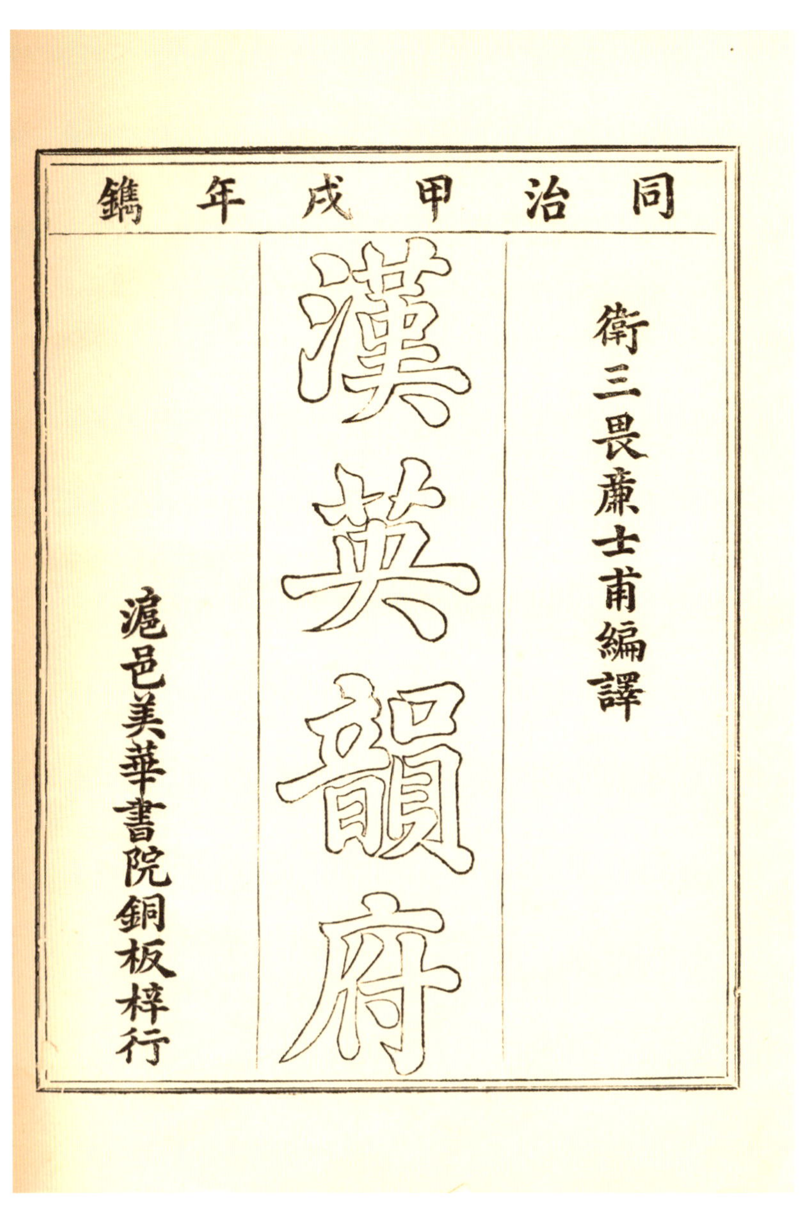

同治甲戌年鐫

衛三畏廉士甫編譯

漢英韻府

滬邑美華書院銅板梓行

A

SYLLABIC DICTIONARY

OF

THE CHINESE LANGUAGE.

AI.

See also under the syllables YAI *and* NGAI. *Old sounds*, a, ap, ak, *and* at. *In Canton*, oi *and* ai; — *in Amoy*, ai *and* é; — *in Fuhchau*, a *and* ai; — *in Shanghai*, a, é, ya, *and* yih; — *in Chifu*, ai.

挨 ꜀ai From *hand* and *really* as the phonetic; it is interchanged with *syai* 捱 to defer.

To rely on, to trust to; to push away; to carry on the back; to place alongside; to force, to crowd, as with the elbows; to graft; to strike on the back; to be the object of, to suffer, and thus it becomes the sign of the passive; next, near, contiguous.

相丨 to be next to each other; to lean on.

有大山丨靠 he has powerful friends.

丨保 a student's surety.

丨門丨戶 to go from door to door, as a beggar; to gad about.

丨背 back to back.

丨不進去 I can't get in, — for the crowd.

丨打 or 丨了打 to be beaten; I was thrashed, or struck.

丨晚 towards evening; late in the afternoon.

丨肩弟兄 brothers nearly the same age.

丨了一年 I have waited already a year.

丨延過日 to procrastinate day by day, to delay till the time has passed.

In *Cantonese*. To lounge, to lean against; to lie down; an interjection of surprise, sorrow, or pain; to beg or ask.

丨下的 lie down a little.

丨呢邊 lean it here, as against a wall.

丨得去 it will answer.

丨求你 I intreat you.

丨吔 oh dear! whew! an exclamation also written as below, and in other ways.

哎 ꜀ai An interjection of surprise, mixed with regret or self-reproach.

丨呀 haiya! it indicates more distress than our heigh-ho; alas! alack!

丨喲我錯了 oh dear! I've made a mistake.

丨我纔知道了 ah! I only just now knew it.

靄 ꜀ai, ʻai From *rain* and *to visit* as the phonetic.

The heavens covered and adorned with clouds; a cloudy but bright sky; obscured.

祥雲丨丨 the beautiful clouds are scattered about.

丨氣 fair clouds.

嵐丨 cloudy hill-tops.

靉 ʻai From *clouds* and *to desire*; like the last.

Cloudy, obscure; sky covered with clouds; murky.

丨靆 dull or cloudy; applied to spectacles, as they can relieve sight; said to have been brought from Malacca in the Yuen dynasty.

藹 ꜀ai, ʻai From *plants* and *to visit*.

Beautiful and luxuriant vegetation; shady, flourishing; fine, graceful, stylish, pleasing.

丨丨王多吉士 the many accomplished officers in the king's employ.

和丨 dignified and courteous.

翠丨 a rich emerald color, as of a lawn or grassy bank.

幽丨 shady groves.

壒 ꜂ai, ʻai From *earth* and *to cover*.

Dust rising in the air; obscured, as in a dust storm.

不丨水 clear, pellucid water.

泥化輕丨 the mud turned into light dust.

軼挨丨之泥濁 to get beyond the defilements of this dusty world, — as when becoming a priest.

065.漢英韻府　（美）衛三畏編譯　491.1 W67S 1909

清光緒三十二年（1906）北通州協和書院鉛印本　一册

内封題“同治甲戌年原鐫/光緒丙午年再鐫/美衛三畏廉士甫編譯/華北公理會委辦重訂/漢英韻府/北通州協和書院梓行”。

按：英文扉頁標1909。

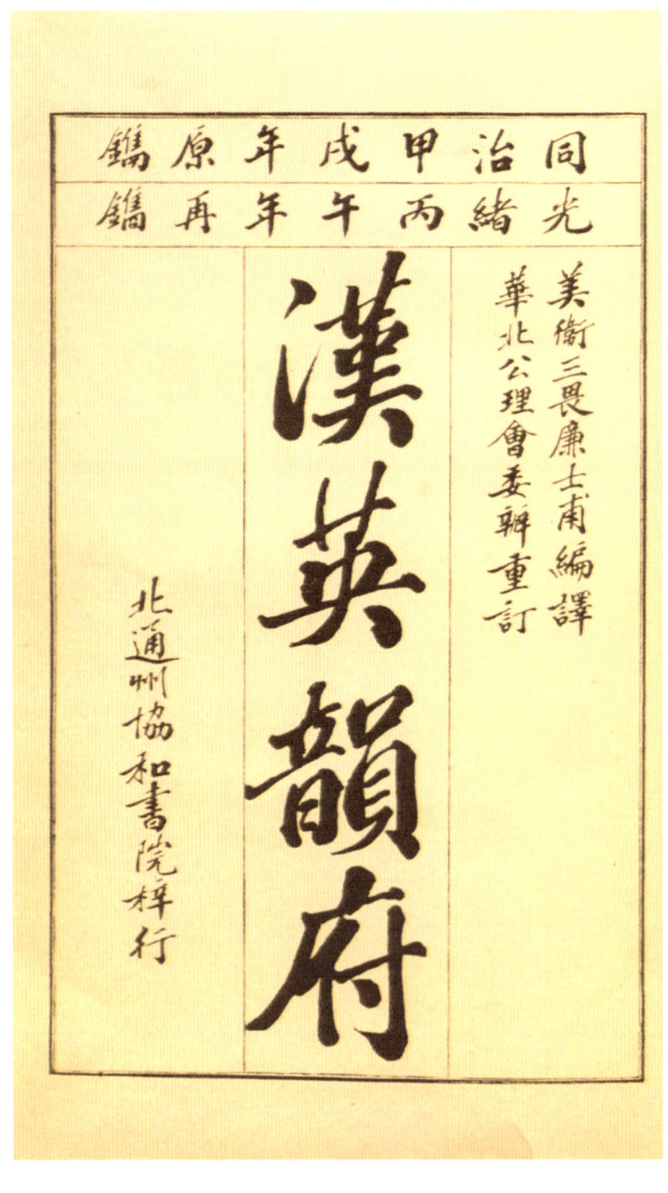

A	A	AI

A

啊 1

This is interchanged with 呵 to breathe.

An interjection of pleasure or disgust; an interrogative particle, implying no doubt.

你好丨 are you well?

丨喲很痛 Haiya! it hurts me badly.

喝茶丨 will you take some tea?

丨口氣 to breathe as when warming one's hands.

你用心聽丨 you must hear.

阿 1.3 4

From a *mound* and *can* to give the sound.

A high ridge, the bank of a stream; one side or end higher than the other; distorted, prejudiced; near, leaning against; a beam; to cringe, to flatter, to assent; an answer to an order denoting assent, as aye, aye, Sir; beautiful, as trees; who? what? an exclamation, alas! O! this character and 亞 are used as sounds before proper names in the south of China, also in the phrase

丨哥 the emperor's sons

唯之與丨相去幾何 to reply Sir! or Ah! — where is the great difference?

丨媚奉承 to servilely agree with one.

丨丘 a slope or hillside.

丨斗 the son of Liu Pi, A. D. 260, a confirmed sot; *met.* a blockhead and shiftless fellow.

丨魏 asafœtida.

家中有丨誰 who is that in the house?

丨比 following another's lead, servile.

丨姐 elder sister.

汙不至丨其所好 though humble, they would not flatter their favorites.

丨迷州 a district in the southeast of Yünnan.

丨娘 mother.

丨香 a fairy who helps Lei-kung 雷公 the god of Thunder, to roll his chariot.

丨恕迦 or 丨育 Asoka, the great king who favored Budhism, B. C. 319.

A

In *Cantonese*. A final interrogative particle, implying doubt.

等我送你丨 shall I send it to you?

跃
噴

See page 679

AI

唉
欸 1.3

A sighing, mournful tone; an interjection of disgust or regret; a tone or word of reply, yes, so; a belching sound

訊丨 to ask in alarm.

丨可憐 oh, how sad!

丨丨 hushaby! used by nurses.

挨 1

From *hand* and *really* as the phonetic; it is interchanged with 捱 to defer.

To rely on, to trust to; to push away; to carry on the back; to place alongside; to force, to crowd, as with the elbows; to graft; to strike on the back; to be the object of, to suffer, and thus it becomes the sign of the passive; next, near, contiguous.

相丨 to be next to each other; to lean on.

有大山丨靠 he has powerful friends.

丨保 a student's surety.

丨門丨戶 to go from door to door, as a beggar; to gad about.

丨背 back to back.

丨不進去 I can't get in, —for the crowd.

丨打 or 丨了打 to be beaten; I was thrashed, or struck.

丨晚 towards evening; late in the afternoon

丨肩弟兄 brothers nearly the same age.

丨了一年 I have waited already a year.

丨延過日 to procrastinate day by day, to delay till the time has passed.

In *Cantonese*. To lounge, to lean against, to lie down; an interjection of surprise, sorrow, or pain; to beg or ask.

丨下的 lie down a little

丨呢邊 lean it here, as against a wall.

丨得去 it will answer.

丨求你 I intreat you.

丨吔 oh dear! whew! an exclamation also written as below, and in other ways.

哀 1

From *mouth* and *clothes.*

To grieve for, to compassionate, to feel for; to sympathize; sorrow; grieving; lamentable distressing, sad, woful; mournful, minor, as music; pity, grief, commisseration; urgently, heartily; a lament, as for a dear friend; alas, alas!

丨憐 to feel for other's woes.

066.**英華分韻撮要**　（美）衛三畏編譯　

清咸豐六年（1856）羊城中和行鉛印本　一册

内封題“咸豐丙辰年鐫/衛三畏廉士甫編譯/英華分韻撮要/羊城中和行梓行”。

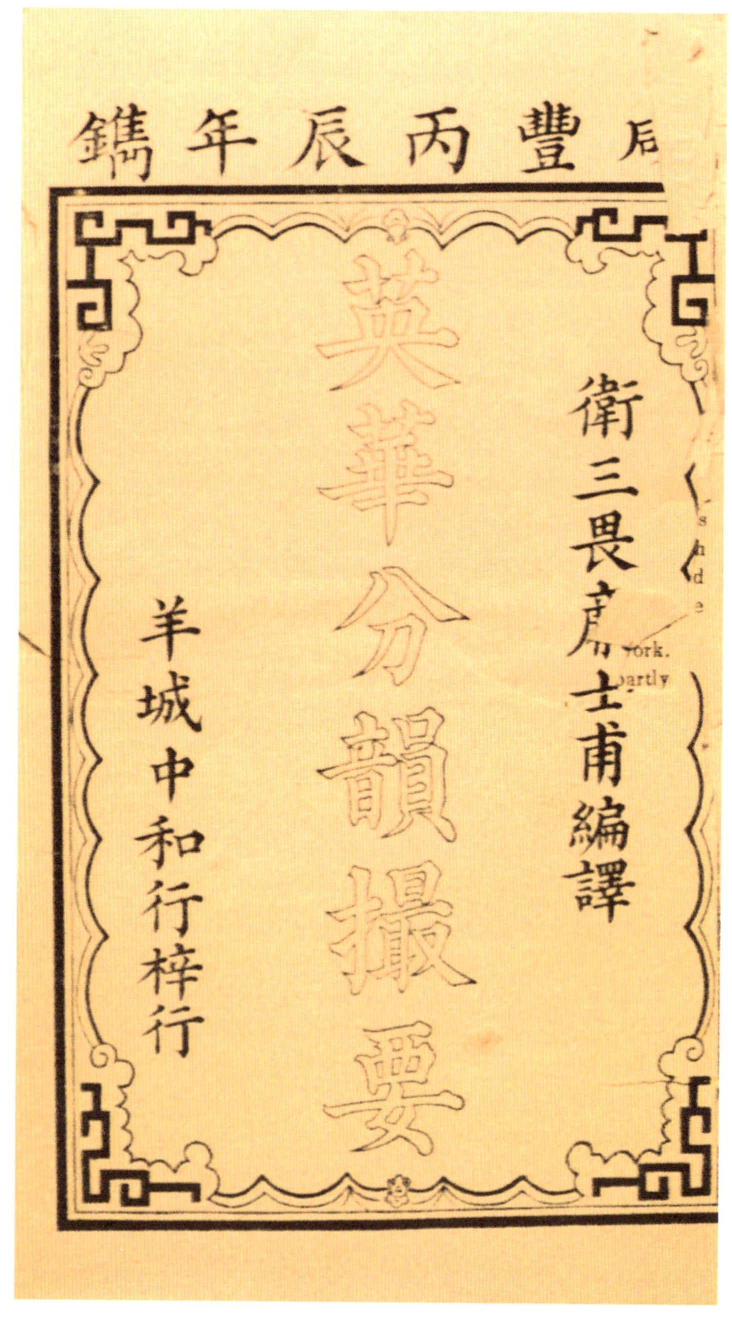

A TONIC DICTIONARY

OF THE

CANTON DIALECT.

(1) Á.

[Words in *a* or *á*, are often heard beginning with *ng*, as *ngá*, *ngai*, *ngat*.

吖 Yá A colloquial word. An interrogative particle; also one indicating that the affirmation is indisputable; a mere final answering tone, having no meaning; *'hò ꜀á* well, very well; *꜀á wai'* poor, necessitous; *'k'ü 'kòm wá' ꜀á*, he said so; *mat꜀ 'yé ꜀á*, what? *'kòm tsò' ꜀á*, no, this is the way to do it.

鴉 Yá A raven with a white streak on its breast; *'lò ꜀á*, a raven or crow; *꜀t'ò ꜀á*, written roughly; *꜀á p'in' ꜀nai*, opium.

呀 Y A colloquial word. An interjection used in answers, denoting surprise or alarm; alas! dreadful.

Read *꜁ngá*; the wrangling of children; to open the mouth wide; *꜁ngá ꜀lán 'mai*, cochineal.

丫 Yá A fork, a crotch; the parting of two branches, fingers, or tines; *꜀á ꜀t'au* or *꜀á ꜀wán*, a slave girl; *꜀á kok꜀ kai'* a little boy; *꜀á ꜀ch'á*, a fork, a rest for clothes' sticks; *shü' ꜀á* fork of a tree; *꜀sám ꜀á lò'* meeting of three ways, a trivium.

啞 Yá The confused noise of children studying; dumb; to keep silent, for which the next is used; *'á mai'* an enigma; *꜀ts'ing ꜁nán 'á 'yan*, hard to bear it patiently.

Also read *ak꜀*; *ak꜀ ak꜀* the sound of giggling.

瘂 Yá Dumb, unable to speak; dull, faded; a cracked sound, as a bell; wheezing; nape of the neck; *'á 'tsai*, a dumb boy; *'á 'hau ꜁mò ꜁in*, will not speak, sulky; *'á tuk꜀* dumb people are revengeful; *꜀sheng tái' 'á*, the sound is indistinct.

呀 Yá A colloquial word. A final particle, adding intensity to the meaning; *꜁'m 'hò á'* not at all good.

Also spoken *á'*; ten, used after a higher number; an answer, a word of reply like Aye! *á' 'hò*, yes, well; *sz'' á' ꜁ts'in*, forty cash.

067.華英萬字典　（意）布列地編　

清光緒三十一年（1905）鉛印本　一册

華英萬字典

A Chinese and English Dictionary,

ARRANGED ACCORDING TO

RADICALS, AND SUB-RADICALS,

CONTAINING 12,650 CHINESE CHARACTERS

WITH THE PRONUNCIATION IN THE PEKING DIALECT

ACCORDING TO SIR THOMAS WADE'S SYSTEM,

AND

THE PRONUNCIATION IN THE GENERAL LANGUAGE OF CHINA

IN DR. WILLIAMS' SPELLING.

BY

P. POLETTI.

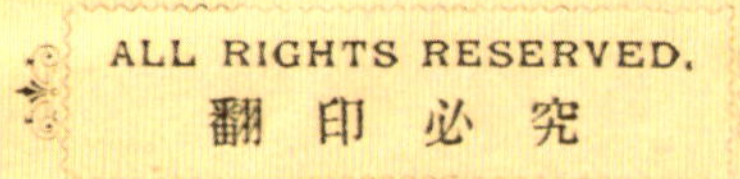

Shanghai:

PRINTED AT THE AMERICAN PRESBYTERIAN MISSION PRESS.

1905.

(A Chinese Version of this Dictionary, price $1.00.)

華英萬字錄

ALPHABETICAL INDEX

TO

12,650 CHINESE CHARACTERS,

arranged according to Sir Thomas Wade's System of Orthography with the indication of the number of

THE RADICAL AND SUB-RADICAL

OF EACH CHARACTER.

BY

P. POLETTI.

For sale at the Presbyterian Mission Press, Shanghai.

Price $0.50.

LEARN BY YOURSELF
either Chinese or English,
WITHOUT SCHOOL,
WITHOUT TEACHER.
USE:-
"一 二 三
ONE, TWO, THREE.
YI, ÊRH, SAN."
(Chinese and English Primer.)
By P. POLETTI.
Price: 15 cents.

Printed and sold at the American Presbyterian Mission Press, Shanghai, 18 Peking Road.

諸君如其無暇到塾。且不必請先生教授。亦能自學英語。即用無師一目了然英文一書。此書價值大洋一角半。發賣處在上海後馬路即北京路第十八號美華書館內。

068.商務書館華英音韻字典集成　（英）羅布存德撰　企英譯書館增訂

495.1 C73E

光緒二十八年（1902）上海商務印書館鉛印本　一册

内封題“商務書館華英/音韻字典集成”。

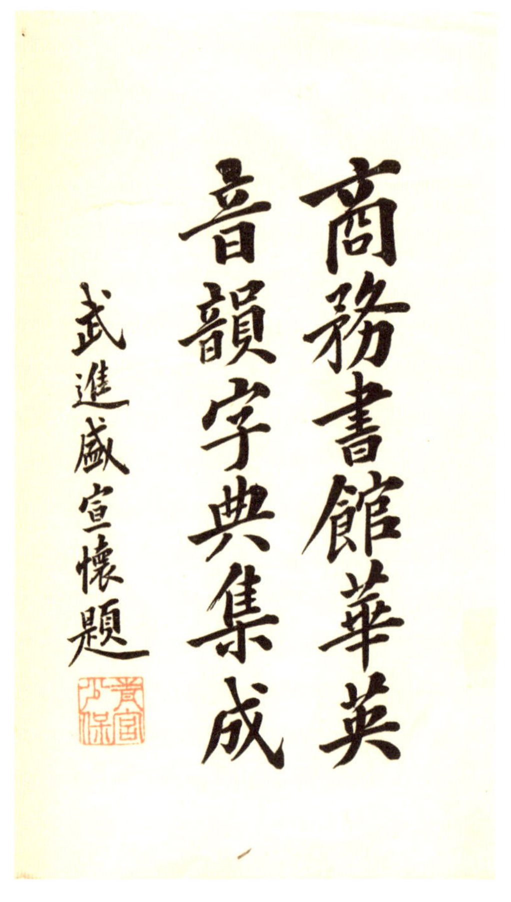

商務書館華英
音韻字典集成
武進盛宣懷題

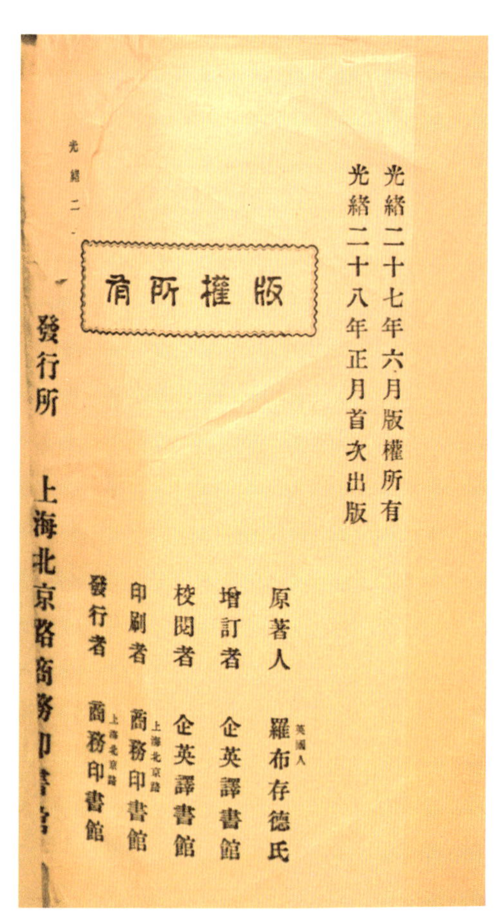

光緒二十七年六月版權所有
光緒二十八年正月首次出版

版權所有

原著人 英國人 羅布存德氏
增訂者 企英譯書館
校閱者 企英譯書館
印刷者 上海北京路 商務印書館
發行者 上海北京路 商務印書館
發行所 上海北京路商務印書館

商務書館華英音韻字典集成

COMMERCIAL PRESS

ENGLISH AND CHINESE

PRONOUNCING DICTIONARY.

A.

A. The first letter of the English Alphabet, 英語字母首字; its broad and open sound is expressed by 亞 or 阿. A, the indefinite article is expressed by the numeral 一, and is followed by the Classifier defining the noun; as: ——a band of robbers, 一羣賊; a bean, 一粒荳; a blow of hand, 一下手; a boat, 一隻艇; a book, 一部書; a bottle, 一個罇; a bouquet of flowers, 一朶花; a broom, 一把掃帚; a bundle of pencils, 一扎筆; a bundle of straw, 一把乾草; a burden (of &c., &c.), 一擔; a cannon, 一門炮; a cap, 一頂帽; a carriage, 一架(輛 or 乘)馬車; a cash, 一文錢; a chair, 一隻椅; a clod of earth, 一團泥; a cluster (or bundle) of incense sticks, 一炷香; a criminal, 一名犯; a decree, 上諭一道; a dog, 一隻狗; a dollar, 一圓銀; a door, 一扇門; a double-edged sword, 雙口劍; a dress, 一件衫; a fan, 一把扇; a feast, 一席酒; a fish, 一尾(條)魚; a flock of sheep, 一群羊; a flock of birds, 一群雀; a game of chess, 一局棋; a gentleman, 一位客; a gong, 一面鑼; a government officer, 一員官; a horse, 一匹馬; a house, 一間屋; a knife, 一把刀; a lamp, 一盞燈; a leaf (of a book), 一頁; a letter, 一封信; a man, 一個人; a lump of beef, 一團牛肉; a mosquito curtain, 一堂蚊帳; a needle, 一隻針; a noble affair, 一件美事; a number of people, 一堆人, 一群人; a packet of paper, 一包紙; a pagoda, 一座塔; a pair of shoes, 一雙鞋; a pair of blankets, 一合洋氈; a pair of trousers, 一條褲; a pane of glass, 一塊玻璃; a pearl, 一顆珍珠; a pencil, 一枝(管)筆; a piece of calico, 一疋布; a piece of cloth, 一疋布; a piece of ground, 一段地; a plant of bamboo, 一竿竹; a plaster, 一張膏藥; a play (one act of), 一檯戲; a procession, &c., &c., 一班春色; a puff of smoke, 一陣烟; a quire of paper, 一刀紙; a river, 一條河; a room, 一間房; a row of boats, 一行船; a row of trees, 一排樹木; a sedan chair, 一頂轎; a set of books, 一套書; a set of instruments, 一副器具; a section of regulations, 一欵章程; a sentence, 一句話; a sheet of paper, 一張紙; a shirt, 一件汗衫; a shoal of fish, 一隊魚; a shower of rain, 一場雨; a slab of stone, 一塊石; a spot of rust 一笪銹; a small piece of wood, 一片木; a star, 一點星; a story (of house), 一層; a succession of doors, 幾重門; a suit of clothes, 一身(套)衣服; a swarm of bees, 一群蜜蜂; a sword, 一口劍; a table, 一隻檯; a teacher, 一位先生; a tree, 一棵(株 or 根)樹; a volume, 一本書; a (large) volume, 一部書; a wall, 一幅牆; a year, 一年; (twice a year, 一年兩次).

A. after a verb, to go a hunting, 去打獵.

Aard-vark, (ard'-vark) *n.* 食蟻獸. (此獸產於亞非利加之南.)

食蟻獸圖

069.英華初學 495.1 L87E

清同治十一年（1872）上海美華書館鉛印本　一册

内封題“耶穌降世一千八百七十二年/英華初學/歲次壬申，上海美華書館銅版”。

070.又一部 495.1 L87E

耶穌降世一千八百七十二年
英華初學
歲次壬申　上海美華書館銅版

200332

LESSONS IN WORDS OF THREE LETTERS.

LESSON I.

a 一　the 個，其
and 並，和　ate 吃了

1. A dog and a cat.
2. The dog bit the cat.
3. A cat and a rat.
4. The cat ate the rat.

第一課

1 一隻狗一隻貓。
2 狗咬了貓咯。
3 一個貓一個老鼠。
4 貓吃了老鼠咯。

LESSON II.

I 我　do 行爲做
you 爾，你　is 是
he 他　boy 童子，孩子
see 見

1. I see the man.
2. Do you see him?
3. He is a fat man.
4. The boy is not fat.

第二課

1 我看見那個人。
2 你看見他麼。
3 他是個胖子。
4 孩子不胖。

071.英華字典

清光緒八年(1882)上海美華書館鉛印本　一册

ENGLISH AND CHINESE

DICTIONARY.

COMPILED BY

REV. I. M. CONDIT,

MISSIONARY TO THE CHINESE.

AMERICAN TRACT SOCIETY,

150 NASSAU STREET, NEW YORK.

耶穌降世一千八百八十二年

上海美華書館銅板

ENGLISH AND CHINESE

DICTIONARY.

ABO　　ABU

A 一
a man 一個人
a fan 一把扇
Abandon 辭, 捨去, 棄丟
to abandon a wife 棄妻
Abate 減, 減省, 減些
to abate the price 減價
Abreviate 槧短, 減省
Abdomen 腹, 肚, 小腹
Abhor 極憎惡嫌棄
Abide 居住, 寓住, 等候
Abject 下賤的, 下流的
Ability 才能, 能幹, 本事
great ability 大才, 大器
Able 會能, 力足, 會做
able to do 會做, 能做
Aboard 船上, 在船
to go aboard 落船
Abode 居住, 寓所
Abolish 革除, 廢滅
Abomination 可惡之事
Abound 有多, 茂盛

About 上下, 大約, 周圍
about twenty 約膜二十
about to go 將去
to ask about 問及的事
Above 上, 上面, 上頭
not above twenty 不上二十
Abreast 並肩, 一拍, 在旁
to walk abreast 並行
Abroad 出外, 不在家
Abrupt 忽然, 危險, 突屹
Absconnd 逃走, 躲匿
Absent 不在唔喺嚧
he is absent 佢唔喺嚧
Absolute 定然, 完全, 全權
Absorb 涸乾, 吞下, 去吸
Abstain 戒節, 戒齋, 戒
to abtsain from wine 戒酒
Abstract 拔出, 減除, 忘形
Absurd 不合理, 呆, 妄
it is absurd to talk so 噉樣講係呆嘅
Abundance 極多, 豐盛

1*

史部

紀傳類

正史之屬

072.史記一百三十卷　〔漢〕司馬遷撰　〔南朝宋〕裴駰集解　〔唐〕司馬貞索引　〔唐〕張守節正義　DS748 .S745 1884

清光緒十年（1884）上海同文書局石印本　二十六册四函

司馬遷（約前145或前135—？）字子長，夏陽（今陝西韓城）人。

内封題“史記百/三十卷”。

牌記題“光緒十年甲申/仲春上海同文/書局用石影印”。

卷端題“史記，漢太史令司馬遷撰，宋中郎外兵曹參軍裴駰集解，唐國子博士弘文館學士司馬貞索引，唐諸王侍讀率府長史張守節正義”。

卷首有“御製重刻二十一史序”，署“乾隆十二年日講官起居注翰林院侍讀學士臣陳邦彦奉敕敬書”；進表；職名；裴駰“史記集解序”；司馬貞“史記索隱序”“史記索隱後序”；張守節“史記正義序”；“史記序考證”；“史記目録”；“史記目録考證”。

卷末有司馬貞“補史記序”、司馬貞撰並注“補史記”、張守節“史記正義論例謚法解列國分野”、張照“史記考證跋語”、校刊史記職名。

鈐印：“豫生”陽文方印。

按：書函封面題“欽定史記”。

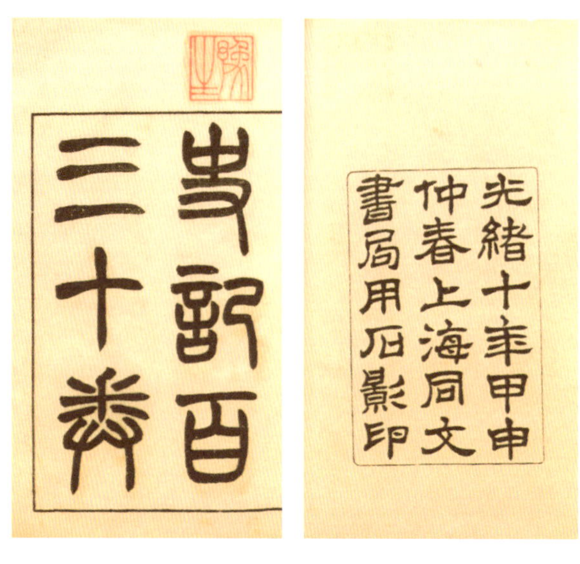

史記卷一

漢 太 史 令司馬遷 撰

宋中郎外兵曹參軍裴 駰集解

唐國子博士弘文館學士司馬貞索隱

唐諸王侍讀率府長史張守節正義

五帝本紀第一

【集解】裴駰曰凡是徐氏義稱徐姓名以別之餘者悉是駰註解并集衆家義【索隱】紀者記也本其事而記之故曰本紀又紀理也絲縷有紀而帝王書稱紀者言爲後代綱紀也【正義】鄭玄注中候勑省圖云德合五帝坐星者稱帝又坤靈圖云德配天地在正不在私曰帝按太史公依世本大戴禮以黃帝顓頊帝嚳唐堯虞舜爲五帝譙周應劭宋均皆同而孔安國尚書序皇甫

073.史記一百三十卷　〔漢〕司馬遷撰　〔南朝宋〕裴駰集解　〔唐〕司馬貞索引　〔唐〕張守節正義　DS748 .S745 1905

清光緒三十一年（1905）武林竹簡齋石印本　八册一函

内封題“史記”。

牌記題“光緒乙巳年武林/竹簡齋四次石印”。

卷端題“史記，漢太史令司馬遷撰，宋中郎外兵曹參軍裴駰集解，唐國子博士弘文館學士司馬貞索隱，唐諸王侍讀率府長史張守節正義”。

卷首有清乾隆十二年（1747）陳邦彦“重刻二十一史序”、上諭、進表、職名、裴駰集解序、司馬貞索隱序、索隱後序、張守節正義序、張守節撰正義倫例、目録。

卷末有司馬貞補史記序、補史記。

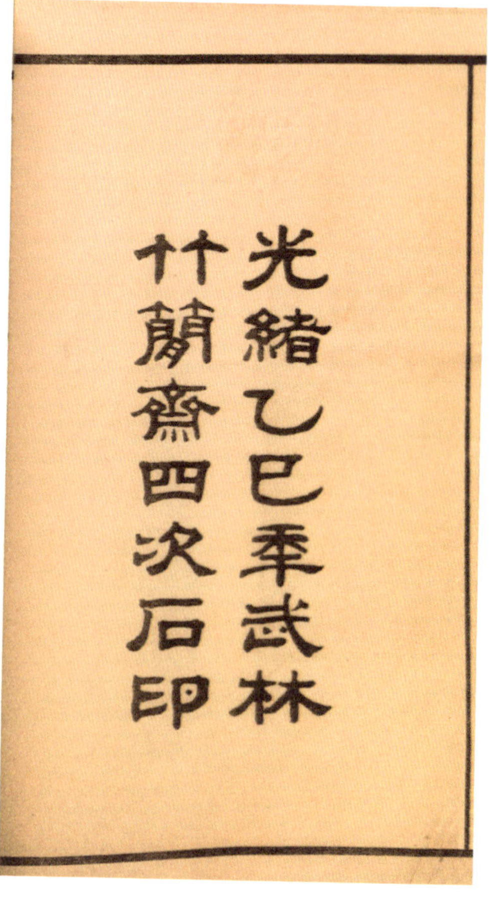

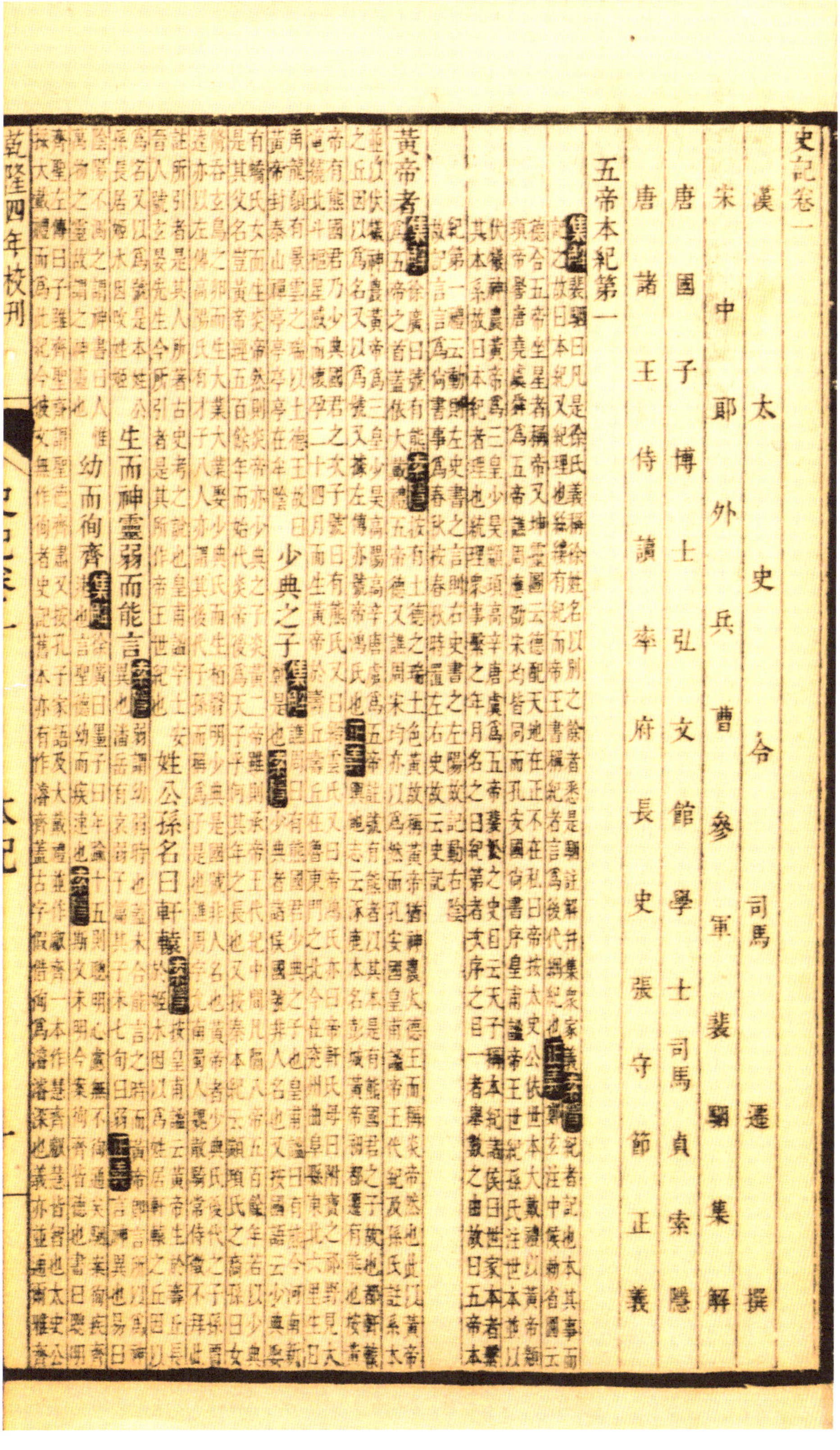

史記卷一

漢 太史令 司馬遷 撰

宋 中郎外兵曹參軍 裴駰 集解

唐 國子博士弘文館學士 司馬貞 索隱

唐 諸王侍讀率府長史 張守節 正義

五帝本紀第一【集解】裴駰曰凡是徐氏義稱徐姓名以別之餘者悉是駰註解并集衆家義【索隱】紀者記也本其事而記之故曰本紀又紀理也絲縷有紀而帝王書稱紀者言為後代綱紀也【正義】鄭玄注中候勑省圖云德合五帝坐星者稱帝又坤靈圖云德配天地在正不在私曰帝按太史公依世本大戴禮以黃帝顓頊帝嚳唐堯虞舜為五帝譙周應劭宋均皆同而孔安國尚書序皇甫謐帝王世紀孫氏注世本並以伏犧神農黃帝為三皇少昊顓頊高辛唐虞為五帝裴松之史目云天子稱本紀諸侯曰世家本者繫其本系故曰本紀者理也統理衆事繫之年月名之曰紀第者次序之目一者舉數之由故曰五帝本紀第一禮云動則左史書之言則右史書之左陽故記動右陰故記言言為尚書事為春秋按春秋時置左右史故云史記

黃帝者【集解】徐廣曰號有熊【索隱】按有土德之瑞土色黃故稱黃帝猶神農火德王而稱炎帝然也此以黃帝為五帝之首蓋依大戴禮五帝德又譙周宋均亦以為然而孔安國皇甫謐帝王代紀及孫氏注系本並以伏犧神農黃帝為三皇少昊高陽高辛唐虞為五帝註號有熊者以其本是有熊國君之子故也亦號軒轅氏皇甫謐云居軒轅之丘因以為名又以為號又據左傳亦號帝鴻氏也【正義】輿地志云涿鹿本名彭城黃帝初都遷有熊也按黃帝有熊國君乃少典國君之次子號曰有熊氏又曰縉雲氏又曰帝鴻氏亦曰帝軒氏母曰附寶之祁野見大電繞北斗樞星感而懷孕二十四月而生黃帝於壽丘壽丘在魯東門之北今在兗州曲阜縣東北六里生日角龍顏有景雲之瑞以土德王故曰黃帝封泰山禪亭亭亭亭在牟陰

少典之子【集解】譙周曰有熊國君少典之子也皇甫謐曰有熊今河南新鄭是也【索隱】少典者諸侯國號非人名也又按國語云少典娶有蟜氏女而生炎帝然則炎帝亦少典之子炎黃二帝雖則承帝王代紀中間凡隔八帝五百餘年若以少典是其父名豈黃帝經五百餘年而始代炎帝後為天子乎何其年之長也又按秦本紀云顓頊氏之裔孫曰女脩吞玄鳥之卵而生大業大業娶少典氏而生柏翳明少典是國號非人名也黃帝即少典氏後代之子孫賈逵亦以左傳高陽氏有才子八人亦謂其後代子孫而稱為子是也譙周字允南蜀人魏散騎常侍徵不拜也註所引者是其人所著古史考之說也皇甫謐字士安晉人號玄晏先生今所引者是其所作帝王世紀也

姓公孫名曰軒轅【索隱】按皇甫謐云黃帝生於壽丘長於姬水因以為姓居軒轅之丘因以為名又以為號是本姓公孫長居姬水因改姓姬也

生而神靈弱而能言【索隱】弱謂幼弱時也蓋未合能言之時而黃帝即言所以為神異也潘岳有哀弱子篇其子未七旬曰弱【正義】言神異也易曰陰陽不測之謂神書曰人惟萬物之靈故謂之神靈也

幼而徇齊【集解】徐廣曰墨子曰年踰十五則聰明心慮無不徇通矣駰案徇疾齊速也言聖德幼而疾速也【索隱】斯文未明今案徇齊皆德也書曰聰明齊聖左傳曰子雖齊聖齊謂聖德齊肅也又按孔子家語及大戴禮並作叡齊一本作慧齊叡慧皆智也太史公採大戴禮而為此紀今彼文無作徇者史記舊本亦有作濬齊蓋古字假借徇為濬濬深也義亦並通爾雅齊

乾隆四年校刊

074.史記正訛三卷　〔清〕王元啓撰　DS748 .S747 W3

清光緒十六年(1890)廣雅書局刻本　一册一函

王元啓(1714—1787)字宋賢，號惺齋，浙江嘉興人。

半葉十一行二十四字，黑口，四周單邊，單黑魚尾，半框高21.2釐米，寬15.3釐米。版心中鎸書名、篇名、卷次，下鎸葉碼、"廣雅書局栞"。

内封題"史記叄/書正譌/叄卷"。

牌記題"光緒十六年八月/廣雅書局校刻"。

卷端題"史記正譌，嘉興王元啟撰"。

卷首有清乾隆四十年(1775)王尚玨序。

卷末鎸"陽湖吴翊寅、番禺沈寶樞校字"。

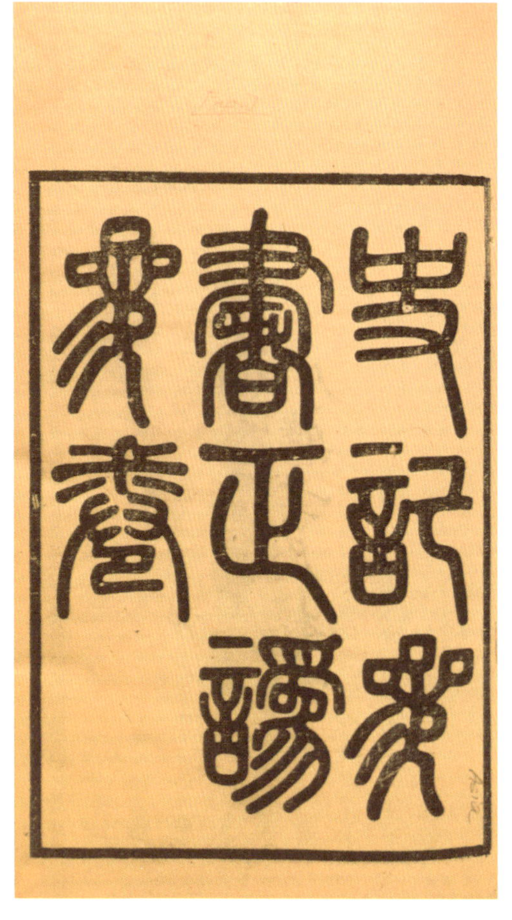

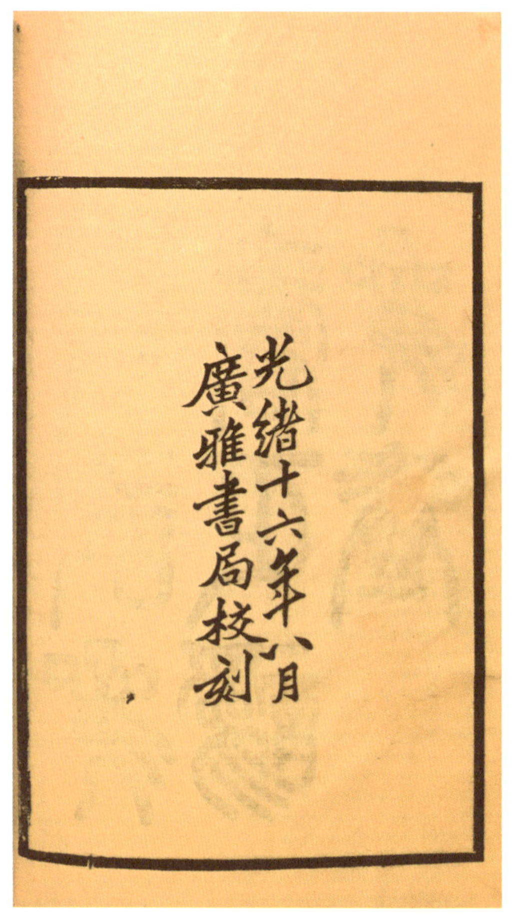

史記正譌卷一

嘉興王元啟撰

律書第三

張晏曰遷沒之後兵書亡失元成間褚先生補闕顏師古謂序錄本無兵書以張說爲非司馬貞又云兵書亡不補略述律而言兵遂分厤術以次之愚按楊慎曰史公自序律書云非兵不強又云司馬法所從來尚矣蓋言兵也律書即兵書小司馬謂兵書亡不補非也又曰自七正二十八舍以下皆關厤法然厤之月氣實應乎律亦非分厤術以次之也　又按史記所闕十篇說者皆云褚少孫所補余讀律書首言律爲兵家所重因序歷代兵制以附其後末復詳述律管長短之數以爲後人審律候氣之準中所闕者唯景武兩朝兵制耳要其首尾完善必非少孫所能代爲惟所述二十八舍十母十二子方隅氣候乃後之讀史者剿取術家之言以爲訓釋疑出少孫所補然而累經傳寫中亦頗有錯亂今爲釐正如左

王者制事立法物度軌則壹稟於六律 索隱曰律有十二陽六爲律陰六爲呂古用竹又用玉漢末以銅爲之釋名云律述也所以述陽氣也律厤志云呂旅助陽氣也呂亦稱閒故有六律六閒之說元閒大呂二

廣雅書局栞

075.前漢書一百卷 〔漢〕班固撰 〔唐〕顔師古注 DS748 .P24 1905

清光緒三十一年（1905）武林竹簡齋石印本 十册一函

班固（32—92）字孟堅，扶風安陵（今陝西咸陽）人。顔師古（581—645）名籀，字師古，以字行，京兆萬年（今陝西西安）人。

内封題“前漢書”。

牌記題“光緒乙巳年武林/竹簡齋四次石印”。

卷端題“前漢書，漢蘭臺令史班固撰，唐正議大夫行秘書少監琅邪縣開國子顔師古注”。

卷首有上前漢書叙例、目録。

卷末有跋。

按：卷一上無卷端，依卷一下卷端録撰注者。

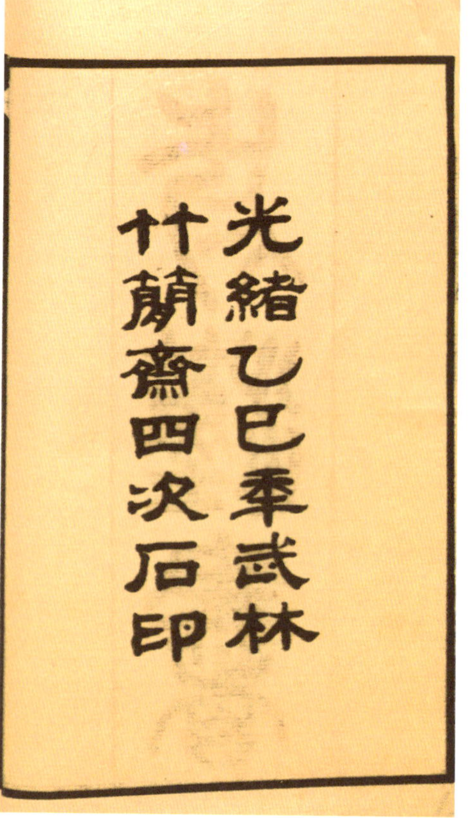

前漢書卷一下

漢　蘭　臺　令　史　班　固　撰

唐正議大夫行祕書少監琅邪縣開國子顏師古注

高帝紀第一下

五年冬十月漢王追項羽至陽夏南師古曰夏音工雅反已解於上止軍與齊王信魏相國越期會擊楚至固陵晉灼曰即固始也師古曰後改為固始耳地理志固始屬淮陽○劉攽曰予謂楚字句當斷至固陵不會為句不會楚擊漢軍大破之漢王復入壁深塹而守謂張良曰諸侯不從奈何良對曰楚兵且破未有分地李奇曰信越等未有益地之分師古曰分音扶問反其不至固宜師古曰宜然也君王能與共天下可立致也師古曰共有天下之地割而封之齊王信之立非君王意信亦不自堅師古曰謂信自請為假王乃立之耳故曰非君王意彭越本定梁地始君王以魏豹故拜越為相國今豹死越亦望王而君王不早定今能取睢陽以北至穀城皆以王彭越師古曰睢音雖從陳以東傅海與齊王信師古曰傅讀曰附信家在楚其意欲復得故邑能出捐此地以許兩人師古曰捐棄也音弋全反使各自為戰則楚易敗也於是漢王發使使韓信彭越至皆引兵來十一月劉賈入楚地圍壽春漢亦遣人誘楚大司馬周殷殷畔楚以舒屠六如淳曰以舒之衆屠六縣師古曰六者縣名即上所謂九江王都六者也後屬廬江郡舉九江兵迎黥布並行屠城父如淳曰竝傍擊也師古曰城父縣名父音甫隨劉賈皆會十二月圍羽垓下應劭曰垓音該李奇曰沛洨縣聚邑名也師古曰洨音胡交反羽夜聞漢軍四面皆楚歌應劭曰楚歌者雞鳴歌也漢已略得其地故楚歌者多雞鳴時歌也師古曰楚歌者為楚人之歌猶言吳歈越吟耳若以雞鳴為歌曲之名於理則可不得云雞鳴時也高祖令戚夫人楚舞自為作楚歌豈亦雞鳴時乎知盡得楚地羽與數百騎走是以兵大敗灌嬰追斬羽東城晉灼曰九江縣楚地悉定獨魯不下漢王引天下兵欲屠之為其守節禮義之國乃持羽頭示其父兄魯乃降初懷王封羽為魯公及死魯又為之堅守故以魯公葬羽於穀城師古曰穀濟北穀城漢王為發喪哭臨而去師古曰臨音力禁反封項伯等四人為列侯賜姓劉氏師古曰皆羽之族先有功於漢者諸民略在楚者皆歸之漢王還至定陶馳入齊王信壁奪其軍初項羽所立臨江王共敖前死子尉嗣立為王不降遣盧綰劉賈擊虜尉春正月追尊兄伯號曰武哀侯應劭曰兄伯早亡追諡之下令曰楚地已定義帝亡後欲存恤楚衆以定其主齊王信習楚風俗更立為楚王師古曰更改也王淮北都下邳魏相國建城侯彭越勤勞魏民卑下士卒師古曰言其能下撫保其人衆也

乾隆四年校刊

076.漢書辨疑二十二卷　〔清〕錢大昭撰　

清光緒十三年(1887)廣雅書局刻本　五册一函

錢大昭(1744—1813)字晦之,江蘇嘉定(今上海)人。

半葉十一行二十四字,小字雙行同,黑口,四周單邊,單黑魚尾,半框高21.2釐米,寬15.4釐米。版心中鎸書名、卷次,下鎸葉碼、"廣雅書局栞"。

内封題"漢書辨/疑二十/二卷"。

牌記題"光緒十三年十/月廣雅書局刊"。

卷端題"漢書辨疑,嘉定錢大昭撰"。

卷首有王鳴盛清乾隆十四年(1749)"兩漢書辨疑序"。

卷末有族子塘清乾隆四十四年"兩漢書辨疑跋"。

按:此書當爲《廣雅書局叢書》之一種。

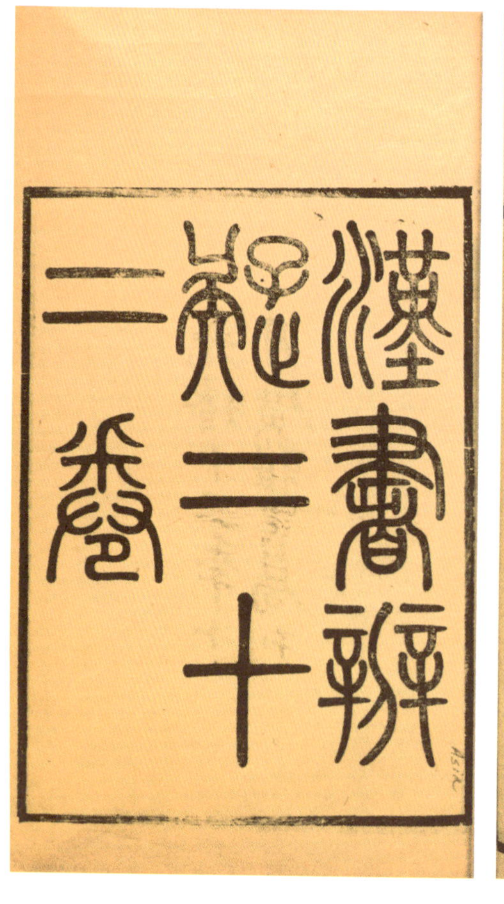

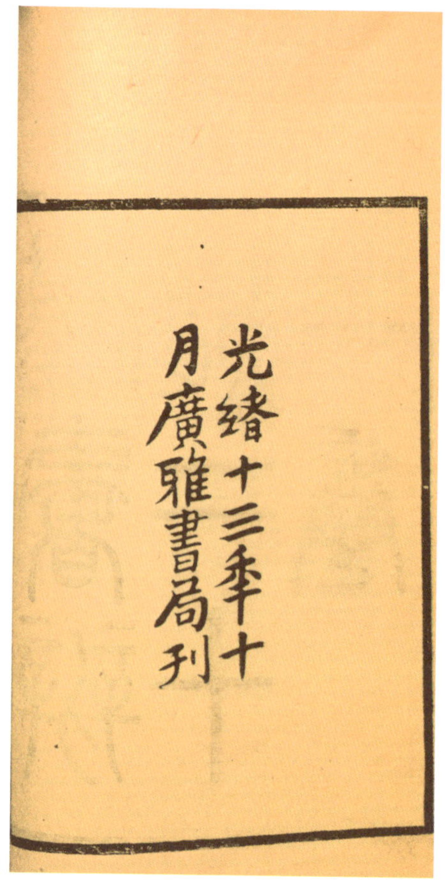

漢書辨疑卷一

嘉定錢大昭撰

目録

第三卷韓王信　福建本信下注子穨當孫增五字汲古閣本脱福建本者明按察司按察使周采提學副使周琉巡海副使何喬等所刊

第二十五卷衞青霍去病李息公孫敖李沮張次公趙信趙食其郭昌路博德趙破奴　福建本李息等九人分注於去病之下

高帝紀

母媪　說文解字媪女老偁也讀若奧

077.漢書注校補五十六卷 〔清〕周壽昌撰 DS748 .P24 C6

清光緒十七年(1891)廣雅書局刻本 十册二函

周壽昌(1814—1884)字應甫,一字荇農,號友生、自庵,湖南長沙人。

半葉十一行二十四字,黑口,四周單邊,單黑魚尾,半框高20.9釐米,寬15.5釐米。版心中鎸書名、卷次,下鎸葉碼、“廣雅書局栞”。

内封題“漢書注/校補五/十六卷”。

牌記題“光緒辛卯十二月/廣雅書局栞”。

卷端題“漢書注校補,長沙周壽昌撰”。

卷首有清光緒八年(1882)周壽昌自序。

各卷末有初校、復校者名氏。

按:此書當爲《廣雅書局叢書》之一種。

漢書注
校補五
十六卷

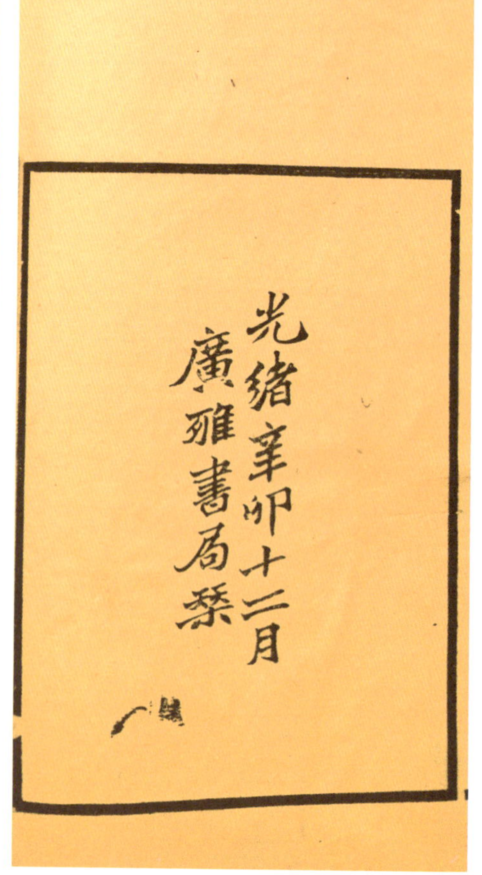

光緒辛卯十二月
廣雅書局栞

漢書注校補卷一

長沙周壽昌撰

高帝紀第一上

沛豐邑中陽里人也

藝文類聚引述征記曰豐圻豐水西九十里有漢高祖宅

則見交龍于上

壽昌案交史記作蛟荀悅紀同賈山傳交龍驤首奮翼文選作蛟龍蛟交古今字也

高祖爲人隆準而龍顔

壽昌案史記高帝紀同又史記秦始皇本紀尉繚曰秦王爲人蜂準長目摯鳥膺本書陳平傳平爲人長大美色王莽傳

078.後漢書一百二十卷 〔南朝宋〕范曄撰 〔唐〕李賢注 DS748 .F3 1905

清光緒三十一年（1905）武林竹簡齋石印本 十册一函

范曄（398—445）字蔚宗，順陽（今河南淅川）人。

内封題“後漢書”。

牌記題“光緒乙巳年武林/竹簡齋四次石印”。

卷端題“後漢書，宋宣城太守范曄撰，唐章懷太子賢注”。

卷首有范曄自序、劉昭“後漢書注補志序”、目録。

卷末有“景祐刊正劄子”。

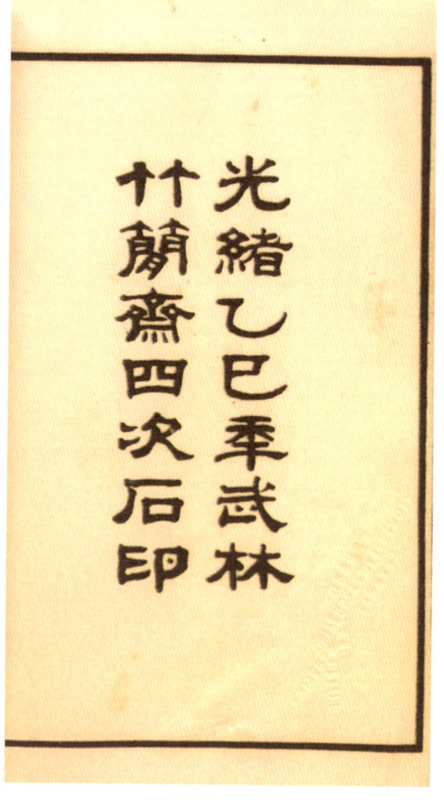

後漢書卷一上

宋　宣城太守范曄撰

唐　章懷太子賢注

光武帝紀第一上

世祖光武皇帝諱秀字文叔禮祖有功而宗有德光武中興故廟稱世祖謚法能紹前業曰光克定禍亂曰武伏侯古今注曰秀之字曰茂伯仲叔季兄弟之次長兄伯升次仲故字文叔焉
南陽蔡陽人南陽郡今鄧州縣也蔡陽縣故城在今隨州棗陽縣西南高祖九世之孫也出自景帝生長沙定王發長沙郡今潭州縣也○劉攽曰按文言出自景
帝生長沙定王發意不足蓋此生字當作子字發生春陵節侯買春陵鄉名本屬零陵泠道縣在今永州唐興縣北元帝時徙南陽仍號春陵故城在今隨州棗陽縣東事具宗室四王傳買生
鬱林太守外鬱林郡今鬱州縣前書曰郡守秦官秩二千石景帝更名太守外生鉅鹿都尉回鉅鹿郡今邢州縣也前書曰都尉本秦官掌佐守典武職秩比二千石景帝更名都尉
回生南頓令欽南頓縣屬汝南郡故城在今陳州項城縣西前書曰令長皆秦官也萬戶以上為令秩千石至六百石不滿萬戶為長秩五百石至三百石欽生光武光武年九歲
而孤養於叔父良身長七尺三寸美須眉大口隆準日角隆高也許負云鼻頭為準鄭玄尚書中候注云日角謂庭中骨起狀如日性勤於稼穡種曰
稼斂曰穡而兄伯升好俠養士常非笑光武事田業比之高祖兄仲仲郃陽侯喜也能為產業見前書王莽天鳳中王莽建國六年改為天鳳○劉
攽曰註莽號始建國年凡三字此少一始字乃之長安受尚書略通大義東觀記曰受尚書於中大夫廬江許子威資用乏與同舍生韓子合錢買驢令從者僦以給諸公費莽末天
下連歲災蝗寇盜鋒起言賊鋒鋭競起字或作蠭喻多也地皇三年天鳳六年改為地皇南陽荒饑韓詩外傳曰一穀不升曰歉二穀不升曰饑三穀不升曰饉四穀不升曰
荒五穀不升曰大侵諸家賓客多為小盜光武避吏新野新野縣屬南陽郡今鄧州縣東觀記曰伯升賓客劫人上避吏於新野鄧晨家因賣穀於宛東觀記曰時南陽旱
饑而上田獨收宛縣屬南陽郡故城今鄧州南陽縣也宛人李通等以圖讖說光武云劉氏復起李氏為輔圖河圖也讖符命之書讖驗也言為王者受命之徵驗也
易坤靈圖曰漢之臣李陽也光武初不敢當然獨念兄伯升素結輕客必舉大事且王莽敗亡已兆天下方亂遂與定謀於
是乃市兵弩十月與李通從弟軼等起於宛時年二十八十一月有星孛于張前書音義曰孛星光芒短[illegible]然張南方宿也續漢志曰張為周
地星孛于張東南行即翼軫之分翼軫楚也是楚地將有兵亂後一年正月光武起兵春陵攻南陽斬阜賜等殺其士衆數萬人光武都雒陽居周地除穢布新之象光武遂將賓客還春陵時
伯升已會衆起兵初諸家子弟恐懼皆亡逃自匿曰伯升殺我及見光武絳衣大冠董巴輿服志曰大冠者謂武官冠之東觀記曰上時
絳衣大冠將軍服也○劉攽曰註案當云大冠者謂武冠武官冠之少武冠二字皆驚曰謹厚者亦復為之乃稍自安伯升於是招新市平林兵新市縣屬

乾隆四年校刊

079.後漢書疏證三十卷　〔清〕沈欽韓撰　DS748.F33 S445 1900

清光緒二十六年（1900）浙江官書局刻本　十六册二函

沈欽韓（1775—1832）字文起，號小宛，江蘇吴縣（今蘇州）人。

半葉十行二十二字，白口，左右雙邊，單黑魚尾，半框高17.5釐米，寬13釐米。版心中鎸書名、卷次，下鎸葉碼。

内封題“後漢書疏/證三十卷”。

卷端題“後漢書疏證，吴沈欽韓撰”。

各卷末鎸“浙江書局刊”。

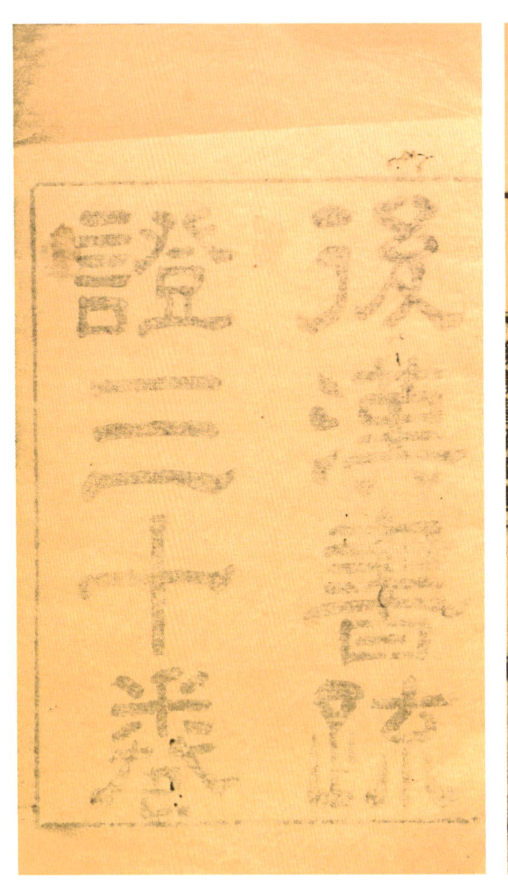

後漢書疏證卷一

吴 沈欽韓撰

列傳

齊武王縯 自稱柱天都部

按李賨爲柱天將軍李通亦號柱國大將軍後魏爾朱榮遂踵其名爲天柱大將軍宇文泰因設八柱國後代遂爲勳官蓋伯升超於楚地楚有柱國官取其義爾都部猶都統朱將兵者因號都部部署

留輜重於藍鄉

明史志鄧州新野縣東有故藍鄉

080.後漢書注又補一卷　〔清〕沈銘彝撰　

清光緒十四年(1888)廣雅書局刻本　一册一函

沈銘彝(1763—2837)字紀鴻,號竹岑,自號孟廬,浙江嘉興人。

半葉十一行二十四字,黑口,四周單邊,單黑魚尾,半框高21.5釐米,寬15.5釐米。版心中鎸書名,下鎸葉碼、"廣雅書局栞"。

内封題"後漢書注/又補一卷"。

牌記題"光緒十四年秋八/月廣雅書局刻"。

卷端題"後漢書注又補,嘉興沈銘彝撰"。

卷末鎸"南海潘乃成、番禺黄濤校字"。

按:此書當爲《廣雅書局叢書》之一種。本館該本與《漢書注校補》合函。

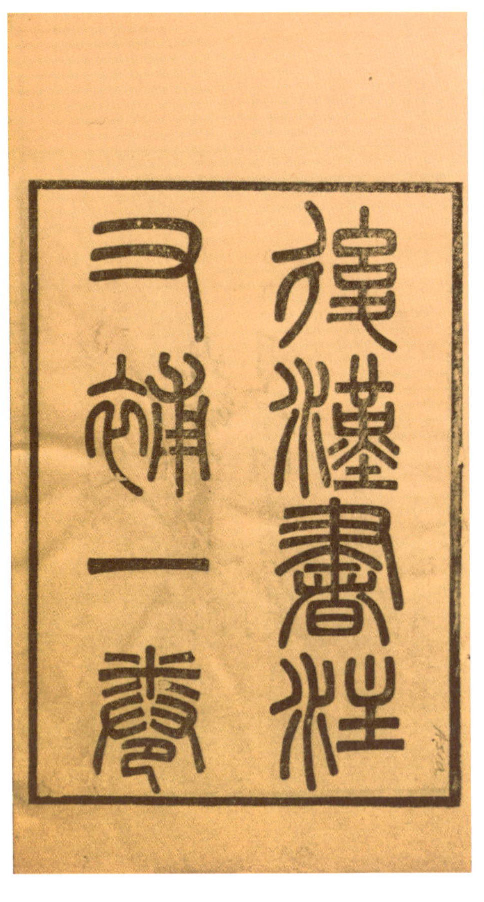

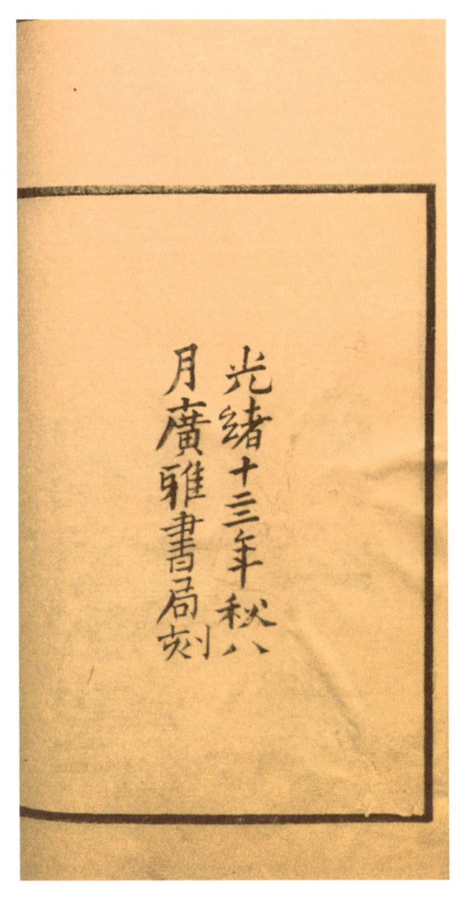

後漢書注又補

嘉興沈銘彝撰

余旣以後漢書補注栞板歸吾小湖副憲矣垂老殘年無可遣日仍繙閱是書偶有所得恐師丹善忘記於本書眉端荀越乃荀悆之父見悆本傳而定宇先生以前書有郇越郇相疑悆爲越相後人此則先生偶失檢處延憙元年始置博陵郡是桓帝非質帝注引地理風俗記云云亦仍水經注之譌注檇李僅得音醉二字考春秋經於越敗吳於檇李公羊則書檇爲醉杜注檇李吳郡嘉興縣南醉李城此以檇爲醉之所防而其字未有明解許叔重說文檇从木有所擣遵爲以唐韻集韻竝遵緌切賈思勰嫁李法臘月以杖微打岐間正

081.三國志六十五卷　〔晋〕陳壽撰　〔南朝宋〕裴松之注　DS748.2 .C44 1905

清光緒三十一年（1905）武林竹簡齋石印本　四册一函

陳壽（233—297）字承祚，安漢（今四川南充）人。裴松之（372—451）字世期，河東聞喜（今山西聞喜）人。

内封題“三國志”。

牌記題“光緒乙巳年武林/竹簡齋四次石印”。

卷端題“魏志，晉著作郎巴西中正安漢陳壽撰，宋太中大夫國子博士聞喜裴松之注”。

卷首有上三國志表、目録、三國志目録考證。

卷末有跋。

按：書名據内封。封面鎸“欽定三國志”。

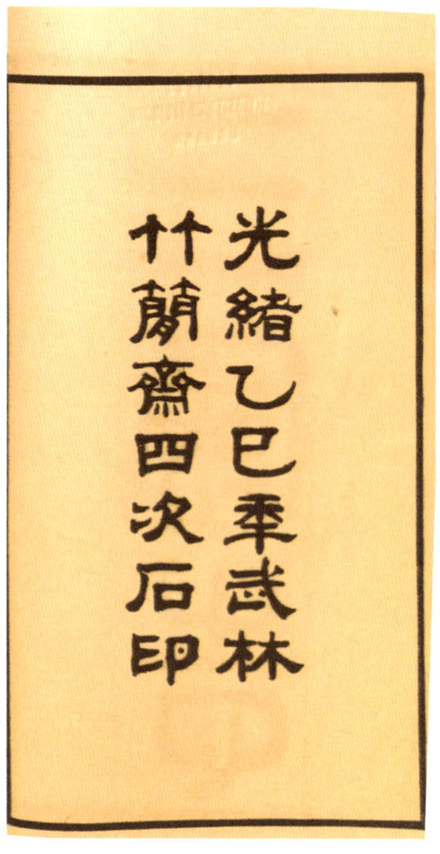

魏志卷一

晉著作郎巴西中正安漢陳壽撰

宋太中大夫國子博士聞喜裴松之注

武帝操

太祖武皇帝沛國譙人也姓曹諱操字孟德漢相國參之後太祖一名吉利小字阿瞞王沈魏書曰其先出於黃帝當高陽世陸終之子曰安是爲曹姓周武王克殷存先世之後封曹俠於邾春秋之世與於盟會逮至戰國爲楚所滅子孫分流或家于沛漢高祖之起曹參以功封平陽侯世襲爵土絕而復紹至今適嗣國於容城桓帝世曹騰爲中常侍大長秋封費亭侯司馬彪續漢書曰騰父節字元偉素以仁厚稱鄰人有亡豕者與節豕相類詣門認之節不與爭後所亡豕自還其家豕主人大慚送所認豕并辭謝節節笑而受之由是鄉黨貴歎焉長子伯興次子仲興次子叔興騰字季興少除黃門從官永寧元年鄧太后詔黃門令選中黃門從官年少溫謹者配皇太子書騰應其選太子特親愛騰飲食賞賜與衆有異順帝即位爲小黃門遷至中常侍大長秋在省闥三十餘年歷事四帝未嘗有過好進達賢能終無所毀傷其所稱薦若陳留虞放邊韶南陽延固張溫弘農張奐潁川堂谿典等皆致位公卿而不伐其善蜀郡太守因計吏修敬於騰益州刺史种暠於函谷關搜得其牋上太守并奏騰內臣外交所不當爲請免官治罪帝曰牋自外來騰書不出非其罪也乃寢暠奏騰不以介意常稱歎暠以爲暠得事上之節暠後爲司徒語人曰今日爲公乃曹常侍恩也騰之行事皆此類也桓帝即位以騰先帝舊臣忠孝彰著封費亭侯加位特進太和三年追尊騰曰高皇帝養子嵩嗣官至太尉莫能審其生出本末續漢書曰嵩字巨高質性敦慎所在忠孝爲司隸校尉靈帝擢拜大司農大鴻臚代崔烈爲太尉黃初元年追尊嵩曰太皇帝吳人作曹瞞傳及郭頒世語並云嵩夏侯氏之子夏侯惇之叔父太祖於惇爲從父兄弟嵩生太祖太祖少機警有權數而任俠放蕩不治行業故世人未之奇也曹瞞傳云太祖少好飛鷹走狗遊蕩無度其叔父數言之於嵩太祖患之後逢叔父於路乃陽敗面喎口叔父怪而問其故太祖曰卒中惡風叔父以告嵩嵩驚愕呼太祖太祖口貌如故嵩問曰叔父言汝中風已差乎太祖曰初不中風但失愛於叔父故見罔耳嵩乃疑焉自後叔父有所告嵩終不復信太祖於是益得肆意矣唯梁國橋玄南陽何顒異焉玄謂太祖曰天下將亂非命世之才不能濟也能安之者其在君乎魏書曰太尉橋玄世名知人覩太祖而異之曰吾見天下名士多矣未有若君者也君善自持吾老矣願以妻子爲託由是聲名益重續漢書曰玄字公祖嚴明有才略長於人物張璠漢紀曰玄歷位中外以剛斷稱謙儉下士不以王爵私親光和中爲太尉以久病策罷拜太中大夫卒家貧乏產業柩無所殯當世以此稱爲名臣世語曰玄謂太祖曰君未有名可交許子將太祖乃造子將子將納焉由是知名孫盛異同雜語云太祖嘗私入中常侍張讓室讓覺之乃舞手戟於庭踰垣而出才武絕人莫之能害博覽羣書特好兵法抄集諸家兵法名曰接要又注孫武十三篇皆傳於世嘗問許子將我何如人子將不答固問之子將曰子治世之能臣亂世之姦雄太祖大笑年二十舉孝廉爲郎除洛陽北部尉遷頓丘令曹瞞傳曰太祖初入尉廨繕治四門造五色棒縣門左右各十餘枚有犯禁者不避豪彊皆棒殺之後數月靈帝愛幸小黃門蹇碩叔父夜行即殺之京師斂迹莫敢犯者近習寵臣咸疾之然不能傷於是共稱薦之故遷爲頓丘令徵拜議郎魏書曰太祖從妹夫㶏彊侯宋奇被誅從坐免官後以能明古學復徵拜議郎先是大將軍竇武太傅陳蕃謀誅閹官反

082.三國志六十五卷 〔晉〕陳壽撰 〔南朝宋〕裴松之集注 （日本）鈴木義宗句點

日本明治十八年（1885）東京印刷會社鉛印本 三册一函

内封題“晉陳壽撰述，宋裴松之集注/校刻三國志/東京印刷會社版”。

牌記題“明治十八年十二月十七日出版御届/千葉縣平民/句點兼出版人鈴木義宗”。

卷端題“三國志，晉平陽侯相陳壽撰述，宋西鄉侯裴松之集注”。

卷首有陳仁錫序、馮夢禎重刻叙、黄汝良序、裴松之“上三國志表”、晉書陳壽傳、節録宋書裴松之傳。

晉 陳壽撰述
宋 裴松之集註
校刻三國志
東京印刷會社版

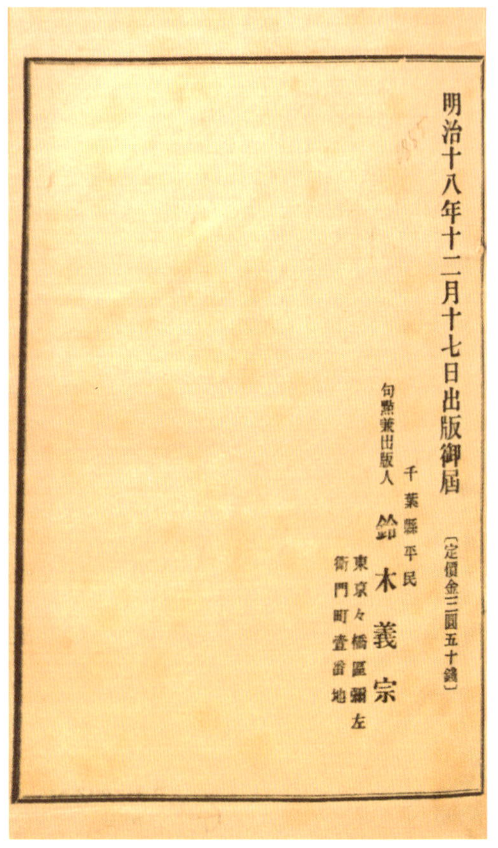
明治十八年十二月十七日出版御届
〔定價金三圓五十錢〕
千葉縣平民
句點兼出版人 鈴木義宗
東京々橋區彌左衛門町壹番地

三國志卷之一

晉 平陽侯相陳壽 撰述

宋 西鄉侯裴松之 集註

魏

武帝紀第一

太祖武皇帝。沛國譙人也。姓曹。諱操。字孟德。漢相國參之後。○太祖、一名吉利、小字阿瞞、○王沈魏書曰、其先出於黃帝、當高陽世、陸終之子曰安、是爲曹姓、周武王克殷、存先世之後、封曹俠於邾、春秋之世、與於盟會、逮至戰國、爲楚所滅、子孫分流、或家於沛、漢高祖之起、曹參以功封平陽侯、世襲爵土、絕而復紹、至今適嗣國於容城、 桓帝世。曹騰爲中常侍大長秋。封費亭侯。○司馬彪續漢書曰、騰父節、字元偉、素以仁厚稱、鄰人有亡豕者、與節豕相類、詣門認之、節不與爭、後所亡豕自還其家、豕主人大慚、送所認豕、并辭謝節、節笑而受之、由是鄉黨貴歎焉、長子伯興、次子仲興、次子叔興、騰字季興、少除黃門從官、永寧元年、鄧太后詔黃門令、選中黃門從官年少溫謹者、配皇太子書、騰應其選、太子特親愛騰、飲食賞賜與衆有異、順帝卽位、爲小黃門、遷至中常侍大長秋、在省闥三十餘年、歷事四帝、未嘗有過、好進達賢能、終無所毀傷、其所稱薦、若陳留虞放、邊韶、南陽延固、張溫、弘農張奐、潁川堂谿典等、皆致位公卿、而不伐其善、蜀郡太守因計吏修敬於騰、益州刺史种暠於函谷關搜得其牋、上太守、并奏騰內臣外交、所不當爲、請免官治罪、帝曰、牋自外來、騰書不出、非其罪也、乃寢暠奏、騰不以介意、常稱歎暠、以爲暠得事上之節、暠後爲司徒、語人曰、今日爲公、乃曹常侍恩也、騰之行事、皆此類也、桓帝卽位、以騰先帝舊臣、忠孝彰著、封費亭侯、加位特進、太和三年、追尊騰曰高皇帝、 養子嵩嗣。官至太尉。莫能審其生出本末。○續漢書曰、嵩字巨高、質性敦愼、所在忠孝、爲司隸校尉、靈帝擢拜大司農大鴻臚、代崔烈爲太尉、黃初元年、追尊嵩曰太皇帝、○吳人作曹瞞傳、及郭頒世語並云、嵩、夏侯氏之子、夏侯惇之叔父、太祖於惇爲從父兄弟、 嵩生太祖。太祖少機警。有權數。而任俠放蕩。不治行業。故世人未之奇也。○曹瞞傳云、太祖少好飛鷹走狗、游蕩無度、其叔父數言之于嵩、太祖患之、後逢叔父于路、乃陽敗面喎口、叔父怪而問其故、太祖曰、卒中惡風、叔父以告嵩、嵩驚愕、呼太祖、太祖口貌如故、嵩問曰、叔父言汝中風、已差乎、太祖曰、初不中風、但失愛於叔父、故見罔耳、嵩乃疑焉、自後叔父有所告、嵩終不復信、太祖於是益得肆意矣、 惟梁國橋玄。南陽何顒異焉。玄謂太祖曰。天下將亂。非命世之才不能濟也。能安之者。其在君乎。○魏書曰、太尉橋玄、世名知人、覩太祖而異之曰、吾見天下名士多矣、未有若君者也、君善自持、吾老矣、願以妻子

083.晋書校勘記三卷　〔清〕勞格撰　DS748.4 .L37

清光緒十八年(1892)廣雅書局刻本　一册一函

勞格(1820—1864)字季言,一字保艾,浙江仁和(今杭州)人。

半葉十一行二十四字,小字雙行同,黑口,四周單邊,單黑魚尾,半框高20.3釐米,寬15.3釐米。版心中鎸書名、卷次,下鎸葉碼、"廣雅書局栞"。

内封題"晉書校/勘記叁/卷"。

牌記題"光緒十八年秋/九廣雅書局刻"。

卷端題"晉書校勘記,仁和勞格撰"。

卷末有陶濬清光緒十六年(1890)跋。

按:每卷終題"益陽蔡芳初校,江陰陳名慎覆校,陽湖吴翊寅再覆校"。卷端書名下題"原本缺首尾"。

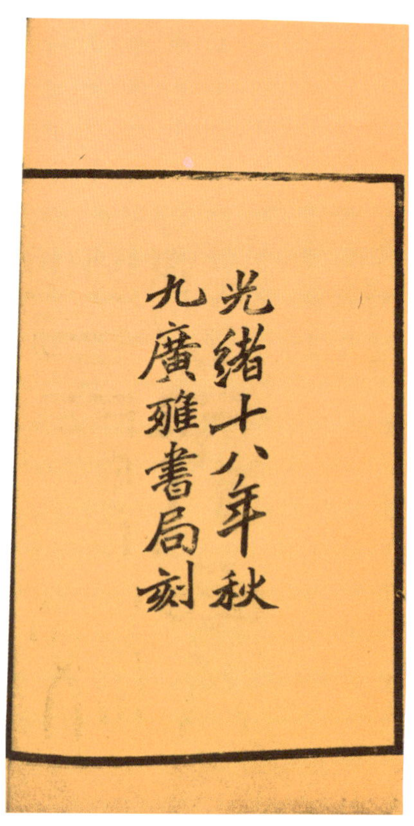

晉書校勘記卷第一 原本缺首尾

仁和勞格撰

天文志中 此志有盧學士文弨校本刊於羣書拾補初集凡盧氏所舉正者概不著錄

少帝正始四年五月丁丑朔日有蝕之　國志齊王紀失書曰宋志無此食考長厤是年四壬辰朔六辛卯朔五月是壬戌朔丁丑月十六日不當食

六年四月壬子朔日有蝕之　齊王紀無此食案四月辛亥朔非壬子也 宋志無朔字

十月戊申朔又日有蝕之　宋志作戊寅朔誤盧學士云當作庚申朔亦非

元帝景元三年十一月已亥朔日有蝕之　宋志作三月以長

084.新唐書糾謬二十卷　〔宋〕吴縝纂　DS749.3 .O8 W8

清光緒二十五年(1899)廣雅書局刻本　三册一函

吴縝,生卒年不詳,字廷珍,四川成都人。

半葉九行二十一字,小字雙行同,白口,四周雙邊,單黑魚尾,半框高19.2釐米,寬12.8釐米。版心上鎸書名,中鎸卷次,下鎸葉碼。

内封題"新唐書糾繆"。

牌記題"光緒二十五年廣/雅書局重刊成"。

卷端題"新唐書糾謬,宋吴縝纂。"。

卷首有"御製題武英殿聚珍版十韻"並序、欽定四庫全書總目提要、宋元祐四年(1089)吴縝原序、吴元美跋、"御製題武英殿聚珍版十韻"並序(重復)、目録、進表。

校勘記卷末鎸"光緒乙未孫興華跋"。

按:御製詩用硃色、校勘記用藍色印。

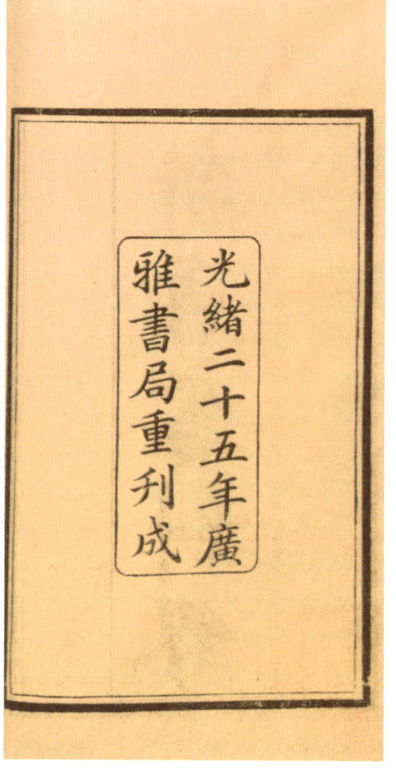

新唐書糾謬卷一

宋 吳 縝 纂

一曰以無爲有

代宗母吳皇后傳

李吉甫謀討劉闢

劉蘭拒卻頡利

馬璘擊潰史朝義兵

裴巨卿實孝諶無傳而云有傳

代宗母吳皇后傳

085.五代史纂誤三卷 〔宋〕吴縝撰

清光緒二十五年(1899)廣雅書局刻本 一册一函

半葉九行二十一字,小字雙行同,白口,四周雙邊,單黑魚尾,半框高18.3釐米,寬12.3釐米。版心上鎸書名,中鎸卷次,下鎸葉碼。

内封題"五代史纂誤"。

牌記題"光緒二十五年廣/雅書局重刊成"。

卷端題"五代史纂誤,宋吴縝撰"。

卷首有"御製題武英殿聚珍版十韻"並序、目録。

按:目録下鎸"武英殿聚珍版",御製詩用硃色。

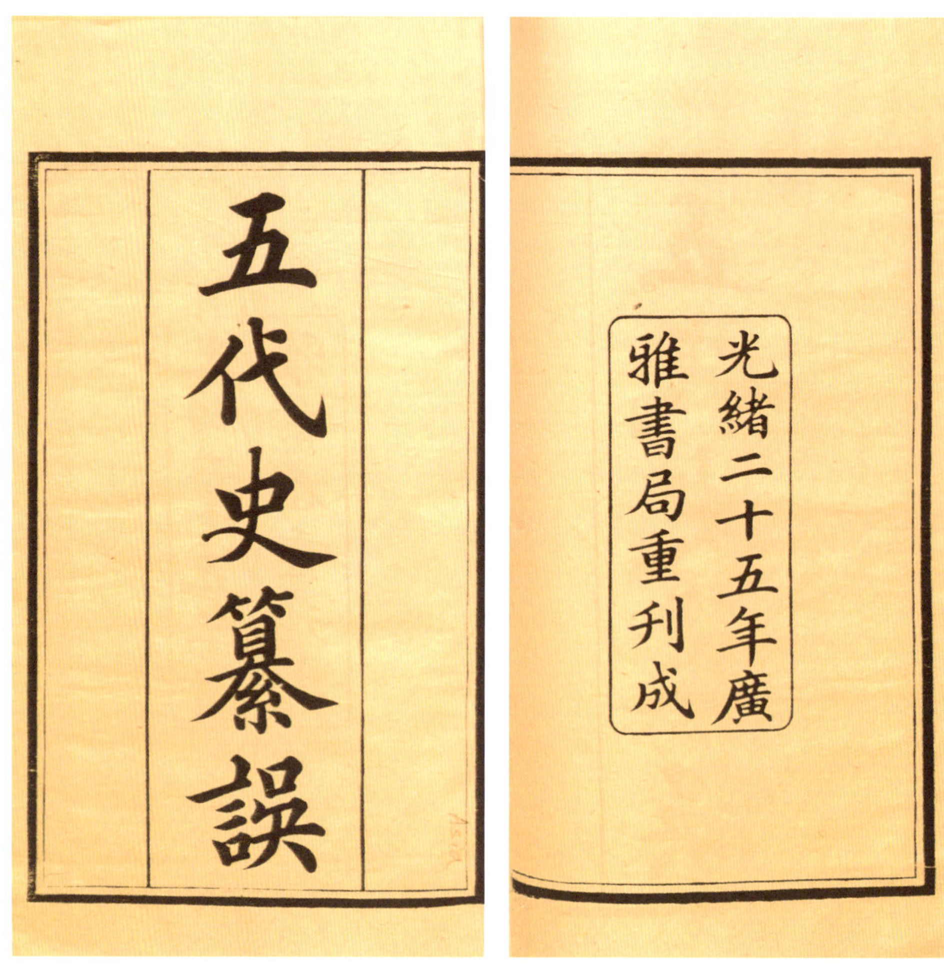

五代史纂誤卷上

宋　吴　縝　撰

梁本紀 秦 章如愚山堂攷索云歐陽史前後舛誤如梁太祖紀作朱友謙而列傳作友諒此吴縝纂誤所爲作也則纂誤當有末帝以前事而永樂大典闕之

末帝三事

帝與趙巖謀討友珪自始謀以至即位事二百餘字文多不録

今按此事既見于此紀而袁象先楊師厚趙巖傳又三見之象先傳亦二百餘字大旨皆與此紀同頗爲

086.元史譯文證補三十卷　〔清〕洪鈞撰　DS752 .H8

清光緒二十六年(1900)廣雅書局刻本　四册一函

洪鈞(1839—1893)字陶士,號文卿,江蘇吴縣(今蘇州)人。

半葉十一行二十四字,小字雙行同,黑口,四周單邊,單黑魚尾,半框高20.6釐米,寬15.4釐米。版心中鎸書名、卷次,下鎸葉碼、"廣雅書局栞"。

内封題"元史譯/文證補"。

牌記題"光緒二十六年/廣雅書局刻成"。

卷端題"元史譯文證補,兵部左侍郎總理各國事務衙門行走加三級臣洪鈞撰"。

卷首有清光緒二十三年陸潤庠序、"引用西域書目"、目録。

按:此書當爲《廣雅書局叢書》之一種。

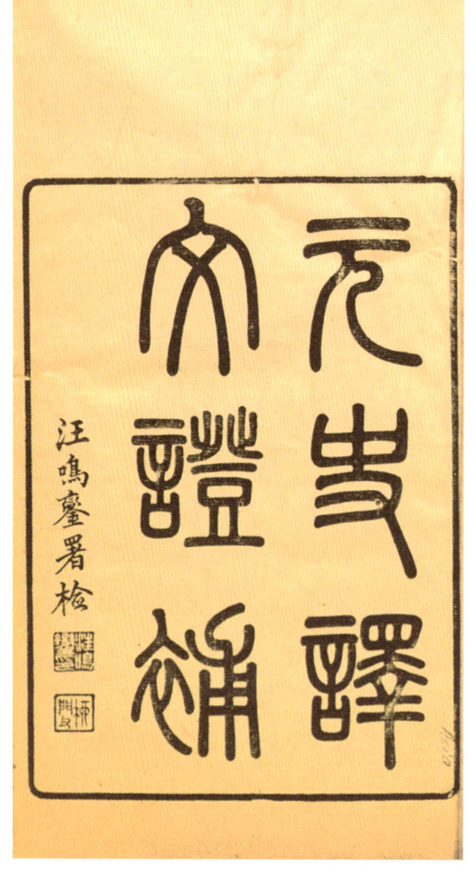

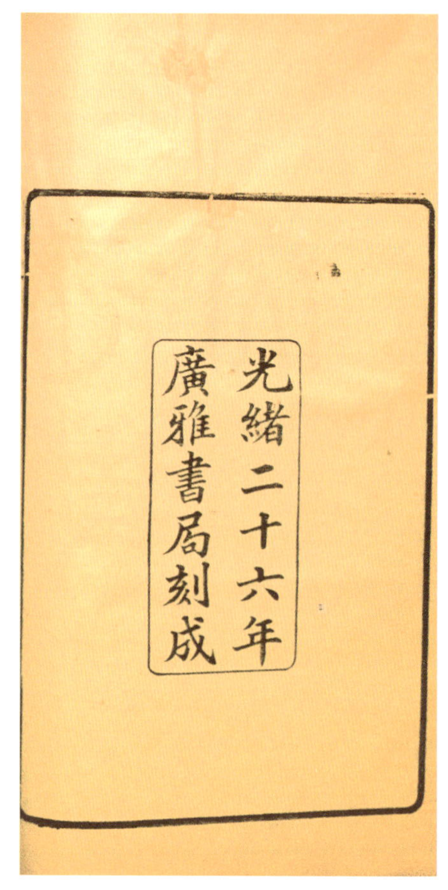

元史譯文證補卷一上

兵部左侍郎總理各國事務衙門行走加三級 臣 洪鈞撰

太祖本紀譯證上

元成宗時西域宗王合贊命拉施特修史敘述太祖事迹頗詳西人多桑著書采輯其說聞有去取又多羼入元史轉掩廬山眞面俄人哀忒蠻書自謂專本拉施特然仍時時羼雜他說其人文理鄙僿譯述多誤但宜節取未足深憑最後乃得俄人貝勒津之書則誠墨守拉施特其自序謂逐句逐段繙譯無淩躐無改易廬山眞面一旦豁然拉施特自謂親見本朝譜牒史策依據成書今以元史親征錄元祕史較之則尤與親征錄符合用知親征錄實由脫必赤顏譯出當日金匱副本必然頗及宗藩否則夷夏異文東西異地何以不謀而合若此至其中缺事異聞往往不見他書惟見祕史人名地名部族名又足證祕史音譯之眞而祕史異於元史者亦足證其紀敘之失惟西域之師所載事實爲自來華書所未見當係脫必赤顏極其簡略而憲宗時西域人志費尼已有著述拉施特取以補入也然記事可以加詳編年不敢立異故拉施特書內年分與元史親征錄相同而多桑所記西域之師則多本志費尼年分遂與史錄不合又以證邱長春西遊記所云辛巳歲帝將兵追算端汗至印度壬午班師爲得實也元史疏簡親征錄加詳而訛奪過多幾難句讀祕史最完善然征

别史之屬

087.續後漢書四十二卷義例一卷音義四卷　〔宋〕蕭常撰　DS748.2 .H8

清同治八年（1869）師古山房刻本　八册一函

蕭常，生卒年不詳，字季韶，號晦齋，吉州盧陵（今江西吉安）人。

半葉十一行二十二字，白口，四周雙邊，單黑魚尾，半框高18.7釐米，寬13.2釐米。版心上鎸書名，中鎸卷次、葉碼。

内封題“同治己巳重鎸/續後漢書/師古山房藏板”。

卷端題“續後漢書，上海郁松年原本，宋盧陵蕭常著，邑後學胡芳秋、杜邦淩校梓”。

卷首有清同治八年胡芳秋序、欽定四庫全書提要、宋慶元六年（1200）周必大序、蕭常“進續後漢書表”、目録。

鈐印：“萬全王氏怡愛堂二鶴藏書印”陽文長方印。

同治己巳重鎸
續後漢書
師古山房藏板

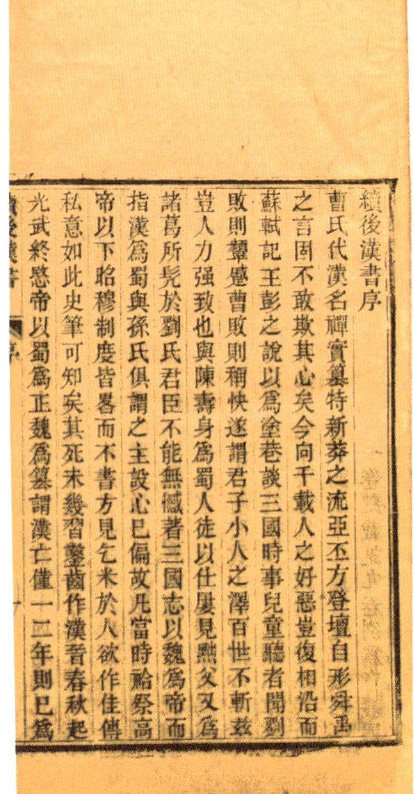
續後漢書序
曹氏代漢名禪實篡特新莽之流亞丕方登壇自形舜禹
之言固不敢欺其心矣今向千載人之好惡豈復相沿而
蘇軾記王彭之說以爲塗巷談三國時事兒童聽者聞劉
敗則顰蹙曹敗則稱快遂謂君子小人之澤百世不斬茲
豈人力强致也與陳壽身爲蜀人徒以仕屢見黜忿又爲
諸葛所髡於劉氏君臣不能無憾著三國志以魏爲帝而
指漢爲蜀與孫氏俱謂之主設心已偏故凡當時祫祭高
帝以下昭穆制度皆畧而不書方見乞米於人欲作佳傳
私意如此史筆可知矣其死未幾習鑿齒作漢晉春秋起
光武終愍帝以蜀爲正魏爲篡謂漢亡僅一二年則已爲

續後漢書卷第一上　　上海郁松年原本

宋廬陵蕭　常著　　邑後學胡芳秋杜邦浚校梓

帝紀第一上

昭烈皇帝

昭烈皇帝諱備字元德景帝子中山靖王勝之後也勝子貞元朔二年封陸城侯因家於涿郡祖雄舉孝廉官至東郡范令父宏亦仕州郡昭烈生於桓帝延熙四年少孤與母販屨織席自給舍東南有桑高五丈童童如車蓋或謂當出貴人昭烈與諸兒戲桑下曰吾當乘此羽葆車叔父子敬謂曰毋妄言滅吾門也年十五母使行學與同宗劉德然遼西公孫瓚師事故九江太守同郡盧植德然父元

088.續唐書七十卷 〔清〕陳鱣撰 DS749.5 .C4

清光緒二十一年（1895）廣雅書局刻本 六册一函

陳鱣（1753—1817）字仲魚，號簡莊，又號河莊，别署新坡，海昌（今浙江海寧）人。

半葉十一行二十四字，黑口，四周單邊，單黑魚尾，半框高21釐米，寬15.3釐米。版心中鎸書名、卷次、篇名，下鎸葉碼、“廣雅書局栞”。

内封題“續唐書/七十卷”。

牌記題“光緒二十一年/廣雅書局刊”。

卷端題“續唐書，海昌陳鱣撰”。

卷首有續唐書叙。

卷末有陳鱣自題續唐書後。

卷末鎸初校、覆校、再覆校者名氏，各卷不一。

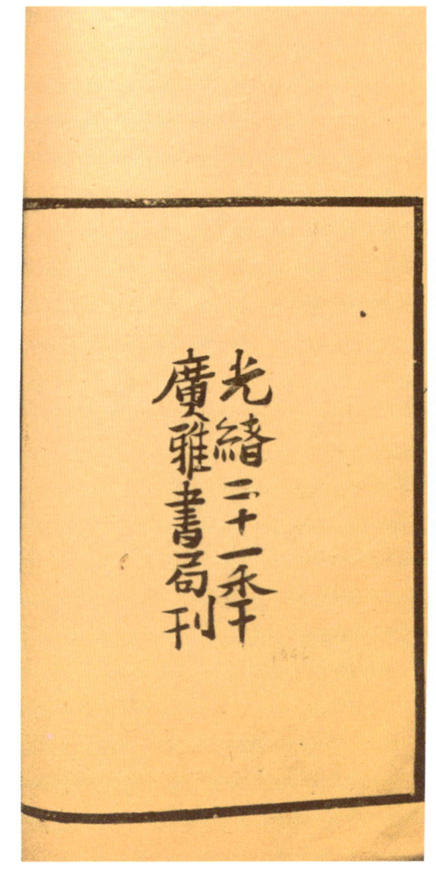

續唐書卷一

海昌陳鱣撰

莊宗紀

莊宗光聖神閔孝皇帝名存勗其先本號朱邪蓋出於西突厥至其後世别自號曰沙陀而以朱邪爲姓貞元中有盡忠者居北庭之金滿州遇吐蕃攻陷北庭徙盡忠於甘州後吐蕃爲回鶻所敗盡忠與其子執宜東走吐蕃追至盡忠戰歿執宜獨走歸唐居之鹽州以隸河西節度使范希朝希朝徙鎮太原執宜從之居定襄神武川之新城其部落萬騎皆驍勇號沙陀軍執宜歿其子曰赤心咸通中討龐勛有功入爲金吾上將軍賜姓李名國昌乃係鄭王房出爲鎮武節度使尋爲吐渾所襲退保

089.晉略六十五卷序目一卷　〔清〕周濟撰　

清光緒三年（1877）味雋齋刻本　十册一函

周濟（1781—1839）字保緒，一字介存，號未齋，晚號止庵。江蘇荆溪（今宜興）人。

半葉十二行二十五字，小字雙行三十八字，白口，左右雙邊，單黑魚尾，半框高18.9釐米，寬14.5釐米。版心上鎸書名、部類名，中鎸類目，下鎸葉碼、册數。

内封題“道光已亥/晉略/江開題”。

牌記題“光緒二年丙/子六月/味雋齋重刊”。

卷端題“晉略，荆溪周濟撰”。

卷首有清光緒二年鮑源跋、三年潘樹辰序、曹文焕跋、清道光二十年（1840）包世臣原序、目録。

卷末有清光緒三年周佐臣跋。

鈐印：“公安廖氏竹林齋藏書”陽文方印、“沈訊讀”陰文方印。

按：目録端題有校刊人名氏。周佐臣跋言重刻事：據道光本重刊，版式依舊，凡十月工竣。全書仿史記之例，分本紀、表、列傳、國傳、彙傳及序目，凡六十六篇，各自成卷。

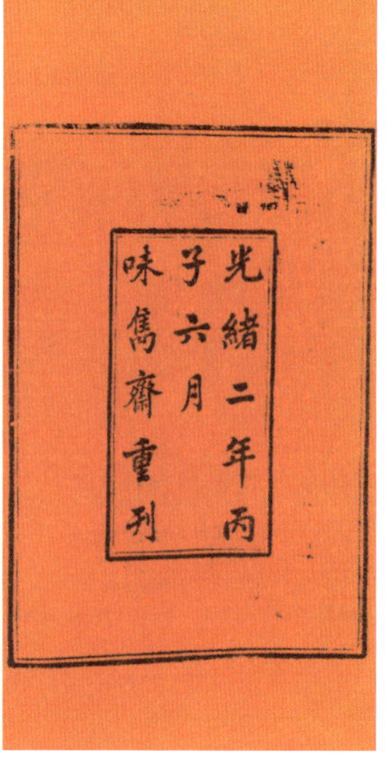

晉畧本紀一

武帝

荆溪周濟譔

帝諱炎字安世氏曰司馬楚漢時卬爲殷王都河内其後因居溫云八世至漢征西將軍鈞鈞生豫章太守量量生潁川太守儁儁生京兆尹防防子八人其第二子曰懿懿子九人長曰師次曰昭懿妻張氏河内平皋人生三子師昭榦張有權畧魏武初辟懿懿辭以風痹夫暴雨不覺自起收書家惟一婢見之張恐事泄手殺婢遂自執爨及懿寵柏夫人不禮張張嘗覗懿疾懿曰老物可憎何煩出也張恚不食諸子亦不食懿乃謝之旣而告人曰老物不足惜慮困我好兒耳魏正始八年年五十九卒武帝受禪追尊曰宣穆皇后帝昭長子也懿字仲達漢末爲魏國太子中庶子魏武察其雄豪欲除之賴太子丕以免文帝末以撫軍將軍錄尚書與曹眞陳羣並受顧命明帝卽位封舞陽矦遷驃騎將軍太和元年都督荆豫二州鎮宛平孟達四年遷大將軍加大都督假黃鉞與曹眞伐蜀青龍四年遼東叛徵詣京師景初二年平遼東還至薊使者迎勞增封詔便道復鎮

編年類

通代之屬

090.古史紀年十四卷　〔清〕林春溥纂　

清道光十七年（1837）竹柏山房刻本　五册一函

林春溥（1775—1862）字立源，號鑑塘、訥溪。福建閩縣（今福州）人。

半葉十二行二十二字，小字雙行同，黑口，四周單邊，雙黑魚尾，半框高18.5釐米，寬 14釐米。版心中鐫書名、卷次、葉碼。

内封題“道光丁酉/古史紀年/竹柏山房開雕”。

卷端題“古史紀年，閩中林春溥鑑塘纂”。

卷首有清嘉慶二十五年（1820）林春溥序。

按：此書當爲《竹柏山房十五種》之零本。

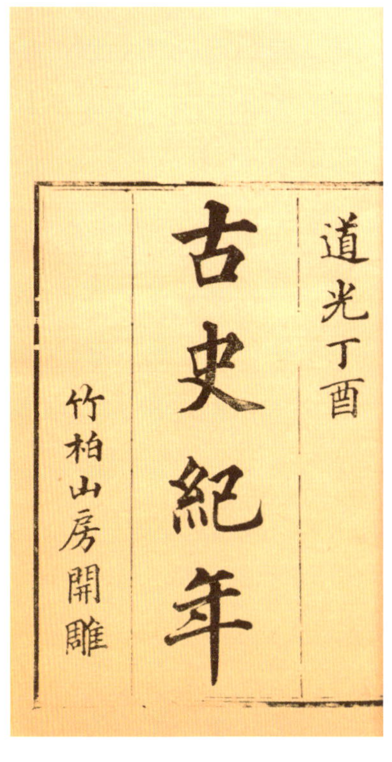
道光丁酉
古史紀年
竹柏山房開雕

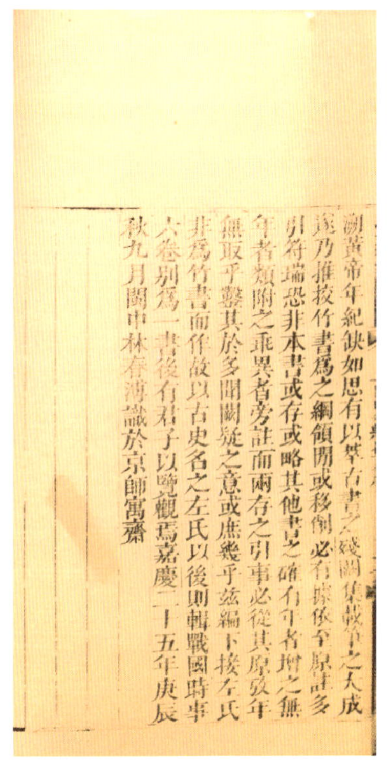
溯黃帝年紀訣如思有以萃古書之殘闕集數千年之大成
遂乃推校竹書爲之綱領閒或移削必有據依至原註多
引符瑞恐非本書或存或略其他書之確有可者增之無
年者類附之乖異者旁註而兩存之引事必從其原致年
無取乎繁其於多聞闕疑之意或庶幾乎茲編下接左氏
非爲竹書而作故以古史名之左氏以後則輯戰國時事
六卷別爲一書後有君子以覽觀焉嘉慶二十五年庚辰
秋九月閩中林春溥識於京師寓齋

古史紀年卷一

閬中林春溥鑑塘纂

黃帝軒轅氏三墳謂之地皇

史本紀曰黃帝者少典之子姓公孫晉語曰昔少典取於有蟜氏生黃帝炎帝黃帝以姬水成炎帝以姜水成成而異德故黃帝爲姬炎帝爲姜二帝用師以相濟也索隱曰黃帝即少典氏後代之子孫本姓公孫長居姬水因改姬姓名曰軒轅河圖握矩曰名軒北斗黃神之精王丞黃帝經序及雜經疏並云黃帝名乞字元律生而神靈世紀曰毋曰附寶見大電繞北斗樞星照郊野感附寶孕二十四月生黃帝於壽丘拾遺記曰毋曰昊樞以戊巳之日生五行書曰以戊子日生元命包曰黃帝龍顏河圖曰黃帝允頤弱而能言幼而徇齊鬻子曰黃帝十歲知神農之非而改其政長而敦敏成而聰明世紀曰長於姬水有聖德受國於有熊居軒轅之丘故因以爲名又以爲號軒轅之時神農氏世衰索隱曰即班固所謂參盧皇甫謐所云帝榆罔是也諸侯相侵伐暴虐百姓而神農氏弗能征於是軒轅

091.御批歷代通鑑輯覽一百二十卷　〔清〕傅恒等編　DS735.A2 Y8 1899

清光緒二十五年(1899)上海順成書局石印本　二十八册四函

内封題“御批通鑑輯覽”。

牌記題“光緒己亥春月上/海順成書局敬印”。

卷端題“御批歷代通鑑輯覽”。

卷首有“通鑑輯覽序”，署“乾隆丁亥秋月御筆”；“四庫全書提要”；凡例；職名；進表；總目録。

鈐印：“飲水室藏書印”陽文方印、“吴縣張氏瑋人閱畢”陽文方印、“飲水”陽文長方印、“尚同子”陰文長方印。

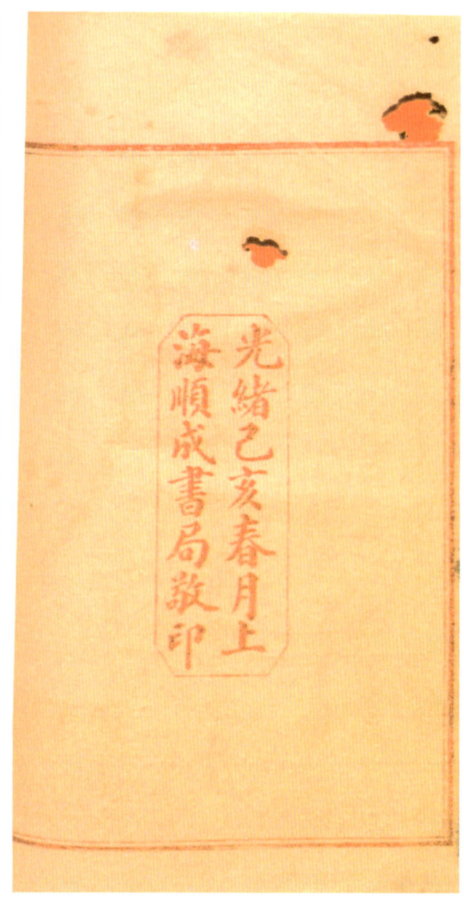

三皇五帝之說昉者紛如偽孔安國書序以伏羲神農黃帝之書為三墳少昊顓頊高辛唐虞之書為五典不過分冒帝之號尤說殊為附會

君民之道莫大乎教養伏羲氏作佃漁畜牧皆所以為養也而教即行其中後世視教養為二者去古遠矣

御批歷代通鑑輯覽卷之一

伏羲氏在位一百十五年傳十五世

太昊伏羲氏

帝生于成紀帝母居于華胥之渚巨人跡意有所動虹且繞之因而始娠生帝于成紀華胥古國案字紀藍田縣西華胥氏流成紀故城在今甘肅秦州秦安縣以木德繼天而王故風姓有聖德象日月之明故曰太昊

都陳左傳陳太昊之墟鄭樵通志伏羲都陳宛邱城是也宛邱今河南陳州府治是

始畫八卦

帝德洽上下有龍馬說文龍鱗蟲之長五屬馬高數也此馬身而龍鱗故曰龍馬負圖出于河孔安國書傳伏羲氏王天下龍馬出河朱子河圖論圖之位一與六共宗而居乎北二與七為朋而居乎南三與八同道而居乎東四與九為友而居乎西五與十相守而居乎中乃仰觀象于天俯觀法于地中觀萬物之宜始畫八卦卦有三爻因而重之為卦六十有四以通神明之德而卜筮自此生焉劉恕通鑑外紀伏羲德合上下天應以鳥獸文章地應以河圖洛書乃則而象之乃作易說本禮緯含文嘉羅泌路史鄭樵通志皆因之考易大傳河出圖洛出書漢孔安國劉向父子班固俱以河圖授羲洛書錫禹宋邵子朱子並同今依書傳朱子為據餘說皆不取

教民佃漁畜牧

民處草野逐捕禽獸茹毛飲血帝始結網罟以教佃漁故曰伏羲養犧牲以充庖廚故又曰庖犧

以龍紀官

因龍馬之瑞故以龍名官號曰龍師春官為青龍又曰蒼龍氏夏官為赤龍氏秋官為白龍氏冬官為黑龍氏中官為黃龍氏偽三墳伏羲以共工為上相柏皇為下相朱襄昊英為潛龍氏大庭為居龍氏渾沌為降龍氏陰康為土龍氏栗陸

092.袁王綱鑑合編三十九卷 〔明〕袁黄、王世貞撰 **附御撰明紀綱目二十卷** 〔清〕張廷玉等撰

清光緒三十年(1904)上海商務印書館鉛印本 十六册

袁黄(1533—1606),字坤儀,號了凡,蘇州吴江人。王世貞(1526—1590)字元美,號鳳洲,又號弇州山人,太倉(今江蘇)人。張廷玉(1672—1755),字衡臣,號研齋,安徽桐城人。

内封題"袁了凡、王鳳洲綱鑑合編/附明紀綱目"。

牌記題"光緒三十年歲/次甲辰上海商/務印書館鑄版"。

卷端題"袁王綱鑑合編/趙田袁黄了凡輯,瑯琊王世貞鳳洲編"。

卷首有熊明遇序、王世貞序、凡例、先儒名公姓氏紀、歷代國號圖、歷代國號歌、讀綱目要法、陳宏謀輯"甲子紀元,歷代建都考附"。

明紀綱目卷首有論旨、御製序、進表、總目録。

鈐印:"公安廖氏竹林齋藏書"陽文方印。

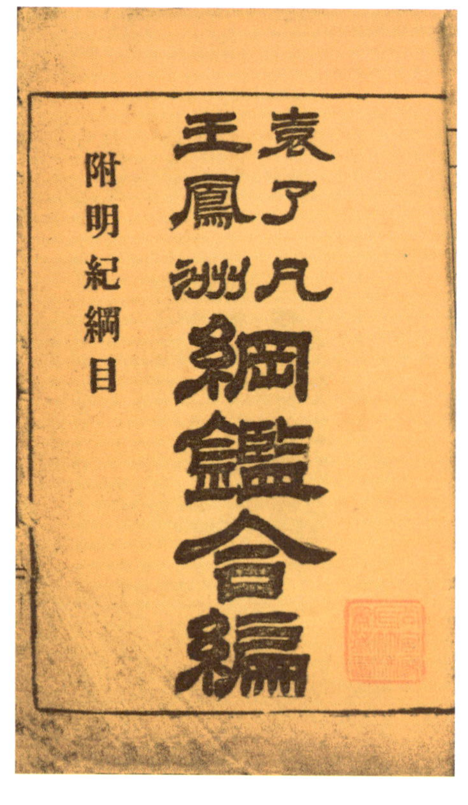

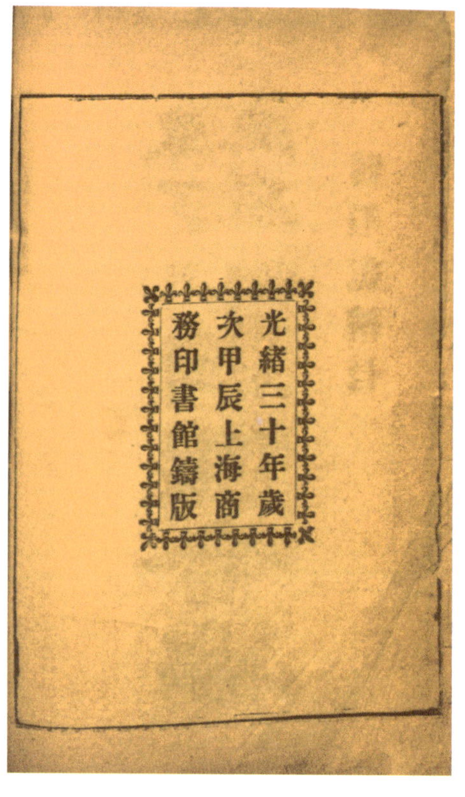

問三皇五帝之號其來尚矣而說者紛紛莫之統一果以何者爲據與

四象變化而庶類繁首出御世

三才首君盤古繼天出治天地人判而三才立父天母地謂之天子

游泊無爲而俗自化

始制干支以定歲

趙田袁　黄了凡輯　瑯琊王世貞鳳洲編

三皇紀（紀者記也本其事而紀之故曰本紀帝王書稱紀者言爲後代之綱紀也）

胡雙湖曰　三皇之號昉於周禮外史掌三皇五帝之書而不指其名其次則昉於秦博士有天皇地皇人皇之議秦去古未遠三皇之稱此或庶幾焉漢孔安國序書乃始於伏羲神農黄帝爲三皇少昊顓頊高辛爲五帝不知果何所本蓋孔子家語自伏羲以下皆稱曰帝易大傳春秋內外傳等有黄帝炎帝之稱月令有帝太昊帝炎帝黄帝亦足以表先秦未嘗以伏羲神農黄帝爲三皇也至宋五峯胡氏直斷以孔子易大傳以伏羲神農黄帝堯舜爲五帝不信傳而信經其論始定然三皇之號不可泯也則亦以天皇地皇人皇當之蓋混茫初闢先有天而後有地則氣化而人生焉皇極經世書以元經會所謂天開於子地闢於丑人生於寅至寅始爲開物之初意三皇之號由此而稱也

盤古氏

綱盤古氏太極生兩儀兩儀生四象（太陽少陽太陰少陰）四象變化而庶類繁矣相傳首出御世者曰盤古氏又曰渾敦氏（盤古）

盤言盤固也渾敦未昭晰之謂也氏者指其人而名之也

胡五峯曰　盤古生於太荒莫知其始明天地之道達陰陽之變爲三才首君於是混茫開矣

周靜軒曰　天之立君以御世也君之立極以統象也故易曰天地之大德曰生聖人之大寶曰位混沌之世天地始分有盤古氏出所以繼天而出治也厥後天開於子則有天皇氏地闢於丑則有地皇氏人生於寅則有人皇氏天地人判而三才以立世遠漸開風氣漸啟人文宣著治教休明矣天之立君豈苟焉而已哉是以父天母地而謂之天子天子者首出庶物而爲國家當其任大責重不其然乎

丁南湖曰　（遇）史記不錄三皇以其茫昧無稽也況盤古在三皇之前乎是故史氏云相傳首出御世者曰盤古氏夫是之謂相傳則疑以傳疑而得春秋郭公夏五之書法矣

天皇氏謂之天皇氏者蓋取天開於子之義也按白虎通曰皇者何謂也亦號也皇君也美也大也史本紀曰木德王歲起攝提

綱天皇氏一姓十三人繼盤古氏以治是曰天靈澹泊無爲而俗自化始制干支之名以定歲之所在（干榦也支名有卜者曰卜）

母（即甲乙丙丁戊己庚辛壬癸是也支枝也其名一十有二亦曰十二子即子丑寅卯辰巳午未申酉戌亥是也）十干曰閼逢（即甲閼死人聲音遏）旃蒙（即乙也旃音氈）柔兆（即丙也）彊圉（即丁也圉音語）著雍（即戊）屠維（即己也）上章（即庚也）重光（即辛也）玄黓（即壬也黓音亦）昭陽（即癸也）十二支曰困敦（即子也困頓混沌也言萬物萌芽混沌於黄泉之下也）赤奮若（即丑也氣運奮迅而起）攝提格（即寅也萬物承陽而起故曰攝提格格者起也凡文辭云以起萬物無不若其性者順也歲在寅正月出東方爲衆星之紀以攝提格故曰攝提格）單閼（即卯也閼音遏言陽氣推萬物而起故曰單閼單盡也閼止也）執徐（即辰也伏蟄之物皆敷舒而出故曰執徐執蟄也徐舒也）大荒落（即巳也言萬物皆熾盛而大出霍然落之故云荒落）敦牂（即午也敦音頓言萬物盛壯也）協洽（即未也言陰陽化生萬物和合故曰協洽）涒灘（即申也言萬物吐秀傾垂之貌）作噩（即酉也言萬物皆芒枝起之貌）閹茂（即戌也言萬物皆蔽冒也）大淵獻（即亥也淵深也大獻萬物於天深於藏也）兄弟各一萬八千歲（參考）（按干支之號子母相生十母）

斷代之屬

093.竹書紀年統箋十二卷前編一卷雜述一卷 〔南朝梁〕沈約注 〔清〕徐文靖箋

清光緒三年（1877）浙江書局刻本 四册一函

半葉九行二十一字，小字雙行同，白口，左右雙邊，單黑魚尾，半框高18.2釐米，寬13.4釐米。版心中鐫“竹書統箋”、卷次，下鐫葉碼。

内封題“竹書紀年”。

牌記題“光緒三年浙江書局/據丹徒徐氏本校刻”。

卷端題“竹書紀年統箋，梁武康沈約休文附注，清當塗徐文靖位山統箋，同里馬陽葵齋、崔萬烜郁岑校訂”。

卷首有清乾隆十五年（1750）崔萬烜序、馬陽序、凡例、目録。

雜述卷端題“竹書紀年雜述，當塗徐文靖位山彙輯，同里馬陽葵齋、崔萬烜郁岑校訂”。

鈐印：“公安廖氏竹林齋藏書”陽文方印。

按：各卷末鐫“總校王詒壽，分校汪學瀚、陳謨校”。

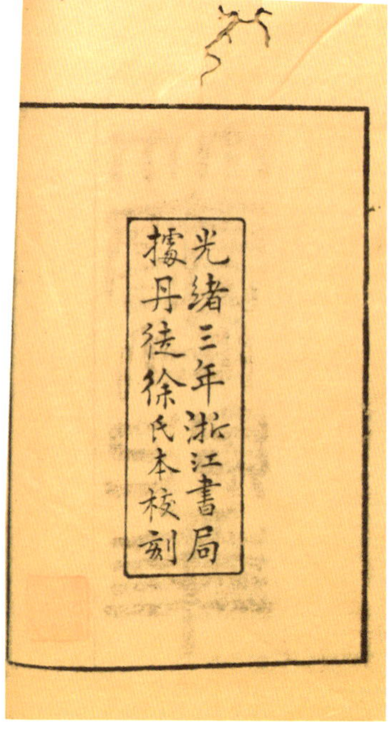

竹書紀年統箋卷之一

梁　武康沈　約休文附注

清　當塗徐文靖位山統箋

馬　陽葵齋

同里　崔萬烜郁岑　校訂

黃帝軒轅氏箋按晉語曰少典娶于有蟜氏生黃帝黃帝以姬水成韋昭曰姬水名也鄭康成曰黃帝姓姬炎帝所賜漢律歷志曰黃帝始垂衣裳有軒冕之服故天下號曰軒轅氏

母曰附寶見大電繞北斗樞星光照郊野星傳曰北斗七星在紫微西垣外第一曰天樞去極二十三度半入張宿九度感而孕二十五月而生

094.明紀六十卷 〔清〕陳鶴纂 〔清〕陳克家補纂 DS753 .C38

清同治十年(1871)江蘇書局刻本 二十册二函

陳鶴(1757—1811)字鶴齡,號復初、稽亭,江蘇元和(今蘇州)人。陳克家(?—1860)字子剛,號梁叔,陳鶴之孫。

半葉十一行二十四字,小字雙行同,黑口,四周雙邊,雙黑魚尾,半框高20.7釐米,寬14釐米。版心中鎸書名、卷次,下鎸葉碼。

内封題"明紀"。

牌記題"同治十年辛未/江蘇書局校刊"。

卷端題"明紀,賜進士出身工部候補主事虞衡司行走陳鶴纂,卹贈知府銜給雲騎尉世職内閣候補中書孫男克家参訂"。

卷首有清同治十年馮桂芬序。

卷末有同治十年應寶時跋。

鈐印:"公安廖氏竹林齋藏書"陽文方印。

按:馮桂芬序言成書之事,後八卷爲其孫陳克家續成。

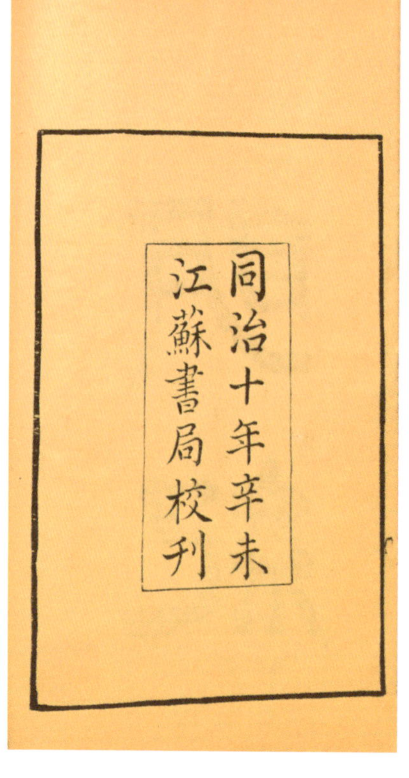

明紀卷第一

賜進士出身工部候補主事虞衡司行走陳鶴纂　加贈知府銜給雲騎尉世職內閣候補中書孫男克家參訂

太祖紀一

起元至正十一年辛卯元至正十二年壬辰太祖始從郭子興起兵濠州元至正十五年乙未太祖用韓林兒年號稱龍鳳元年卷訖于元至正二十三年癸卯即龍鳳九年也

太祖開天行道肇紀立極大聖至神仁文義武俊德成功高皇帝諱元璋字國瑞姓朱氏先世家沛徙句容再徙泗州父世珍始徙濠州之鍾離母陳氏生四子太祖其季也以元天曆元年九月丁丑生其夕室中有光燭天自是夜數有光起比長姿貌雄傑奇骨貫頂志意廓然人莫能測元至正四年大饑疫父母兄相繼沒貧無所依入皇覺寺爲僧尋游食合肥歷光固汝潁諸州崎嶇三載復還寺其明年台州方國珍倡亂海上時天下

095.明通鑑九十卷前編四卷附編六卷　〔清〕夏燮撰　

清光緒二十九年(1903)上海點石齋書局石印本　十六册二函

夏燮(1800—1875)字謙甫(一作嗛父)、季理,號謝山居士、江上蹇叟,安徽當塗人。

内封題"明通鑑"。

牌記題"光緒癸卯年夏四月/上海點石齋書局印"。

卷端題"明通鑑,江西永寧知縣當塗夏燮編輯"。

卷首有閔萃祥序、目録、清同治元年(1862)"與朱蓮洋明經論修明通鑑書"、義例。

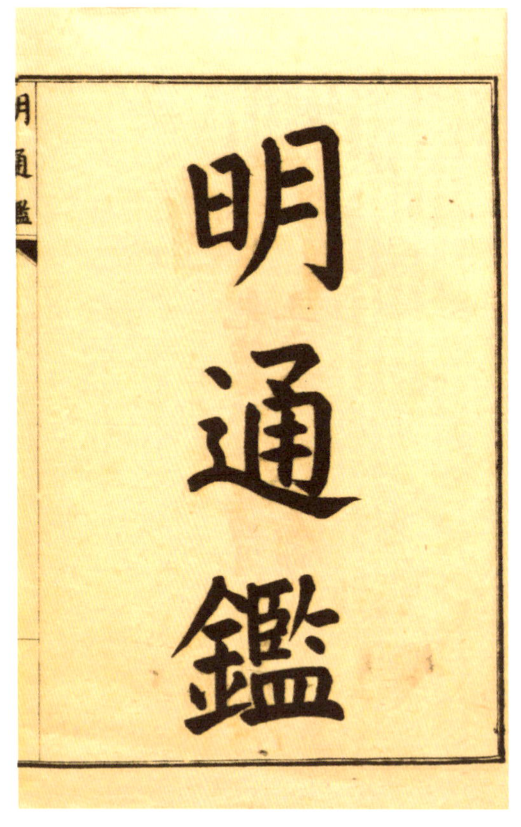

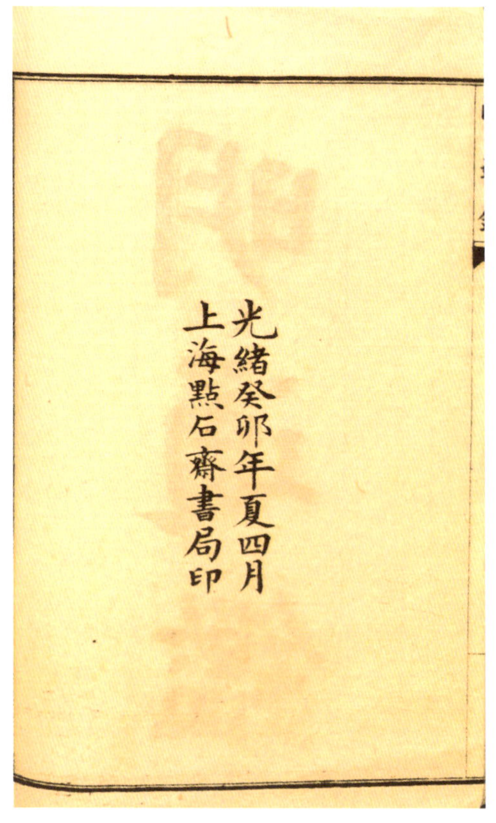

明通鑑前編卷一

江西永寧知縣當塗夏燮編輯

前紀一（起元黓執徐盡著雍涒灘凡十七年）

太祖

元至正十二年壬辰春二月定遠人郭子興起兵于濠州閏三月甲戌朔明太祖往歸之太祖姓朱氏諱元璋字國瑞先世家沛徙句容再徙泗州父世珍始徙濠州之鍾離生四子太祖其季也以元天歷元年戊辰九月丁丑生母陳氏方誕之夕赤光燭天里人望見驚以為火輒奔救至則無有異之比長姿貌雄傑志意廓然至正四年甲申里中大饑疫父母兄相繼歿貧不能葬里人劉繼祖與之地始克葬于鳳陽太祖時年十七無所依乃入皇覺寺為僧踰月游食合肥道病輒見二紫衣人與俱護視之病已遂不見凡歷光固汝潁諸州三年復還寺當是時元政不綱盜賊四起潁人劉福通奉韓山童假宋後起汝潁閻羅田人徐壽輝僭帝號與其將倪文俊等起蘄黃閒而黃巖人方國珍已先起海上于是子興與其黨孫德崖等亦擁兵襲濠州據之攻掠郡縣天下大亂太祖時年二十五（攷異明史本紀子興起兵于濠州太祖時年二十四按太祖以元天曆戊辰生推至是年壬辰當二十五又上文言至正甲申太祖年十七自甲申十七推至壬辰亦二十五又太祖崩年七十一則四字誤也）謀避兵卜於神去留皆不吉乃曰得無當舉大事乎卜之吉大喜遂入濠州抵門門者疑為諜執見子興子興奇其狀貌與語大悅留置左右為親兵長久之甚見親愛凡有攻伐必召與謀命之往輒勝子興自是兵益盛初宿州人馬公與子興為刎頸交馬公卒屬以季女子興因撫之為己女至是欲以妻太祖子興次妻張氏復趣之曰今天下亂君舉大事正宜收召豪傑吾見朱某誠異人可與共功業慎勿棄之以資他人用子興意遂決乃妻以馬公女是為孝慈高皇后　秋九月元師大破李二于徐州二蕭縣人時號芝麻李因歲饑家有芝麻一倉盡以濟人故名雖時元兵數為徐壽輝所敗二乃與其黨彭大趙均用衆聞攻徐州據之至是元丞相托克托（舊作脫脫）大敗其衆二走死彭大趙均用並率潰衆奔濠州（攷異明史本紀及郭子興傳皆作彭大趙書作彭早住徐氏通鑑後編作彭早住乃彭大之子元史順帝紀至正十七年書趙均用及彭大之子早住同據淮安明其時彭大已死而早住代之蓋彭大之死即在至正十三年與均用相合明實錄作[illegible]其實十三年之死者即彭大也故元史于十二年[illegible]濠書曰老彭老彭即彭大也大以十一年與[illegible]與均用[illegible]濠州遂有均用執郭子興及太祖[illegible]興二子求救于彭大之事[illegible]早住之父言之[illegible]書[illegible]治通[illegible]攷異中明史作早住為[illegible]大[illegible]據後編今從之）初子興起濠同事孫德崖等四人與子興而五各稱元帥不相下四人日事剽掠子興意輕之四人浸不悅合謀傾子興而子興多家居不視事太祖乘間說曰彼日益合我益離久之必為所制子興不能從及

096.欽定明鑑二十四卷首一卷　〔清〕托津等編纂　

清同治九年（1870）湖北崇文書局刻本　十册一函

半葉八行二十字，白口，四周雙邊，單黑魚尾，半框高18.3釐米，寬13.5釐米。版心上鎸書名，中鎸卷次，下鎸葉碼。

内封題“欽定明鑑”。

牌記題“同治九年季冬湖/北崇文書局槧刊”。

卷端題“欽定明鑑”。

卷首有諭旨、進表、職名、凡例、目録、明傳世圖。

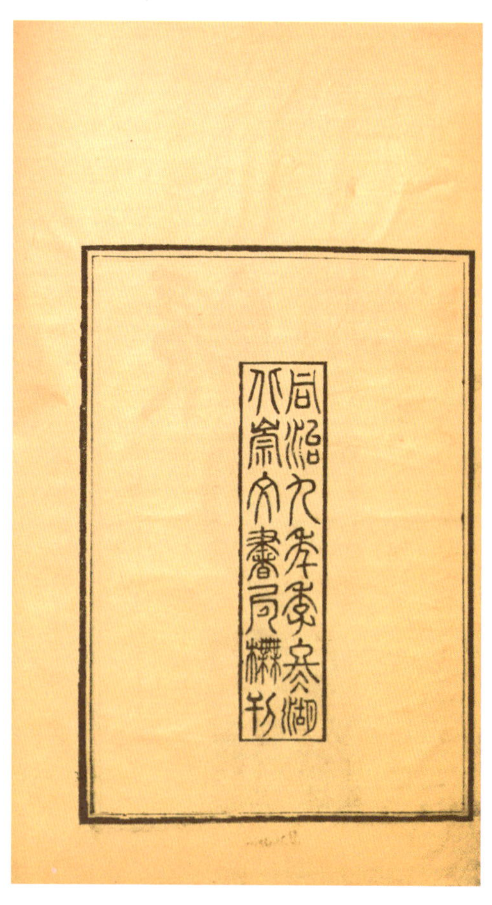

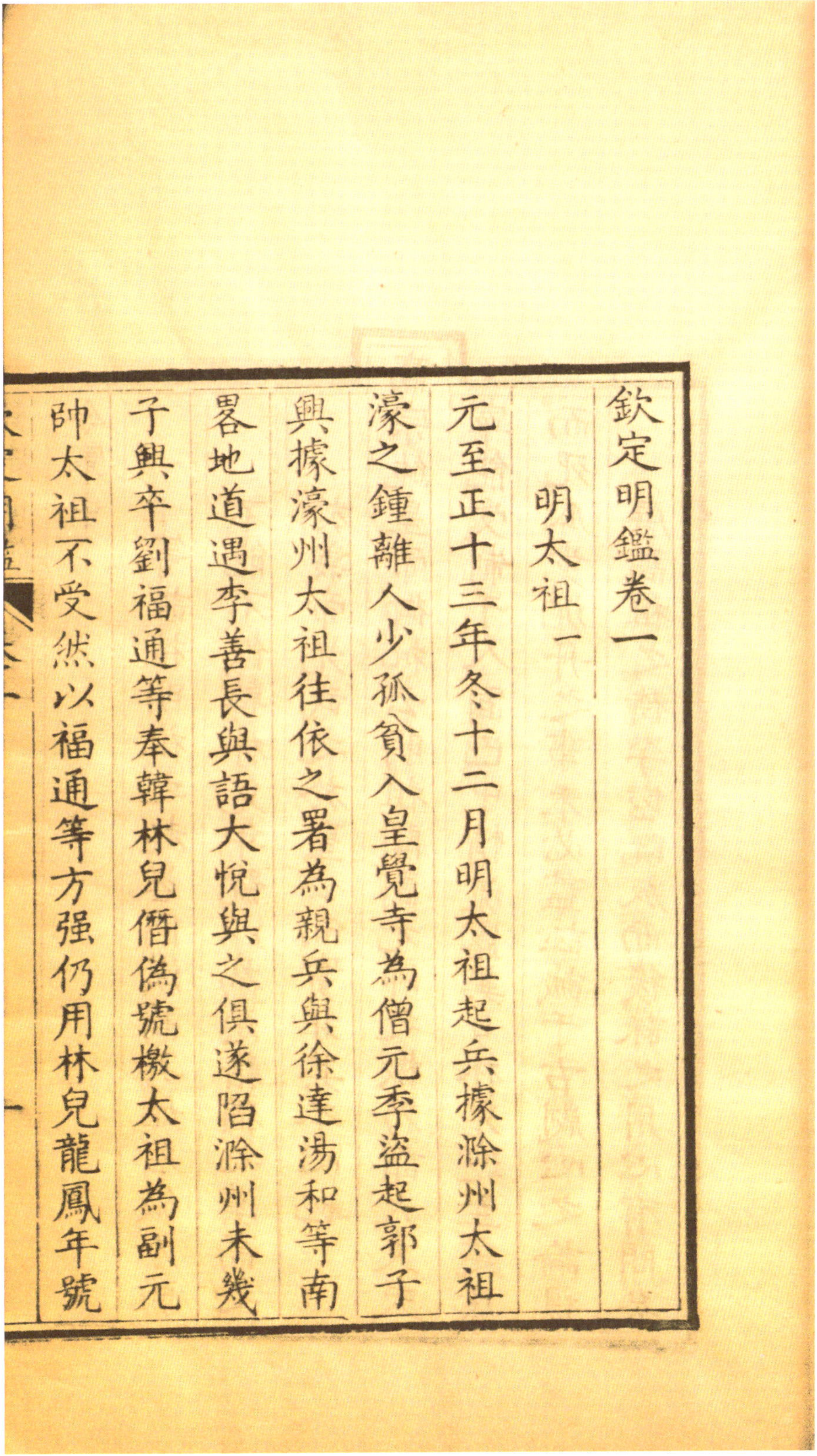

欽定明鑑卷一

明太祖一

元至正十三年冬十二月明太祖起兵據滁州太祖濠之鍾離人少孤貧入皇覺寺為僧元季盜起郭子興據濠州太祖往依之署為親兵與徐達湯和等南畧地道遇李善長與語大悅與之俱遂陷滁州未幾子興卒劉福通等奉韓林兒僭偽號檄太祖為副元帥太祖不受然以福通等方强仍用林兒龍鳳年號

097.東華録擥要一百十四卷　〔清〕汪文安輯　DS754 .W26

清光緒二十九年（1903）上海商務印書館鉛印本　二十八册三函

内封題"十一朝東/華録擥要"。

牌記題"光緒二十九年/上海商務印書/館鑄板印行"。

卷端題"東華録擥要，宜興汪文安敬録，男翰章、衡章恭校"。

卷首有清光緒十九年（1893）汪文安自序、目録。

鈐印："公安廖氏竹林齋藏書"陽文方印、"臣秉祥印"陰文方印、"李秉祥"陽文長方印。

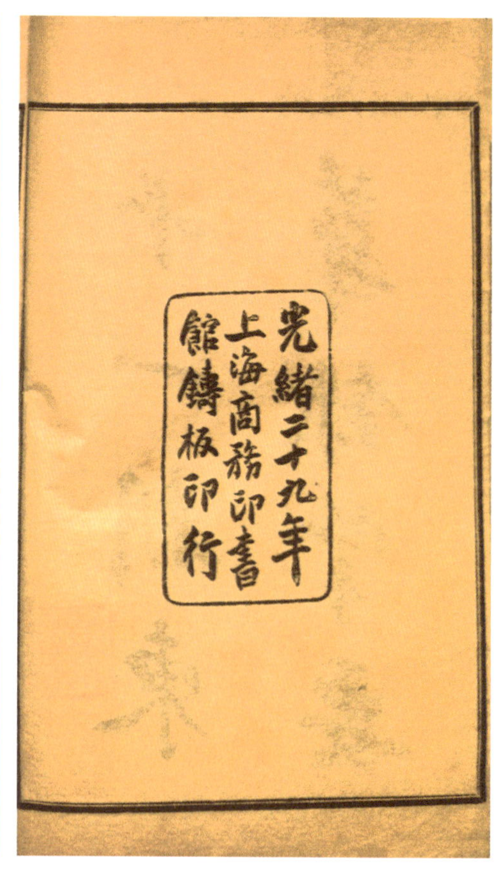

東華錄擥要卷

宜興汪文安敬錄　男翰衡章恭校

我朝　太祖高皇帝。姓愛新覺羅氏。諱努爾哈赤。生於明嘉靖三十八年己未。孕十三月而生。龍顏鳳目偉軀大耳。聲若洪鐘。剛果能斷。凡所覩記。終身不忘。國人稱之曰聰睿貝勒。先世發祥於長白山。山高二百餘里。縣亘千餘里。山上有潭。曰闥門。周八十里。鴨綠、混同、愛滹、三江出焉。山之東。有布庫里山。山下有池。曰布爾湖里。相傳有天女三。長恩古倫。次正古倫。季佛庫倫。浴於池。浴畢。有神鵲。銜朱果。置季女衣。季女含口中。忽已入腹。遂有身。告二姊曰。吾身重。不能飛昇。奈何。二姊曰。吾等列仙籍。無他虞也。此天授爾娠。俟免身來未晚。言已別去。佛庫倫尋產一男。生而能言。體貌奇異。及長。母告之故。因命之曰。天生汝以定亂國。其以愛新覺羅爲姓。布庫里雍順爲名。與小舠乘之曰。汝順流而往。即其地也。母淩空去。子乘小舠。順流至河。步登岸。折柳枝及蒿爲坐具。端坐其上。是時其地有三姓爭雄長。搆兵仇殺。有取水者。奇其狀貌。歸告。衆往觀。皆以爲異。因詰所由來。語以姓名。且曰。我天女所生。天命定汝等之亂。衆驚曰。天生聖人也。舁歸奉爲主。以女百里妻之。居長白山之東。俄漠惠之野。鄂多里城。國號滿洲。是

紀事本末類

通代之屬

098.歷朝紀事本末六百五十八卷　〔清〕陳如升、朱記榮輯

清光緒十四年（1888）上海書業公所鉛印本　五十六册六函

内封題“歷朝紀事/本末”。

牌記題“光緒戊子春月上/海書業公所鑄版”。

卷首有清光緒十四年葉維幹序、閔萃祥“彙刊紀事本末七種序”、凡例、總目。

按：凡例末鎸“寶山陳如升、吴縣朱記榮同識”。各書均有内封、牌記。

子目：

左傳紀事本末五十三卷　〔清〕高士奇撰

通鑑紀事本末二百三十九卷　〔宋〕袁樞撰

宋史紀事本末一百九卷　〔明〕陳邦瞻撰

遼史紀事本末四十卷　〔清〕李有棠撰

金史紀事本末五十二卷　〔清〕李有棠撰

西夏紀事本末三十六卷　〔清〕張鑑撰

元史紀事本末二十七卷　〔明〕陳邦瞻撰

明史紀事本末八十卷　〔清〕谷應泰撰

附：三藩紀事本末二十二卷　〔清〕楊陸榮撰

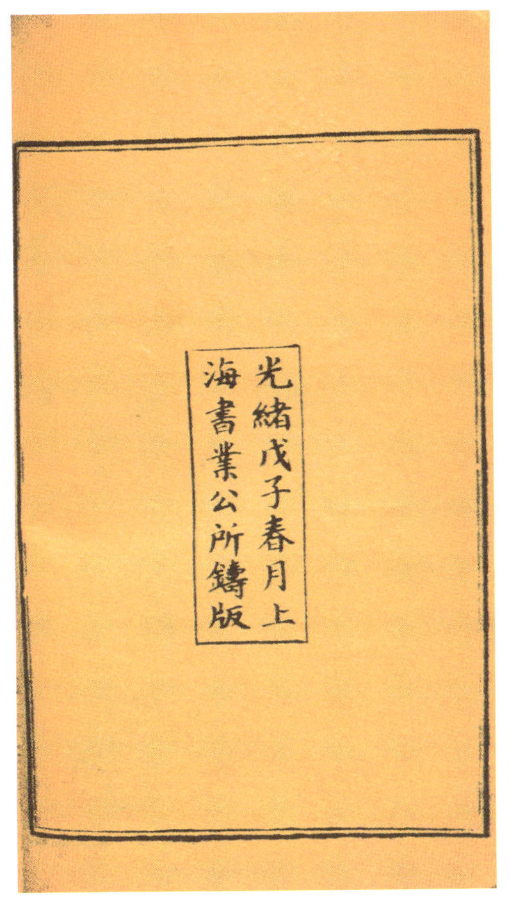

左傳紀事本末序

史家有六首尙書家次春秋家書記言春秋記事唐劉知幾謂古人所學以言爲首尙書百篇廢興行事多闕而春秋自夏殷以來非一家皆隱沒無聞記事之史不行記言之書見重久矣獨左氏之傳春秋義釋本經語雜他事因爲申左一篇知幾之論以記事爲重也蓋孔子取義魯史而二百四十年之行事亦云略矣左氏先經以始事後經以終義依經以辨理錯經以合異是記事之史左氏其首也又稽逸文纂別說爲外傳以廣之分八國各爲卷是亦一國之本末也其傳一人之事與言必引其後事牽連以終之是亦一人一事之本末也然則內傳紀事而外傳卽所以足其事之本末者與顧內傳以事爲主旣以時斷首尾不屬外傳復以言爲主國之大事不具至宋衛秦吳之國竟無語焉夫春秋旣治世之大經大法左氏獨親得其傳而限於編年之體雖有外傳不逸件繫譬隋珠之未貫如狐腋而未集令學者前後討尋周章省覽豈若會粹而種別之爲瞭如哉今宮詹高澹人先生所以放建安袁氏通鑑紀事本末而有作也顧司馬氏之書其徵事也近而立義也顯近則易核顯則易明袁氏特整齊鉤稽其閒爲力少易左氏能傳經之所無亦時闕經之所有又參以二傳每多不同好語神怪易致失實而自啖趙以來多有舍傳立說獨抱遺經以終始者矣先生特爲起例皆袁氏所無有夫夏五郭公經無其事亦書豈可經文炳如而傳或脫漏於是乎不遺一傳曰補逸經義微婉尋塗自殊旣各專家無取單行於是乎不黨一傳曰考異文人愛奇貪於捃拾史家斥譌須勇刊棄於是乎裁傳以存傳曰辨誤理所難明每以旁曲而暢辭

左傳紀事本末　序　一

099.歷朝紀事本末六百五十八卷 〔清〕陳如升、朱記榮輯 DS735 .A2 L5

清光緒二十五年(1899)慎記書莊石印本 五十六册四函

内封題“歷朝紀事本末”。

牌記題“光緒己亥季秋/慎記書莊石印”。

卷首有清光緒十四年(1888)葉維幹序、閔萃祥“彙刊紀事本末七種序”、總目。

鈐印:“公安廖氏竹林齋藏書”陽文方印。

按:各書均有内封、牌記。

子目:

左傳紀事本末五十三卷 〔清〕高士奇撰

通鑑紀事本末二百三十九卷 〔宋〕袁樞撰

宋史紀事本末一百九卷 〔明〕陳邦瞻撰

遼史紀事本末四十卷 〔清〕李有棠撰

金史紀事本末五十二卷 〔清〕李有棠撰

西夏紀事本末三十六卷 〔清〕張鑒撰

元史紀事本末二十七卷 〔明〕陳邦瞻撰

明史紀事本末八十卷 〔清〕谷應泰撰

附:三藩紀事本末二十二卷 〔清〕楊陸榮撰

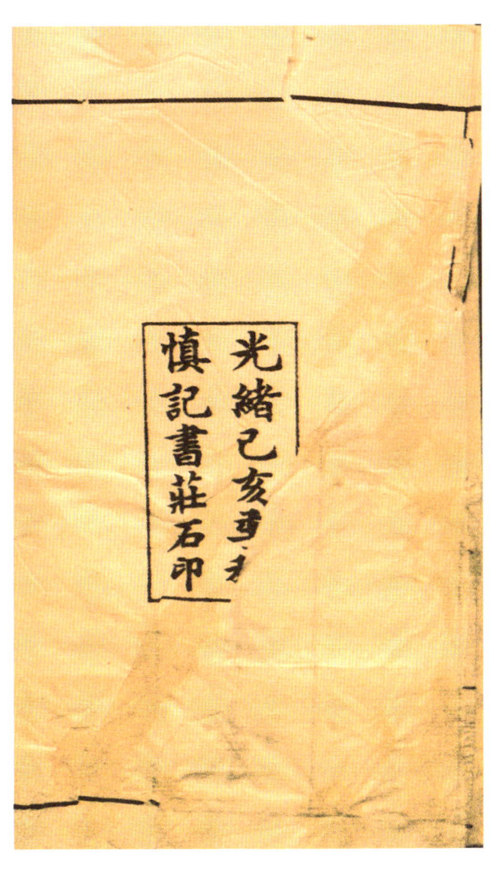

左傳紀事本末卷之一

錢塘高士奇江村編輯

華亭閔萃祥頤生點勘

王朝交魯

隱公元年秋七月天王使宰咺來歸惠公仲子之賵緩且子氏未薨故名天子七月而葬同軌畢至諸侯五月同盟至大夫三月同位至士踰月外姻至贈死不及尸弔生不及哀豫凶事非禮也　十二月祭伯來非王命也

三年春王三月壬戌平王崩赴以庚戌故書之　秋武氏子來求賻王未葬也

六年冬京師來告饑公為之請糴於宋衛齊鄭禮也

七年初戎朝於周發幣於公卿凡伯弗賓冬王使凡伯來聘還戎伐之於楚丘以歸

補逸九年天王使南季來聘有經無傳

穀梁傳曰聘諸侯非正也

桓公四年夏周宰渠伯糾來聘父在故名

五年天王使仍叔之子來聘仍叔之子弱也

攷異穀梁傳曰任叔之子者錄父以使子也

八年冬祭公來遂逆王后於紀禮也

九年春紀季姜歸於京師凡諸侯之女行唯王后書

十五年春天王使家父來求車非禮也諸侯不貢車服天子不私求財

左傳紀事本末　卷一　一

斷代之屬

100.繹史一百六十卷世系圖一卷年表一卷　〔清〕馬驌撰　

清光緒十五年(1889)金匱浦氏重修本　二十三册四函

馬驌(1621—1673)字宛斯，號驄禦，山東鄒平人。

半葉十一行二十四字，小字雙行字不等，白口，左右雙邊，無魚尾，半框高19.7釐米，寬14.4釐米。版心上鎸書名，中鎸卷次、篇名，下鎸葉碼。

内封題“鄒平馬驌撰/繹史”。

牌記題“光緒十有五年/金匱浦氏重修”。

卷端題“繹史”。

卷首有清康熙九年(1670)李清頓序、目録、徵言。

鈐印：“公安廖氏竹林齋藏書”陽文方印、“文瑞”陰文方印。

按：欄上有硃墨筆眉批。

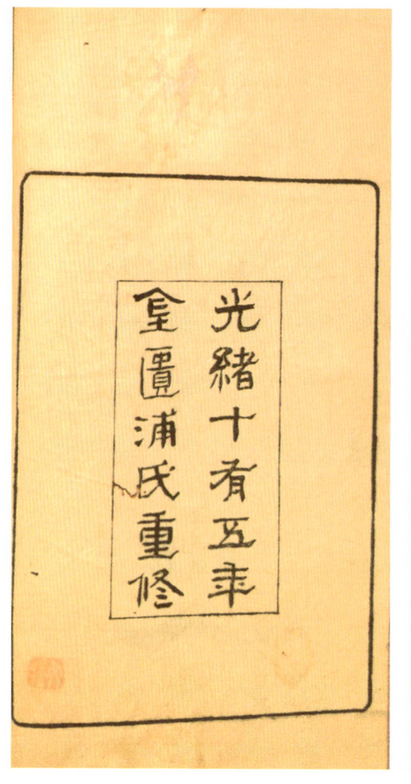

光緒十有五年
金匱浦氏重修

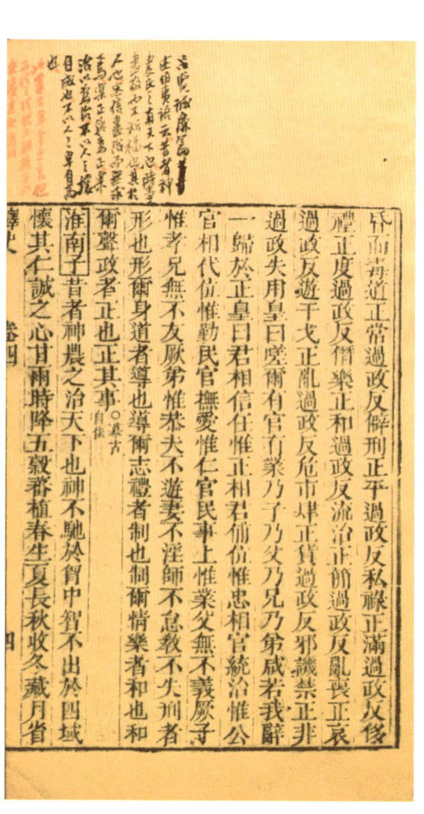

繹史　卷四　四

怀而毒道正常過政反僻刑正平過政反私祿正滿過政反侈
禮正度過政反僭樂正和過政反流治正節過政反亂喪正哀
過政反遊干戈正亂過政反危市肆正貨過政反邪譏禁正非
過政失用皇曰壁衛有官有業乃子乃父乃兄乃弟咸若我辭
一歸於正皇曰君相信任惟正相君備位惟忠相官統治惟公
官相代位惟勤民官撫愛惟仁官民事上惟業父無不義厥子
惟孝兄無不友厥弟惟恭夫不遊妻不淫師不怠教不失刑者
形也形衛身道者導也導衛志禮者制也制衛情樂者和也和
衛聲政者正也正其事。
淮南子昔者神農之治天下也神不馳於胷中智不出於四域
懷其仁誠之心甘雨時降五穀蕃植春生夏長秋收冬藏月省

繹史卷一　　　　太古第一

開闢原始

列子昔者聖人因陰陽以統天地夫有形者生於無形則天地安從生故曰有太易有太初有太始有太素太易者未見氣也太初者氣之始也太始者形之始也太素者質之始也氣形質具而未相離故曰渾淪渾淪者言萬物相渾淪而未相離也視之不見聽之不聞循之不得故曰易也易無形埒易變而爲一一變而爲七七變而爲九九變者究也乃復變而爲一一者形變之始也清輕者上爲天濁重者下爲地故天地含精萬物化生白虎通始起先有太初後有太始形兆既成名曰太素混沌相連視之不見聽之不聞然後剖判清濁既分精出曜布度物施生精者爲三光號者爲五行行生情情生汁中汁中生神明神明生道德道德生文章鉤命訣太初氣之始也生於酉仲清濁未分也太始形之始也生於戌仲清者爲精濁者爲形也太素質之始也生於亥仲已有素朴而未散也三氣相接至於

101.宋史紀事本末一百九卷　〔明〕陳邦瞻撰　

清光緒十三年（1887）廣雅書局刻本　十六册三函

陳邦瞻（？—1623）字德遠，江西高安人。

半葉十行二十字，上白下黑口，四周單邊，單黑魚尾，半框高20.4釐米，寬15釐米。版心上鎸書名，中鎸卷次、葉碼，下鎸"廣雅書局重栞"。

内封題"宋史紀/事本末/一百九卷"。

牌記題"光緒十三年十二/月廣雅書局刻"。

卷端題"宋史紀事本末，明臨朐馮琦原編，高安陳邦瞻增訂，太倉張溥論正"。

卷首有張溥"宋元紀事本末序"。

按：卷末列有初校、覆校者，每卷各異，有黄濤、沈葆和、文廷俊、潘乃成、鄭權、金保基、陳慶修、沈寶樞、汪大鈞、范公詒、黎永椿等。

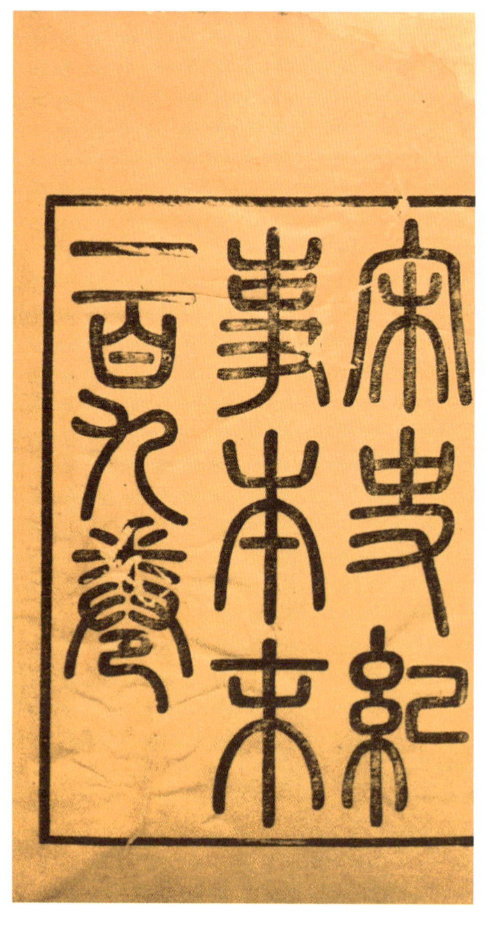

宋史紀事本末卷一

高安陳邦瞻增訂

明臨朐馮琦原編

太倉張溥論正

太祖代周

宋太祖建隆元年周恭帝宗訓元年也先是周顯德六年十一月鎭定二州上言北漢會契丹兵入寇至是年正月辛丑朔遣殿前都點檢檢校太尉歸德節度使趙匡胤率兵禦之殿前副都點校慕容延釗將前軍先發時主少國疑中外密有推戴匡胤之意都

102.遼史紀事本末四十卷　〔清〕李有棠撰　

清光緒二十六年（1900）廣雅書局刻本　四册一函

李有棠（1837—1905）字芾生，江西萍鄉人。

半葉十行二十字，小字雙行同，黑口，四周單邊，單黑魚尾，半框高20.1釐米，寬14.6釐米。版心上鎸書名，中鎸卷次、篇名，下鎸葉碼、"廣雅書局重栞"。

内封題"遼史紀事本末/四十卷"。

牌記題"光緒庚子年/廣雅書局刊"。

卷端題"遼史紀事本末，萍鄉李有棠撰"。

卷首有清光緒十九年（1893）李有棻"新刻遼金紀事本末叙"、凡例、目録。

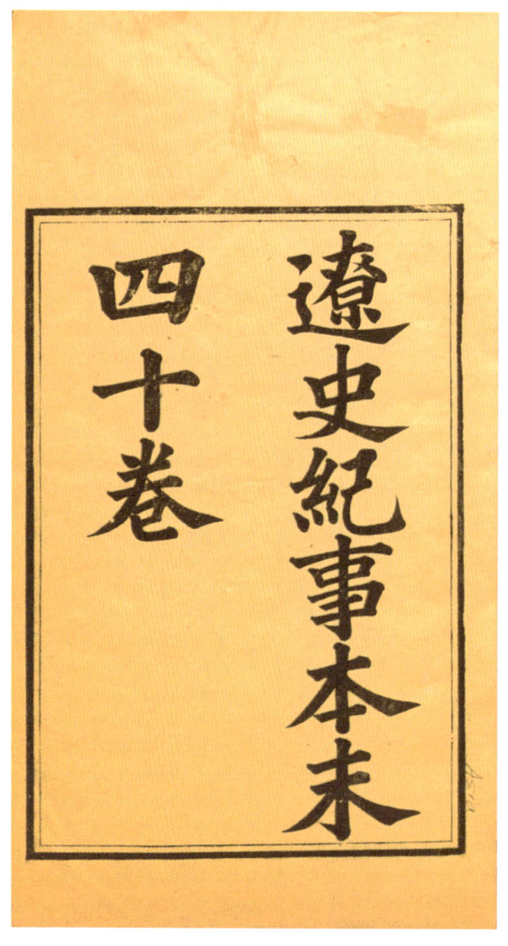

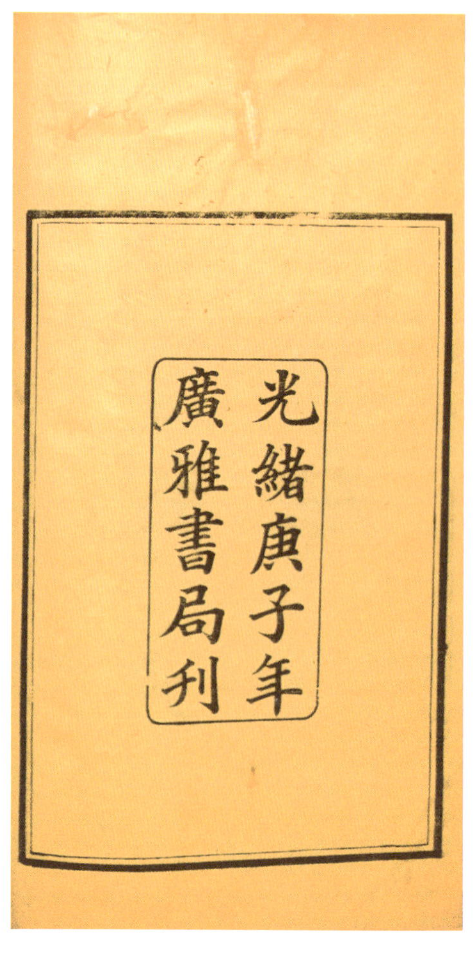

遼史紀事本末卷一

萍鄉李有棠撰

太祖肇興

後梁太祖開平元年春正月遼太祖自稱天皇帝太祖之先出自炎帝攷異宇文周書稱遼爲炎帝後而耶律儼謂係軒轅之後儼志晚出宜從周書世爲森濟原作審吉國有葛烏菟者世雄朔陲號東胡漢時爲冒頓汗所滅保鮮卑山稱鮮卑氏魏青龍中部長軻比能爲幽州刺史王雄所害散徙潢水之南潢河在克什克騰界蒙古名錫喇穆稜東北流會諸水遥巴林及科爾沁等境入於遼即遼河之西一源也見顧祖禹方輿紀要黃龍之北晉時普回子莫那自陰山

103.明史紀事本末八十卷　〔清〕谷應泰輯　

清光緒十三年(1888)廣雅書局刻本　十六册三函

谷應泰(1620—1690)字賡虞,號霖蒼,直隸豐潤(今河北唐山)人。

半葉十行二十字,小字雙行同,上白下黑口,四周單邊,單黑魚尾,半框高17.8釐米,寬14釐米。版心上鎸書名,中鎸卷次,下鎸葉碼、"廣雅書局重栞"。

内封題"明史紀/事本末/八十卷"。

牌記題"光緒十三年十二/月廣雅書局刻"。

卷端題"明史紀事本末,提督浙江學政僉事豐潤谷應泰編輯"。

卷首有傅以漸序、谷應泰自序、目録。

按:卷一末鎸"番禺沈寶樞初校,番禺劉昌齡覆校"。每卷初校、復校者不同。

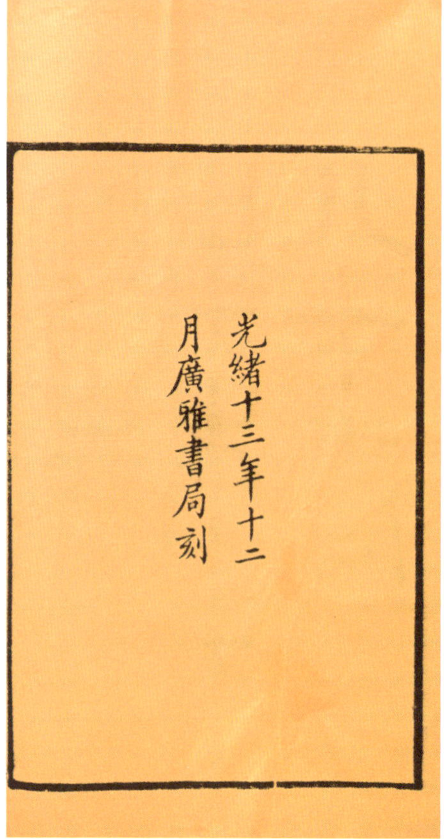

明史紀事本末卷一

提督浙江學政僉事豐潤谷應泰編輯

太祖起兵

元順帝至正十二年閏三月甲戌朔明太祖起兵濠梁太祖之先故沛人徙江東句容爲朱家巷宋季大父再徙淮家泗州父又徙鍾離太平鄉母陳生四子太祖其季也太祖生於元天厤戊辰之九月丁丑其夕赤光燭天里中人競呼朱家火及至無有三日洗兒父出汲有紅羅浮至遂取衣之故所居名紅羅障少時嘗苦病父欲度爲僧歲甲申泗大疫父母兄及

104.聖武記十四卷　〔清〕魏源撰　DS754 .W39

清光緒四年(1878)上海申報館鉛印本　十册一函

魏源(1794—1857)原名遠達,字默深,一字墨生,又字漢士,號良圖,湖南邵陽人。

内封題"聖武記/戊寅五月"。

牌記題"上海申報館/仿聚珍版印"。

卷端題"聖武記,邵陽魏源撰"。

卷首有魏源序、目録。

鈐印:"公安廖氏竹林齋藏書"陽文方印。

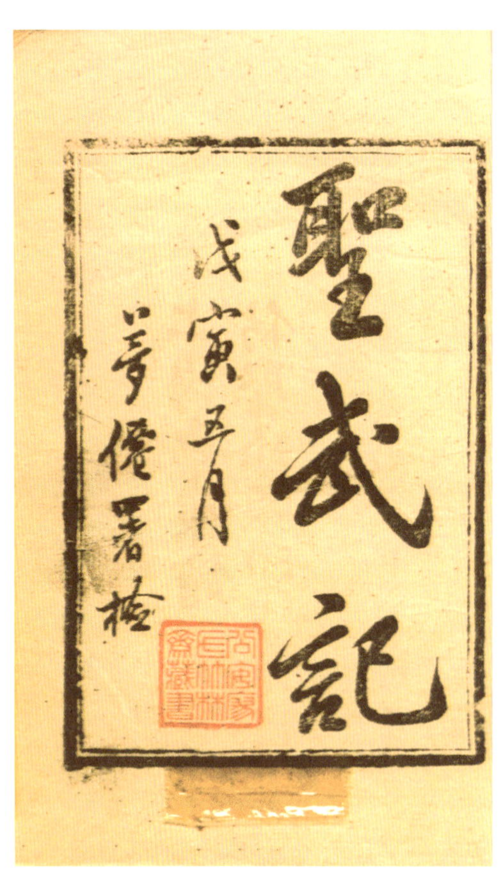

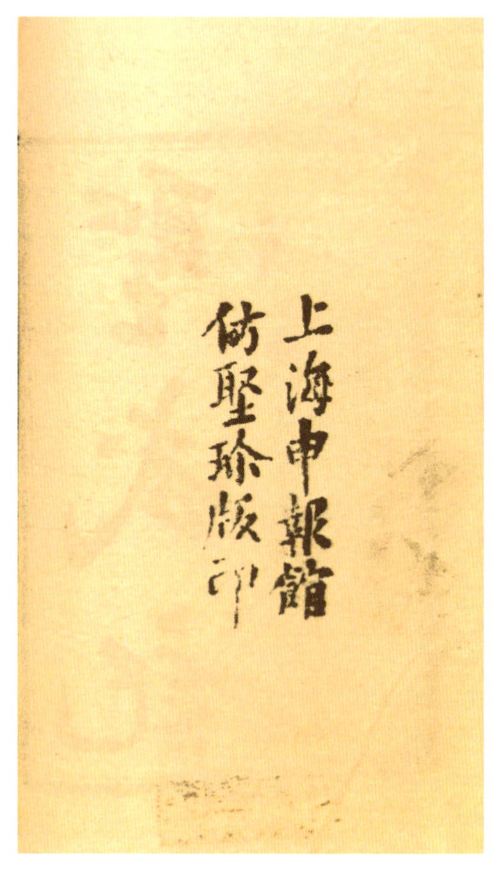

聖武記卷一

開國龍興記一

邵陽魏源譔

維帝軒轅畫井始遼粵及有虞州剖十二而遼以西則剖冀東北境是為幽州遼以東則剖青海外境是為營州于是有古孤竹之虛有古肅慎氏之國古孤竹國在今遼西錦州府地肅慎國在今遼東吉林寧古塔地肅慎即女真之轉音楛矢肇騎射之本俗至漢分為三韓蓋三汗並治之徵天官書曰中國山川其維首在隴蜀其尾沒于碣渤蓋東方出震天地所以成終而成始旁礴鬱積數千年以有　大清國　大清國之興也肇有金遼部落繼兼有元裔之蒙古又繼兼有朝鮮又繼有明之關外金遼語言相同之國也蒙古語言居處不同而衣冠騎射同國也至朝鮮及明則語言衣冠皆不同故我　太祖　太宗用兵次第亦

雜史類

通代之屬

105.函史上編八十一卷下編二十一卷附函史尺牘　〔清〕鄧元錫纂

DS735 .A2 T4

清康熙二十年(1681)刻本　八十册十函

鄧元錫,字汝極,號潛谷,南城(今江西)人。

半葉十行二十一字,白口,四周單邊,單白魚尾,半框高21釐米,寬15釐米。版心上鎸書名、編次,中鎸卷次,下鎸葉碼。

内封題"新刻函史上下/二編家藏定本"。

卷端題"函史,明盱郡鄧元錫纂"。

卷首有張朝璘重刻序;許世昌重刻序;熊人霖重刻序;清順治十四年(1657)楊日升序;陳起龍序;凃國鼎序;鄧澄序;黄端伯序;過周謀文叙;清康熙二十年鄧紹駿、鄧紹麟、鄧紹弘三修序;明萬曆初元鄧元錫撰函史上編序;較讀函史十測;較刻函史考證。

下編卷首有明隆慶五年(1571)鄧元錫撰《函史》下編序。

鈐印:"簡日全"陰文方印、"汗青"陽文方印。

新刻函史上下
二編家藏定本

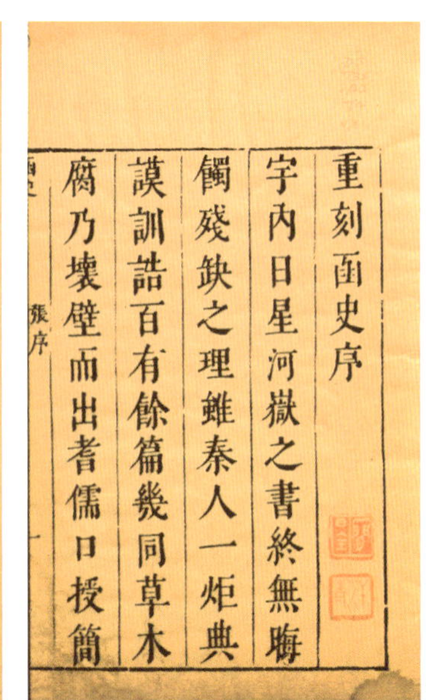
重刻函史序
宇內日星河嶽之書終無晦
蝕殘缺之理雖秦人一炬典
謨訓誥百有餘篇幾同草木
腐乃壞壁而出者儒口授簡

函史上編卷之一

明盱郡鄧元錫纂

古初帝王表

自天地載闢馮翼昭冥之故靡可究而原矣二五幹維何本何化即上哲難言之而説天莫辯於易頌稱玄鳥雅詠生民厥神理可著存焉易衡圖儀象生出象化原圓圖象渾天方圖象方輿文王序周易乾坤創闢屯蒙洪荒夫非沕穆渾敦時耶而三才肖君建侯不寧於草昧乎經綸斯時也林總蚩蚩之民穴居而野處汚樽杯飲捭豚而燔黍未有麻絲蒙衣其皮羽蓋需養於飲食

106.荊駝逸史五十種附一種　〔清〕陳湖逸士編　DS736 .C4

清刻本　二十八册四函

半葉八行十七字，白口，四周雙邊，單黑魚尾，半框高18.2釐米，寬13.8釐米。版心上鎸書名，中鎸每種書名、卷次，下鎸葉碼，每卷第一頁鎸册數。

内封題"荊駝佚史"。

卷端題"荊駝逸史，陳湖逸士撰"。

卷首有陳湖逸士序。

子目：

三朝野紀七卷　〔明〕李遜之撰

東林事略三卷　〔明〕吴應箕撰

啓禎兩朝剥復録三卷　〔明〕吴應箕撰

熹朝忠節死臣列傳一卷　〔明〕吴應箕撰

甲申忠佞紀事一卷　〔明〕錢邦芑撰

甲申紀變實録一卷　〔明〕錢邦芑撰

甲申紀事一卷　〔清〕程正揆撰

北使紀略一卷　〔明〕陳洪範撰

汴圍濕襟録一卷　〔明〕白愚撰

所知録三卷　〔明〕錢澄之撰

荊溪盧司馬殉忠實録一卷戎車日記一卷盧公遺事一卷　〔明〕許德士撰

袁督師計斬毛文龍始末一卷　〔明〕李清撰

入長沙記一卷　〔清〕丁大任撰

粤中偶記一卷　〔明〕華復蠡撰

航澥遺聞一卷　〔明〕汪光復撰

平蜀記事一卷　〔清〕錢謙益撰

李仲達被逮紀略一卷　〔明〕蔡士順撰

念陽徐公定蜀紀一卷　〔明〕文震孟撰

攻渝紀事一卷　〔明〕徐如珂撰

遇變紀略一卷　〔明〕徐應芬撰

四王合傳一卷　〔清〕□□撰

江變紀略二卷　〔清〕徐世溥撰

東塘日劄二卷　〔清〕朱子素撰

滄洲紀事一卷　〔清〕程正揆撰

倣指南録一卷　〔明〕康范生撰

甲行日注八卷　〔明〕葉紹袁撰

聖安本紀六卷　〔清〕顧炎武撰

江陰城守紀二卷　〔清〕韓菼撰

恩恤諸公志略二卷　〔明〕孫慎行撰

孫高陽前後督師略跋一卷　〔明〕蔡鼎撰

東陽兵變一卷　〔明〕□□撰

閩遊月記二卷　〔明〕華廷獻撰

風倒梧桐記二卷　〔明〕何是非撰

揚州十日記一卷　〔清〕王秀楚撰

庚寅十一月初五日始安事略一卷　〔清〕瞿元錫撰

平回記略一卷　〔清〕□□撰

開國平吴事略一卷　題〔清〕南園嘯客撰

人變述略一卷　〔明〕黄煜撰

全吴紀略一卷　〔明〕楊廷樞撰

歷年城守記一卷　〔清〕王度撰

明亡述略二卷　題〔清〕鎖緑山人撰

劉公旦先生死義記一卷　題〔明〕吴下逸民撰

僞官據城記一卷　〔清〕王度撰

懿安事略一卷　〔清〕賀宿撰

江陵紀事一卷　〔明〕□□撰

孫愷陽先生殉城論一卷　〔明〕蔡鼎撰

永歷紀事一卷　〔明〕丁大任撰

平定耿逆記一卷　〔清〕李之芳撰

錢氏家變録一卷　〔清〕錢孫愛撰

兩粵夢遊紀一卷　〔明〕馬光撰

附：平臺紀略一卷　〔清〕藍鼎元撰

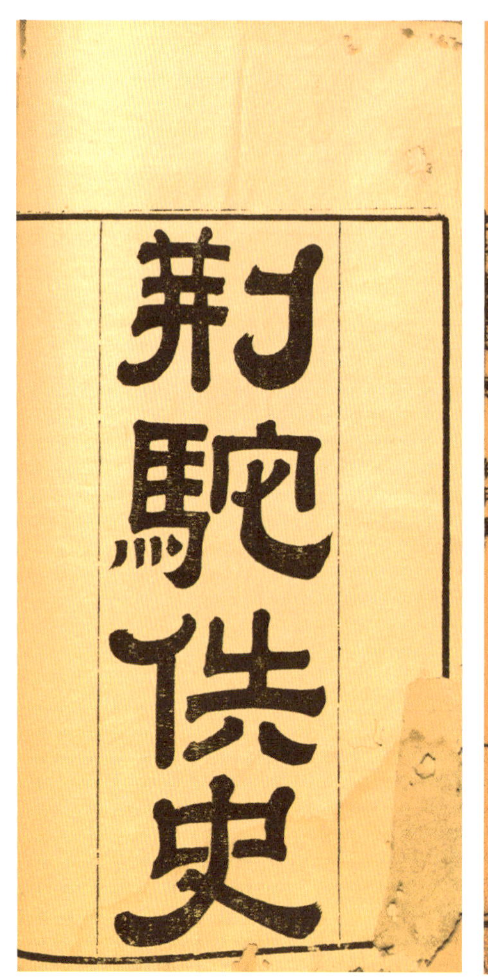
荆駝佚史

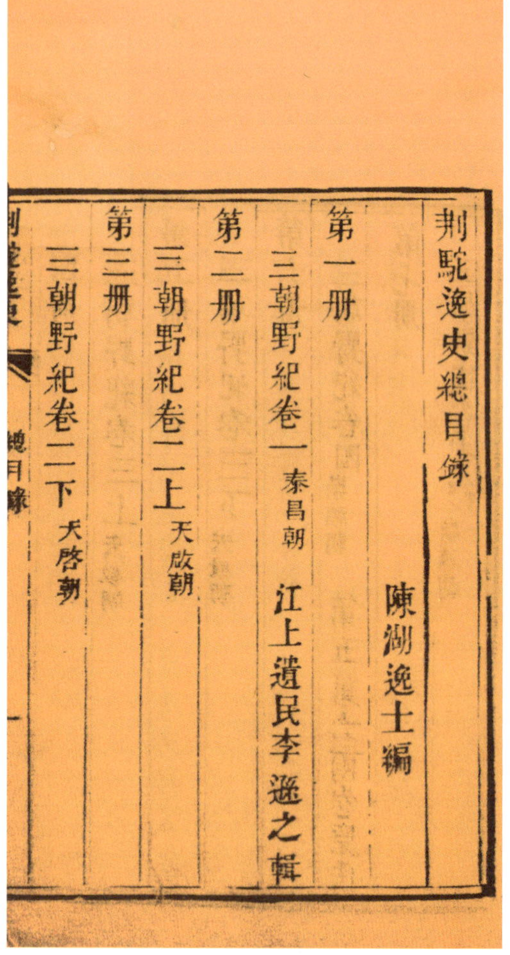
荆駝逸史總目錄

陳湖逸士編

第一册

三朝野紀卷一 泰昌朝　江上遺民李遜之輯

第二册

三朝野紀卷二上 天啟朝

第三册

三朝野紀卷二下 天啟朝

荆駝逸史 總目錄

荆駝逸史

陳湖逸士撰

無憂園者明宫詹陳文莊公之别墅也其址在葑門東道橋之南中有荷池數畝繞有園亭之趣竹石之佳柳蹊花明之勝致足樂也是時公嘗與周忠介文文肅姚文毅日相唱和於其間園故爲陳氏世居家多藏書所刻書籍碑板多係以無憂園者公故有無憂園

荆駝逸史 序 一

107.開闢傳疑二卷　〔清〕林春溥編　

清道光咸豐間竹柏山房刻本　一册一函

半葉十二行二十二字，小字雙行同，黑口，四周單邊，雙黑魚尾，半框高18.5釐米，寬14釐米。版心中鐫書名、卷次，下鐫葉碼。

内封題“道光乙未/開闢傳疑/竹柏山房開雕”。

卷端題“開闢傳疑，閩中林春溥鑑塘編”。

卷首有林春溥序論、後叙。

按：此書當爲《竹柏山房十五種》之零本。卷首附有叢書内封，題“竹柏山房/十五種”；“竹柏山房家刻總目序”；“竹柏山房家刻總目”；林春溥像，自題；墓志銘。

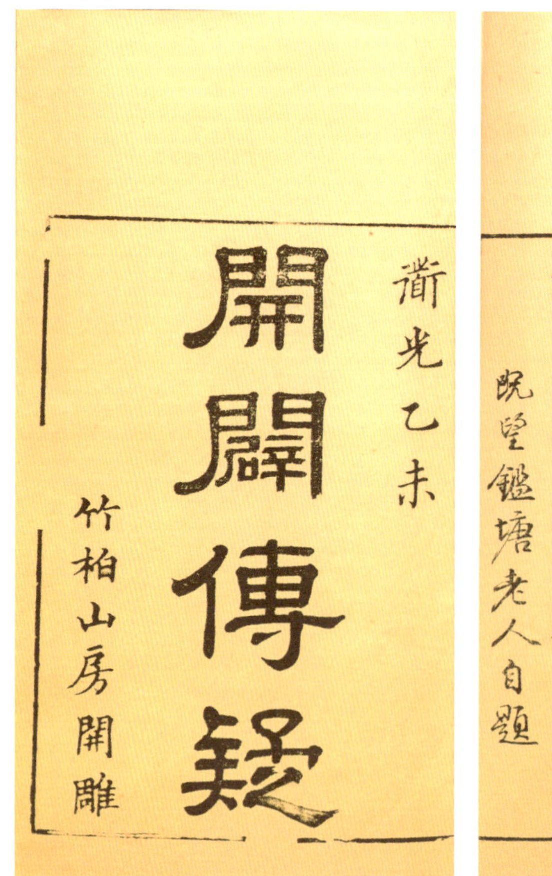
衜光乙未
開闢傳疑
竹柏山房開雕

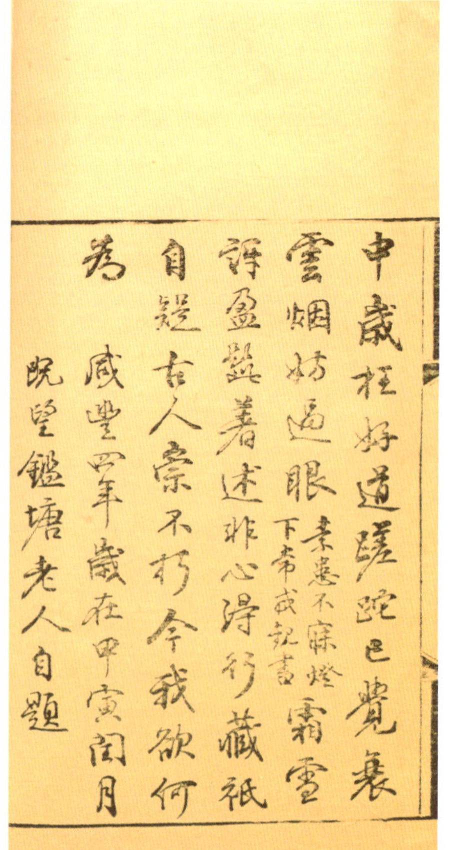
中歲枉好道蹉跎已覺衰
雲烟枋過眼　霜雪
詩盈篋著述非心得行藏祗
自疑古人崇不朽今我欲何
為　咸豐四年歲在甲寅閏月
既望鑑塘老人自題

開闢傳疑卷上

閩中林春溥鑑塘編

三墳曰清氣未升濁氣未沈遊神未靈五色未分中有其物寞寞而性存謂之混沌混沌爲太始太始者元胎之萌也太始之數一一爲太極太極者天地之父母也一極易天高明而清地博厚而濁謂之太易太易者天地之變也太易之數二二爲兩儀兩儀者陰陽之形也謂之太初太初者天地之交也太初之數四四盈易四象變而成萬物謂之太素太素者三才之始也太素之數三三盈易天地孕而生男女謂之三才三才者天地之備也遊神動而靈故飛走潛化動植之類必備於天地之間謂之太古太古者生民之始也譚藪云道言天地初闢一日爲

斷代之屬

108.戰國策三十三卷 〔漢〕高誘注 **附重刻剡川姚氏本戰國策札記三卷** 〔清〕黄丕烈撰 DS747.2 .C386

清光緒(1875—1908)石印本 九册一函

高誘，生卒年不詳，涿郡（今河北涿州）人。

内封題“剡川姚氏本/戰國策/讀未見書齋重雕”。

牌記題“嘉慶癸亥秋吴門黄氏/讀未見書齋影摹宋/本重雕”。

卷端題“戰國策，高誘注”。

卷首有錢大昕序，署“癸亥冬”；“新雕重校戰國策目録”；劉向書録。

卷末有“重校戰國策序録”，署“紹興丙寅中秋剡川姚宏伯聲父題”。

札記卷端題“重刻剡川姚氏本戰國策札記”。

卷首有序，署“嘉慶八年八月八日吴縣黄丕烈撰”。

卷末有清嘉慶八年（1803）顧廣圻後序。

鈐印：“公安廖氏竹林齋藏書”陽文方印。

按：此書當爲清光緒十三年（1887）上海蜚英馆影印《士禮居黄氏叢書》之零本。

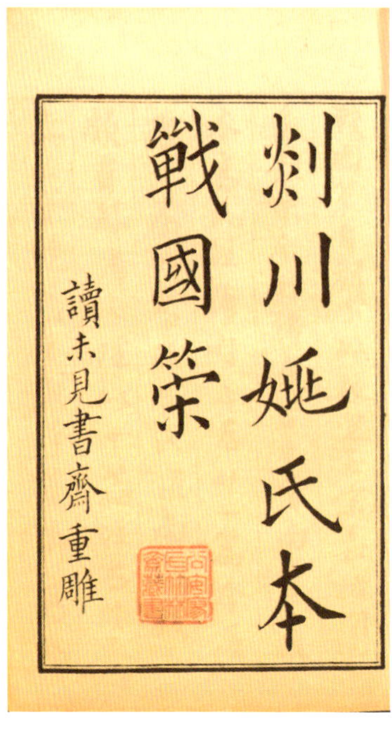
剡川姚氏本
戰國策
讀未見書齋重雕

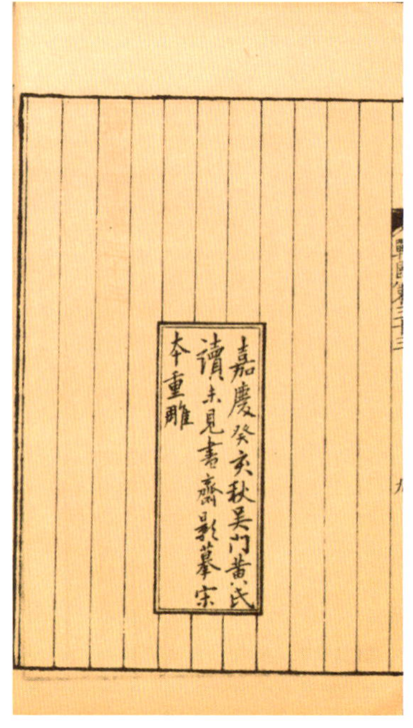
嘉慶癸亥秋吴門黄氏
讀未見書齋影摹宋
本重雕

戰國策卷第一

東周　　　　高誘注

秦興師臨周續周顯王後語而求九鼎周君患之以告顔率續率名也當如字或云力出切後語注顔率曰大王勿憂臣請東借救於齊顔率至齊謂齊王續齊宣王後語曰夫秦之爲無道也欲興兵臨周而求九鼎周之君臣内自盡劉曾集一作畫錢作畫計與秦不若歸之大國夫存危國美名也得九鼎厚寶也願大王圖之齊王大悦發師五萬人使陳臣思將以救周而秦兵罷齊將求九鼎周君又患之顔率曰大王勿憂臣請東解之顔率至齊謂齊王曰周賴大國之義得君臣父子相保也願獻九鼎不識大

109.重訂路史全本前紀九卷後紀十四卷國名紀八卷發揮六卷餘論十卷　〔宋〕羅泌撰　〔宋〕羅苹注　DS741 .L6

清嘉慶六年（1801）西山堂刻本　二十册一函

羅泌（1131—1189）字長源，號歸愚。吉州廬陵（今江西吉安）人。羅苹（1153—1237）字華叔，號復齋。羅泌之子。

半葉八行二十字，白口，左右雙邊，無魚尾，半框高18.5釐米，寬12.5釐米。版心上鎸書名，中鎸集名、卷次，下鎸葉碼。

内封題“嘉慶六年五月新鎸/賦秋山彙評/路史/重校宋本鎸、西山堂藏板”。

卷端題“重訂路史全本，盧陵羅泌輯，男苹注，雲間陳子龍閱，西湖金堡參，仁和吴弘基、錢唐吴思穆、仁和董聖麒仝訂”。

卷首有“路史序”，署“乾道龍集庚寅亞歲盧陵羅泌長源父題”；宋金堡叙；費煇“路史别序”；“賦秋山覽史隨筆”；明吴弘基“路史刻政四條”；“重訂路史總目”。

鈐印：“公安廖氏竹林齋藏書”陽文方印、“望山樓藏书”陽文方印。

按：每卷校訂者不同。“前紀”卷之五有“錢唐張孔法較”。

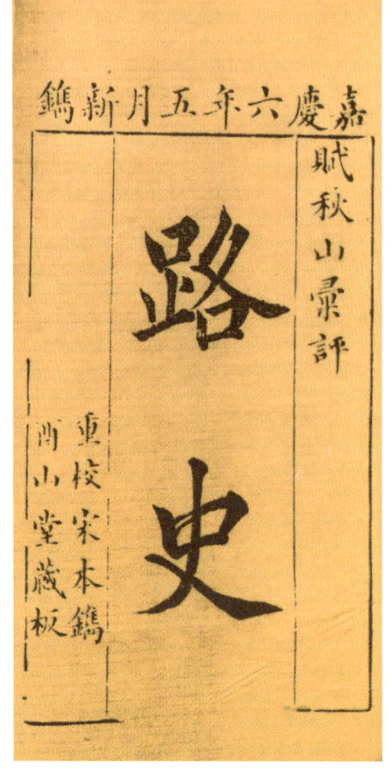

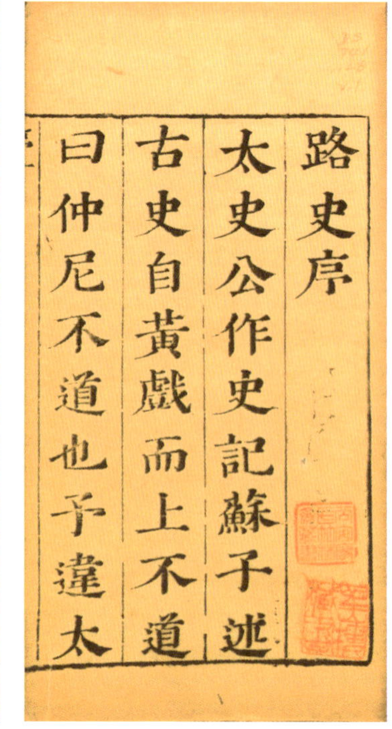

重訂路史全本

廬陵　羅泌　輯　男　苹　註

雲間　陳子龍　閱　仁和　吴弘基

西湖　金　堡　叅　錢唐　吴思穆　仝訂

仁和　童聖麒

初三皇紀

初天皇

初地皇

110.東觀漢記二十四卷　〔漢〕劉珍等撰　附漢官舊儀二卷　〔漢〕衛宏撰

DS748 .T8

清光緒二十五年（1899）廣雅書局刻本　四册一函

劉珍（？—126）一名寶，字秋孫，南陽蔡陽（今湖北棗陽）人。衛宏，字敬仲，東海（今山東郯城）人。

半葉九行二十一字，小字雙行同，白口，四周雙邊，單黑魚尾，半框高18.6釐米，寬12.8釐米。版心上鎸書名，中鎸卷次，下鎸葉碼。

内封題“東觀漢記”。

牌記題“光緒二十五年廣/雅書局重刊成”。

卷端題“東觀漢記”。

卷首有“御製題武英殿聚珍版十韻”並序，目録，陸錫熊、紀昀、楊昌霖校記。

卷二十四末附“東觀漢記范書異同”。

漢官舊儀卷端題“漢官舊儀，漢衛宏撰”。

卷首有清乾隆三十八年（1773）紀昀、陸錫熊撰提要。

卷末有補遺。

按：目録下鎸“武英殿聚珍版”，御製詩用硃色。

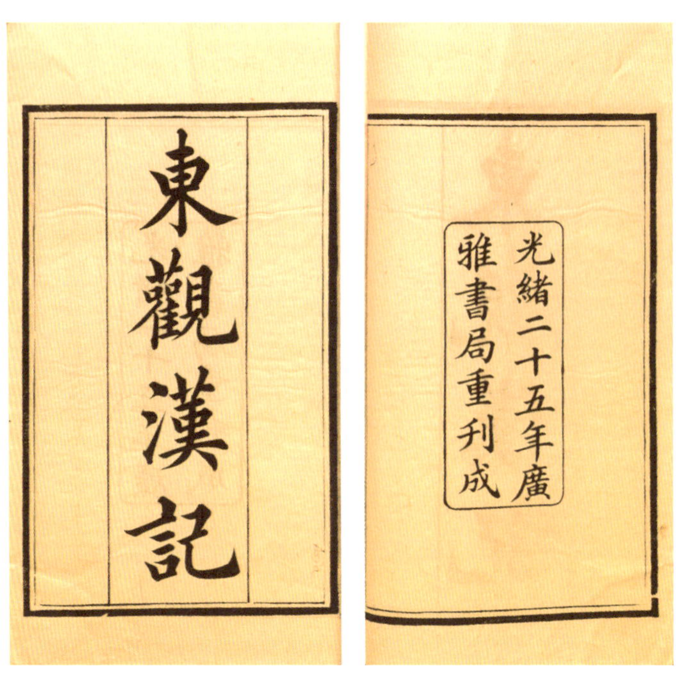

東觀漢記卷一

帝紀一

世祖光武皇帝

光武皇帝諱秀高帝九世孫也承文景之統出自長沙定王發王生春陵節侯春陵本在零陵郡節侯孫考侯案考侯原誤作孝侯今從范書城陽恭王祉傳及文選李善注改以土地下溼元帝時求封南陽蔡陽白水鄉因故國名曰春陵皇考初爲濟陽令有武帝行過宮常封閉帝將生皇考以令舍下溼開宮後殿居之案范書帝紀李賢注引蔡邕碑云光武將生皇考以令舍下溼開宮後殿居之

111.十六國春秋一百卷　〔北魏〕崔鴻撰　DS748.4 .T75

清乾隆四十六年（1781）汪日桂刻本　十三册二函

崔鴻（478—525）字彦鸞，東清河鄃（今山東平原）人。

半葉九行十八字，白口，四周單邊，單黑魚尾，半框高20.6釐米，寬14.6釐米。版心上鎸書名，中鎸卷次，下鎸葉碼。

内封題“十六國春秋”。

牌記題“會稽/徐氏/述史/樓藏/板”。

卷端題“前趙録，春秋，魏散騎常侍崔鴻撰”。

卷首有總目、清乾隆四十年（1775）汪日桂重刊序、“崔鴻本傳”。

鈐印：“公安廖氏竹林齋藏書”陽文方印、“張嘉珵藏書之印”陽文方印、“張嘉珵”陽文方印、“黄有澤藏書”陽文方印、“紫石”陰文方印、“鶮（鶴）山人”陰文方印、“崑崙山外是我家”陽文方印、“沺溪月橋”陽文長方印、“昌厚書堂”陽文方印、“謹藏”陽文方印。

按：總目下鎸“仁和汪日桂一之重訂”。

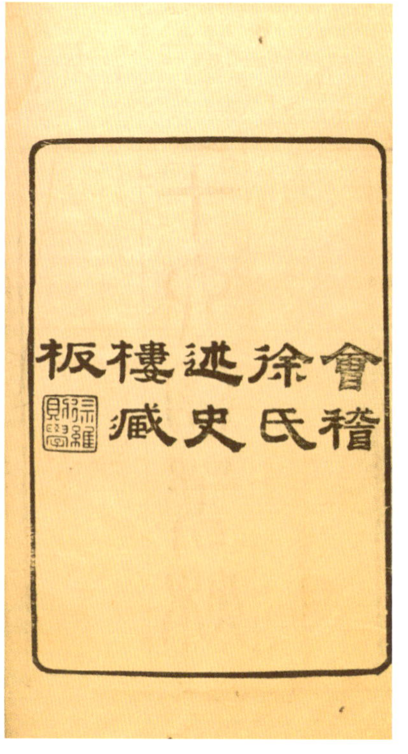

前趙錄一　春秋卷第一

魏　散騎常侍　崔鴻　撰

劉淵

劉淵字元海新興匈奴中人先夏后氏之苗裔曰淳維世居北狄千有餘歲至冒頓襲破東胡西逐月氏降服丁零內侵燕代控弦之士四十餘萬漢祖患之使劉敬奉公主以妻冒頓約爲兄弟故子孫遂冒母姓爲劉氏建武初烏珠留若鞮單于子右奧鞬日逐王比自立爲南單于

112.元朝秘史注十五卷 〔清〕李文田注

清光緒二十九年(1903)上海文瑞樓石印本 四册一函

李文田(1834—1895)字畬光,號芍農、若農,廣東順德人。

内封題“元朝秘史”。

牌記題“光緒癸卯夏上/海文瑞樓石印”。

卷端題“元朝秘史,順德李文田注”。

卷首有四庫提要。

卷末有清光緒二十三年(1897)沈惟賢“元朝秘史注跋”、錢大昕“元朝秘史跋”、“附尋思干邪迷思干考”。

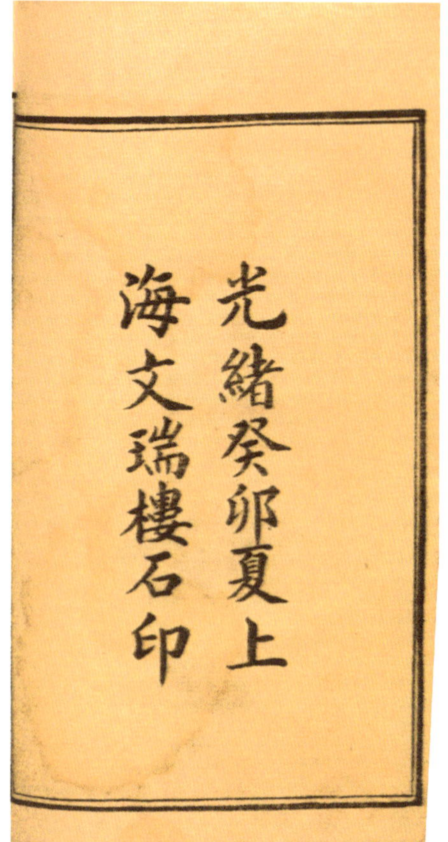

元朝秘史卷一

順德李文田注

永樂大典本凡十五卷，與元槧本分卷不同。今所傳皆錢本，爲十五卷，錢少詹所跋，從大典出者也。陽城張敦仁本從元槧足本影出，作十二卷，又續二卷。今以錢校本爲主，而記其異同於題目之下。錢本無撰人名氏，張氏影本有之，蓋元代撰者殆是一人，文兩本互異，今並注出之云。

忙豁侖紐察

脫察安

右二行見影元槧本，下注題目之下。元和顧廣圻跋云，是撰書人所署名銜是也。文田案：忙豁侖即蒙古氏也。紐察，其名，或與脫察安同撰此史，或紐察乃脫察安祖父之名，脫察安業以爲氏，不可考也。聊識出之，以存其舊。

當初元朝人的祖。

文田案：張本作元朝的人祖。又案此書止於太宗之代，是時國號第稱蒙古。今云元朝，則譯書之人生於世祖以後也。元史世祖本紀曰：至正八年十一月乙亥，詔曰：頃者耆宿詣庭，奏章申請，謂既成於大業，宜早定於鴻名，可建號曰大元，取易乾元之義。茲從因革，道協天人。

113.明季稗史彙編二十七卷 題〔清〕留雲居士輯 DS753 .M5

清光緒二十二年(1896)上海圖書集成印書局鉛印本 六册一函

内封題“明季稗史/彙編”。

牌記題“光緒二十二年上海圖書/集成印書局印”。

卷首有清光緒十五年(1889)尊聞閣主人序。

鈐印:“公安廖氏竹林齋藏書”陽文方印。

子目:

烈皇小識八卷 〔明〕文秉撰

聖安皇帝本紀二卷 〔清〕顧炎武撰

行在陽秋二卷 〔明〕劉湘客撰

嘉定屠城紀略一卷 〔清〕朱子素撰

幸存録二卷 〔明〕夏允彝撰

續幸存録一卷 〔明〕夏完淳撰

求野録一卷 〔明〕鄧凱撰

也是録一卷 〔明〕鄧凱撰

江南聞見録一卷 〔清〕□□撰

粵遊見聞一卷 〔明〕瞿共美撰

賜姓始末一卷 〔清〕黄宗羲撰

兩廣紀略一卷 〔明〕華復蠡撰

東明聞見録一卷 〔明〕瞿共美撰

青燐屑二卷 〔明〕應廷吉撰

吴耿尚孔四王合傳一卷 〔清〕□□撰

揚州十日記一卷 〔清〕王秀楚撰

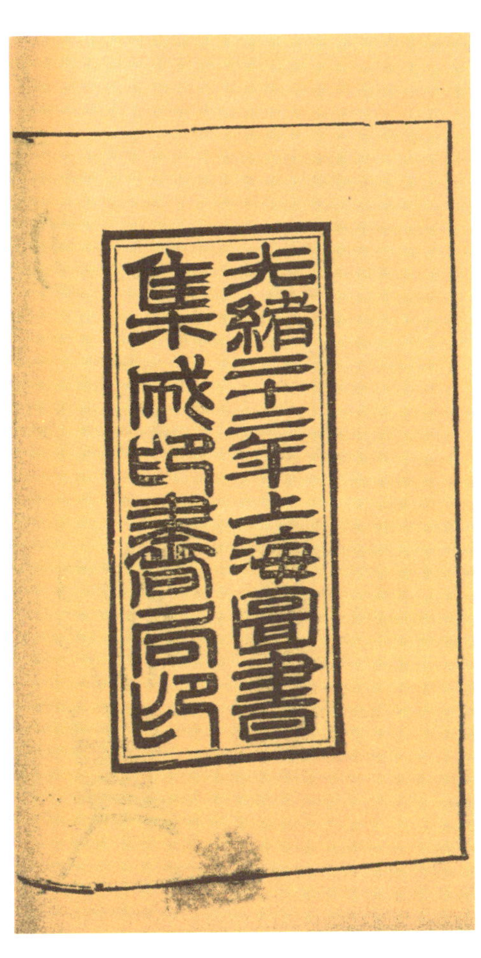
光緒二十三年上海圖書集成印書局印

明季稗史彙編卷一

烈皇小識

烈皇帝爲光廟第五子孝純劉太后所出而撫育于李莊妃天啟二年九月册封信王七年二月出就外邸成婚册妃周氏熹廟病危魏忠賢遣腹奄涂文輔迎上入宮上時自危甚袖食物以入不敢食宮中物是夜秉燭獨坐見一奄攜劍過取之留置几上許給以賞惯邏者欲以酒食問左右何從取給左右對宜取之光祿因傳令旨遍犒之歡聲如雷周后在外邸禱卜無虛晷亦虞入朝有他變也

上既即位廷議改元禮部擬進者四永昌紹慶咸寧崇貞御筆改貞爲禎點用之

上即位後追尊劉后孝純皇太后遷祔慶陵加李莊妃謚號立周后爲皇后尊張后爲懿安皇后孝純母年七十五封瀛國太夫人姪劉文炳封新樂侯周后父周奎授左都督次年册立太子封奎嘉定伯懿安父張國紀封太康伯凡四大朝廷臣俱用朝冠朝服內奄則否惟除歲祭中霤之神司禮監掌印太監代行祭禮奏請祭服服之大朝止磕頭呼萬歲而已逆賢擅政凡遇大朝自王體乾至牌子等俱備用朝冠朝服于乾清宮大殿內照外廷儀行慶賀山呼禮贊禮內奄一如鴻臚班首亦致辭焉後魏良卿晉封逆賢改戴貂蟬冠班列王體乾上及上登極逆賢仍照熹廟行禮繼憚上英明止用本等服色

114.明季三朝野史四卷　〔清〕顧炎武輯　

清光緒三十四年（1908）上海石印本　一册一函

内封題"明季三/朝野史"。

牌記題"光緒/戊申/上海/校印"。

卷端題"明季三朝野史，崑山顧炎武亭林氏編輯"。

卷末有清光緒三十四年張慕盧跋。

鈐印："冰壺堂"陽文方印、"石公無恙"陰文方印。

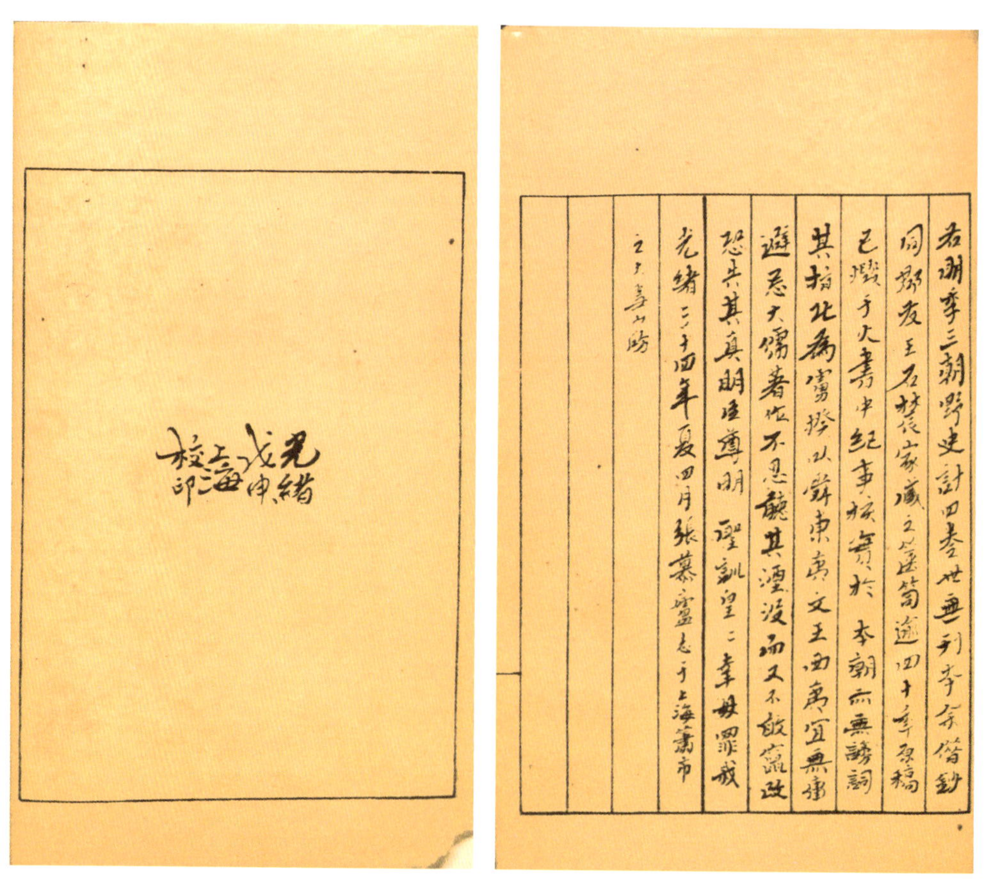

光緒
戊申
上海
校印

右明季三朝野史計四卷世無刊本余借鈔
同鄉友王石農家藏之叢簡逾四十年原稿
已燬于火書中紀事較實於本朝亦無謗詞
其指北爲虜移以蘇東南文王西南宜無庸
避忌大儒著作不忍聽其湮沒而又不敢竄改
恐失其真明達尊明 聖訓皇皇幸毋罪我
光緒三十四年夏四月張慕盧志于上海寓市
之大壽山房

明季三朝野史卷之一

崑山顧炎武亭林氏編輯

聖安紀畧上

帝諱由崧神宗次子福恭王常缺崇禎十七年甲申夏四月十二日南缺二聞京師陷先帝后崩府部文武各缺二魏國公徐宏基等議立親藩討賊時潞王（潞王常淓神宗母弟潞簡王之世子也）福王各避賊淮上鳳陽總督馬士英言福王神宗孫光宗姪大行皇帝之兄倫序當立兵部尚書史可法署禮部事兵部左侍郎呂大器持不可右都御史張慎言戶部尚

115.皇朝事略不分卷　〔清〕直隸學校司編譯處輯　DS754 .W19

清光緒二十九年(1903)直隸學校司排印局石印本　一册

内封題"光緒二十九年、初等小學課本/皇朝事略/直隸學校司編譯處恭輯"。

牌記題"學校司排印局恭印"。

卷首有編譯處序。

光緒二十九年　初等小學課本

皇朝事畧

直隸學校司編譯處恭輯

p48924

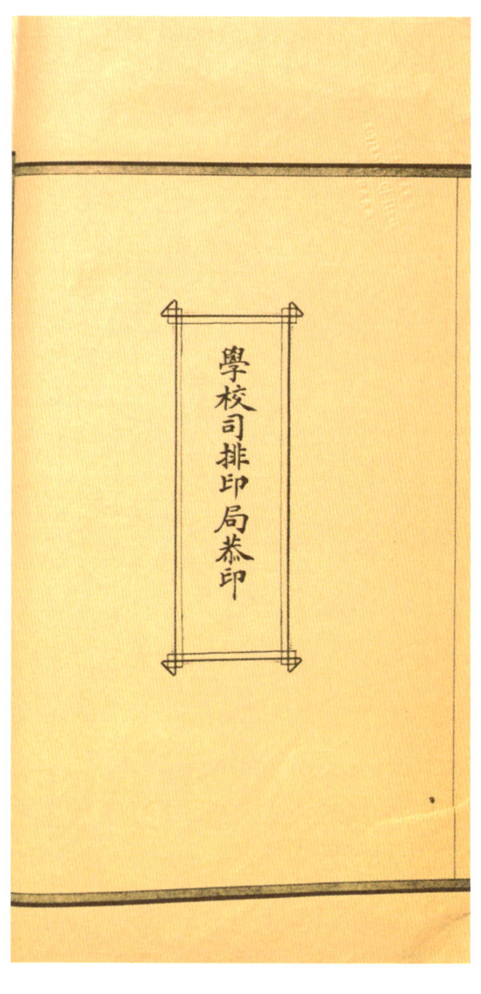

學校司排印局恭印

皇朝事略

天命朝

第一課

太祖高皇帝

顯祖宣皇帝之子

景祖翼皇帝之孫也先世發祥長白山氏曰

愛新覺羅國號

滿洲數傳至

116.平定粤匪紀略十八卷附記四卷　〔清〕杜文瀾撰　

清同治十年（1871）京都聚珍齋活字本　十册一函

杜文瀾（1815—1881）字小舫，浙江秀水（今嘉興）人。

半葉九行二十二字，白口，四周單邊，單黑魚尾，半框高21釐米，寬13.5釐米。版心上鎸書名，中鎸卷次，下鎸葉碼。

内封題“同治十年印/平定粤匪紀略/京都聚珍齋撿子板”。

卷端題“平定粤匪紀略”。

卷首有清同治四年（1865）總督府兩湖使者官文序、條目、總目。

同治十年印

平定粤匪紀略

京都聚珍齋撿子板

平定粤匪紀略附記一

春秋之義盜不書名漢史詳記意儆貫盈茲從班

例明著典刑寒邪慝膽正天地經作賊系記第一

首逆洪秀全原籍廣東花縣生於嘉慶十七年壬申身

癡肥略識字父國游與母均早死秀全飲博無賴以瞶

命賣卜爲生先是廣東奸民朱九濤倡上帝會秀全及

同邑之馮雲山踵師之後以秀全爲教主道光十六年

偕雲山游廣西住桂平武宣二縣接壤之鵬化山中傳

其教恐無術不足惑衆乃託名爲西洋天主教揑造天

平定粤匪紀略　附記一　一

平定粵匪紀略卷一

道光三十年庚戌六月廣西逆民洪秀全倡亂於桂平縣之金田邨

廣西去京師四千六百餘里五嶺西偏蠻夷雜育醜類素易嘯聚唐時黄巢事亂編筏浮湘水逾江而東渡淮而北禍徧天下發軔實維桂州桂郎今之廣西省會也我

朝聲教所訖反舌裸身之國雕題黑齒之鄉罔不航寶梯琛積纍交胥即間有邊釁一經撻伐剋日盪平何期

117.清秘史二卷附録一卷 題有嬀血胤撰

清光緒三十一年(1905)陸沈叢書社鉛印本 一册

内封題“清秘史”。

卷端題“清秘史，有嬀血胤著”。

卷首有序。

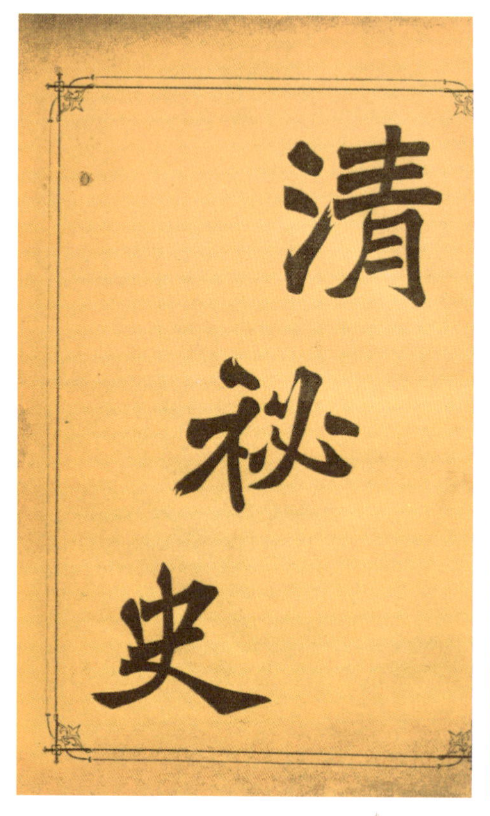

清秘史

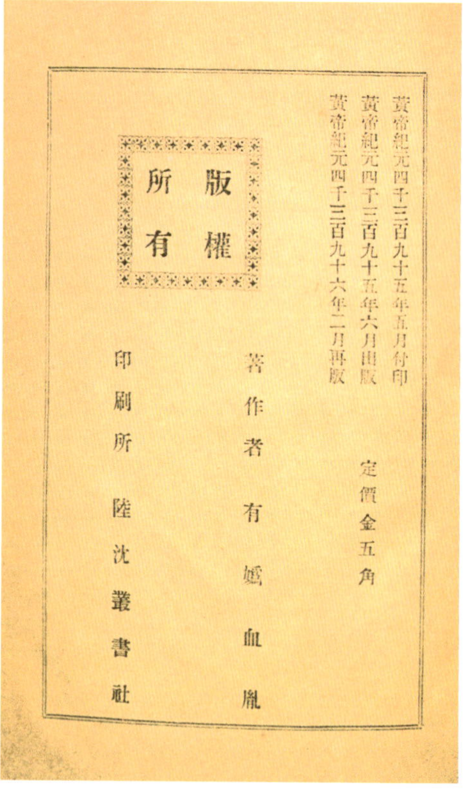

黃帝紀元四千三百九十五年五月付印
黃帝紀元四千三百九十五年六月出版
黃帝紀元四千三百九十六年二月再版

定價金五角

版權所有

著作者 有嬀血胤

印刷所 陸沈叢書社

清秘史卷上

有嬀血胤著

滿洲世系圖表總序

自玄鳥生商之旨荒詩正義曰殷本紀云契母曰簡狄有娀氏之女也爲帝嚳次妃三人行浴見鳥墮其卵簡狄取吞之因孕生契契長而佐禹治水有功帝舜乃封于商誣蔑聖人莫此爲甚殊不可解厥後人主代興其生也必託諸離奇瑰瑋妖妄不經之事以徵帝王受命之符意謂神器大寶固未易嬰而天子秉賦洵有所特殊也不知人之所貴乎萬物者爲能自別于禽獸耳故婚媾不尚同姓烈女不更二夫律有懲姦之條俗賤私生之子蓋古昔聖人所以維繫神皋保持血統斤斤然以別人于禽獸猶之乎其別華于夷俾毋相干凌意至深法至嚴也惟上古艸昧人倫未備牝牡相逐離合無常故墜地之後往往知有母而不知有父斯賓塞社會學原理云恩達門民族於小兒方離乳男女之結合即解散忘却父子之關係而于母子獨歷久猶能記憶然則原人時代之中國其情形畧可覩矣甚至妃耦骨肉聚麀門庭如日本內親王是也當其狉榛固

118.豫軍紀略十二卷 〔清〕尹耕雲、李汝鈞纂 DS759.3 .Y5 1877

清光緒三年（1877）申報館鉛印本 六册一函

尹耕雲（？—1877）字瞻甫，號杏農，桃源（今江蘇泗陽）人。

内封題“豫軍紀/略/光緒丁丑仲冬”。

牌記題“申報館仿/聚珍板印”。

卷端題“豫軍紀略”。

卷首有清同治十一年（1872）李鶴年序、總纂、目録。

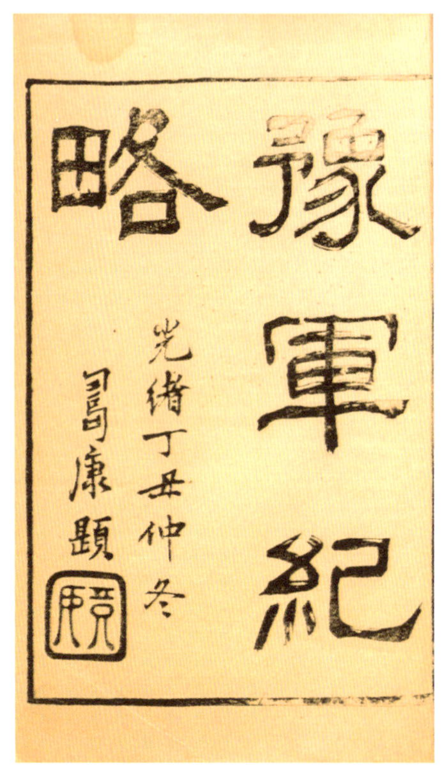

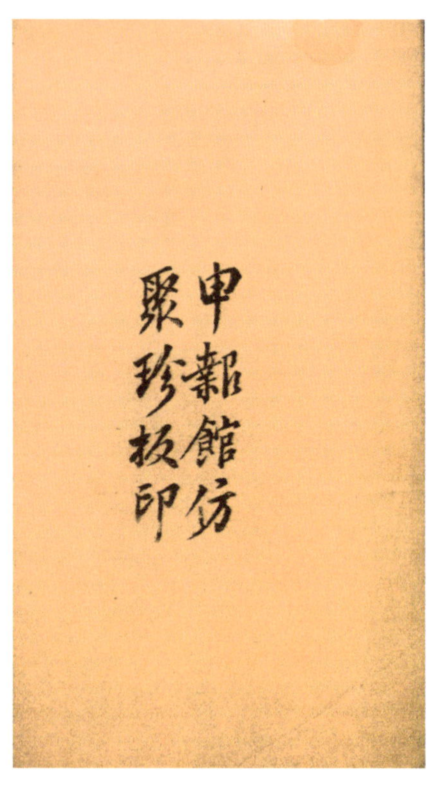

豫軍紀畧卷一

粤匪一

道光三十年六月廣西逆民洪秀全倡亂於桂平縣之金田村挾左道造僞書詭稱天父天兄瞽惑山箐間分途誘脅附從日多斂貲財謀不軌以咸豐元年正月僭僞號於大黄江稱天王擾桂平武定等縣入象州境閏八月陷永安州建僞國號爲太平天國封其黨楊秀清爲東王蕭朝貴爲西王韋昌輝爲北王石達開爲翼王洪大全爲天德王秦日綱羅亞旺范連德胡以晃等各授丞相軍師諸僞職十一月大學士賽尚阿以　欽差大臣督師合攻永安州戰屢捷城佹得會參將李廷楷等陣亡諸將少卻賊復熾二年二月潰圍東竄官兵復永安擒僞天德王洪大全檻送京師磔於市賊遂以三月犯廣西省城四月陷全州五月陷湖南道州七月陷郴州八月犯長沙十月陷岳州十一月下竄湖北陷漢陽府十二月陷武昌全楚大震三年正月陷九江安慶二月

119.岑督征西二卷十回 梁紀佩、潘俠魂撰

清宣統元年(1909)廣州悟群著書社鉛印本 一册

内封題“軍政演義小説/岑督征西/羊城悟群著書社刊/南海梁紀佩、潘俠魂合著”。

卷首有序。

按:小説上下卷十回。該本殘,止於上卷第七回。

軍政演義小說 **岑督征西上卷**

南海梁紀佩 番俠魂 合著

題詞

寇氛瀰漫鬱沈沈。。桂省頻年報警音。。幸有將門岑氏子。。一聲雷震起西林。。

慷慨勤王說陝西。。一鞭濕搖攏雲迷。。今番再秉天南鉞。。馬到功成靖粵黎。。

第一回　蘇提督缺糧散遊勇　王撫台擁鉞駐梧州

話說、庚子年間。拳匪召亂。聯軍入京。兩宮西幸。詔天下勤王。時傅相李文忠督粵。飭提督蘇元春。速帶原日部下遊勇赴援。首途廣西。未及出境而和議告成。先是北京失守。傅相與鄂督張之洞江督劉坤一等。深相盟

史表類

120.四裔編年表四卷　（美）林樂知、嚴良勳譯　〔清〕李鳳苞彙編　D11 .L5

清光緒二十三年（1897）江南製造局翻譯館刻本　四册一函

林樂知（1836—1907），美國基督教監理會傳教士。嚴良勳（1845—1914）字子猷，江蘇吴縣（今蘇州）人。李鳳苞（1834—1887）字丹崖，江蘇崇明（今上海）人。

半葉行字數不等，白口，左右雙邊，無魚尾，半框高22.4釐米，寬18.3釐米。版心中鎸"年表"、卷次，下鎸葉碼。

卷端題"四裔編年表，美國林樂知、吴縣嚴良勳同譯，崇明李鳳苞彙編"。

鈐印："公安廖氏竹林齋藏書"陽文方印、"諸暨圖書館收藏印"陽文方印、"□素園藏書印"陽文方印、"諸暨圖書館之符信"陽文長方印。

四裔編年表

美國　林樂知
吳縣　嚴良勳　同譯
崇明　李鳳苞　彙編

中國紀年	少昊四十年壬子	顓頊四十八年丁亥
日本	日本爲東北海島遂古之初有天神御世遞嬗千餘年其說荒誕難稽厥後國王俱號天皇數千年來一姓相傳疆域依舊寰宇內所僅見	
印度	印度建國之始古史無徵其地東通中國西至波斯北至回部南至印度洋中貫印度河爲佛教所自始漢時身毒天竺即其地也	
波斯	是年有洪水百五十日始平。西國傳記云西厤前四千四年間開闢天地肇生人物有亞當子孫二千相傳千有餘年該隱嗣立無道天降洪水人畜蕩然迨挪亞嗣立日漸繁庶有子三人曰閃曰含曰雅弗分王其地爲西洋諸國之祖 亞西里亞與印度之間皆古波斯之地漢時稱爲安息今之波斯偏隅而已相傳閃之裔曰金希德始居于此	
小亞細亞	挪亞避水於阿米尼阿譯言高地在小亞細亞東境今土耳其之東也地高氣燄滋生日衆析居西土漸開諸國	是年有林密款又名安逆款爲福利
亞西里亞　巴比倫　西里亞	洪水後閃之子但居西里亞阿奴居亞西里亞其地北爲阿米尼阿東爲亞西里亞南爲阿剌伯西爲西里亞西里亞一名密所頗退米阿譯言兩江中一名僧打乃郎譯言高平原在大格里司江由弗拉的江之間近大格里司江者爲亞西里亞近由弗拉的江者爲巴比倫今皆東土耳其地	巴比倫向以耆老聽政至是始立國
巴勒士登	巴勒士登乃古大國舊史無攷相傳挪亞之孫開倫始造開倫城徙居于此漢之拂箖即其地也今爲土耳其之猶太	
希利尼（希臘古名）	上古時歐羅巴草昧未開人獸雜處小亞細亞人踰海峽而西始知有希利尼之廣土厥後昏濛漸啟疆宇日擴分立諸國統名希臘即西土耳其之地今之希臘乃西南海濱一隅而已西厤前二千四百年間有賽頓據拉地噎久與恩百里夕古里爭戰至是遷於昔西恩	
埃及	洪水初平含之裔密西來率屬徙於阿非利加之北境始建地維司城又名挪阿門是時又有從衣西亞比徙居于此者均爲埃及之始舊稱爲尼曰多即今土耳其之麥西	
西厤前	二千三百四十九	二千二百五十四

史抄類

121.史記菁華録六卷　〔清〕姚祖恩輯　DS748 .S748 1824

清道光四年（1824）吴興姚氏扶荔山房朱墨套印本　六册一函

半葉九行二十字，小字雙行同，黑口，左右雙邊，單黑魚尾，半框高17.9釐米，寬14.4釐米。版心中鎸書名、卷次，下鎸葉碼。

内封題“道光甲申鐫/史記菁華録/扶荔山房藏版”。

牌記題“道光甲申秋八月吴興/姚氏校刊於扶荔山房”。

卷端題“史記菁華録”。

卷首有題辭，署“康熙辛丑七夕後三日苧田氏題”。

卷末有跋，署“辛丑長至後三日閲訖題此”。

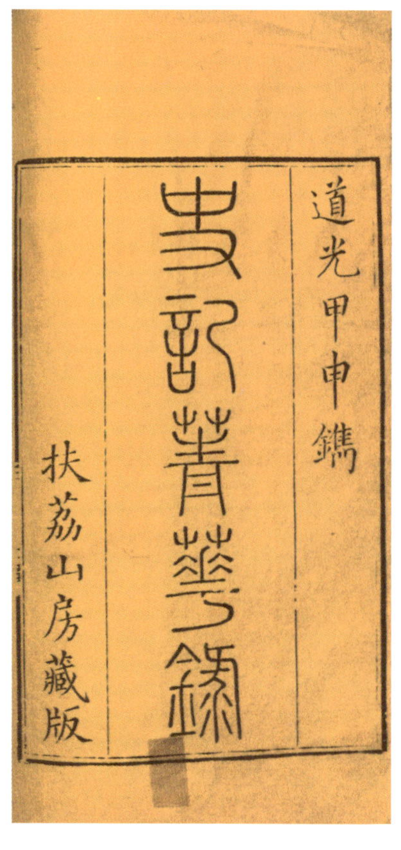

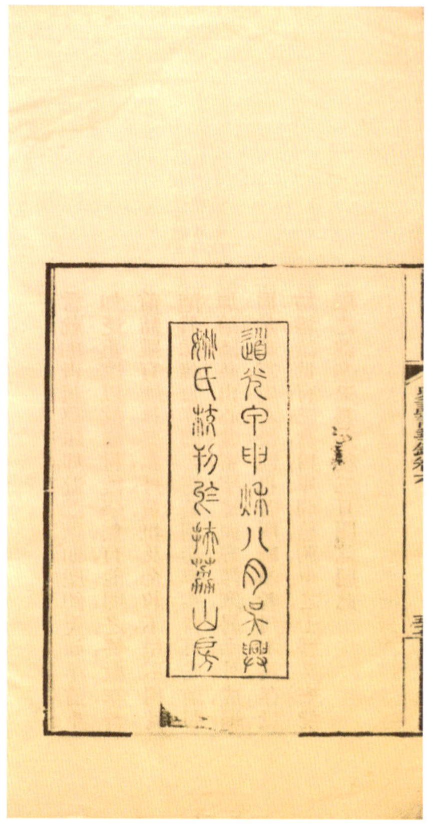

先儒謂秦時詔令雜以史牘自是一種文字然謨誥之下漢詔之前實另具一段精嚴偉麗光景此其第一令也絕大不羣

秦始皇本紀

秦初并天下令丞相御史曰　寡人以眇眇之身興兵誅暴亂以謙吻作令謝辭氣峻厲賴宗廟之靈六王咸服其辜總前六國罪案簡而偉　天下大定今名號不更無以稱成功傳後世其議帝號言下已前無古人矣諸臣只闡明此意耳丞相綰御史大夫劫廷尉斯等秦初三公之職如此皆曰昔者五帝地方千里其外侯服夷服諸侯或朝或否天子不能制看其郎將前令敷衍不更益一語今陛下興義兵誅殘賊平定天下海內爲郡縣法令由一統自上古以來未嘗有五帝所不及

史評類

史學之屬

122.**史通通釋二十卷附録一卷**　〔清〕浦起龍撰　DS734.7 .P83

清光緒二十五年（1899）上海寶文書局石印本　八册一函

浦起龍（1679—1762）字二田，晚號三山傖父，江蘇金匱（今無錫）人。

内封題"金匱浦起龍著/史通通釋"。

牌記題"光緒二十五年孟/秋金匱浦氏屬上/海寶文書局石印"。

卷端題"史通通釋，南杼秋浦起龍二田釋，長洲方懋福駿公、同里蔡焯敦復、蔡龍孫初篁参釋"。

卷首有浦起龍自序、"别本序三首"、蔡焯撰"史通通釋舉例"、"史通通釋舉要"、劉知幾史通原序、目録。

卷末有浦起龍書後，鎸"光緒十有九年小春之月五世孫錫齡甫鑑庭重校敬印"。

鈐印："公安廖氏竹林齋藏書"陽文方印。

按：各卷末鎸校刊者。

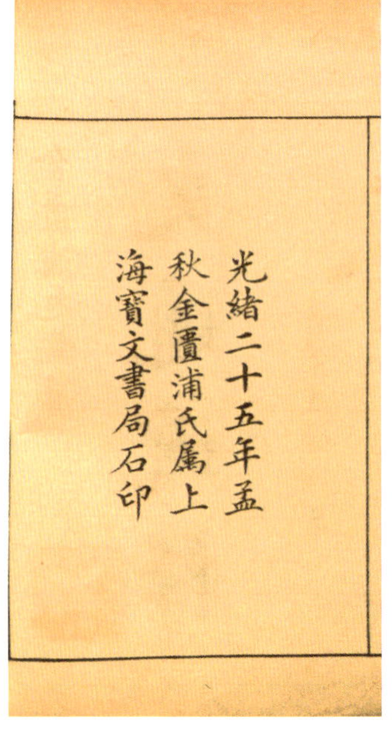

史通通釋卷一

南杼秋浦起龍二田釋

長洲方懋福駿公
同里蔡焯敦復參釋
蔡龍孫礽篁

内篇

六家第一○合起結共八章

自古帝王編述文籍外篇謂古今正史篇此二字一作史言之備矣古往今来質文遞變諸史之作不恒厥體釋二句首提史字權揭出全書眼目

而爲論其流有六一曰尚書家二曰春秋家三曰左傳家

123.史通削繁四卷 〔清〕紀昀撰

清光緒元年(1875)湖北崇文書局刻本 四册一函

紀昀(1724—1805)字曉嵐,又字春帆,晚號石雲,直隸獻縣(今屬河北)人。

半葉十行二十一字,白口,左右雙邊,單黑魚尾,半框高18.7釐米,寬13.2釐米。版心上鎸書名,中鎸卷次,下鎸葉碼。

内封題"史通削繁"。

牌記題"光緒紀元夏月湖/北崇文書局開雕"。

卷端題"史通削繁,河間紀昀"。

卷首有清乾隆三十七年(1772)紀昀序、劉知幾"史通原序"、清道光十三年(1833)盧坤序、目録。

鈐印:"滄諳"陽文長方印。

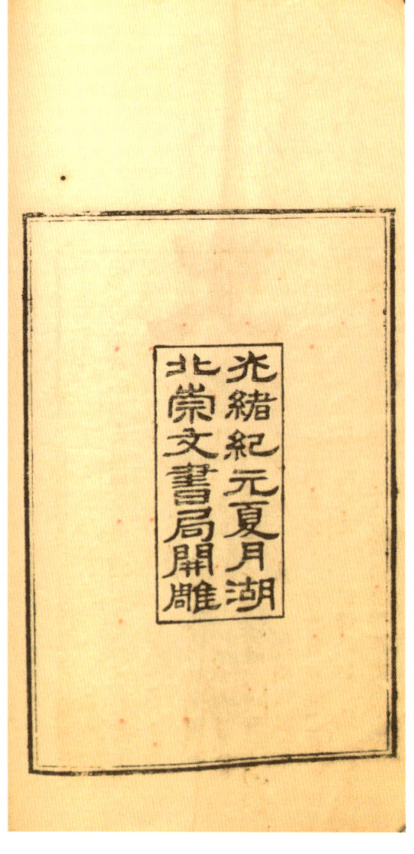

史通削繁卷一　浦起龍注刪附

河間紀昀

内篇

六家

自古帝王編述文籍。外篇言之備矣。古往今來。質文遞變。諸史之作。不恆厥體。榷而爲論。其流有六。一曰尚書家。二曰春秋家。三曰左傳家。四曰國語家。五曰史記家。六曰漢書家。今畧陳其義。列之於後。尚書家者。其先出於太古。至孔子觀書於周室。得虞夏商周四代之典。乃刪其善者。定爲尚書百篇。孔安國曰。以其上古之書謂

史通削繁　卷一　一

124.文史通義八卷附校讎通義三卷 〔清〕章學誠撰 DS734.7 .C42 1833

清道光十二至十三年（1832—1833）章華紱刻本 五册一函

章學誠（1738—1801）字實齋，號少巖，會稽（今浙江紹興）人。

半葉十二行二十五字，白口，四周單邊，雙黑魚尾，半框高23釐米，寬15釐米。版心上鎸"章氏遺書"，中鎸卷次、書名、篇名，下鎸葉碼。

内封題"文史通義"。

牌記題"道光壬辰冬開/雕癸巳春畢"。

卷端題"文史通義，會稽章學誠實齋著"。

卷首有序，署"道光壬辰十月男華紱謹識"。

校讎通義内封題"校讎通義"

牌記題"道光癸巳歲/雕於大梁"。

鈐印："公安廖氏竹林齋藏書"陽文方印、"賡之所藏"陽文方印、"不求甚解"陽文圓印。

按：此書當爲《章氏遺書》之零本。

125.又一部 鈐"公安廖氏竹林齋藏書"陽文方印、"平湖沈子修藏"陰文方印、"子修"陽文長方印。 DS734.7 .C42 1833

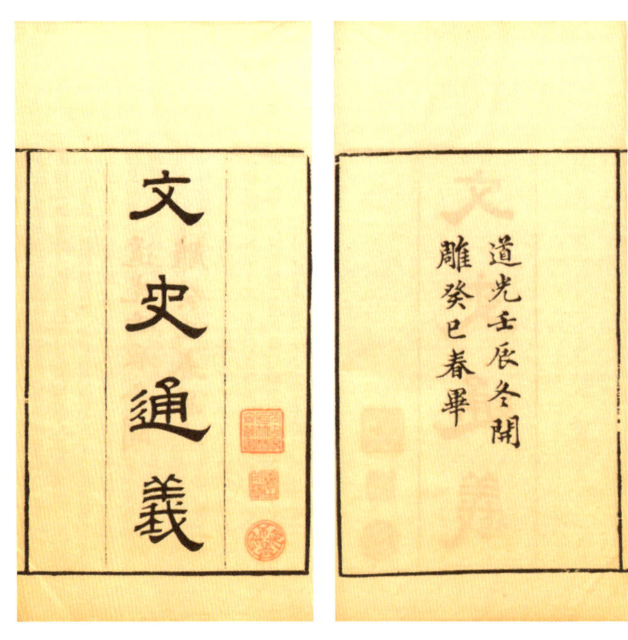

文史通義卷第一

內篇一　　會稽章學誠　實齋著

易教上

六經皆史也古人不著書古人未嘗離事而言理六經皆先王之政典也或曰詩書禮樂春秋則既聞命矣易以道陰陽願聞所以爲政典而與史同科之義焉曰聞諸夫子之言矣夫易開物成務冒天下之道知來藏往吉凶與民同患其道蓋包政教典章之所不及矣象天法地是興神物以前民用其教蓋出政教典章之先矣周官太卜掌三易之法夏曰連山殷曰歸藏周曰周易各有其象與數各殊其變與占不相襲也然三易各有所本大傳所謂庖羲神農與黃帝堯舜是也歸藏本庖羲連山本神農周易本黃帝由所本而觀之不特三王不相襲三皇五帝亦不相沿矣蓋聖人首出御世作新視

史論之屬

126.唐史論斷三卷校勘記一卷　〔宋〕孫甫撰　DS749.3 .S8

清光緒二十五年（1899）廣雅書局刻本　一册一函

孫甫（998—1057）字之翰，許州陽翟（今河南禹州）人。

半葉九行二十一字，小字雙行同，白口，四周雙邊，單黑魚尾，半框高19.4釐米，寬12.8釐米。版心上鐫書名，中鐫卷次，下鐫葉碼。

内封題“唐史論斷”。

牌記題“光緒二十五年廣/雅書局重刊成”。

卷端題“唐史論斷，宋孫甫撰”。

卷首有“御製題武英殿聚珍版十韻”並序、“司馬温公題跋”、“歐陽文忠公所作墓志節文”、“蘇東坡答李方叔書節文”等附録、欽定四庫全書總目提要、目録。

卷末附校勘記。

按：目録下鐫“武英殿聚珍版”。御製詩用硃色，校勘記用藍色。爲廣雅書局據武英殿聚珍本重刊。

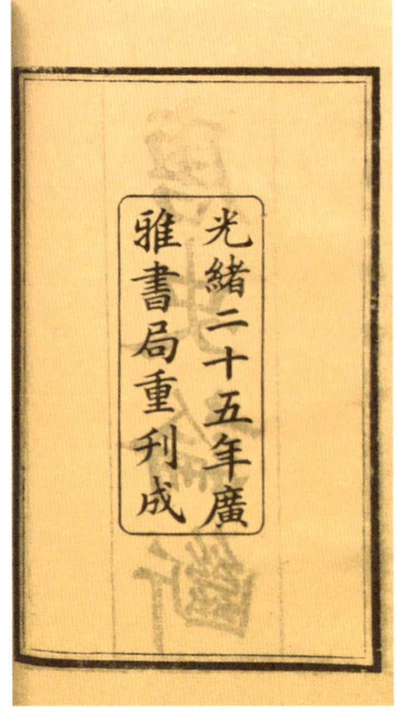

唐史論斷卷上

宋　孫　甫　撰

高祖

召突厥兵

論曰義師之起本救世亂若威德漸盛則四夷款附矣故周武興師致庸蜀羌髳微盧彭濮之衆助牧野之戰漢高平定天下亦有北貊燕人梟騎之助今唐師方起當以德義爲勝何乃聽文靜一時之謀遽求助於突厥斯自小也財寶金帛皆民力所致當舉義之始許之夷

127.歷代史論十二卷附宋史論三卷元史論一卷　〔明〕張溥撰　**明史論四卷**　〔清〕谷應泰撰　**左傳史論二卷**　〔清〕高士奇撰　DS736 .Z43

清光緒五年（1879）西江裴氏刻本　八册一函

張溥（1602—1641）字天如，號西銘，直隸太倉（今屬江蘇）人。高士奇（1645—1703）字澹人，號江村，錢塘（今浙江杭州）人。

半葉十一行二十一字，黑口，左右雙邊，雙黑魚尾，半框高17釐米，寬12.5釐米。版心中鎸書名、卷次，下鎸葉碼。

内封題"婁東張天如先生著/歷代史論/高澹人先生左傳論、谷賡虞先生明史論附"。

牌記題"光緒己卯仲秋/西江裴氏校栞"。

卷端題"歷代史論，明太倉張溥論正"。

卷首有譚宗清光緒五年"史論合刻序"、目録。

按：譚序言合刻事："明末張天如先生撰歷代史論十二卷，起周三家分晉至元而止。書頗盛行，學者以春秋二百年及有明一代闕而弗備爲憾。吉安裴氏仿小司馬補史記三皇本紀之例，取高澹人、谷賡虞兩先生之作合刻之。"張溥"歷代史論"十二卷至五代止，另有"宋史論"三卷及"元史論"一卷。

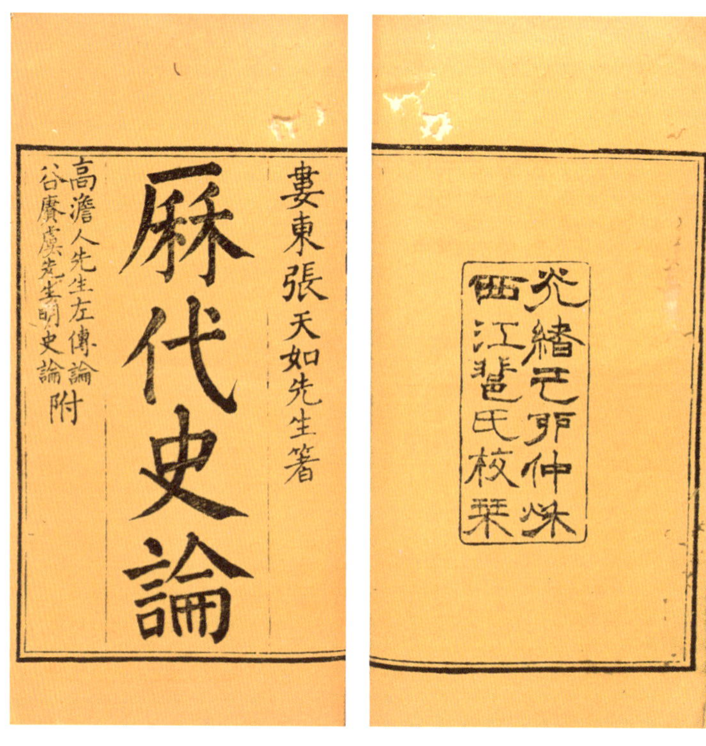

歷代史論卷之一

明太倉張溥論正

周

三家分晉

荀瑶之伐鄭取九邑也在周元王之元年其後伐齊圍鄭滅夙繇襲衛强武最著而族盡於無恤者何也以賢陵人而以不仁行之智果所謂必滅之道也智宗之滅距三家爲侯其歲遠矣作者乃於威烈之二十三年備記其事志三家所繇大也智氏不滅晉有四卿之名而三家不顯智氏旣滅則魏駒傳斯趙無恤傳浣及籍韓虎傳啓章及虔而王命及之然則智氏存亡繫晉乎曰

128.史案十八卷咏史詩二卷　〔清〕吴裕垂撰　

清光緒六年（1880）刻本　六册一函

半葉十一行二十二字，小字雙行同，白口，左右雙邊，單黑魚尾，半框高17.8釐米，寬14釐米。版心上鐫書名，中鐫卷次，下鐫葉碼。

内封題"光緒庚辰鐫/史案/大成堂藏板"。

卷端題"史案，涇縣吴裕垂以燕"。

卷首有洪亮吉序，署"嘉慶十年歲在乙丑孟秋上書房舊史洪亮吉"；張炯序，署"道光四年春二月寶城"；瀨江史炳題贈；葦齋劉恒謙題贈；紅橋權柄宗題贈及安成阮文藻序。

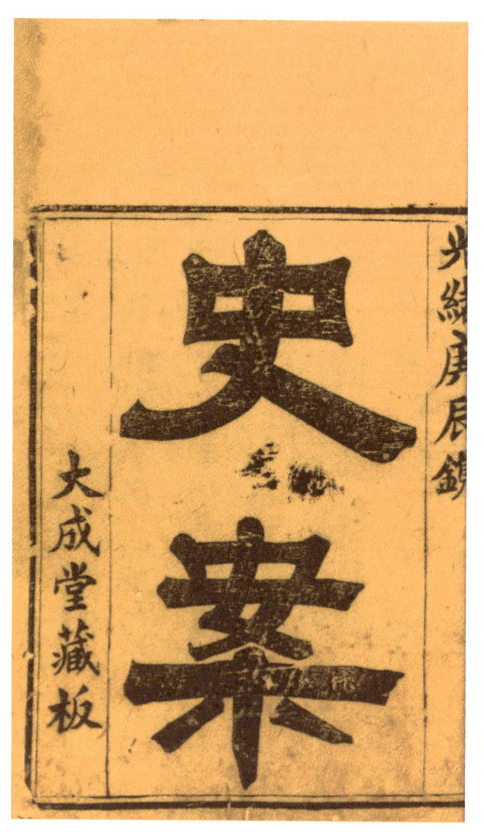

光緒庚辰鐫
史案
大成堂藏板

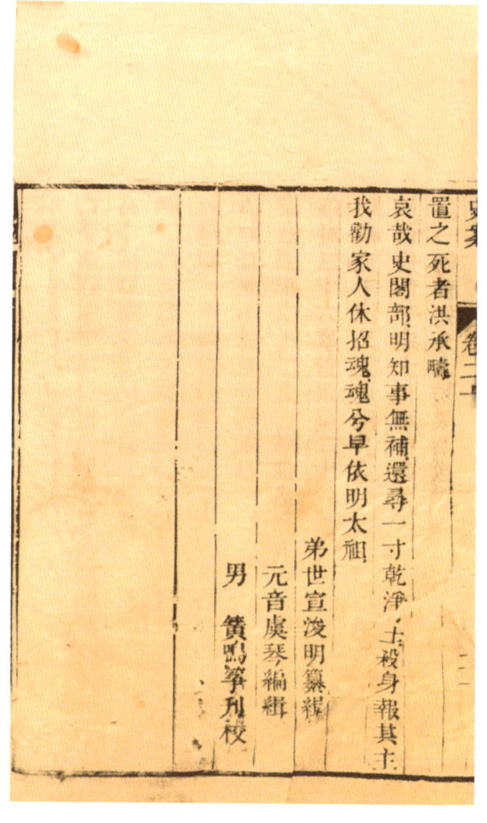

置之死者洪承疇
哀哉史閣部明知事無補還尋一寸乾淨土殺身報其主
我勸家人休招魂魂兮早依明太祖
弟世宣浚明纂輯
元音虞琴編輯
男　贊鵬筝刊校

史案卷一

涇縣吳裕垂以燕

堯即帝位

堯嗣摯統兄終弟及也孔子讀書斷自唐虞而堯即帝位經無明文於是滋生異說有謂摯服義而致禪者有謂摯荒淫而見廢者此皆亂賊之徒欲飾篡為禪附會其說以自文耳太史公所謂百家之言其文不雅馴者莫甚於此故博採羣書擇其言尤雅者著為本紀以為帝摯不善既崩而後放勳立可謂折衷至正俾萬世人臣無所藉口矣舊說摯政微弱唐侯德盛諸侯歸之摯服其義乃率羣臣造唐而致禪堯陟帝位乃封摯於高辛據此則摯為克讓

考訂之屬

129.十七史商榷一百卷首一卷　〔清〕王鳴盛撰　

清光緒六年(1880)刻本　二十四册二函

王鳴盛(1722—1797)字鳳喈,一字禮堂,晚號西沚,江蘇嘉定(今屬上海)人。

半葉十行二十字,白口,四周雙邊,無魚尾,半框高18.5釐米,寬13.5釐米。版心上鐫書名,中鐫卷次,下鐫葉碼。

内封題"十七史商/榷一百卷"。

牌記題"光緒六年庚辰正/月太原王氏校刊"。

卷端題"十七史商榷,東吴王鳴盛述"。

卷首有王鳴盛自序。

鈐印:"公安廖氏竹林齋藏書"陽文方印。

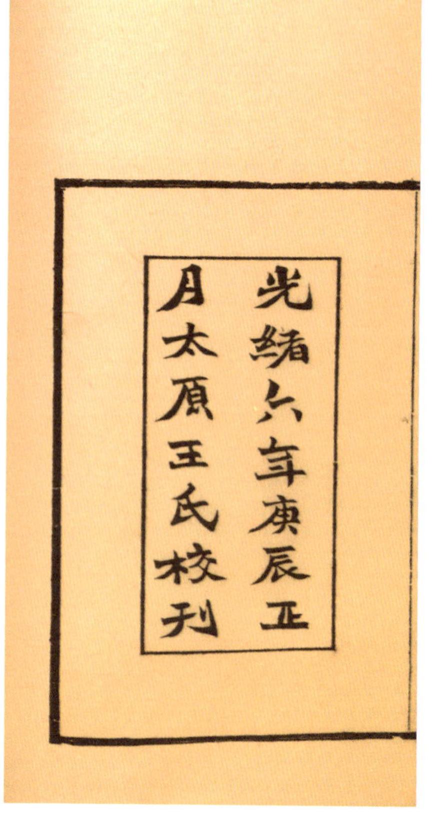

十七史商榷卷一

東吳王鳴盛述

史記一

史記集解分八十卷

漢志史記百三十篇無卷數裴駰集解則分八十卷見司馬貞史記索隱序隋志始以一篇爲一卷又別刻裴注八十卷新舊唐志亦然不知何人刻集解亦以一篇爲一卷疑始于宋人今予所據常熟毛晉刻正如此裴氏八十卷之舊不可復見不知其分卷若何

130.廿二史考異一百卷 〔清〕錢大昕撰

清光緒二十年(1894)廣雅書局刻本 十八册三函

錢大昕(1728—1804)字曉徵,號辛楣,一號竹汀,江蘇嘉定(今屬上海)人。

半葉十一行二十四字,黑口,四周單邊,單黑魚尾,半框高21.3釐米,寬15.3釐米。版心中鎸書名、卷次,下鎸葉碼、"廣雅書局栞"。

内封題"廿二史/考異一/百卷"。

牌記題"光緒二十年夏四月/廣雅書局栞"。

卷端題"廿二史考異,嘉定錢大昕撰"。

卷首有錢大昕序。

卷末錢大昕跋,言"是書成於乾隆庚子,所據係武英殿舊刻本,俟頒下定本到日遵照改正,辛丑三月大昕書"。

每卷末鎸初校、復校者名。

按:此書當爲《廣雅書局叢書》之一種。

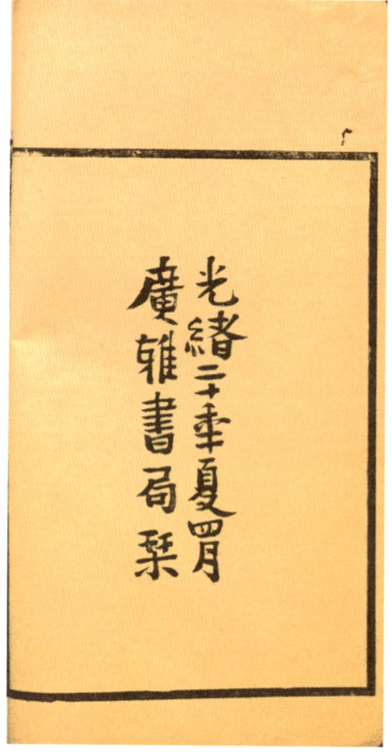

廿二史攷異卷一

嘉定錢大昕撰

史記一

卷首題宋中郎外兵曹參軍裴駰集解　案索隱序稱外兵參軍後序稱外兵郎互有不同攷隋書經籍志史記八十卷宋南中郎外兵參軍裴駰撰又宋書南史本傳俱云南中郎參軍蓋龍駒爲南中郎府之外兵參軍宋齊之世四中郎將皆以皇子爲之得開府置官屬外兵其一曹也南中郎者所仕府之名外兵者所署曹之名參軍則其職也中郎之上當有南字索隱後序稱外兵郎則誤甚矣

五帝本紀

咏史之屬

131.南宋雜事詩七卷 〔清〕沈嘉轍等撰 PL2533 .N3

清同治十一年(1872)淮南書局刻本 四册一函

沈嘉轍，生卒年不詳，字樂城，錢塘(今浙江杭州)人。

半葉十一行二十一字，小字雙行字數不等，白口，左右雙邊，單黑魚尾，半框高16.9釐米，寬13釐米。版心中鎸書名、卷次，下鎸葉碼。

内封題“南宋雜事詩”。

牌記題“同治十一年九/月淮南書局刊”。

卷端題“南宋雜事詩，錢唐沈嘉轍樂城”。

卷首有萬經序、章藻功序、凡例、題辭、恭引目録、總目、引用書目、引用書目補遺。

鈐印：“公安廖氏竹林齋藏書”陽文方印。

按：各卷撰者不一：卷一沈嘉轍、卷二吴焯、卷三陳芝光、卷四符曾、卷五趙昱、卷六厲鶚、卷七趙信。

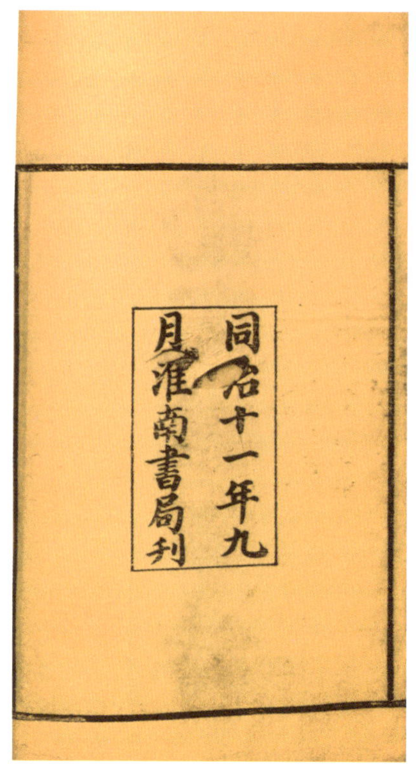

南宋雜事詩卷一

錢唐沈嘉轍樂城

龍蔥佳氣儷山川南渡開基大寶傳爲有文章京樣好中興留得幾遺編

宋會要紹興元年丙辰宣示大宋受命中興之寶中興御府藏玉寶十有一一曰鎮國神寶二曰受命寶三曰天子之寶四曰天子信寶五曰天子行寶六曰皇帝之寶七曰皇帝信寶八曰皇帝行寶九曰大宋受命之寶十曰定命寶十一曰大宋受命中興之寶　方輿勝覽駿月香水影之淸文章京樣覽雲陣銀山之壯意氣天豪　玉海建炎三年胡安國上中興策十四篇紹興二年權邦衛獻中興十議四年汪藻上建炎中興詔旨三十七冊七年林保獻中興龜鑑八年李昌言進中興要覽十篇九年汪伯彥上建炎中興日歷五卷十二年漢州布衣陳靖獻中興論統淳熙十二年上中興禮書先是紹興元年趙子書上言政和宣和因革禮渡江後皆失請事加修纂至是書成賜名中興禮書嘉泰二年費士寅等續纂中興禮書八十卷又李綱編建炎中興記三卷張浚進中興備覽四十一篇李璧中興戰功錄叙云中興十二處戰功列於銓法熊克撰中興紀事本末一名中興小歷文獻通考梁克家等上中興會要二百卷何異撰中興百官題名五十卷　案以上諸目惟禮

132.四家咏史樂府十五卷　〔清〕宋澤元輯　　PL2309.Y8 S535 1886

清光緒十一至十三年(1885—1887)山陰宋氏懺花盦刻本　六册一函

宋澤元,生卒年不詳,字瀛士,號華庭。浙江山陰(今紹興)人。

半葉十行二十一字,白口,左右雙邊,單黑魚尾,半框高18釐米,寬13.8釐米。版心上鎸書名,中鎸卷次,下鎸葉碼、“懺花盦”。

内封題“四家詠/史樂府”。

牌記題“光緒丙/戌懺華/盦開琱”。

卷首有宋澤元自序。

子目:

鐵厓咏史八卷　〔元〕楊維楨撰　光緒十三年(1887)刻

鐵厓小樂府一卷　〔元〕楊維楨撰　光緒十三年(1887)刻

西涯樂府二卷　〔明〕李東陽撰　光緒十一年(1885)刻

兩晋南北史樂府二卷　〔清〕洪亮吉撰　光緒十二年(1886)刻

唐宋小樂府一卷　〔清〕洪亮吉撰　光緒十三年(1887)刻

明史樂府一卷　〔清〕尤侗撰　〔清〕尤珍注　光緒十一年(1885)刻

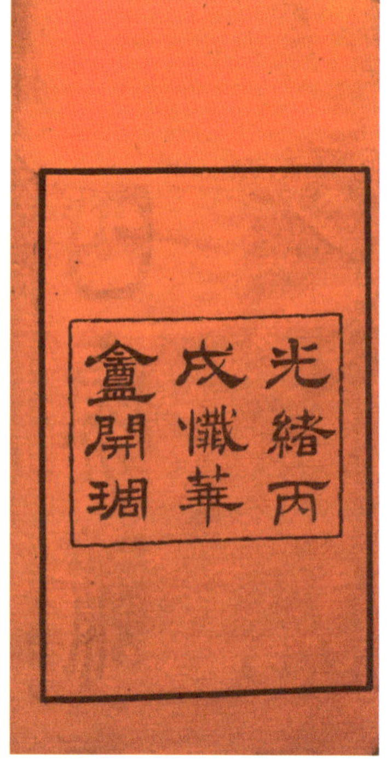

鐵厓咏史卷之一

元楊維楨廉夫著　山陰宋澤元瀛士校訂

單父侯有序

荆舒嘗論三不欺以子賤之爲德者不可獨任至疵堯之驩兜亦或類舉於前此敗德之論也故吾賦子賤之不忍不使班於西門豹之流孔子論西伯之德不令而訟息於虞芮不忍欺之效也子賤之德不令而禁行漁子非西伯之化歟荆舒不能識也

單父侯吾父母治吾以天不以榎楚堂上彈琴赤子舞

傳記類

總傳之屬

133.海岱史略一百四十卷　〔清〕王馭超編　DS793.S4 W3694 1818

清嘉慶二十三年（1818）刻本　十册一函

王馭超（1756—1832）字約齋，山東安丘人。

半葉九行二十二字，白口，四周雙邊，單黑魚尾，半框高18.5釐米，寬13.4釐米。版心上鐫書名，中鐫卷次，下鐫葉碼。

卷端題"海岱史略，安邱王馭超約齋編，男筠貫山、簡仲山、箁鏡山、範模山校"。

卷首有許鴻磐"海岱史略序"、清嘉慶二十三年王馭超"海岱史略自序"、"海岱史略例言"、目録。

按：分前漢、東漢、蜀漢、晋、東晋、南史等各部，每部分列目録，每部有附録。本館藏本殘，存六十二卷，止於南史。

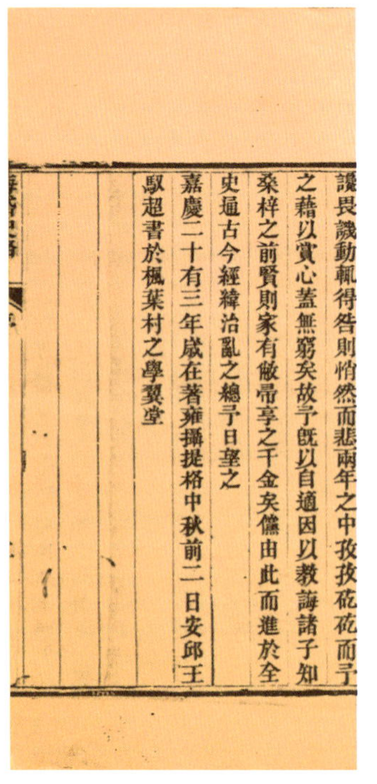
讒畏譏動輒得咎則悄然而悲兩年之中孜孜矻矻而予
之藉以賞心蓋無窮矣故予既以自適因以教誨諸子知
桑梓之前賢則家有敝帚享之千金矣儻由此而進於全
史通古今經緯治亂之總予日望之
嘉慶二十有三年歲在著雍攝提格中秋前二日安邱王
馭超書於楓葉村之學製堂

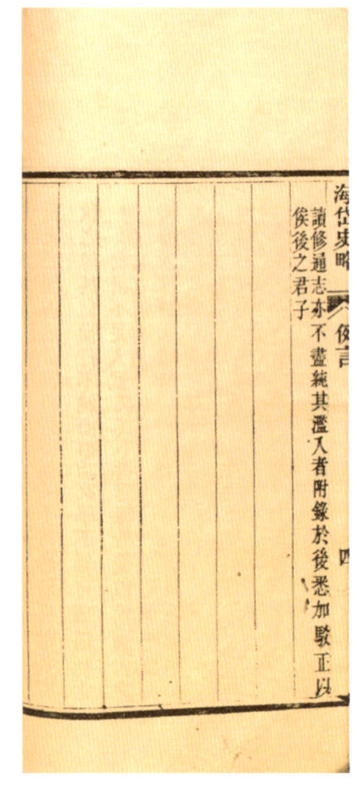
海岱史略　例言　四
讀修通志亦不盡純其濫入者附錄於後悉加駁正以
俟後之君子

海岱史略卷之一

詹鏡山

安邱王馭超約齋編

男 筠貫山 簡仲山 校

範模山

漢臣傳

申屠嘉梁人也按漢初梁國兼有山陽濟川濟陰濟東等地封域在今山東者過半故彭越封梁王都於定陶至文帝十一年封子武爲梁王始都睢陽則漢初單言梁人皆可屬之山東以材官蹶張從高帝擊項籍遷爲隊率從擊黥布爲都尉孝惠時爲淮陽守文帝元年舉故以二千石從高祖者悉以爲關內侯

134.錫金四哲事實彙存一卷　　楊模輯　　

清宣統二年（1910）鉛印本　一册一函

楊模（1852—1915）字範甫，號蟄盦，江蘇無錫人。

内封題"錫金四喆/事實彙存/宣統二年中夏"。

卷首有清宣統二年楊模序，華蘅芳、華世芳、徐壽、徐建寅像。

卷末有楊模跋。

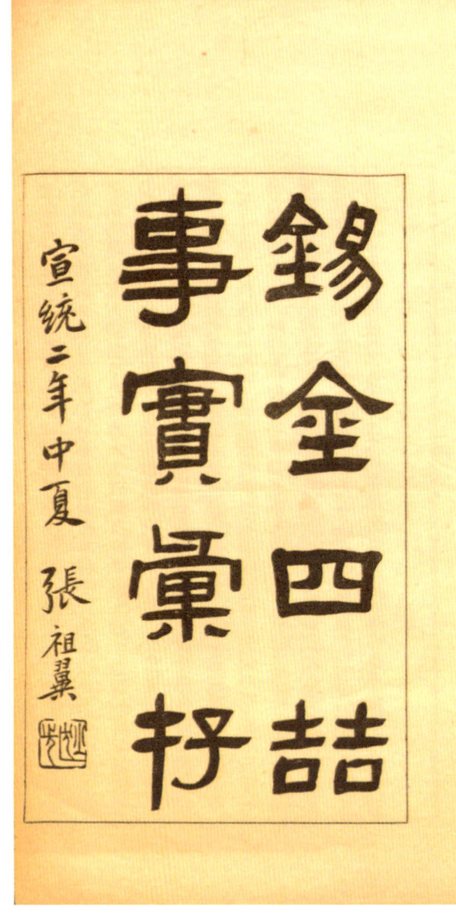

錫金四喆事實彙存

宣統二年中夏　張祖翼

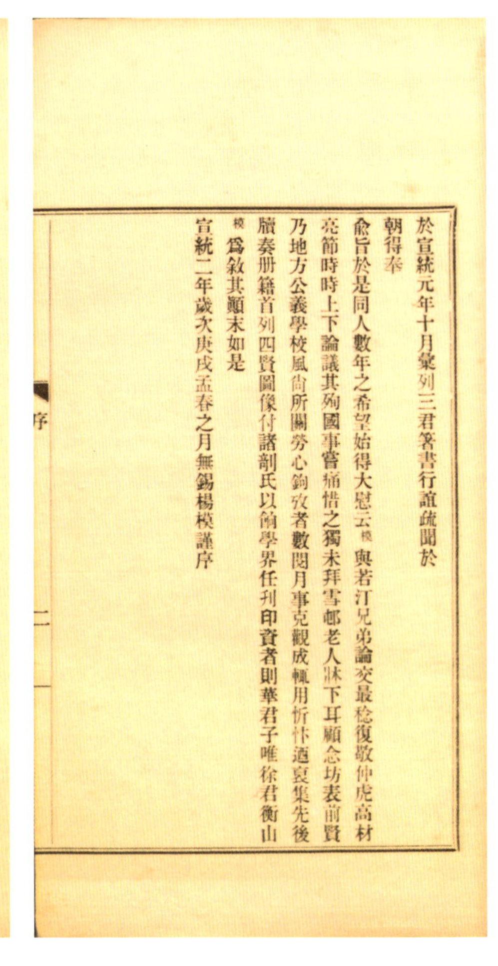

於宣統元年十月彙列三君著書行誼疏聞於
朝得奉
俞旨於是同人數年之希望始得大慰云模與若汀兄弟論交最稔復敬仲虎高材
亮節時時上下論議其殉國事嘗痛惜之獨未拜雪邨老人牀下耳顧念坊表前賢
乃地方公義學校風尚所關勞心鉤攷者數閱月事克觀成輒用忻忭迺裒集先後
牘奏册籍首列四賢圖像付諸剞氏以餉學界任刋印資者則華君子唯徐君衡山
模為敘其顛末如是
宣統二年歲次庚戌孟春之月無錫楊模謹序

序　二

上學部公呈

具呈候補五品京堂軍機領班上行走章京楊壽樞憲政編查館統計局局長山西補用道沈林一吏部郎中秦敦世郵傳部郎中唐浩鎮度支部參議上行走農工商部員外楊壽枏陸軍部主事陶世鳳學部普通司員外顧棟臣陸軍部監察官河南候補道楊壽楣法部主事尢桐陸軍部正軍校丁錦學部總務司審定科行走內閣中書楊模外務部主事嵇鏡二品頂戴河南候補道林志熙三品銜湖北候補知府張曾疇

爲算學專家早開風氣臚列事實援案環求　恩准據情　奏乞　聖恩宣付史館以宏教育事竊聖門六藝之科算學實居其一自周髀算經以後歷朝材智之士纂述如林　國朝兼采西書網羅益富近百年來海內以算數絕學專門名家者海甯李善蘭外首推金匱華蘅芳查該故紳由監生歷次　奏保免選知縣以同知直隸州選用俟選缺後以知府升用並加運同銜幼而穎異即潛心

135.歷代名臣言行録二十四卷　〔清〕朱桓編　DS734 .C8

清光緒十一年（1885）文光敏記刻本　二十八册三函

半葉十行二十一字，小字雙行同，白口，四周單邊，單黑魚尾，半框高17.4釐米，寬11.7釐米。版心上鎸書名，中鎸卷次、篇目，下鎸葉碼。

内封題“歷代名臣/言行録”。

牌記題“光緒乙酉春月重刊/楚南文光敏記藏版”。

卷端題“歷代名臣言行録”。

卷首有清嘉慶二年（1797）恭泰序、三年覺羅吉慶序、七年姚文田序、十二年陳嵩慶序、清乾隆二十三年（1758）朱桓自序。

卷末有清嘉慶二年馬俊良後序、萬應馨後序、朱麟徵跋。

鈐印：“公安廖氏竹林齋藏書”陽文方印。

按：目録下鎸“浯村朱桓拙存氏編輯，荆溪潘永季契薋校定”。

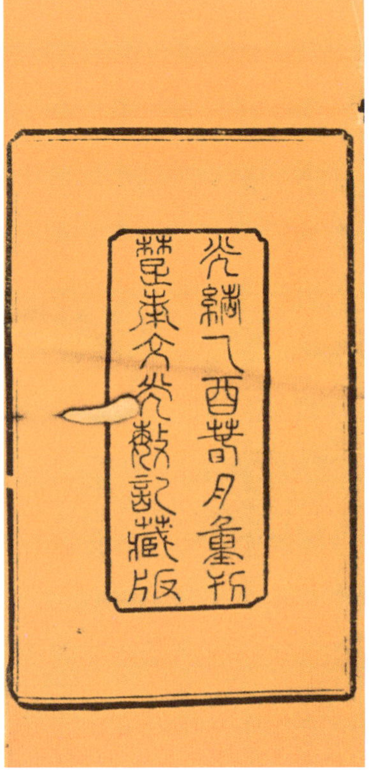

歷代名臣言行錄卷第一

序言

易大畜之象曰天在山中大畜君子以多識前言往行以畜其德天體至大山則厚重不遷至大而不遷爲畜之大其於人也前言往行至無窮多識之存於心而不忘則皆我之德畜亦大矣叶是占者其紫陽朱子與紫陽諸書人知之不具論其錄名臣言行亦多識之一獨惜其所采摭起宋建國後不及南渡篋笥未廣李氏幼武續錄之盡宋寧宗　本朝徐氏開任錄明名臣盡明唐以上未之及也彼皆有未備歟葢紫陽子記載極多

136.元朝名臣事略十五卷　〔元〕蘇天爵撰　**校勘記一卷**　〔清〕傅以禮撰

清光緒二十五年（1899）廣雅書局刻本　四册一函

蘇天爵（1294—1352）字伯修，真定（今河北正定）人。

半葉九行二十一字，小字雙行同，白口，四周雙邊，單黑魚尾，半框高18釐米，寬12.7釐米。版心上鎸書名，中鎸卷次，下鎸葉碼。

内封題“元朝名臣事略”。

牌記題“光緒二十五年廣/雅書局重刊成”。

卷端題“元朝名臣事略，元蘇天爵撰”。

卷首有“御製題武英殿聚珍版十韻”並序、元天曆二年（1329）歐陽元序、元至順二年（1331）王理序、目録。

卷末有清光緒二十年傅以禮跋。

校勘記卷末有清光緒二十年（1894）傅以禮跋，言據元槧本重校：“今籍元槧舊鈔，兩本（聚珍本與元槧本）一再讎對，得還舊觀。”

按：御製詩用朱色，校勘記用藍色印。

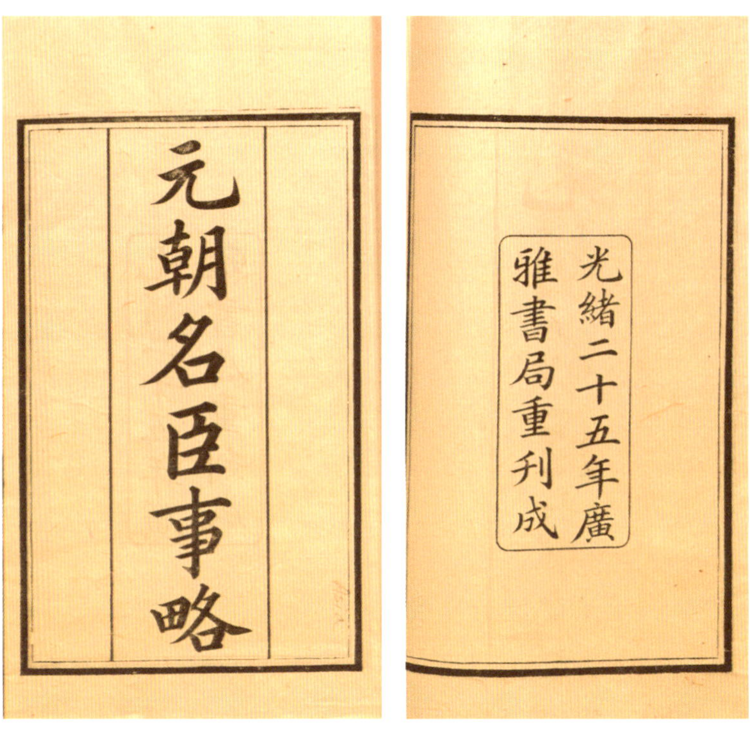

元朝名臣事略卷一

元　蘇　天　爵　撰

太師魯國忠武王

王名穆呼哩扎喇爾氏以戚里從討幕北諸部有功歲丙寅拜左萬戶進兵討金丁丑封太師國王都行省承制行事癸未薨年五十四

王生于鄂諾水之東生時白氣充帳有神巫見而異之曰此非常兒也及長身長七尺虎首虬鬚黑面多謀略雄勇冠一時與博爾珠博勒呼齊拉袞俱以忠勇佐太

137.國朝先正事略六十卷 〔清〕李元度纂

清同治八年（1869）刻本 二十四册三函

李元度（1821—1887）字次青，又字笏庭，自號天岳山樵，晚號超然老人，湖南平江人。

半葉十行二十四字，上白下黑口，四周雙邊，單黑魚尾，半框高15.2釐米，寬10.3釐米。版心上鎸書名，中鎸卷次、類别，下鎸葉碼。

内封題“國朝先正/事略”。

卷端題“國朝先正事略，平江李元度次青纂”。

卷首有清同治五年（1866）李元度自序、八年曾國藩序、凡例、目録。

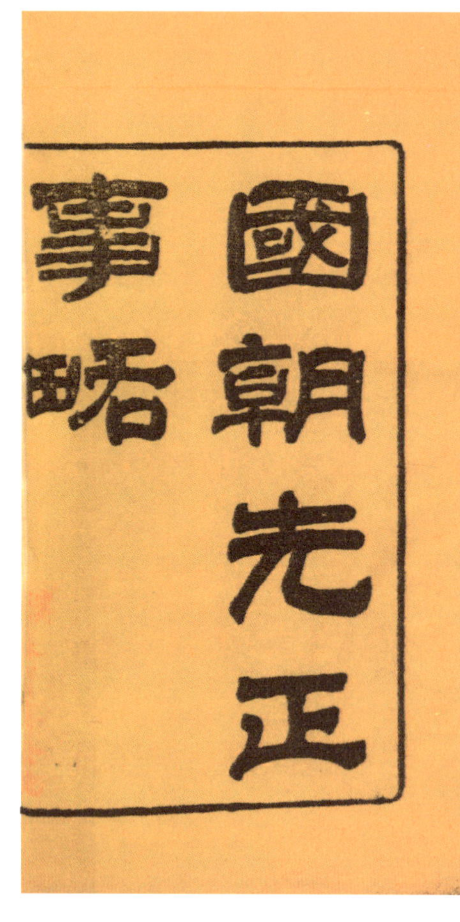
國朝先正
事略

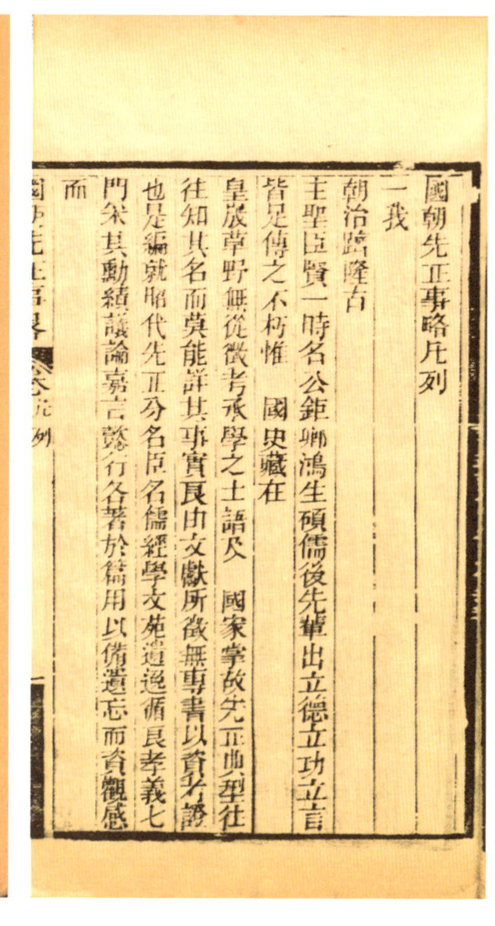
國朝先正事略凡例
一我
朝治蹟隆古
主聖臣賢一時名公鉅卿鴻生碩儒後先輩出立德立功立言
皆足傳之不朽惟 國史藏在
皇宬草野無從徵考承學之士語及 國家掌故先正典型往
往知其名而莫能詳其事實良由文獻所徵無專書以資考證
也是編就昭代先正分名臣名儒經學文苑遺逸循良孝義七
門采其勳績議論嘉言懿行各著於篇用以備遺忘而資觀感
而
國朝先正事略 卷首 凡例

國朝先正事略卷之一　名臣

平江李元度次青纂

范文肅公事略　子忠貞公承謨　承勳　孫時崇　時繹等

國家肇興東土，光宅方夏，開國佐命之英，皆天潢貴冑，位列親藩，勳在册府，未敢援入先正之列。即翊運勳臣之侑饗太廟者，若信勇公費英東、宏毅公額亦都、武勳王揚古利等，又皆立功天命、天聰、崇德間。在世祖章皇帝統壹區宇之先，故論人關後宣力文臣，必以范文肅公稱首。公歷事太祖、

138.國朝先正事略六十卷首一卷 〔清〕李元度纂

清光緒二十九年(1903)天章石印局石印本 八册一函

内封題"國朝先正/事略"。

牌記題"光緒癸卯年/天章石印局"。

卷端題"國朝先正事略,平江李元度次青纂,白下康錫勲祝三重校"。

卷首有清同治五年(1866)李元度自序、凡例、目録。

鈐印:"公安廖氏竹林齋藏書"陽文方印。

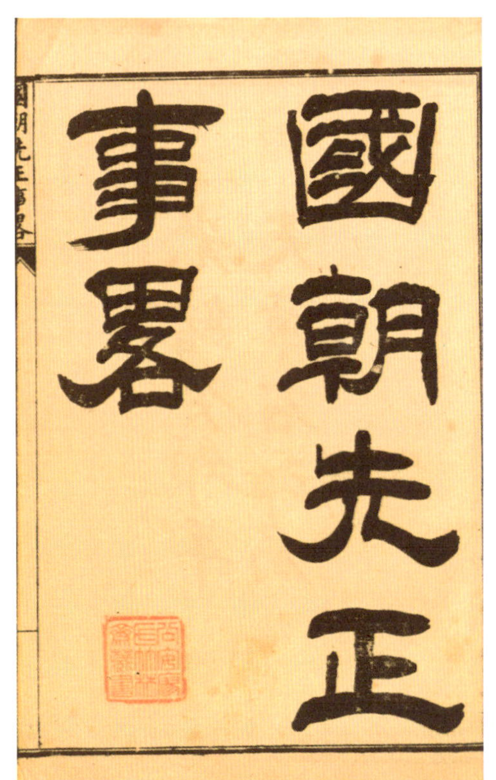

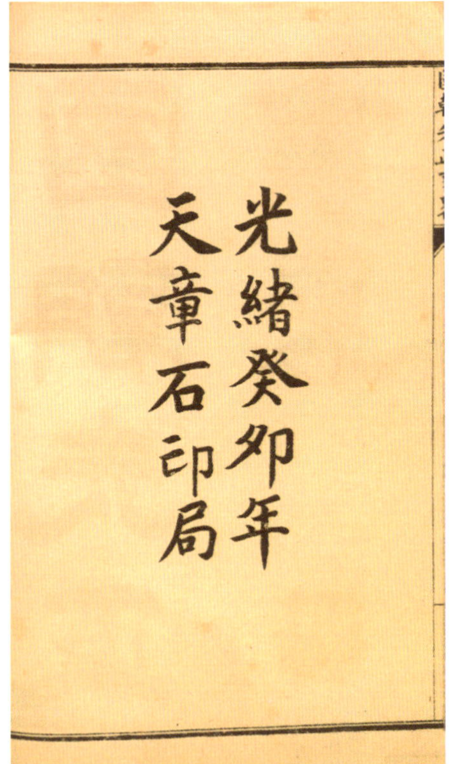

國朝先正事略卷之一　平江李元度次青纂　匀下康錫勳祝三重校

名臣

范文肅公事略 附子 忠貞公承謨 承勳 孫 時崇 時繹等

國家肇興東土光宅方夏開國佐命之英皆天潢貴冑位列親藩勳在册府未敢援入先正之列即翊運勳臣之侑饗太廟者若信勇公費英東宏毅公額亦都武勳王揚古利等又皆立功天命天聰崇德間在 世祖章皇帝統壹區宇之先故論入關後宣力文臣必以范文肅公稱首公悉事 太祖 太宗當 王師入關時首定大計勸進兵 詔勅檄諭皆出其手終 世祖朝位元輔經營草昧用翊成我 國家丕丕基體於 聖祖康熙五年解閣 四朝登上壽子孫繩武為國宗臣視漢之酇侯留侯唐之房杜宋之趙中令元之耶律文正明之誠意伯有過之無不及已公諱文程字憲斗瀋陽人本宋文正公仲淹後少穎敏沈毅讀書通大義為諸生天命三年杖策謁 太祖高皇帝於撫順偉其貌詢其家世謂諸貝勒曰此名臣後也厚遇之 命直文館參預帷幄天聰三年我軍解大安圍克遵化五年招降大凌河城六年陳進取秘計七年撫明將孔有德來歸皆公策也會初設固山額真廷議首推公 太宗曰此一軍職耳范章京朕之心膂其別議之時宏文館尚未有大學士而公所領皆樞密重事每 召對夜漏逾數十刻始出或未及食則復奉 召率以為常崇德二年改六館為內三院授公秘書院大學士加世職二等甲喇章京每議大政輒資籌畫八年詔隸漢軍鑲黃旗是歲 世祖嗣服明年為順治元年四月流賊李自成陷明北京明將吳三桂來乞師 上召公於湯泉決策進兵公力疾趨朝建議曰自闖賊猖狂中原塗炭近且傾覆京師戕厥君后此必討之賊也雖擁衆百萬橫行無忌然揆其敗道有三逼殞其主天怒矣刑辱搢紳拷劫財貨士憤矣掠民貲淫人婦女火人廬舍民恨矣備此三敗行之以驕可一戰破也我 國家上下同心兵甲選練誠聲罪以討之恤其士大夫拯厥黎庶兵以義動何功不成又言好生者天地之德也兵者聖人不得已而用之自古未有嗜殺而得天下者今誠欲統一區夏非乂安百姓不可於是大軍遂發公扶病隨征申嚴紀律秋毫勿犯妄殺者罪之二十二日入關大戰敗賊兵二十萬我軍長驅而西民多逃匿公草檄宣諭言義兵之來為爾等復君父仇非殺百姓也今所誅者惟闖賊官來歸者復其官民來歸者復其業必不爾害民心遂大安五月朔攝政睿親王多爾袞帥師入燕京公建議首先為明帝發喪易梓宮備儀衛議謚號為文紀其事十月朔 世祖定鼎公疏請撫遺黎起廢斥定冊籍減賦額盡除明季加派耗餉厲

139.宋元學案一百卷首一卷　〔清〕黄宗羲撰　

清光緒五年（1879）長沙寄廬刻本　四十册四函

黄宗羲（1610—1695）字太冲，號梨洲，學者尊爲南雷先生，浙江餘姚人。

半葉十一行二十四字，小字雙行同，黑口，左右雙邊，雙黑魚尾，半框高17.5釐米，寬13.5釐米。版心中鎸書名、卷次，下鎸葉碼。

内封題“宋元/學案”。

牌記題“光緒五年重刊/於長沙之寄廬”。

卷端題“宋元學案，餘姚黄宗羲原本，黄百家纂輯，鄞縣全祖望修定，慈谿馮雲濠、鄞縣王梓材、道州何紹基校刊”。

卷首有清道光二十六年（1846）何紹基原叙，校刊條例，總目，清道光十七年（1837）王梓材識語，清道光二十五年重識，王梓材、馮雲濠、何紹基“宋元學案考略”，清光緒五年龍汝霖跋。

按：總目後王梓材識語言刻書事。首一卷爲宋元學案序録，卷端題“宋元學案，鄞縣全祖望定本，慈谿馮雲濠、鄞縣王梓材、道州何紹基校刊”。

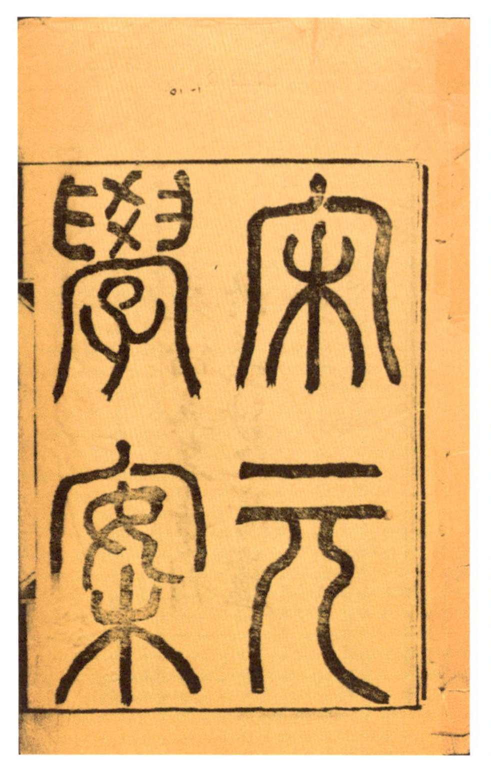

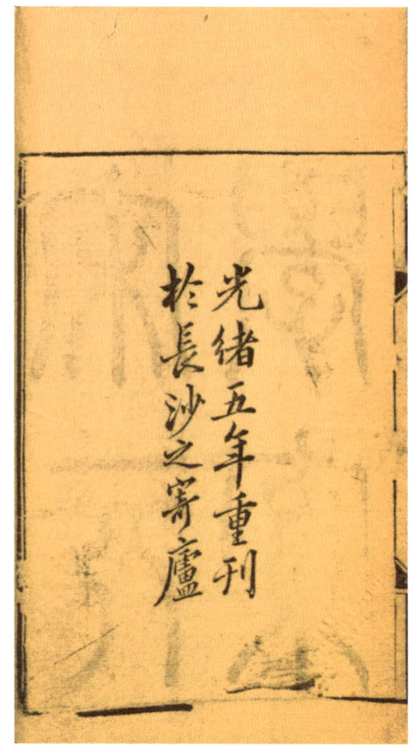

宋元學案卷一

餘姚黃宗羲原本　慈谿馮雲濠
黃百家纂輯　鄞縣王梓材校刊
鄞縣全祖望修定　道州何紹基

安定學案

祖望謹案宋世學術之盛安定泰山爲之先河程朱二先生皆以爲然安定沈潛泰山高明安定篤實泰山剛健各得其性稟之所近要其力肩斯道之傳則一也安定似較泰山爲更醇小程子入太學安定方居師席一見異之講堂之所得不已盛哉述安定學案梓材案全氏序錄本爲卷首可以見全書之脈絡兹復分列各學案之端俾學者得見每卷要領猶周易序卦傳本十翼之一後之說易者往往分列各卦也

140.明儒學案六十二卷　〔清〕黄宗羲撰　B126 .H88 M6

清光緒十四年(1888)南昌縣學刻本　四十册三函

半葉九行二十字,上白下黑口,左右雙邊,單黑魚尾,半框高15.5釐米,寬11.5釐米。版心上鎸書名,中鎸卷次,下鎸葉碼。

内封題"光緒十四年/黄藜洲先生纂輯/明儒學案/板存南昌縣學"。

卷端題"明儒學案,姚江黄梨洲先生著,豫章後學夏鼎、熊育鑫、熊繩祖、熊育鏞、徐兆瀾、周聯慶、熊榮祖、蕭兆柄、劉秉楨、李真賓重刊"。

卷首有清乾隆四年(1739)鄭性序、清康熙三十二年(1693)黄宗羲原序、清道光元年(1821)莫晋重刻序、黄宗羲"師説"、發凡。

明儒學案卷一

姚江黄梨洲先生著

豫章後學 夏鼎 熊縄祖 徐兆潤 熊榮祖 劉秉楨 熊青选 熊吉鏞 周聯慶 熊兆柄 李直實 重刊

崇仁學案

康齋倡道小陂一禀宋人成説言心則以知覺而與理爲二言工夫則静時存養動時省察故必敬義夾持明誠兩進而後爲學問之全功其相傳一派雖一齋莊渠稍爲轉手終不敢離此矩矱也白沙出其門然自叙所得不關聘君當爲别派於戲椎輪爲大輅

141.學案小識十四卷首一卷末一卷 〔清〕唐鑑撰

清光緒十年(1884)刻本 十二册二函

唐鑑(1778—1861)字鏡海,號翕澤,湖南善化人。

半葉十行二十一字,黑口,左右雙邊,雙黑魚尾,半框高17.4釐米,寬14.2釐米。版心上鎸書名,中鎸卷次,下鎸葉碼。

内封題“國朝學/案小識/十五卷”。

牌記題“光緒十年孟春月/重鐫四砭齋原本”。

卷端題“學案小識”。

卷首有清道光二十五年(1845)沈維鐈序、唐鑑叙、目録、提要。

卷末有學案後序、清道光二十五年何桂珍跋、黄兆麟跋、清光緒十年黄膺跋、清道光二十五年曾國藩“書學案小識後”。

按:卷首唐鑑叙末、卷末學案後序末分别鎸“彌甥黄膺謹重校,孫祖培、植、樹謹仝校字”。

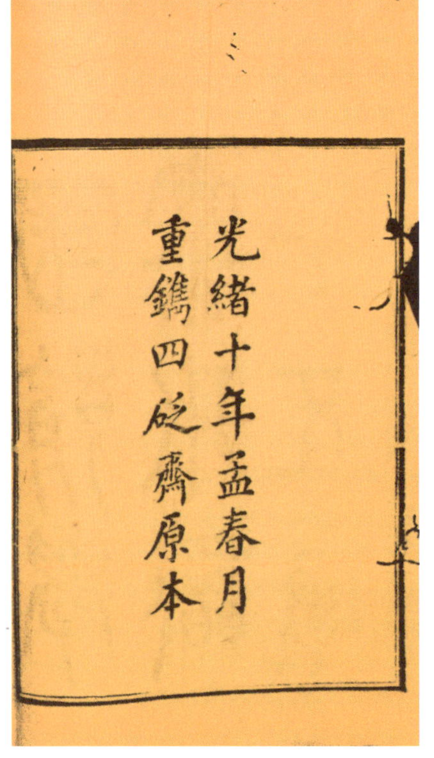

學案小識卷一

傳道學案

平湖陸先生

先生諱隴其字稼書歷官御史勵志聖賢博文約禮由洛閩而上追沂兖嘗謂聖門之學雖一以貫之未有不從多聞多見入者欲求聖學斷不能舍經史又謂今之論學者無他亦宗朱子而已宗朱子爲正學不宗朱子卽非正學董子云諸不在六藝之科孔子之術者皆絶其道勿使並進然後統紀可一而法度可明今有不宗朱子者亦當絶其道勿使並進嘗黜勘四書大全參以

142.增廣尚友録統編二十二卷　〔清〕應祖錫編　

清光緒二十八年(1902)上海鴻寶齋石印本　十二册一函

内封題“增廣尚友/録統編”。

牌記題“光緒壬寅十一月/鴻寶齋石印”。

卷端題“增廣尚友録統編，永康應祖錫、韓卿甫編輯”。

卷首有清光緒二十八年吴邦升序、廖用賢原序、凡例、總目。

鈐印：“公安廖氏竹林齋藏書”陽文方印。

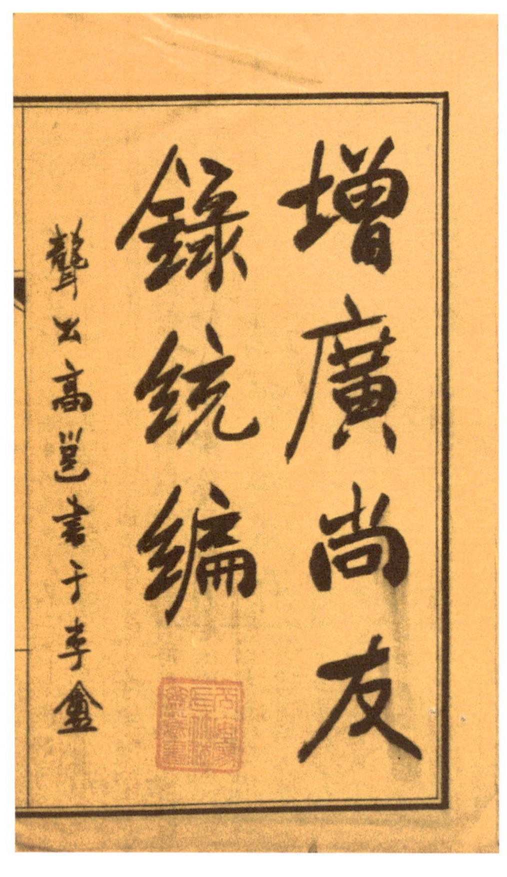

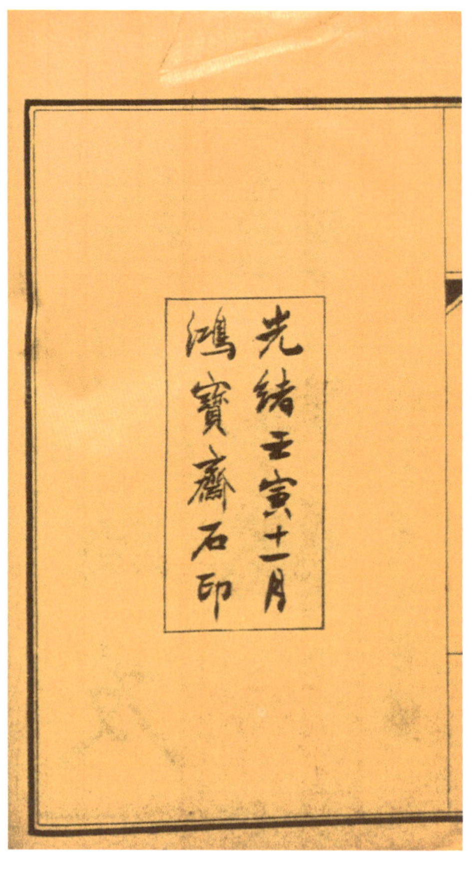

增廣尚友錄統編卷一

永康應祖錫韓卿甫編輯

一東

東 平原徵音舜七友東不訾之後

東富 漢中郎涇州人

東明 唐開元中涿郡太守

童 雁門宮音顓頊生老童以王父字為氏

童恢 漢姑幕人為不其令民有為虎所害恢捕二虎謂曰王法殺人者死若殺人者垂頭伏罪不殺人者當號訴一虎低頭瞑目一虎視恢號鳴乃釋之吏民為之歌頌遷丹陽太守執法廉平入循吏傳　其弟翊字漢文名高於恢宰府先辟之翊陽瘖不肯出及兄被命乃就孝廉除西昌長化有異政吏人生為立碑

童仲 漢內史

童翰卿 唐大中咸通間工詩詞有才名

童宗說 唐字夢弼南城人眉宇秀整尚友拔俗為袁州教授有柳文音註號南城先生

童伯羽 宋字飛卿甌寧人沈默寡言好讀書師事朱文公稚好林泉不樂仕進人稱為敬義先生

童譽 宋字隱之豐流人博通經學尤長於易太玄著發隱一篇蜀守蔣堂薦方平趙抃咸以遺民薦上賜粟帛再命州助教不就嘉祐中賜號沖退處士

童參 宋甌寧人性澹樸隱於耕仁宗元年參年百有三歲賜敕慰勞云古者天子巡狩方徽之下聞百年者就見之今汝黃髮鮐背以上壽聞其可使與編氓齒乎往以忠孝教而子孫授承務郎逾年卒子廷登進士授承奉郎清遠縣主簿

143.墨林今話十八卷　〔清〕蔣寶齡撰　續編一卷　〔清〕蔣茝生撰

清咸豐二年(1852)刻本　六册一函

蔣寶齡(1718—1840)字子延，號霞竹，又號琴東逸史，昭文(今江蘇常熟)人。

半葉十行二十一字，白口，四周單邊，單黑魚尾，半框高16.5釐米，寬12.5釐米。版心上鎸書名，中鎸卷次，下鎸葉碼。

内封題“墨林今話/咸豐二年秋九月”。

卷端題“墨林今話，昭文蔣寶齡撰”。

卷首有清咸豐二年戴熙叙、清咸豐元年嚴保庸叙、校刊姓氏、題辭。

續編卷端題“墨林今話續編，昭文蔣茝生撰”。

卷末有“書後”、清咸豐二年程庭鷺跋。

鈐印：“公安廖氏竹林齋藏書”陽文方印、“家暉”陽文長方印。

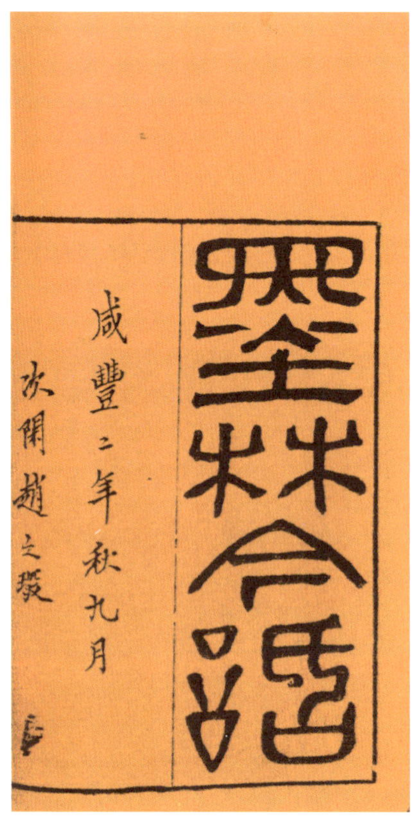

墨林今話

咸豐二年秋九月

次閑趙之琛

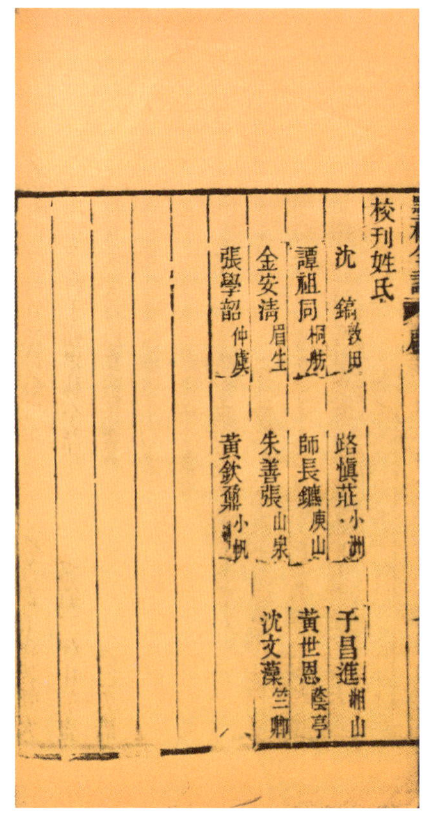

校刊姓氏

沈　鎬敦田　路慎莊小洲　于昌進湘山

譚祖同桐舫　師長鑣庚山　黃世恩蔭亭

金安淸眉生　朱善張山泉　沈文藻笠卿

張學韶仲虞　黃欽鼐小帆

墨林今話卷一

昭文蔣寶齡撰

本朝畫家盛於前代自太原煙客瑯琊元照二公領袖藝林作者雲起若石谷漁山麓臺皆親授衣鉢爲南宗嫡支王勤中惲正叔兩家又各追踪宋元爲寫生正派師友相承風流不絕秀水張浦山徵君先著畫徵錄一書南匯馮墨香廣文授采羣言又成國朝畫識若干卷亦可謂美且備矣顧自乾隆嘉慶兩朝以來士夫筆墨克繼王惲諸公者又已指不勝屈馮廣文雖嘗另纂墨香居畫識一編而評隲未定遺漏更多亦猶畫徵錄

144.歷代畫史彙傳七十二卷首一卷總目三卷附録二卷　〔清〕彭蘊璨編

清光緒五年（1879）京都善成堂刻本　二十四册四函

彭蘊璨（1780—1840）字朗峰，號振采，江蘇長洲（今蘇州）人。

半葉八行二十字，小字雙行同，黑口，四周雙邊，無魚尾，半框高14.4釐米，寬10.2釐米。版心中鎸"畫史彙傳"、卷次，下鎸葉碼。

内封題"畫史彙/傳"。

牌記題"光緒已卯京都善/成堂書鋪開雕"。

卷端題"歷代畫史彙傳，長洲彭蘊璨朗峰編"。

卷首有石韞玉序、例言、弁言、參閲姓氏、卷首、引証書目、總目。

鈐印："王氏畢侯"陽文方印。

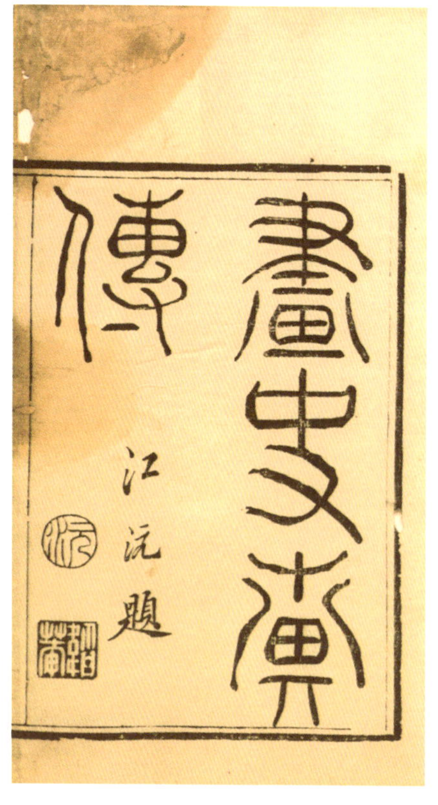

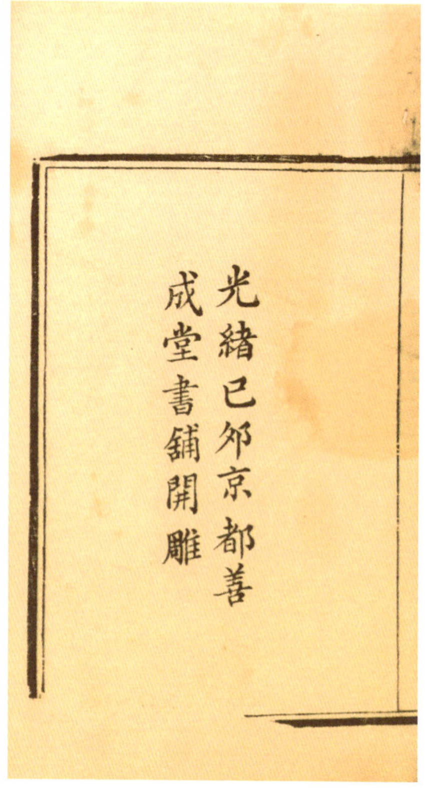

歷代畫史彙傳卷一

長洲彭藴璨朗峯編

古帝王門

上古

黄帝姓公孫氏名軒轅造山躬寫五嶽眞形圖制文章代結繩之政以作書契以金鑄器皆有名題上古之字也史記五帝本紀　雲笈七籤

後漢

別傳之屬

145.朱氏傳芳集八卷首一卷　〔清〕朱次琦編　PL2516.C58 Z48 1861

清咸豐十一年（1861）番禺陳澧刻本　五册一函

朱次琦（1807—1882）字子襄，號稚圭，廣東南海人。

半葉十一行二十四字，白口，左右雙邊，單黑魚尾，半框高21.8釐米，寬14.3釐米。版心上鎸書名，中鎸卷名，下鎸葉碼、卷次。

内封題“朱氏傳芳/集八卷”。

卷端題“朱氏傳芳集”。

卷首有梁燿樞序，署“咸豐十一年”；“朱氏傳芳集凡例”；“朱氏傳芳集履歷總目”。

按：據梁燿樞序，“朱氏傳芳集者，吾師子襄先生裒先世之宏文，附名公之贈者，手疏凡例，屬其弟宜城明經鳩僝編次之者也”。

朱氏傳芳
集八卷
番禺陳澧篆

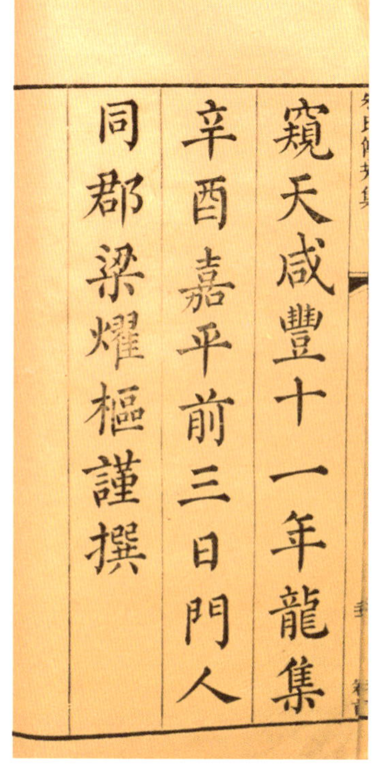
竊天咸豐十一年龍集
辛酉嘉平前三日門人
同郡梁燿樞謹撰

6515

朱氏傳芳集卷一

正集文

奏議

朱實蓮一首

詔獄陳地方荒苦疏

微臣聞之水旱者極備之凶也補救者時亮之權也去不忘憂者職思之勤也死不忘忠者事君之節也竊惟天災流行何處蔑有未有四五年來饑饉洊臻旱魃嗣虐孑遺靡定降割繼行井邑爲墟民物將盡如浙西之甚者也追惟九年十年浙右奇荒亙古罕有桑株砍伐耕牛宰賣至乃掘草煮土人類相食小民死徙之餘未獲安業而十二年夏秋之蝗旱冬月之霪雨又

146.歷代名人年譜十卷附存疑及生卒年月無考一卷　〔清〕吴榮光撰

DS733 .W8

清光緒元年（1875）張氏刻本　十册一函

吴榮光（1773—1843）字殿垣，一字荷屋、可庵，晚號石雲山人，别署拜經老人，廣東南海人。

三節版，半葉行字數不等，黑口，四周雙邊，單黑魚尾，半框高18.2釐米，寬13.5釐米。版心中鎸卷次、朝代、人名，下鎸葉碼。

内封題“南海吴榮光撰/歷代名人/年譜、樵山草堂藏板/嘉定瞿樹辰、南海吴彌光編校”。

卷端題“歷代名人年譜，南海吴榮光撰，嘉定瞿樹辰、南海吴彌光編校，南海張蔭桓重校刊”。

卷首有陳慶鏞序、清光緒元年張蔭桓序。

鈐印：“萬全王氏怡愛堂二鶴藏書印”陽文長方印。

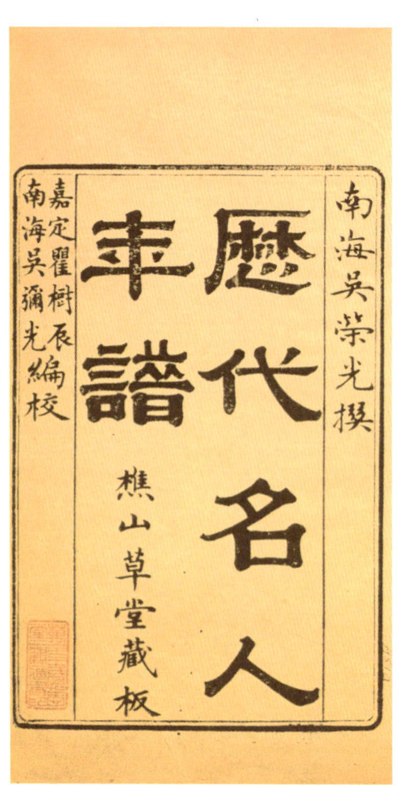

南海吴榮光撰
歷代名人
年譜
樵山草堂藏板
嘉定瞿樹辰
南海吴彌光編校

歷代名人年譜卷之一

南海吳榮光撰

嘉定瞿樹辰
南海吳彌光編校

南海張蔭桓重校刊

乙未

紀年	時事	生卒
前漢 漢高帝元年 名邦○諱邦曰國○葬長陵 楚義帝元年 西楚霸王元年	冬十月沛公至霸上入咸陽蕭何先入秦丞相府收圖籍藏之○沛公與父老約法三章○項籍詐阬秦降卒二十餘萬於新安○四月漢以蕭何爲丞相張良歸韓○七月西楚殺韓王成張良復歸漢	
漢二年 是年閏月乙亥	十月西楚霸王項籍弒義帝於江中○十一月漢立韓王孫信	

147.葉天寥自撰年譜年譜别記　〔清〕葉紹袁撰　

清光緒三十三年(1907)上海國學保存會鉛印本　一册

葉紹袁(1589—1648)字仲韶,號天寥,直隸吴江(今屬江蘇)人。

内封題“國粹叢書第二集/葉天寥自撰年譜、年譜别記/國學保存會印行”。

卷端題“自撰年譜,吴江葉紹袁仲韶氏纂,順德鄧實校録”。

卷首有葉天寥先生像、葉紹袁序。

按:此年譜爲國粹叢書第二集。年譜後附“年譜續纂”。“年譜别記”一名“半不軒留事”,後附“天寥年譜别記附録”。

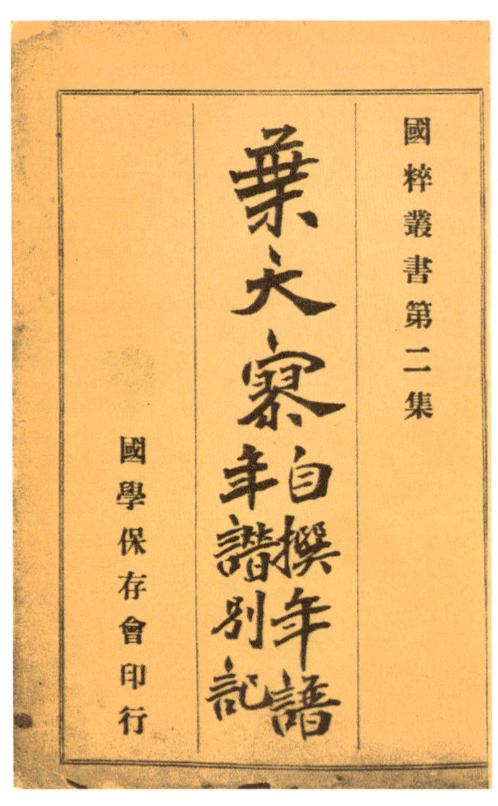

國粹叢書第二集

葉天寥自撰年譜別記

國學保存會印行

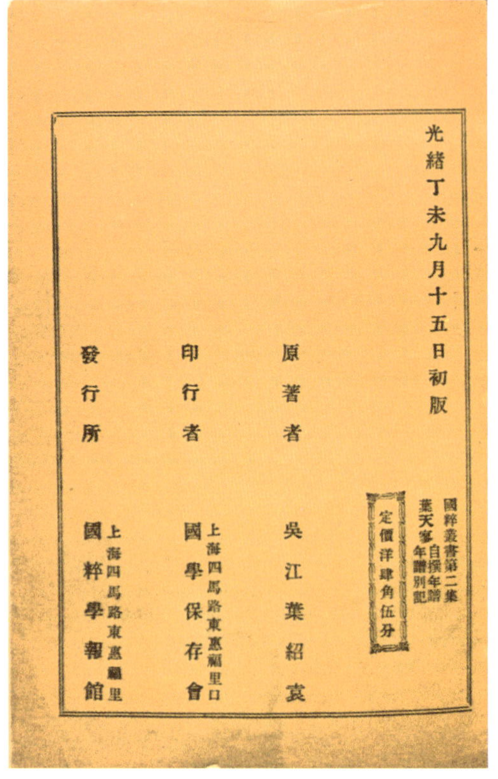

光緒丁未九月十五日初版

原著者　吳江葉紹袁

印行者　上海四馬路東惠福里口　國學保存會

發行所　上海四馬路東惠福里　國粹學報館

國粹叢書第二集　葉天寥自撰年譜　年譜別記

定價洋肆角伍分

天寥年譜別記一名半不軒留事

吳江葉紹袁仲韶纂　　順德鄧實校錄

萬歷二十六年戊戌，余十歲，見圓光之術，如畫圖掛壁，山川草木人物室宇，纖委曲折，映目可指。沈宏所中丞以孝廉讀禮時，在袁司馬公家問向後事業，則青袍而出，容止宛然；俄而進賢銀章；俄而金貍綉鷹，固居然中丞服采也。次問若思初覲，子衿旋青，遂緋，從大道乘馬至水涯，登舟錦纜，牙檣向蒼茫無際處，引棹而去。迨天啓乙丑成進士，任廣東高要令，嶺外濱海之邑，長往不返，越三十年而應不爽矣。余在南都，若思訃音至，因思之悚然。更有諸瑣事，恍恍可憶，面目逼眞，可笑不必記也。嘗觀唐宋以來稗官野史，載仙詩甚夥，並未有及圓光，不知此術果起於何時，著異若爾。

己亥春，先大夫以多病杜客山中，在靈巖西北，近稚宜山一小園，亭流泉瀑，淺林木蓊薈，屋不甚大，而參差窈窕，殊饒幽人之趣，花草繁列，其中荷花

148.黄蕘圃先生年譜二卷　〔清〕江標輯　Z989 .H8 J53 1895

清光緒二十三年(1897)元和江氏湖南使院刻本　一册

江標(1860—1899)字建霞,號師鄦,江蘇元和(今蘇州)人。

半葉十一行二十三字,小字雙行同,黑口,左右雙邊,單黑魚尾,半框高16釐米,寬12釐米。版心中鎸"黄譜"、卷次,下鎸葉碼。

卷端題"黄蕘圃先生年譜,元和江標輯"。

按:存下卷。疑爲清光緒二十三年元和江氏湖南使院刻《靈鶼閣叢書》零本。

黃蕘圃先生年譜卷下　　元和江標輯

十四年己巳四十七歲

得朱竹垞所藏宋本輿地廣記記　標按籐陰雜記海波寺街金文通第有古籐書屋康熙丙辰竹垞自禁垣移居查他山詩整娖牙籤萬卷餘誰言家具少於車儆居會好春明宅好借君家善本書

春重雕宋初刊本輿地廣記始原刻書緣起　標按先生緣起中有云鄱陽胡果泉先生典藩吳郡敦政之餘留心選學聞吳下有藏尤槧者有人以余對遂向寒齋以百金借鈔荅酬余損裝之貲而實助余刻書之費用取所藏宋刻輿地廣記刊之云云

以二番餅得舊鈔東萊先生詩律武庫三十卷記

得殘宋本詩經傳箋附釋文原跋

春游杭州登城隍山於坊間又得宣和遺事遂校付刊

149.李恕谷先生年譜五卷　〔清〕馮辰撰　PL2718 .I17 A66 1908

清光緒三十四年(1908)上海國學保存會鉛印本　一册

内封題“國粹叢書第一集/李恕谷年譜/國學保存會刊行”。

卷端題“李恕谷先生年譜，清苑馮辰纂，武進惲鶴生訂，孫鍇重加修訂”。

卷首有惲鶴生序、孫鍇跋、凡例、李恕谷先生傳。

卷末有黄節跋。

按：卷五爲劉調贊“續纂李恕谷先生年譜”。

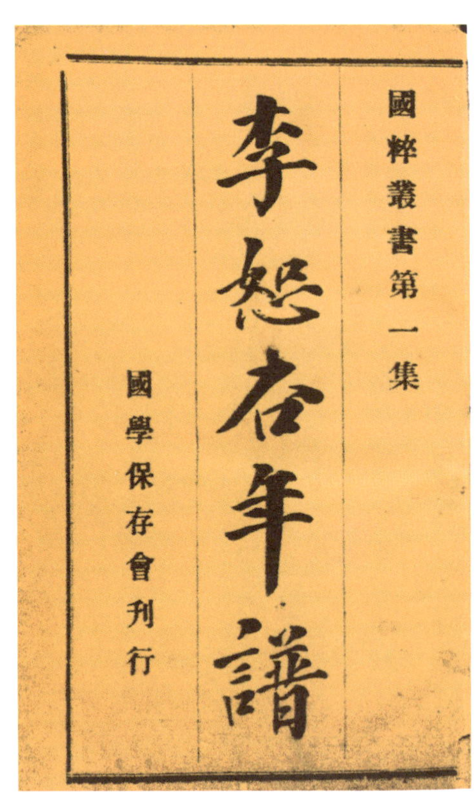
國粹叢書第一集
李恕谷年譜
國學保存會刊行

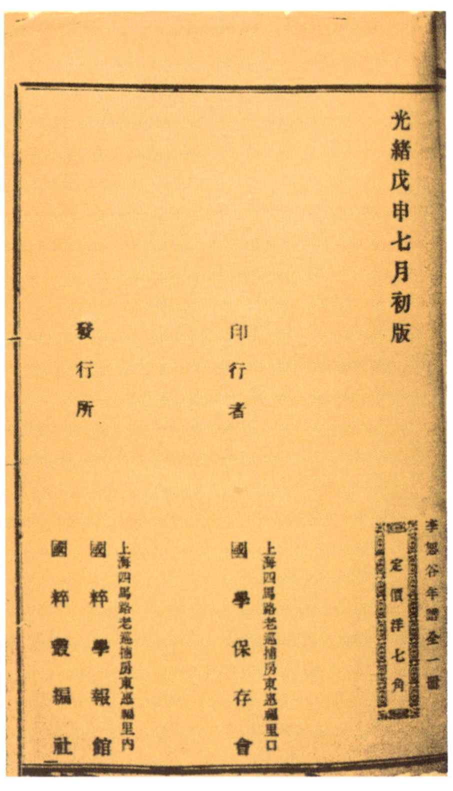
光緒戊申七月初版
李恕谷年譜全一冊
定價洋七角
印行者
上海四馬路老巡捕房東惠福里口
國學保存會
發行所
上海四馬路老巡捕房東惠福里內
國粹學報館
國粹叢編社

李恕谷先生年譜卷一

清苑馮　辰纂
武進惲鶴生訂
孫鍇重加修訂

己亥順治十六年閏三月二十四日卯時先生生

先生姓李。諱塨。字剛主。號恕谷。始祖諱進忠。本小興州人。明初遷北直隸保定府蠡縣西曹家蕞。歷六世至高祖諱運雄。偉剛直。賊劉六劉七作亂。肆掠過門。見其與弟還制挺矗然也。不敢入。曾祖諱應試。號鵬菴。縣學生員。多長者行。祖諱綵。字素先。剛直仁厚。好施與。父諱明性。字洞初。號晦夫。則海內所稱孝慤先生者也。嫡母同鄉者德馬公女。生母易州世襲錦衣衛指揮馬公女。時孝慤先生奉素先翁居蠡城。篤志潛修。孝慤有文云。予年强四始立長子。命乳名曰四友。期之以疏附先後之儔也。齔歲入學。更名曰塨。恭欲其謙。土欲其實也。

庚子二歲

150.張文貞公年譜一卷 丁傳靖編

清光緒三十一年(1905)丹徒張氏活字本 一册

丁傳靖(1870—1930)字秀甫，號闇公，江蘇丹徒(今鎮江)人。

半葉十行二十字，小字雙行同，白口，左右雙邊，單黑魚尾，半框高17.2釐米，寬13.6釐米。版心上鎸書名，下鎸葉碼。

内封題“張文貞/公年譜”。

牌記題“歲在乙巳/孟冬鐫板”。

卷端題“張文貞公年譜，里中後學丁傳靖敬編”。

卷首有丁傳靖序。

卷末有跋，署“光緒庚子先立春三日訥盦李恩綬”；鎸“十七世孫錫敬、學華、光斗，十八世孫藻文、經文、彬文，十九世孫善昌敬謹校刊”。

按：年譜末鎸“邑後學李丙榮校字”。

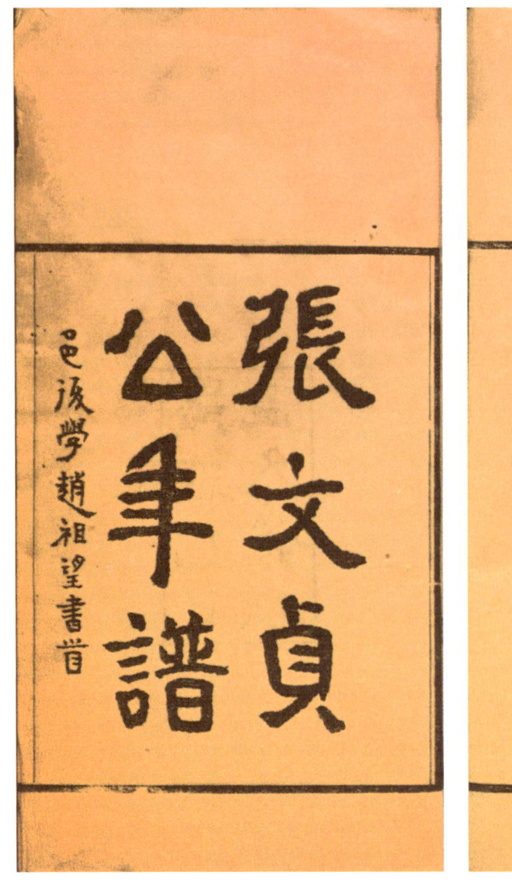

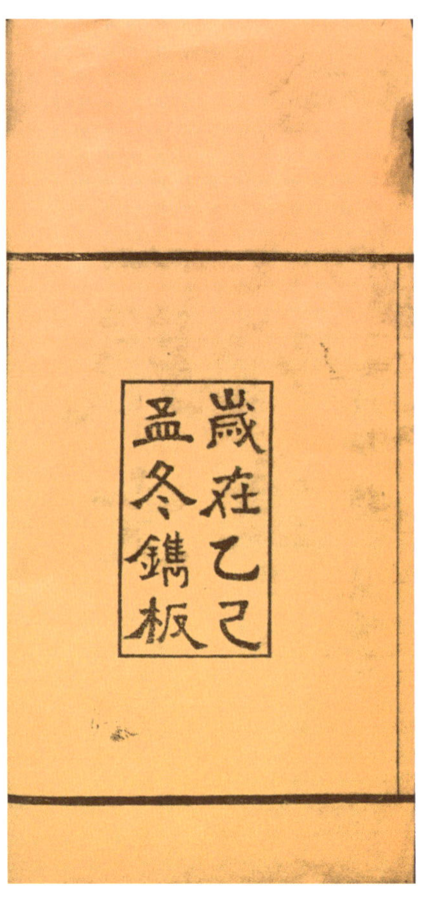

張文貞公年譜

里中後學丁傳靖敬編

明崇禎十五年壬午六月二十六日辰時公生

公諱玉書字素存號潤浦案公行述及家乘皆不言公號潤浦此據吳修人尺牘小傳　國朝名始祖善甫元至正間自中州遷居鎮江之丹徒遂爲縣人仲子德明建文時以右軍都督府斷事犒師東昌遇燕兵被執不屈死高祖浹曾祖柏明萬歷間出粟賑饑議叙布政司經歷祖鳳儀明諸生七舉鄉飲大賓父九徵字公選號湘曉順治乙酉江南解元丁亥進

政書類

通制之屬

151.通典二百卷附欽定通典考證一卷　〔唐〕杜佑撰　DS735 .A2 T84x

清光緒二十七年(1901)上海圖書集成局鉛印本　十六册二函

杜佑(735—812)字君卿，京兆萬年(今陝西西安)人。

内封題“杜氏通典”。

牌記題“光緒二十七年八月/上海圖書集成局遵/武英殿聚珍版校印”。

卷端題“通典，唐京兆杜佑君卿纂”。

卷首有李翰原序、御製重刻通典序、校刻諸臣職名、總目。

按：卷首有清光緒二十八年袁、張禁止翻印示諭。

杜氏通典

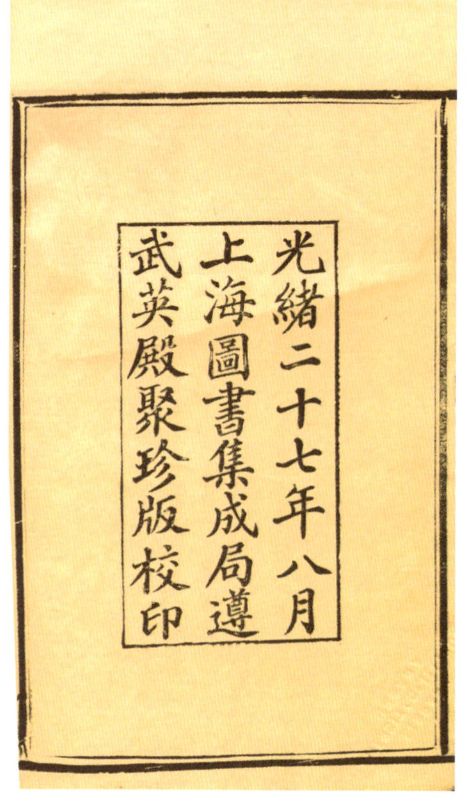
光緒二十七年八月
上海圖書集成局遵
武英殿聚珍版校印

通典卷一

唐　京兆　杜　佑　君卿　纂

佑少嘗讀書而性且蒙固不達術數之藝不好章句之學所纂通典實采羣言徵諸人事將施有政夫理道之先在乎行教化教化之本在乎足衣食易稱聚人曰財洪範八政一曰食二曰貨管子曰倉廩實知禮節衣食足知榮辱夫子曰既富而教斯之謂矣夫行教化在乎設職官設職官在乎審官才審官才在乎精選舉制禮以端其俗立樂以和其心此先哲王致治之大方也故職官設然後興禮樂焉教化隳然後用刑罰焉列州郡俾分領焉置邊防遏戎狄焉是以食貨爲之首十二卷選舉次之六卷職官又次之二十二卷禮又次之百卷樂又次之七卷刑又次之大刑用甲兵十五卷其次五刑八卷州郡又次之十四卷邊防末之十六卷或覽之者庶知篇第之旨也本初纂錄止於天寶之末其有要須議論者亦便及以後之事

食貨

第一田制上　第二田制下　水利田　屯田

第三鄉黨　土斷　版籍並附　第四賦稅上

第五賦稅中　第六賦稅下

第七歷代盛衰戶口　丁中　第八錢幣上

第九錢幣下　第十漕運　鹽鐵

第十一鬻爵　榷酤　算緡　雜稅　平準均輸附　第十二輕重

食貨一

152.通志二百卷附欽定通志考證三卷 〔宋〕鄭樵撰 DS735 .A2 C44x

清光緒二十七年（1901）上海圖書集成局鉛印本 六十册五函

鄭樵（1104—1162）字漁仲，興化莆田（今屬福建）人。

内封題“鄭氏通志”。

牌記題“光緒二十七年八月/上海圖書集成局遵/武英殿聚珍版校印”。

卷端題“通志，宋右迪功郎鄭樵漁仲撰”。

卷首有總序、總目録。

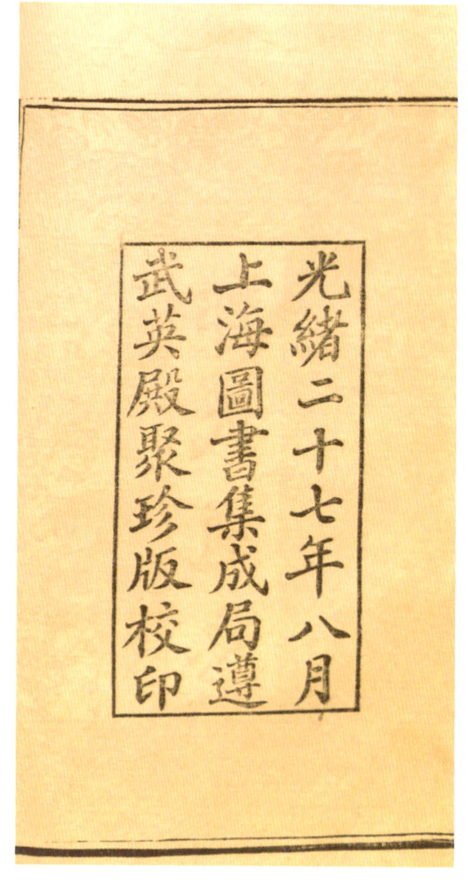

通志卷一

宋 右迪功郎鄭樵漁仲撰

三皇紀第一

太昊 炎帝 黃帝

臣謹按三皇伏羲但稱氏神農始稱帝堯舜始稱國自上古至夏商皆稱名至周始稱謚而稱氏者三皇以來未嘗廢也年代則稱紀（自開闢至獲麟凡二百七十六萬歲分爲十紀）厥初生民穴居野處聖人教之結巢以避蟲豸之害而食草木之實故號有巢氏亦曰大巢氏亦謂之始君言君臣之道於是乎始也有天下百餘代民知巢居未知熟食燧人氏出焉觀星辰而察五木知空有火麗木則明故鑽木取火教民以烹飪之利號燧人氏以夫燧者火之所生也時無文字未有甲曆紀年始作結繩之政而立傳教之臺始爲日中之市而興交易之道亦謂之遂皇或言遂皇持斗機運轉之法以施政教此亦欽若昊天以授民時之義也三皇者天皇地皇人皇是也其說不一無所取證當取伏羲爲天皇神農爲人皇黃帝爲地皇之說爲正（其說出三皇太古書然太昊以明天事故曰太昊炎帝以明民事故曰神農黃帝以明地事故曰黃帝此理甚明）以伏羲作連山神農作歸藏黃帝作坤乾易之始自伏羲三易之本自三皇夏人因連山而作連山商人因歸藏而作歸藏周人因坤乾而作周易八卦具而六十四卦成世言伏羲畫卦文王重之皆沿襲之言也傳曰法始乎伏羲言圖象書契於此乎始三皇五帝三王之事蓋已久矣臣之所志在於傳信其有傳疑者則降而書之以備記載云

太昊伏羲氏亦曰庖犧氏亦曰皇雄氏亦曰天皇伏亦作虙犧亦作戲亦作羲或言象日月之明故曰太昊伏制犧牛故曰伏犧因取犧牲以充庖廚故號庖犧然去古已遠古人名號難以今義求也伏犧者燧人氏之子母曰

153.文獻通考三百四十八卷考證三卷 〔元〕馬端臨撰 DS735 .M25

清光緒二十七年(1901)上海圖書集成局鉛印本 四十四册五函

馬端臨(約1254—1323)字貴與，號竹洲，饒州樂平(今屬江西)人。

内封題“馬氏文獻通考”。

牌記題“光緒二十七年八月/上海圖書集成局遵/武英殿聚珍版校印”。

卷端題“文獻通考，鄱陽馬端臨貴與著”。

卷首有馬端臨自序、“御製重刻文獻通考序”、“進文獻通考表”、抄白。

馬氏文獻通考

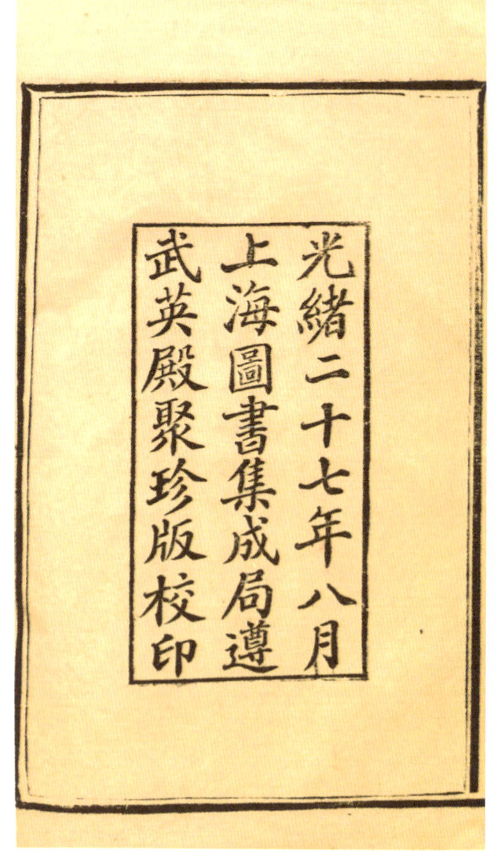

光緒二十七年八月
上海圖書集成局遵
武英殿聚珍版校印

文獻通考卷一

鄱陽馬端臨貴與著

田賦考一

歷代田賦之制

堯遭洪水，天下分絕，使禹平水土，別九州。冀州厥土白壤(無塊曰壤)，厥田惟中中(田第五)，厥賦上上錯(賦第一，錯雜出第二之賦)。兖州厥土黑墳(色黑而墳起)，厥田惟中下(第六)，厥賦貞(貞，正也。州第九，賦正與九相當)，作十有三載乃同(治水十三年乃有賦法，與他州同)。青州厥土白墳，厥田惟上下(第三)，厥賦中上(第四)。徐州厥土赤埴墳(土黏曰埴)，厥田惟上中(第二)，厥賦中中(第五)。揚州厥土惟塗泥(地泉溼)，厥田惟下下(第九)，厥賦下上上錯(第七，雜出第六)。荆州厥土惟塗泥，厥田惟下中(第八)，厥賦上下(第三)。豫州厥土惟壤，下土墳壚(高者壤，下者壚，壚疏也)，厥田惟中上(第四)，厥賦錯上中(第二，雜出第一)。梁州厥土青黎(色青黑，沃壤也)，厥田惟下上(第七)，厥賦下中三錯(第八，雜出第七、第九三等)。雍州厥土黃壤，厥田上上(第一)，厥賦中下(第六)。九州之地定墾者九百一十萬八千二十頃。孔氏曰：田下而賦上者，人功修也；田上而賦下者，人功少也。三山林氏曰：三代取於民之法不同，而皆不出什一之數。既不出什一之數，而乃有九等之差者，蓋九州地有廣狹，民有多寡，其賦稅所入之總數自有不同，不可以田之高下而準之。計其所入之總數，而多寡比較有此九等。冀州之賦比九州爲最多，故爲上上；兖州之賦比九州爲最少，故爲下下。其餘七州皆然，非取於民之時有此九等之輕重也。

五百里甸服(爲天子服治田)。百里賦納總(禾本全曰總)，二百里納銍(刈禾曰銍)，三百里納秸服(半藁去皮曰秸。服，事也。納總銍秸之外，又使之服輸將之事)，四百里粟，五百里米(量其地之遠近而爲納賦之輕重精粗)。唐虞法制簡略，不可得而詳，其見於書者如此。

154.文獻通考詳節二十四卷 〔清〕嚴虞惇纂

清光緒元年（1875）清來堂刻本　六册一函

嚴虞惇（1650—1713）字寶成，號思庵，江蘇常熟人。

半葉十一行二十四字，白口，左右雙邊，單黑魚尾，半框高17釐米，寬13.1釐米。版心上鎸書名，中鎸卷次、篇名，下鎸葉碼。

内封題“光緒元年重刊/文獻通考詳節/清來堂藏板”。

卷端題“文獻通考詳節，宋鄱陽馬貴與先生著，後學常熟嚴虞惇録”。

卷首有馬端臨文獻通考自序、目録。

卷末有跋，署“乾隆四年三月既望孫男有禧敬識”。

鈐印：“萬全王氏怡愛堂二鶴藏書印”陽文長方印。

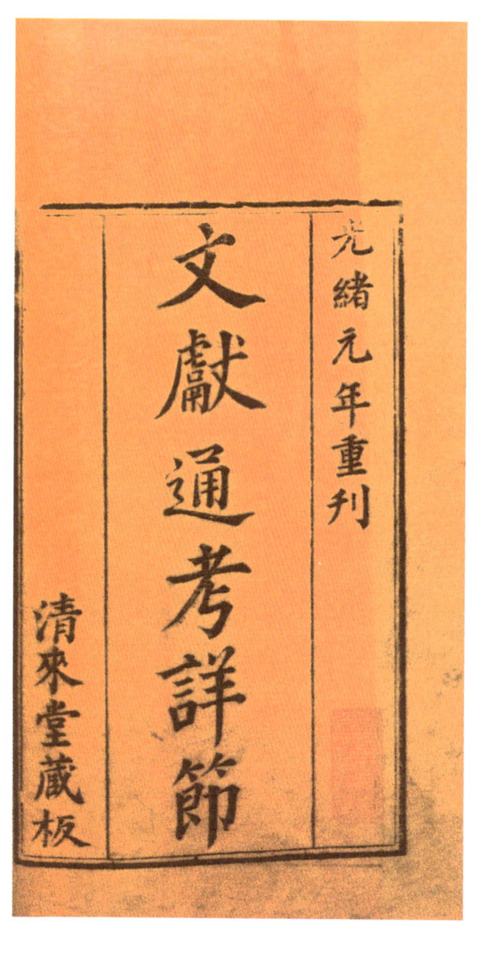
光緒元年重刊
文獻通考詳節
清來堂藏板

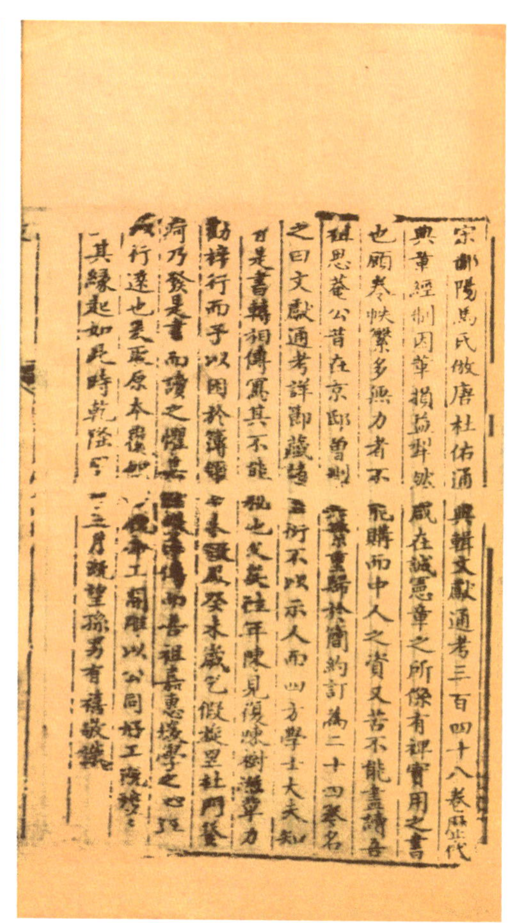
宋鄱陽馬氏倣唐杜佑通典輯文獻通考三百四十八卷歷代
典章經制因革損益粲然咸在誠憲章之所係有裨實用之書
也爾卷帙繁多無力者不能購而中人之資又苦不能盡讀吾
祖思菴公昔在京邸曾刪[illegible]繁重歸於簡約訂爲二十四卷名
之曰文獻通考詳節藏諸[illegible]不以示人而四方學士大夫知
有是書轉相傳寫其不能[illegible]也先父[illegible]往年[illegible]見復[illegible]力
勸梓行而予以困於薄宦[illegible]未[illegible]癸未歲乞假旋里社門[illegible]
[illegible]乃發是書而讀之懼其[illegible]傳而吾祖嘉惠後學之心弗
[illegible]行遠也爰取原本復加[illegible]命工剞劂以公同好工竣謹
誌其緣起如此時乾隆四年三月既望孫男有禧敬識

文獻通考詳節卷一

宋鄱陽馬貴與先生著

後學常熟嚴虞惇録

田賦考

序曰古之帝王未嘗以天下自私也故天子之地千里公侯皆方百里伯七十里子男五十里而王畿之内復有公卿大夫采地禄邑各私其土子其人而子孫世守之其土壤之肥磽生齒之登耗視之如其家不煩考覈而姦僞無所容故其時天下之田悉屬於官民仰給於官者也故受田於官食其力而輸其賦仰事俯育一視同仁而無甚貧甚富之民此三代之制也秦始以宇内自私一人獨運於其上而守宰之任驟更數易視其地如傳舍而閭里之情僞雖賢且智者不能周知也守宰之遷除

155.三通考輯要七十六卷　　湯壽潛輯　　DS735 .T3

清光緒二十五年(1899)圖書集成局鉛印本　三十册三函

湯壽潛(1856—1917)原名震,字蟄先,會稽山陰(今浙江杭州)人。

内封題"三通考/輯要"。

牌記題"光緒二十五年/十月通雅堂藏版/圖書集成局鉛印"。

卷首有俞樾序、清光緒二十六年盧袁昶序、劉錦藻序、清光緒二十四年湯壽潛自序、例言。

鈐印:"公安廖氏竹林齋藏書"陽文方印、"崇明孫氏收藏"陽文方印。

子目:

文獻通考輯要二十四卷

欽定續文獻通考輯要二十六卷

皇朝文獻通考輯要二十六卷

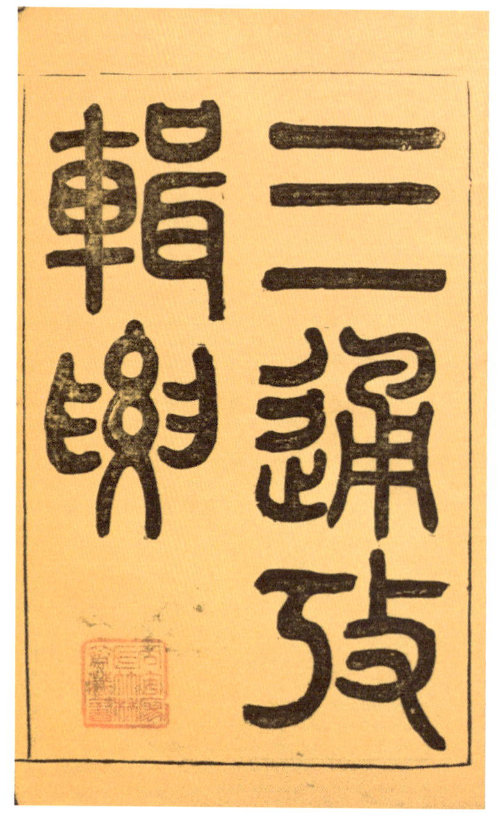

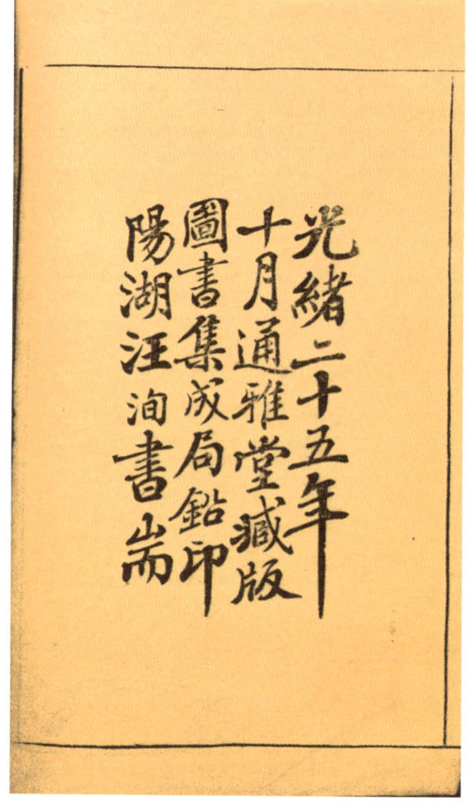

文獻通考輯要卷一　　山陰湯壽潛蟄先編輯

馬序曰古之帝王未嘗以天下自私也天子之地千里公侯皆方百里伯七十里子男五十里而王畿之內復有公卿大夫采地祿邑各私其土子其人而子孫世守之其土壤之肥磽生齒之登耗視之如其家不煩考覈而姦僞無所容其時天下之田悉屬於官民仰給於官者也故受田於官食其力而輸其賦仰事俯育一視同仁而無甚貧甚富之民此三代之制也秦始以宇內自私一人獨運於其上而守宰之任驟更數易視其地如傳舍而閭里之情僞雖賢且智者不能周知也守宰之遷除其歲月有限而田土之還受其姦敝無窮故秦漢以來官不復可授田遂爲庶人之私有亦其勢然也雖其間如元魏之泰和李唐之貞觀稍欲復三代之規然不久而其制遂隳者蓋以不封建而井田不可復行故也三代而上天下非天子所得私也秦廢封建而始以天下奉一人矣三代以上田產非庶人所得私也秦廢井田而始捐田產以予百姓矣秦於其當與者取之所當取者與之然所襲既久反古實難欲復封建是自割裂其土宇以啟紛爭欲復井田是強奪民之田畝以召怨讟書生之論所以不可行也隨田之在民者稅之而不復問其多寡始於商鞅隨民之有田者稅之而不復視其丁中始於楊炎三代井田之良法壞於鞅唐租庸調之良法壞於炎二人之事君子羞稱而後之爲國者莫不一遵其法一或變之則反至於煩擾無稽而國與民俱受其病則以古今異宜故也作田賦考第一

田賦考

156.九通分類總纂二百四十卷 汪鍾霖輯 DS705 .W34

清光緒二十八年(1902)上海文瀾書局石印本 八十册八函

汪鍾霖(1867—?)字巖徵,號甘卿,又號蟠隱,江蘇吴縣(今蘇州)人。

内封題“光緒壬寅仲夏上浣/九通分類總纂”。

牌記題“吴縣汪氏編輯/上海文瀾石印”。

卷端題“九通分類總纂,吴縣汪鍾霖甘卿甫纂校”。

卷首有清光緒二十八年汪鍾霖自序、凡例、總目、分類目録。

鈐印:“公安廖氏竹林齋藏書”陽文方印。

按:卷首夾訂禁止翻印手喻,署“欽命二品頂戴江南分巡蘇松太兵備道袁……光緒貳拾捌年伍月拾肆日示”。

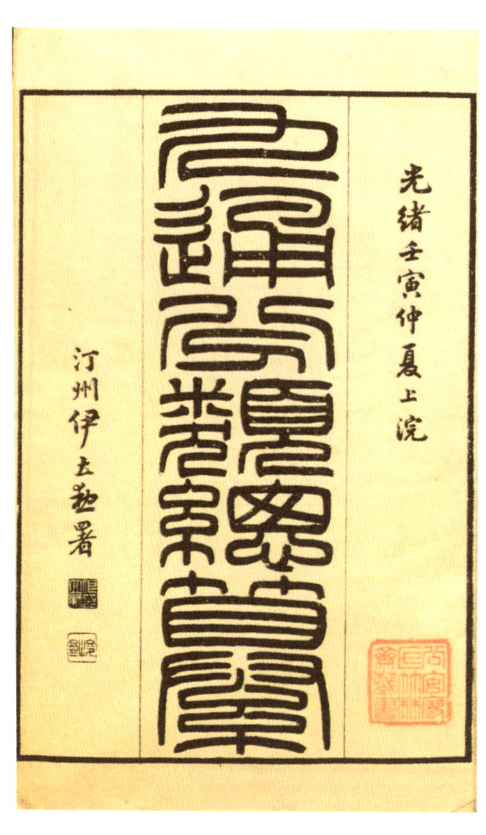

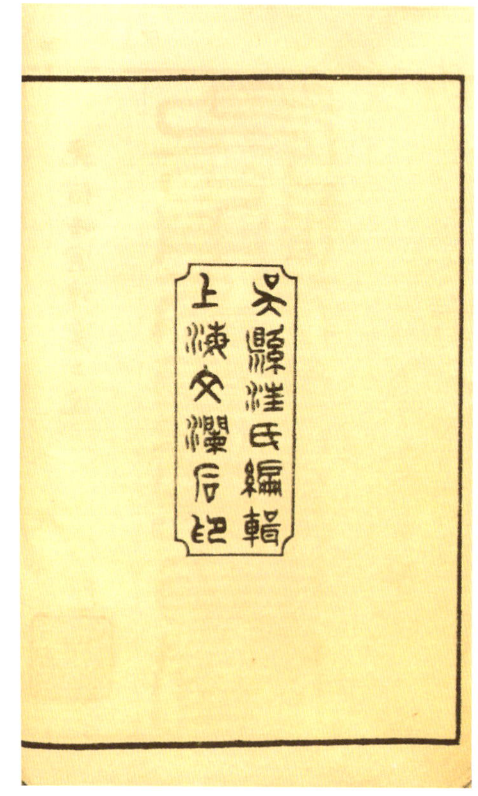

賦貢類一

歷代賦稅

通典古之有天下者未嘗直取之於人其所以制賦稅者謂公田什之一及工商衡虞之入稅以供郊廟社稷天子奉養百官祿食也賦以給車馬兵甲士徒賜予也言人君唯於田及山澤可以制財賄耳其工商雖有技巧之作行販之利是皆浮食不敦其本蓋欲抑損之義也古者宅不毛有里布地不耕有屋粟人無職事出夫家之征言宅不毛者出一里二十五家之布田不耕者出三家之稅粟人雖有閒無職事猶出夫稅家稅夫稅者謂田畝之稅家稅者謂出士徒車輦給徭役也蓋皆罰其惰務令歸農是故歷代至今猶計田取租稅古者人君上歲役不過三日是故歷代至今雖加至二十日數倍多古制猶以庸爲名旣免其役日收庸絹三尺共當六丈更調二丈則每丁壯當兩匹矣夫調者猶存古井田調發兵車名耳此豈直斂人之財者乎什一者天下之正中多乎則大桀小桀寡乎則大貊小貊故什一行而頌聲作二不足而碩鼠興古之聖王以義爲利不以利爲利盈積於人無藏府庫百姓不足君孰與足是故鉅橋盈而殷喪成臯溢而秦亡記曰人散則財聚財散則人聚此之謂也漢武攘四夷平百越邊用益廣府軸其空於是置平糶立均輸起漕運興鹽鐵開鬻爵設榷酤收算緡納雜稅更造錢幣蓄貨長財雖經費獲濟而下無聊矣夫文繁則質衰末盈則本虧反散澆朴之風導成貪叨之行是以惡其啟端也賢良文學辯論甚詳然處昇平之代是古則理高居多務之時非今則事闕一臧一否故悉存焉

陶唐制冀州厥賦唯上上錯兖州厥賦貞厥貢漆絲厥篚織文青州厥賦中上厥貢鹽絺海物惟錯岱畎絲枲鉛松怪石厥篚檿絲徐州厥賦中中第五厥貢惟土五色泗濱浮磬淮夷蠙珠暨魚厥篚元纖縞揚州厥賦下上上錯厥貢惟金三品瑤琨篠簜齒革羽毛惟木厥篚織貝厥包橘柚錫貢荊州厥賦上下厥貢羽毛齒革惟金三品杶榦栝柏礪砥砮丹惟箘簵楛三邦底貢厥名包匭菁茅厥篚元纁璣組九江納錫大龜豫州厥賦錯上中厥貢漆枲絺紵厥篚纖纊錫貢磬錯梁州厥賦下中三錯厥貢璆鐵銀鏤砮磬熊羆狐狸織皮雍州厥賦中下厥貢惟球琳琅玕禹定

157.西漢會要七十卷　〔宋〕徐天麟撰　DS748 .H7 1879

清光緒五年(1879)嶺南學海堂刻本 十册一函

徐天麟,字仲祥,臨江(今屬江西)人。

半葉十行二十字,小字雙行同,白口,四周單邊,單黑魚尾,半框高18.5釐米,寬10.7釐米。版心中鎸書名、卷次,下鎸葉碼。

内封題"西漢會要"。

牌記題"光緒己卯八月/嶺南學海堂刊"。

卷端題"西漢會要,宋徐天麟撰"。

卷首有提要、目録。

鈐印:"莔樵之章"陽文長方印、"以炎"陰文方印。

案:提要葉有"武英殿聚珍版"。每卷終題"番禺王國瑞、黎永椿校"。卷七十終題"粵東省城西湖街富文齋承刊印售"。

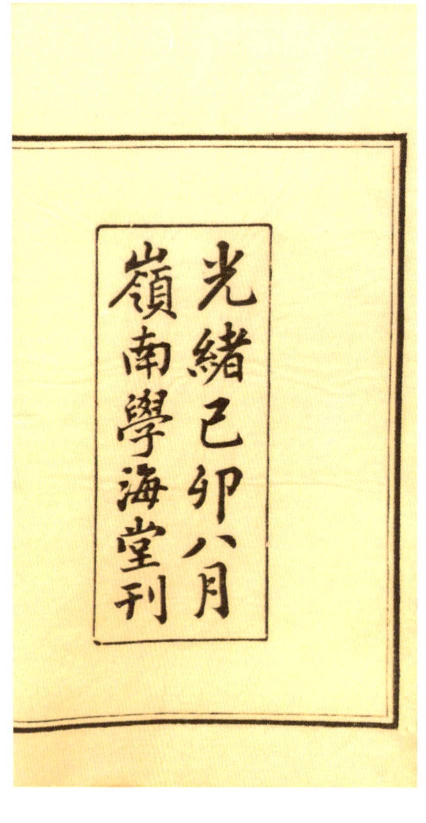

西漢會要卷一

宋　徐天麟　撰

帝系一

帝號

豐公太上皇父也春秋晉史蔡墨有言陶唐氏既衰其後有劉累學擾龍事孔甲范氏其後也而大夫范宣子亦曰祖自虞以上爲陶唐氏在夏爲御龍氏在商爲豕韋氏在周爲唐杜氏晉主夏盟爲范氏范氏爲晉士師魯文公世奔秦後歸于晉其處者爲劉氏劉向云戰國時劉氏自秦獲於魏秦滅魏遷大梁都

158.東漢會要四十卷　〔宋〕徐天麟撰　

清光緒五年（1879）嶺南學海堂刻本　八册一函

半葉十行二十字，小字雙行同，白口，四周單邊，單黑魚尾，半框高18.5釐米，寬10.7釐米。版心中鎸書名、卷次，下鎸葉碼。

内封題“東漢會要”。

牌記題“光緒己卯八月/嶺南學海堂刊”。

卷端題“東漢會要，宋徐天麟撰”。

卷首有清道光二年（1822）阮元序、胡森序、提要、目録。

卷末有廖廷相“書影宋本東漢會要方域卷後”。

鈐印：“莀樵之章”陽文長方印、“以炎”陰文方印。

按：多卷卷終題校者。

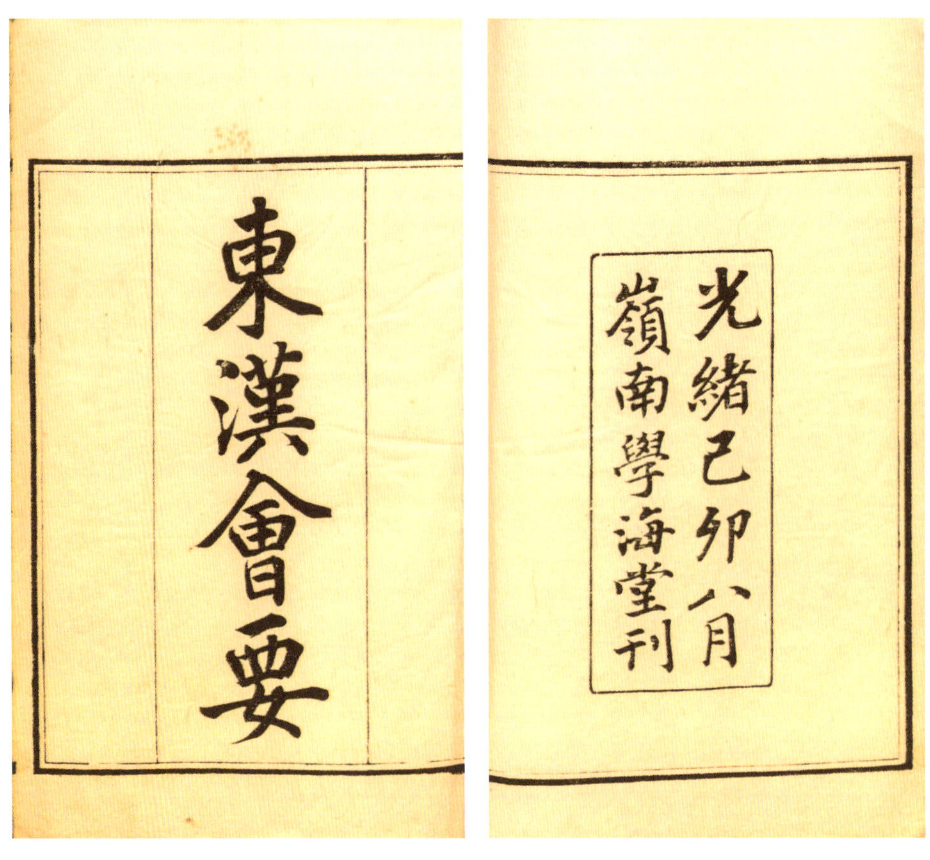

東漢會要卷之一

宋　徐天麟　撰

帝系上

帝號

世祖光武皇帝諱秀之字曰茂字文叔南陽人高祖九世孫也出自景帝生長沙定王發發生舂陵節侯買買生鬱林太守外外生鉅鹿都尉回回生南頓令欽欽生光武王莽末起兵於宛更始元年兄伯升立劉聖公爲天子伯升爲大司徒光武爲太常偏將軍破莽軍於昆陽更始拜光武爲破虜大將軍封武信侯九

儀制之屬

159.盛京典制備考八卷　〔清〕崇厚編　DS796 .M8 C54

清光緒四年（1878）盛京軍督署刻本　六册一函

崇厚（1826—1893）完顔氏，字地山，號子謙，鑲黄旗人。

半葉十行二十二字，小字雙行同，白口，四周雙邊，單黑魚尾，半框高18.8釐米，寬13.7釐米。版心上鎸書名，中鎸卷次，下鎸葉碼。

内封題“光緒四年仲春刊/盛京典制備考/盛京軍督署藏板”。

卷端題“盛京典制備考”。

卷首有清光緒四年崇厚叙，言成書事。

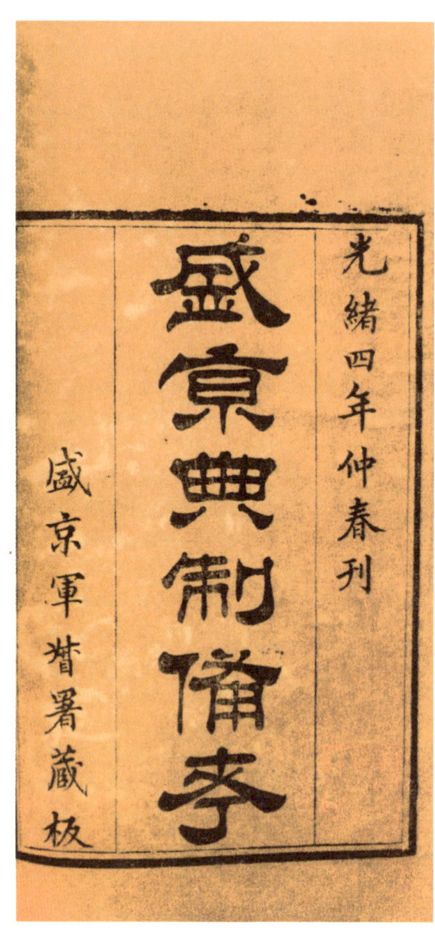
光緒四年仲春刊
盛京典制備考
盛京軍督署藏板

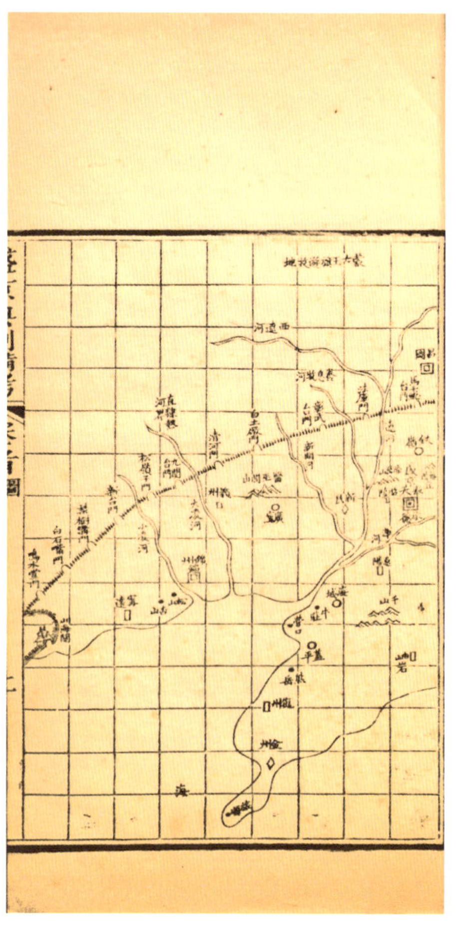

盛京典制備考卷一

疆域

盛京城距

京師一千五百里

東至朝鮮國靉陽江界一千三百餘里

西至山海關八百餘里

南至大海七百三十餘里

北至吉林界蒙古部落三四百里不等

160.泰泉鄉禮七卷　〔明〕黄佐撰　

清道光二十三年（1843）刻本　二册一函

黄佐（1490—1566）字才伯，號泰泉。廣東香山（今中山）人。

半葉十一行二十字，上白下黑口，左右雙邊，雙黑魚尾，半框高17.5釐米，寬14釐米。版心中鎸卷次，下鎸葉碼。

卷端題“泰泉鄉禮，香山黄氏家藏鈔本，明黄佐才伯撰”。

卷首有“欽定四庫全書提要”，署“武英殿校録官内閣中書臣黄培芳恭録”；道光二十三年“太子少保兵部兼督察院右都使總督廣東廣西等處地方軍務兼理糧餉祁札”；“重校泰泉鄉禮序”，署“道光二年壬午冬日﨓孫培芳謹識”；何翾“泰泉鄉禮原序”；鄧遷“刻泰泉鄉禮叙”；“鄉禮文移”。

各卷末題“裔孫培芳校”。

卷末有楊維“鄉禮跋”。

鈐印：“儒林子孫”陽文長方印。

按：版本據卷首札文。黄培芳序言：“至舊刻偶有脱譌，館胥亦間有謬改，與夫魯魚亥豕之混，偏旁點划之誤，悉加考正，前代擡寫空格改用直書，則依四庫定本云。”

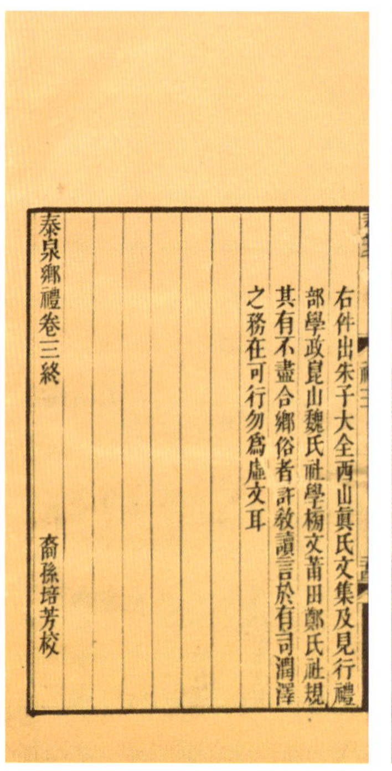
右件出朱子大全西山眞氏文集及見行禮
部學政崑山魏氏社學榜文莆田鄭氏社規
其有不盡合鄉俗者許教讀言於有司潤澤
之務在可行勿爲虛文耳

泰泉鄉禮卷三終　　裔孫培芳校

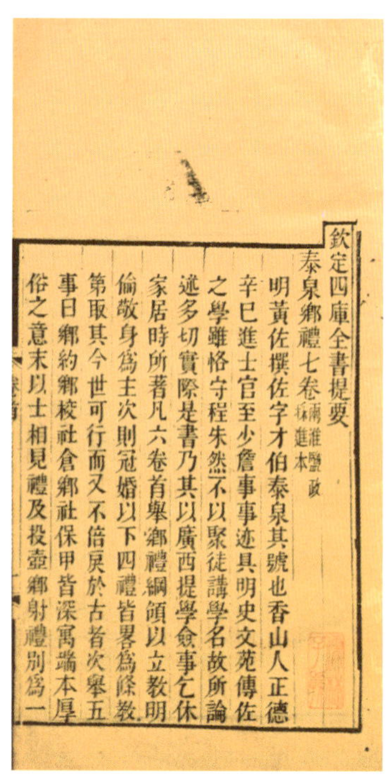
欽定四庫全書提要
泰泉鄉禮七卷兩淮鹽政採進本
明黄佐撰佐字才伯泰泉其號也香山人正德
辛巳進士官至少詹事事迹具明史文苑傳佐
之學雖恪守程朱然不以聚徒講學名故所論
述多切實際是書乃其以廣西提學僉事乞休
家居時所著凡六卷首舉鄉禮綱領以立教明
倫敬身爲主次則冠婚以下四禮皆畧爲條教
第取其今世可行而又不倍戾於古者次舉五
事曰鄉約鄉校社倉鄉社保甲皆深寓端本厚
俗之意末以士相見禮及投壺鄉射禮別爲一

泰泉鄉禮卷一 香山黄氏家藏鈔本

明 黄佐 才伯 撰

鄉禮綱領

凡鄉禮綱領在士大夫表率宗族鄉人申明四禮而力行之以贊成有司教化其本原有三一曰立教二曰明倫三曰敬身

鄉士大夫會同志者擇月吉齊戒具衣冠相率以正本三事相砥勵申明四禮條件誓於神明在城誓於城隍在鄉則里社可也

立教以家達鄉其目三

一曰小學之教　凡小兒八歲以上出就外傅從

邦交之屬

161.光緒丙午年交涉要覽三篇七卷 JX926 1908

清光緒三十四年(1908)北洋洋務局鉛印本　六册一函

内封題"光緒丙午年/交涉要覽"。

牌記題"北洋洋務局纂輯/北洋官報局代印"。

卷首有咨案、凡例、總目。

按:丙午年即清光緒三十二年。本館藏本殘,缺下篇第一卷。

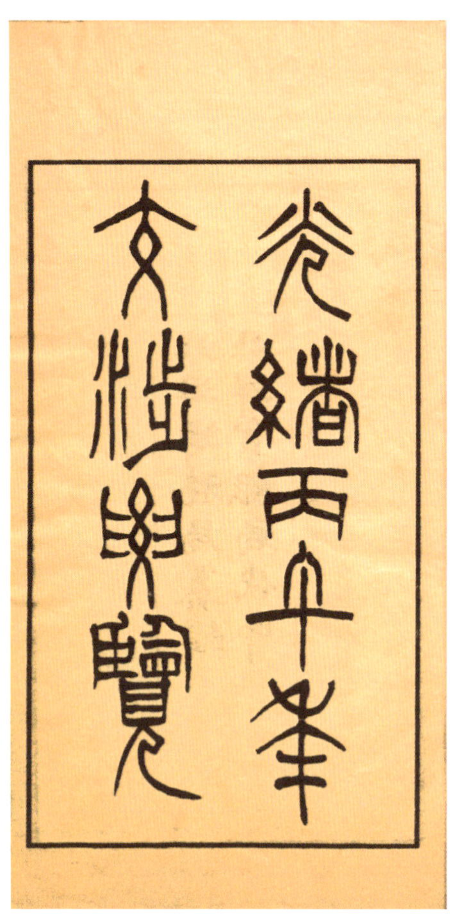

丙午年交涉要覽上篇

條約

中日議訂東三省條約

正約

大清國

大皇帝陛下

大日本國

大皇帝陛下均願妥定光緒三十一年八月初七日即明治三十八年九月初五日日俄兩國簽定和約內所列共同關涉各項事宜茲照上開宗旨訂立條約爲此

大清國

大皇帝陛下

欽差全權大臣軍機大臣外務部尙書會辦大臣瞿鴻禨

職官類

162.學仕遺規四卷　〔清〕陳宏謀輯　

清光緒十八年(1892)桂垣書局刻本　八册一函

陳宏謀(1696—1771),原名弘謀,字汝諮,號榕門,廣西臨桂(今桂林)人。

半葉十行二十二字,白口,四周單邊,單黑魚尾,半框高19釐米,寬13.5釐米。版心上鎸書名,中鎸卷次、篇名,下鎸葉碼。

内封題“桂林陳榕門先生原編/學仕遺規”。

牌記題“光緒壬辰孟秋/刊於桂垣書局”。

卷端題“學仕遺規,桂林陳宏謀榕門輯,子鍾珂、姪鍾理、鍾琛、孫蘭森同編校”。

卷首有陳宏謀自序、陳蘭孫序。

鈐印:“公安廖氏竹林齋藏書”陽文方印。

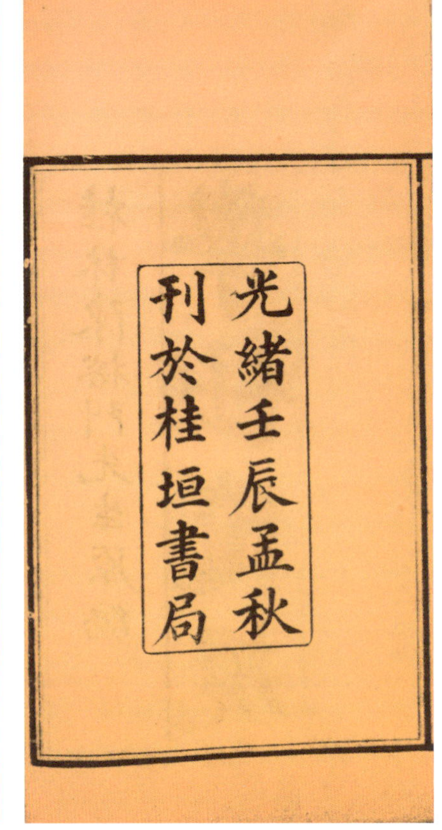

學仕遺規卷一

桂林陳宏謀榕門輯　子鍾珂　孫蘭森同編校
　　　　　　　　　姪鍾理　鍾琛

真西山文集抄 名德秀字景元又字希元福建浦城人宋慶元間進士官至參政謚文忠封浦城伯學者稱西山先生從祀廟庭

謹按宋代諸賢闡發經義精蘊爲後學津梁其合學術政事而貫通之切實曉暢者以真西山爲最所著大學衍義及講義讀書記久爲學士大夫所珍重矣第卷帙浩繁學者未能卒讀卽讀亦難得領要今於全集中凡關論學論政者摘而録之俾知體用一原

詔令奏議類

163.唐陸宣公奏議十二卷附唐名臣陸宣公傳一卷陸宣公年譜輯略一卷　〔唐〕陸贄撰

日本長門明倫館刻本　六册一函

陸贄（754—805）字敬輿，嘉興（今屬浙江）人。

半葉九行二十字，小字雙行同，上白下黑口，四周雙邊，單黑魚尾，半框高18.4釐米，寬12.4釐米。版心上鎸“陸宣公奏議”，中鎸卷次、“奏草”或“奏議”，下鎸葉碼。

内封題“陸宣公奏議”。

卷端題“唐陸宣公奏議”。

卷首有“宋進呈奏議劄子”、“唐名臣陸宣公傳”、“陸宣公年譜輯略”、宣公真像、目録。

卷末有清道光六年（1826）三十八世孫陸以莊跋、十三年李宗傳跋、四年周藹聯跋、裔孫陸成本跋後。

鈐印：“長門藏版局章”陽文方印、“公安廖氏竹林齋藏書”陽文方印。

按：陸成本跋言校對重刊之事。此刻本疑據陸成本校本，原本爲二十二卷，此本爲十二卷，前六卷爲奏草，後六卷爲奏議。日本山口大學有藏。欄上有硃筆眉批，書中有硃筆圈點。

陸宣公奏議

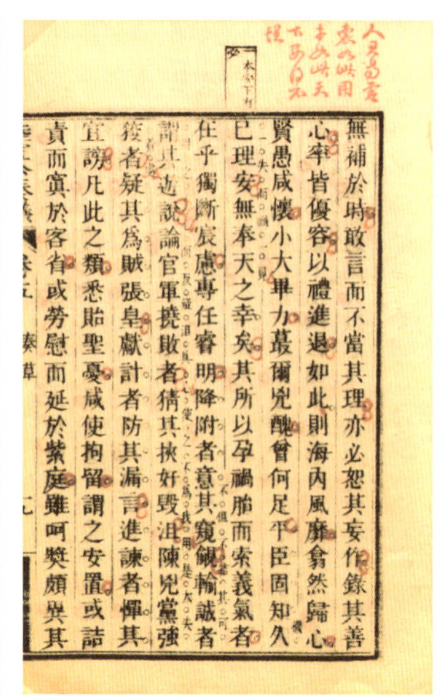

無補於時敢言而不當其理亦必恕其妄作錄其善
心卒皆優容以禮進退如此則海內風靡翕然歸心
賢愚咸懷小大畢力蕞爾兇醜曾何足平臣固知久
已理安無奉天之幸矣其所以孕禍胎而索義氣者
任乎獨斷宸慮專任睿明降附者意其窺覦輸誠者
謂其迹詭論官軍撓敗者猜其挾奸毀沮陳兇黨強
獲者疑其爲賊張皇獻計者防其漏言進諫者憚其
宣謗凡此之類悉貽聖憂咸使拘留謂之安置或詰
責而寘於客省或勞慰而延於紫庭雖呵奬頗異其

陸宣公奏議　卷五　奏草　七

唐陸宣公奏議卷第一

奏草一、

論關中事宜狀

德宗在東宫時素知贄名及郎位召爲翰林學士數問以得失贄以兵窮民困恐别生內變乃上此疏帝不能用後有涇源士卒之變贄言皆效

右臣頃覽載籍每至理亂廢興之際必反覆參考究其端由與理同道罔不興與亂同趣罔不廢此理之常也其或措置不異安危則殊此時之變也至於君人有大柄立國有大權得之必彊失之必弱是則歷代

大柄大權是一篇要旨

164.御選明臣奏議四十卷　〔清〕高宗弘曆編　

清光緒二十五年（1899）廣雅書局刻本　十五册二函

半葉九行二十一字，白口，四周雙邊，單黑魚尾，半框高18.8釐米，寬12.8釐米。版心上鎸書名，中鎸卷次，下鎸葉碼。

内封題"御選明臣奏議"。

牌記題"光緒二十五年廣/雅書局重刊成"。

卷端題"御選明臣奏議"。

卷首有"御製題武英殿聚珍版十韻"並序、四庫全書總目提要、凡例、上諭、目録。

按：目録下鎸"武英殿聚珍版"，御製詩用硃色。

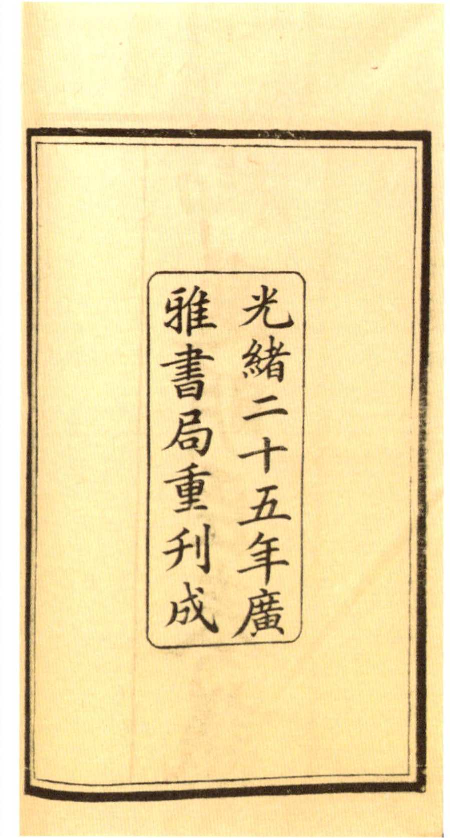

御選明臣奏議卷一

應求直言詔上書 洪武九年 葉伯巨

臣伏讀聖諭因𨓜者五星紊度日月相刑詔臣民直言得失海内聞之懽呼雷動皆曰此禹湯罪己之道也凡有識知莫不欲竭智盡忠況臣愚蒙久承養育以至今日者乎臣竊惟漢晉唐宋之世凡有災異必由刑政失宜賢愚倒置遂至紀綱不振或制于權臣或移于宦寺或陵夷于女主或潰敗于邊戎上下偷安苟延歲月天變于上而不知戒人怨于下而不知恤天下已壞而莫

165.度支部幣制奏案輯要不分卷　〔清〕度支部編　HG1221 .A53

清宣統二年(1910)北京益森公司鉛印本　一册

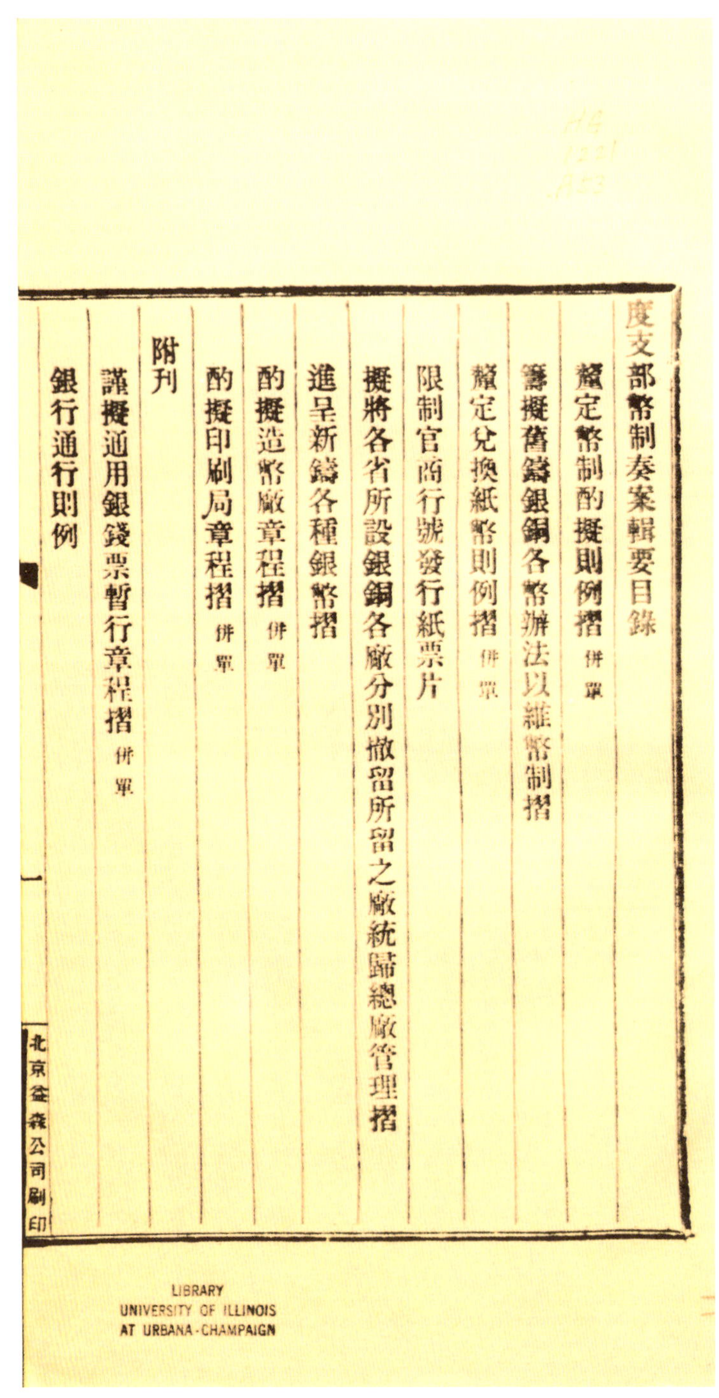

度支部幣制奏案輯要目錄

釐定幣制酌擬則例摺 併單

籌擬舊鑄銀銅各幣辦法以維幣制摺

釐定兌換紙幣則例摺 併單

限制官商行號發行紙票片

擬將各省所設銀銅各廠分別撤留所留之廠統歸總廠管理摺

進呈新鑄各種銀幣摺

酌擬造幣廠章程摺 併單

酌擬印刷局章程摺 併單

附刊

謹擬通用銀錢票暫行章程摺 併單

銀行通行則例

北京益森公司刷印

度支部謹

奏爲釐定幣制酌擬則例繕單具陳恭摺仰祈

聖鑒事竊幣制爲經國要圖條理至爲煩賾自遵

旨設局調查以來臣等督率局員於古今中外之制度各省商民之習慣以及

金融消息物力盈虛逐一研求昕夕討論現已略有端緒謹撮舉綱要爲

我

皇上縷晰陳之貨幣計數當先定名中國古制號稱圜法圜者圓也現鑄新幣擬請沿用九府遺法定名曰圓於復古之中隱寓象形之義且幣制與算法相關考之算術割圓則得弧角量角亦析分釐其圓以下各種輔幣應請分爲三等由圓十析則曰角由角十析則曰分由分十析則曰釐一氣相承層遞而上斯行用皆以枚計而秤量之習始除則名稱之宜先定者此其一名稱既已制定而品質尤宜斟酌中國向例銀銅並用究之大宗

北京益森公司刷印

地理類

總志之屬

166.輿地廣記三十八卷　〔宋〕歐陽忞撰　**札記二卷**　〔清〕黄丕烈撰

DS707 .O8 1812

清光緒（1875—1908）石印本　八册一函

内封題“歐陽忞輿/地廣記”。

牌記題“曝書亭藏宋/刻初本吴門/士礼居重雕”。

卷端題“輿地廣記”。

卷首有歐陽忞序。

札記卷端題“校勘輿地廣記札記”。

卷首有清嘉慶十七年（1812）黄丕烈序。

鈐印：“公安廖氏竹林齋藏書”陽文方印。

按：此書當爲清光緒十三年（1887）上海蜚英馆影印《士禮居黄氏叢書》之零本。

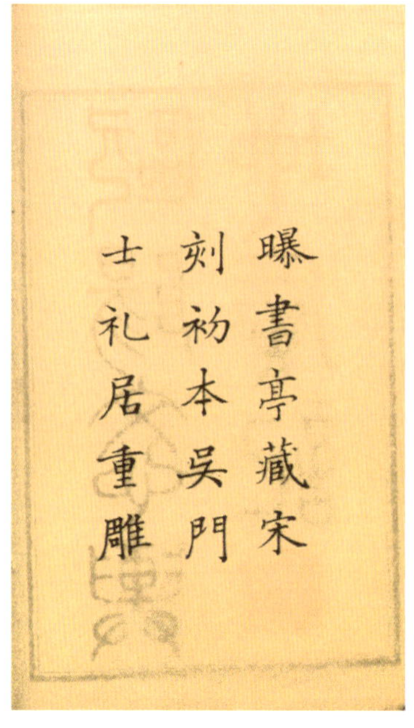

輿地廣記卷第一

禹貢九州

晉 絳 慈 隰 河中 解 太原 遼

威勝 平定 汾 忻 代 嵐 石 憲

澤 潞 岢嵐 寧化 火山 保德 真定 中山

趙 深 冀 河間 祁 保 莫 雄

霸 信安 永寧 順安 保定 安肅 廣信 相

磁 邢 洺 懷 衛 晉寧 雲 應

新 寰 儒 毅 蔚 朔 幽 涿

易 檀 薊 嬀 平 營 安北都護

鎮北都護 單于都護

右古冀州地按冀州禹貢不言封界蓋堯都所在以餘州見之疆域尤廣（梁州境宇雖遐遠而雜以夷獠中夏惟冀州最大）以山東之人

167.讀史方輿紀要一百三十卷附方輿全圖總説四卷 〔清〕顧祖禹撰

清光緒二十九年（1903）上海益吾齋石印本　二十四册二函

顧祖禹（1631—1692）字景范，號宛溪，江蘇無錫人。

内封題“崑山顧祖禹景范輯著、南昌彭元瑞芸楣校定/讀史方輿紀要”。

牌記題“光緒癸卯仲春月/上海益吾齋石印”。

卷端題“讀史方輿紀要，常熟顧祖禹景范輯著”。

卷首有總序、魏禧叙、吴興祥原序、凡例、總目、“歷代州域形勢紀要序”。

方輿全圖總説内封題“崑山顧祖禹景范輯著、南昌彭元瑞芸楣校定/方輿全圖總説”。

牌記題“光緒癸卯仲春月/上海益吾齋石印”。

卷端題“方輿全圖總説，宛溪顧祖禹景范輯，金匱後學浦錫齡鑑庭校訂”。

鈐印：“公安廖氏竹林齋藏書”陽文方印、“趙載富堂藏書”陽文長方印。

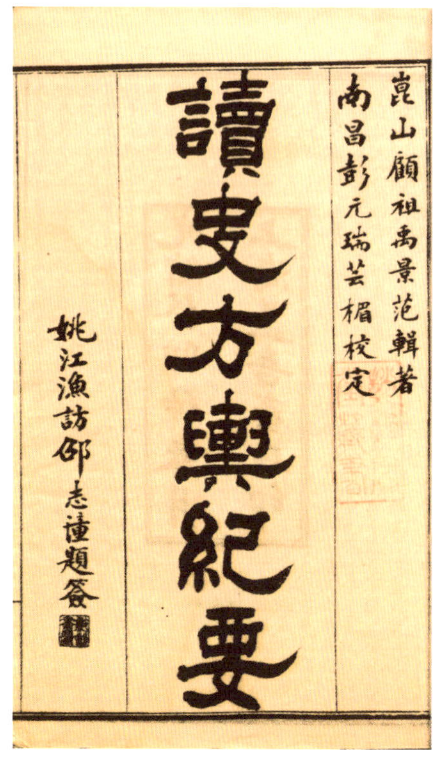

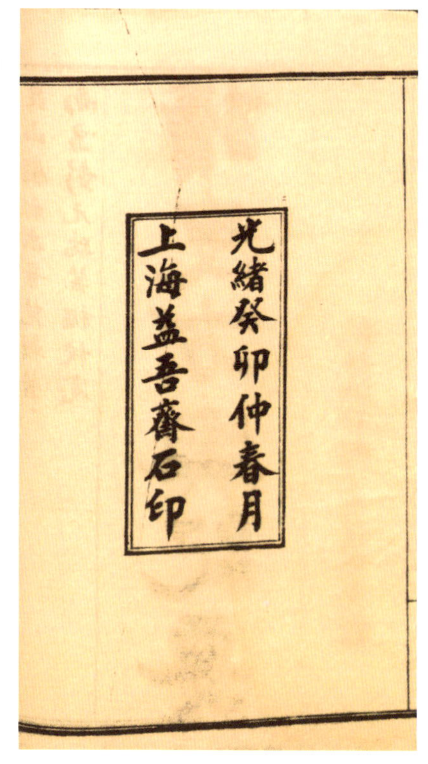

讀史方輿紀要卷一

常熟顧祖禹景范輯著

歷代州域形勢一　唐虞三代　春秋戰國　秦

昔黃帝方制九州列為萬國周公職錄黃帝割地布九州漢志黃帝方制萬里畫野分州或曰九州顓帝所建帝嚳受之帝王世紀冀兗青徐揚荊豫梁雍九州顓帝所建通典亦云堯遭洪水天下分絕舜攝帝位命禹平水土以冀青地廣分冀東恆山之地為并州恆山在直隸曲陽縣西北百四十里詳直隸名山舜之并州今直隸之真定保定山西之太原大同等府皆是又東北醫無閭為幽州醫無閭山在遼東廣寧衛西五里幽州今直隸之順天永平府及遼東廣寧等衛以西以北皆是其境又分青州東北遼東之地為營州遼東地在遼水東都司城西百六十里營州今瀋陽定遼諸衛以北又東至朝鮮之境書曰肇十有二州　劉氏曰舜分幽并營內固王畿外維藩索包天下後世之慮也○葉氏曰祭法云共工氏霸九州然則九州之名舊矣共工氏在黃帝以前春秋緯云人皇氏分九州又鄒衍淮南所稱九州其辭甚誕大抵九州者古今之通謂也

夏有天下還為九州禹貢所稱其較著矣　都邑致夏都安邑安邑今山西解州屬縣其後帝相都帝邱帝邱今直隸開州西南三十里故濮陽城是少康中興復還安邑又曰昔伏羲都陳陳即今河南陳州神農亦都陳又營曲阜曲阜今山東曲阜縣黃帝邑於涿鹿之阿涿鹿即今涿州括地志云涿鹿故城在嬀州懷戎縣東南五十里有涿鹿山城在山側黃帝所都也嬀州今直隸順天府屬延慶州懷戎縣今為宣府鎮懷來衛　少昊自窮桑登位窮桑在曲阜北後徙曲阜顓帝自窮桑徙帝邱帝邱見上帝嚳都亳今河南偃師縣至堯始都平陽世紀堯始封唐又徙晉陽及為天子都平陽晉陽今山西太原縣平陽即今山西平陽府治臨汾縣及舜都蒲坂今山西蒲州禹都安邑世紀鯀封崇伯地在秦晉之間或曰即陝西鄠縣禹封夏伯今河南禹州地及受禪都平陽或云安邑或又以為晉陽堯舜禹之都相去不過二百里皆在冀州之內

冀州今直隸山西及河南之彰德衛輝懷慶三府及遼東之廣寧等衛皆是　孔氏曰冀州帝都也三面距河河大河自積石入中國禹貢雍冀兗豫四州之界冀州東西南三面距河詳大河川瀆異同下倣此　蔡氏曰禹貢冀州不言所至蓋王者無外之義

濟河惟兗州濟水發源河南濟源縣王屋山經山東利津縣入海詳川瀆異同兗州今山東東昌府及濟南府北境兗州府西境又直隸大名府及河間府景州滄州等州地　孔氏曰兗州東南據濟

西北距河

海岱惟青州海大海今環山東青登萊三府之境詳見川瀆異同下岱泰山在山東泰安州北五里詳見山東名山青州今青登萊三府以至濟南府之西境又遼東定遼諸衛亦古青州地也　孔氏曰青州

東北據海西南距岱

海岱及淮惟徐州淮水出河南桐柏縣桐柏山至江南安東縣東北入海詳見川瀆異同徐州今山東兗州府及江南徐州又鳳陽府之宿州泗州淮安府之邳州海州皆是其地　孔氏曰

徐州之域東至海北至岱南及淮

168.天下郡國利病書一百二十卷 〔清〕顧炎武撰

清光緒二十六年(1900)廣雅書局刻本 五十二册七函

半葉十一行二十四字,黑口,四周單邊,單黑魚尾,半框高21.7釐米,寬15.5釐米。版心中鐫書名、卷次、篇名,下鐫葉碼、"廣雅書局栞"。

内封題"天下郡國利病書"。

牌記題"光緒庚子年/廣雅書局刊"。

卷端題"天下郡國利病書,崑山顧炎武撰"。

卷首有清道光三年(1823)龍萬育序、清道光十一年(1831)龍萬育序、清康熙元年(1662)顧炎武序、目録。

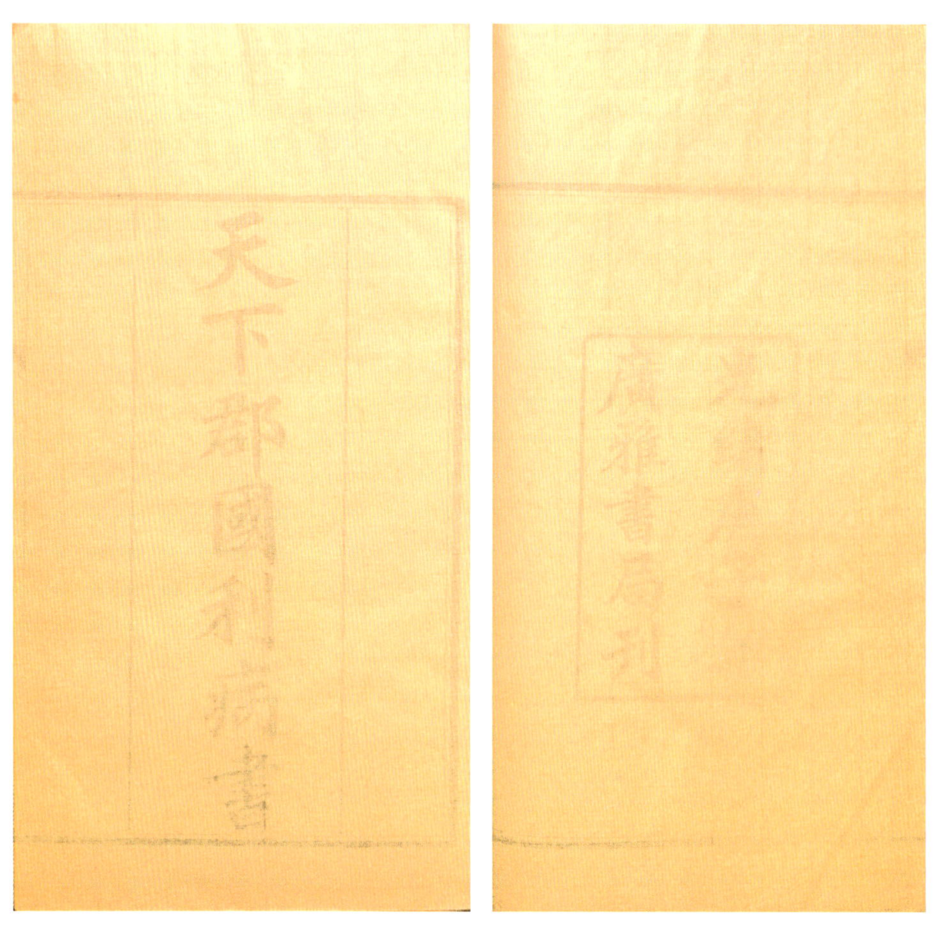

天下郡國利病書卷一

崑山顧炎武撰

輿地山川總論

裴秀傳

秀爲司空以職在地官以禹貢山川地名從來久遠多有變易後世說者或强牽引漸以暗昧於是甄摘舊文疑者則闕之古有名而今無者皆隨事注列作禹貢地域圖十八篇奏之藏於祕府其序曰圖書之設由來尚矣自古立象垂制而賴其用三代置其官國史掌厥職暨漢屠咸陽丞相蕭何盡收秦之圖籍今祕書既無古之地圖又無蕭何所得惟有漢氏輿地及括地諸雜圖各不設分率又不考正準望亦不備載名山大川雖有

雜志之屬

169.**湖隱外史不分卷**　〔清〕葉紹袁撰　DS793 .K5 Y4

清光緒三十三年十二月(1908)上海國學保存會鉛印本　一册

内封題"國粹叢書/湖隱外史/國學保存會印行"。

版權頁題"光緒丁未十二月初五日初版/國粹叢書/湖隱外史/原著者吴江葉紹袁"。

卷端題"胡隱外史,吴江天寥道人葉紹袁纂,順德鄧實校録"。

卷末有清光緒三十三年鄧實跋。

按:該本内封與版權頁損壞,後補以影印件。

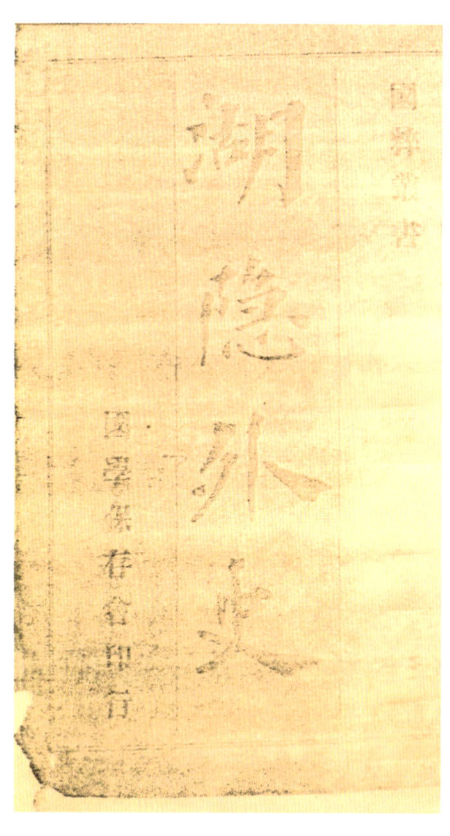
國粹叢書
湖隱外史
國學保存會印行

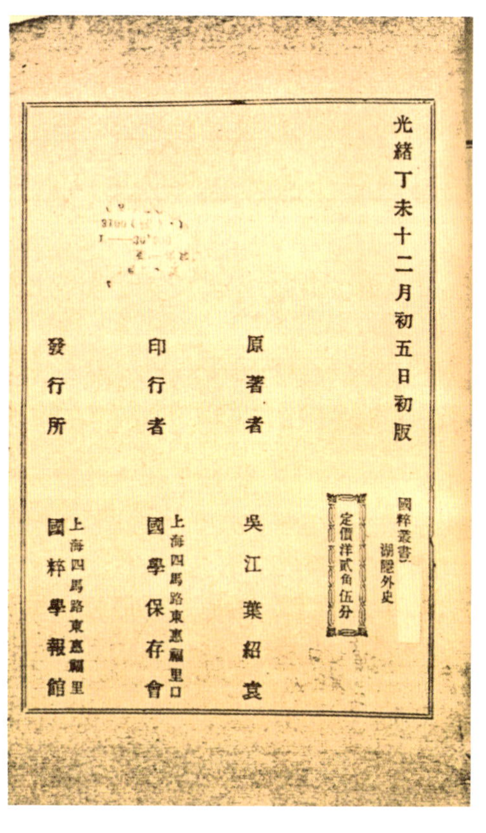
光緒丁未十二月初五日初版
國粹叢書
湖隱外史
定價洋貳角伍分
原著者　吳江葉紹袁
印行者　上海四馬路東惠福里口　國學保存會
發行所　上海四馬路東惠福里　國粹學報館

湖隱外史

吳江天寥道人葉紹袁纂　順德鄧實校錄

風景

楚騷曰惜吾不及古之人兮吾誰與玩此芳草又曰嫋嫋兮秋風洞庭波兮木葉下此後世憑風眺景之始也王無功與馮處士云暮春三月登于北山松栢群吟藤蘿翳景心甚樂之賞洽興窮還歸河渚蓬室甕牖彈琴讀書摩詰與裴迪秀才云輞水淪漣與月上下寒山遠火明滅林外草木蔓發春山可望輕儵出水白鷗矯翼露濕青皋麥隴朝雊二書時一展誦心神遙往況復花飛夾岸卽是桃源目極平原無非楓樹孤村夜笛吹薜徑之烟霞細雨征帆送蘋波之風月故筆床茶竈常想散人箬笠簑衣每思釣叟紀風景第一

分湖在余家東南柴門檻箔波光曉夕相暎北屬于吳南屬于越中分爲二

170.蜀中名勝記三十卷　〔明〕曹學佺撰　

清宣統二年（1910）四川官印刷局刻本　八册一函

曹學佺（1574—1647）字能始，號石倉、澤雁，侯官（今福建福州）人。

半葉十行二十字，上白下黑口，左右雙邊，單黑魚尾，半框高17.6釐米，寬13.5釐米。版心上鎸書名，中鎸卷次，下鎸葉碼。

内封題“蜀中名勝/記”。

牌記題“四川官印/刷局刻行”。

卷端題“蜀中名勝記，閩中曹學佺能始著”。

卷首有明萬曆四十六（1618）鍾惺序、清道光元年（1821）周藹序。

卷末有宣統二年周肇祥後跋、校讎賸言。

鈐印：“古桑文庫”陽文方印。

按：周肇祥跋言據道光年間邵氏抄本刻印之事：“舊刻不知何年燼滅，近得道光朝邵氏手鈔本……一仍其舊，付諸手民。”

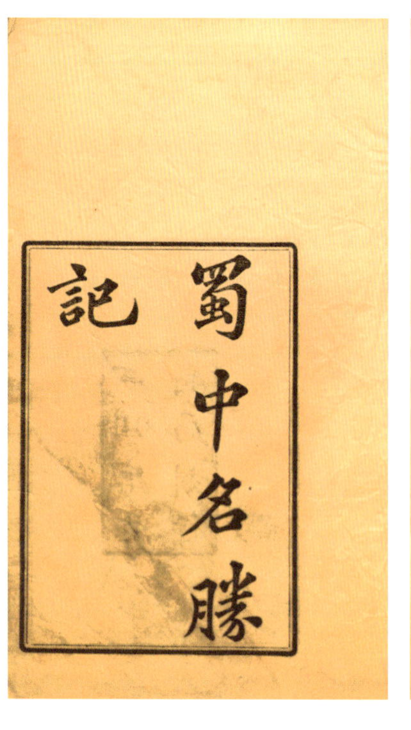

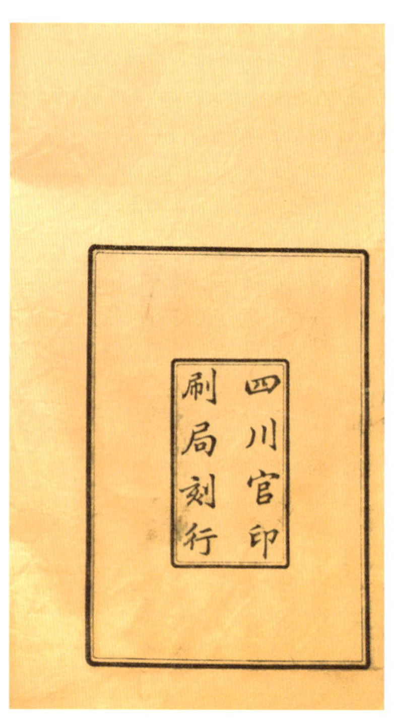

蜀中名勝記卷之一

閩中曹學佺能始著

川西道

成都府一 成都華陽二縣附郭

華陽國志蜀之爲國肇於人皇與巴同囿至黃帝爲其子昌意娶蜀山氏之女生子高陽是爲帝嚳封其支庶於蜀世爲侯伯歷夏商周武王伐紂蜀人與焉尚書牧誓庸蜀羌髳是也有周之世限以秦巴雖奉王職不得與春秋盟會君長莫同書軌周失綱紀蜀先稱王有蜀侯蠶叢其目縱始稱王次王曰柏灌次

171.金陵通紀十卷國朝金陵通紀四卷　陳作霖編　

清光緒三十三年(1907)刻本　四册一函

陳作霖(1837—1920)字雨生,號伯雨,晚號可園,江寧(今江蘇南京)人。

半葉十三行三十字,小字雙行同,白口,左右雙邊,單黑魚尾,半框高19.4釐米,寬12.9釐米。版心中鎸"通紀"、卷次,下鎸葉碼。

内封題"金陵通紀"。

牌記題"光緒丁未年/瑞華館栞印"。

卷端題"金陵通紀,江寧陳作霖伯雨編輯"。

卷首有凡例、清光緒六年(1880)汪士鐸序。

國朝金陵通紀内封題"國朝金陵通紀"。

牌記題"光緒丁未年/瑞華館栞印"。

卷端題"國朝金陵通紀,江寧陳作霖伯雨編輯"。

卷首有秦際唐叙。

卷末有王子年"金陵通紀補"。

鈐印:"哈佛大學漢和圖書館珍藏印"陽文長方印。

按:國朝金陵通紀爲續編,卷四末鎸"宣統元年校刊"。

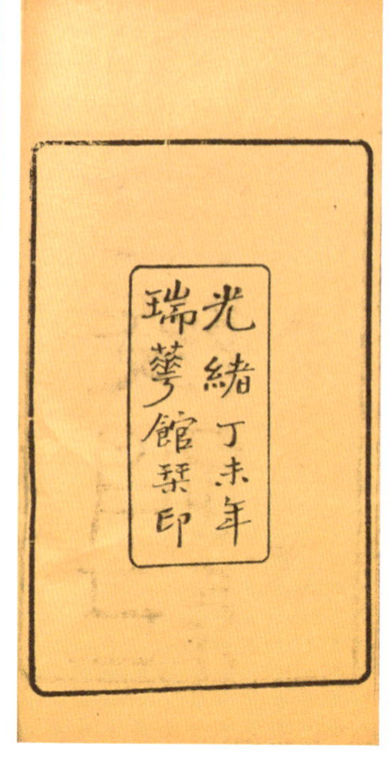

金陵通紀卷一

江甯陳作霖伯雨編輯

黄帝受命披山通道乃推分星野自斗三度至女一度爲江南

高辛之世有展上公者居句曲嘗於伏龍地植李後相傳成道去今茅山玉晨觀祀之

堯授舜政肇十有二州地屬揚域

夏禹周行天下至江南登茅山以朝四方羣臣

殷祖甲二十八祀周泰伯以采藥來居句曲山中後入吴

周武王十三年大封諸侯以江南地畀周章是爲吴國

孝王十三年大雹江漢

靈王二年楚公子嬰齊伐吴克鳩茲至於衡山今名横山在江甯縣東南

十三年楚師於棠以伐吴棠今六合縣

景王七年楚伐吴圍朱方遂滅賴使關韋龜與公子棄疾城之欲以遷許後楚又與吴戰陷吴固城吴乃移瀨渚於陵平山下改邑曰陵平賴固城瀨渚陵平皆在今溧水高淳

172.羊城古鈔八卷首一卷　〔清〕仇巨川輯　DS796.C2 Q28 1806

清嘉慶十一年（1806）大賚堂刻本　四册一函

仇巨川（？—1800）字匯洲、竹嶼，號池石，廣東順德人。

半葉十行十九字，白口，四周雙邊，單黑魚尾，半框高17.5釐米，寬13.5釐米。版心上鐫書名，中鐫卷次，下鐫葉碼。

内封題“順德仇池石輯，大賚堂藏板/羊城古鈔”。

卷端題“羊城古鈔，順德仇池石秦山氏輯”。

卷首有仇巨川“羊城古鈔自序”；温汝能“羊城古鈔序”，署“嘉慶十一年”；“羊城古鈔纂輯書目”；凡例。

羊城古鈔卷一

順德仇池石秦山氏輯

星野圖目 機祥附

星野總圖

星紀圖

天市垣圖

三台北斗圖

老人星圖

外紀之屬

173.佛國記一卷　〔晋〕釋法顯撰　PL2663 .L52X

明末刻本　一册一函

法顯（約 337—約422）本姓龔，平陽郡（今山西臨汾）人。

半葉九行十八字，白口，左右雙邊，單白魚尾，半框高19.5釐米，寬13.9釐米。版心中鎸“佛國記”，下鎸葉碼。

卷端題“佛國記，宋釋法顯撰，明胡震亨、毛晉同訂”。

卷末有跋，言“晉義熙十二年，歲在壽星，夏安居末，迎法顯道人”之事。

按：此本與本館《西京雜記》合訂爲一册，然兩書行款不同。後者版心有“汲古閣”字樣，此書無。二書皆爲柳無忌先生舊藏。

佛國記

宋釋法顯撰　明胡震亨毛晉同訂

法顯昔在長安慨律藏殘缺於是遂以弘始二年歲在巳亥與慧景道整慧應慧嵬等同契至天竺尋求戒律初發跡長安度隴至乾歸國夏坐夏坐訖前行至耨檀國度養樓山至張掖鎮張掖大亂道路不通張掖王慇懃遂留爲作檀越於是與智嚴慧簡僧紹寶雲僧景等相遇欣於同志便共夏坐夏坐訖復進到燉煌有塞東

174.新嘉坡風土記一卷 李鐘玨撰 **中西度量權衡表一卷光論一卷** 〔清〕張福僖譯 **人參考一卷** 〔清〕唐秉鈞纂 DS609.5 .L5 1895

清光緒二十一至二十二年(1895—1896)刻本 一册

李鐘玨(1853—1927)字平書,昆山川沙(今屬上海)人。張福僖(?—1862)字南坪,歸安(今浙江湖州)人。唐秉鈞,字衡銓,上海人。

半葉十一行二十三字,小字雙行同,黑口,左右雙邊,單黑魚尾,半框高16釐米,寬12釐米。版心中鎸書名第一字,下鎸葉碼。

風土記内封題“新嘉坡/風土記”。

牌記題“光緒乙未仲夏/刊於長沙使院”。

卷端題“新嘉坡風土記”。

中西度量權衡表内封題“中西度量/權衡表一/卷、依天津官本重校勘刊”。

牌記題“刻於湖南節署”。

卷端題“中西度量權衡表,録西國師船圖表卷十一”。

光論内封題“光論/譯泰西本”。

牌記題“江氏刊”。

卷端題“光論”。

人參考内封題“人蔘考/依日本國舊本重刻/丙申三月成”。

牌記題“元和江氏印行”。

卷端題“人參考,練水唐秉鈞衡銓纂”。

按:疑爲清光緒二十三年(1897)元和江氏湖南使院刊《靈鶼閣叢書》零本。

新嘉坡風土記

自暹羅直南伸如舌長如股中有山如脊斗入於海皆巫來由種人居之西人統名之曰下暹羅其國有十曰斜仔曰大坤曰宋卡曰大年曰吉連丹曰丁噶奴曰彭亨曰柔佛在山之東曰吉德曰沙剌我在山之西地至柔佛盡處餘衍一水隔二三里而得一島西以蘇門答臘爲蔽南以爪亞爲屏東以婆羅洲爲障四面環水如驪龍頷下珠卽英人所謂新嘉坡也舊名息力又稱咕叻華人或稱新州府其地南距赤道三百零四里

自香港乘輪船指西南行計程三千四百七十七里至越南之西貢自西貢指南偏西行二千四百二十一里至新嘉坡

光緒乙未仲夏
刊於長沙使院

金石類

總志之屬

175.金石萃編一百六十卷　〔清〕王昶撰　

清光緒十九年（1893）上海寶善書局石印本　十八册二函

王昶（1725—1806）字德甫，號述庵，又號蘭泉，江蘇青浦（今屬上海）人。

内封題“青浦王述菴先生纂/金石萃編”。

牌記題“光緒癸巳孟秋/上海寶善石印”。

卷端題“金石萃編，賜進士出身誥授光禄大夫刑部右侍郎加七級王昶譔”。

卷首有清嘉慶十年（1805）王昶序、朱文藻跋、錢侗跋。

鈐印：“公安廖氏竹林齋藏書”陽文方印。

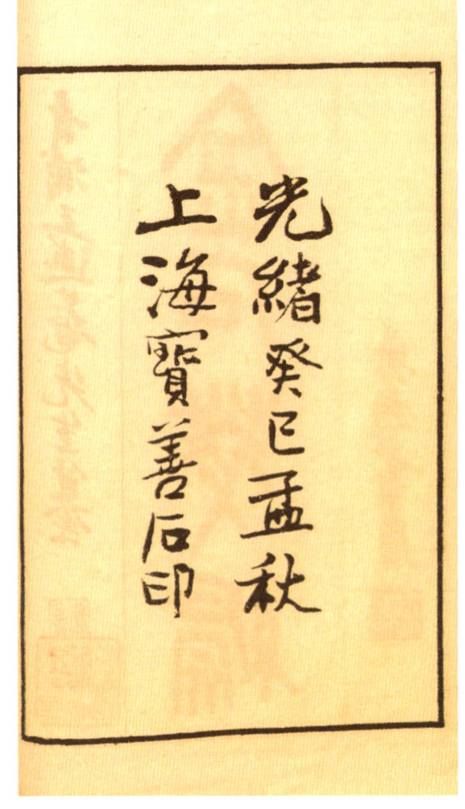

金石萃編卷一

賜進士出身 誥授光禄大夫刑部右侍郎加七級王昶譔

周宣王石鼓文

鼓凡十每鼓徑三尺餘其第一十一行行六字第二九行行七字第三四十行行七字第五十一行上半殘闕每行止存四字第九十五行行五字其七八十三鼓剥蝕過甚行字數俱不可紀今在國子監大成門左右

第一鼓

遾車既工遾馬既同遾車既好遾馬既
騝君子員邋、員斿麀鹿速、君子之求□
特角弓、茲以寺遾敺其特其來趩、□□炱、即
邋即時□□趚、其來大□遾敺其樸其
□□射其豬蜀

遾車既工遾馬既同遾車既好遾馬既騝君子員、、邋
、、員斿麀鹿速、、君子之求特、、角弓、、茲以寺遾敺
其特其來趩、、□、、炱、、即邋即時麀鹿趚、、其來大
□遾敺其樸其來遺、、射其豬蜀

第二鼓

□殹沔、烝彼淖淵□□鰋處君子□之
濤又魚其斿、□帛魚鱳、其籃氏鮮黃帛
其鯾又鱄又鱒其胡孔庶□□□之□□

□□□□隹□□□□□□□之隹楊及
柳
汧殹沔、、烝、、敓淖淵鰋鯉處之君子漁之濤又鰟其
斿、、帛魚鱳、、其籃氏鮮黃帛其鯾又鱄又鱒其胡
孔庶臠之鯊、、鯊、、其魚隹可隹鱮隹鯉可以橐
之隹楊及柳

第三鼓

田車□安鋚勒□□□□既簡左驂旛、右
驂騝、遾以隮于邍遾□止陕宮車其寫
秀弓寺射麋豕孔庶麀鹿雉兔其□又旆
其□撻大□出各亞□□昊□執而
勿射多庶趚、君子逌樂

田車既安鋚勒馯馯既簡左驂旛、、右驂騝、、遾
吕隮于邍遾戎止陕宮車其寫秀弓寺射麋豕孔庶麀
鹿雉兔其□又旆其□撻大□出各亞□□昊□執而
勿射多庶趚、、君子逌樂

第四鼓

□□鑾車奉敕真□□弓孔碩彤矢□
□□四馬其寫六轡□□徒馭□□宣□
□□□車□□□徒□□章□□陰陽□□

金石萃編卷一 周 一

176.金石續編二十一卷首一卷 〔清〕陸耀遹纂

清光緒十九年(1893)上海寶善書局石印本　十册一函

陸耀遹(1771—1836)字紹聞，號劭文，江蘇武進(今常州)人。

内封題“武進陸紹聞先生纂/金石續編”。

牌記題“光緒癸巳孟秋/上海寶善石印”。

卷端題“金石續編，武進陸耀遹纂，太倉陸增祥校訂”。

卷首有清同治七年(1868)陸增祥序、例言、題跋、目録。

鈐印：“公安廖氏竹林齋藏書”陽文方印。

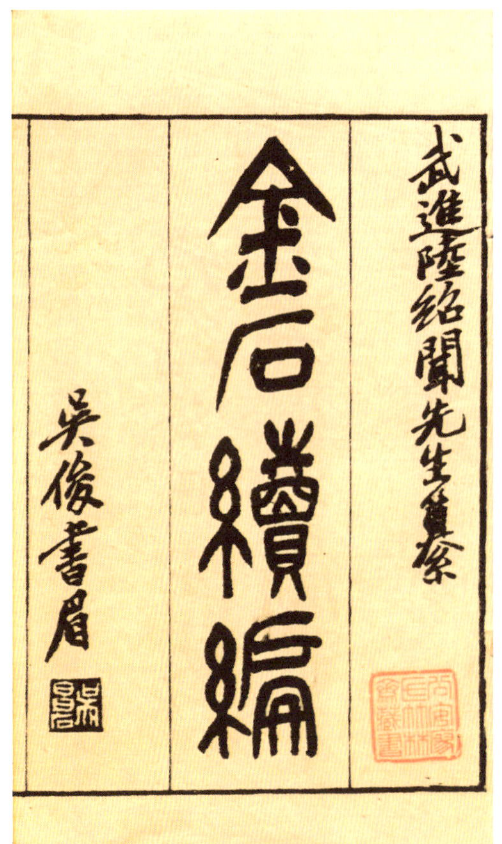
武進陸紹聞先生纂
金石續編
吳俊書眉

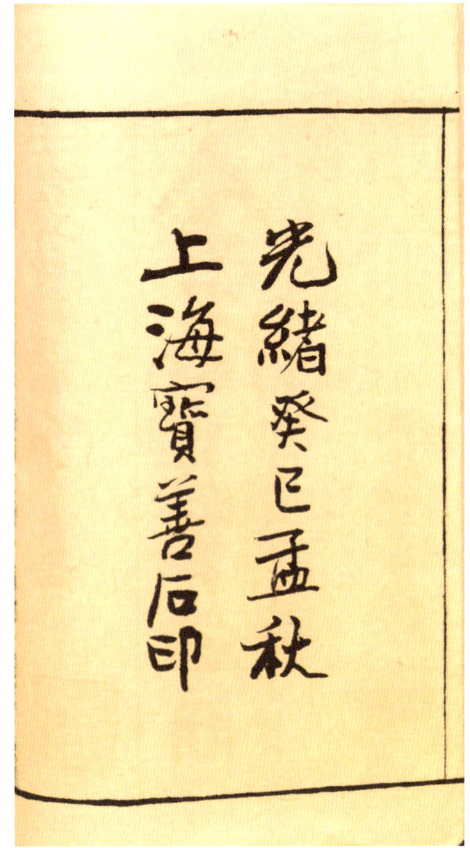
光緒癸巳孟秋
上海寶善石印

金石續編卷弟一

武進陸耀遹纂　太倉陸增祥校訂

漢

成山宫銅渠斗款

神爵四年篆書在陽湖董氏

神爵四年漢宣帝即位之十六年其明年改元五鳳矣東萊郡有成山太始三年武帝幸琅邪禮日成山神爵間立成山日祠於不夜地理志不夜有成山日祠文選子虛賦張揖注曰成山在東萊掖縣於其上築宫闕此云成山宫殆即是此葢立祠時所造也此器本先生所藏而編中僅列諸目未錄其文殆忽於易耳繼爲董方立索去嗣歸呂氏迨經兵燹呂氏所蓄蕩然無存卽非灰燼亦儕瓦礫矣噫以數千年之故物幸顯於世不久仍晦何其厄也然猶幸爲先生所得尚存其名於斯編俾後來者古之士尚可攷而知之其不幸而爲傖夫所有舉世莫得而知之雖顯猶晦者正復不知凡幾故凡編中有目無文者悉仍其名以俟補輯陸增祥志

粢子侯石刻

高一尺五寸廣二尺二寸七行行五字隸書在山東鄒縣孟廟

始建國天鳳三年二月十三日粢子

侯爲支人爲封使偖子食等用百余人後子孫毋壞敗

嶧山西南廿里曰臥虎山山陽皆上一石直南北臥山足地勢高平儼然堂基此其西南隅附土者也形方長上微弓中斷爲二色純靑而堅西側近南處瑩如碧玉之璞面正平不加追琢刻字其上以周尺度之斷以南餘三尺許方二尺八寸隸七行行五字字徑二寸五分界以豎格四線圍之外刻粗斜紋二寸作邊則石盡矣其詞曰始建國天鳳三年二月十三日粢疑萊子國在今萊州府去此太遠後漢書亦不得其地宜官封地名更易紛然當時或不盡邸史不因事不盡見也抑或是他字子侯爲支人爲封使偕李國云其字作偕子食等用百宗羅商字疑二字疑顧仙云碑作佘北宋字古字用中旁故餘省作佘人後子孫毋壞敗計三十五字疑者四與曲阜五鳳二年刻永平鄐君摩崖是一家眷屬葢未分隸初體也獨念地非幽僻從古地志金石諸家均未著錄且久歷雨淋日炙敲火礪角之劫而歸然煥然待時而顯何與殆天以人理滅絶至莽已極尚有此好義敦睦之士足以扶道教而植人紀故愛護關惜不使霾沒與余旣刻誌歲月緣起於石側復詳爲之跋得石後三月顏逢甲書

此石在鄒縣南臥虎山下幾二千年無人知者嘉慶廿二年䄵日士人孫生容王輔仲見之與滕縣孝廉

177.**粵東金石略九卷首一卷附九曜石考二卷** 〔清〕翁方綱撰 PL2448 .W3 Y9

清光緒十七年(1891)廣州石經堂書局石印本 四册一函

翁方綱(1733—1818)字正三,號覃溪,晚號蘇齋,直隸大興(今北京)人。

内封題"北平翁覃溪著/粵東金石略/石洲艸堂梓"。

牌記題"光緒歲在辛卯秋七月/廣州石經堂書局影印"。

卷端題"粵東金石略"。

卷首有翁方綱自序,署"乾隆三十六年冬十月二十二日大興翁方綱";録聖祖仁皇宸翰二十八條。

178.**又一部** PL2448 .W464 1891

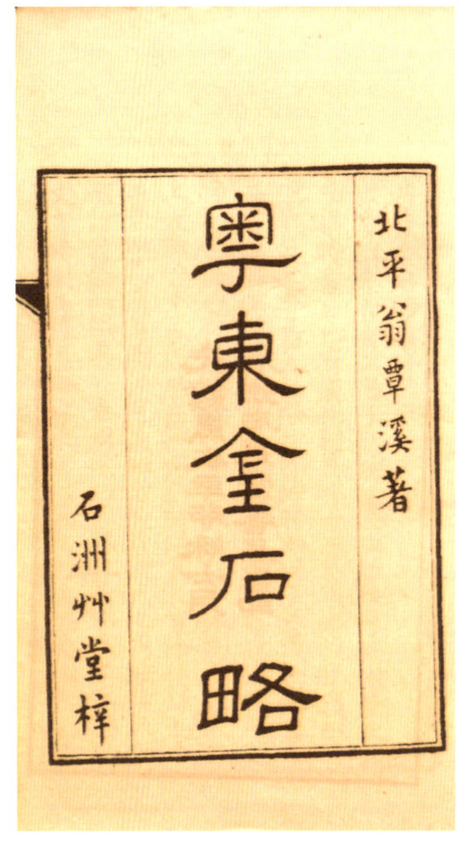

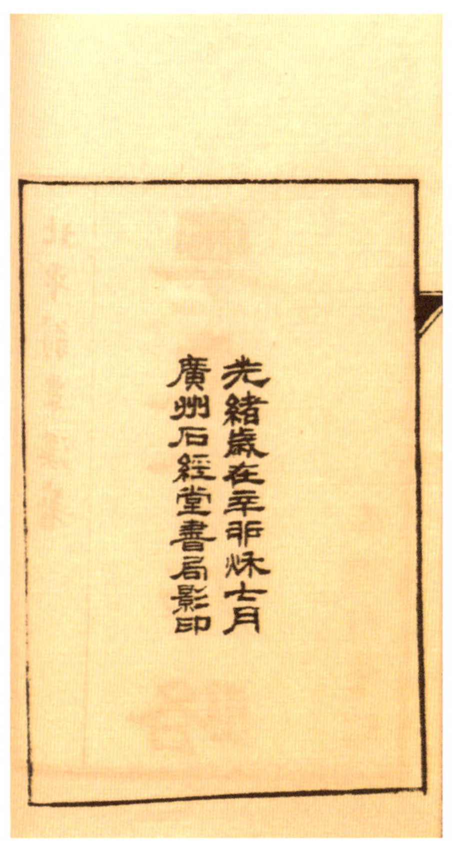

粵東金石略卷第一

廣州府金石一

至聖先師像碑

先師像碑在廣州府學後圃番山蕪居亭摹吴道子筆也

左有篆書

宣聖遺像四字右有八分書一段叙摹勒原委至正五年乙酉正月望日中奉大夫廣東道宣慰使都元帥僧家奴記承直郎廣東道宣慰使司都元帥府經歷貢師謙篆額廣東憲曹天台張謹書

宣聖兖公小影碑

179.金石索十二卷首一卷　〔清〕馮雲鵬、馮雲鵷輯　

清光緒三十二年（1906）上海文新局石印本　二十四册一函

内封題“道光元年開鐫/金石索”。

牌記題“光緒丙午年/上海新馬路/文新局石印/千頃堂發兑”。

卷端分别題“金索，紫琅馮雲鵬晏海氏、馮雲鵷集軒氏同輯”“石索，紫琅馮雲鵬晏海氏、馮雲鵷集軒氏同輯”。

卷首有清道光二年（1822）趙懷玉序、道光四年鮑勳茂序、清嘉慶二十三年（1818）辛從益原序、道光三年賀長齡叙、道光七年梁章鉅序、道光三年白景慶序、道光四年徐宗幹序、道光二年馮雲鵬自叙。

鈐印：“公安廖氏竹林齋藏書”陽文方印。

按：是書分金索、石索。第一至十二册爲金索，十三至二十四册爲石索。木盒裝。

180.又一部　存金索十二册。　

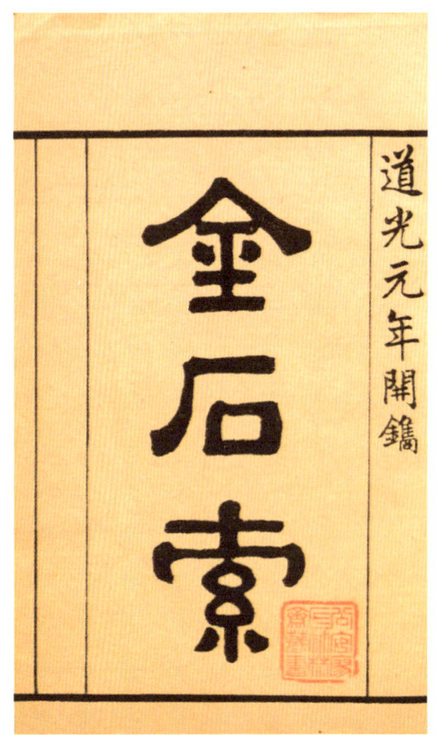
道光元年開鐫
金石索

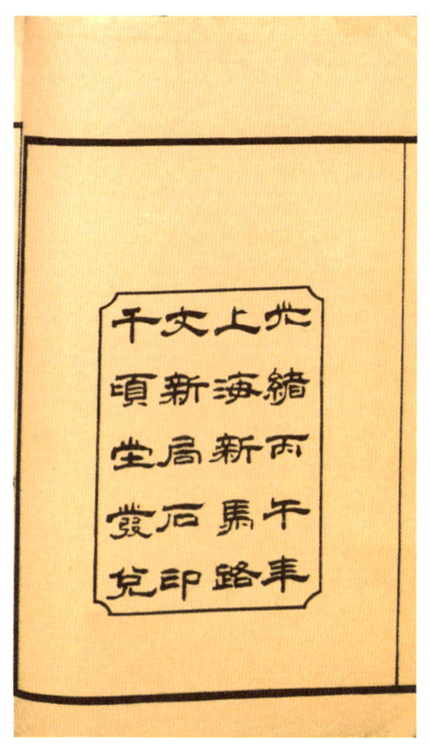
光緒丙午年
上海新馬路
文新局石印
千頃堂發兑

金索一

紫琅馮 雲鵬晏海氏 雲鵷集軒氏 同輯

鐘鼎之屬

泰古之世啜土塯飯土形而已無所謂鐘鳴鼎食也無所謂爵鹿相桓也三代而後日趨于文范金鑄辭可銘可寶惟是歲遠器淪索不多得就遍日所獲與所見者而手摹之亦彪炳可觀自商而下凡敦盤爵洗之類得數十事皆從鐘鼎之屬

金索

邃古齋藏

181.兩漢金石記二十二卷　〔清〕翁方綱撰　PL2448 .W3

清乾隆五十四年（1789）南昌使院刻本　八册一函

半葉十行二十字，小字雙行同，白口，左右雙邊，單黑魚尾，半框高20.7釐米，寬15釐米。版心中鎸書名、卷次，下鎸葉碼。

内封題“兩漢金石記/乾隆五十四年己酉秋八月鋟于/南昌使院凡廿二卷北平翁方綱”。

卷端題“兩漢金石記，日講起居注官文淵閣直閣事詹事府詹事兼翰林院侍讀學士大興翁方綱”。

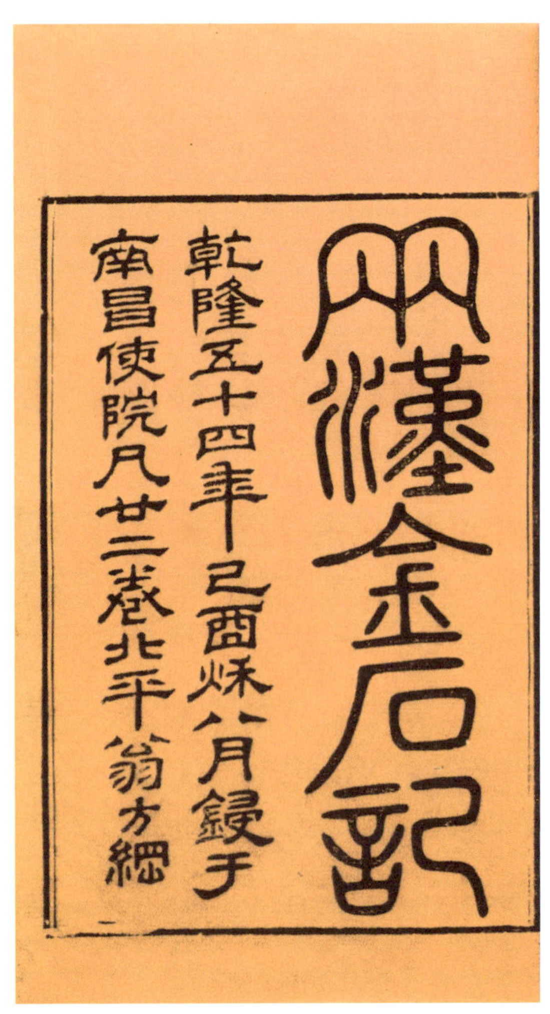

兩漢金石記

乾隆五十四年己酉秋八月鋟于

南昌使院凡廿二卷北平翁方綱

兩漢金石記卷第一

日講起居注官文淵閣直閣事詹事府詹事兼翰林院侍讀學士大興翁方綱

年月表

栁子厚論文之言曰近古而尤壯麗莫若漢之西京惟書亦然夫東漢之文音情薄采過於西漢而栁子獨以壯麗推西漢何哉有虞氏之泰尊夏后氏之山罍殷之著周之犧象灌尊夏后氏以雞彝殷以斝周以黃目由質而文固其勢也故曰公侯之有冠禮也夏之末造也黃山谷亦云以古人為師以質厚為本蓋許尗重爲說文解字泝六書沿八體而秦篆漢篆

金之屬

182.西清續鑑甲編二十卷附録一卷 〔清〕王傑等編 NK7983 .L68 supp.

清宣統三年(1911)商務印書館石印本 四十二册三函

王傑(1725—1805)字偉人，號葆淳，又號惺園、畏堂等，陝西韓城人。

内封題“西清續鑑”。

牌記題“宣統庚戌涵芬樓依/甯壽宫寫本敬謹影印”。

卷端題“西清續鑑甲編”。

卷末有王傑、董誥、彭元瑞、金士松、王保、瑚圖禮、那彦成跋，言編纂事：“是編成於乾隆癸丑小春。凡著録之器九百七十有五，計書二十卷，附録一卷，是爲甲編。其藏之盛京者，釐爲乙編。”

按：每卷首葉有“古希天子”“甯壽宫寶”“乾隆御覽之寶”朱印。每卷卷末有“古希天子”“養性殿寶”朱印。全書末有出版葉，題“宣統三年二月出版，發行所：商務印書館”。

183.又一部 存十卷，卷一至十。 NK7983 .L68 supp.

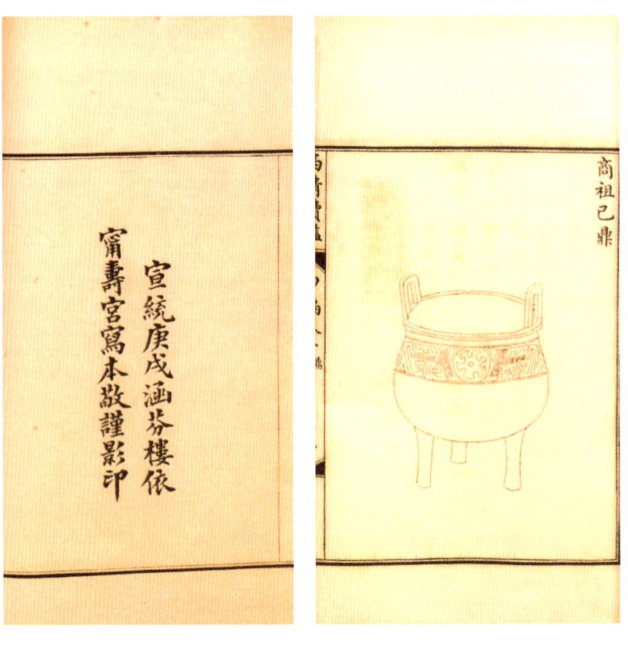

西清續鑑甲編卷九目録

壺二

周

蟠虺壺一

蟠虺壺二

盤雲壺

環雲壺

瓠壺

夔紋壺

雲紋壺

184.敬吾心室彝器款識不分卷　〔清〕朱善旂輯　PL2448 .C8

清光緒三十四年（1908）石印本　二册一函

朱善旂，字大章，號建卿，浙江平湖人。

内封題“敬吾心/室彝器/款識”。

卷首有總目、朱之榛序、“敬吾心室識篆圖”、李宗昉序、清道光二十一年（1841）張廷集序、二十二年葉志洗序、陳昆玉“宋戴公戈歌”。

卷末有清光緒三十四年朱之榛跋，言刊書之事。

鈐印：“闞”陰文方印、“春城清玩”陽文方印。

按：封面題“敬吾心室識篆圖”。

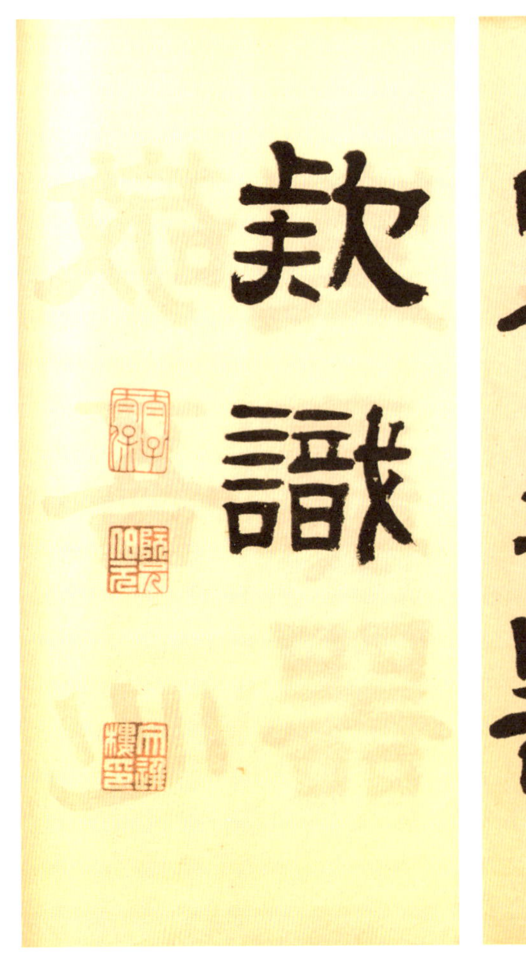

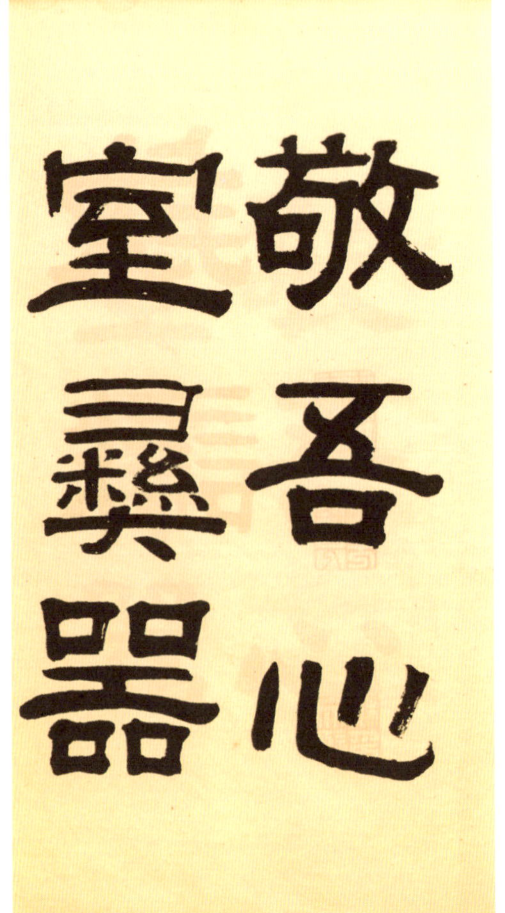

敬吾心室彝器欵識總目

盤　四頁　十器

鍾　四頁　五器

洗　十六頁　十六器

鼎　十六頁　六十器

尊　六頁　二十二器

敦　三十二頁　四十四器

簠　三頁　七器

簋　三頁　七器

石之屬

185.匋齋藏石記四十四卷附匋齋藏甎記二卷首一卷 〔清〕端方撰

清宣統元年（1909）上海商務印書館石印本 十二册二函

端方（1861—1911）字午橋，號匋齋，正白旗人。

内封題"陶齋藏石記"。

牌記題"宣統元年/十月刊行"。

卷端題"匋齋藏石記"。

卷首有宣統元年端方自序；龔錫齡序，署"宣統元年十月門下士湘陰龔錫齡謹識於上海商務印書館"。

匋齋藏甎記内封題"匋齋藏甎記"。

牌記題"宣統元年/十月刊行"。

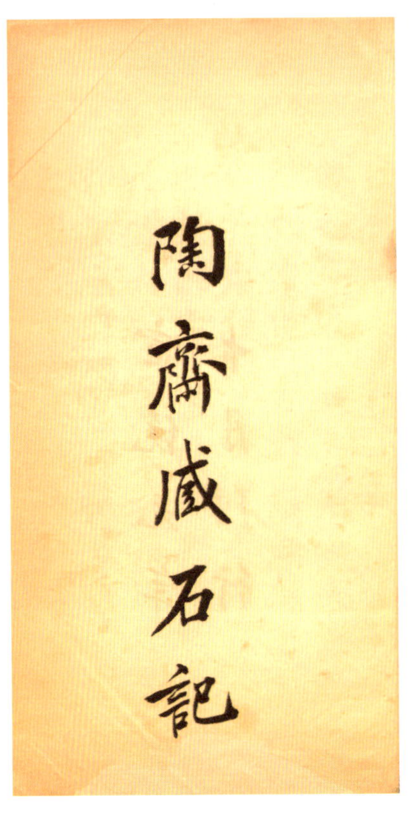

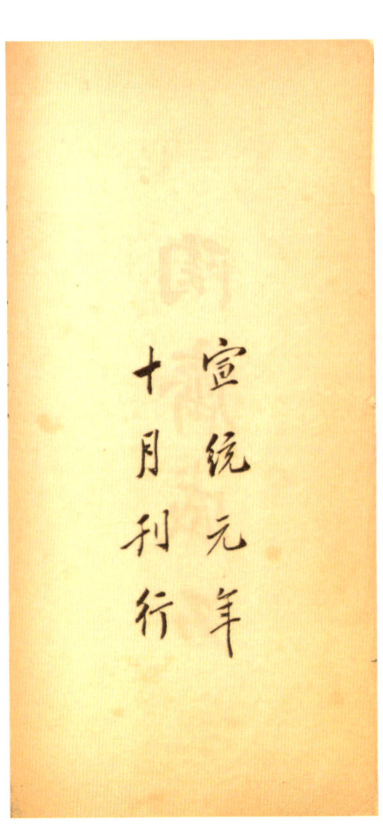

匋齋藏石記卷一

漢一 新莽坿

本始甎泉范 以下西漢

残甎高四寸二分寬六寸二分字徑二分彊二行分書陽文反寫傳形下有五銖泉式三枚一鈙左下角凸穿上有一横畫其二枚竝鈙大半一壥存五字一壥存銖字

本始三秊九月甲子造

申工長壽 兩行竝反寫

右本始甎泉范文曰申工長壽曰申工者當是工人申姓漢書言府弩機銘有郭工鍛賢見積古齋鐘鼎款識申工猶言郭工而長壽其名也漢書食貨志自孝武元狩五年三官初鑄五銖錢

186.汪本隸釋刊誤不分卷　〔清〕黄丕烈撰　PL1171 .H8

清光緒（1875—1908）石印本　一册

内封題“嘉慶丙子/汪本隸釋刊誤/士礼居刊行”。

卷端題“汪本隸釋刊誤”。

卷首有清嘉慶二年（1797）錢大昕序、嘉慶三年段玉裁序、嘉慶二年黄丕烈自序。

卷末有黄丕烈後序、顧廣圻跋。

鈐印：“公安廖氏竹林齋藏書”陽文方印。

按：卷末鎸“吴縣陸損之、男壽鳳、孫美鎏校字”。此書當爲清光緒十三年（1887）上海蜚英館影印《士禮居黄氏叢書》之零本。

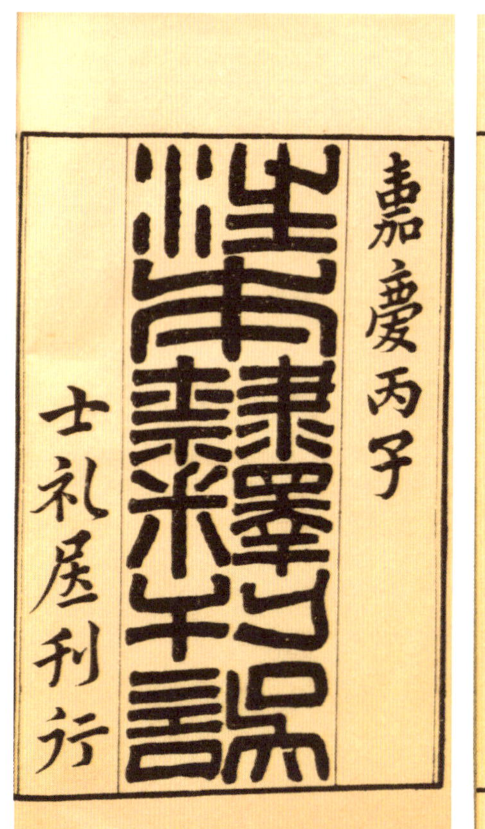
嘉慶丙子
汪本隸釋刊誤
士礼居刊行

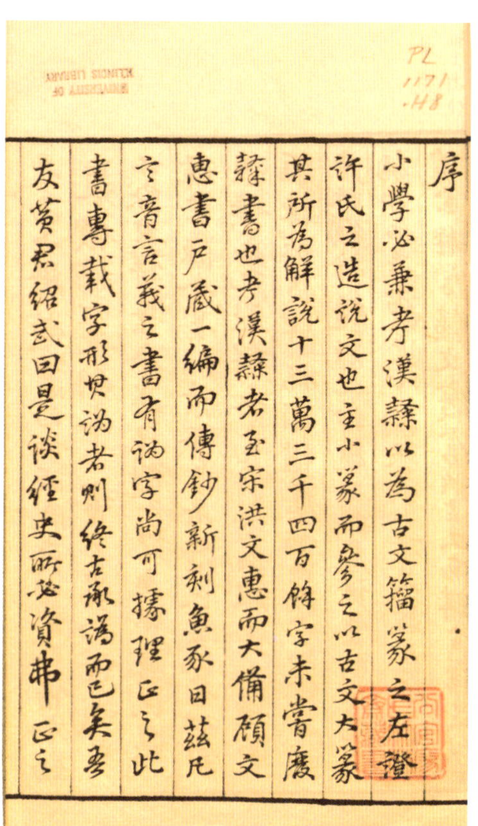

序
小學必兼考漢隸以為古文籀篆之左證
許氏之造說文也主小篆而參之以古文大篆
其所為解說十三萬三千四百餘字未嘗廣
隸書也考漢隸者至宋洪文惠而大備顧文
惠書戶藏一編而傳鈔新刻魚豕日兹凡
文音言義之書有訓字尚可據理正之此
書專載字形無訓者則終古承譌而已矣吾
友黄君紹武曰是談經史所必資弗正之

汪本隸釋刊誤

洪文惠隸釋廿七卷相傳徐髯仙有宋槧本甚精妙後歸毛青城載還蜀中此讀書敏求記云然是宋槧本也是翁亦未之見也今行世者僅錢塘汪氏新刻本而已乾隆甲寅歲予得崑山葉文莊六世孫九來所藏舊抄本闕第四第五第六三卷今年秋借貞節居袁氏所有抄本補全復借周香嚴家隆慶四年錢氏抄本勘正其本皆十行廿字與元泰定乙丑槧七卷隸續同而遇宋諱處則缺畫蓋依宋槧本所抄也爰偕顧子千里訂諸本之異同取婁彥發字源為證

璽印之屬

187.封泥考略十卷　〔清〕吴式芬、陳介祺輯　CD6174 .W8

清光緒三十年（1904）石印本　十册一函

吴式芬（1796—1856）字子苾，號誦孫，山東海豐（今無棣）人。陳介祺（1813—1884）字壽卿，號伯潛，山東濰縣（今濰坊）人。

内封題“封泥考略”。

牌記題“海豐吴氏/濰縣陳氏/所藏輯成/十卷光緒/甲辰之秋/印于滬上”。

卷端題“封泥考略”。

鈐印：“公安廖氏竹林齋藏書”陽文方印。

封泥考略

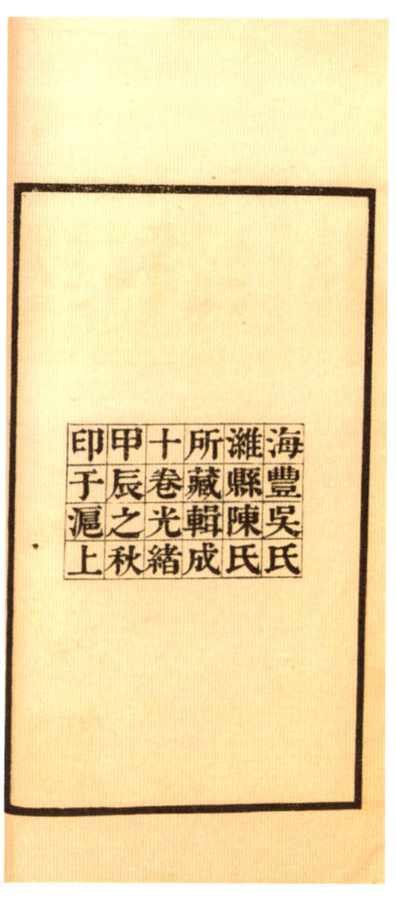

海豐吴氏
濰縣陳氏
所藏輯成
十卷光緒
甲辰之秋
印于滬上

封泥攷略卷一

古鉩封泥

右封泥七字古鉩文曰左司馬聞昱私鉩出臨菑自是官齊

目録類

通論之屬

188.藏書記要一卷　〔清〕孫從添撰　

清光緒（1875—1908）石印本　一册一函

孫從添（1692—1767）字慶增，號石芝，江蘇常熟人。

内封題“藏書紀/要/士禮居刊行”。

卷端題“藏書記要”。

卷首有孫從添序。

卷末有清嘉慶十六年（1811）黃丕烈跋。

鈐印：“公安廖氏竹林齋藏書”陽文方印。

按：此書當爲清光緒十三年（1887）上海蜚英館影印《士禮居黃氏叢書》之零本。

藏書紀要
士禮居刊行

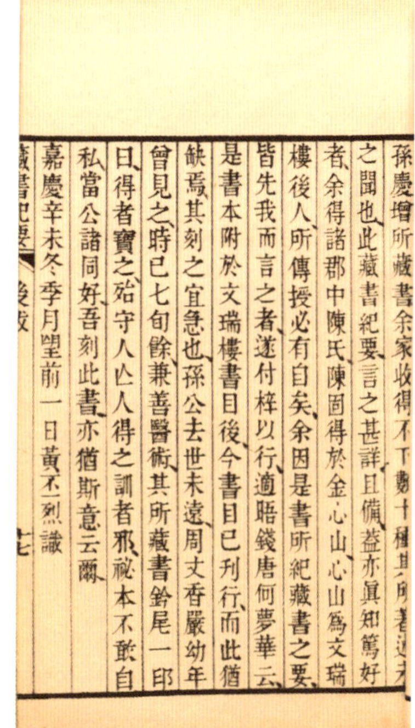
孫慶增所藏書余家收得不下數十種其所書迹亦
之聞也此藏書紀要言之甚詳且備益亦眞知篤好
者余得諸郡中陳氏陳固得於金心山心山爲文瑞
樓後人所傳授必有自矣余因是書所紀藏書之要
皆先我而言之者遂付梓以行適晤錢唐何夢華云
是書本附於文瑞樓書目後今書目已刊行而此猶
缺焉其刻之宜急也孫公去世未遠周丈香嚴幼年
曾見之時已七旬餘兼善醫術其所藏書鈐尾一印
曰得者寶之殆守人亾人得之訓者邪秘本不敢自
私當公諸同好吾刻此書亦猶斯意云爾
嘉慶辛未冬季月望前一日黃丕烈識
藏書紀要　跋　七

藏書記要

余無他好，而中於書癖，家藏卷帙不下萬數，雖極貧不忍棄去，然聖賢之道，非此不能考證，數年以來，或持橐以載所見，或攜篋以誌所聞，念茲在茲，幾成一老蠹魚矣，同志欲標其要，竊不自量，記爲八則，其當與不當，冀有識者諒之，以爲芻蕘之一得云耳。

虞山上善堂慶增氏孫從添筆

第一則

購求

購求書籍，是最難事，亦最美事，最韻事，最樂事，知有

藏書記要　一

總録之屬

189.資治通鑑目録三十卷　〔宋〕司馬光編　DS745 .S78 index

清光緒十四年（1888）上海蜚英館石印本　四册一函

司馬光（1019—1086）字君實，號迂叟，世稱涑水先生，陝州夏縣（今山西）人。

内封題“通鑑目録”。

牌記題“光緒戊子年九月/上海蜚英館石印”。

卷端題“資治通鑑目録，翰林學士朝散大夫右諫議大夫知制誥兼工講同提舉萬壽觀公事兼集賢院上護軍河内郡開國侯食邑一千三百户賜紫金魚帶臣司馬光奉敕編集”。

鈐印：“公安廖氏竹林齋藏書”陽文方印、“頌禮堂書藏印”陽文方印。

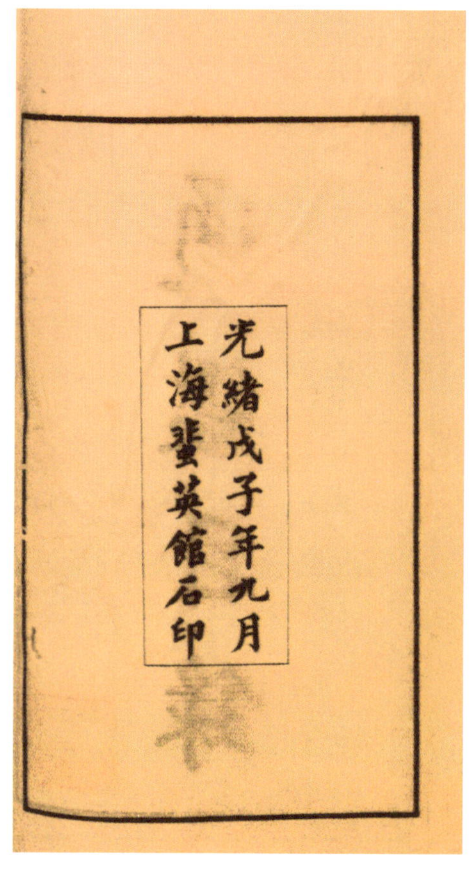

資治通鑑目録卷第一

翰林學士朝散大夫右諫議大夫知制誥兼侍講同提舉萬壽觀公事兼集賢院修撰充史館修撰河内郡開國侯食邑二千二百户賜紫金魚袋臣司馬光奉

勅編集

臣聞古之爲史者必先正其厤以統萬事故謂之春秋昭文院檢討劉羲叟徧通前代厤法起漢元以來爲長厤臣昔嘗得其書今用羲叟氣朔并閏及采七政之變著於史者置於上方又編年之書雜記衆國之事參差不齊今倣司馬遷年表年經而國緯之列於下方又敘事之體太簡則首尾不可得而詳太煩則義理汩没而難知今撮新書精要之語散於其間以爲目録云

著雍攝提格	周紀以建子月爲正	
周威烈王午	二十三年	命晉大夫魏斯趙籍韓虔爲諸侯
秦簡公	十二	
晉烈侯止	十七	智宣子欲以瑤爲後智果曰瑤有五賢而一不仁若立之智宗必
韓景侯虔	六	初爲侯
魏文侯斯	二十二	初爲侯 文侯以卜子夏田子方爲師賢士多歸之 冒兩晉
趙烈侯籍	六	初爲侯
齊康公貸	二	
楚聲王當	五	
燕閔公	三十二	閔公薨子僖公立
宋悼公購由	元	
魯穆公衍	七	
衛慎公頹	十三	
鄭繻公駘	二十	
卷第一	一	

通鑑目録卷一

190.欽定古今圖書集成目録四十卷 〔清〕蔣廷錫校

清雍正四年(1726)刻本　二十册二函

蔣廷錫(1669—1732)字揚孫,號西穀、南沙、青桐居士。江蘇常熟人。

半葉九行二十一字,白口,四周雙邊,單白魚尾,半框高14.9釐米,寬10.5釐米。版心上鎸"古今圖書集成",中鎸"目録"、卷次,下鎸葉碼。

牌記題"雍正四年九月二十七日"。

卷端題"欽定古今圖書集成目録"。

卷首有雍正序、表文、凡例、總目。

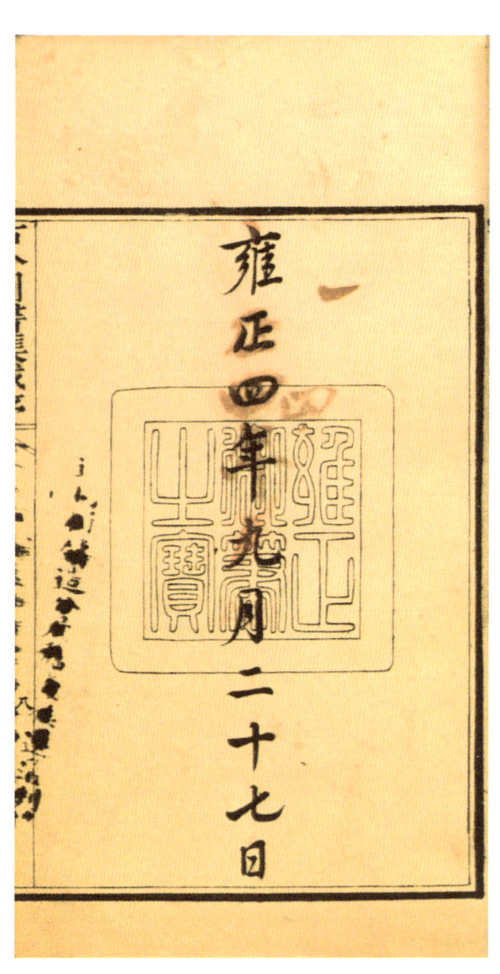

欽定古今圖書集成目錄第一卷

曆象彙編乾象典

第一卷

天地總部彙考一

第二卷

天地總部彙考二

第三卷

天地總部彙考三

第四卷

191.汲古閣珍藏秘本書目一卷　〔清〕毛扆撰　

清光緒（1875—1908）石印本　一册

毛扆（1640—1713）字斧季，號省庵，江蘇常熟人。

内封題“汲古閣珍藏/秘本書目/嘉慶庚申十月/吴門黄氏士禮居藏版”。

卷端題“汲古閣珍藏秘本書目，毛扆斧季書”。

卷末有毛琛跋。

鈐印：“公安廖氏竹林齋藏書”陽文方印。

按：此書當爲清光緒十三年（1887）上海蜚英館影印《士禮居黄氏叢書》之零本。

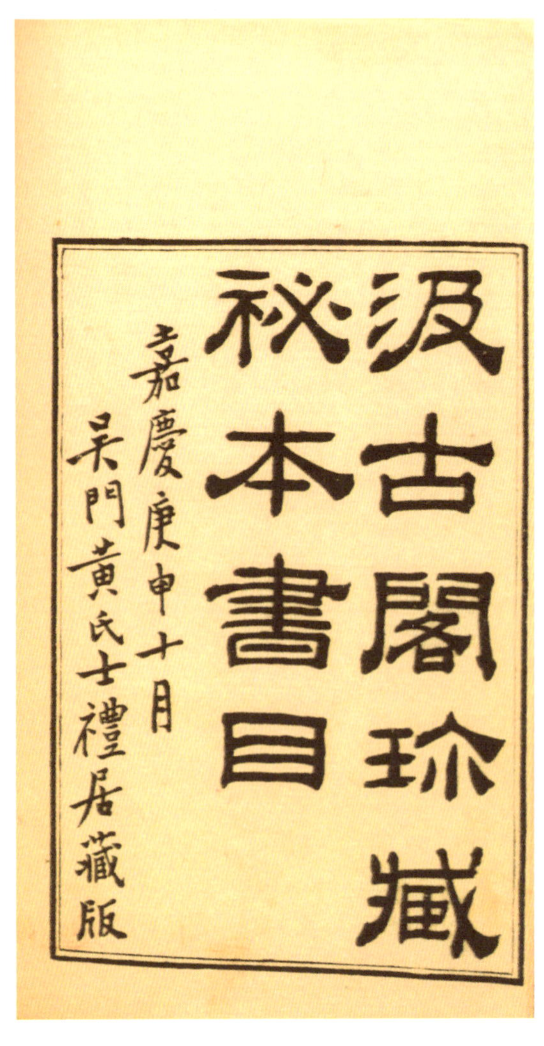
汲古閣珍藏
秘本書目
嘉慶庚申十月
吴門黄氏士禮居藏版

汲古閣珍藏秘本書目　毛扆斧季書

李鼎祚易解十本宋板影抄　五兩

元板周易兼義八本　四兩

易説二本綿紙硃砂格舊抄　六錢

關氏易傳　正易心法　潛虛發微論合一本舊抄　六錢

關氏易傳一本精抄　三錢

繫辭精義二本宋板精抄　三兩

易象膚解三本舊抄　九錢

麻衣道者正易心法一本舊抄　一錢

周易旁註前圖一本　周易兩經十傳一本舊抄　六錢

192. **百宋一廛賦一卷** 〔清〕顧廣圻撰 〔清〕黄丕烈注 PL2715 .U25 P3

清光緒(1875—1908)石印本 一册

顧廣圻(1766—1835)字千里,號澗薲,别號思適居士,江蘇元和(今蘇州)人。

内封題"百宋弌/廛賦注/嘉慶乙丑秋九月吴郡黄氏士礼居栞行"。

牌記題"嘉慶乙丑九月/蕘圃手寫刊行"。

卷端題"百宋一廛賦,元和顧廣圻撰,吴縣黄丕烈注"。

卷端書名下有黄丕烈序:"予以嘉慶壬戌遷居縣橋,構專室,貯所有宋槧本書,名之曰百宋一廛,請居士撰此賦,既成,輒爲之下注,多陳宋槧之源流,遂略鴻文之詁訓。博雅君子,幸無譏焉。"

鈐印:"公安廖氏竹林齋藏書"陽文方印。

按:數葉版心鎸"夏天培刊"。此書當爲清光緒十三年(1887)上海蜚英館影印《士禮居黄氏叢書》之零本。

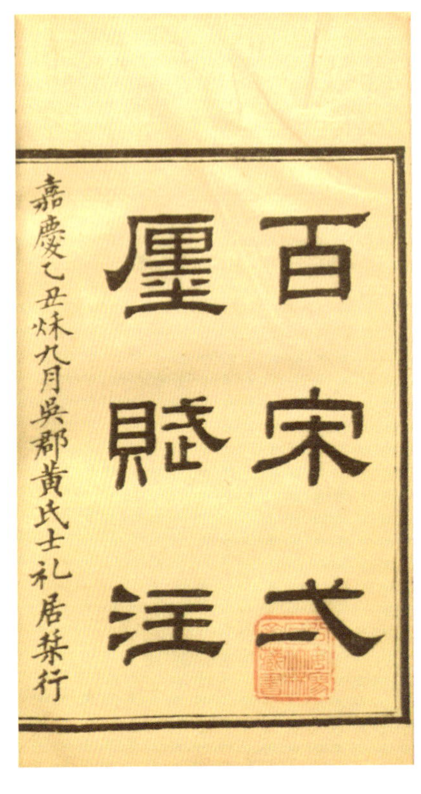

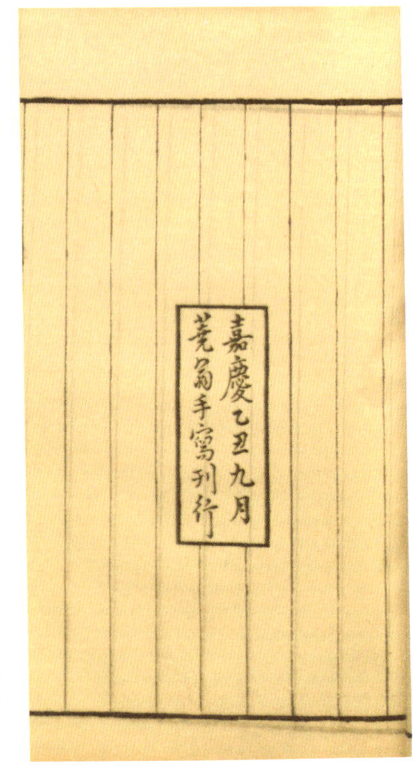

百宋一廛賦 予以嘉慶壬戌遷居縣橋構專室貯所有宋槧本書名之曰百宋一廛請居士撰此賦既成輒為之下注多陳宋槧之源流遂略鴻文之詁訓博雅君子幸無譏焉

元和顧廣圻撰　吳縣黃丕烈注

佞宋主人。佞宋出述古堂書目序予恒引為竊比故居士設此名也搜求經籍。鳩集藝文。深識妙覽。博學瞻聞。析肱既更。醉心有在。東都託始。南渡斷代。排比百種。標榜一廛。此讀依徐仙民周禮音傳之好事。詫為極觀。乃有瞑行闌子。寓言也踵廛而辞諸曰。蓋吾聞善讀者之於書也。并包自古。貫穿及今。琢璞任手。握珠委心。袪鍥舟於

卷二百五十七　夏天培刊

193.積古齋藏器目等十種　〔清〕阮元等撰　

清光緒二十一至二十二年（1895—1896）刻本　一册一函

半葉十一行二十三字，黑口，左右雙邊，單黑魚尾，半框高16.3釐米，寬12.4釐米。版心中鎸書名首字，下鎸葉碼。

子目：

積古齋藏器目一卷　〔清〕阮元撰

内封題“積古齋/藏器目”，牌記題“師許室刻”。

平安館藏器目一卷　〔清〕葉志詵撰

内封題“平安館/藏器目”，牌記題“江氏叢書本”。

清儀閣藏器目一卷　〔清〕張廷濟撰

内封題“清儀閣/藏器目/據福山王氏鈔本”，牌記題“江家刻”。

懷米山房藏器目一卷　〔清〕曹載奎撰

内封題“懷米山/房藏器目/江刻本”，牌記題“乙未六月”。

兩罍軒藏器目一卷　〔清〕吴雲撰

内封題“乙未八月刊成/藏器目/兩罍軒”，牌記題“福山王氏本/元和江氏刻”。

木庵藏器目一卷　〔清〕程振甲撰

内封題“木庵藏/器目/笘誃刻”，牌記題“丙申正月”。

梅花草盦藏器目一卷　〔清〕丁彦臣撰

内封題“梅花草/盦藏器目/師鄦室刻”，牌記題“光緒乙未”。

簠齋藏器目一卷　〔清〕陳介祺撰

内封題“簠齋藏/器目/閑詁、宧刻”，牌記題“丙申六月印行”。

愙齋藏器目一卷　〔清〕吴大澂撰

内封題“吴愙齋/藏器目/光緒二十二年六月刻於湘中使院”。

天壤閣雜記一卷　〔清〕王懿榮撰

牌記題“光緒乙未仲夏/刊於長沙使院”。

按：疑爲清光緒二十三年（1897）元和江氏湖南使院刊《靈鶼閣叢書》零本。

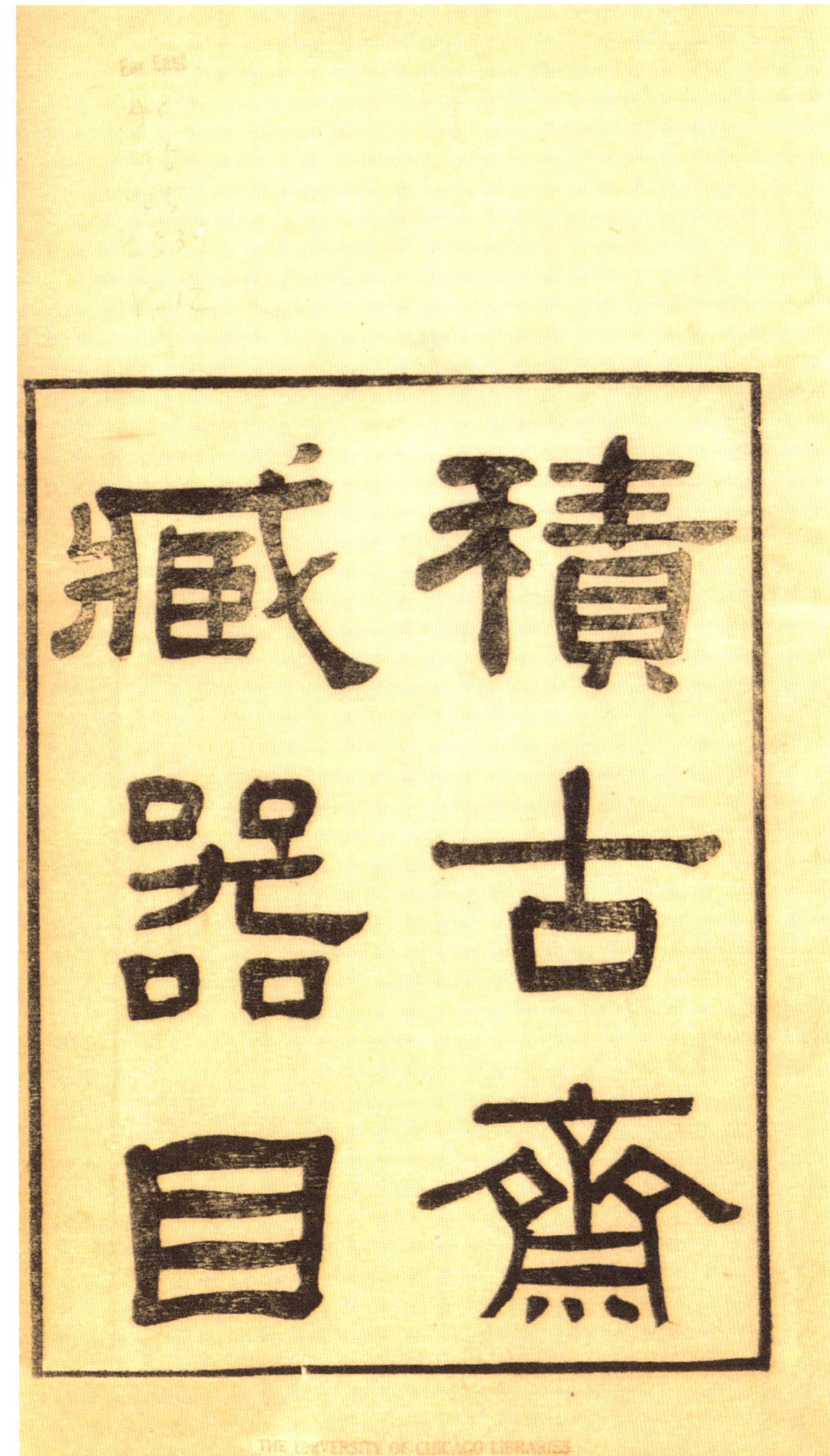
積古齋藏器目
THE UNIVERSITY OF CHICAGO LIBRARIES
FAR EASTERN LIBRARY

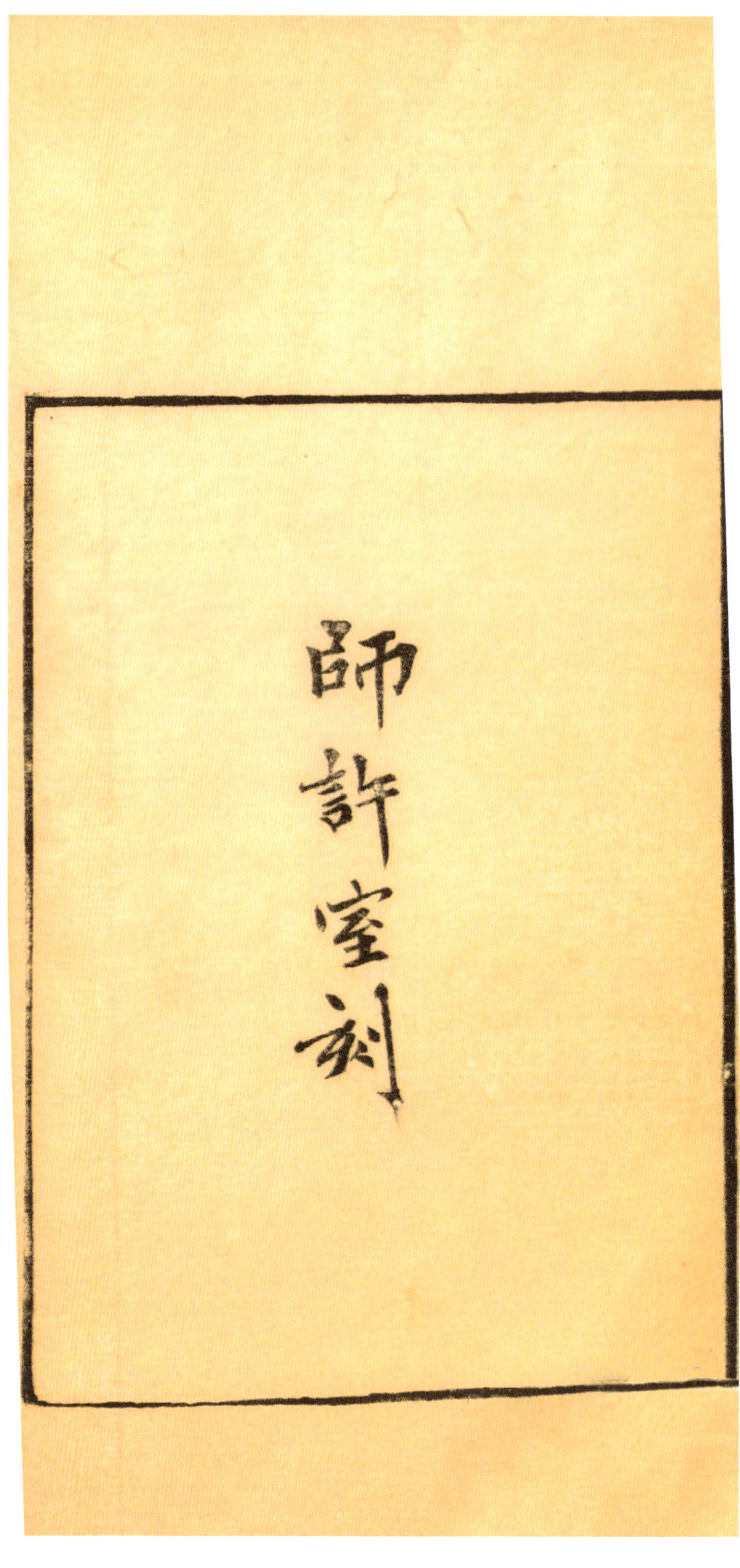
師許室刻

積古齋藏器目

儀徵阮元

彔康鐘二十五字

虢叔大林鐘五十字

邾公望鐘五十五字原稱周公望鐘

百鴕鐘鉦閒有字難辨

素棱鐘

子孫卅〻父乙鼎六字

太祝禽鼎

戊寅王月鼎十八字

堇山鼎蓋十字

復鼎二字

194.彙刻書目二十卷　〔清〕顧修輯　

清光緒十五年(1889)上海福瀛書局刻本　二十册二函

半葉十一行二十五字,小字雙行同,黑口,左右雙邊,單黑魚尾,半框高13.3釐米,寬9.9釐米。版心中鐫"目録"、册次,下鐫葉碼。

内封題"彙刻書目/二十册"。

牌記題"光緒十二年春三月/上海福瀛書局借仁/和朱氏增訂本重編/付梓十五年夏四月/栞成福山王懿榮題"。

卷端題"彙刻書目"。

鈐印:"公安廖氏竹林齋藏書"陽文方印。

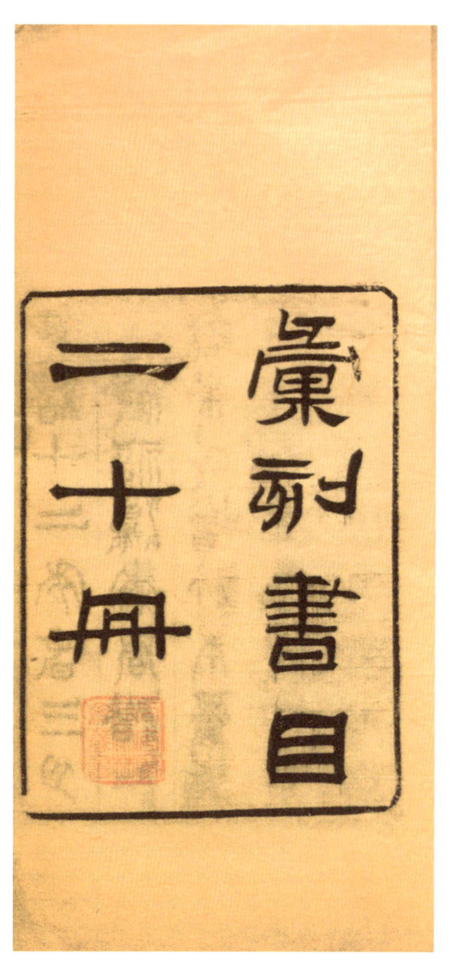

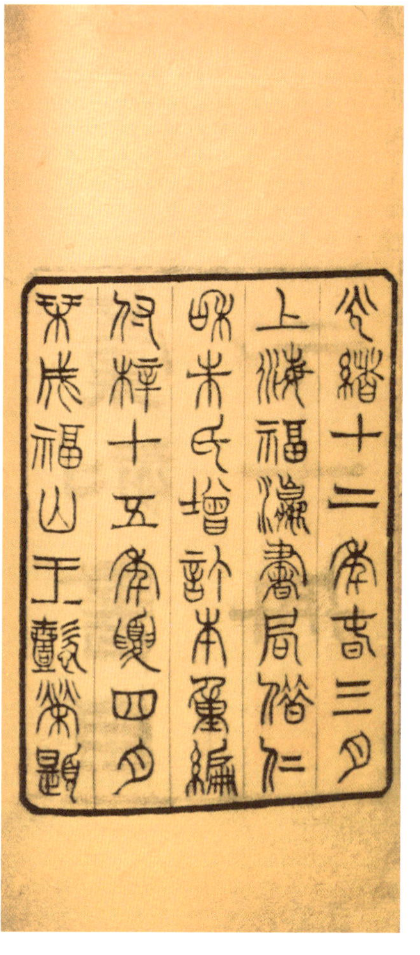

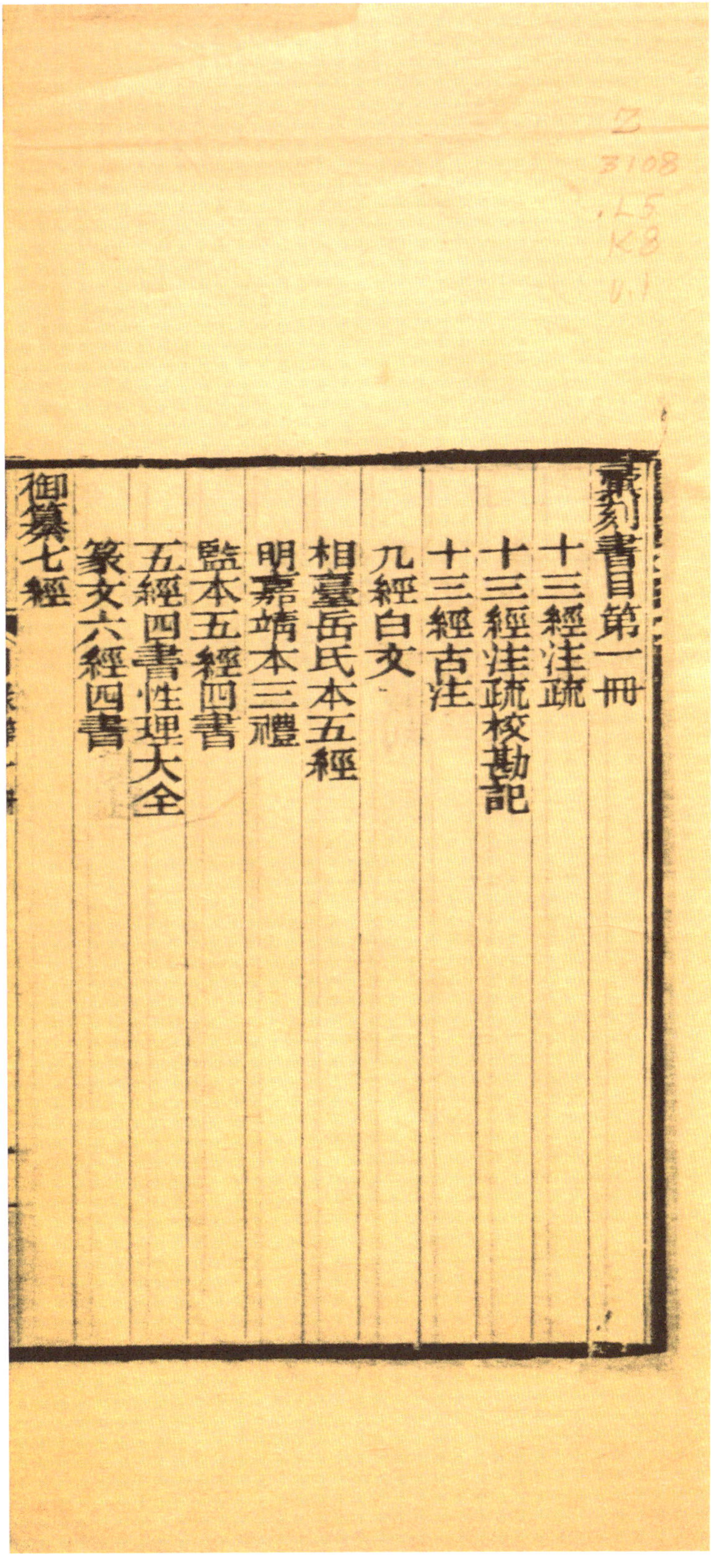

彙刻書目第一冊

十三經注疏

十三經注疏校勘記

十三經古注

九經白文

相臺岳氏本五經

明嘉靖本三禮

監本五經四書

五經四書性理大全

篆文六經四書

御纂七經

書志之屬

195. 善本書室藏書志四十卷附録一卷　〔清〕丁丙撰　Z3102 .T4 1901

清光緒二十七年（1901）錢唐丁氏刻本　十六册二函

丁丙（1832—1899）字松生，號松存。錢塘（今浙江杭州）人。

半葉十三行二十六字，白口，四周雙邊，單黑魚尾，半框高17釐米，寬11.5釐米。版心中鎸"藏書志"、卷次，下鎸葉碼。

内封題"善本書室/藏書志/光緒辛丑秋九月"。

牌記題"光緒辛丑季秋/錢唐丁氏開雕"。

卷端題"善本書室藏書志，錢塘丁丙松生甫輯"。

卷首有清光緒二十四年丁丙序。

鈐印："伯剛"陽文方印、"屈爔之印"陰文方印、"交流圖書公司藏書印"陽文方印。

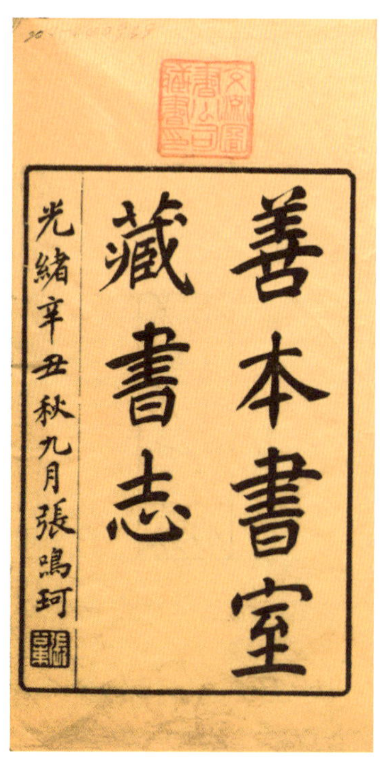

善本書室藏書志卷一

錢塘丁丙松生甫輯

經部一

周易十卷宋刊本　孫氏壽松堂藏書

王弼注

此書每半葉八行行十七字首行頂格題周易上經乾傳第一次行低十字題王弼注三行頂格☰☰乾上乾下接經文經注繫辭首行題周易繫辭第七次行低十格題韓康伯注三行以下刻繫辭卷九説卦傳格式同卷十首行題周易略例序次行低六格題唐四門助教邢璹注三行刻序文序後另行題周易略例卷第十次行頂格題明象三行頂格刻略例每卷後半葉邊匡外之上刻乾坤屯蒙及繫辭説卦略例等字字體圓美槧刻精工無明代修補之葉鈌筆至愼字止當爲乾道淳熙間刊本

藏書志卷一